作 者 简 介

胡国权，男，1964 年生于湖南省双峰县. 1984 年在湖南师范大学数学系本科毕业，毕业后留校历任助教、讲师、副教授. 1996 年在复旦大学数学研究所博士毕业. 1998 年在中山大学数学研究所博士后出站后留校工作至今. 2002 年在美国 Cincinnati 大学数学系作访问学者. 近 10 年主要担任中山大学数学系“几何与代数 ”课程的教学.

主要研究方向是代数学及其应用，特别是 Hopf 代数、量子群、编码理论. 发表了 10 多篇学术论文，指导了多名研究生.

通讯地址：中山大学数学系(510275)，e-mail:mcshgq@mail.sysu.edu.cn

大学数学科学丛书　19

几何与代数导引

胡国权　编著

科 学 出 版 社

北　京

内 容 简 介

本书覆盖了“高等代数”与“解析几何”这两门课程的教学内容. 全书共分 8 章, 分别讨论: 向量、平面与直线, 二次曲面与坐标变换, 线性空间与线性映射, 矩阵、线性方程组与行列式, 多项式, 线性变换, 双线性型与欧氏空间, 仿射空间与射影空间. 本书力求体现几何与代数的内在联系, 强调线性空间与线性映射的观点, 突出向量、坐标、标准形的线索, 注重学生的抽象思维能力和空间想象能力的培养.

本书可作为高等院校数学及相关专业的教材或教学参考书.

图书在版编目(CIP)数据

几何与代数导引/胡国权 编著. —北京: 科学出版社, 2009
(大学数学科学丛书; 19/李大潜主编)

ISBN 978-7-03-018041-4

I. 几… II. 胡… III. ①解析几何②高等代数 IV. ①O182②O15

中国版本图书馆 CIP 数据核字(2006)第 108316 号

责任编辑: 赵彦超 吕 虹/责任校对: 纪振红
责任印制: 徐晓晨/封面设计 王 浩

科学出版社 出版
北京东黄城根北街 16 号
邮政编码: 100717
http://www.sciencep.com

北京凌奇印刷有限责任公司 印刷

科学出版社发行 各地新华书店经销
*
2006 年 9 月第 一 版 开本: B5(720×1000)
2024 年 1 月第十次印刷 印张: 23
字数: 431 000

定价: 59.00 元

《大学数学科学丛书》序

按照恩格斯的说法，数学是研究现实世界中数量关系和空间形式的科学．从恩格斯那时到现在，尽管数学的内涵已经大大拓展了，人们对现实世界中的数量关系和空间形式的认识和理解已今非昔比，数学科学已构成包括纯粹数学及应用数学内含的众多分支学科和许多新兴交叉学科的庞大的科学体系，但恩格斯的这一说法仍然是对数学的一个中肯而又相对来说易于为公众了解和接受的概括，科学地反映了数学这一学科的内涵．正由于忽略了物质的具体形态和属性、纯粹从数量关系和空间形式的角度来研究现实世界，数学表现出高度抽象性和应用广泛性的特点，具有特殊的公共基础地位，其重要性得到普遍的认同．

整个数学的发展史是和人类物质文明和精神文明的发展史交融在一起的．作为一种先进的文化，数学不仅在人类文明的进程中一直起着积极的推动作用，而且是人类文明的一个重要的支柱．数学教育对于启迪心智、增进素质、提高全人类文明程度的必要性和重要性已得到空前普遍的重视．数学教育本质是一种素质教育；学习数学，不仅要学到许多重要的数学概念、方法和结论，更要着重领会到数学的精神实质和思想方法．在大学学习高等数学的阶段，更应该自觉地去意识并努力体现这一点．

作为面向大学本科生和研究生以及有关教师的教材，教学参考书或课外读物的系列，本丛书将努力贯彻加强基础、面向前沿、突出思想、关注应用和方便阅读的原则，力求为各专业的大学本科生或研究生（包括硕士生及博士生）走近数学科学、理解数学科学以及应用数学科学提供必要的指引和有力的帮助，并欢迎其中相当一些能被广大学校选用为教材，相信并希望在各方面的支持及帮助下，本丛书将会愈出愈好．

李大潜

2003 年 12 月 27 日

前　言

解析几何与高等代数是大学数学的两门基础课. 它们分属几何与代数两大学科, 各有独立的教学体系, 彼此之间又有着密切的联系. 近年来, 国内外很多学者都在尝试将这两门课合并为一门课的教学改革. 中山大学数学与计算科学学院从 1999 年开始把这两门课合并成“几何与代数”. 过去单独讲代数课时, 主要着眼于代数知识内在的联系, 几何只是作为例子对代数理论作直观说明; 而讲几何课时, 代数只是作为方法或工具直接加以引用. 通过两门课的结合, 我们进一步认识到, 代数理论来源于几何问题, 从几何的角度思考代数可以深化我们对代数的理解. 该课程课时被缩短为一年 ($16\times 6+20\times 5=196$). 由于解析几何与高等代数在数学学习中的基础地位, 我们不愿减少教学内容或降低要求和难度. 因此我们试图对这两门课的内容作统一安排. 本书的初稿是作为“几何与代数”课程的教材编写的, 几经试用及修改后整理成书.

本书的基本内容涵盖了原解析几何与高等代数课程的教学内容. 全书共分八章和一个附录. 第 1、2 章在 3 维空间中引入向量与坐标, 研究平面、直线、二次曲面的方程及其几何性质, 并且初步讨论点变换的简单性质. 这里强调向量与坐标变换的方法. 第 3、4 章以 3 维空间为背景引入线性空间的概念, 研究在有限维向量空间中引入坐标的可能性, 即基的存在性和维数不变性, 初步讨论线性映射的基本性质, 具体讨论由 F^n 到 F^m 的线性映射, 即矩阵运算、线性方程组和行列式等内容. 这里强调线性空间的一般性以及一般理论在 F^n 情形的具体化. 第 5、6 章介绍多项式的根与整除性的基本知识, 并且按照坐标化的思想引入线性映射的矩阵表示, 研究基变换下线性映射的矩阵变化规律以及矩阵的等价与相似标准形. 第 7、8 章介绍双线性函数与二次型、欧氏空间与酉空间的基本理论, 导出矩阵的合同与正交相似标准形, 并且引入仿射与射影空间的基本概念, 将线性代数还原为几何. 附录中简单介绍算术与代数基本定理, 并引入群、环、域等代数基本概念.

本书前四章足够第一学期之用, 后四章足够第二学期之用. 具体教学中可以根据课时和学生的程度灵活处理教学内容. 例如, 可以将 3.4 节放到 6.1 节的后面来讲, 第八章可作选讲内容. 本书也可以作为线性代数或高等代数课程的教材使用, 内容包括第 3 章至第 7 章, 第 1、2、8 章供学生参考.

本书力求揭示知识间的内在联系. 线性代数各知识点之间的关联错综复杂, 逻辑上, 我们可以从任一点出发推出全部理论, 这就是为什么各教材之间逻辑体系不一致的原因. 线性代数用多种不同的语言说着同一件事情, 这正是初学者感到困难的主要原因之一. 实际上, 线性代数的本质在于线性二字, 抽象地说, 它是关于线性空间与线性映射的理论, 具体地说, 它研究向量、矩阵、坐标和坐标变换, 它用最简单的方法研究最简单的现象. 但是, 简单的道理无处不在, 有时会变得难以捉摸. 例如, 相容线性方程组的主变量数加上自由变量数等于总的变量数, 这一明显的事实常以不同面目出现, 如线性映射的像与核的维数定理、线性方程组解的结构定理、同态基本定理、子空间与其零化子的维数关系等. Gauss 消去法既是求线性映射的原像问题的具体化, 又是仿射坐标变换的形式化. 为了看清楚几个平面的相交情况, 几何上, 是作仿射坐标变换, 使各平面处于容易被观察的位置, 代数上, 就是作初等变换, 将矩阵化为简单形式. 例如, 要了解一个图形, 如二次曲面, 当然最好是把它摆在标准位置, 此时它的方程就有简单形式. 这个浅显的道理表现为对称矩阵的合同对角化、二次型或相应的对称双线性函数在仿射坐标变换下的标准形问题; 在直角坐标系下, 则表现为对称矩阵的正交相似标准形、二次型或相应的对称双线性函数在直角坐标变换下的规范形式问题, 由此引出特征值与特征向量的理论. 类似地, 矩阵的等价、相似、合同标准形及各种矩阵分解也都是坐标变换的问题. 几何问题向量化、向量问题坐标化、坐标问题标准化, 这应该就是本书所涉及的主要思想. 表面上, 解析几何的大部分内容被线性代数所覆盖. 实际上, 后者也可以看成是前者的形式化, 它的大部分思想都来源于前者. 从历史发展角度看, 解析几何先于线性代数, 这当然反映了人类思维发展的规律, 即几何直观先于抽象概念. 本书在内容上偏重代数, 在思想上偏重几何, 在教学上主张从几何到代数再回到几何.

在过去的教学中, 经常与同行老师讨论数学教学问题、和各届学生讨论数学学习问题, 留下了许多愉快的回忆. 借此机会, 向他们表示感谢. 本书的编写和出版得到了学院领导的关心、理解和支持, 以及国家自然科学基金 (60575004) 和中山大学教务处的部分资助. 在此一并表示感谢. 本书花费了作者大量精力和心思, 但在许多方面还有待今后进一步改进. 书中错误和不当之处, 望同行和读者批评指正.

胡国权

2006 年 8 月

目　　录

第 1 章　向量、平面与直线

本章主要介绍几何向量及其运算性质, 并结合坐标方法讨论关于空间中平面和直线的几何问题, 为向量空间理论提供直观的背景. 本章内容既是解析几何的重要组成部分, 也是学习线性代数的基础.

1.1　向量的线性运算

1.1.1　加法和数乘

向量是描述空间中两个位置之间的差别或位移的基本几何量. 它的物理背景是那些既有大小又有方向的物理量, 如位移、力、速度等.

我们用有向线段来直观地表示向量. 所谓有向线段就是确定了端点顺序的线段. 如图 1.1, 设 p 和 q 是空间中两个点. 以 p 为始点, q 为终点的有向线段用线段 pq 和由 p 指向 q 的箭头表示, 记为 $\overrightarrow{pq}$. 但是作为向量, $\overrightarrow{pq}$ 的本质是 $\overrightarrow{pq}$ 的长度和方向, 即线段 pq 的长度和由 p 指向 q 的方向. 换句话说, 长度相等且方向相同的两个有向线段表示同一个向量, 或称这两个向量相等. 如图 1.1, 设 $pqrs$ 是平行四边形, 则向量 $\overrightarrow{pq}$ 与 $\overrightarrow{sr}$ 相等, 记为 $\overrightarrow{pq}=\overrightarrow{sr}$. 在这个意义下, 向量也叫自由向量.

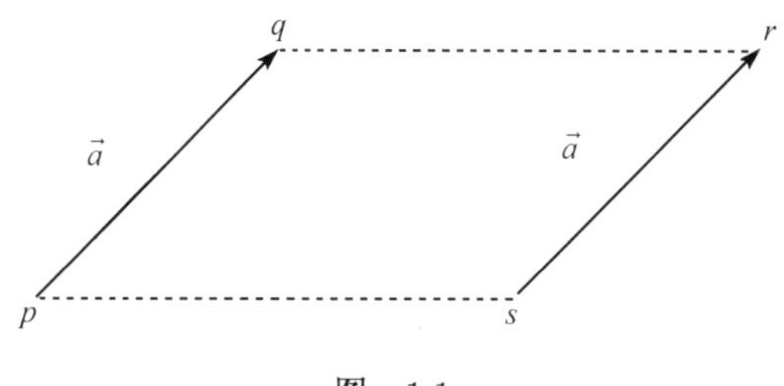

图　1.1

在一般的讨论中, 按通常习惯, 我们用 $\vec{a}$、$\vec{b}$、$\vec{c}$ 等表示向量. 向量 $\vec{a}$ 的长度记为 $|\vec{a}|$.

接连两次位移的结果仍是一个位移, 点 p 经过位移 $\vec{a}$ 到点 q, 点 q 又经过位移 $\vec{b}$ 到点 r, 合起来的效果就是从 p 到 r 的位移.

定义 1.1　设 $\vec{a}, \vec{b}$ 是向量, 在空间任取一点 p, 作 $\overrightarrow{pq}=\vec{a}$, $\overrightarrow{qr}=\vec{b}$, 称以 p 为始点, r 为终点的有向线段 $\overrightarrow{pr}$ 所表示的向量 $\vec{c}$ 为向量 $\vec{a}$ 与 $\vec{b}$ 的和, 记为 $\vec{c}=\vec{a}+\vec{b}$, 称此运算为向量的加法, 参见图 1.2.

以上定义的求和方法叫三角形法则．定义是合理的, 即与点 p 的选取无关. 事实上, 若取另一点 p', 作 $\overrightarrow{p'q'}=\vec{a}$, $\overrightarrow{q'r'}=\vec{b}$, 则由向量的定义和平行四边形定理知, 四边形 $pp'q'q$ 和 $qq'r'r$ 都是平行四边形, 因而 $pp'r'r$ 也是平行四边形, 所以 $\overrightarrow{pr}=\overrightarrow{p'r'}$. 参见图 1.3. 我们也可以从一点 p 同时作 $\overrightarrow{pq}=\vec{a}$ 和 $\overrightarrow{ps}=\vec{b}$, 以 pq, ps 为边得一平行四边形 $pqrs$, 则 $\overrightarrow{pr}$ 就是 $\vec{a}$ 与 $\vec{b}$ 的和, 这称为向量加法的平行四边形法则, 参见图 1.4.

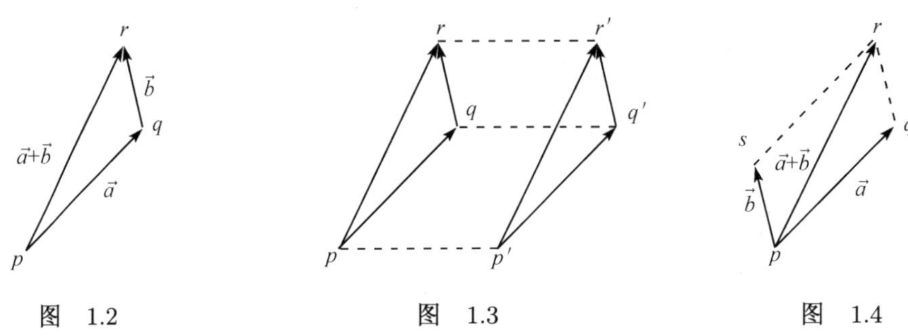

图 1.2　　　　图 1.3　　　　图 1.4

为了计算方便, 我们引进零向量与负向量的概念.

长度为零的向量叫零向量, 记作 0. 零向量的始点和终点重合, 没有确定的方向, 规定可根据需要取任意方向.

与向量 $\vec{b}$ 等长而反向的向量称为 $\vec{b}$ 的负向量, 记作 $-\vec{b}$. 把一个向量的始点和终点互换就得到原向量的负向量, 即 $\overrightarrow{pq}=-\overrightarrow{qp}$．显然,

$$-(-\vec{b})=\vec{b}. \tag{1.1}$$

利用负向量的概念, 定义向量的减法如下：

$$\vec{a}-\vec{b}=\vec{a}+(-\vec{b}). \tag{1.2}$$

向量的加法具有和实数加法同样的运算性质.

定理 1.1　向量的加法满足下列基本性质：对任意向量 $\vec{a}, \vec{b}, \vec{c}$, 有

1) $\vec{a}+\vec{b}=\vec{b}+\vec{a}$,　　2) $(\vec{a}+\vec{b})+\vec{c}=\vec{a}+(\vec{b}+\vec{c})$,

3) $\vec{a}+0=\vec{a}$,　　4) $\vec{a}+(-\vec{a})=0$.

证　1) 如图 1.5, 作 $\overrightarrow{op}=\vec{a}$, $\overrightarrow{pq}=\overrightarrow{or}=\vec{b}$, 则 $\overrightarrow{rq}=\vec{a}$, 由定义,

$$\vec{a}+\vec{b}=\overrightarrow{op}+\overrightarrow{pq}=\overrightarrow{oq}=\overrightarrow{or}+\overrightarrow{rq}=\vec{b}+\vec{a}.$$

2) 如图 1.6, 作 $\overrightarrow{op}=\vec{a}$, $\overrightarrow{pq}=\vec{b}$, $\overrightarrow{qr}=\vec{c}$, 根据定义,

$$\overrightarrow{oq}=\overrightarrow{op}+\overrightarrow{pq}=\vec{a}+\vec{b},\quad \overrightarrow{pr}=\overrightarrow{pq}+\overrightarrow{qr}=\vec{b}+\vec{c},$$

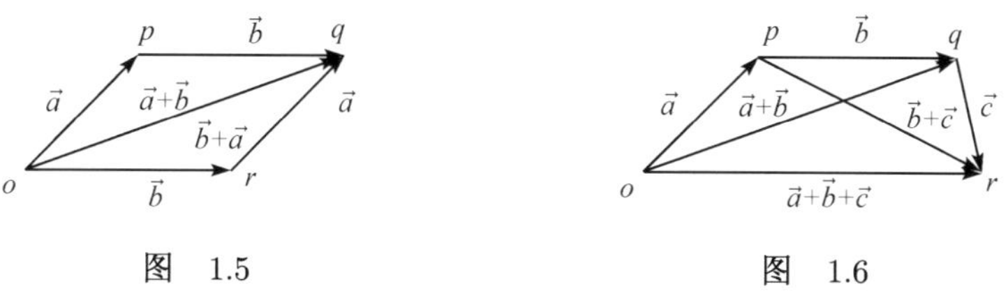

图 1.5　　　　图 1.6

因此, $(\vec{a}+\vec{b})+\vec{c}=\overrightarrow{oq}+\overrightarrow{qr}=\overrightarrow{or}=\overrightarrow{op}+\overrightarrow{pr}=\vec{a}+(\vec{b}+\vec{c})$.

3) 作 $\overrightarrow{op}=\vec{a}$, $\overrightarrow{oo}=0$, 则 $0+\vec{a}=\overrightarrow{oo}+\overrightarrow{op}=\overrightarrow{op}=\vec{a}$.

4) 作 $\overrightarrow{pq}=\vec{a}$, 则 $\overrightarrow{qp}=-\vec{a}$, 于是 $\vec{a}+(-\vec{a})=\overrightarrow{pq}+\overrightarrow{qp}=\overrightarrow{pp}=0$. □

对于方向相同或相反的两个向量, 它们的方向关系可以用正负号来表示, 长度之间的关系可以用倍数来表示. 因此, 两个方向相同或相反的向量之间的关系可以用一个实数表示出来. 这是两个向量间一种基本的关系. 我们定义实数与向量的乘法运算如下.

定义 1.2　设 k 为实数, $\vec{a}$ 为向量, 定义 k 与 $\vec{a}$ 的乘积是一个向量, 记为 $k\vec{a}$, 其长度为 $|k\vec{a}|=|k||\vec{a}|$, 其方向当 $k>0$ 时与 $\vec{a}$ 相同, 当 $k<0$ 时与 $\vec{a}$ 相反. 称此运算为向量的数量乘法, 简称数乘.

数乘的定义蕴涵任意实数乘零向量或数零乘任意向量都是零向量, 即

$$0\vec{a}=0=k0. \tag{1.3}$$

又由实数性质知, 反过来也对, 即对任意向量 $\vec{a}$ 及任意实数 k,

$$k\vec{a}=0 \text{ 当且仅当 } k=0 \text{ 或 } \vec{a}=0. \tag{1.4}$$

定理 1.2　对任意实数 k, l 和任意向量 $\vec{a}$, 有

1) $1\vec{a}=\vec{a}$,

2) $k(l\vec{a})=(kl)\vec{a}$.

证　1) 是显然的, 由数乘定义即得.

2) 当 $\vec{a}=0$ 或 $kl=0$ 时, 等式两边都是零向量, 因而相等. 一般情况, 按数乘的定义, $|k(l\vec{a})|=|k||l\vec{a}|=|k|(|l||\vec{a}|)=|kl||\vec{a}|=|(kl)\vec{a}|$, 即 $(kl)\vec{a}$ 与 $k(l\vec{a})$ 有相同的长度. 再看它们的方向. 当 $kl>0$ 时, 等号两边向量都与 $\vec{a}$ 同向, 当 $kl<0$ 时, 等号两边向量都与 $\vec{a}$ 反向. □

由定义易知, $(-1)\vec{a}=-\vec{a}$. 由定理 1.2, 对任意向量 $\vec{a}$ 及实数 k, 有

$$(-k)\vec{a}=-(k\vec{a}). \tag{1.5}$$

长度为 1 的向量叫做单位向量. 若向量 $\vec{a}$ 非零, 则 $|\vec{a}|^{-1}\vec{a}$ 是和 $\vec{a}$ 同向的单位向量, 记为 $\vec{a}^0$, 称 $\vec{a}^0$ 为 $\vec{a}$ 的单位化, 即

$$\vec{a}^0=(|\vec{a}|^{-1})\vec{a}, \tag{1.6}$$

因此, 若 $\vec{b}$ 与 $\vec{a}$ 同向或反向, 则 (当 $\vec{a}, \vec{b}$ 同向时取 "+", 反向时取 "−")

$$\vec{b} = \pm|\vec{b}|\vec{a}^0 = (\pm|\vec{b}||\vec{a}|^{-1})\vec{a}. \tag{1.7}$$

定理 1.3　对任意实数 k, l 和任意向量 $\vec{a}, \vec{b}$, 有

1) $(k+l)\vec{a} = k\vec{a} + l\vec{a}$,　　2) $k(\vec{a}+\vec{b}) = k\vec{a} + k\vec{b}$.

证　由 (1.3) 式知, 只需考虑非零向量或非零数的情况.

1) 若 $k > 0$, 且 $l > 0$, 则 $(k+l)\vec{a}, k\vec{a}, l\vec{a}, k\vec{a}+l\vec{a}$ 都与 $\vec{a}$ 同向, 且

$$|k\vec{a}+l\vec{a}| = |k\vec{a}| + |l\vec{a}| = (|k|+|l|)|\vec{a}| = |(k+l)\vec{a}|,$$

此时等式成立. 其他情形可通过移项化为已证情形, 例如, 若 $k > 0, l < 0$, 而 $k+l > 0$, 则 $(k+l)\vec{a} + (-l)\vec{a} = (k+l+(-l))\vec{a} = k\vec{a}$, 又由 (1.5) 式得 $(-l)\vec{a} = -l\vec{a}$, 于是 $(k+l)\vec{a} = k\vec{a} + l\vec{a}$.

2) 如图 1.7, 任取点 o, 作 $\overrightarrow{op} = \vec{a}$, $\overrightarrow{pq} = \vec{b}$, 及 $\overrightarrow{op'} = k\vec{a}$, $\overrightarrow{p'q'} = k\vec{b}$. 若 o, p, q 在一直线上, 由 (1.7) 式, 存在实数 l, 使得 $\vec{b} = l\vec{a}$, 由定理 1.2 及已证的 1) 得

$$\begin{aligned} k(\vec{a}+\vec{b}) &= k(1\vec{a}+l\vec{a}) = k((1+l)\vec{a}) = (k(1+l))\vec{a} \\ &= (k+kl)\vec{a} = k\vec{a} + (kl)\vec{a} = k\vec{a} + k(l\vec{a}) = k\vec{a} + k\vec{b}. \end{aligned}$$

若 o, p, q 不共线, 由相似三角形定理, $\triangle opq$ 与 $\triangle op'q'$ 相似, 因而 $\overrightarrow{oq'} = k\overrightarrow{oq}$, 即 $k(\vec{a}+\vec{b}) = k\vec{a} + k\vec{b}$. □

由于向量加法满足结合律, 所以多个向量相加, 不必加括号指明相加的次序. 利用三角形法则求多个向量之和, 只要将代表它们的有向线段首尾相接, 则分别以第一个向量的始点和最后一个向量的终点作为始点和终点的有向线段就是这些向量的和. 例如, 如图 1.8, $\vec{a_1} + \vec{a_2} + \cdots + \vec{a_7} = \vec{a}$.

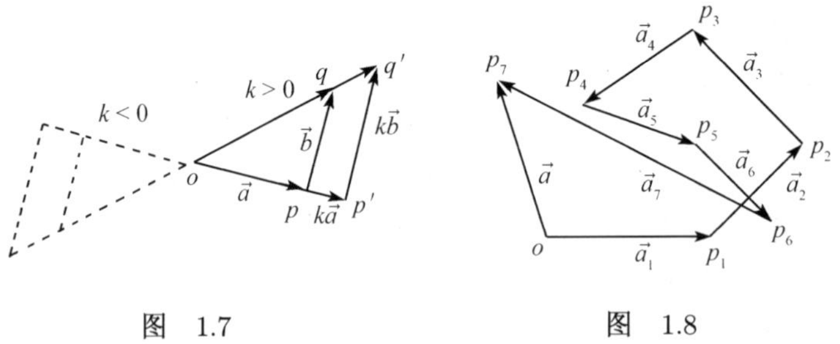

图　1.7　　　　图　1.8

我们将空间中全体向量组成的集合记为 E^3. 向量的加法和数乘运算统称为 E^3 的线性运算. 定理 1.1∼ 定理 1.3 是向量线性运算最基本的性质. 从证明过程可知, 这些简单的运算性质实质上是以向量形式表达基本的几何定理, 如平形四边形定理, 相似三角形定理等. 相应地, 将空间全体点组成的集合记为 E^3.

设 $\vec{a}_1,\cdots,\vec{a}_n$ 是一组向量, $k_1,\cdots,k_n$ 是一组实数, 则

$$k_1\vec{a}_1+\cdots+k_n\vec{a}_n$$

是一个向量, 称它为向量组 $\vec{a}_1,\cdots,\vec{a}_n$ 的一个线性组合, 称 $k_1,\cdots,k_n$ 是这个线性组合的系数. 如果向量 $\vec{b}$ 等于向量组 $\vec{a}_1,\cdots,\vec{a}_n$ 的一个线性组合, 也称向量 $\vec{b}$ 可由向量组 $\vec{a}_1,\cdots,\vec{a}_n$ 线性表出.

1.1.2 共线与共面

将一个向量的始点移到某一直线 (平面) 上, 如果它的终点也位于此直线 (平面) 上, 那么就称该向量与该直线 (平面) 平行, 平行于同一直线 (平面) 的一组向量称为共线的或平行的 (共面的).

显然, 零向量与任意向量共线; 共线的向量组一定共面; 两个向量总是共面的. 由加法和数乘的定义, 一个实数 k 与一非零向量 $\vec{a}$ 的乘积 $k\vec{a}$ 和 $\vec{a}$ 共线, 两个不共线向量 $\vec{a}$ 和 $\vec{b}$ 的任意线性组合 $k\vec{a}+l\vec{b}$ 与 $\vec{a},\vec{b}$ 共面. 反过来, (1.7) 式表明一个非零向量通过数乘可以得到与之共线的所有向量. 下面要证明: 两个不共线的向量通过线性运算可以得到与这两向量共面的所有向量; 三个不共面的向量可以通过线性运算得到所有向量.

命题 1.1 若向量 $\vec{a}$ 非零, 向量 $\vec{b}$ 与 $\vec{a}$ 共线, 则存在唯一实数 k, 使 $\vec{b}=k\vec{a}$.

证 由 (1.7) 知, 存在实数 k, 使 $\vec{b}=k\vec{a}$. 若还有实数 k', 使 $\vec{b}=k'\vec{a}$, 则 $(k-k')\vec{a}=0$. 因 $\vec{a}\neq 0$, 故 $k-k'=0$, 即 $k=k'$. □

命题 1.2 若向量 $\vec{a},\vec{b}$ 不共线, 向量 $\vec{c}$ 与 $\vec{a},\vec{b}$ 共面, 则有唯一的实数对 k,l, 使得 $\vec{c}=k\vec{a}+l\vec{b}$.

证 留作练习. □

定理 1.4 如果向量 $\vec{a},\vec{b},\vec{c}$ 不共面, 那么, 对于空间任意向量 $\vec{d}$, 存在唯一的实数组 k,l,m, 使得 $\vec{d}=k\vec{a}+l\vec{b}+m\vec{c}$.

证 如图 1.9, 过空间一点 o 作直线 ox, oy, oz 分别平行于向量 $\vec{a},\vec{b},\vec{c}$. 因为这三向量不共面, 故直线 ox, oy, oz 不在一个平面内. 以 o 为始点作向量 $\vec{d}=\overrightarrow{op}$; 过 p 作平行于 $\vec{c}$ 的直线, 交 xoy 平面于点 q; 再过点 q 作平行于 $\vec{b}$ 的直线, 交直线 ox 于点 r. 由加法定义, 有

$$\vec{d}=\overrightarrow{op}=\overrightarrow{or}+\overrightarrow{rq}+\overrightarrow{qp},$$

又因为 $\overrightarrow{or}, \overrightarrow{rq}, \overrightarrow{qp}$ 分别与 $\vec{a},\vec{b},\vec{c}$ 共线, 根据命题 1.1, 存在实数 k,l,m, 使得 $\overrightarrow{or}=k\vec{a}$, $\overrightarrow{rq}=l\vec{b}$, $\overrightarrow{qp}=m\vec{c}$. 因此 $\vec{d}=k\vec{a}+l\vec{b}+m\vec{c}$.

再证 k,l,m 由 $\vec{d}$ 唯一决定. 设 $\vec{d}=k\vec{a}+l\vec{b}+m\vec{c}=k'\vec{a}+l'\vec{b}+m'\vec{c}$, 则

$$(k-k')\vec{a}+(l-l')\vec{b}+(m-m')\vec{c}=0,$$

如果 $k-k'\neq 0$, 那么 $\vec{a}$ 可以由 $\vec{b},\vec{c}$ 线性表出, 这与 $\vec{a},\vec{b},\vec{c}$ 不共面的事实相矛盾, 所以 $k-k'=0$, 同理可得 $l-l'=0$, $m-m'=0$. □

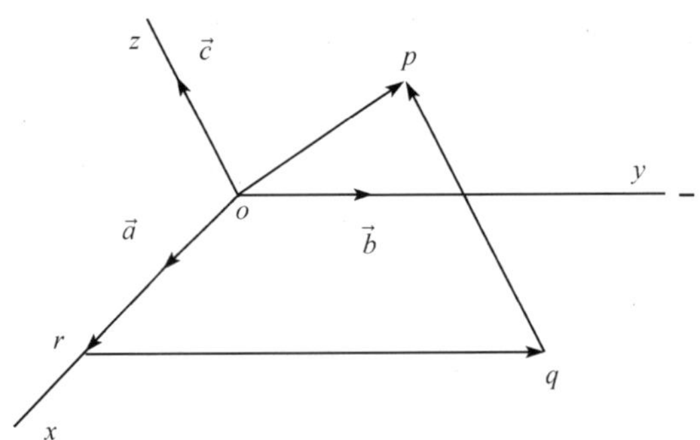

图 1.9

推论 1.1 向量 $\vec{a}, \vec{b}$ 共线, 当且仅当存在不全为零的实数 k, l, 使得 $k\vec{a}+l\vec{b}=0$; 等价地, $\vec{a}, \vec{b}$ 不共线, 当且仅当由 $k\vec{a}+l\vec{b}=0$ 可推出 $k=l=0$, 其中 k, l 为实数.

证 设 $\vec{a}, \vec{b}$ 共线. 如果 $\vec{a}=0$, 则有 $1\vec{a}+0\vec{b}=0$. 如果 $\vec{a}\neq 0$, 则根据命题 1.1, 存在实数 k, 使得 $\vec{b}=k\vec{a}$, 即 $k\vec{a}+(-1)\vec{b}=0$. 反之, 设有不全为零的实数 k, l, 使得 $k\vec{a}+l\vec{b}=0$, 不妨设 $l\neq 0$, 则 $\vec{b}=-\frac{k}{l}\vec{a}$, 即 $\vec{a}, \vec{b}$ 共线. □

推论 1.2 向量 $\vec{a}, \vec{b}, \vec{c}$ 共面, 当且仅当存在不全为零的实数 k, l, m, 使得 $k\vec{a}+l\vec{b}+m\vec{c}=0$; 等价地, $\vec{a}, \vec{b}, \vec{c}$ 不共面, 当且仅当由 $k\vec{a}+l\vec{b}+m\vec{c}=0$ 可推出 $k=l=m=0$, 其中 k, l, m 为实数.

证 留作练习. □

例 1.1 设 p_1, p_2 为空间中两个不同的点. 证明: 点 p 在直线 p_1p_2 上, 当且仅当存在实数 k_1, k_2, 使得

$$\overrightarrow{op}=k_1\overrightarrow{op_1}+k_2\overrightarrow{op_2}, \quad k_1+k_2=1, \tag{1.8}$$

且 p 位于线段 p_1p_2 上, 当且仅当 $k_1, k_2\geqslant 0$, 其中 o 为任意取定的一点.

证 因 $\overrightarrow{p_1p_2}\neq 0$, 若点 p 在直线 p_1p_2 上, 则向量 $\overrightarrow{p_1p}$ 与 $\overrightarrow{p_1p_2}$ 共线, 由命题 1.1, 存在实数 k, 使 $\overrightarrow{p_1p}=k\overrightarrow{p_1p_2}$, 即 $\overrightarrow{op}-\overrightarrow{op_1}=k(\overrightarrow{op_2}-\overrightarrow{op_1})$, 令 $k_1=1-k, k_2=k$, 代入前式中即得 (1.8). 如果 p 在线段 p_1p_2 上, 则

$$0\leqslant k=\frac{|\overrightarrow{p_1p}|}{|\overrightarrow{p_1p_2}|}\leqslant 1,$$

此时 $k_1, k_2\geqslant 0$. 反之, 若有实数 k_1, k_2, 使 (1.8) 成立, 则

$$\overrightarrow{op}-\overrightarrow{op_1}=k_2(\overrightarrow{op_2}-\overrightarrow{op_1}),$$

即 $\overrightarrow{p_1p}=k_2\overrightarrow{p_1p_2}$, 因此, $\overrightarrow{p_1p}$ 与 $\overrightarrow{p_1p_2}$ 共线, 点 p 在直线 p_1p_2 上. 若 $k_1, k_2\geqslant 0$, 则 $0\leqslant k_2\leqslant 1$, 此时 p 在线段 p_1p_2 上.

例 1.2 三点 p_1, p_2, p_3 共线, 当且仅当存在不全为零的实数 k_1, k_2, k_3, 使

$$k_1\overrightarrow{op_1} + k_2\overrightarrow{op_2} + k_3\overrightarrow{op_3} = 0, \text{ 且 } k_1 + k_2 + k_3 = 0, \tag{1.9}$$

其中 o 为任意取定的一点.

证 必要性. 由点 p_1, p_2, p_3 共线得向量 $\overrightarrow{p_1p_2}$ 与 $\overrightarrow{p_1p_3}$ 共线, 于是有不全为零的实数 k_2, k_3, 使得 $k_2\overrightarrow{p_1p_2} + k_3\overrightarrow{p_1p_3} = 0$,因而 $k_2(\overrightarrow{op_2} - \overrightarrow{op_1}) + k_3(\overrightarrow{op_3} - \overrightarrow{op_1}) = 0$, 即 $-(k_2 + k_3)\overrightarrow{op_1} + k_2\overrightarrow{op_2} + k_3\overrightarrow{op_3} = 0$. 取 $k_1 = -(k_2 + k_3)$ 即得 (1.9) 式.

充分性. 由 (1.9) 式得 $-(k_2 + k_3)\overrightarrow{op_1} + k_2\overrightarrow{op_2} + k_3\overrightarrow{op_3} = 0$, 即

$$k_2\overrightarrow{p_1p_2} + k_3\overrightarrow{p_1p_3} = 0,$$

且 k_2, k_3 不全为零, 从而 $\overrightarrow{p_1p_2}, \overrightarrow{p_1p_3}$ 两向量共线, 所以 p_1, p_2, p_3 三点共线.

例 1.3 用向量法证明 Menelaus 定理: 设 p_1, p_2, p_3 是三个不共线的点, 点 q_1, q_2, q_3 依次在直线 p_2p_3, p_3p_1, p_1p_2 上 (都不同于 p_1, p_2, p_3), 且

$$\overrightarrow{p_1q_3} = k_1\overrightarrow{q_3p_2}, \quad \overrightarrow{p_2q_1} = k_2\overrightarrow{q_1p_3}, \quad \overrightarrow{p_3q_2} = k_3\overrightarrow{q_2p_1}.$$

则 q_1, q_2, q_3 共线的充要条件是 $k_1k_2k_3 = -1$.

证 如图 1.10, 由 $\overrightarrow{p_1q_3} = k_1\overrightarrow{q_3p_2}, \overrightarrow{p_3q_2} = k_3\overrightarrow{q_2p_1}, \overrightarrow{p_2q_1} = k_2\overrightarrow{q_1p_3}$ 分别得

$$\overrightarrow{p_1q_3} = \frac{k_1}{1+k_1}\overrightarrow{p_1p_2}, \quad \overrightarrow{p_1q_2} = \frac{1}{1+k_3}\overrightarrow{p_1p_3}, \quad \overrightarrow{p_1q_1} = \frac{1}{1+k_2}\overrightarrow{p_1p_2} + \frac{k_2}{1+k_2}\overrightarrow{p_1p_3}.$$

于是

$$\overrightarrow{p_1q_1} = \frac{1+k_1}{k_1(1+k_2)}\overrightarrow{p_1q_3} + \frac{k_2(1+k_3)}{1+k_2}\overrightarrow{p_1q_2},$$

又 $\overrightarrow{p_1q_3}, \overrightarrow{p_1q_2}$ 不共线, 所以, 由例 1.1, q_3, q_1, q_2 共线, 当且仅当

$$\frac{1+k_1}{k_1(1+k_2)} + \frac{k_2(1+k_3)}{1+k_2} = 1,$$

当且仅当 $k_1k_2k_3 = -1$.

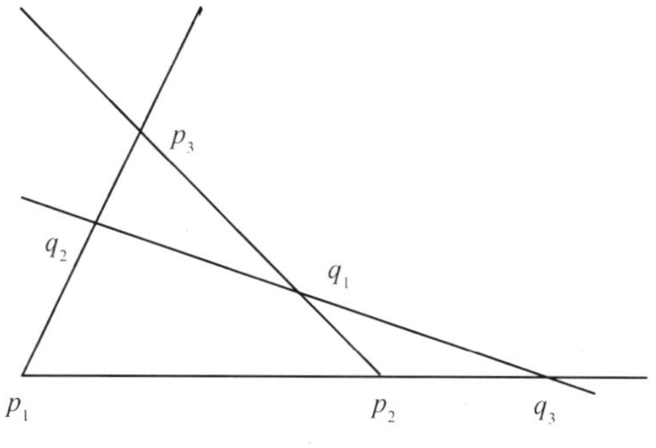

图 1.10

1.2　基与仿射坐标系

引入坐标系, 定义向量和点的坐标, 能更有效地进行向量运算, 用代数方法解决几何问题. 定理 1.4 给我们在空间中定义坐标系提供了依据.

1.2.1　向量的坐标

由定理 1.4, 取定三个不共面的向量以后, 任意向量都可表为这三个向量的线性组合, 且表法唯一. 因此, 每个向量对应一个唯一确定的有序三元实数组. 反之, 一个有序三元实数组确定一个向量, 对应给定的数组.

定义 1.3　空间中任意三个不共面的向量 $\vec{e}_1$, $\vec{e}_2$, $\vec{e}_3$ 构成的有序组称为一个基, 记为 $(\vec{e}_1, \vec{e}_2, \vec{e}_3)$. 对于空间中任意向量 $\vec{v}$, 若

$$\vec{v} = x\vec{e}_1 + y\vec{e}_2 + z\vec{e}_3,$$

则称有序三数组 (x, y, z) 为 $\vec{v}$ 在基 $(\vec{e}_1, \vec{e}_2, \vec{e}_3)$ 下的坐标.

取定基 $(\vec{e}_1, \vec{e}_2, \vec{e}_3)$. 设向量 $\vec{a}$ 和 $\vec{b}$ 的坐标分别为 (a_1, a_2, a_3), (b_1, b_2, b_3). 由向量坐标的唯一性知, $\vec{a} = \vec{b}$ 当且仅当 $a_1 = b_1$, $a_2 = b_2$, $a_3 = b_3$. 由向量的线性运算性质, 得

$$\begin{aligned}\vec{a} + \vec{b} &= a_1\vec{e}_1 + a_2\vec{e}_2 + a_3\vec{e}_3 + b_1\vec{e}_1 + b_2\vec{e}_2 + b_3\vec{e}_3 \\ &= (a_1 + b_1)\vec{e}_1 + (a_2 + b_2)\vec{e}_2 + (a_3 + b_3)\vec{e}_3,\end{aligned} \tag{1.10}$$

且对任意实数 k, 有

$$k\vec{a} = k(a_1\vec{e}_1 + a_2\vec{e}_2 + a_3\vec{e}_3) = ka_1\vec{e}_1 + ka_2\vec{e}_2 + ka_3\vec{e}_3. \tag{1.11}$$

我们将全体有序三元实数组构成的集合记为 $\mathbf{R}^3$, 即

$$\mathbf{R}^3 = \big\{(x, y, z) \ : \ x, y, z \in \mathbf{R}\big\}. \tag{1.12}$$

定义三元实数组的相等、加法与数乘运算如下:

$$\begin{aligned}&(x_1, x_2, x_3) = (y_1, y_2, y_3) \Leftrightarrow x_1 = y_1,\ x_2 = y_2,\ x_3 = y_3, \\ &(x_1, x_2, x_3) + (y_1, y_2, y_3) = (x_1 + y_1, x_2 + y_2, x_3 + y_3), \\ &k(x_1, x_2, x_3) = (kx_1, kx_2, kx_3), \quad k \in \mathbf{R}\ .\end{aligned} \tag{1.13}$$

于是, 向量的和, 对应坐标的和; 数乘向量, 对应数乘坐标. 向量的运算转化为三元数组的运算. 三元数组的运算正是空间向量运算的反映, 因而它们也具有定理 1.1∼ 定理 1.3 中的运算性质 (也可直接验证), 所以我们也称 $\mathbf{R}^3$ 中的元素为向量. 特别地, 将 $\mathbf{R}^3$ 中的零向量 $(0, 0, 0)$ 也简记为 0. 取定一个基, 我们就在 E^3 和

$\mathbf{R}^3$ 之间建立了一个一一对应. 意义明确时, 就可以将向量与它的坐标等同起来, 即 $(x_1, x_2, x_3) := x_1\vec{e}_1 + x_2\vec{e}_2 + x_3\vec{e}_3$.

由推论 1.1, 向量 $\vec{a}$, $\vec{b}$ 共线, 当且仅当存在不全为零的数 k, l, 使得

$$k(a_1, a_2, a_3) + l(b_1, b_2, b_3) = 0.$$

因此, 向量 $\vec{a}$, $\vec{b}$ 共线的充要条件是对应坐标成比例, 即

$$a_1 : a_2 : a_3 = b_1 : b_2 : b_3. \tag{1.14}$$

向量 $\vec{a}$, $\vec{b}$, $\vec{c}$ 共面, 当且仅当存在不全为零的数 k, l, m, 使得

$$k(a_1, a_2, a_3) + l(b_1, b_2, b_3) + m(c_1, c_2, c_3) = 0.$$

因此, 向量 $\vec{a}$, $\vec{b}$, $\vec{c}$ 共面的充要条件是下列三元一次方程组有非零解:

$$\begin{cases} a_1x + b_1y + c_1z = 0, \\ a_2x + b_2y + c_2z = 0, \\ a_3x + b_3y + c_3z = 0. \end{cases} \tag{1.15}$$

1.2.2　点的坐标

固定空间一点 o. 一个点 p 确定一个向量 $\overrightarrow{op}$, 一个向量 $\vec{v}$ 也确定一个点 p, 使 $\overrightarrow{op} = \vec{v}$. 也就是说, 通过点 o, 我们建立了点与向量之间的一一对应. 因此称向量 $\overrightarrow{op}$ 为点 p 的位置向量. 可以用向量 $\overrightarrow{op}$ 的坐标来定义点 p 的坐标.

定义 1.4　一个点 o 和一个基 $(\vec{e}_1, \vec{e}_2, \vec{e}_3)$ 合在一起称为一个仿射坐标系或标架, 记为 $(o; \vec{e}_1, \vec{e}_2, \vec{e}_3)$. o 叫做原点, $\vec{e}_1$, $\vec{e}_2$, $\vec{e}_3$ 叫做基向量.

定义 1.5　设 $(o; \vec{e}_1, \vec{e}_2, \vec{e}_3)$ 是一个仿射标架. 对空间中任意点 p, 其位置向量 $\overrightarrow{op}$ 在基 $(\vec{e}_1, \vec{e}_2, \vec{e}_3)$ 下的坐标 (x, y, z) 称为点 p 在仿射标架 $(o; \vec{e}_1, \vec{e}_2, \vec{e}_3)$ 下的 (仿射) 坐标, 此时记 p 点为 $p(x, y, z)$. 任意向量 $\vec{v}$ 在基 $(\vec{e}_1, \vec{e}_2, \vec{e}_3)$ 下的坐标也称为 $\vec{v}$ 在仿射标架 $(o; \vec{e}_1, \vec{e}_2, \vec{e}_3)$ 下的坐标. 参考图 1.9.

换句话说, 点 p 或向量 $\vec{v}$ 在仿射标架 $(o; \vec{e}_1, \vec{e}_2, \vec{e}_3)$ 下的坐标等于 (x, y, z) 就意味着如下等式

$$\overrightarrow{op} = x\vec{e}_1 + y\vec{e}_2 + z\vec{e}_3 = \vec{v}.$$

因此, 取定一个仿射标架 $(o; \vec{e}_1, \vec{e}_2, \vec{e}_3)$ 以后, 我们在点的集合 E^3、向量的集合 E^3 与有序三数组集合 $\mathbf{R}^3$ 之间建立了一一对应关系. 不仅如此, 这种对应关系还和向量的线性运算保持一致. 但是, 向量的坐标和原点无关, 点的坐标与原点有关. 对于同一个基, 取不同的原点得到不同的仿射标架, 同一个向量在这些坐标系中的坐标是相同的, 而同一个点在这些坐标系中的坐标是不同的. 虽然如此, 但坐标和

向量的线性运算是保持一致的. 向量由始点和终点确定, 因此向量的坐标也应能由两端点的坐标确定. 事实上也正是如此. 例如, 设点 p 和点 q 的坐标分别为 (x_1,x_2,x_3), (y_1,y_2,y_3), 由 $\overrightarrow{pq}=\overrightarrow{oq}-\overrightarrow{op}$, $\overrightarrow{pq}$ 的坐标等于 $\overrightarrow{oq}$ 的坐标减去 $\overrightarrow{op}$ 的坐标, 即 $(y_1-x_1,y_2-x_2,y_3-x_3)$. 因此, 向量的坐标等于终点的坐标减去始点的坐标.

给定仿射标架 $(o;\vec{e}_1,\vec{e}_2,\vec{e}_3)$. 经过原点 o, 依次以 $\vec{e}_1$, $\vec{e}_2$, $\vec{e}_3$ 为方向的有向直线分别称为 x 轴、y 轴和 z 轴, 都称为坐标轴. 由两个坐标轴决定的平面叫做坐标平面, 它们分别是 xy, yz, zx 平面. 每个坐标平面把空间分成两部分, 三个坐标平面把空间分成八部分, 叫做八个卦限, 如图 1.11. 同一卦限内点的坐标的符号是不变的, 参见表 1.1. 若基向量 $\vec{e}_1$, $\vec{e}_2$, $\vec{e}_3$ 按右手排列, 即它们依次对应着右手的拇指、食指、中指, 则称 $(o;\vec{e}_1,\vec{e}_2,\vec{e}_3)$ 为右手标架, 称 $(\vec{e}_1,\vec{e}_2,\vec{e}_3)$ 为右手基, 参见图 1.12 与图 1.13. 除非特别声明, 总采用右手标架.

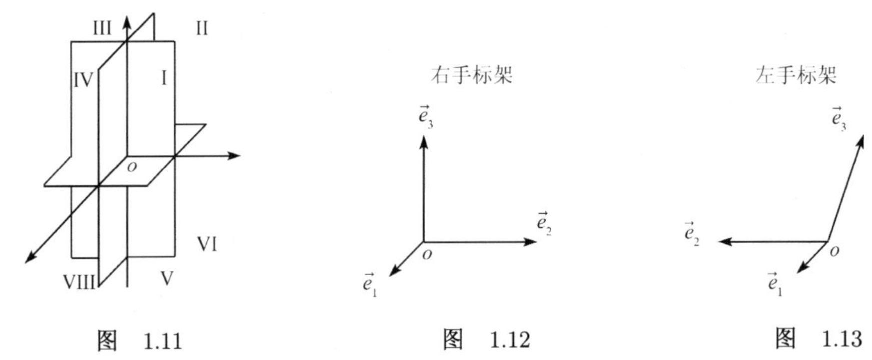

图 1.11　　图 1.12　　图 1.13

表 1.1

坐标＼卦限	I	II	III	IV	V	VI	VII	VIII
x	+	−	−	+	+	−	−	+
y	+	+	−	−	+	+	−	−
z	+	+	+	+	−	−	−	−

如果所讨论的向量是共面的, 就可以看作同一个平面上的向量, 那么只要在这个平面上取坐标系就行了. 根据命题 1.2, 平面上一点和两个不共线的向量就构成平面上一个仿射标架. 向量和点的坐标可以同样地定义. 当然也可把这个平面取作 xy 平面, 把平面上的情形看作空间中的特殊情形, 这时所讨论的向量的第三个坐标都是 0. 同样, 根据命题 1.1, 也可定义直线上的坐标系.

例 1.4　点 r 分有向线段 $\overrightarrow{pq}$ 成定比 k, 即 $\overrightarrow{pr}=k\overrightarrow{rq}$ $(k\neq-1)$, 在仿射标架中, 已知 $p(a_1,a_2,a_3)$,$q(b_1,b_2,b_3)$ 和 k, 求 $r(c_1,c_2,c_3)$.

解　由 $\overrightarrow{pr}=k\overrightarrow{rq}$ 得 $\overrightarrow{or}-\overrightarrow{op}=k(\overrightarrow{oq}-\overrightarrow{or})$, 于是

$$\overrightarrow{or} = \frac{1}{1+k}(\overrightarrow{op} + k\overrightarrow{oq}),$$

用坐标代入得

$$(c_1, c_2, c_3) = \left(\frac{a_1 + kb_1}{1+k}, \frac{a_2 + kb_2}{1+k}, \frac{a_3 + kb_3}{1+k}\right),$$

因此,

$$c_i = \frac{a_i + kb_i}{1+k}, \quad i = 1, 2, 3.$$

定比 k 也称为三点 p, q, r 的简比, 记为 (p, q, r). 若 $k = 1$, 得线段 pq 的中点坐标计算公式:

$$c_i = \frac{1}{2}(a_i + b_i), \quad i = 1, 2, 3. \tag{1.16}$$

要用向量法和坐标法解决平面几何问题, 就在平面上建立坐标系. 取平面 π 上一个仿射标架 $(o; \vec{e}_1, \vec{e}_2)$. 设 π 上点 p_1, p_2, p_3 的坐标分别为 (a_1, b_1), (a_2, b_2), (a_3, b_3), 则点 p_1, p_2, p_3 共线, 当且仅当向量 $\overrightarrow{p_3p_1}$, $\overrightarrow{p_3p_2}$ 共线, 当且仅当存在不全为零的数 k, l 使得 $k\overrightarrow{p_3p_1} + l\overrightarrow{p_3p_2} = 0$, 当且仅当

$$(a_1 - a_3)(b_2 - b_3) = (a_2 - a_3)(b_1 - b_3). \tag{1.17}$$

例 1.5 用坐标法证明 Menelaus 定理 (参考例 1.3).

证 取仿射标架 $(p_1; \overrightarrow{p_1p_2}, \overrightarrow{p_1p_3})$, 三点 q_3, q_2, q_1 的坐标分别为

$$\left(\frac{k_1}{1+k_1}, 0\right), \quad \left(0, \frac{1}{1+k_3}\right), \quad \left(\frac{1}{1+k_2}, \frac{k_2}{1+k_2}\right).$$

因此, 由 (1.17) 式得, 三点 q_1, q_2, q_3 共线的充要条件为

$$\left(\frac{k_1}{1+k_1} - \frac{1}{1+k_2}\right)\left(\frac{1}{1+k_3} - \frac{k_2}{1+k_2}\right) = \left(-\frac{k_2}{1+k_2}\right)\left(-\frac{1}{1+k_2}\right),$$

上式等价于 $k_1k_2k_3 = -1$.

1.3 向量的内积与外积

欧氏几何学中关于长度、面积、体积、角度的基本定理可以用向量的内积和外积运算来表达. 下面我们来讨论内积和外积运算的基本性质.

1.3.1 投影

设 $\vec{a}$, $\vec{b}$ 是两个非零向量, 将它们表示在同一始点 o, 设 $\overrightarrow{op} = \vec{a}$, 且 $\overrightarrow{oq} = \vec{b}$, 称介于 0 与 π 间的角 $\angle poq$ 为 $\vec{a}$ 与 $\vec{b}$ 的夹角, 记为 $\angle(\vec{a}, \vec{b})$. 显然这个角与点 o 的选取, 及 $\vec{a}$, $\vec{b}$ 的长度和顺序都无关.

当 $\angle(\vec{a},\vec{b})=\frac{\pi}{2}$ 时, 称 $\vec{a}$ 与 $\vec{b}$ 垂直 (或正交), 记为 $\vec{a}\perp\vec{b}$.

如图 1.14, 设 ℓ 为一直线, q 为空间中一点, 过点 q 作一平面与直线 ℓ 垂直, 且交 ℓ 于 q', 我们称点 q' 为点 q 在直线 ℓ 上的垂直投影.

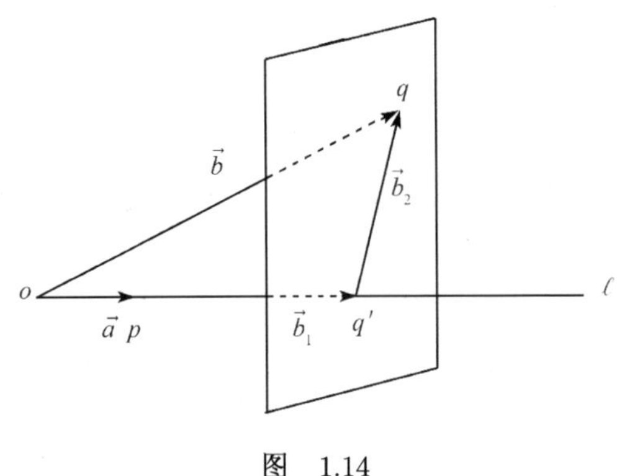

图　1.14

定义 1.6　设 $\vec{a}$ 是一个非零向量, $\vec{b}$ 是一个向量. 作 $\overrightarrow{op}=\vec{a}$, $\overrightarrow{oq}=\vec{b}$. 点 q 在 op 所在直线 ℓ 上的垂直投影为 q', 我们称 $\overrightarrow{oq'}$ 为 $\vec{b}$ 在 $\vec{a}$ 上的正交投影或内射影, 记为 $\mathrm{pr}_{\vec{a}}(\vec{b})$, 称 $\overrightarrow{q'q}$ 为 $\vec{b}$ 在 $\vec{a}$ 上的外射影.

因 $oq'q$ 为直角三角形, 易见

$$\mathrm{pr}_{\vec{a}}(\vec{b})=(|\vec{a}|^{-1}|\vec{b}|\cos\angle(\vec{a},\vec{b}))\vec{a}. \tag{1.18}$$

通过正交投影, 我们可将向量 $\vec{b}$ 以唯一的方式分解为一个与 $\vec{a}$ 平行的向量和一个与 $\vec{a}$ 正交的向量的和. 事实上,

$$\vec{b}=\mathrm{pr}_{\vec{a}}(\vec{b})+(\vec{b}-\mathrm{pr}_{\vec{a}}(\vec{b})), \tag{1.19}$$

且 $\mathrm{pr}_{\vec{a}}(\vec{b})$ 与 $\vec{a}$ 平行, $(\vec{b}-\mathrm{pr}_{\vec{a}}(\vec{b}))$ 与 $\vec{a}$ 正交. 若有 $\vec{b}=\vec{b}_1+\vec{b}_2=\vec{b}_1'+\vec{b}_2'$, 其中 $\vec{b}_1$, $\vec{b}_1'$ 与 $\vec{a}$ 平行, $\vec{b}_2$, $\vec{b}_2'$ 与 $\vec{a}$ 正交, 则 $\vec{b}_1-\vec{b}_1'=\vec{b}_2-\vec{b}_2'$. 此等式左边向量与 $\vec{a}$ 平行, 右边向量和 $\vec{a}$ 正交, 这只能是零向量. 因此有 $\vec{b}_1=\vec{b}_1'$, $\vec{b}_2=\vec{b}_2'$.

我们称分解式 (1.19) 为向量 $\vec{b}$ 在向量 $\vec{a}$ 上的正交分解. 由正交分解的唯一性, 可以得到正交投影的下述性质.

命题 1.3　设 $\vec{a}$ 为非零向量, 则对任意向量 $\vec{b}$, $\vec{c}$ 和实数 k, 有

$$\mathrm{pr}_{\vec{a}}(\vec{b}+\vec{c})=\mathrm{pr}_{\vec{a}}(\vec{b})+\mathrm{pr}_{\vec{a}}(\vec{c}),\quad \mathrm{pr}_{\vec{a}}(k\vec{b})=k\mathrm{pr}_{\vec{a}}(\vec{b}). \tag{1.20}$$

证　设 $\vec{b}=\vec{b}_1+\vec{b}_2$, $\vec{c}=\vec{c}_1+\vec{c}_2$ 分别为向量 $\vec{b}$, $\vec{c}$ 在向量 $\vec{a}$ 上的正交分解, 即 $\vec{b}_1\parallel\vec{a}$, $\vec{b}_2\perp\vec{a}$, $\vec{c}_1\parallel\vec{a}$, $\vec{c}_2\perp\vec{a}$. 令 $\vec{d}_1=\vec{b}_1+\vec{c}_1$, $\vec{d}_2=\vec{b}_2+\vec{c}_2$, 则有

$$\vec{b}+\vec{c}=\vec{d}_1+\vec{d}_2,\ \vec{d}_1\parallel\vec{a},\ \vec{d}_2\perp\vec{a}.$$

由正交分解的唯一性知, $\vec{d}_1+\vec{d}_2$ 就是向量 $\vec{b}+\vec{c}$ 沿向量 $\vec{a}$ 的正交分解, 即 $\mathrm{pr}_{\vec{a}}(\vec{b}+\vec{c})=\mathrm{pr}_{\vec{a}}(\vec{b})+\mathrm{pr}_{\vec{a}}(\vec{c})$. 同样地, 向量 $k\vec{b}$ 沿向量 $\vec{a}$ 的正交分解为 $k\vec{b}=k\vec{b}_1+k\vec{b}_2$, 所以 $\mathrm{pr}_{\vec{a}}(k\vec{b})=k\mathrm{pr}_{\vec{a}}(\vec{b})$. □

1.3.2 内积

定义 1.7 两非零向量 $\vec{a},\vec{b}$ 的内积 $\vec{a}\cdot\vec{b}$ 定义为实数

$$\vec{a}\cdot\vec{b}=|\vec{a}||\vec{b}|\cos\angle(\vec{a},\vec{b}). \tag{1.21}$$

若 $\vec{a},\vec{b}$ 之中有一个是零向量, 则规定 $\vec{a}\cdot\vec{b}=0$.

内积也称为点积或数量积. 由定义知, 两个非零向量 $\vec{a},\vec{b}$ 的内积 $\vec{a}\cdot\vec{b}$ 大于零 (小于零, 等于零), 当且仅当 $\angle(\vec{a},\vec{b})$ 为锐角 (钝角, 直角); 规定零向量与任意向量正交, 于是我们得到下面的结论.

命题 1.4 两向量正交当且仅当它们的内积为零.

投影公式 (1.18) 可用内积表为

$$\mathrm{pr}_{\vec{a}}(\vec{b})=\frac{\vec{a}\cdot\vec{b}}{\vec{a}\cdot\vec{a}}\vec{a}. \tag{1.22}$$

定理 1.5 对任意实数 k 及任意向量 $\vec{a},\vec{b}$, 有

1) $\vec{a}\cdot\vec{b}=\vec{b}\cdot\vec{a}$,

2) $\vec{a}\cdot(k\vec{b})=k(\vec{a}\cdot\vec{b})$,

3) $\vec{a}\cdot(\vec{b}+\vec{c})=\vec{a}\cdot\vec{b}+\vec{a}\cdot\vec{c}$,

4) $\vec{a}\cdot\vec{a}\geqslant 0$, 且等号成立当且仅当 $\vec{a}=0$.

证 1), 2), 4) 可由定义直接得出. 下面证明 3). 当 $\vec{a}=0$ 时, 由定义, 等号两边为零. $\vec{a}\neq 0$ 时, 由投影公式 (1.22) 和命题 1.3, 有

$$\frac{\vec{a}\cdot(\vec{b}+\vec{c})}{\vec{a}\cdot\vec{a}}\vec{a}=\mathrm{pr}_{\vec{a}}(\vec{b}+\vec{c})=\mathrm{pr}_{\vec{a}}(\vec{b})+\mathrm{pr}_{\vec{a}}(\vec{c})=\frac{\vec{a}\cdot\vec{b}}{\vec{a}\cdot\vec{a}}\vec{a}+\frac{\vec{a}\cdot\vec{c}}{\vec{a}\cdot\vec{a}}\vec{a}=\frac{\vec{a}\cdot\vec{b}+\vec{a}\cdot\vec{c}}{\vec{a}\cdot\vec{a}}\vec{a}.$$

因为 $\vec{a}\neq 0$, 所以 $\vec{a}\cdot(\vec{b}+\vec{c})=\vec{a}\cdot\vec{b}+\vec{a}\cdot\vec{c}$. □

我们称定理 1.5 中性质 1) 为内积的对称性, 称性质 2) 和 3) 为内积关于第二个向量是线性的. 结合 1) 又得出内积关于第一个向量也是线性的. 合起来称为内积的双线性. 性质 4) 称为内积的正定性.

在仿射标架 $(o;\vec{e}_1,\vec{e}_2,\vec{e}_3)$ 中, 若已知 $\vec{a}(a_1,a_2,a_3)$, $\vec{b}(b_1,b_2,b_3)$, 则

$$\vec{a}\cdot\vec{b}=\left(\sum_{i=1}^{3}a_i\vec{e}_i\right)\cdot\left(\sum_{j=1}^{3}b_j\vec{e}_j\right)=\sum_{i,j=1}^{3}a_ib_j\vec{e}_i\cdot\vec{e}_j. \tag{1.23}$$

只要知道 $\vec{e}_i\cdot\vec{e}_j$ $(1\leqslant i,\ j\leqslant 3)$, 就可用公式 (1.23) 计算任意两向量的内积. 但是, 以上计算公式依赖于基向量的选取. 能否选取适当的基向量, 使得内积的计算具有简单而统一的公式呢 ?

定义1.8 设 $(o;\vec{e}_1, \vec{e}_2, \vec{e}_3)$ 为仿射标架. 若基向量都是单位向量, 并且三个坐标轴两两相互垂直, 则称 $(o;\vec{e}_1, \vec{e}_2, \vec{e}_3)$ 为直角坐标系或幺正标架. 此时, 基 $(\vec{e}_1, \vec{e}_2, \vec{e}_3)$ 称为幺正基.

如果 $(o;\vec{e}_1,\vec{e}_2,\vec{e}_3)$ 是直角坐标系, 即 $(\vec{e}_1,\vec{e}_2,\vec{e}_3)$ 是幺正基, 此时

$$\vec{e}_i \cdot \vec{e}_j = \delta_{ij}, \quad 1 \leqslant i, j \leqslant 3; \tag{1.24}$$

$$\vec{a} = (\vec{a}\cdot\vec{e}_1)\vec{e}_1 + (\vec{a}\cdot\vec{e}_2)\vec{e}_2 + (\vec{a}\cdot\vec{e}_3)\vec{e}_3; \tag{1.25}$$

$$\vec{a}\cdot\vec{b} = a_1b_1 + a_2b_2 + a_3b_3; \tag{1.26}$$

$$|\vec{a}| = \sqrt{{a_1}^2 + {a_2}^2 + {a_3}^2}; \tag{1.27}$$

$$\cos\angle(\vec{a},\vec{b}) = \frac{a_1b_1 + a_2b_2 + a_3b_3}{\sqrt{{a_1}^2 + {a_2}^2 + {a_3}^2}\sqrt{{b_1}^2 + {b_2}^2 + {b_3}^2}}. \tag{1.28}$$

注 公式 (1.24) 中 δ_{ij} 是 kronecker 记号. 当 $i = j$ 时, 它等于 1; 否则, 它等于 0. 公式 (1.24)~(1.28) 在仿射标架中一般不成立.

1.3.3 外积

定义1.9 两个向量 $\vec{a}$ 与 $\vec{b}$ 的外积是一个向量, 记为 $\vec{a}\times\vec{b}$, 其长度为

$$|\vec{a}\times\vec{b}| = |\vec{a}||\vec{b}|\sin\angle(\vec{a},\vec{b}),$$

其方向与 $\vec{a}$ 和 $\vec{b}$ 都垂直, 且 $\vec{a}$ 不平行 $\vec{b}$ 时, $\vec{a}, \vec{b}, \vec{a}\times\vec{b}$ 构成右手系.

外积也称为叉积. 由外积的定义可以看出, 当 $\vec{a}, \vec{b}$ 不共线时, $|\vec{a}\times\vec{b}|$ 就是以 $\vec{a}, \vec{b}$ 为邻边的平行四边形的面积, 参见图 1.15.

显然, 向量 $\vec{a}, \vec{b}$ 共线当且仅当 $\vec{a}\times\vec{b} = 0$. 特别地, $\vec{a}\times\vec{a} = 0$.

结合正交分解, 立即得下列命题.

命题1.5 设 $\vec{a} \neq 0, \vec{b} = \vec{b}_1 + \vec{b}_2, \vec{b}_1 \parallel \vec{a}, \vec{b}_2 \perp \vec{a}$, 则 $\vec{a}\times\vec{b} = \vec{a}\times\vec{b}_2$.

证 如图 1.16, 由外积定义, $\vec{a}\times\vec{b}$ 与 $\vec{a}\times\vec{b}_2$ 同向. 又 $|\vec{b}_2| = |\vec{b}|\sin\angle(\vec{a},\vec{b})$, 因而 $|\vec{a}\times\vec{b}| = |\vec{a}||\vec{b}|\sin\angle(\vec{a},\vec{b}) = |\vec{a}||\vec{b}_2| = |\vec{a}\times\vec{b}_2|$. □

命题1.6 设 $\vec{a}$ 是单位向量, $\vec{b}\perp\vec{a}$, 则 $\vec{a}\times\vec{b}$ 等于 $\vec{b}$ 绕 $\vec{a}$ 右旋 90° 得到的向量 $\vec{b}'$. 特别地, 设 $(o;\vec{e}_1,\vec{e}_2,\vec{e}_3)$ 是右手直角坐标系, 则

$$\vec{e}_1\times\vec{e}_2 = \vec{e}_3, \quad \vec{e}_2\times\vec{e}_3 = \vec{e}_1, \quad \vec{e}_3\times\vec{e}_1 = \vec{e}_2.$$

证 如图 1.17, $\vec{a}\times\vec{b}$ 与 $\vec{b}'$ 同向, 且 $|\vec{a}\times\vec{b}| = |\vec{a}||\vec{b}|\sin\angle(\vec{a},\vec{b}) = |\vec{b}| = |\vec{b}'|$. □

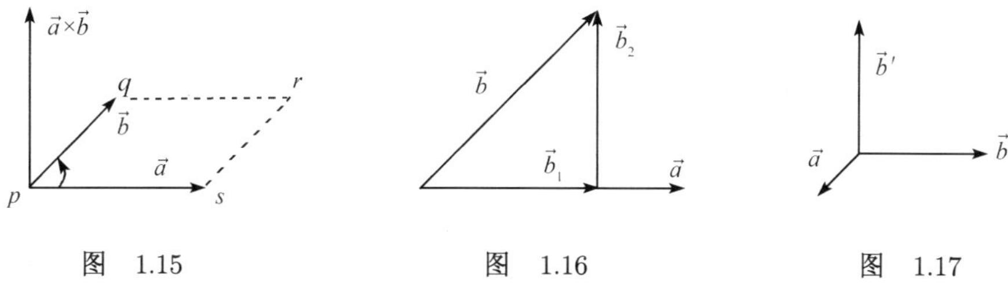

图 1.15 图 1.16 图 1.17

定理 1.6 设 $\vec{a}, \vec{b}, \vec{c}$ 是任意向量, k 是任意实数, 则有

1) $\vec{a}\times\vec{b} = -\vec{b}\times\vec{a}$,

2) $\vec{a}\times(k\vec{b}) = k(\vec{a}\times\vec{b})$,

3) $\vec{a}\times(\vec{b}+\vec{c}) = \vec{a}\times\vec{b}+\vec{a}\times\vec{c}$.

证 只证 3), 其余作为练习. $\vec{a}=0$ 时显然, 且由于 1),2), 可设 $\vec{a}$ 为单位向量. 设 $\vec{b}, \vec{c}$ 沿 $\vec{a}$ 方向的正交分解分别为 $\vec{b}=\vec{b}_1+\vec{b}_2, \vec{c}=\vec{c}_1+\vec{c}_2$, 于是 $\vec{b}+\vec{c}=(\vec{b}_1+\vec{c}_1)+(\vec{b}_2+\vec{c}_2)$ 是 $\vec{b}+\vec{c}$ 沿 $\vec{a}$ 方向的正交分解 (见 (1.20) 式). 由命题 1.6, $\vec{a}\times(\vec{b}+\vec{c})=\vec{a}\times(\vec{b}_2+\vec{c}_2)$, $\vec{a}\times\vec{b}=\vec{a}\times\vec{b}_2$, $\vec{a}\times\vec{c}=\vec{a}\times\vec{c}_2$, 而且它们分别是将 $\vec{b}_2+\vec{c}_2$,$\vec{b}_2$ 和 $\vec{c}_2$ 绕 $\vec{a}$ 右旋 $90°$ 得到的向量 (见图 1.18). 显然, 旋转时向量的加法关系保持不变, 所以 $\vec{a}\times(\vec{b}+\vec{c})=\vec{a}\times\vec{b}+\vec{a}\times\vec{c}$. □

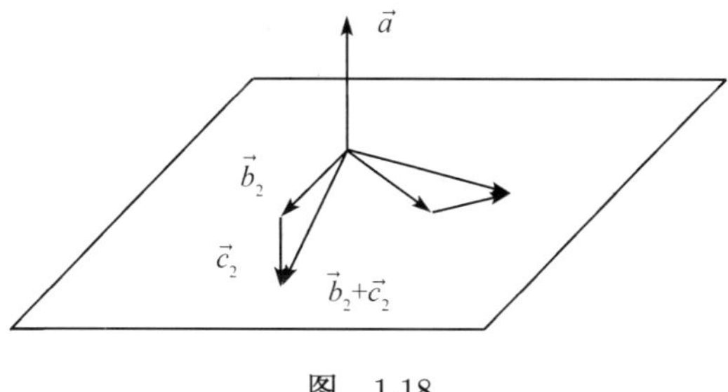

图 1.18

因此, 性质 1) 表明外积运算是反对称的, 由 1), 2), 3) 得外积是双线性的. 由外积运算性质立即得到用坐标计算外积的公式.

取仿射标架 $(o;\vec{e}_1,\vec{e}_2,\vec{e}_3)$, 已知 $\vec{a}(a_1,a_2,a_3)$, $\vec{b}(b_1,b_2,b_3)$, 则有

$$\begin{aligned}\vec{a}\times\vec{b} &= (a_1\vec{e}_1+a_2\vec{e}_2+a_3\vec{e}_3)\times(b_1\vec{e}_1+b_2\vec{e}_2+b_3\vec{e}_3)\\ &= (a_2b_3-a_3b_2)\vec{e}_2\times\vec{e}_3+(a_3b_1-a_1b_3)\vec{e}_3\times\vec{e}_1\\ &\quad +(a_1b_2-a_2b_1)\vec{e}_1\times\vec{e}_2.\end{aligned} \tag{1.29}$$

上式表明, 我们只要知道基向量之间的外积就可以计算任意两个向量的外积. 如果 $(o;\vec{e}_1,\vec{e}_2,\vec{e}_3)$ 是右手直角坐标系, 根据命题 1.6, $\vec{a}\times\vec{b}$ 的坐标为

$$(a_2b_3-a_3b_2, a_3b_1-a_1b_3, a_1b_2-a_2b_1). \tag{1.30}$$

由以上公式容易证明二重外积公式, 从而得到 Jacobi 恒等式 (习题 25).

例 1.6　解实系数方程组 (设两方程的系数不成比例)

$$\begin{cases} a_1x + a_2y + a_3z = 0, \\ b_1x + b_2y + b_3z = 0. \end{cases}$$

解　取右手直角坐标系. 设 $\vec{u}, \vec{v}$ 分别是坐标为 (a_1, a_2, a_3), (b_1, b_2, b_3) 的两向量. 因为 $\vec{u}, \vec{v}$ 不共线, 所以 $\vec{u} \times \vec{v} \neq 0$. 因此, (x, y, z) 是方程组的解, 当且仅当向量 $\vec{r}(x, y, z)$ 满足: $\vec{r} \cdot \vec{u} = \vec{r} \cdot \vec{v} = 0$, 即 $\vec{r}$ 与 $\vec{u} \times \vec{v}$ 共线. 又 $\vec{u} \times \vec{v}$ 的坐标为 $(a_2b_3 - a_3b_2, a_3b_1 - a_1b_3, a_1b_2 - a_2b_1)$, 由此得方程组的解为

$$(x, y, z) = t(a_2b_3 - a_3b_2, a_3b_1 - a_1b_3, a_1b_2 - a_2b_1), \quad t \in \mathbf{R}.$$

1.3.4　体积与行列式

平面几何中, 平面有两个旋转方向, 我们规定反时针方向为正向. 平面上一对不共线的向量 $\vec{a}, \vec{b}$ 称为正定向的, 如果从 $\vec{a}$ 到 $\vec{b}$ 的旋转方向 (转角小于 π) 是正的, 即反时针方向. 两向量 $\vec{a}, \vec{b}$ 确定的平行四边形的定向面积 $A(\vec{a}, \vec{b})$ 是指带正负符号的面积, 当 $\vec{a}, \vec{b}$ 的定向为正时, 面积取正, 相反则取负. 若 $\vec{a}, \vec{b}$ 共线, 则令 $A(\vec{a}, \vec{b}) = 0$. 面积的绝对值在某种意义上表达了 $\vec{a}, \vec{b}$ 共线的程度. $A(\vec{a}, \vec{b})$ 作为以 $\vec{a}, \vec{b}$ 为变量的函数具有下列性质:

1) 它关于两个变量 $\vec{a}, \vec{b}$ 都是线性的, 例如, 关于第一个变量是线性的是指, 对任意向量 $\vec{a}_1$, $\vec{a}_2$ 和任意实数 k,

$$A(\vec{a}_1 + \vec{a}_2, \vec{b}) = A(\vec{a}_1, \vec{b}) + A(\vec{a}_2, \vec{b}), \quad A(k\vec{a}, \vec{b}) = kA(\vec{a}, \vec{b});$$

2) 它是斜对称的, 即 $A(\vec{a}, \vec{b}) = -A(\vec{b}, \vec{a})$;

3) 如果 $(\vec{e}_1, \vec{e}_2)$ 是右手幺正基, 则 $A(\vec{e}_1, \vec{e}_2) = 1$.

利用上述三条性质就可以计算两个给定的向量 $\vec{a}, \vec{b}$ 所确定的平行四边形的定向面积. 将 $\vec{a}, \vec{b}$ 用基向量表出: $\vec{a} = a_1\vec{e}_1 + a_2\vec{e}_2$, $\vec{b} = b_1\vec{e}_1 + b_2\vec{e}_2$, 则

$$\begin{aligned} A(\vec{a}, \vec{b}) &= a_1b_1A(\vec{e}_1, \vec{e}_1) + a_1b_2A(\vec{e}_1, \vec{e}_2) + a_2b_1A(\vec{e}_2, \vec{e}_1) + a_2b_2A(\vec{e}_2, \vec{e}_2) \\ &= (a_1b_2 - a_2b_1)A(\vec{e}_1\, \vec{e}_2). \end{aligned}$$

记 $a = (a_1, a_2)$, $b = (b_1, b_2)$, 表达式 $a_1b_2 - a_2b_1$ 是 a, b 的函数, 称为一个二阶行列式. 我们将它记为

$$\det(a, b) \text{ 或 } \begin{vmatrix} a_1 & a_2 \\ b_1 & b_2 \end{vmatrix}. \tag{1.31}$$

以上讨论表明, $\vec{a}, \vec{b}$ 共线当且仅当其坐标构成的行列式为零. 用行列式记号, 在空间直角坐标系下, 两向量的外积公式可写成如下形式:

$$\vec{a} \times \vec{b} = \begin{vmatrix} a_2 & a_3 \\ b_2 & b_3 \end{vmatrix} \vec{e}_1 + \begin{vmatrix} a_3 & a_1 \\ b_3 & b_1 \end{vmatrix} \vec{e}_2 + \begin{vmatrix} a_1 & a_2 \\ b_1 & b_2 \end{vmatrix} \vec{e}_3. \tag{1.32}$$

空间中一个平行六面体由同一顶点上的三个边所确定, 这三个边可用三个向量来表示, 平行六面体的体积由这三个向量完全确定, 与起点位置无关.

如图 1.19, 考察以向量 $\vec{a}, \vec{b}, \vec{c}$ 为边的平行六面体的体积. 以 $\vec{b}$ 和 $\vec{c}$ 为边的平形四边形作为底, 那么底面积是 $|\vec{b}\times\vec{c}|$, 高是 $|\vec{a}|\cos\angle(\vec{a}, \vec{b}\times\vec{c})$. 因此我们得到用向量运算表示体积的公式:

$$|\vec{a}||\vec{b}\times\vec{c}||\cos\angle(\vec{a}, \vec{b}\times\vec{c})| = |\vec{a}\cdot(\vec{b}\times\vec{c})|. \tag{1.33}$$

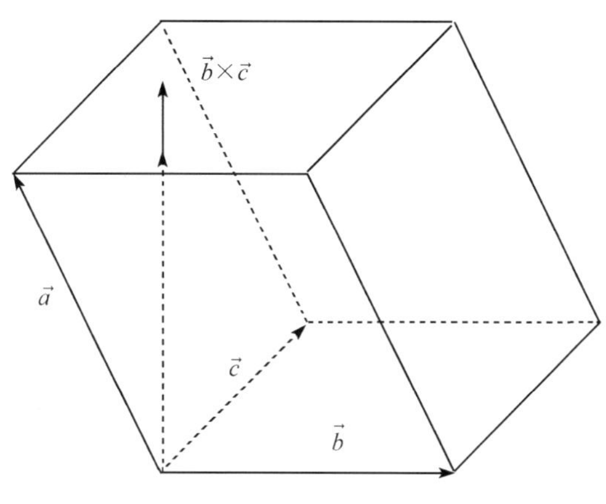

图 1.19

公式中取绝对值是为了使体积非负. 因为 $\vec{b}\times\vec{c}, \vec{b}, \vec{c}$ 是右手系, 所以, 当 $\vec{a}, \vec{b}, \vec{c}$ 是右手系时, $\angle(\vec{a}, \vec{b}\times\vec{c})$ 为锐角, 此时, $\vec{a}\cdot(\vec{b}\times\vec{c}) > 0$; 而当 $\vec{a}, \vec{b}, \vec{c}$ 是左手系时, 则有 $\vec{a}\cdot(\vec{b}\times\vec{c}) < 0$. 因此, $\vec{a}\cdot(\vec{b}\times\vec{c})$ 是正还是负就表示 $\vec{a}, \vec{b}, \vec{c}$ 是右手系还是左手系. $\vec{a}, \vec{b}, \vec{c}$ 是右 (左) 手系时称平行六面体是正 (负) 定向的, 此时体积为正 (负), 即 $\vec{a}\cdot(\vec{b}\times\vec{c})$ 是一个带正负号的体积, 称为定向平行六面体的定向体积, 也称为向量 $\vec{a}, \vec{b}, \vec{c}$ 的混合积.

由于 $\vec{a}, \vec{b}, \vec{c}$ 与 $\vec{c}, \vec{a}, \vec{b}$ 的定向相同, 所以 $\vec{a}\cdot(\vec{b}\times\vec{c}) = \vec{c}\cdot(\vec{a}\times\vec{b}) = (\vec{a}\times\vec{b})\cdot\vec{c}$. 即, 混合积中内积与外积可以交换次序, 所以可将 $\vec{a}\cdot(\vec{b}\times\vec{c})$ 简记为 $(\vec{a}, \vec{b}, \vec{c})$.

下面用坐标来计算体积. 在仿射标架$(o; \vec{e}_1, \vec{e}_2, \vec{e}_3)$ 中, 设向量 $\vec{a}, \vec{b}, \vec{c}$ 的坐标分别为 $a = (a_1, a_2, a_3)$, $b = (b_1, b_2, b_3)$, $c = (c_1, c_2, c_3)$, 则

$$\begin{aligned}
&\vec{a}\cdot(\vec{b}\times\vec{c})\\
=&\vec{a}\cdot\left(\begin{vmatrix} b_2 & b_3\\ c_2 & c_3\end{vmatrix}\vec{e}_2\times\vec{e}_3 + \begin{vmatrix} b_3 & b_1\\ c_3 & c_1\end{vmatrix}\vec{e}_3\times\vec{e}_1 + \begin{vmatrix} b_1 & b_2\\ c_1 & c_2\end{vmatrix}\vec{e}_1\times\vec{e}_2\right)\\
=&\left(a_1\begin{vmatrix} b_2 & b_3\\ c_2 & c_3\end{vmatrix} + a_2\begin{vmatrix} b_3 & b_1\\ c_3 & c_1\end{vmatrix} + a_3\begin{vmatrix} b_1 & b_2\\ c_1 & c_2\end{vmatrix}\right)\vec{e}_1\cdot(\vec{e}_2\times\vec{e}_3).
\end{aligned} \tag{1.34}$$

于是只要知道 $\vec{e}_1\cdot(\vec{e}_2\times\vec{e}_3)$, 就可按上述公式用坐标计算 $\vec{a}\cdot(\vec{b}\times\vec{c})$. 特别地, 如果 $(o;\vec{e}_1,\vec{e}_2,\vec{e}_3)$ 是右手直角坐标系, 那么 $\vec{e}_1\cdot(\vec{e}_2\times\vec{e}_3)=1$. 此时

$$\begin{aligned}\vec{a}\cdot(\vec{b}\times\vec{c})&=a_1(b_2c_3-b_3c_2)+a_2(b_3c_1-b_1c_3)+a_3(b_1c_2-b_2c_1)\\&=a_1b_2c_3+a_2b_3c_1+a_3b_1c_2-a_1b_3c_2-a_2b_1c_3-a_3b_2c_1.\end{aligned}\tag{1.35}$$

式 (1.35) 右边的表达式是 a, b, c 的函数, 称为一个三阶行列式, 记为

$$\det(a,b,c)\ \text{或}\ \begin{vmatrix}a_1&a_2&a_3\\b_1&b_2&b_3\\c_1&c_2&c_3\end{vmatrix}.$$

于是, 在仿射标架 $(o;\vec{e}_1,\vec{e}_2,\vec{e}_3)$ 中, 混合积的计算公式 (1.34) 可以表为

$$\vec{a}\cdot(\vec{b}\times\vec{c})=\det(a,b,c)\vec{e}_1\cdot(\vec{e}_2\times\vec{e}_3).\tag{1.36}$$

因为 $\vec{e}_1\cdot(\vec{e}_2\times\vec{e}_3)\neq 0$, 所以, $\vec{a}\cdot(\vec{b}\times\vec{c})=0$ 当且仅当 $\det(a,b,c)=0$. 因为向量 $\vec{a}$, $\vec{b}$, $\vec{c}$ 共面当且仅当 $\vec{a}\cdot(\vec{b}\times\vec{c})=0$. 于是

命题 1.7 在仿射标架 $(o;\vec{e}_1,\vec{e}_2,\vec{e}_3)$ 中, 设 $\vec{a}$, $\vec{b}$, $\vec{c}$ 的坐标分别为

$$a=(a_1,a_2,a_3),\ b=(b_1,b_2,b_3),\ c=(c_1,c_2,c_3),$$

则向量 $\vec{a}$, $\vec{b}$, $\vec{c}$ 共面的充要条件是 $\det(a,b,c)=0$.

由内积与外积的性质可得体积的基本性质. 行列式就是体积的坐标表示. 因此行列式 $\det(a,b,c)$ 有如下基本性质:

1) 它关于 a, b, c 是线性的. 例如, 对任意 $k\in\mathbf{R}$, a_1, $a_2\in\mathbf{R}^3$, 有

$$\begin{aligned}&\det(ka,b,c)=k\det(a,b,c),\\&\det(a_1+a_2,b,c)=\det(a_1,b,c)+\det(a_2,b,c);\end{aligned}$$

2) 它是斜对称的, 即交换两行, 行列式变号. 如 $\det(a,b,c)=-\det(b,a,c)$;

3) $\det(e_1,e_2,e_3)=1$, 这里 $e_1=(1,0,0)$, $e_2=(0,1,0)$, $e_3=(0,0,1)$.

例 1.7 证明: 实系数三元一次方程组

$$\begin{cases}a_1x+b_1y+c_1z=d_1,\\a_2x+b_2y+c_2z=d_2,\\a_3x+b_3y+c_3z=d_3\end{cases}\tag{1.37}$$

有唯一解的充分必要条件是 $\det(a,b,c)\neq 0$, 而且唯一解为

$$x=\frac{\det(d,b,c)}{\det(a,b,c)},\quad y=\frac{\det(a,d,c)}{\det(a,b,c)},\quad z=\frac{\det(a,b,d)}{\det(a,b,c)},\tag{1.38}$$

其中 $a=(a_1,a_2,a_3),\ b=(b_1,b_2,b_3),\ c=(c_1,c_2,c_3),\ d=(d_1,d_2,d_3)$.

证 设 $a=(a_1,a_2,a_3)$, $b=(b_1,b_2,b_3)$, $c=(c_1,c_2,c_3)$, $d=(d_1,d_2,d_3)$ 依次为向量 $\vec{a}$, $\vec{b}$, $\vec{c}$, $\vec{d}$ 在一个仿射标架中的坐标. 方程组 (1.37) 可写成

$$x\vec{a}+y\vec{b}+z\vec{c}=\vec{d}. \tag{1.39}$$

如果 $\det(a,b,c)\neq 0$, 则向量组 $\vec{a}$, $\vec{b}$, $\vec{c}$ 不共面. 由定理 1.4 知, 方程 (1.39) 有唯一解. 反之, 如果原方程组有唯一解 (l,m,n), 要证 $\vec{a}$, $\vec{b}$, $\vec{c}$ 不共面. 事实上, 若 $\vec{a}$, $\vec{b}$, $\vec{c}$ 共面, 则有不全为零的数 r, s, t, 使得 $r\vec{a}+s\vec{b}+t\vec{c}=0$. 于是

$$(r+l)\vec{a}+(s+m)\vec{b}+(t+n)\vec{c}=\vec{d},$$

即 $(r+l,\ s+m,\ t+n)$ 也是方程组的一个解, 且它不同于 (l,m,n). 这与方程组有唯一解矛盾. 因此 $\vec{a}$, $\vec{b}$, $\vec{c}$ 不共面. 从而 $\det(a,b,c)\neq 0$. 又因为

$$(\vec{d},\vec{b},\vec{c})=(x\vec{a}+y\vec{b}+z\vec{c},\vec{b},\vec{c})=x(\vec{a},\vec{b},\vec{c}),$$

所以 $\det(d,b,c)=x\det(a,b,c)$. 由此求出 x. 同理可得 y, z.

上例中结论就是三个变量情形的 Cramer 法则. 显然, 利用平面向量的线性关系, 可以证明两个变量情形同样的结论. 当然, 解方程组可以看成一个单纯的代数问题. 例如, 对于两个变量, 两个方程构成的方程组:

$$\begin{cases} a_{11}x_1+a_{12}x_2=b_1, & (1)\\ a_{21}x_1+a_{22}x_2=b_2. & (2)\end{cases}$$

$(1)\times a_{22}+(2)\times(-a_{12})$ 消去 x_2, 得 $(a_{11}a_{22}-a_{12}a_{21})x_1=b_1a_{22}-b_2a_{12}$. $(1)\times(-a_{21})+(2)\times a_{11}$ 消去 x_1, 得 $(a_{11}a_{22}-a_{12}a_{21})x_2=b_2a_{11}-b_1a_{21}$. 因此, 当 $(a_{11}a_{22}-a_{12}a_{21})\neq 0$ 时, 方程组有唯一解:

$$x_1=\frac{\begin{vmatrix} b_1 & a_{12}\\ b_2 & a_{22}\end{vmatrix}}{\begin{vmatrix} a_{11} & a_{12}\\ a_{21} & a_{22}\end{vmatrix}},\qquad x_2=\frac{\begin{vmatrix} a_{11} & b_1\\ a_{21} & b_2\end{vmatrix}}{\begin{vmatrix} a_{11} & a_{12}\\ a_{21} & a_{22}\end{vmatrix}}.$$

对于三个变量三个方程的情形, 也可以同样地求解. 而且这一消元解法还可以推广到 n 个变量 n 个方程的情形, 参见定理 4.18. 另一方面, 当方程组 (1.37) 中常数项 d_1, d_2, d_3 都为零时, 方程组总有解, 每个变量都取零就是一个解. 因此, 我们有下面的推论.

推论 1.3 如果 $d_1=d_2=d_3=0$, 那么方程组 (1.37) 有非零解的充要条件是系数行列式为零.

解三元一次方程组 (1.37), 等价于将 $\mathbf{R}^3$ 中向量 d 表为向量 a, b, c 的线性组合. 将一个向量表为多个向量的线性组合的问题将导致更一般的多元一次方程组, 后面我们将讨论用矩阵解线性方程组的一般方法, 这里我们举例说明如何解一般的线性方程组.

例 1.8　将 $\mathbf{R}^3$ 中向量 $a=(2,6,8)$ 表为 $a_1=(1,2,1), a_2=(-2,-4,-2), a_3=(0,2,3), a_4=(2,0,-3), a_5=(-3,8,16)$ 的线性组合.

解　要求数 x_1, x_2, x_3, x_4, x_5, 使 $a=x_1a_1+x_2a_2+x_3a_3+x_4a_4+x_5a_5$, 即解下列方程组

$$\begin{cases} x_1-2x_2 \qquad\qquad +2x_4-3x_5=2, \\ 2x_1-4x_2+2x_3 \qquad\qquad +8x_5=6, \\ x_1-2x_2+3x_3-3x_4+16x_5=8. \end{cases} \tag{1.40}$$

为了解以上方程组, 我们对方程组作同解变形, 将其转化为和原方程组同解, 但比原方程组容易求解的方程组. 方法是逐步消元, 消去某些未知量, 从而用某些未知量表示其余未知量. 首先, 消去 x_1, 使得除第 1 个方程外, 其余方程中不含 x_1, 这只要分别将第一个方程的 -2, -1 倍加到第 2, 3 个方程即可. 于是得到下列方程组:

$$\begin{cases} x_1-2x_2 \qquad +2x_4-3x_5=2, \\ \qquad\qquad 2x_3-4x_4+14x_5=2, \\ \qquad\qquad 3x_3-5x_4+19x_5=6. \end{cases} \tag{1.41}$$

现在将 (1.41) 中第 2 个方程中 x_3 的系数化为 1, 然后用同样的方法消去第 3 个方程中的 x_3. 为此, 第 2 个方程乘 $\frac{1}{2}$, 得

$$\begin{cases} x_1-2x_2 \qquad +2x_4 \quad 3x_5=2, \\ \qquad\qquad x_3-2x_4+7x_5=1, \\ \qquad\qquad 3x_3-5x_4+19x_5=6. \end{cases}$$

再将第 2 个方程的 -3 倍加到第 3 个方程, 得

$$\begin{cases} x_1-2x_2+2x_4-3x_5=2, \\ \qquad x_3-2x_4+7x_5=1, \\ \qquad\qquad x_4-2x_5=3. \end{cases} \tag{1.42}$$

继续消去 (1.42) 中 x_4(第 3 个方程除外), 得

$$\begin{cases} x_1-2x_2 \qquad\qquad +x_5=-4, \\ \qquad\qquad x_3 \qquad +3x_5=7, \\ \qquad\qquad\qquad x_4-2x_5=3. \end{cases}$$

将上面的方程组改写为如下形式:

$$\begin{cases} x_1 = 2x_2 - x_5 - 4, \\ x_3 = -3x_5 + 7, \\ x_4 = 2x_5 + 3. \end{cases}$$

于是, 对于 x_2, x_5 任意取值, 5 元数组 $(2x_2 - x_5 - 4, x_2,\ -3x_5 + 7,\ 2x_5 + 3,\ x_5)$ 是原方程组的解. 例如, 取 $x_2 = x_5 = 0$, 得 $(-4, 0, 7, 3, 0)$, 于是

$$a = (2, 6, 8) = -4a_1 + 0a_2 + 7a_3 + 3a_4 + 0a_5.$$

一般地, 可以对方程组施行下列三类变换:

1° 将一个方程乘一个数加到另一个方程上;

2° 互换两个方程的位置;

3° 用一个非零数乘某一个方程.

不难看出, 这些变换并不改变方程组的解. 在第 4 章中, 我们将证明, 这是一个解线性方程组的一般方法.

1.4 空间的平面与直线

由前面的讨论知, 点的共面或共线关系可以用向量的共面或共线来表达. 我们将平面、直线视作点的集合. 点在平面或直线上, 当且仅当它们的坐标满足一定的关系. 给定图形, 确定其方程, 或给定方程, 分析图形性质, 这正是解析几何的基本思想. 向量的共面或共线所表达的线性关系表现为线性方程或方程组. 本节中我们介绍平面和直线的方程, 讨论相关的几何问题.

1.4.1 平面与直线的方程

空间中一个点和两个不共线的向量确定一个过这一点和给定的两向量平行的平面. 如图 1.20, 取定仿射标架 $(o; \vec{e}_1, \vec{e}_2, \vec{e}_3)$, 设过点 $p_0(\vec{r}_0)$, 与两个不共线向量 $\vec{u}(x_1, y_1, z_1)$, $\vec{v}(x_2, y_2, z_2)$ 平行的平面为 π. 则点 $p(\vec{r})$ 在 π 上当且仅当向量 $\overrightarrow{p_0p}$, $\vec{u}$, $\vec{v}$ 共面. 由命题 1.2 知, 这等价于存在实数 t_1, t_2, 使得

$$\vec{r} - \vec{r}_0 = t_1\vec{u} + t_2\vec{v}. \tag{1.43}$$

于是, 平面 π 上的点和有序实数对 (t_1, t_2) 之间形成一一对应 (若在 π 上取仿射标架 $(p_0; \vec{u}, \vec{v})$, 则 (t_1, t_2) 就是点 p 的坐标), 方程 (1.43) 叫做 π 的向量式参数方程, (t_1, t_2) 称为参数, $\vec{u}$, $\vec{v}$ 称为 π 的方向向量. 用坐标代入 (1.43), 得到 π 的坐标式参

数方程

$$\begin{cases} x = x_0 + t_1x_1 + t_2x_2, \\ y = y_0 + t_1y_1 + t_2y_2, \\ z = z_0 + t_1z_1 + t_2z_2. \end{cases} \tag{1.44}$$

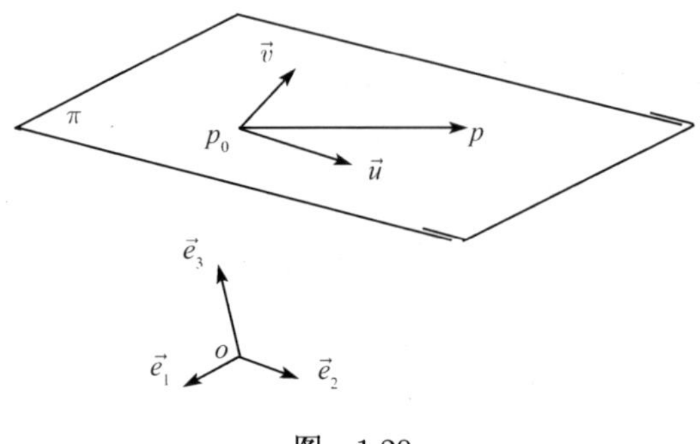

图 1.20

利用命题 1.7 可从上式中消去参数 t_1, t_2, 得到一个关于 x, y, z 的方程. 事实上, 点 $p(x,y,z)$ 在 π 上, 当且仅当向量 $\overrightarrow{p_0p}$, $\vec{u}$, $\vec{v}$ 共面, 当且仅当

$$\begin{vmatrix} x-x_0 & y-y_0 & z-z_0 \\ x_1 & y_1 & z_1 \\ x_2 & y_2 & z_2 \end{vmatrix} = 0,$$

即 x, y, z 满足: $ax+by+cz=d$, 其中

$$a = y_1z_2 - z_1y_2, b = z_1x_2 - x_1z_2, c = x_1y_2 - y_1x_2, d = ax_0 + by_0 + cz_0.$$

因 $\vec{u}$, $\vec{v}$ 不共线, 所以 a, b, c 不全为零.

定理 1.7　在空间取一个仿射标架, 则每个平面都可以用一个一次项系数不全为零的三元一次方程表示. 反之, 每个这样的方程都代表一个平面.

证　定理的第一部分已证. 反之, 任给一个三元一次方程

$$ax+by+cz=d, \quad \text{其中 } a, b, c \text{ 不全为零}. \tag{1.45}$$

不妨设 $a \neq 0$, 由已证部分知, 过点 $q(\frac{d}{a},0,0)$, 平行于向量 $\vec{w}_1(-\frac{b}{a},1,0)$, 和 $\vec{w}_2(-\frac{c}{a},0,1)$ 的平面方程为

$$\begin{vmatrix} x-\dfrac{d}{a} & y-0 & z-0 \\ -\dfrac{b}{a} & 1 & 0 \\ -\dfrac{c}{a} & 0 & 1 \end{vmatrix} = 0,$$

即 $ax+by+cz=d$. 换句话说, 方程 (1.45) 表示一个平面. □

方程 (1.45) 称为平面的一般方程.

与平面垂直的非零向量称为该平面的一个法向量. 一个平面也可由它上面的一个点和它的一个法向量所确定. 设平面 π 经过点 p_0, 且和非零向量 $\vec{n}$ 正交. 则点 p 在 π 上, 当且仅当 $\overrightarrow{p_0p}$ 与 $\vec{n}$ 正交, 当且仅当

$$\overrightarrow{p_0p}\cdot\vec{n}=0. \tag{1.46}$$

若 $\vec{u}$, $\vec{v}$ 是 π 的方向向量, 则 $\vec{u}\times\vec{v}$ 是 π 的法向量. 因此点 p 在 π 上等价于

$$\overrightarrow{p_0p}\cdot(\vec{u}\times\vec{v})=0.$$

在直角坐标系下, 设 p_0, p, $\vec{n}$ 的坐标分别为 (x_0,y_0,z_0), (x,y,z) 和 (a,b,c), 由内积的计算公式 (参见 (1.26)), (1.46) 的坐标形式为

$$a(x-x_0)+b(y-y_0)+c(z-z_0)=0. \tag{1.47}$$

式 (1.47) 称为平面的点法式方程. 反之, 设 π 在直角坐标系下的一般方程为

$$ax+by+cz=d,$$

对 π 上任意两点 $p_1(x_1,y_1,z_1)$, $p_2(x_2,y_2,z_2)$, 有

$$a(x_2-x_1)+b(y_2-y_1)+c(z_2-z_1)=0.$$

这说明 $\vec{n}(a,b,c)$ 是 π 的一个法向量.

直线是两个平面的交, 因而可用两个三元一次方程组成的方程组表示, 即坐标同时满足两个三元一次方程的点的集合. 所以直线的一般方程为

$$\begin{cases} a_1x+b_1y+c_1z=d_1, \\ a_2x+b_2y+c_2z=d_2. \end{cases} \tag{1.48}$$

我们也可直接用向量的共线关系来描述直线, 从而推出直线的方程. 根据所给条件的不同, 直线方程有各种形式.

空间中一个点和一个非零向量决定一条经过这一点且平行于给定向量的直线. 我们称与直线平行的非零向量为该直线的方向向量. 如图 1.21, 取仿射标架 $(o;\vec{e}_1,\vec{e}_2,\vec{e}_3)$, 已知点 $p_0(x_0,y_0,z_0)$ 和非零向量 $\vec{v}(l,m,n)$, 我们来求过点 p_0 且方向向量为 $\vec{v}$ 的直线 ℓ 的方程.

点 $p(x,y,z)$ 在直线 ℓ 上当且仅当向量 $\overrightarrow{p_0p}$ 与 $\vec{v}$ 共线. 由命题 1.1 知, 这等价于存在实数 t, 使得 $\overrightarrow{p_0p}=\overrightarrow{op}-\overrightarrow{op_0}=t\vec{v}$. 设点 p_0, p 的位置向量分别为 $\vec{r}_0$, $\vec{r}$, 得直线方程为

$$\vec{r}=\vec{r}_0+t\vec{v}. \tag{1.49}$$

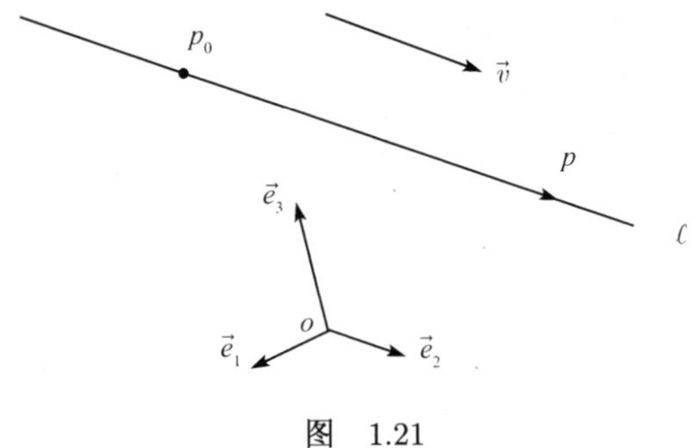

图 1.21

方程 (1.49) 叫做直线 ℓ 的向量式参数方程, t 称为参数. $t \in \mathbf{R}$ 与点 $p \in \ell$ 一一对应 (若在 ℓ 上取仿射标架 $(p_0; \vec{v})$, 则 t 就是 p 的坐标),

用坐标表示方程 (1.49), 有直线 ℓ 的坐标式参数方程

$$\begin{cases} x = x_0 + tl, \\ y = y_0 + tm, \quad t \in \mathbf{R}, \\ z = z_0 + tn. \end{cases} \tag{1.50}$$

消去参数 t, 有直线 ℓ 的标准方程 (或对称方程, 或点向式方程)

$$\frac{x - x_0}{l} = \frac{y - y_0}{m} = \frac{z - z_0}{n}. \tag{1.51}$$

已知直线 ℓ 上两点 $p_1(x_1, y_1, z_1)$, $p_2(x_2, y_2, z_2)$, 则可以将向量 $\overrightarrow{p_1p_2}$ 作为 ℓ 的方向向量, 写出 ℓ 的方程, 叫做直线 ℓ 的两点式方程

$$\frac{x - x_1}{x_2 - x_1} = \frac{y - y_1}{y_2 - y_1} = \frac{z - z_1}{z_2 - z_1}. \tag{1.52}$$

注 (1.51) 是两个方程构成的方程组, 即直线是两个平面的交线. 例如

$$\begin{cases} \dfrac{x - x_0}{l} - \dfrac{y - y_0}{m} = 0, \\ \dfrac{x - x_0}{l} - \dfrac{z - z_0}{n} = 0. \end{cases}$$

若 l, m, n 中有为零的数, 回到参数方程易知, 相应的分子也为零. 例如, 当 $l = 0$ 时, (1.51) 可写成

$$\begin{cases} x - x_0 = 0, \\ \dfrac{y - y_0}{m} = \dfrac{z - z_0}{n}. \end{cases}$$

直线的一般方程和标准方程之间可以相互转化.

例 1.9 化直线 $\ell : \begin{cases} 2x + y - 3z = 1, \\ 2x + y + z = 5 \end{cases}$ 的一般方程为标准方程,

解 只要求出交线上两点就行了. 第一个方程乘 (-1) 加到第二个方程消去 x, y, 得到一个和原方程组等价的方程组

$$\begin{cases} 2x+y-3z=1, \\ 4z=4. \end{cases}$$

由上面第二个方程, 得 $z=1$, 代入第一个方程, 得 $2x+y=4$. 因此方程组有无穷多解. 这些解的 z 坐标是 1, 而 x, y 坐标满足 $2x+y=4$. 取定 x, 则 y 的值就确定了. 如取 $x=0$, 得 $y=4$, 另取 $x=1$, 得 $y=2$. 所以 $(0,4,1)$, $(1,2,1)$ 为 ℓ 上两点. 因此 ℓ 的标准方程为

$$\frac{x}{1}=\frac{y-4}{-2}=\frac{z-1}{0}.$$

1.4.2 位置关系

以下讨论都是在仿射标架中进行的.

定理 1.8 向量 $\vec{v}(l,m,n)$ 与平面 π: $ax+by+cz=d$ 平行当且仅当

$$al+bm+cn=0.$$

证 在 π 上取一点 $p_0(x_0,y_0,z_0)$, 则 $ax_0+by_0+cz_0=d$. 作 $\overrightarrow{p_0p}=\vec{v}$, 则 $\vec{v}\parallel\pi$, 当且仅当 $p(x,y,z)$ 在 π 上, 即 $ax+by+cz=d=ax_0+by_0+cz_0$, 即 $al+bm+cn=0$. □

推论 1.4 过点 $p_0(x_0,y_0,z_0)$, 方向向量为 $\vec{v}(l,m,n)$ 的直线 ℓ 与平面 π: $ax+by+cz=d$ 平行, 当且仅当 $al+bm+cn=0$.

证 $\ell\parallel\pi$ 当且仅当 $\vec{v}\parallel\pi$. 由定理 1.8 得证. □

直线和平面的位置关系有相交和平行两种情形. 不平行必相交于一点, 平行包括直线在平面上 $(\ell\subseteq\pi)$ 的情况, 由 p_0 是否在 π 内来区分. 因此,

$$\begin{aligned}
&\ell \text{ 与 } \pi \text{ 相交} && \Leftrightarrow \quad al+bm+cn\neq 0,\\
&\ell \text{ 在 } \pi \text{ 上} && \Leftrightarrow \quad al+bm+cn=0,\ ax_0+by_0+cz_0=d,\\
&\ell \text{ 与 } \pi \text{ 平行}(\ell\not\subseteq\pi) && \Leftrightarrow \quad al+bm+cn=0,\ ax_0+by_0+cz_0\neq d.
\end{aligned}$$

推论 1.5 设平面 π_i 的方程为 $a_ix+b_iy+c_iz=d_i$, $i=1,2$, 则 π_1 与 π_2 平行 (包括重合) 的充要条件是

$$a_1:b_1:c_1=a_2:b_2:c_2.$$

证 $(\Leftarrow)$ 此时 π_2 的方程可化为 $a_1x+b_1y+c_1z=d'$. 在 π_2 上任取两点 $p_1(x_1,y_1,z_1)$, $p_2(x_2,y_2,z_2)$, 将其坐标代入 π_2 的方程, 再将两式相减, 我们得到 $a_1(x_1-x_2)+b_1(y_1-y_2)+c_1(z_1-z_2)=0$. 由定理 1.8 知, $\overrightarrow{p_1p_2}$ 与 π_1 平行, 因此 π_1 与 π_2 平行. $(\Rightarrow)$ 由定理 1.8 知, 向量 $\vec{u}\,(b_1,-a_1,0)$ 平行于 π_1, 因而它也平行

于 π_2. 于是 $b_1a_2+(-a_1)b_2=0$, 即 $\frac{a_1}{a_2}=\frac{b_1}{b_2}$. 同样地, 向量 $\vec{v}\,(0,c_1,-b_2)$ 平行于 π_2, 于是 $\frac{b_1}{b_2}=\frac{c_1}{c_2}$. □

两平面间的位置关系有相交和平行两种情形. 不平行则相交于一条直线, 平行又可分为重合和平行而不重合两种情形. 因此,

$$\begin{aligned}
&\pi_1 \text{ 与 } \pi_2 \text{ 相交} &&\Leftrightarrow a_1:b_1:c_1\neq a_2:b_2:c_2,\\
&\pi_1 \text{ 与 } \pi_2 \text{ 平行 } (\pi_1\neq\pi_2) &&\Leftrightarrow \frac{a_1}{a_2}=\frac{b_1}{b_2}=\frac{c_1}{c_2}\neq\frac{d_1}{d_2},\\
&\pi_1 \text{ 与 } \pi_2 \text{ 重合} &&\Leftrightarrow \frac{a_1}{a_2}=\frac{b_1}{b_2}=\frac{c_1}{c_2}=\frac{d_1}{d_2}.
\end{aligned}$$

当 $a_1:b_1:c_1\neq a_2:b_2:c_2$ 时, 下面方程组代表平面 π_1 和 π_2 的交线

$$\ell:\ \begin{cases} a_1x+b_1y+c_1z=d_1,\\ a_2x+b_2y+c_2z=d_2.\end{cases}$$

由定理 1.8 ，向量 $\vec{v}(x,y,z)$ 平行于直线 ℓ 的充要条件为

$$\begin{cases} a_1x+b_1y+c_1z=0,\\ a_2x+b_2y+c_2z=0.\end{cases}\tag{1.53}$$

由例 4.1 知,

$$\left(\begin{vmatrix} b_1 & c_1\\ b_2 & c_2\end{vmatrix},\begin{vmatrix} c_1 & a_1\\ c_2 & a_2\end{vmatrix},\begin{vmatrix} a_1 & b_1\\ a_2 & b_2\end{vmatrix}\right)$$

是 (1.53) 的一个非零解, 以它为坐标的向量就是直线 ℓ 的一个方向向量.

直线与直线的位置关系有异面、共面之分. 共面又分相交与平行; 平行包括重合、平行而不重合两种. 从方程来判定两直线的位置关系, 常将直线方程表为点向式. 若直线 ℓ_1 过点 p_1 平行于向量 $\vec{v_1}$, 直线 ℓ_2 过点 p_2 平行于向量 $\vec{v_2}$, 则有

$$\begin{aligned}
&\ell_1 \text{ 与 } \ell_2 \text{ 异面} &&\Leftrightarrow (\overrightarrow{p_1p_2},\vec{v_1},\vec{v_2})\neq 0,\\
&\ell_1 \text{ 与 } \ell_2 \text{ 平行} &&\Leftrightarrow \vec{v_1}\parallel\vec{v_2},\\
&\ell_1 \text{ 与 } \ell_2 \text{ 重合} &&\Leftrightarrow \overrightarrow{p_1p_2},\vec{v_1},\vec{v_2} \text{ 共线}.
\end{aligned}$$

例 1.10　求过点 $p_0(0,0,-2)$, 与平面 $\pi: 3x-y+2z-1=0$ 平行, 且与直线 $\ell_1:\frac{x-1}{4}=\frac{y-3}{-2}=\frac{z}{1}$ 相交的直线 ℓ 的方程.

解　要求出 ℓ 的一个方向向量 $\vec{u}(l,m,n)$. 由已知, ℓ_1 过点 $p_1(1,3,0)$, 方向向量为 $\vec{v}(4,-2,1)$. 由于 ℓ 与 ℓ_1 相交, 所以 $\vec{u}$, $\vec{v}$, $\overrightarrow{p_0p_1}$ 共面. 由命题 1.7 得

$$\begin{vmatrix} l & m & n\\ 1 & 3 & 2\\ 4 & -2 & 1\end{vmatrix}=0,\ \text{即 } l+m-2n=0.$$

又因为直线 ℓ 与平面 π 平行, 由定理 1.8, $3l-m+2n=0$. 结合上式解得 $l=0$, $m=2n$. 取 $n=1$,得 $m=2$. 因此 ℓ 的标准方程为

$$\frac{x}{0}=\frac{y}{2}=\frac{z+2}{1}.$$

命题 1.8 设平面 π_i 的方程为 $a_ix+b_iy+c_iz+d_i=0\ (i=1,\,2)$, 且 π_1 和 π_2 相交于直线 ℓ. 那么, 平面 π 经过直线 ℓ 当且仅当存在不全为零的实数 k_1, k_2 使得 π 的方程为

$$k_1(a_1x+b_1y+c_1z+d_1)+k_2(a_2x+b_2y+c_2z+d_2)=0. \tag{1.54}$$

证 设 k_1,k_2 是不全为零的实数, 则 (1.54) 是一个一次项系数不全为零的三元一次方程, 因此表示一个平面 π. 显然, ℓ 上每一点的坐标既满足 π_1 的方程, 也满足 π_2 的方程, 因而满足方程 (1.54), 所以 π 是过 ℓ 的一个平面. 反之, 我们来证, 过 ℓ 的每个平面的方程都形如 (1.54) 式. 设 π 为经过 ℓ 的平面, $p_0(x_0,y_0,z_0)$ 为 π 上任意一个不在 ℓ 上的点. 则 p_0 不在 π_1 上, 或者不在 π_2 上. 令 $k_1=(a_2x_0+b_2y_0+c_2z_0+d_2)$, $k_2=-(a_1x_0+b_1y_0+c_1z_0+d_1)$. 则 k_1, k_2 不全为零, 由充分性知, 将上述 k_1, k_2 代入 (1.54) 式, 得到的方程表示一个经过直线 ℓ 的平面, 而且点 p_0 在此平面上. 因此, 它就是平面 π. 换句话说, π 的方程形如 (1.54). □

经过一条直线 ℓ 的平面集合叫做一个以 ℓ 为轴的共轴平面束.

平行于给定平面 $\pi: ax+by+cz=d$ 的所有平面组成的集合叫做平行平面束. 平行于 π 的平面 π' 的方程可以写成 $ax+by+cz=d_1$.

平行于一个向量 $\vec{v}(l,m,n)$ 的平面把方程为 $\pi: ax+by+cz=d$, 其中 a, b, c 满足条件:$al+bm+cn=0$.

经过同一点 $p_0(x_0,y_0,z_0)$ 的所有直线组成的集合叫做中心直线把. 这个直线把的方程可以写成

$$\frac{x-x_0}{a}=\frac{y-y_0}{b}=\frac{z-z_0}{c},$$

其中 a, b, c 为任意不全为零的实数.

平行于向量 (l,m,n) 的所有直线组成的集合叫平行直线把. 它的方程为

$$\frac{x-x_0}{l}=\frac{y-y_0}{m}=\frac{z-z_0}{n},$$

其中 x_0, y_0, z_0 为任意实数.

1.4.3 度量性质

前面讨论的是平面、直线的仿射性质, 主要是有关相交或平行的问题. 现在我们利用向量的内积、外积运算进一步讨论点、直线、平面相关的度量问题, 即涉及到距离、夹角等问题.

1. 点到直线的距离

如图 1.22, 设直线 ℓ 经过点 p_0, 方向向量为 $\vec{v}$. 则点 p 到 ℓ 的距离 $d(p,\ell)$ 就是向量 $\overrightarrow{p_0p}$ 在向量 $\vec{v}$ 上的外射影的长度, 即

$$d(p,\ell)=\frac{|\overrightarrow{p_0p}\times\vec{v}|}{|\vec{v}|}. \tag{1.55}$$

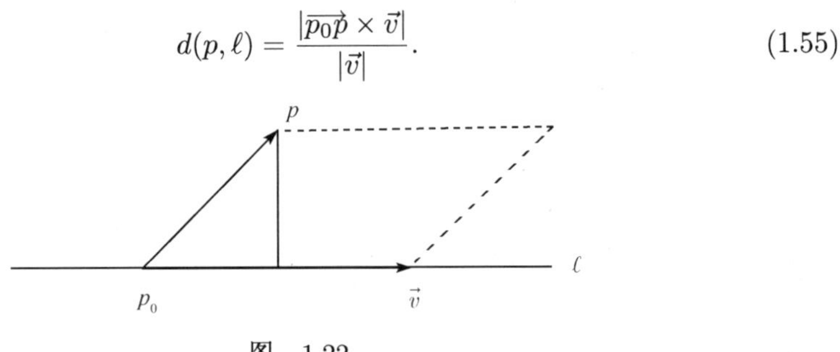

图 1.22

设在直角坐标系中点 p_0, p 的坐标分别为 (x_0,y_0,z_0), (x,y,z), 向量 $\vec{v}$ 的坐标为 (r,s,t), 记 $x'=x-x_0$, $y'=y-y_0$, $z'=z-z_0$, 则

$$d(p,\ell)=\frac{\sqrt{(y't-z's)^2+(z'r-x't)^2+(x's-y'r)^2}}{\sqrt{r^2+s^2+t^2}}. \tag{1.56}$$

两平行直线间的距离就是其中一条直线上一点到另一直线的距离.

2. 点到平面的距离

如图 1.23, 在平面 π 上任取一点 p_0, 则点 p 到平面 π 的距离 $d(p,\pi)$ 就是向量 $\overrightarrow{p_0p}$ 在 π 的法向量 $\vec{n}$ 上的内射影的长度, 即

$$d(p,\pi)=|\mathrm{pr}_{\vec{n}}(\overrightarrow{p_0p})|=\frac{|\overrightarrow{p_0p}\cdot\vec{n}|}{|\vec{n}|}. \tag{1.57}$$

设在直角坐标系中, 已知点 $p(r,s,t)$ 和平面 $\pi:\ ax+by+cz=d$. 那么 $\vec{n}=(a,b,c)$ 是 π 的一个法向量, 所以 p 到平面 π 的距离 $d(p,\pi)$ 为

$$d(p,\pi)=\frac{|ar+bs+ct-d|}{\sqrt{a^2+b^2+c^2}}. \tag{1.58}$$

直线到与它平行的平面的距离就是该直线上一点到该平面的距离; 两平行平面间的距离就是其中一平面上的一点到另一平面的距离. 两异面直线间的距离也可转化为点到平面的距离.

如图 1.24, 设 ℓ_1, ℓ_2 是一对异面直线, 分别过点 q_1, q_2, 方向向量分别为 $\vec{v}_1$, $\vec{v}_2$. 它们之间的距离是指它们的公垂线 (与它们既垂直又相交的直线) 与它们的两个交点 p_1, p_2 间的距离. 过 ℓ_1 作平行于 ℓ_2 的平面 π, 则 $\vec{v}_1\times\vec{v}_2$ 是平面 π 的法向量. 因此 $d(\ell_1,\ell_2)$ 就是直线 ℓ_2 到平面 π 的距离, 也就是点 q_2 到平面 π 的距离, 即

$$d(\ell_1,\ell_2)=\frac{|\overrightarrow{q_1q_2}\cdot(\vec{v}_1\times\vec{v}_2)|}{|\vec{v}_1\times\vec{v}_2|}. \tag{1.59}$$

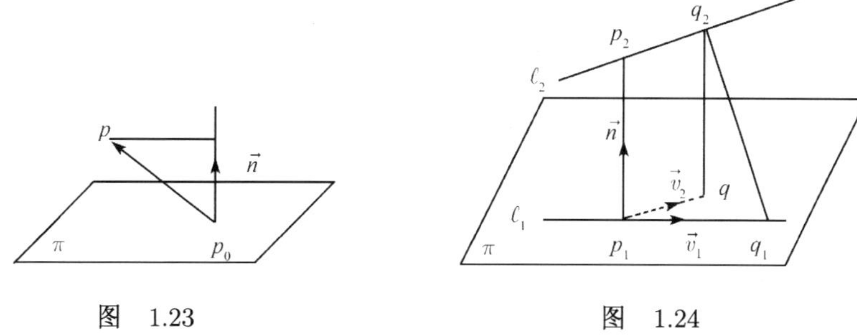

图 1.23　　　　图 1.24

3. 直线、平面间的夹角

利用两向量间的夹角可以描述直线、平面间的夹角. 在直角坐标系中, 可以方便地用坐标计算各种角度.

设两直线 ℓ_1, ℓ_2 的方向向量分别为 $\vec{v}_1, \vec{v}_2$. 当 $\angle(\vec{v}_1,\vec{v}_2)$ 为锐角时, 直线 ℓ_1, ℓ_2 间的夹角是指 $\angle(\vec{v}_1,\vec{v}_2)$; 当 $\angle(\vec{v}_1,\vec{v}_2)$ 为钝角时, 夹角为 $\pi-\angle(\vec{v}_1,\vec{v}_2)$.

直线与平面的夹角是指直线与它在平面上的正射影的夹角. 设直线 ℓ 的方向向量是 $\vec{v}$, 平面 ϖ 的法向量为 $\vec{n}$. 当 $\angle(\vec{v},\vec{n})$ 为锐角时, 则直线 ℓ 与平面 ϖ 的夹角为 $\frac{\pi}{2}-\angle(\vec{v},\vec{n})$; 当 $\angle(\vec{v},\vec{n})$ 为钝角时, 夹角为 $\angle(\vec{v},\vec{n})-\frac{\pi}{2}$.

两平面相交, 形成四个两面角, 其中较小的那个规定为两平面的夹角. 设平面 ϖ_1, ϖ_2 的法向量分别为 $\vec{n}_1, \vec{n}_2$. 当 $\angle(\vec{n}_1,\vec{n}_2)$ 为锐角时, 平面 ϖ_1, ϖ_2 间的夹角就是 $\angle(\vec{n}_1,\vec{n}_2)$, 当 $\angle(\vec{n}_1,\vec{n}_2)$ 为钝角时, 夹角为 $\pi-\angle(\vec{n}_1,\vec{n}_2)$.

例 1.11　在直角坐标系中, 判断两直线是否异面, 若异面, 求公垂线.

$$\ell_1:\frac{x-1}{1}=\frac{y}{-3}=\frac{z}{3},\quad \ell_2:\frac{x}{2}=\frac{y}{1}=\frac{z}{-2}.$$

解　由已知, ℓ_1 过点 $q(1,0,0)$, 方向向量为 $\vec{u}(1,-3,3)$, ℓ_2 过原点 o, 方向向量为 $\vec{v}(2,1,-2)$. 因为 ℓ_1, ℓ_2 异面当且仅当 $(\overrightarrow{qo},\vec{u},\vec{v})\neq 0$, 且

$$(\overrightarrow{qo},\vec{u},\vec{v})=\begin{vmatrix}-1&0&0\\1&-3&3\\2&1&-2\end{vmatrix}=(-1)\begin{vmatrix}-3&3\\1&-2\end{vmatrix}=-3\neq 0,$$

因此 ℓ_1 和 ℓ_2 异面. 公垂线的方向向量为 $\vec{e}=\vec{u}\times\vec{v}$, 其坐标为 $(3,8,7)$. 因此公垂线是过点 q 平行于向量 $\vec{u}$ 和 $\vec{e}$ 的平面 π_1 与过点 o 平行于向量 $\vec{v}$ 和 $\vec{e}$ 的平面 π_2 的交线. 写出 π_1, π_2 的方程:

$$\pi_1:\begin{vmatrix}x-1&y&z\\1&-3&3\\3&8&7\end{vmatrix}=0,\qquad \pi_2:\begin{vmatrix}x&y&z\\2&1&-2\\3&8&7\end{vmatrix}=0.$$

得公垂线方程为 $\begin{cases} 45x - 2y - 17z = 45, \\ 23x - 20y + 13z = 0. \end{cases}$

习　题　1

1.1 节习题

1. 证明下列向量不等式, 并说明等号何时成立:

1) $|\vec{a}+\vec{b}| \leqslant |\vec{a}| + |\vec{b}|$;

2) $|\vec{a}-\vec{b}| \geqslant |\vec{a}| - |\vec{b}|$;

3) $|\vec{a}+\vec{b}+\vec{c}| \leqslant |\vec{a}| + |\vec{b}| + |\vec{c}|$.

2. 设 $\vec{a}, \vec{b}, \vec{c}$ 是非零向量, 实数 k, l, m 非零. 证明: $k\vec{a} - l\vec{b}, l\vec{b} - m\vec{c}, m\vec{c} - k\vec{a}$ 共面.

3. 在三角形 $p_1p_2p_3$ 中求一点 o, 使得 $\overrightarrow{op_1} + \overrightarrow{op_2} + \overrightarrow{op_3} = 0$.

4. 对任意取定的点组 $p_1, p_2, \cdots, p_n$, 证明:

1) 存在唯一的点 p, 使得 $\overrightarrow{pp_1} + \cdots + \overrightarrow{pp_n} = 0$, p 称为这个点组的重心;

2) 对任意点 o, $\overrightarrow{op_1} + \overrightarrow{op_2} + \cdots + \overrightarrow{op_n} = n\overrightarrow{op}$.

5. 用向量法证明:

1) 三角形 $p_1p_2p_3$ 三条中线交于一点 o, 且 o 就是三个顶点的重心;

2) 四面体 $p_1p_2p_3p_4$ 的对棱中点连线交于一点 o, 且 o 是四个顶点的重心;

3) 正 n 边形 $p_1p_2\cdots p_n$ 的中心 o 就是它的 n 个顶点 $p_1, p_2, \cdots, p_n$ 的重心.

6. 用向量法证明: 三角形 $p_1p_2p_3$ 的三条角平分线交于一点 p, 并且对任意一点 o 有

$$\overrightarrow{op} = \frac{1}{k_1 + k_2 + k_3}(k_1\overrightarrow{op_1} + k_2\overrightarrow{op_2} + k_3\overrightarrow{op_3}),$$

其中 k_1, k_2, k_3 分别是点 p_1, p_2, p_3 所对的边的边长.

7. 设 p_1, p_2, p_3 是不在一直线上的三点, o 为任意取定的一点. 证明:

1) 点 p 在 p_1, p_2, p_3 确定的平面上, 当且仅当存在实数 k_1, k_2, k_3, 使得

$$\overrightarrow{op} = k_1\overrightarrow{op_1} + k_2\overrightarrow{op_2} + k_3\overrightarrow{op_3},\ 且\ k_1 + k_2 + k_3 = 1;$$

2) 点 p 在 $\triangle p_1p_2p_3$ 内 (包括三边), 当且仅当存在非负实数 k_1, k_2, k_3, 使得

$$\overrightarrow{op} = k_1\overrightarrow{op_1} + k_2\overrightarrow{op_2} + k_3\overrightarrow{op_3},\ 且\ k_1 + k_2 + k_3 = 1.$$

8. 四点 p_1, p_2, p_3, p_4 共面, 当且仅当存在不全为零的实数 k_1, k_2, k_3, k_4, 使得

$$k_1\overrightarrow{op_1} + k_2\overrightarrow{op_2} + k_3\overrightarrow{op_3} + k_4\overrightarrow{op_4} = 0,\ 且\ k_1 + k_2 + k_3 + k_4 = 0,$$

其中 o 为任意取定的一点.

9. 设 G 是一个点集, 如果连结 G 中任意两点的线段上的每一点都在 G 中, 则称 G 是凸的. 证明: 由同一点出发的向量 $\vec{x} = k_1\vec{a}_1 + k_2\vec{a}_2 + \cdots + k_m\vec{a}_m$ 的终点组成的区域是凸的, 其中 $k_1, \cdots, k_m$ 都是非负实数, 并且 $k_1 + \cdots + k_m = 1$.

10. 证明: 对任意 n $(n > 3)$ 个向量 $\vec{v}_1, \cdots, \vec{v}_n$, 存在不全为零的数 $k_1, \cdots, k_n$, 使得 $k_1\vec{v}_1 + \cdots + k_n\vec{v}_n = 0$.

1.2 节习题

11. 在仿射标架中, 已知 $\vec{a}(5,2,1)$, $\vec{b}(-1,4,2)$, $\vec{c}(-1,-1,5)$, 求 $3\vec{a}-2\vec{b}+\vec{c}$.

12. 设 p 和 q 分别是平行四边形 $p_1p_2p_3p_4$ 的边 p_2p_3 和 p_3p_4 的中点, 求点 p_2, p_3, p_4 在仿射标架 $(p_1;\overrightarrow{p_1p},\overrightarrow{p_1q})$ 中的坐标.

13. 设 $p_1p_2p_3p_4$ 是梯形, 向量 $\overrightarrow{p_1p_2}=3\overrightarrow{p_4p_3}$, p, q 分别为 p_2p_3, p_3p_4 的中点, 求点 p_1, p_2, p_4 在仿射标架 $(p_1;\overrightarrow{p_1p},\overrightarrow{p_1q})$ 中的坐标.

14. 设 p_1p_2, p_1p_4, p_1p_5 是一平行六面体的顶点 p_1 处的三条棱, p 是过 p_1 的对角线和 p_2, p_4, p_5 所在平面的交点, 求 p 在仿射标架 $(p_1;\overrightarrow{p_1p_2},\ \overrightarrow{p_1p_4},\ \overrightarrow{p_1p_5})$ 中的坐标.

15. 设 p_1, p_2, p_3 三点共线, 且简比 $(p_1,p_2,p_3)=\frac{2}{5}$. 已知在一个仿射标架中, 点 p_1, p_3 的坐标分别为 $(3,7,3)$, $(8,2,3)$, 求点 p_2 的坐标.

16. 设三点 p_1, p_2, p_3 共线, 且在某个仿射标架中的坐标依次为 $(3,4,1)$, $(2,5,0)$ 和 $(a,1,b)$, 试求 a, b 和简比 (p_1,p_2,p_3).

17. 写出仿射标架下不共线三点的重心坐标公式.

18. (Ceva 定理) 设点 q_3, q_1, q_2 依次为三角形 $p_1p_2p_3$ 的三边 p_1p_2, p_2p_3, p_3p_1 的内点, 记 $k_1=(p_1,p_2,q_3)$, $k_2=(p_2,p_3,q_1)$, $k_3=(p_3,p_1,q_2)$. 证明: 三条线段 p_1q_1, p_2q_2, p_3q_3 交于一点, 当且仅当 $k_1k_2k_3=1$.

1.3 节习题

19. 在直角坐标系中, 求向量 $\vec{b}(1,2,2)$ 沿 $\vec{a}(3,1,2)$ 的正交分解 $\vec{b}_1+\vec{b}_2$.

20. 设三向量 $\vec{a}$, $\vec{b}$, $\vec{c}$ 不共面, 向量 $\vec{d}$ 满足: $\vec{d}\cdot\vec{a}=\vec{d}\cdot\vec{b}=\vec{d}\cdot\vec{c}=0$. 证明: $\vec{d}=0$.

21. 设 $\vec{a}+\vec{b}+\vec{c}=0$, $|\vec{a}|=3$, $|\vec{b}|=1$, $|\vec{c}|=4$. 求 $\vec{a}\cdot\vec{b}+\vec{b}\cdot\vec{c}+\vec{c}\cdot\vec{a}$.

22. 用向量运算表述勾股定理和余弦定理, 并证明之.

23. 证明: $|\vec{a}+\vec{b}|=|\vec{a}-\vec{b}|$, 当且仅当 $\vec{a}\cdot\vec{b}=0$.

24. 在直角坐标系下, 已知 $\vec{a}(1,0,1)$, $\vec{b}(1,-2,0)$, $\vec{c}(-1,2,1)$, 求 $(3\vec{a}+\vec{b})\times(\vec{b}-\vec{c})$.

25. 证明下列向量恒等式:

1) $|\vec{a}+\vec{b}|^2+|\vec{a}-\vec{b}|^2=2|\vec{a}|^2+2|\vec{b}|^2$;

2) $|\vec{a}+\vec{b}|^2-|\vec{a}-\vec{b}|^2=4\vec{a}\cdot\vec{b}$;

3) $(\vec{a}\times\vec{b})\times\vec{c}=(\vec{a}\cdot\vec{c})\vec{b}-(\vec{b}\cdot\vec{c})\vec{a}$(二重外积公式);

4) $(\vec{a}\times\vec{b})\times\vec{c}+(\vec{b}\times\vec{c})\times\vec{a}+(\vec{c}\times\vec{a})\times\vec{b}=0$(Jacobi 恒等式);

5) $(\vec{a}\times\vec{b})\cdot(\vec{c}\times\vec{d})=(\vec{a}\cdot\vec{c})(\vec{b}\cdot\vec{d})-(\vec{b}\cdot\vec{c})(\vec{a}\cdot\vec{d})$(Lagrange 恒等式);

6) $(\vec{a}\times\vec{b})\times(\vec{c}\times\vec{d})=(\vec{a},\vec{b},\vec{d})\vec{c}-(\vec{a},\vec{b},\vec{c})\vec{d}$;

7) $(\vec{b},\vec{c},\vec{d})\vec{a}+(\vec{c},\vec{a},\vec{d})\vec{b}+(\vec{a},\vec{b},\vec{d})\vec{c}+(\vec{b},\vec{a},\vec{c})\vec{d}=0$.

26. 证明: 下面的方程组 1) 有非零解, 当且仅当其系数行列式为零. 讨论方程组 2) 在什么条件下有解, 有唯一解？并将所得结论推广到三个变量的情形.

$$1)\ \begin{cases} a_{11}x+a_{12}y=0, \\ a_{21}x+a_{22}y=0. \end{cases} \qquad 2)\ \begin{cases} a_{11}x+a_{12}y=b_1, \\ a_{21}x+a_{22}y=b_2. \end{cases}$$

27. 用行列式解方程组:

1) $\begin{cases} 2x+3y=1, \\ 4x+5y=6; \end{cases}$　　2) $\begin{cases} x+2y+3z=4, \\ 2x+2y+5z=2, \\ 3x-5y+6z=6. \end{cases}$

28. 设 $\vec{a}, \vec{b}, \vec{c}, \vec{x}$ 为向量. 证明:

1) $\vec{a}\times\vec{x}, \vec{b}\times\vec{x}, \vec{c}\times\vec{x}$ 共面;

2) $\vec{a}$, $\vec{b}$, $\vec{c}$ 共面, 当且仅当 $\vec{a}\times\vec{b}$, $\vec{b}\times\vec{c}$, $\vec{c}\times\vec{a}$ 共线;

3) 设 $\vec{a}$ 和 $\vec{b}$ 不垂直,$\vec{a}\cdot\vec{x}=k$, $\vec{b}\times\vec{x}=\vec{c}$. 试用 $\vec{a}$, $\vec{b}$, $\vec{c}$, k 表示 $\vec{x}$.

1.4 节习题

29. 在仿射标架中, 求下列平面的一般方程和参数方程:

1) 过点 $(6,1,0)$, $(1,0,1)$, $(3,1,1)$;

2) 过点 $(1,0,-2)$ 和 $(-1,3,2)$, 平行于向量 $\vec{v}(1,-2,4)$;

3) 过点 $(3,1,-2)$ 和 z 轴;

4) 过点 $(6,1,0)$ 和 $(1,0,1)$, 平行于 y 轴;

5) 过点 $(6,1,0)$, 平行于平面 $3x-2y=-5$;

6) 过两平面 $2x-y+z=3$ 和 $x+2y-z=-1$ 的交线以及点 $p(1,-2,0)$;

7) 过直线 $\frac{x-1}{2}=\frac{y}{1}=\frac{z}{-1}$ 且平行于直线 $\frac{x}{2}=\frac{y}{1}=\frac{z+1}{-2}$;

8) 过平面 $4x-y+3z=1$ 和 $x+5y-z=-2$ 的交线, 且在 y, z 轴上有相同截距.

30. 在直角坐标系下, 求下列平面的方程:

1) 过点 $(1,-2,0)$, 一个法向量为 $(3,1,-2)$;

2) 过点 $(3,-1,4)$ 和 $(1,0,-3)$, 垂直于平面 $2x+5y+z=-1$;

3) 与平面 $6x-2y+3z=-15$ 平行, 且这两个平面与点 $(0,-2,-1)$ 等距;

4) 经过 z 轴, 且与平面 $2x+y-\sqrt{5}z=7$ 交成 $60°$ 角;

5) 经过点 $(2,0,-3)$, 且垂直于平面 $x-2y+4z=7$ 和 $3x+5y-2z=-1$.

31. 在一个仿射标架中, 设直线 ℓ_1 的一般方程为

$$\begin{cases} x-y+z+7=0, \\ 2x+y-6=0, \end{cases}$$

直线 ℓ_2 经过点 $p(-1,1,2)$, 平行于向量 $\vec{v}(1,2,-3)$. 试判别它们的位置关系.

32. 在仿射标架中, 求下列直线的方程:

1) 过点 $(-2,3,5)$, 方向向量为 $(-1,3,4)$;

2) 过点 $(1,0,1)$ 与 $(-1,2,-3)$;

3) 过点 $(1,0,-1)$, 平行于平面 $3x+2y-z=0$ 与 $4x+5y+z=0$ 的交线;

4) 过点 $(11,9,0)$, 与直线 $\frac{x-1}{2}=\frac{y+3}{4}=\frac{z-5}{3}$ 和 $\frac{x}{5}=\frac{y-2}{-1}=\frac{z+1}{2}$ 都相交;

5) 平行于向量 $(8,7,1)$, 与 $\frac{x+13}{2}=\frac{y-5}{3}=\frac{z}{1}$ 和 $\frac{x-10}{5}=\frac{y+7}{4}=\frac{z}{1}$ 都相交.

33. 在仿射标架中, 求下列直线的标准方程:

1) 平面 $3x+2y-z=0$ 与 $4x+5y+z=0$ 的交线;

2) 平面 $3x+2y-z=2$ 与 $4x+5y+z=1$ 的交线.

34. 在直角坐标系下, 求下列直线的方程:

1) 过点 $(2,-1,3)$, 与直线 $\ell_1:\frac{x-1}{-1}=\frac{y}{0}=\frac{z-2}{2}$ 相交且垂直 (正交);

2) 过点 $(4,2,-3)$, 平行于平面 $3x+2y-z=0$, 垂直于直线 $\begin{cases} x+2y-z=5 \\ z=10 \end{cases}$;

3) 从点 $(2,-3,-1)$ 引向直线 $\ell_1:\frac{x-1}{-2}=\frac{y+1}{-1}=\frac{z}{1}$ 的垂线.

35. 在直角坐标系下, 求下列点到直线、或点到平面、或两直线之间的距离:

1) 原点, 直线 $(x,y,z)=(1,2,3)+t(2,3,-1)$;

2) 点 $(1,0,2)$, 直线 $\begin{cases} 2x-y-2z=-1, \\ x+y+4z=2; \end{cases}$

3) 点 $(1,1,1)$, 平面 $x+y+z=1$;

4) 直线 $\frac{x+1}{-1}=\frac{y-1}{3}=\frac{z+5}{2}$, 直线 $\frac{x}{3}=\frac{y-6}{-9}=\frac{z+5}{-6}$;

5) 直线 $\begin{cases} x+y-z=-1, \\ x+y=0, \end{cases}$ 直线 $\begin{cases} x-2y+3z=6, \\ 2x-y+3z=6. \end{cases}$

36. 在直角坐标系下, 求下列各对直线的公垂线的方程:

1) $\frac{x-1}{-1}=\frac{y}{1}=\frac{z}{0}$ 与 $\frac{x-1}{2}=\frac{y}{-1}=\frac{z-2}{2}$;

2) $\begin{cases} x+y=1, \\ z=0 \end{cases}$ 与 $\begin{cases} x-z=-1, \\ 2y+z=2. \end{cases}$

37. 在直角坐标系下, 求下列各对直线或直线与平面间的夹角:

1) 直线 $\frac{x+1}{-1}=\frac{y-1}{3}=\frac{z+4}{2}$, 直线 $\frac{x-1}{-2}=\frac{y}{4}=\frac{z-1}{-3}$;

2) 直线 $\begin{cases} x+y+z=1, \\ x+y+2z=-1, \end{cases}$ 直线 $\begin{cases} 3x+y=-1, \\ y+3z=-2; \end{cases}$

3) 直线 $\frac{x-1}{2}=\frac{y}{1}=\frac{z+1}{-1}$, 平面 $x-2y+4z=1$;

4) 直线 $\begin{cases} x-y-z=-2, \\ 2x-3y=-3, \end{cases}$ 平面 $2x-z=-1$.

38. 在一个仿射标架中, 设平面 π 的方程为 $ax+by+cz=d$. 对空间的每一点 $p(x,y,z)$, 定义 $f(p)=ax+by+cz-d$. 证明: 对于空间中任意两点 p_1, p_2, 它们位于平面 π 的两侧, 当且仅当 $f(p_1)$, $f(p_2)$ 异号.

第 2 章　二次曲面与坐标变换

本章介绍一些几何特征明显的特殊曲面的方程, 如柱面、锥面、旋转面, 和形式简单的方程所表示的曲面的图形, 如二次曲面. 这些曲面在生活和生产实践中、在数学、物理和工程技术中都是常见的, 有必要熟悉它们的方程和图形. 另一方面, 结合坐标变换方法讨论二次曲面的化简和分类.

2.1　常见曲面及其方程

2.1.1　图形与方程

坐标系实际上就是将空间中的点和三元实数组一一对应起来的一种方式. 取定一个坐标系, 点和坐标之间就有了特定的一一对应关系. 我们知道, 在此对应之下, 坐标满足一个一次项系数不全为零的三元一次方程的点的集合是某个平面. 我们说这个方程的图形是这个平面, 或该方程是该平面的方程. 这里有两个意思, 一方面, 平面上的点都满足它的方程, 另一方面, 满足它的方程的所有点都在此平面上. 我们还知道, 一个平面上点的坐标一定满足某个三元一次方程, 也就是说每个平面都是某个三元一次方程的图形.

一般地, 坐标满足一个三元方程 $G(x,y,z)=0$ 的点形成某个曲面, 给定一个曲面, 曲面上点的坐标要满足一个三元方程 $G(x,y,z)=0$. 如果曲面 S 上的点满足某个方程 $G(x,y,z)=0$, 而且坐标满足这个方程的点都在 S 上, 那么我们称方程 $G(x,y,z)=0$ 是曲面 S 的一般方程, 或者说曲面 S 是方程 $G(x,y,z)=0$ 的图形.

两个平面一般地相交于一条直线. 因此, 直线可以用两个平面一般方程的联立方程组表示. 同样地, 两个曲面一般地相交于一条曲线, 所以两个曲面一般方程的联立方程组

$$\begin{cases} G_1(x,y,z)=0, \\ G_2(x,y,z)=0 \end{cases}$$

就表示一条曲线, 称为曲线的一般方程.

有了方程的图形, 就能够利用图形的直观形象去讨论方程的问题. 有了图形的方程, 就能够从方程的特点去了解图形的几何性质. 因此, 根据给定的几何性质建立图形的方程, 从给定方程的特点分析其图形的几何性质就是两个基本的问题.

如果函数 $G(x,y,z)$ 是多项式, 那么由方程 $G(x,y,z)=0$ 定义的曲面称为代数曲面, 多项式 $G(x,y,z)$ 的次数称为对应的代数曲面的次数. 非代数曲面称为超越

曲面. 解析几何研究的是一次和二次代数曲面, 高次代数曲面是代数几何的研究对象, 而超越曲面是微分几何的研究对象.

例 2.1 球面是我们熟悉的曲面. 考虑半径为 r 的球面 S. 以球心为原点建立直角坐标系. 则点 p 在 S 上当且仅当 $|\overrightarrow{op}|=r$. 由此得 S 的方程:

$$x^2+y^2+z^2=r^2.$$

若球心为 $p_0(x_0,y_0,z_0)$, 半径为 r, 则点 p 在球面上当且仅当 $|\overrightarrow{p_0p}|=r$. 于是球面方程为 $(x-x_0)^2+(y-y_0)^2+(z-z_0)^2=r^2$. 展开即得三元二次方程:

$$x^2+y^2+z^2+2b_1x+2b_2y+2b_3z+c=0.$$

这个方程的特点是没有乘积项: xy, yz, zx, 且平方项系数都相等. 反过来, 每一个这样的方程都可写成如下形式:

$$(x+b_1)^2+(y+b_2)^2+(z+b_3)^2+c-({b_1}^2+{b_2}^2+{b_3}^2)=0.$$

它表示一个球心在 $(-b_1,-b_2,-b_3)$, 半径为 $\sqrt{{b_1}^2+{b_2}^2+{b_3}^2-c}$ 的球面. 当 ${b_1}^2+{b_2}^2+{b_3}^2-c<0$ 时, 图形无实点, 叫做虚球面.

例 2.2 与给定直线 ℓ 的距离为常数 r 的点形成的曲面就是圆柱面. 直线 ℓ 称为它的对称轴, r 称为它的半径. 以 ℓ 作为 z 轴建立直角坐标系, 则点 (x,y,z) 到 z 轴的距离为 $\sqrt{x^2+y^2}$. 因此圆柱面的方程就是

$$\sqrt{x^2+y^2}=r \quad 即 \quad x^2+y^2=r^2.$$

这个方程的特点是不含 z. 在平面几何中, 这是 xy 平面上的一个圆. 在空间中, 点有三个坐标, 对于圆柱面上的一个点, 当它的第三个坐标任意变动时, 点仍在柱面上, 所以这是一些平行于 z 轴的直线组成的曲面.

除了仿射坐标系和直角坐标系外, 还常用到柱坐标系和球坐标系, 如图 2.1. 取定一个右手直角坐标系 $(o;\vec{e}_1,\vec{e}_2,\vec{e}_3)$. 于是在 xy 平面上可以确定一个以 o 为原点, x 轴为极轴的极坐标系. 设点 p 的直角坐标为 (x,y,z), p 在 xy 面上的垂足为 q. 设 q 的极坐标为 (r,θ), 其中 $r\geqslant 0$, $0\leqslant\theta<2\pi$, 则点 p 的位置可由 (r,θ,z) 确定. 称有序三数组 (r,θ,z) 为点 p 的柱坐标. 每一点到它的柱坐标的这种对应称为柱坐标系.

设点 p 到原点的距离为 R, 即 $R=|\overrightarrow{op}|$, 从 z 轴正向到 $\overrightarrow{op}$ 的角记为 ϕ, 那么点 p 的位置又可由三数组 R, θ, ϕ 确定. 我们称有序三数组 (R,θ,ϕ) 为点 p 的球坐标, 其中 $R\geqslant 0$, $0\leqslant\theta<2\pi$, $0\leqslant\phi\leqslant\pi$. 除 z 轴外, 空间中每一点到它的球坐标的这种对应关系就称为球坐标系.

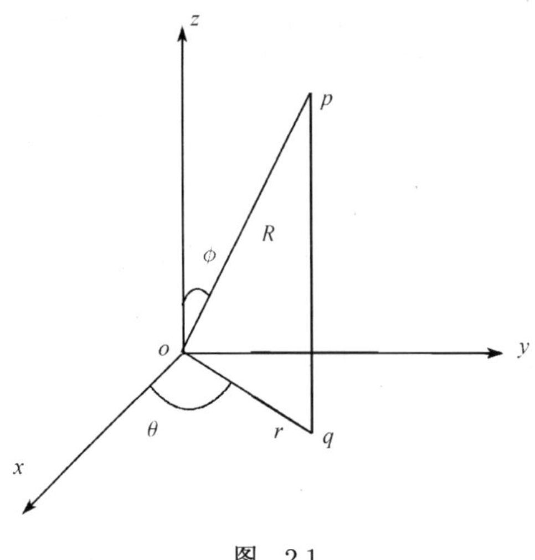

图 2.1

于是当取定空间的一个右手直角标架以后, 我们就得到一个直角坐标系、一个柱坐标系、一个球坐标系. 一个点的柱坐标和直角坐标的关系为

$$x = r\cos\theta,\ y = r\sin\theta,\ z = z. \tag{2.1}$$

一个点的球坐标和直角坐标的关系为

$$x = R\sin\phi\cos\theta,\ y = R\sin\phi\sin\theta,\ z = R\cos\phi. \tag{2.2}$$

在 (2.2) 式中, 当 R 为常数, $0 \leqslant \theta < 2\pi$, $0 \leqslant \phi \leqslant \pi$ 时, 这就是球心在原点, 半径为 R 的球面的参数方程. 球面上除南北极 (球面与 z 轴的交点) 外的每一点对应唯一的一对实数 (θ, ϕ), 因此称 (θ, ϕ) 为球面上点的曲纹坐标. 地球表面可以近似地看作一个球面, 用经度和纬度两个数来确定地球表面上点的位置. 但地球上的经纬度用的是 $(\theta, 90^\circ - \phi)$, 且 θ 的取值范围是 $-180^\circ \leqslant \theta \leqslant 180^\circ$, 角度的负值分别对应于西经和南纬.

一般地，曲面的参数方程是含两个参数的方程, 如

$$S: \begin{cases} x = x(u,v), \\ y = y(u,v), \\ z = z(u,v), \end{cases} \quad \begin{array}{l} a \leqslant u \leqslant b, \\ c \leqslant v \leqslant d. \end{array} \tag{2.3}$$

对于 (u,v) 的每一对值, 有确定的点 (x,y,z) 在曲面 S 上; 而曲面 S 上任一点的坐标都可由 (u,v) 的某一对值通过式 (2.3) 表示.

一般地，曲线的参数方程是含有一个参数的方程, 如

$$C:\begin{cases} x=x(t),\\ y=y(t), \qquad a\leqslant t\leqslant b.\\ z=z(t),\end{cases} \tag{2.4}$$

对于 t 的每一个值, 有确定的点在曲线 C 上; 而曲线 C 上任一点的坐标都可由 t 的某一个值通过 (2.4) 表示.

空间曲线也可看作一个质点沿此曲线运动时所画出的轨迹. 在运动的不同时刻 t, 质点处在不同位置, 每个位置都确定曲线上的一个点. 因此, 曲线上点的位置, 从而它的坐标是 t 的函数.

例 2.3 绕一轴旋转, 同时又沿着轴线方向前进而运动的点的轨迹是圆柱面上的一条曲线叫做圆柱螺线. 选取圆柱螺线的轴为 z 轴, 设动点从初始时刻的位置 $p_0(a,0,0)$ 开始运动, 以等角速度绕 z 轴旋转, 同时又以等线速度 v 沿 z 轴的正向前进. 因此, 在时刻 t 质点的位置 $\vec{r}(t)$ 为

$$(x,y,z)=\big(a\cos\omega t,\ a\sin\omega t,\ vt\big),$$

这就是圆柱螺线的参数方程. 从上式中消去参数 t, 即得普通方程

$$\begin{cases} x=a\cos\left(\dfrac{\omega z}{v}\right).\\ y=a\sin\left(\dfrac{\omega z}{v}\right).\end{cases}$$

例 2.4 试求经过三点 $p_1(1,0,0)$, $p_2(0,1,0)$, $p_3(0,0,1)$ 的圆的方程, 并求圆心的坐标和半径.

解 计算得三点 p_1,p_2,p_3 所确定的平面 π 的方程为 $x+y+z=1$. 经过四点 p_1,p_2,p_3,o 的球面方程为 $x^2+y^2+z^2-x-y-z=0$. 于是, 球心坐标为 $(\frac{1}{2},\frac{1}{2},\frac{1}{2})$, 球面半径为 $R=\frac{\sqrt{3}}{2}$. 因此, 过三点 p_1,p_2,p_3 的圆的方程为

$$\begin{cases} x^2+y^2+z^2-x-y-z=0,\\ x+y+z=1.\end{cases}$$

所以过球心且与平面 π 垂直的直线 ℓ 的方程为

$$\frac{x-\dfrac{1}{2}}{1}=\frac{y-\dfrac{1}{2}}{1}=\frac{z-\dfrac{1}{2}}{1},$$

即 $x=y=z$. 直线 ℓ 与平面 π 的交点 $(\frac{1}{3},\frac{1}{3},\frac{1}{3})$ 即为所求圆的圆心. 又球心到 π 的距离为 $d=\sqrt{3(\frac{1}{2}-\frac{1}{3})^2}=\frac{\sqrt{3}}{6}$, 故所求圆的半径为

$$r = \sqrt{\left(\frac{\sqrt{3}}{2}\right)^2 - \left(\frac{\sqrt{3}}{6}\right)^2} = \frac{\sqrt{6}}{3}.$$

2.1.2　旋转面

球面和圆柱面都可由一条曲线绕一条直线旋转而生成. 在生产实践与日常生活中, 常可碰到这种表面为旋转面的物体, 如轮胎、花瓶等. 下面我们来讨论直角坐标系下旋转面的方程和性质.

定义 2.1　空间中一条曲线 C 绕一直线 ℓ 旋转所得曲面 S 称为旋转面. 直线 ℓ 称为 S 的轴, 曲线 C 称为 S 的母线. 过 ℓ 的半平面与 S 的交线叫做 S 的一条经线或子午线. C 上一点 p 旋转而得的圆称为 S 的纬线或纬圆.

显然, 旋转面的经线是母线, 但母线不一定是经线.

设旋转面 S 的轴 ℓ 过点 p_0, 平行于非零向量 $\vec{v}$. 按定义, 点 p 在 S 上的充要条件是 p 在经过母线 C 上某一点 p_1 的纬圆上, 如图 2.2, 即有母线 C 上一点 p_1, 使得 $\overrightarrow{p_1p}$ 与 ℓ 垂直, 且 p_1 和 p 到轴 ℓ(或点 p_0) 的距离相等, 即点 p 在 S 上当且仅当存在 C 上点 p_1 满足条件

$$\overrightarrow{p_1p} \cdot \vec{v} = 0, \qquad |\overrightarrow{p_0p}| = |\overrightarrow{p_0p_1}|. \tag{2.5}$$

据此可以建立 S 的方程.

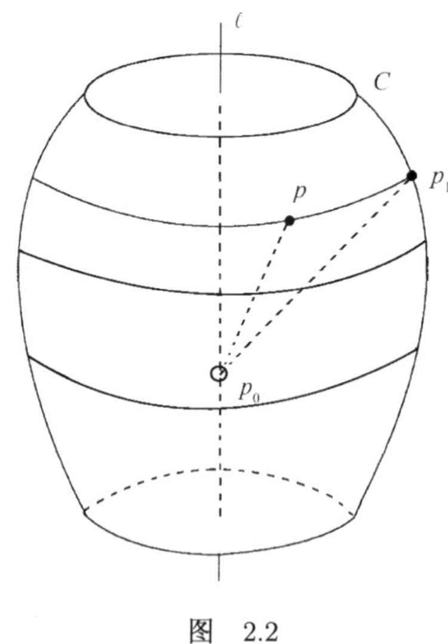

图　2.2

例 2.5　设旋转面 S 的轴 ℓ 过点 $p_0(1,3,-1)$, 方向向量为 $\vec{v}(1,1,1)$, 母线 C 是过点 $q(0,-2,1)$, 平行于向量 $\vec{u}(1,-1,1)$ 的直线, 求 S 的方程.

解 由已知条件可写出母线 C 的方程为 $(x,y,z)=(0,-2,1)+t(1,-1,1)$. 于是点 $p(x,y,z)$ 在 S 上, 当且仅当存在 C 上点 $p_1(x_1,y_1,z_1)$ 满足条件:

$$\begin{cases} (x_1,y_1,z_1)=(0,-2,1)+t(1,-1,1), \\ (x-x_1)+(y-y_1)+(z-z_1)=0, \\ (x-1)^2+(y-3)^2+(z+1)^2= \\ (x_1-1)^2+(y_1-3)^2+(z_1+1)^2. \end{cases}$$

从上式中消去 x_1, y_1, z_1, t, 化简即得 S 的方程为

$$x^2+y^2+z^2+3xy+3xz+3yz+10x+12y+8z+17=0.$$

简单起见, 常选取旋转面的轴为直角坐标系的坐标轴. 例如, 取旋转面 S 的轴为 z 轴, 则条件 $\overrightarrow{p_1p}\cdot\vec{v}=0$ 就是 p 与 p_1 的 z 坐标相同, 每点到 z 轴的距离的平方就是其 x, y 坐标的平方和. 若取 yz 面上的经线 C 为母线, 设 C 的方程为

$$\begin{cases} f(y,z)=0, \quad y\geqslant 0, \\ x=0, \end{cases} \tag{2.6}$$

那么点 $p(x,y,z)$ 在 S 上当且仅当点 $p_1(0,y_1,z)$满足:

$$y_1=\sqrt{x^2+y^2}, \qquad f(y_1,z)=0.$$

因此旋转面 S 的方程为

$$f(\sqrt{x^2+y^2},z)=0. \tag{2.7}$$

如果母线 C 的参数方程为

$$(x,y,z)=\big(f(t),\ g(t),\ h(t)\big),\ \ a\leqslant t\leqslant b, \tag{2.8}$$

那么点 $p(x,y,z)$ 在旋转面 S 上, 当且仅当存在 C 上点 $p_1(f(t),g(t),h(t))$, 使得 $z=h(t)$, 且 p 在圆心为 $(0,0,h(t))$, 半径为 $\sqrt{f(t)^2+g(t)^2}$ 的纬圆上. 于是旋转面 S 的参数方程为

$$\begin{cases} x=\sqrt{f(t)^2+g(t)^2}\cos\theta, \\ y=\sqrt{f(t)^2+g(t)^2}\sin\theta, \\ z=h(t), \quad a\leqslant t\leqslant b,\ 0\leqslant\theta\leqslant 2\pi. \end{cases} \tag{2.9}$$

例2.6 当 $b>a>0$ 时, 圆

$$\begin{cases} (y-b)^2+z^2=a^2, \\ x=0 \end{cases}$$

绕 z 轴旋转所得旋转面 S 称为圆环面 (参见图 2.3), 其方程为

$$(\sqrt{x^2+y^2}-b)^2+z^2=a^2.$$

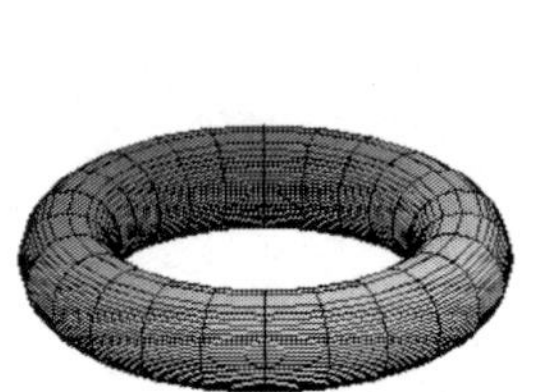

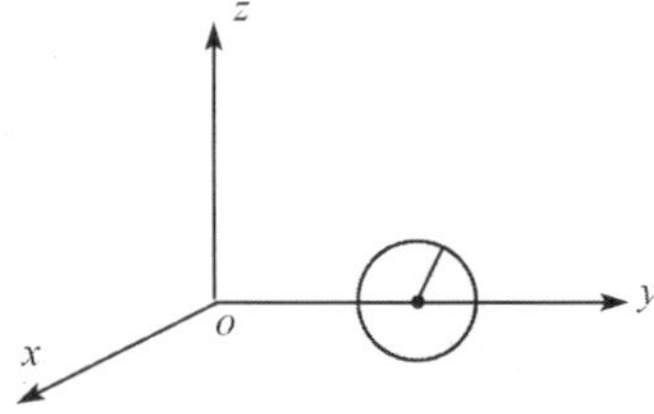

图 2.3　圆环面

一个椭圆绕它的长轴或短轴旋转得到的旋转面称为旋转椭球面. 双曲线绕它的虚轴旋转得到的旋转面称为旋转单叶双曲面. 绕它的实轴旋转得到的旋转面称为旋转双叶双曲面. 抛物线绕它的对称轴旋转得到的旋转面称为旋转抛物面. 这些旋转面的方程都是二次方程, 因而它们都称为旋转二次曲面.

例 2.7　yz 面上下列二次曲线

$$\begin{cases}\dfrac{y^2}{a^2}+\dfrac{z^2}{c^2}=1,\\ x=0,\end{cases}\quad \begin{cases}\dfrac{y^2}{a^2}-\dfrac{z^2}{c^2}=1,\\ x=0,\end{cases}\quad \begin{cases}\dfrac{z^2}{c^2}-\dfrac{y^2}{a^2}=1,\\ x=0,\end{cases}\quad \begin{cases}\dfrac{y^2}{a^2}=2z,\\ x=0\end{cases}$$

绕 z 轴旋转所得旋转二次曲面 (图 2.4) 的方程分别为

旋转椭球面　$$\frac{x^2}{a^2}+\frac{y^2}{a^2}+\frac{z^2}{c^2}=1, \tag{2.10}$$

旋转单叶双曲面　$$\frac{x^2}{a^2}+\frac{y^2}{a^2}-\frac{z^2}{c^2}=1, \tag{2.11}$$

旋转双叶双曲面　$$\frac{x^2}{a^2}+\frac{y^2}{a^2}-\frac{z^2}{c^2}=-1, \tag{2.12}$$

旋转抛物面　$$\frac{x^2}{a^2}+\frac{y^2}{a^2}=2z. \tag{2.13}$$

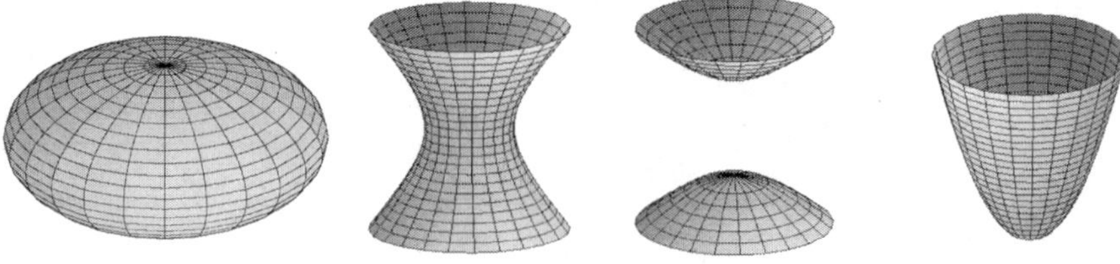

图 2.4　旋转二次曲面

例 2.8　设 ℓ_1 与 ℓ_2 为两异面直线. 将 ℓ_2 绕 ℓ_1 旋转, 求所得曲面方程.

解 如图 2.5, 选取 ℓ_1 为 z 轴, ℓ_1,ℓ_2 的公垂线为 x 轴, ℓ_1 上垂足为 $(0,0,0)$, ℓ_2 上垂足为 $(a,0,0)$. 于是可设 ℓ_2 的方向为 $(0,1,b)$, 因而 ℓ_2 的方程为

$$(x,y,z)=\big(a,\ t,\ bt\big),\quad t\in\mathbf{R}.$$

由此知旋转面 S 的方程为

$$\begin{cases} x=\sqrt{a^2+t^2}\cos\theta,\\ y=\sqrt{a^2+t^2}\sin\theta,\\ z=bt,\quad t\in\mathbf{R},\ 0\leqslant\theta\leqslant 2\pi. \end{cases}$$

当 $b\neq 0$ 时, 可消去 t 与 θ, 得

$$\frac{x^2+y^2}{a^2}-\frac{z^2}{a^2b^2}=1.$$

这是旋转单叶双曲面. 当 $b=0$ 时, 消去 θ, 得

$$\begin{cases} x^2+y^2=a^2+t^2,\\ z=0,\ t\in\mathbf{R}. \end{cases}$$

这时 $x^2+y^2\geqslant a^2$. 因而这是位于 xy 面上的圆 $\begin{cases} x^2+y^2=a^2\\ z=0 \end{cases}$ 及其外部.

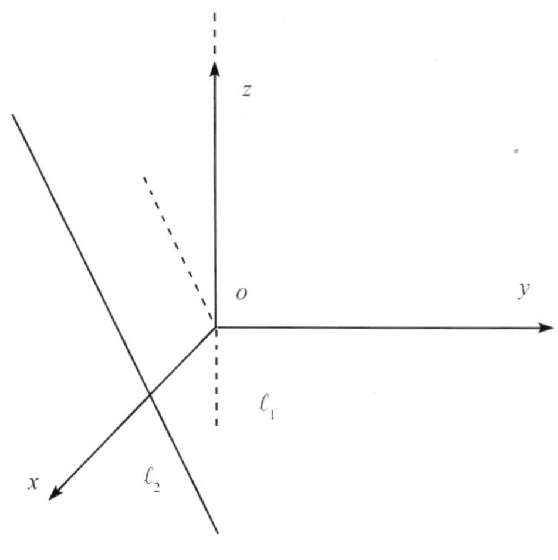

图 2.5

一条直线绕着一条与它平行的直线旋转所得曲面显然是圆柱面. 一条直线绕着一条与它相交的直线旋转所得曲面称为圆锥面. 圆锥面的母线与轴线的交点称为锥顶, 夹角称为半顶角. 例如, 直线

$$\begin{cases} y=az+b,\\ x=0 \end{cases}$$

绕 z 轴旋转所得旋转面 S 的方程为 $x^2+y^2=(az+b)^2$. 当 $a\neq 0$ 时, S 是以 $(0,0,-\frac{b}{a})$ 为顶点的圆锥面; 当 $a=0$ 时, S 是以 $|b|$ 为半径的圆柱面.

圆柱面和圆锥面具有特殊的几何性质, 也可利用它们的几何性质建立其方程. 圆柱面由轴和半径两个因素决定, 它是到轴距离等于半径的点的轨迹. 如果轴经过点 p_0, 平行于向量 $\vec{v}$, 半径等于 r, 则点 p 在柱面上当且仅当

$$\frac{|\overrightarrow{p_0p}\times\vec{v}|}{|\vec{v}|}=r. \tag{2.14}$$

如果知道圆柱面的轴和它上面一点 p_1, 就可求出半径, 得出圆柱面的方程

$$|\overrightarrow{p_0p}\times\vec{v}|=|\overrightarrow{p_0p_1}\times\vec{v}|. \tag{2.15}$$

圆锥面由轴线、锥顶和半顶角这三个因素决定. 假设锥顶为 v_0, 半顶角等于 θ, 则点 p 在圆锥面上当且仅当向量 $\overrightarrow{p_0p}$ 与轴线夹角为 θ, 即

$$\frac{|\overrightarrow{p_0p}\cdot\vec{v}|}{|\overrightarrow{p_0p}||\vec{v}|}=\cos\theta. \tag{2.16}$$

如果知道圆锥面上的一点 p_1, 就可以求出半顶角, 得到圆锥面的方程

$$|\overrightarrow{p_0p}\cdot\vec{v}||\overrightarrow{p_0p_1}|=|\overrightarrow{p_0p_1}\cdot\vec{v}||\overrightarrow{p_0p}|. \tag{2.17}$$

例 2.9 求以直线 $x=y=z$ 为轴, 过直线 $2x=3y=-5z$ 的圆锥面方程.

解 两直线的交点 $o(0,0,0)$ 为所求圆锥面的顶点, $\vec{v}(1,1,1)$ 为轴线的方向向量, 且 $(\frac{1}{2},\frac{1}{3},\frac{1}{-5})$ 是圆锥面上的一点. 设 $p(x,y,z)$ 为圆锥面上任意一点, 则

$$\frac{|\overrightarrow{op}\cdot\vec{v}|}{|\overrightarrow{op}||\vec{v}|}=\frac{|1\times\frac{1}{2}+1\times\frac{1}{3}+1\times(-\frac{1}{5})|}{\sqrt{1^2+1^2+1^2}\sqrt{(\frac{1}{2})^2+(\frac{1}{3})^2+(-\frac{1}{5})^2}}.$$

于是所求圆锥面的方程为

$$\frac{|x+y+z|}{\sqrt{3}\sqrt{x^2+y^2+z^2}}=\frac{1}{\sqrt{3}},$$

即 $xy+yz+xz=0$.

圆柱面也可看成是一族平行直线组成的, 即特殊的柱面. 而圆锥面可看成是一族经过一定点的直线组成的, 即特殊的锥面. 下面介绍一般的柱面和锥面.

2.1.3 柱面与锥面

定义 2.2 设 C 是一条空间曲线, ℓ 是一条定直线. 与 C 相交且与 ℓ 平行的所有直线构成的曲面 S 称为 柱面, 这些直线称为它的母线. 在柱面上与各母线都相交的一条曲线称为它的一条准线.

柱面也可以理解为一条直线 ℓ 沿一条曲线 C 平行移动所形成的曲面. 柱面的准线和母线都不是唯一的. 但母线方向唯一 (平面例外). 从准线的各点沿母线方向作平行线就得到柱面, 因此柱面由母线方向和一条准线所确定.

如图 2.6, 设一个柱面 S 的母线方向为 $\vec{v}$, 准线为 C, 则点 p 在柱面 S 上的充要条件是 p 在某一条母线上, 即有准线 C 上一点 p_0, 使得 p 在过 p_0 且方向向量为 $\vec{v}$ 的直线上. 据此可建立柱面的方程.

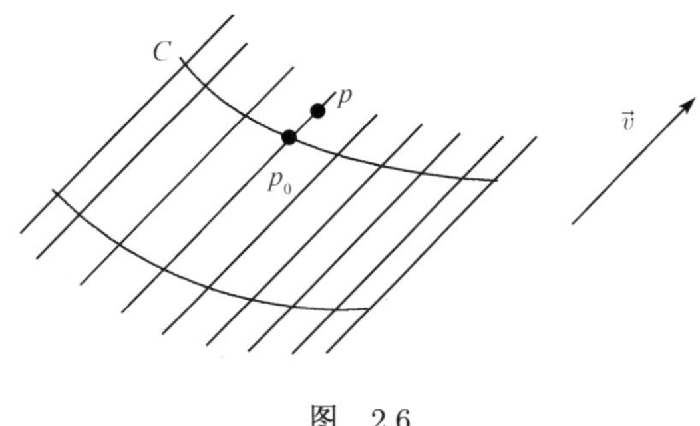

图 2.6

如果准线 C 的方程为

$$\begin{cases} G_1(x,y,z)=0, \\ G_2(x,y,z)=0, \end{cases}$$

母线方向向量为 $\vec{v}(l,m,n)$. 那么点 $p(x,y,z)$ 在 S 上当且仅当存在准线 C 上一点 $p_0(x_0,y_0,z_0)$, 使得 $\overrightarrow{pp_0}/\!/\vec{v}$ 当且仅当存在实数 t, 使得

$$\begin{cases} G_1(x+tl,y+tm,z+tn)=0, \\ G_2(x+tl,y+tm,z+tn)=0. \end{cases}$$

从上式中消去 t, 得到的关于 x,y,z 的方程即是所求柱面的方程.

如果 C 的参数方程为

$$(x,y,z)=\big(f(t),\ g(t),\ h(t)\big),\ a\leqslant t\leqslant b,$$

母线方向向量为 $\vec{v}(l,m,n)$, 则柱面 S 的参数方程为

$$(x,y,z)=(f(t)+sl,g(t)+sm,h(t)+sn),\ a\leqslant t\leqslant b,\ s\in\mathbf{R}\ .$$

定理 2.1 若一个柱面的母线平行于 z 轴 (或 x 轴, 或 y 轴), 则它的方程中不含 z(或 x, 或 y); 反之, 一个三元方程如果不含 z(或 x, 或 y), 则它一定表示一个母线平行于 z 轴 (或 x 轴, 或 y 轴) 的柱面.

证 设柱面 S 的母线平行于 z 轴, 则 S 的每条母线都与 xy 面相交, 从而 S 与 xy 面的交线 C 可作为 S 的准线, 设 C 的方程为

$$\begin{cases} f(x,y)=0, \\ z=0. \end{cases}$$

点 p 在 S 上的充要条件为存在 C 上一点 p_0, 使得 p 在过 p_0 且方向向量为 $\vec{v}$ 的直线上. 因此, 得到柱面的方程为 $f(x,y)=0$. 反之, 任给一个不含 z 的三元方程 $g(x,y)=0$, 考虑以 z 轴方向为母线方向, 以曲线

$$C':\begin{cases} g(x,y)=0, \\ z=0 \end{cases}$$

为准线的柱面. 由前面的证明知, 这个柱面的方程为 $g(x,y)=0$. 因此方程 $g(x,y)=0$ 表示一个母线平行于 z 轴的柱面 S. 同样地, 形如 $f(y,z)=0$ 的方程和 $f(z,x)=0$ 的方程分别代表母线平行于 x 轴和 y 轴的柱面. □

例如，方程

$$\frac{x^2}{a^2}+\frac{y^2}{b^2}=1, \quad \frac{x^2}{a^2}-\frac{y^2}{b^2}=1, \quad x^2=2py \tag{2.18}$$

都表示母线平行于 z 轴的柱面, 它们的一条准线 (与 xy 面的交线)

$$\begin{cases} \dfrac{x^2}{a^2}+\dfrac{y^2}{b^2}=1 \\ z=0 \end{cases}, \quad \begin{cases} \dfrac{x^2}{a^2}-\dfrac{y^2}{b^2}=1 \\ z=0 \end{cases} \quad \begin{cases} x^2=2py \\ z=0, \end{cases}$$

分别为椭圆, 双曲线, 抛物线, 因此分别称为椭圆柱面 ($a=b$ 时, 为圆柱面), 双曲柱面和抛物柱面. 这三种柱面可视为一条平行于 z 轴的直线分别沿一个椭圆、双曲线、抛物线运动而成, 参见图 2.7. 它们的方程都是二次方程, 因而统称为二次柱面.

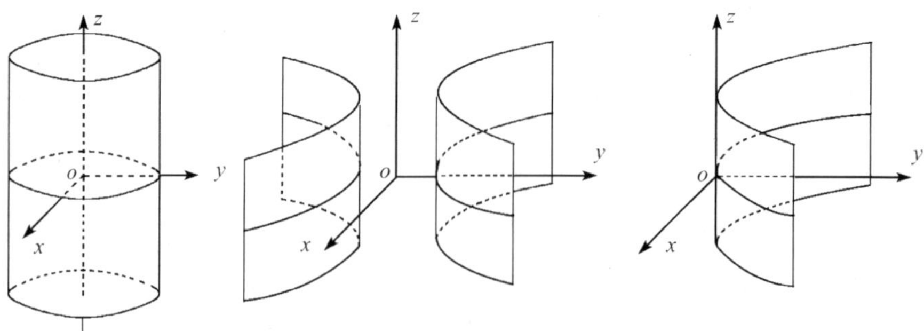

图 2.7　二次柱面

表示空间曲线的方程不是唯一的, 利用缺少一个变量的方程表示柱面这一事实, 可将曲线方程化为等价的方程

$$\begin{cases} G_1(x,y)=0, \\ G_2(x,z)=0, \end{cases}$$

将曲线表示为两个柱面的交线. 这两个柱面都称为曲线的投影柱面. 显然, 利用投影柱面能容易地作出曲线的图形.

定义 2.3 设 C 是一条空间曲线, v 为 C 外一定点, 过 v 与 C 相交的所有直线组成的曲面 S 称为锥面, 这些直线称为 S 的母线, 定点 v 称为 S 的顶点, S 上与各母线都相交但不过顶点 v 的曲线称为 S 的准线. (见图 2.8)

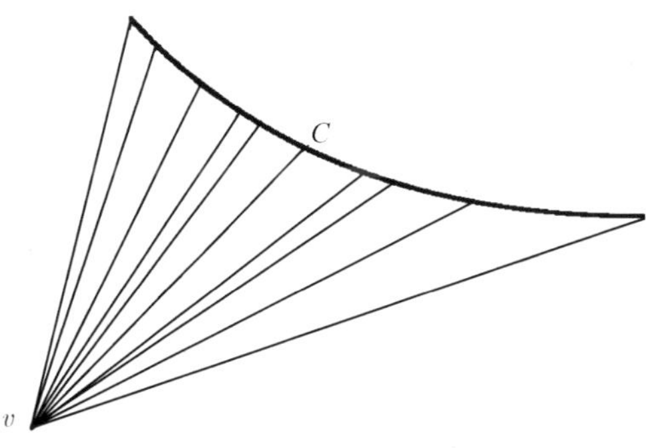

图 2.8

显然, 一个锥面由其顶点和它的一条准线所确定, 把准线的各点与顶点用直线联结起来就得到锥面. 但一个锥面的准线不是唯一的, 一般可取锥面在一平面上的截线为准线. 设锥面顶点为 $v(x_0,y_0,z_0)$, 准线 C 的方程为

$$\begin{cases} G_1(x,y,z)=0, \\ G_2(x,y,z)=0. \end{cases}$$

则点 $p(x,y,z)$ 在锥面上, 当且仅当存在 C 上一点 p_1, 使得 p 在直线 vp_1 上, 即存在实数 t, 使得 $p_1(x_0+(x-x_0)t, y_0+(y-y_0)t, z_0+(z-z_0)t)\in C$, 即

$$\begin{cases} G_1(x_0+(x-x_0)t, y_0+(y-y_0)t, z_0+(z-z_0)t)=0, \\ G_2(x_0+(x-x_0)t, y_0+(y-y_0)t, z_0+(z-z_0)t)=0. \end{cases}$$

消去 t 后得到的三元方程即为所求锥面 S 的方程. 若 C 由参数方程

$$(x,y,z)=\big(f(t),\ g(t),\ h(t)\big), \quad a\leqslant t\leqslant b$$

给出, 则锥面 S 的参数方程为

$$(x,y,z)=(1-s)(x_0,y_0,z_0)+s(f(t),g(t),h(t)),\ a\leqslant t\leqslant b,\ s\in\mathbf{R}.$$

定义2.4　设 n 为整数, 称函数 $G(x,y,z)$ 为 n 次齐次函数或称方程 $G(x,y,z)=0$ 为 n 次齐次方程, 如果对定义域中所有 x, y, z 和任意非零实数 t, 总有 $G(tx,ty,tz)=t^nG(x,y,z)$.

定理2.2　一个关于 x, y, z 的齐次方程表示一个顶点在原点的锥面; 以原点为顶点的锥面在直角坐标系中可用 x, y, z 的齐次方程表示.

证　设 $G(x,y,z)=0$ 是 n 次齐次方程, 它表示的曲面添上原点后记作 S. 在 S 上任取一点 $p_0(x_0,y_0,z_0)\neq o$, 直线 op_0 上任意一点 $p_1\neq o$ 的坐标为 (x_0t,y_0t,z_0t), 其中 $t\neq 0$. 因为 $G(x_0t,y_0t,z_0t)=t^nG(x_0,y_0,z_0)=0$, 从而 $p_1\in S$. 因此直线 op_0 在 S 上. 所以 S 由过原点的直线组成, 即 S 是锥面.

反之, 设 S 为锥面, 以 S 的顶点为坐标原点, 准线 C 所在平面 π 的垂线为 z 轴, 于是 C 的方程为

$$\begin{cases} f(x,y)=0, \\ z=k. \end{cases}$$

设 $p(x,y,z)$ 为 S 上任意一点, 直线 op 与 C 的交点为 $p_0(x_0,y_0,k)$, 于是 $\overrightarrow{op_0}=t\overrightarrow{op}$, 因而 $x_0=\frac{kx}{z}$,　$y_0=\frac{ky}{z}$, 故 $p(x,y,z)$ 满足齐次方程

$$f\left(\frac{kx}{z},\frac{ky}{z}\right)=0. \tag{2.19}$$

反之, 若 $p(x,y,z)$ 满足方程 (2.19), 则直线 op 上的点 $p_1(\frac{kx}{z},\frac{ky}{z},k)$ 在 C 上. 因此点 p 在 S 上. 所以 (2.19) 就是 S (除顶点) 的方程. □

根据定理 2.2, 下列二次齐次方程表示一个锥面, 称为二次锥面. 如图 2.9.

$$\frac{x^2}{a^2}+\frac{y^2}{b^2}-\frac{z^2}{c^2}=0. \tag{2.20}$$

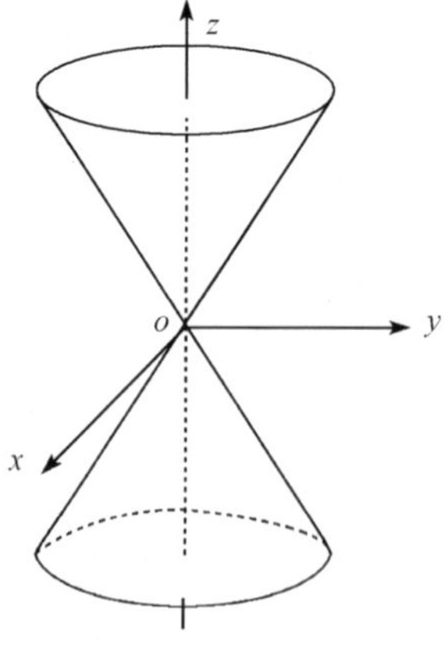

图　2.9　二次锥面

2.2 二次曲面的几何性质

上一节我们对一些几何特征明显的图形建立了方程. 如旋转二次曲面, 二次柱面, 二次锥面, 它们在直角坐标系下的方程都是关于变量 x, y, z 的三元二次方程. 本节我们从方程出发, 讨论直角坐标系下二次方程的图形.

三元二次方程的一般形式为

$$\begin{aligned} Q(x,y,z) = & a_{11}x^2 + a_{22}y^2 + a_{33}z^2 + 2a_{12}xy + 2a_{13}xz + 2a_{23}yz \\ & +2b_1x + 2b_2y + 2b_3z + c = 0, \end{aligned} \tag{2.21}$$

其图形称为二次曲面. 我们从几个角度来分析下面五种二次曲面的性质:

椭球面 $$\frac{x^2}{a^2} + \frac{y^2}{b^2} + \frac{z^2}{c^2} = 1, \tag{2.22}$$

单叶双曲面 $$\frac{x^2}{a^2} + \frac{y^2}{b^2} - \frac{z^2}{c^2} = 1, \tag{2.23}$$

双叶双曲面 $$\frac{x^2}{a^2} + \frac{y^2}{b^2} - \frac{z^2}{c^2} = -1, \tag{2.24}$$

椭圆抛物面 $$\frac{x^2}{a^2} + \frac{y^2}{b^2} = 2z, \tag{2.25}$$

双曲抛物面 $$\frac{x^2}{a^2} - \frac{y^2}{b^2} = 2z. \tag{2.26}$$

前四个方程和旋转二次曲面的方程比较, 只是 y^2 项的系数不同. 类似于平面上的椭圆与圆的差别. 我们知道, 椭圆可看成圆的某种变形. 从几何上看, 将圆沿坐标轴压缩 (或拉伸) 就得到椭圆. 用坐标来描述这一变形的话, 就是作了一个变换. 如将每一点 (x,y) 变为 (kx,y), 这样的变换称为压缩系数为 k 的压缩变换. 在空间中也可以定义压缩变换.

在空间取定一个直角坐标系, 向 xz 平面作系数为 k 的压缩就是把空间的每一点 $p(x,y,z)$ 变为点 $p'(x,ky,z)$. 设一个图形 S 的方程为 $G(x,y,z)=0$, 则压缩后的图形 S' 的方程为 $G(x,\frac{1}{k}y,z)=0$. 因此, 椭球面、单叶双曲面、双叶双曲面、椭圆抛物面可分别看作是 (2.10), (2.11), (2.12), (2.13) 向 xz 平面作系数为 $\frac{b}{a}$ 的压缩而得到的图形.

2.2.1 对称性

图形的对称性是一个重要的几何性质. 设 S 为一空间图形, p_0, ℓ, π 分别为空间中的点, 直线与平面.

如果对任意 $p \in S$, 存在 $q \in S$, 使得 p_0 为 pq 的中点, 则称 p_0 为 S 的对称中心, 也称 S 关于 p_0 是(中心) 对称的;

如果对任意 $p \in S$, 存在 $q \in S$, 使得 pq 被 ℓ 垂直平分, 则称 ℓ 为 S 的对称轴, 也称 S 关于 ℓ 是 (轴) 对称的;

如果对任意 $p \in S$, 存在 $q \in S$, 使得 pq 被 π 垂直平分, 则称 π 为 S 的对称平面, 也称 S 关于 π 是 (面) 对称的.

在直角坐标系中, 若将方程中一个变量 (如 x) 的符号改变, 而方程不变, 则曲面关于该变量所对应的坐标面 (如 yz 平面) 对称; 若将两个变量 (如 x, y) 同时改变符号, 但方程不变, 则此曲面关于第三变量对应的坐标轴 (如 z 轴) 对称; 若将三个变量同时改变符号, 但方程不变, 则此曲面关于原点对称.

方程 (2.22), (2.23), (2.24) 中各坐标都以平方项出现, 若 (x, y, z) 满足 S 的方程, 则 $(\pm x, \pm y, \pm z)$ 也满足 S 的方程. 所以它们的图形, 椭球面、单叶双曲面和双叶双曲面关于坐标原点、各坐标轴、各坐标平面都对称, 即坐标原点、各坐标轴、各坐标平面分别是它们的对称中心、对称轴和对称平面. 方程 (2.22) 中 x, y 以平方项出现, 而 z 不是. 因此, 椭圆抛物面、双曲抛物面关于 xz 面、yz 面对称, 关于 z 轴对称, 但关于 xy 面不对称, 关于 x 轴、y 轴不对称, 关于原点也不对称.

2.2.2 平面截线

下面我们用截线法来认识曲面的大概形状, 即是用一组平行的平面去截曲面. 从截线的形状了解曲面的形状, 讨论曲面的性质.

1. 椭球面

对于椭球面 (2.22), 平行于 xy 面的平面截线为

$$\begin{cases} \dfrac{x^2}{a^2} + \dfrac{y^2}{b^2} + \dfrac{z^2}{c^2} = 1, \\ z = h, \end{cases} \quad \text{即} \quad \begin{cases} \dfrac{x^2}{a^2} + \dfrac{y^2}{b^2} = 1 - \dfrac{z^2}{c^2}, \\ z = h. \end{cases}$$

当 $|h| < c$ 时, 截线是椭圆, 它随 $|h|$ 的增大而缩小, 但离心率不变; $|h| = c$ 时, 截线缩为一点; $|h| > c$ 时, 截线为空集. 平行于 xy 面或 yz 面的平面截线情形完全类似. 因此 (或从方程可知), 椭球面是有界图形, 它上面所有点都在平面 $x = \pm a$, $y = \pm b$, $z = \pm c$ 所围成的长方体内. 它与三个对称轴的交点 $(\pm a, 0, 0)$, $(0, \pm b, 0)$, $(0, 0, \pm c)$ 称为 S 的顶点, 每条对称轴上两个顶点间的线段长度的一半 a, b, c 称为椭球面的半轴长. 参见图 2.10.

2. 双曲面

对于单叶双曲面 (2.23), 平行于 xy 面的平面截线

$$\begin{cases} \dfrac{x^2}{a^2} + \dfrac{y^2}{b^2} - \dfrac{z^2}{c^2} = 1, \\ z = h, \end{cases} \quad \text{即} \quad \begin{cases} \dfrac{x^2}{a^2} + \dfrac{y^2}{b^2} = 1 + \dfrac{z^2}{c^2}, \\ z = h \end{cases}$$

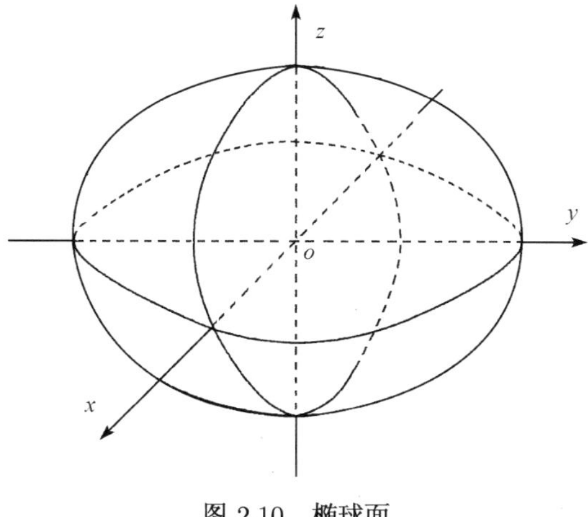

图 2.10 椭球面

是椭圆, 其半轴 $a'=\frac{a}{c}\sqrt{h^2+c^2}$, $b'=\frac{b}{c}\sqrt{h^2+c^2}$ 随 $|h|$ 增大而增大, 离心率不变. 当 $h=0$ 时, 半轴最短, 此时截线称为腰椭圆. 腰椭圆

$$\begin{cases} \dfrac{x^2}{a^2}+\dfrac{y^2}{b^2}=1, \\ z=0 \end{cases}$$

位于柱面 $\frac{x^2}{a^2}+\frac{y^2}{b^2}=1$ 上, 整个曲面其余部分位于此柱面的外面. 平行于 zx 面或 yz 面的平面截线一般为双曲线. 例如, $y=h$ 的截线

$$\begin{cases} \dfrac{x^2}{a^2}-\dfrac{z^2}{c^2}=1-\dfrac{h^2}{b^2}, \\ y=h. \end{cases}$$

除 $h=\pm b$ 时为两条相交直线外, 其他都是双曲线, 但 $|h|<b$ 时双曲线的实轴平行于 x 轴, 虚轴平行于 z 轴, $|h|>b$ 时则相反. 曲面与 x 轴和 y 轴分别交于 $(\pm a,0,0)$ 和 $(0,\pm b,0)$, 这四点称为它的顶点. 因 $-\infty<x, y, z<\infty$, 所以曲面是无界的. 参见图 2.11.

对于双叶双曲面 (2.24), 平行于 xy 面的平面截线为

$$\begin{cases} \dfrac{x^2}{a^2}+\dfrac{y^2}{b^2}=-1+\dfrac{h^2}{c^2}, \\ z=h. \end{cases}$$

当 $|h|>c$ 时, 截线为椭圆, 它随 $|h|$ 的缩小而缩小; 当 $|h|=c$ 时, 它缩为一点 $(0,0,\pm c)$; 当 $|h|<c$ 时, 截线为空集. 平行于 yz 或 xz 面的平面截线都是实轴平行

于 z 轴的双曲线, 曲面与 z 轴相交于两点 $(0,0,\pm c)$, 称为它的顶点, 且 $|z| \geqslant c$, 因而其图形按 $z \geqslant c$ 与 $z \leqslant -c$ 分成两叶. 参见图 2.12.

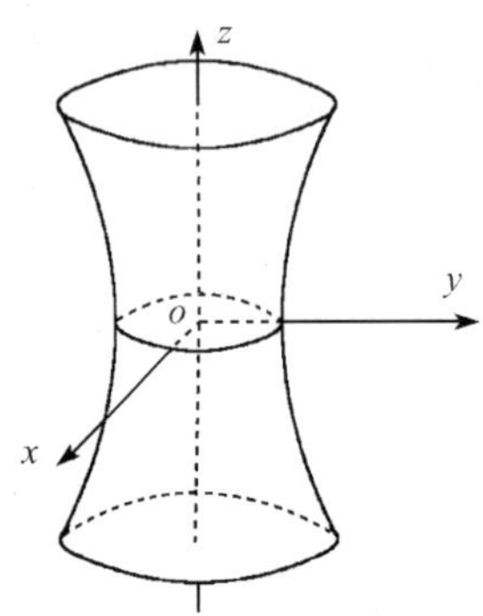

图 2.11　单叶双曲面

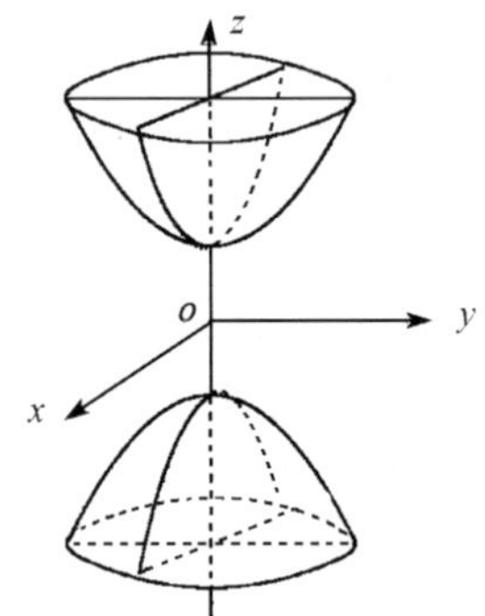

图 2.12　双叶双曲面

考虑二次锥面 (2.20), 双叶双曲面 (2.24), 单叶双曲面 (2.23). 它们与平面 $z=h$ 的交线均为椭圆. 这些椭圆的半轴分别为

$$\bar{a} = \frac{a}{c}|h|, \qquad \bar{b} = \frac{b}{c}|h|;$$

$$a_1 = \frac{a}{c}\sqrt{h^2 - c^2}, \quad b_1 = \frac{b}{c}\sqrt{h^2 - c^2};$$

$$a_2 = \frac{a}{c}\sqrt{h^2 + c^2}, \quad b_2 = \frac{b}{c}\sqrt{h^2 + c^2}.$$

它们的离心率相同, 故为相似椭圆, 且

$$a_1 < a < a_2, \quad b_1 < b < b_2; \quad \lim_{|h|\to\infty}(a_2 - a_1) = \lim_{|h|\to\infty}(b_2 - b_1) = 0,$$

即 $|h|$ 无限增大时, 三个曲面无限接近. 因而称二次锥面 (2.20) 为双叶双曲面和单叶双曲面的渐近锥面. 双曲面 (2.24) 和 (2.23) 称为一对共轭双曲面.

3. 抛物面

对于椭圆抛物面 (2.25), 平行于 xy 面的平面截线为

$$\begin{cases} \dfrac{x^2}{a^2} + \dfrac{y^2}{b^2} = 2z, \\ z = h \end{cases}$$

当 $h > 0$ 时截线为椭圆, 随 h 的缩小而缩小; 当 $h = 0$ 时缩为一点 $(0,0,0)$; 当 $h < 0$ 时为空集. 可知整个曲面位于 xy 面上方. 平行于 xz 面和 yz 面的平面截线都是对

称轴平行于 z 轴的抛物线. 以 $x=h$ 为例, 截线

$$\begin{cases} \dfrac{x^2}{a^2}+\dfrac{y^2}{b^2}=2z, \\ x=h, \end{cases} \tag{2.27}$$

开口向上, 顶点为 $(h,0,\frac{h^2}{2a^2})$, 这些顶点的轨迹是抛物线

$$\begin{cases} \dfrac{x^2}{a^2}+\dfrac{y^2}{b^2}=2z, \\ y=0. \end{cases} \tag{2.28}$$

于是曲面可视为抛物线 (2.27) 沿抛物线 (2.28) 平行移动而成. 参见图 2.13.

对于双曲抛物面 (2.26), 平行于 xy 面的平面截线为

$$\begin{cases} \dfrac{x^2}{a^2}-\dfrac{y^2}{b^2}=2z, \\ z=h, \end{cases}$$

当 $h=0$ 时, 截线为相交于原点 o 的两直线, 截线为双曲线 (当 $h>0$ 时, 实轴平行于 x 轴, 当 $h<0$ 时, 实轴平行于 y 轴). 平行于 xz 面和 yz 面的平面截线都是抛物线. 以 $x=h$ 为例, 截线是

$$\begin{cases} \dfrac{x^2}{a^2}-\dfrac{y^2}{b^2}=2z, \\ x=h, \end{cases} \tag{2.29}$$

其开口向下, 顶点为 $(h,0,\frac{h^2}{2a^2})$. 这些顶点的轨迹也是抛物线

$$\begin{cases} x^2=2a^2z, \\ y=0. \end{cases} \tag{2.30}$$

于是曲面可看作是抛物线 (2.29) 沿抛物线 (2.30) 平行移动所产生的图形. 它不是封闭的曲面. 在原点附近, 形状似马鞍, 因此它也叫马鞍面. 参见图 2.14.

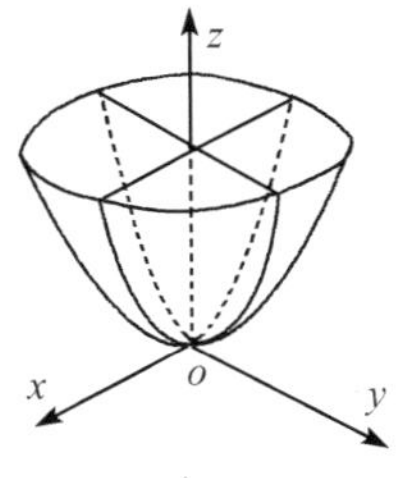

图 2.13 椭圆抛物面

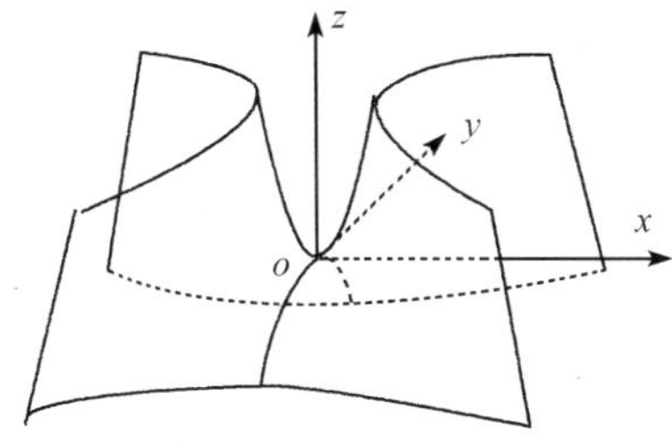

图 2.14 双曲抛物面

例 2.10　求过椭球面

$$S:\frac{x^2}{a^2}+\frac{y^2}{b^2}+\frac{z^2}{c^2}=1,\quad 0<c<a<b$$

的中心并与 S 的交线为圆的平面 (称为 S 的圆截面, 此交线称为截圆).

解　设圆截面为 π. S 的中心 o 也是截圆的对称中心, 于是 o 为截圆的圆心. 故此截圆的方程为

$$\begin{cases}\dfrac{x^2}{a^2}+\dfrac{y^2}{b^2}+\dfrac{z^2}{c^2}=1,\\ x^2+y^2+z^2=r^2,\end{cases}$$

其中 r 为截圆的半径. 于是, π 在以 o 为顶点的二次锥面 S_1 上:

$$S_1:\left(\frac{1}{a^2}-\frac{1}{r^2}\right)x^2+\left(\frac{1}{b^2}-\frac{1}{r^2}\right)y^2+\left(\frac{1}{c^2}-\frac{1}{r^2}\right)z^2=0.$$

因此 S_1 应为过 o 点的两个平面. 所以 S_1 的方程左边有一项的系数为零. 若 $r^2=b^2$ 或 c^2, 则 S_1 为直线. 若 $r^2=a^2$, S_1 为一对实平面:

$$c\sqrt{b^2-a^2}y\pm b\sqrt{a^2-c^2}z=0.$$

此即过中心的圆截面.

2.2.3　直纹面

由一族直线构成的曲面称为直纹面, 这些直线称为它的直母线. 柱面、锥面都是直纹面, 旋转单叶双曲面也是直纹面. 对于二次曲面, 除了二次柱面, 二次锥面外, 我们来证明, 单叶双曲面与双曲抛物面也是由直线组成的.

定理 2.3　单叶双曲面和双曲抛物面是直纹面, 过每点有两条直母线.

证　将单叶双曲面 S 的方程 (2.23) 改写为

$$\left(\frac{x}{a}+\frac{z}{c}\right)\left(\frac{x}{a}-\frac{z}{c}\right)=\left(1+\frac{y}{b}\right)\left(1-\frac{y}{b}\right).$$

一方面, 对于任意给定的不全为零的实数 u, v, 下列两条直线

$$\ell:\begin{cases}u\left(\dfrac{x}{a}+\dfrac{z}{c}\right)=v\left(1+\dfrac{y}{b}\right),\\ v\left(\dfrac{x}{a}-\dfrac{z}{c}\right)=u\left(1-\dfrac{y}{b}\right),\end{cases}\qquad \ell':\begin{cases}u\left(\dfrac{x}{a}+\dfrac{z}{c}\right)=v\left(1-\dfrac{y}{b}\right),\\ v\left(\dfrac{x}{a}-\dfrac{z}{c}\right)=u\left(1+\dfrac{y}{b}\right)\end{cases}\tag{2.31}$$

都在 S 上. 于是我们得到 S 上两族直线

$$I=\left\{\ell_{u:v}\ :\ u,v\in\mathbf{R},\,(u,v)\neq 0\right\},\quad I'=\left\{\ell'_{u:v}\ :\ u,v\in\mathbf{R},\,(u,v)\neq 0\right\}.$$

另一方面, 对任意一点 $p_0(x_0, y_0, z_0) \in S$, 显然 $1+\frac{y_0}{b}$ 与 $1-\frac{y_0}{b}$ 不同时为零. 如果 $1+\frac{y_0}{b} \neq 0$, 令

$$u = 1+\frac{y_0}{b}, \quad v = \frac{x_0}{a}+\frac{z_0}{c}, \quad u' = \frac{x_0}{a}-\frac{z_0}{c}, \quad v' = 1+\frac{y_0}{b};$$

如果 $1-\frac{y_0}{b} \neq 0$, 则令

$$u = \frac{x_0}{a}-\frac{z_0}{c}, \quad v = 1-\frac{y_0}{b}, \quad u' = 1-\frac{y_0}{b}, \quad v' = \frac{x_0}{a}+\frac{z_0}{c}.$$

那么 p_0 在 $\ell_{u:v}$ 上, 同时也在 $\ell'_{u':v'}$ 上. 因此, S 是由直线族 $\{\ell_{u:v}\}$ 组成的, 也是由直线族 $\{\ell'_{u:v}\}$ 组成的. 总之, S 是直纹面. 另外, 若 I 中直线 $\ell_{u_1:v_1}$ 和 $\ell_{u_2:v_2}$ 都经过点 p_0, 则 $u_1:v_1 = u_2:v_2$, 这两条直线相同, 即 I 中只有一条直线通过点 p_0. 同样地, I' 中也只有一条直线通过该点.

类似地, 可以证明, 双曲抛物面 (2.26) 是直纹面. 它有两族直母线

$$\ell_{u:v}: \begin{cases} u\left(\dfrac{x}{a}+\dfrac{y}{b}\right) = 2v, \\ v\left(\dfrac{x}{a}-\dfrac{y}{b}\right) = uz, \end{cases} \qquad \ell'_{u:v}: \begin{cases} u\left(\frac{x}{a}-\frac{y}{b}\right) = 2v, \\ v\left(\dfrac{x}{a}+\dfrac{y}{b}\right) = uz. \end{cases} \tag{2.32}$$

而且对于曲面上每一点, 每族中有唯一一条直母线通过该点. 见图 2.15. □

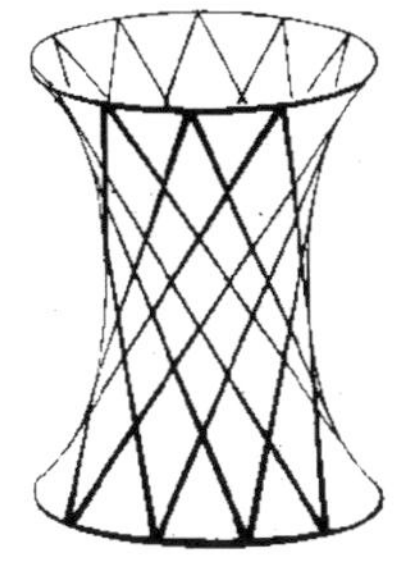
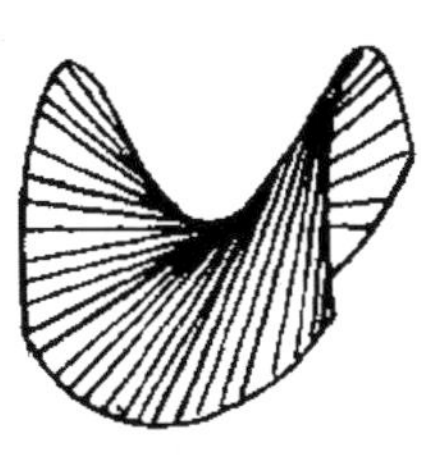
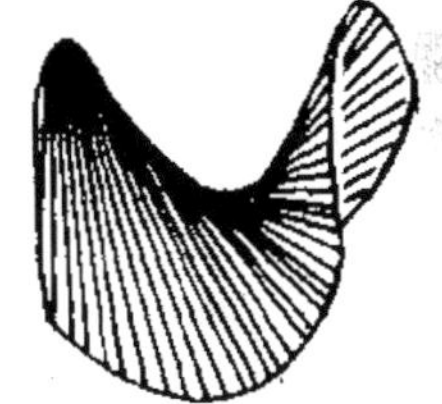

图 2.15

2.3 坐标变换

在不同的坐标系下, 同一点有不同的坐标, 因而同一图形有不同的方程. 方程的形式简单, 它的图形的几何性质就明显, 这正是上一章我们之所以能直接从方程讨论图形的几何性质的原因. 对于给定的图形, 我们需要选取合适的坐标系, 使得它的方程较简单. 为此我们要研究同一点在两个坐标系中的坐标之间的关系. 我们将利用坐标变换方法来化简二次曲线与二次曲面.

2.3.1 平面坐标变换

如图 2.16, 设 I=$(o;\vec{e}_1,\vec{e}_2)$ 和 II=$(o';\vec{f}_1,\vec{f}_2)$ 是两个平面仿射标架. 我们先来讨论向量的坐标变换. 向量的坐标只与基有关, 与原点无关. 如果知道两个基之间的关系, 我们来求出任意向量的 I 坐标 (在 I 中的坐标) 和 II 坐标之间的关系. 为此, 设 $\vec{f}_1$, $\vec{f}_2$ 的 I 坐标分别为 $c_1=(c_{11},c_{21})$, $c_2=(c_{12},c_{22})$, 即

$$\begin{cases}\vec{f}_1=c_{11}\vec{e}_1+c_{21}\vec{e}_2,\\ \vec{f}_2=c_{12}\vec{e}_1+c_{22}\vec{e}_2.\end{cases}$$

设向量 $\vec{v}$ 的 I 坐标和 II 坐标分别为 (x,y) 和 (x',y'). 于是

$$\begin{aligned}\vec{v}&=x\vec{e}_1+y\vec{e}_2=x'\vec{f}_1+y'\vec{f}_2\\ &=x'(c_{11}\vec{e}_1+c_{21}\vec{e}_2)+y'(c_{12}\vec{e}_1+c_{22}\vec{e}_2)\\ &=(c_{11}x'+c_{12}y')\vec{e}_1+(c_{21}x'+c_{22}y')\vec{e}_2.\end{aligned}$$

由向量坐标的唯一性, 得到平面向量的仿射坐标变换公式:

$$\begin{cases}x=c_{11}x'+c_{12}y',\\ y=c_{21}x'+c_{22}y'.\end{cases} \tag{2.33}$$

下面求同一点的 I 坐标和 II 坐标的关系. 为此, 需明确两坐标原点之间的关系, 这由原点 o' 的 I 坐标给出. 设点 o' 的 I 坐标为 (x_0,y_0). 点 p 的 I 坐标和 II 坐标分别为 (x,y) 和 (x',y'). 因为点 o' 和 p 的 I 坐标分别是向量 $\overrightarrow{oo'}$ 和 $\overrightarrow{op}$ 的 I 坐标, 点 p 的 II 坐标是向量 $\overrightarrow{o'p}$ 的 II 坐标, 即

$$\overrightarrow{oo'}=x_0\vec{e}_1+y_0\vec{e}_2,\quad \overrightarrow{op}=x\vec{e}_1+y\vec{e}_2,\quad \overrightarrow{o'p}=x'\vec{f}_1+y'\vec{f}_2.$$

应用公式 (2.33), 得向量 $\overrightarrow{o'p}$ 的 I 坐标为 $(c_{11}x'+c_{12}y',\ c_{21}x'+c_{22}y')$, 由于 $\overrightarrow{op}=\overrightarrow{oo'}+\overrightarrow{o'p}$, 用 I 坐标代入此式, 即得平面点的仿射坐标变换公式:

$$\begin{cases}x=x_0+c_{11}x'+c_{12}y',\\ y=y_0+c_{21}x'+c_{22}y'.\end{cases} \tag{2.34}$$

公式 (2.33) 中的 4 个系数 c_{11}, c_{12}, c_{21}, c_{22} 反映了两个基之间的关系. 因为 $A(\vec{f}_1,\vec{f}_2)=\det(c_1,c_2)A(\vec{e}_1,\vec{e}_2)$, 且 $\vec{f}_1$, $\vec{f}_2$ 不共线, 因此

$$\det(c_1,c_2)=\begin{vmatrix}c_{11}&c_{21}\\ c_{12}&c_{22}\end{vmatrix}\neq 0.$$

进一步, $(\vec{f_1}, \vec{f_2})$ 是幺正基, 当且仅当 $\vec{f_i} \cdot \vec{f_j} = \delta_{ij}, 1 \leqslant i, j \leqslant 2$. 如果 $(\vec{e}_1, \vec{e}_2)$ 是右手幺正基, 那么 $(\vec{f_1}, \vec{f_2})$ 是幺正基, 当且仅当系数 c_{ij} 要满足幺正条件:

$$\sum_{k=1}^{2} c_{ki}c_{kj} = \delta_{ij}, \quad \text{即} \quad \begin{cases} {c_{11}}^2 + {c_{21}}^2 = 1, \\ {c_{12}}^2 + {c_{22}}^2 = 1, \\ c_{11}c_{12} + c_{21}c_{22} = 0. \end{cases} \tag{2.35}$$

此时必有 $A(\vec{f_1}, \vec{f_2}) = \det(c_1, c_2) = 1$(或 -1), 相应地, II 是右 (或左) 手系. 假定 II 是右手系, 则由幺正条件立即推出

$$c_{11} = \cos\theta, \quad c_{12} = -\sin\theta, \quad c_{21} = \sin\theta, \quad c_{22} = \cos\theta.$$

因此我们得到向量的直角坐标变换公式:

$$\begin{cases} x = x'\cos\theta - y'\sin\theta, \\ y = x'\sin\theta + y'\cos\theta, \end{cases} \tag{2.36}$$

和点的直角坐标变换公式:

$$\begin{cases} x = x'\cos\theta - y'\sin\theta + x_0, \\ y = x'\sin\theta + y'\cos\theta + y_0. \end{cases} \tag{2.37}$$

特别地, 当 $\theta = 0$ 时, 公式 (2.37) 称为移轴公式; 当 $x_0 = y_0 = 0$ 时, 公式 (2.37) 称为转轴公式. 参见图 2.17.

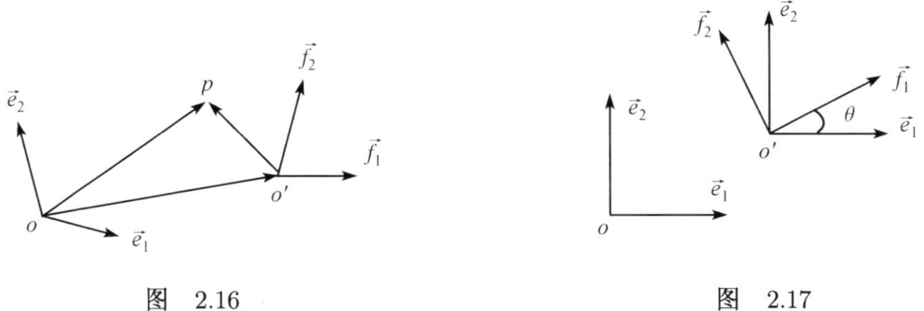

图 2.16 图 2.17

例 2.11 设平面上坐标系 II 的 x' 轴, y' 轴在坐标系 I 中的方程分别为

$$3x - 4y + 1 = 0, \quad 4x + 3y - 7 = 0,$$

而且 I, II 都是右手直角坐标系. 试求 I 到 II 的点的坐标变换公式、直线 $\ell_1 : 2x - y + 3 = 0$ 在 II 中的方程及 $\ell_2 : x' + 2y' - 1 = 0$ 在 I 中的方程.

解 解方程组

$$\begin{cases} 3x-4y+1=0, \\ 4x+3y-7=0, \end{cases}$$

得 o' 的 I 坐标为 $(1,1)$. 因为 x' 轴的标准方程为 $\frac{x+\frac{1}{3}}{4}=\frac{y}{3}$, 所以 x' 轴的方向向量为 $(4,3)$. 于是 $\vec{f_1}$ 的 I 坐标为 $(\frac{4}{5},\frac{3}{5})$ 或 $(-\frac{4}{5},-\frac{3}{5})$. 取 $\vec{f_1}$ 的 I 坐标为 $(\frac{4}{5},\frac{3}{5})$, 得 I 到 II 的点的坐标变换公式为

$$\begin{cases} x=\dfrac{4}{5}x'-\dfrac{3}{5}y'+1, \\ y=\dfrac{3}{5}x'+\dfrac{4}{5}y'+1. \end{cases}$$

直线 ℓ_1 在 II 中的方程为 $2(\frac{4}{5}x'-\frac{3}{5}y'+1)-(\frac{3}{5}+\frac{4}{5}y'+1)+3=0$, 即 $x'-2y'+4=0$. II 到 I 的点的坐标变换公式为

$$\begin{cases} x'=\dfrac{4}{5}(x-1)+\dfrac{3}{5}(y-1), \\ y'=-\dfrac{3}{5}(x-1)+\dfrac{4}{5}(y-1). \end{cases}$$

直线 ℓ_2 在 I 中的方程为 $\frac{4}{5}(x-1)+\frac{3}{5}(y-1)+2\big(-\frac{3}{5}(x-1)+\frac{4}{5}(y-1)\big)-1=0$, 即 $2x-11y+14=0$.

2.3.2 二次曲线方程的化简

在一个平面直角坐标系下, 一个二元二次方程的一般形式为

$$a_{11}x^2+a_{22}y^2+2a_{12}xy+2b_1x+2b_2y+c=0, \tag{2.38}$$

其中 a_{ij} 不全为零. 方程 (2.38) 的图形称为二次曲线. 我们希望作适当的坐标变换, 将方程化简, 从而容易看出方程所代表的二次曲线的类型和几何性质. 如果 $a_{12}=0$, 那么经过配方, 作适当的移轴, 可以消去一次项, 使新方程化为简单形式. 因此关键是能否消去交叉项 $a_{12}xy$. 显然, 移轴并不改变交叉项系数. 因此必须使用转轴. 将转轴公式代入方程 (2.38), 得到新方程

$$a'_{11}x'^2+a'_{22}y'^2+2a'_{12}x'y'+2b'_1x'+2b'_2y'+c'=0, \tag{2.39}$$

其中

$$\begin{cases} a'_{11}=a_{11}\cos^2\theta+a_{12}\sin 2\theta+a_{22}\sin^2\theta, \\ a'_{22}=a_{11}\sin^2\theta-a_{12}\sin 2\theta+a_{22}\cos^2\theta, \\ a'_{12}=(a_{22}-a_{11})\sin 2\theta+2a_{12}\cos 2\theta, \\ b'_1=b_1\cos\theta+b_2\sin\theta,\ b'_2=-b_1\sin\theta+b_2\cos\theta,\ c'=c. \end{cases} \tag{2.40}$$

由上式可知, 经转轴, 二次项系数一般要改变, 新二次项系数只与原二次项系数和转角有关, 与原一次项系数无关; 一次项系数一般要改变, 新一次项系数只与原一次项系数和转角有关, 与原二次项系数无关; 常数项不变. 要使新方程不含交叉项, 只要取 θ, 使得 $(a_{22}-a_{11})\sin 2\theta+2a_{12}\cos 2\theta=0$, 即

$$\cot 2\theta=\frac{a_{11}-a_{22}}{2a_{12}}. \tag{2.41}$$

这是可以做到的. 因此我们只要考虑如下形式的方程 (简便起见, 省去 $'$)

$$a_{11}x^2+a_{22}y^2+2b_1x+2b_2y+c=0,\quad (a_{11},a_{22})\neq\ 0. \tag{2.42}$$

1) 若 a_{11}, a_{22} 都不为零. 对方程左边配方得

$$a_{11}\left(x+\frac{b_1}{a_{11}}\right)^2+a_{22}\left(y+\frac{b_2}{a_{22}}\right)^2-\frac{{b_1}^2}{a_{11}}-\frac{{b_2}^2}{a_{22}}+c=0.$$

作移轴:

$$(x,y)=(x',y')-\left(\frac{b_1}{a_{11}},\frac{b_2}{a_{22}}\right).$$

在新坐标系下, 方程 (2.42) 化为下列形式之一:

$$\frac{x'^2}{a^2}+\frac{y'^2}{b^2}=\pm 1,\quad \frac{x'^2}{a^2}-\frac{y'^2}{b^2}=\pm 1,\quad \frac{x'^2}{a^2}\pm\frac{y'^2}{b^2}=0. \tag{2.43}$$

它的图形可能为: 椭圆, 虚椭圆, 双曲线, 两条相交直线, 两条虚相交直线.

2) 若 a_{11} 或 a_{22} 为 0. 不妨设 $a_{11}\neq 0$, $a_{22}=0$. 对方程 (2.42) 配方得

$$a_{11}\left(x+\frac{b_1}{a_{11}}\right)^2+2b_2y-\frac{{b_1}^2}{a_{11}}+c=0.$$

如果 $b_2\neq 0$, 作移轴: $(x,y)=(x',y')-(\frac{b_1}{a_{11}},\frac{ca_{11}-{b_1}^2}{2b_2a_{11}})$, 方程 (2.42) 化为

$$x'^2=2py', \tag{2.44}$$

其图形为抛物线.

如果 $b_2=0$, 作移轴: $(x,y)=(x',y')-(\frac{b_1}{a_{11}},0)$, 方程 (2.42) 化为

$$x'^2=\pm a^2. \tag{2.45}$$

它的图形可能为两条平行直线, 两条虚平行直线, 或两条重合直线.

总结以上讨论, 二次曲线有 9 种类型: (虚) 椭圆, 双曲线, 抛物线, 一对 (虚) 平行直线, 一对 (虚) 相交直线, 一对重合直线.

例 2.12 已知在直角坐标系 I=$(o;\vec{e}_1,\vec{e}_2)$ 中, 二次曲线 C 的方程为

$$5x^2+4xy+2y^2-24x-12y+18=0.$$

求坐标系 II=$(o';\vec{f}_1,\vec{f}_2)$, 使 C 具有标准方程, 指出 C 的类型, 并画简图.

解 先按 (2.41) 式确定转角 θ,

$$\cot 2\theta=\frac{a_{11}-a_{22}}{2a_{12}}=\frac{5-2}{4}=\frac{3}{4},\quad \sin\theta=\frac{1}{\sqrt{5}},\quad \cos\theta=\frac{2}{\sqrt{5}},$$

因此作转轴变换

$$\begin{cases} x=\dfrac{2}{\sqrt{5}}x'-\dfrac{1}{\sqrt{5}}y', \\ y=\dfrac{1}{\sqrt{5}}x'+\dfrac{2}{\sqrt{5}}y', \end{cases}$$

方程化为 $6x'^2+y'^2-12\sqrt{5}x'+18=6(x'-\sqrt{5})^2+y'^2-12=0$. 再作移轴

$$(x',y')=(x'',y'')+(\sqrt{5},0),$$

因此, 坐标系 II 的原点 o' 的 I 坐标为 $(2,1)$. 基向量 $\vec{f}_1$, $\vec{f}_2$ 的 I 坐标分别为 $(\cos\theta,\sin\theta)$,
$(-\sin\theta,\cos\theta)$. 在 II 中, 曲线 C 的方程为

$$\frac{x''^2}{2}+\frac{y''^2}{12}=1.$$

这是一个椭圆. 因此不难在 I 中画出 C 的简图 2.18.

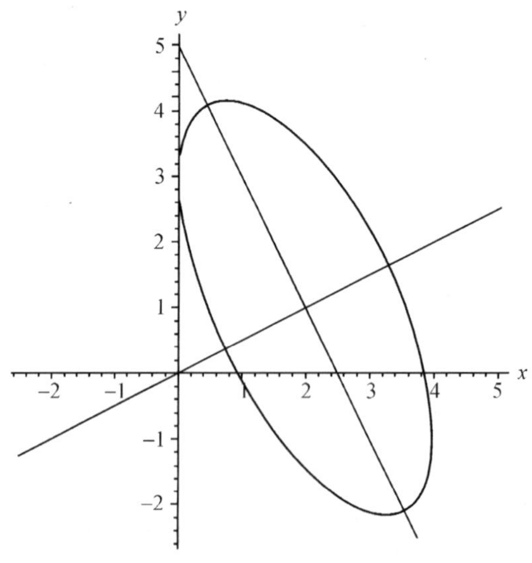

图 2.18

2.3.3 空间坐标变换

如图 2.19, 设有空间仿射标架 I=$(o;\vec{e}_1,\vec{e}_2,\vec{e}_3)$ 和 II=$(o';\vec{f}_1,\vec{f}_2,\vec{f}_3)$. 向量 $\vec{f}_i$ 的 I 坐标为 $c_i=(c_{1i},c_{2i},c_{3i})$, $i=1,\ 2,\ 3$, 即

$$\begin{cases}\vec{f}_1=c_{11}\vec{e}_1+c_{21}\vec{e}_2+c_{31}\vec{e}_3,\\ \vec{f}_2=c_{12}\vec{e}_1+c_{22}\vec{e}_2+c_{32}\vec{e}_3,\\ \vec{f}_3=c_{13}\vec{e}_1+c_{23}\vec{e}_2+c_{33}\vec{e}_3.\end{cases}\tag{2.46}$$

设任意向量 $\vec{v}$ 的 I 坐标和 II 坐标分别为 (x,y,z) 和 (x',y',z'). 于是

$$\begin{aligned}\vec{v}=&x\vec{e}_1+y\vec{e}_2+z\vec{e}_3=x'\vec{f}_1+y'\vec{f}_2+z'\vec{f}_3\\ =&x'(c_{11}\vec{e}_1+c_{21}\vec{e}_2+c_{31}\vec{e}_3)+y'(c_{12}\vec{e}_1+c_{22}\vec{e}_2+c_{32}\vec{e}_3)\\ &+z'(c_{13}\vec{e}_1+c_{23}\vec{e}_2+c_{33}\vec{e}_3)\\ =&(c_{11}x'+c_{12}y'+c_{13}z')\vec{e}_1+(c_{21}x'+c_{22}y'+c_{23}z')\vec{e}_2\\ &+(c_{31}x'+c_{32}y'+c_{33}z')\vec{e}_3,\end{aligned}$$

由坐标的唯一性即得向量的仿射坐标变换公式:

$$\begin{cases}x=c_{11}x'+c_{12}y'+c_{13}z',\\ y=c_{21}x'+c_{22}y'+c_{23}z',\\ z=c_{31}x'+c_{32}y'+c_{33}z'.\end{cases}\tag{2.47}$$

设 o' 的 I 坐标为 (x_0,y_0,z_0). 对任意点 p, 设它的 I 坐标为 (x,y,z), 它的 II 坐标为 (x',y',z'). 点 o', p 的 I 坐标分别是向量 $\overrightarrow{oo'}$, $\overrightarrow{op}$ 的 I 坐标, 点 p 的 II 坐标等于向量 $\overrightarrow{o'p}$ 的 II 坐标, 即

$$\overrightarrow{oo'}=x_0\vec{e}_1+y_0\vec{e}_2+z_0\vec{e}_3,\ \overrightarrow{op}=x\vec{e}_1+y\vec{e}_2+z\vec{e}_3,\ \overrightarrow{o'p}=x'\vec{f}_1+y'\vec{f}_2+z'\vec{f}_3.$$

应用向量坐标变换公式 (2.47) 得向量 $\overrightarrow{o'p}$ 的 I 坐标为

$$(c_{11}x'+c_{12}y'+c_{13}z',\ \ c_{21}x'+c_{22}y'+c_{23}z',\ \ c_{31}x'+c_{32}y'+c_{33}z').$$

由于 $\overrightarrow{op}=\overrightarrow{oo'}+\overrightarrow{o'p}$, 用 I 坐标代入此式即得点的仿射坐标变换公式:

$$\begin{cases}x=x_0+c_{11}x'+c_{12}y'+c_{13}z',\\ y=y_0+c_{21}x'+c_{22}y'+c_{23}z',\\ z=z_0+c_{31}x'+c_{32}y'+c_{33}z'.\end{cases}\tag{2.48}$$

公式 (2.47) 中的 9 个系数 c_{ij}, $1 \leqslant i, j \leqslant 3$ 反映了两个基之间的关系. 因为基向量不共面, 所以 $(\vec{f}_1, \vec{f}_2, \vec{f}_3) = \det(c_1, c_2, c_3)(\vec{e}_1, \vec{e}_2, \vec{e}_3) \neq 0$. 因此

$$\det(c_1, c_2, c_3) = \begin{vmatrix} c_{11} & c_{21} & c_{31} \\ c_{12} & c_{22} & c_{32} \\ c_{13} & c_{23} & c_{33} \end{vmatrix} \neq 0.$$

我们知道, 基 $(\vec{f}_1, \vec{f}_2, \vec{f}_3)$ 是幺正基, 当且仅当 $\vec{f}_i \cdot \vec{f}_j = \delta_{ij}$, $1 \leqslant i, j \leqslant 3$. 因此, 如果 I 是直角坐标系, 那么 II 也是直角坐标系当且仅当 c_{ij} 满足幺正条件:

$$\sum_{k=1}^{3} c_{ki} c_{kj} = \delta_{ij},\ \ 1 \leqslant i, j \leqslant 3,\ \ 即$$

$$\begin{cases} {c_{11}}^2 + {c_{21}}^2 + {c_{31}}^2 = 1,\ \ c_{11}c_{12} + c_{21}c_{22} + c_{31}c_{32} = 0, \\ {c_{12}}^2 + {c_{22}}^2 + {c_{32}}^2 = 1,\ \ c_{12}c_{13} + c_{22}c_{23} + c_{32}c_{33} = 0, \\ {c_{13}}^2 + {c_{23}}^2 + {c_{33}}^2 = 1,\ \ c_{13}c_{11} + c_{23}c_{21} + c_{33}c_{31} = 0. \end{cases} \tag{2.49}$$

可用体积或行列式刻画坐标系的定向. 假定 I 是右手直角坐标系, II 是直角坐标系, 则 $(\vec{f}_1, \vec{f}_2, \vec{f}_3) = \det(c_1, c_2, c_3) = \pm 1$, 相应地, II 是右或左手系.

设 I 和 II 是有相同原点的右手直角坐标系, 那么 I 到 II 的坐标变换, 可以利用平面上的转轴来实现. 如图 2.20, 设 xy 面与 $x'y'$ 面的交线是 ℓ.

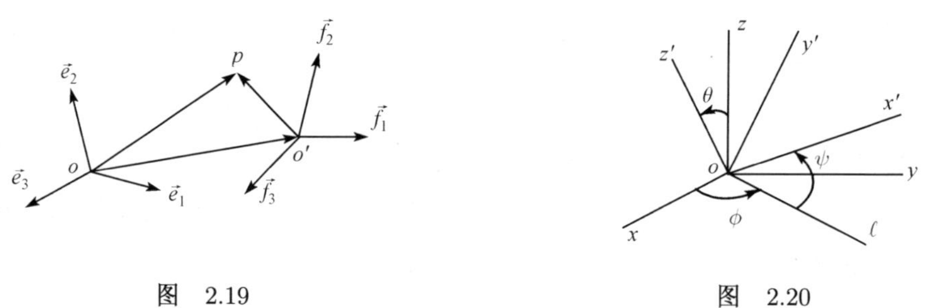

图　2.19　　　　图　2.20

第一步, 保持 z 轴不动, 将 x 轴绕 z 旋转 ϕ 角转到直线 ℓ 的位置, y 轴相应地转相同的角度, 建立坐标系 $ox''y''z$. 利用平面坐标系旋转公式得

$$\begin{cases} x = x'' \cos\phi - y'' \sin\phi, \\ y = x'' \sin\varphi + y'' \cos\phi. \end{cases}$$

第二步, 保持 x'' 轴不动, 将 z 轴绕 x'' 旋转 θ 角转到直线 z' 的位置, y'' 轴相应地转相同的角度, 建立坐标系 $ox''y'''z'$. 于是,

$$\begin{cases} y'' = y''' \cos\theta - z' \sin\theta, \\ z = y''' \sin\theta + z' \cos\theta. \end{cases}$$

第三步, 保持 z' 轴不动, 将 x'' 轴绕 z' 旋转 ψ 角转到直线 x' 的位置, 此时 y''' 轴就转到了 y' 轴, 得到坐标系 $ox'y'z'$. 于是,

$$\begin{cases} x'' = x'\cos\psi - y'\sin\psi, \\ y''' = x'\sin\psi + y'\cos\psi. \end{cases}$$

以上三个公式就是绕坐标轴的转轴公式. 将它们复合, 我们就得到总的坐标变换公式 (作为练习). 公式中的角 ϕ, θ, ψ 称为 Euler 角.

例 2.13 已知两坐标系 $\mathrm{I}=(o;\vec{e}_1,\vec{e}_2,\vec{e}_3)$ 和 $\mathrm{II}=(o';\vec{f}_1,\vec{f}_2,\vec{f}_3)$, 且点 o' 及向量 $\vec{f}_1$, $\vec{f}_2$, $\vec{f}_3$ 的 I 坐标分别为 $(1,-2,0)$, $(2,0,1)$, $(1,1,0)$, $(0,-1,1)$. 设平面 π 和直线 ℓ 在 I 中的方程分别为

$$\pi: 3x+2y-z+2=0, \quad \ell: \frac{x-1}{3}=\frac{y}{-2}=\frac{z-2}{1}.$$

求它们在 II 中的方程.

解 由已知条件得,I 到 II 的点的坐标变换公式为

$$\begin{cases} x = 2x'+y'+1, \\ y = y'-z'-2, \\ z = x'+z', \end{cases}$$

将上式代入 π 的一般方程中, 整理后得到 π 在 II 中的一般方程为

$$5x'+5y'-3z'+1=0.$$

直线 ℓ 在 I 中的一般方程可写成

$$\begin{cases} 2x+3y-2=0, \\ y+2z-4=0. \end{cases}$$

这两个方程表示的平面在 II 中的方程联立就得到 ℓ 在 II 中的方程为

$$\begin{cases} 4x'+5y'-3z'-6=0, \\ 2x'+y'+z'-6=0. \end{cases}$$

2.3.4 二次曲面方程的化简

关于二次曲面方程的化简和分类, 后面将证明, 二次曲面在适当的直角坐标变换下, 二次项部分可以化为平方和形式. 因此只要讨论如下形式的方程:

$$a_{11}x^2+a_{22}y^2+a_{33}z^2+2b_1x+2b_2y+2b_3z+c=0. \tag{2.50}$$

1) 如果 a_{11}, a_{22}, a_{33} 中有一个为零, 且对应的一次项系数也为零, 则归结为两个变量的情形, 由前面对二次曲线的讨论知, 这样的方程在平面上是二次曲线, 在空间中表示柱面, 因而我们得到 9 类二次柱面.

1. 椭圆柱面　$\frac{x^2}{a^2}+\frac{y^2}{b^2}=1$;
2. 虚椭圆柱面　$\frac{x^2}{a^2}+\frac{y^2}{b^2}=-1$;
3. 双曲柱面　$\frac{x^2}{a^2}-\frac{y^2}{b^2}=1$;
4. 相交平面　$\frac{x^2}{a^2}-\frac{y^2}{b^2}=0$;
5. 虚相交平面　$\frac{x^2}{a^2}+\frac{y^2}{b^2}=0$;
6. 抛物柱面　$x^2-2py=0$;
7. 平行平面　$x^2=a^2$;
8. 虚平行平面　$x^2=-a^2$;
9. 重合平面　$x^2=0$.

如果 a_{11}, a_{22}, a_{33} 中有一个为零 (另外两个不为零), 但对应的一次项系数不为零, 经移轴消去两个一次项及常数项, 我们得到两类抛物面.

2) 如果 a_{11}, a_{22}, a_{33} 中有两个为零, 这时 (2.50) 可按下例方式经转轴化为柱面标准方程.

3) 如果 a_{11}, a_{22}, a_{33} 都不为零, 经移轴可以消去一次项, 我们得到两类椭球面、两类双曲面或两类锥面. 因此, 除前面讨论过的 5 种二次曲面 (2.22)~(2.26) 之外, 只有下面三类:

1. 虚椭球面　$\frac{x^2}{a^2}+\frac{y^2}{b^2}+\frac{z^2}{c^2}=-1$;
2. 二次锥面　$\frac{x^2}{a^2}+\frac{y^2}{b^2}-\frac{z^2}{c^2}=0$;
3. 虚二次锥面　$\frac{x^2}{a^2}+\frac{y^2}{b^2}+\frac{z^2}{c^2}=0$.

定理 2.4　每个非空的实二次曲面 (除二次柱面外) 是下列图形之一:

椭球面, (单叶, 双叶) 双曲面, (椭圆, 双曲) 抛物面, 二次锥面.

例 2.14　将直角坐标系下二次曲面 $x^2-\sqrt{2}y-\sqrt{2}z=0$ 化为标准方程.

解　曲面与 yz 面交于一条直线, 保持 x 轴不动, 将 z 轴转到交线位置可以消去 z. 因此作绕 x 轴的转轴坐标变换:

$$\begin{cases} x=x', \\ y=\dfrac{\sqrt{2}}{2}y'-\dfrac{\sqrt{2}}{2}z', \\ z=\dfrac{\sqrt{2}}{2}y'+\dfrac{\sqrt{2}}{2}z', \end{cases}$$

得二次曲面的标准方程为 $x'^2-2y'=0$. 它表示一个抛物柱面.

2.4 等距变换与仿射变换

运动与变化是自然界的本来面貌. 作为研究空间形式的几何学, 应该研究图形在运动与变化下的性质. 平面 (或空间) 以及其中的任一图形都可视作点的集合. 平面 (或空间) 到自身的一个变换称为平面 (或空间) 的一个点变换. 本节讨论两类重要的点变换: 等距变换和仿射变换. 先从映射概念谈起.

2.4.1 映射

定义 2.5 设 S 与 T 是两个集合. 所谓由 S 到 T 的一个函数或映射f 是指一个对应法则, 对于 S 中每个元素 s 都有 T 中一个唯一的元素 t 与之对应. 这个 t 就称为 s 在 f 下的像, 记为 $f(s)$. 称 S 为 f 的定义域, T 为上域.

集合 S 到集合 T 的所有映射构成的集合记为 T^S. 常用箭头表示映射, 如 $f: S \to T$ 或 $S \xrightarrow{f} T$.

例 2.15 映射的例子:

1° 设 S 是所有中国公民组成的集合, T 是所有正整数组成的集合. 对每个 $s \in S$, 定义 $f(s)$ 为 s 的身份证号码. f 是由 S 到 T 的一个映射.

2° 设 T 是非空集合, $S = T \times T$. 定义 $f: S \to T$ 为: $f(t_1, t_2) = t_1$, 这就定义了一个由集合 S 到 T 的映射, 称为 $T \times T$ 到第一分量的投影.

3° 设 S, T 都是非空集合, t_0 是 T 中一固定元素. 定义 $f: S \to T$ 为: 对每个 $s \in S$, $f(s) = t_0$. 则 f 是一个映射, 称为由 S 到 T 的一个常值函数.

4° 把集合 S 中每个元素对应到它自身, 我们得到一个映射, 称为集合 S 的恒等映射或单位映射, 记为 id_S, 简记为 id, 即 $\mathrm{id}: S \to S, \quad \mathrm{id}(s) = s$.

两个映射 f, g 相等是指它们的定义域相同, 上域也相同, 且定义域中每个元素在 f 和 g 作用下的像也相等.

定义 2.6 设 S 及 T 是集合, $f: S \to T$ 是映射. 如果 T 中每个元素 $t \in T$ 是 S 中某个元素 s 在 f 之下的像, 即任给 $t \in T$, 存在 $s \in S$, 使得 $t = f(s)$, 就称映射 f 是满射; 如果在映射 f 下, 当 $f(s_1) = f(s_2)$ 时, 必有 $s_1 = s_2$, 即 S 中不同元素有不同的像, 那么就称映射 f 是单射; 如果 f 同时为单射及满射, 则称它为双射或一一对应.

由 S 到自身的映射常称为 S 的变换. 双射的变换也称为置换.

设 S_1 是 S 的一个子集, 我们用 $f(S_1)$ 表示 T 的子集 $\{f(a) : a \in S_1\}$, 称为 S_1 在 f 下的像. 特别地, S 在 f 下的像称为 f 的像, 记为 $\mathrm{Im}f$. 显然 $\mathrm{Im}f \subseteq T$. 映射f 是满射当且仅当 $\mathrm{Im}f = T$.

如果将定义域限制到子集 S_1, 就得到一个由 S_1 到 T 的映射, 我们称这个映射为 f 在 S_1 上的限制, 记为 $f|_{S_1}$. 如果 $g = f|_{S_1}$, 也称 f 是 g 的扩张.

定义 2.7 设 f 是由 S 到 T 的映射, g 为由 T 到 U 的映射. 定义 g 和 f 的乘积或合成 gf 为由 S 到 U 的映射 $gf : S \to U$, $(gf)(s) = g(f(s))$.

若还有由 U 到 W 的映射 h, 那么 $h(gf) = (hg)f$. 事实上, 等号两端显然都是 S 到 W 的映射, 且对每个 $s \in S$,

$$(h(gf))(s) = h((gf)(s)) = h(g(f(s))) = (hg)(f(s)) = ((hg)f)(s).$$

即映射的乘积适合结合律.

对于任意一个由 S 到 T 的映射 f, 显然有 $\mathrm{id}_T f = f$, $\quad f\mathrm{id}_S = f$.

对于映射 $f : S \to T$, 如果存在映射 $g : T \to S$, 使得 $fg = \mathrm{id}_T$, $gf = \mathrm{id}_S$, 那么 g 是唯一的, 此时称 f 可逆, 且 g 是 f 的逆映射, 记为 f^{-1}. 易证,

$$(f^{-1})^{-1} = f.$$

命题 2.1 映射 $f : S \to T$ 可逆, 当且仅当 f 是双射.

证 如果 f 可逆, 设 g 为它的逆映射. 对任意 $t \in T$, 令 $s = g(t)$, 则 $f(s) = f(g(t)) = \mathrm{id}(t) = t$, 所以 f 是满射. 对 S 中任意两不同元素 s_1, s_2, 令 $t_i = f(s_i)$, 则 $g(t_i) = g(f(s_i)) = (gf)(s_i) = \mathrm{id}(s_i) = s_i$. 这表明 t_1, t_2 在映射 g 下的像不同, 因而 t_1 和 t_2 不同, 因此 f 是单射. 反之, 设 f 是双射, 则 f 既是满射, 也是单射. 所以, T 中每个元素都有原像, 且只有一个原像. 对于 T 中任意元素 t, 设 t 的原像是 s, 即 $f(s) = t$. 令 $g(t) = s$, 我们得到一个由 T 到 S 的映射 g. 显然 $gf = \mathrm{id}_S$, $fg = \mathrm{id}_T$. 因此 g 是 f 的逆映射. □

利用上面命题不难证明, 如果 f 是由 S 到 T 的双射, g 是由 T 到 U 的双射, 那么乘积 gf 就是由 S 到 U 的一个双射, 因而 f, g, gf 都可逆, 且

$$(gf)^{-1} = f^{-1}g^{-1}.$$

设 $f : S \to T$ 是映射, U 是 T 的子集. 我们定义 U 的原像为 S 的子集 $\{s \in S : f(s) \in U\}$, 记为 $f^{-1}(U)$. 此处 f 不一定可逆, f^{-1} 只是记号.

有限多个元素组成的集合称为有限集. 有限集 S 所含元素个数称为 S 的基数, 记为 $|S|$. 如果 S 不是有限集, 就称为无限集, 写作 $|S| = \infty$.

定理 2.5 设 $f : S \to T$ 是有限集之间的一个映射.

1) 如果 f 是单射, 则 $|S| \leqslant |T|$;

2) 如果 f 是满射, 则 $|S| \geqslant |T|$;

3) 如果 f 是双射, 则 $|S| = |T|$.

定理 2.5 1) 的逆否命题为：如果 $|S| > |T|$, 那么 f 不是单射, 常称为鸽巢原理. 两个有限集合之间存在一一对应的充要条件是它们所含元素的个数相同. 于是有限集和它的真子集之间就不能建立一一对应, 对无限集合则可以.

2.4.2 平面点变换

定义 2.8 平面的一个保持点之间距离不变的点变换称为等距变换.

例 2.16 取定平面 π 上向量 $\vec{v}$. 把平面 π 上每一点 p 沿向量 $\vec{v}$ 的方向平移到 p', 使 $\overrightarrow{pp'}=\vec{v}$, 这样得到的变换叫做平面 π 的一个平移变换, 简称平移, 记为 $t_{\vec{v}}$. 称 $\vec{v}$ 为 $t_{\vec{v}}$ 的平移向量. 任取一个坐标系, 设 $\vec{v}(x_0,y_0)$, 点 $p(x,y)$, $p'(x',y')$. 因为 $\overrightarrow{pp'}=\vec{v}$, 用坐标代入即得平移 $t_{\vec{v}}$ 的公式如下:

$$\begin{cases} x'=x+x_0, \\ y'=y+y_0. \end{cases}$$

例 2.17 把平面 π 上每一点 p 绕一定点 o 旋转一定角 θ 变到另一点 p', 这样得到的变换叫做 π 的旋转变换, 简称旋转, 记为 $r_{(o,\theta)}$. 定点 o 叫做旋转心, 定角 θ 叫做旋转角.

以旋转心 o 为原点建立直角坐标系. 转角为 θ 的旋转变换简记为 r_θ. 我们来求点 $p(x,y)$ 和它在 r_θ 下的像 $p'(x',y')$ 的坐标之间的关系. 这时用极坐标较方便. 设点 p 的极坐标为 (ρ,ϕ), 则点 p' 的极坐标为 $(\rho,\phi+\theta)$, 故有

$$x=\rho\cos\phi,\ y=\rho\sin\phi;\quad x'=\rho\cos(\phi+\theta),\ y'=\rho\sin(\phi+\theta).$$

由此即得平面绕原点的旋转 r_θ 的公式如下:

$$\begin{cases} x'=x\cos\theta-y\sin\theta, \\ y'=x\sin\theta+y\cos\theta. \end{cases} \tag{2.51}$$

从公式形式上看, 平移变换公式和点的坐标变换公式中的移轴公式类似. 但是含意完全不同. 点的平移公式中, (x,y) 和 (x',y') 是不同的两个点在同一个坐标系中的坐标; 而移轴公式中它们是同一个点在两个不同的坐标系中的坐标. 类似地, 旋转的点变换公式和坐标变换公式形式上一样, 但含意却不同. 但是, 这种形式上的相似必然是有其原因的, 而不是偶然的. 事实上, 对于点变换, 我们关心的是变换前后的关系, 而不管变换的中间过程. 因此, 我们也可从坐标变换的观点来理解点变换, 得出以上公式.

如图 2.21, 显然, 在此旋转变换下, 直角坐标系 I=$(o;\vec{e}_1,\vec{e}_2)$ 变成一个直角坐标系 II=$(o;\vec{f}_1,\vec{f}_2)$, 点 p 关于 I 的相对位置和点 p' 关于 II 的相对位置完全相同, 所以点 p 在 I 中的坐标 (x,y) 和点 p' 在 II 中的坐标相同. 因此 p' 的 II 坐标为 (x,y). 应用坐标变换公式得, p' 的 I 坐标 (x',y') 和 II 坐标 (x,y) 之间的关系为 (2.51). 这就得到 p 的 I 坐标和 p' 的 I 坐标之间的关系式 (2.51), 也就是点变换公式. 因此, 两种观点, 殊途同归.

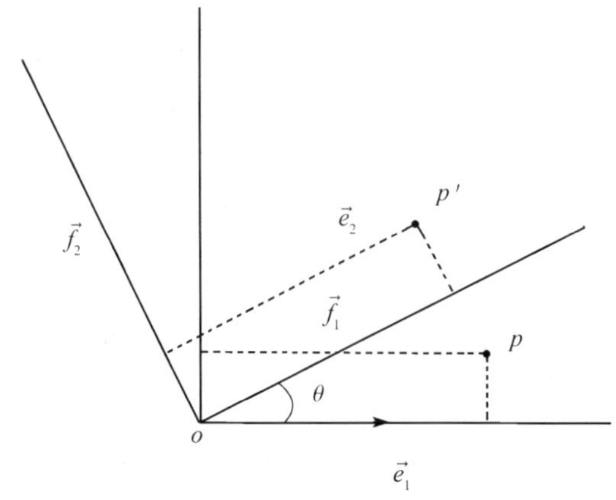

图 2.21

例 2.18 取定平面 π 上的一条直线 ℓ. 把任一点 p 映到它关于直线 ℓ 的对称点 p', 这样得到的 π 的变换称为平面 π 对于直线 ℓ 的轴反射变换, 简称反射, 记为 s_ℓ, 称 ℓ 为反射轴. 如果取反射轴为 x 轴建立直角坐标系, 那么容易得到 $p(x,y)$ 和 $p'(x',y')$ 的关系, 即平面对于 x 轴的反射 s 的公式:

$$\begin{cases} x' = x, \\ y' = -y. \end{cases}$$

例 2.19 设 $\vec{v}$ 是一个平行于直线 ℓ 的向量. 把每个点 p 变到它关于 ℓ 的对称点 q 以后再沿向量 $\vec{v}$ 平移到 p', 使 $\overrightarrow{qp'} = \vec{v}$, 这样将 p 映到 p' 的变换称为沿直线 ℓ 的滑移反射, 滑移向量为 $\vec{v}$. 这也就是一个平行于直线 ℓ 的向量 $\vec{v}$ 确定的平移 $t_{\vec{v}}$ 和对于直线 ℓ 的反射 s_ℓ 的乘积 $t_{\vec{v}}s_\ell$.

命题 2.2 一个平移和一个反射的乘积是一个滑移反射.

证 设 ℓ 是 π 上一条直线, $\vec{v}$ 是 π 上一个向量. 考虑对于 ℓ 的反射 s_ℓ 和 $\vec{v}$ 确定的平移 $t_{\vec{v}}$. 取 ℓ 为 x 轴建立直角坐标系, 设 $\vec{v}(x_0,y_0)$. 令 $\vec{u}(x_0,0)$, 方程为 $y=\frac{y_0}{2}$ 的直线记为 ℓ'. 考虑沿直线 ℓ' 且滑移向量为 $\vec{u}$ 的滑移反射 $f=t_{\vec{u}}s_{\ell'}$. 设 f 将点 $p(x,y)$ 映到点 $p'(x',y')$, 则 $x'=x+x_0$, $y'=-y+y_0$. 但 s_ℓ 将 $p(x,y)$ 映到 $q(x,-y)$, $t_{\vec{v}}$ 将 $q(x,-y)$ 映到 $p'(x+x_0,-y+y_0)$. 于是, $t_{\vec{v}}s_\ell$ 也是将 p 映到 p'. 因此, $t_{\vec{v}}s_\ell = t_{\vec{u}}s_{\ell'}$. □

显然, 以上四类变换都是等距变换. 命题 2.2 表明, 一个平移和一个反射的乘积是一个滑移反射. 一般地, 两个等距变换的乘积还是等距变换. 恒等变换也是等距变换. 我们要证明, 等距变换只有以上四种.

设 f 是等距变换. 取定一点 o, 设 $f(o)=o'$, 记 $\vec{v}=\overrightarrow{oo'}$, 则 $g=t_{-\vec{v}}f$ 是等距变换, 且保持点 o 不动. 对任意点 p, 记 $p'=g(p)$. 利用 g 定义向量变换:

$$\mathrm{E}^2 \to \mathrm{E}^2, \quad \overrightarrow{op} \mapsto \overrightarrow{op'},$$

将此向量的变换仍记为 g. 对任意向量 $\vec{a}, \vec{b}$, 设 $\vec{a} = \overrightarrow{op}, \vec{b} = \overrightarrow{oq}$, 按定义, 有 $g(\vec{a}) = \overrightarrow{op'}$, $g(\vec{b}) = \overrightarrow{oq'}$. 因为 g 保持两点间距离不变, 所以 $|\overrightarrow{pq}| = |\overrightarrow{p'q'}|$. 故

$$|g(\vec{b}) - g(\vec{a})| = |\vec{b} - \vec{a}|. \tag{2.52}$$

令 $\vec{a} = 0$ 得 $|g(\vec{b})| = |\vec{b}|$, 即 g 保持向量的长度不变. 进一步, g 保持向量的内积不变. 事实上, 由 (2.52) 式、恒等式

$$2\vec{a} \cdot \vec{b} = \vec{a} \cdot \vec{a} + \vec{b} \cdot \vec{b} - (\vec{b} - \vec{a}) \cdot (\vec{b} - \vec{a}), \tag{2.53}$$

以及 g 保持向量的长度不变的性质得 $g(\vec{a}) \cdot g(\vec{b}) = \vec{a} \cdot \vec{b}$. 因此 g 一定将一个幺正基 $(\vec{e}_1, \vec{e}_2)$ 变成一个幺正基 $(\vec{f}_1, \vec{f}_2)$.

如果 g 保持基 $(\vec{e}_1, \vec{e}_2)$ 不动, 则 g 一定是恒等变换. 事实上, 设

$$\overrightarrow{op} = x_1\vec{e}_1 + x_2\vec{e}_2, \quad \overrightarrow{op'} = x'_1\vec{e}_1 + x'_2\vec{e}_2.$$

则 $x_i = \overrightarrow{op} \cdot \vec{e}_i = g(\overrightarrow{op}) \cdot g(\vec{e}_i) = \overrightarrow{op'} \cdot \vec{e}_i = x'_i, \quad i = 1, 2.$

如果 $(\vec{f}_1, \vec{f}_2)$ 是右手系, 则存在绕 o 的旋转 r_θ 也将 $\vec{e}_1, \vec{e}_2$ 分别变成 $\vec{f}_1, \vec{f}_2$. 所以 $r_{-\theta}g$ 是保持点 o 和基 $(\vec{e}_1, \vec{e}_2)$ 不动的等距变换. 由已证情形知, $r_{-\theta}g$ 是恒等变换, 即 $r_{-\theta}g = \mathrm{id}$. 因此 $g = r_\theta$. 这就说明, 一个保持某点不动且保定向的等距变换是一个旋转. 从而 $f = t_{\vec{v}}r_\theta$, 即 f 是一个平移与一个旋转的乘积. 我们断言, f 如果不是一个平移, 就一定有一个不动点, 因而是一个旋转. 事实上, 此时 $\theta \neq 0$, 因而存在点 p, 使 $\overrightarrow{p'p} = \overrightarrow{oo'}$. 点 p 就是不动点, 如图 2.22.

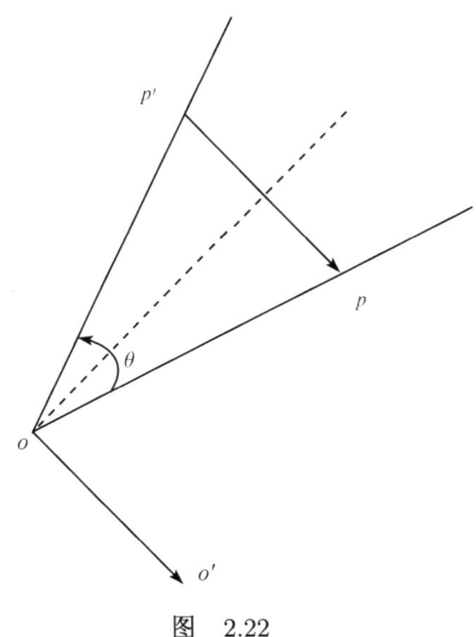

图　2.22

如果 $(\vec{f}_1, \vec{f}_2)$ 是左手系, 那么旋转 r_θ 和反射 s 的乘积 $r_\theta s$ 将 $\vec{e}_1, \vec{e}_2$ 分别变到 $\vec{f}_1, \vec{f}_2$. 因而 $(r_\theta s)^{-1}g$ 是一个保持点 o 和基 $(\vec{e}_1, \vec{e}_2)$ 不动的等距变换. 因此 $(r_\theta s)^{-1}g = \mathrm{id}$. 于是 $g = r_\theta s = s_\ell$, 其中 ℓ 是过点 o 与 $\vec{e}_1$ 夹角为 $\frac{1}{2}\theta$ 的直线 (习题 46). 从而 $f = t_{-\vec{v}}g = t_{-\vec{v}}r_\theta s = t_{-\vec{v}}s_\ell$. 由命题 2.2 知, 这是一个反射或滑移反射.

于是我们证明了如下定理.

定理 2.6　每个等距变换可分解为一个平移和一个旋转的乘积或一个平移、一个旋转和一个反射的乘积; 进一步, 每个等距变换是一个平移, 或旋转, 或反射, 或滑移反射.

由定理 2.6 以及平移、旋转和反射的公式, 得到平面等距变换的公式:

$$\begin{cases} x' = x\cos\theta \mp y\sin\theta + x_0, \\ y' = x\sin\theta \pm y\cos\theta + y_0. \end{cases} \tag{2.54}$$

在定理 2.6 的证明过程中, 我们看到, 一个保持某点不动的等距变换定义一个向量变换, 而且此向量变换保持向量的内积, 由此可证, 它保持向量的线性运算. 当然这也可从等距变换的公式推出. 由等距变换的公式立即得知, 每个等距变换都诱导一个向量的变换. 等距变换 (2.54) 诱导的向量变换的公式为

$$\begin{cases} x' = x\cos\theta \mp y\sin\theta, \\ y' = x\sin\theta \pm y\cos\theta. \end{cases} \tag{2.55}$$

因此等距变换将一个直角坐标系变为一个直角坐标系. 等距变换的公式中系数满足么正条件. 如果我们不考虑么正条件的约束, 只要求将仿射坐标系变为一个仿射坐标系. 我们就得到一类更一般的点变换.

在仿射坐标系下, 由下列公式定义的变换称为仿射变换.

$$\begin{cases} x' = c_{11}x + c_{12}y + x_0, \\ y' = c_{21}x + c_{22}y + y_0, \end{cases} \tag{2.56}$$

其中系数满足可逆条件: $\begin{vmatrix} c_{11} & c_{12} \\ c_{21} & c_{22} \end{vmatrix} \neq 0$. 由此不难推出仿射变换的几何性质. 例如, (不) 共线三点的像也 (不) 共线. 进一步的讨论参见第 8 章.

2.4.3　空间点变换

定义 2.9　空间的一个保持点之间的距离不变的点变换称为等距变换.

给定空间中一个向量 $\vec{v}$, 把一点 p 变成一点 p', 使得 $\overrightarrow{pp'} = \vec{v}$, 这样得到的点变换称为由向量 $\vec{v}$ 所确定的平移, 记为 $t_{\vec{v}}$. 任取一个坐标系, 设向量 $\vec{v}$ 的坐标为

(x_0, y_0, z_0), 点 p, p' 的坐标分别为 (x, y, z), (x', y', z'). 因为 $\overrightarrow{pp'} = \vec{v}$, 用坐标代入即得平移 $t_{\vec{v}}$ 的公式:

$$\begin{cases} x' = x + x_0, \\ y' = y + y_0, \\ z' = z + z_0. \end{cases}$$

保持某条直线 ℓ 上各点都不动, 而将直线外的每一点 p 都按相同旋转方向绕该直线旋转一定角 θ, 变到点 p', 这样得到的变换称为旋转, 直线 ℓ 称为它的旋转轴, θ 称为旋转角. 例如, 在直角坐标系下, 绕 z 轴右旋一个角度 θ. 设点 $p(x, y, z)$ 变成点 $p'(x', y', z')$, 由平面旋转公式, 立即得到旋转的公式如下:

$$\begin{cases} x' = x\cos\theta - y\sin\theta, \\ y' = x\sin\theta + y\cos\theta, \\ z = z'. \end{cases}$$

把空间各点变成对于某个平面 π 的对称点, 这样的变换叫做对于平面 π 的反射. 例如, 在直角坐标系下, 对于 xy 面的反射的公式为

$$\begin{cases} x' = x, \\ y' = y, \\ z' = -z. \end{cases}$$

显然, 平移、旋转和反射都是等距变换. 可以仿照平面的情形证明与定理 2.6 平行的结论. 但是, 下面我们只给出一个较直观的证明.

平移、旋转以及它们的乘积都将直角坐标系变成直角坐标系, 且保持定向. 它们都是所谓的刚体运动, 即刚体的位移. 一个刚体如果有两个点不动, 那么它就只能绕着这两点的连线旋转. 如果在连线以外还有一点不动, 那么刚体就不能动了, 所以一个刚体的位置由刚体上任意不共线三点, 即一个三角形完全确定. 因此, 在讨论刚体的运动时, 可以用一个三角形代表一个刚体的位置. 经过一个刚体运动, 一个三角形 pqr 变成了一个和它全等的三角形 $p'q'r'$. 这样, 一个刚体运动就由顶点相互对应的两个全等三角形完全确定. 先作一个平移把 p 变到 p', 设这时 pqr 变到了 $p'q_1r_1$, 那么要完成从 $p'q_1r_1$ 到 $p'q'r'$ 的刚体运动, 再作一个保持点 p' 不动从 $p'q_1r_1$ 到 $p'q'r'$ 的刚体运动就行了.

下面我们证明, 保持一点 o 不动的刚体运动 g 一定是一个旋转. 只要证它还有一个不动点就行了. 事实上, 任取一点 $p \neq o$. 如果 $g(p) = p' \neq p$. 令 $g(p') = p''$. 则 g 就是一个把三角形 opp' 变成三角形 $op'p''$ 的刚体运动. 若 $p'' = p$, 则 pp' 的中点不动. 如果 $p'' \neq p$, 因 $op = op' = op''$, 所以 p, p', p'' 不共线. 因此, 平分 pp' 的平面

与平分 $p'p''$ 的平面交于一条直线 ℓ. 显然, ℓ 经过 o. 设 f 是绕 ℓ 把 p 变到 p' 的旋转. 于是, f 把 p' 变到 p''. 因此, $f=g$, 即 g 是一个旋转.

所以, 一般的刚体运动是一个平移和一个旋转的乘积. 如果 f 是一个等距变换, 但不是刚体运动. 由于 f 保持距离不变, 所以它将一个三角形 pqr 变成一个与它全等的三角形 $p'q'r'$. 设 g 是一个把 pqr 变成 $p'q'r'$ 的刚体运动, 令 $h=fg^{-1}$. 则 h 是一个保持 $p'q'r'$ 不变的等距变换. 下面来证明保持三角形 $p'q'r'$ 不变的等距变换是一个反射. 因为 f 不是刚体运动. 因此, h 不保持所有的点不动. 设点 p 经过 h 变成 p'. 而 $p'\neq p$. 因 h 保持距离不变, 故 h 的不动点都与 p 和 p' 等距离. 因而都在线段 pp' 的垂直平分面 π 上. 因此, h 的不动点都在 π 上, h 的动点 p 都变成了对于 π 的对称点 p'. 所以, h 是对于 π 的反射. 因此, 我们证明了如下定理.

定理 2.7 一个等距变换或者是一个刚体运动, 或者是一个刚体运动与一个反射的乘积.

设在等距变换 f 下, 点 p 变到 p'. 取定一个直角坐标系 I. 我们来求 p 与 p' 的坐标 (x,y,z) 与 (x',y',z') 之间的关系. 因为长度, 角度经等距变换保持不变. 所以它将一个直角坐标系 I 变为一个直角坐标系 II, 并且点 p' 的 II 坐标就是点 p 的 I 坐标, 即 p' 的 II 坐标为 (x,y,z). 又点 p' 的 I 坐标为 (x',y',z'), 按坐标变换公式, 就有

$$\begin{cases} x'=x_0+a_{11}x+c_{12}y+c_{13}z, \\ y'=y_0+c_{21}x+c_{22}y+c_{23}z, \\ z'=z_0+c_{31}x+c_{32}y+c_{33}z. \end{cases} \tag{2.57}$$

这就是等距变换的公式. 其中一次项系数 c_{ij} 满足幺正条件 (2.49), 由幺正条件可推出, 系数行列式

$$\begin{vmatrix} c_{11} & c_{12} & c_{13} \\ c_{21} & c_{22} & c_{23} \\ c_{31} & c_{32} & c_{33} \end{vmatrix} = \pm 1. \tag{2.58}$$

当系数行列式为 1 时, 右手系变成右手系, f 称为保定向的等距变换; 系数行列式为 -1 时, 右手系变成左手系, 称 f 为反定向的等距变换. 每个等距变换诱导一个保持内积的向量变换, (2.59) 式中取 $x_0=y_0=z_0=0$ 即它的公式.

例 2.20 设 π 是一个平面, k 是一个正数. 空间中的每一点 p 在 π 上有一个垂足 p_0. 在线段 p_0p 上有一个点 p', 使 $|p_0p'|=k|p_0p|$. 于是对于每一个点 p 就有一个对应点 p', 这个变换叫做对于平面 π 的压缩, k 叫做压缩系数. 取 π 为 xy 平面, 立即得到压缩的公式为

$$\begin{cases} x'=x, \\ y'=y, \\ z'=kz \quad (k>0). \end{cases}$$

考虑更一般的由一次方程给出的变换：

$$\begin{cases} x' = x_0 + c_{11}x + c_{12}y + c_{13}z, \\ y' = y_0 + c_{21}x + c_{22}y + c_{23}z, \\ z' = z_0 + c_{31}x + c_{32}y + c_{33}z. \end{cases} \tag{2.59}$$

为了使它成为空间的一个一一对应, 对于任意给定的 (x', y', z'), 要能解出唯一的 (x, y, z). 因此, 我们要求系数行列式不为零. 即

$$\begin{vmatrix} c_{11} & c_{12} & c_{13} \\ c_{21} & a_{22} & c_{23} \\ c_{31} & a_{32} & c_{33} \end{vmatrix} \neq 0. \tag{2.60}$$

满足条件 (2.60) 的变换 (2.59) 叫做仿射变换.

仿射变换是比等距变换更一般的变换. 从变换公式不难推出仿射变换的几何性质. 按 Cramer 法则, 由公式 (2.59) 可以解出 x, y, z, 它们也是 x', y', z' 的一次多项式. 因此仿射变换的逆变换也是仿射变换. 进一步, 仿射变换的乘积也是仿射变换. 因为仿射变换和它的逆变换的公式都是一次的方程, 所以满足一个一次方程的点, 经过一个仿射变换仍然满足一个一次方程. 因此仿射变换将平面变成平面. 相交的平面一定变成相交的平面, 不相交的平面一定变成不相交的平面. 因此, 仿射变换把直线变成直线, 把平行的平面变成平行的平面, 因而也把平行的直线变成平行的直线. 因此每个仿射变换诱导一个向量变换.

习 题 2

2.1 节习题

1. $\triangle pqr$ 为直角三角形, $\angle p = 60^\circ$, 求 pq 绕 pr 旋转所成曲面方程.

2. 求下列旋转面的方程：

1) 圆 $\begin{cases} (x-3)^2 + y^2 = 4, \\ z = 0 \end{cases}$ 绕 x 轴旋转;

2) 圆 $\begin{cases} (x-3)^2 + y^2 = 4, \\ z = 0 \end{cases}$ 绕 y 轴旋转;

3) 直线 $\begin{cases} x - 2z = 1, \\ y - 3z = -3 \end{cases}$ 绕 z 轴旋转;

4) 直线 $\begin{cases} x = az, \\ y = b \end{cases}$ 绕 z 轴旋转;

5) 直线 $\begin{cases} 2x - y = 2, \\ y - z = 0 \end{cases}$ 绕直线 ℓ： $x = y = z$ 旋转;

6) 抛物线 $\begin{cases} x^2 - 6z = 0, \\ y = 0 \end{cases}$ 绕 z 轴旋转;

3. 已知准线方程和母线方向, 求柱面方程:

1) 准线方程为 $\begin{cases} \frac{x^2}{4} + \frac{y^2}{9} - z^2 = 1, \\ y = 3, \end{cases}$ 母线平行于 y 轴;

2) 准线方程为 $\begin{cases} x^2 + y^2 + z^2 = 1, \\ x + y + z = 0, \end{cases}$ 母线平行于 z 轴;

3) 准线方程为 $\begin{cases} x^2 + y^2 = 25, \\ z = 0, \end{cases}$ 母线方向为 $(5, 3, 2)$;

4) 准线方程为 $\begin{cases} x^2 + y^2 + z^2 = 1, \\ 2x^2 + 2y^2 + z^2 = 2, \end{cases}$ 母线方向为 $(-1, 0, 1)$;

5) 准线方程为 $\begin{cases} x^2 + y^2 = 25, \\ z = 0, \end{cases}$ 母线垂直于准线所在平面.

4. 按给定条件求下列圆柱面方程:

1) 过点 $(1-2, 1)$, 对称轴为 $x = t,\ \ y = 1 + 2t,\ \ z = -3 - 2t$;

2) 已知三条母线为 $x = y = z,\ \ x + 1 = y = z - 1,\ \ x - 1 = y + 1 = z$;

3) 轴线过点 $(1, 0, 2)$, 母线方向为 $(1, 2, 3)$, 半径为 3.

5. 求顶点在原点, 准线分别为下列曲线的锥面的方程:

1) $\begin{cases} \frac{x^2}{a^2} + \frac{y^2}{b^2} = 1, \\ z = k; \end{cases}$ 2) $\begin{cases} \frac{x^2}{a^2} - \frac{y^2}{b^2} = 1, \\ z = k; \end{cases}$

3) $\begin{cases} \frac{x^2}{a^2} = 2py, \\ z = k; \end{cases}$ 4) $\begin{cases} x^2 - 2y^2 = 6z, \\ x + y + z = 1. \end{cases}$

6. 已知顶点坐标和准线方程, 求锥面方程:

1) 顶点为 $(4, 0, -3)$, 准线为 $\begin{cases} \frac{x^2}{25} + \frac{y^2}{9} = 1, \\ z = 0; \end{cases}$

2) 顶点为 $(0, 0, 2R)$, 准线为 $\begin{cases} x^2 + y^2 + z^2 = 2Rz; \\ ax + by + cz + d = 0. \end{cases}$

7. 按给定条件求下列圆锥面方程:

1) 顶点为 $(1, 2, 3)$, 轴与平面 $2x + 2y - z + 1 = 0$ 垂直, 母线与轴的夹角为 $\frac{\pi}{6}$;

2) 顶点为 $(1, 2, 4)$, 轴与平面 $2x + 2y + z = 0$ 垂直, 且经过点 $(3, 2, 1)$;

3) 顶点为 $(2, 6, 10)$, 与球面 $x^2 + y^2 + z^2 + 2x - 4y + 4z - 20 = 0$ 相切.

8. 已知锥面的顶点为 $(2, 5, 4)$, 且与 yz 平面的交线是圆心为 $(0, 1, 1)$, 半径为 2 的圆. 求此锥面方程.

2.2 节习题

9. 指出下列各曲面的名称, 求主截面半轴与顶点, 并作出图形:

1) $\frac{x^2}{9}+\frac{y^2}{4}+\frac{z^2}{16}=1$;　　2) $\frac{x^2}{9}+\frac{y^2}{4}+z^2=1$;

3) $\frac{x^2}{9}+\frac{y^2}{4}-\frac{z^2}{16}=1$;　　4) $\frac{x^2}{9}-\frac{y^2}{16}-\frac{z^2}{25}=1$;

5) $x=-\frac{y^2}{49}-\frac{z^2}{16}$;　　6) $z=\frac{x^2}{20}-\frac{y^2}{15}$.

10. 求平面 $x-2=0$ 和椭球面 $\frac{x^2}{16}+\frac{y^2}{12}+\frac{z^2}{4}=1$ 相交的椭圆的顶点坐标和半轴长.

11. 求椭球面方程, 已知其对称轴为坐标轴, 且过点 $(1,2,\sqrt{23})$ 和椭圆 $\begin{cases}\frac{x^2}{9}+\frac{y^2}{16}=1,\\ z=0.\end{cases}$

12. 求平面 $x+4z-4=0$ 和椭球面 $\frac{x^2}{16}+\frac{y^2}{4}+z^2=1$ 的交线在 xy 面上的投影曲线.

13. 椭球面 $\frac{x^2}{a^2}+\frac{y^2}{b^2}+\frac{z^2}{c^2}=1$ 与 $\frac{x^2}{b^2}+\frac{y^2}{a^2}+\frac{z^2}{c^2}=1$ 相交成怎样的曲线?

14. 由椭球面 $S:\frac{x^2}{a^2}+\frac{y^2}{b^2}+\frac{z^2}{c^2}=1$ 的中心引三条相互垂直的射线, 分别交 S 于点 p_1, p_2, p_3. 设 $|\overrightarrow{op_i}|=r_i$. 证明:

$$\frac{1}{r_1^2}+\frac{1}{r_2^2}+\frac{1}{r_3^2}=\frac{1}{a^2}+\frac{1}{b^2}+\frac{1}{c^2}.$$

15. 求共轭双曲面 $\frac{x^2}{a^2}+\frac{y^2}{b^2}-\frac{z^2}{c^2}=\pm 1$ 在 yz 面与 zx 面上的交线, 两交线有何关系?

16. 求下列单叶双曲面或双曲抛物面在相应点的直母线:

1) $\frac{x^2}{4}+y^2-\frac{z^2}{9}=1$, 点 $p(2,1,3)$;

2) $\frac{x^2}{9}+\frac{y^2}{4}-\frac{z^2}{16}=1$, 点 $p(6,2,8)$;

3) $\frac{x^2}{4}-\frac{y^2}{9}=2z$, 点 $p(4,0,2)$;

4) $4x^2-z^2=y$, 点 $p(1,3,-1)$.

17. 试证单叶双曲面有下列性质:

1) 同族的两条直母线异面, 且同族的任意三条直母线都不平行于同一平面;

2) 不同族的两条直母线共面;

3) 经过一条直母线的平面也经过另一族的一条直母线.

18. 试证双曲抛物面有下列性质:

1) 同族两条直母线异面, 且同族的所有直母线都平行于同一平面;

2) 不同族的两条直母线相交;

19. 分别求单叶双曲面 S_1 和双曲抛物面 S_2 上相互垂直的直母线的交点的轨迹:

$$S_1:\frac{x^2}{a^2}+\frac{y^2}{b^2}-\frac{z^2}{c^2}=1,\quad S_2:\frac{x^2}{a^2}-\frac{y^2}{b^2}=2z.$$

20. 求圆锥面 $xy+yz+xz=0$ 的直母线方程.

21. 求非零实数 a, b, c 满足的充要条件, 使得平面 $\pi: ax+by+cz=0$ 与圆锥面 S: $xy+yz+xz=0$ 的交线是两条相互垂直的直线.

2.3 节习题

22. 平移坐标系, 使原点移到 $o'(7,-1)$, 求坐标变换公式和下列各点的新坐标:

$$p(3,2),\ \ q(-5,4),\ \ r(4,-1),\ \ s(-4,-2).$$

23. 作移轴, 使原点移到 o', 求下列曲线在新坐标系中的方程:

1) $y^2=2y+4x$, $o'(-\frac{1}{4},1)$;

2) $x^2+4y^2-2x-1=0$, $o'(1,0)$.

24. 作适当的移轴, 使下列曲线在新坐标系中的方程不含一次项:

1) $9x^2+25y^2+18x-50y-191=0$;

2) $4x^2-9y^2-16x+18y-29=0$.

25. 将坐标轴旋转 $-\frac{\pi}{3}$, 求坐标变换公式和下列点在新坐标系中的坐标.

$$A(1,-1),\quad B(2,4),\quad C(-3,-2),\quad D(0,-1).$$

26. 将坐标轴旋转角度 θ, 求下列曲线在新坐标系中的方程:

1) $17x^2-16xy+17y^2=225,\quad \theta=\frac{\pi}{4}$;

2) $\sqrt{3}xy-y^2=12,\quad \theta=\frac{\pi}{6}$.

27. 考虑平面向量. 设有三个基 $(\vec{e_1},\vec{e_2})$, $(\vec{f_1},\vec{f_2})$, $(\vec{g_1},\vec{g_2})$. 向量 $\vec{v}$ 关于这三个基的坐标分别为 (x_1,x_2), (y_1,y_2), (z_1,z_2). 设坐标变换公式为

$$\begin{cases} x_1=a_{11}y_1+a_{12}y_2\\ x_2=a_{21}y_1+a_{22}y_2,\end{cases}\qquad \begin{cases} y_1=b_{11}z_1+b_{12}z_2\\ y_2=b_{21}z_1+b_{22}z_2,\end{cases}$$

试求由基 $(\vec{e_1},\vec{e_2})$ 到基 $(\vec{g_1},\vec{g_2})$ 及基 $(\vec{f_1},\vec{f_2})$ 到基 $(\vec{e_1},\vec{e_2})$ 的坐标变换公式.

28. 已知新坐标系的 x' 轴和 y' 轴的方程分别为 $x+2y+1=0$ 和 $2x-y-3=0$, 且 x 轴到 x' 轴的角度小于 π, 求坐标变换公式.

29. 将坐标系绕点 $p_0(x_0,y_0)$ 旋转角度 θ 得到新坐标系 $o'x'y'$, 求坐标变换公式.

30. 通过直角坐标变换确定下列二次方程表示的曲线的类型, 形状和位置, 并画简图:

1) $11x^2+6xy+3y^2-12x-12y-12=0$;

2) $5x^2+12xy-22x-12y-19=0$;

3) $x^2-2xy+y^2-10x-6y+25=0$;

4) $3x^2+4xy+2y^2+8x+4y+6=0$;

5) $9x^2-8xy+24y^2-32x-16y+138=0$;

6) $6x^2+12xy+y^2-36x-6y=0$;

7) $4x^2-4xy+y^2-2x-14y+7=0$.

31. 设 $opqr$ 为四面体, l,m,n 依次是三角形 pqr 的三边 pq, qr, rp 的中点. 取仿射坐标系 $\mathrm{I}=(o;\overrightarrow{op},\overrightarrow{oq},\overrightarrow{or})$ 和 $\mathrm{II}=(o;\overrightarrow{ol},\overrightarrow{om},\overrightarrow{on})$.

1) 求 I 到 II 的向量和点的坐标变换公式, 及 II 到 I 的点和向量的坐标变换公式;

2) 求 p, q, r, $\overrightarrow{pq}$, $\overrightarrow{pr}$ 的 II 坐标.

32. 试给出空间直角坐标系的移轴公式, 并讨论移轴对二次曲面方程系数的影响.

33. 将空间直角坐标系绕 x 轴右旋 $\frac{2\pi}{3}$, 再沿 x 轴平移 5 个单位, 求坐标变换公式.

34. 将一空间直角坐标系绕方向 $(1,1,1)$ 右旋 $\frac{\pi}{3}$, 原点不动, 求坐标变换公式.

35. 证明, 在直角坐标系下, 顶点在原点的二次锥面

$$a_{11}x^2 + a_{22}y^2 + a_{33}z^2 + 2a_{12}xy + 2a_{23}yz + 2a_{13}xz = 0$$

有三条相互垂直的直母线的充要条件是 $a_{11} + a_{22} + a_{33} = 0$.

36. 通过直角坐标变换化简下列二次曲面的方程, 并写出坐标变换公式:

1) $2x^2 + 5y^2 + 5z^2 + 4x - 4y - 8z - 1 = 0$;

2) $x^2 + 3y^2 + 3z^2 - 2x - 2y - 2 = 0$;

3) $5x^2 + 10x + 8y + 6z - 27 = 0$;

4) $4y^2 + 9x - 8y + 12z + 4 = 0$.

2.4 节习题

37. 设 $f: S \to T$, $g: T \to U$ 是映射. 证明:

1) 如果 gf 是单射, 那么 f 也是单射;

2) 如果 gf 是满射, 那么 g 也是满射;

3) 如果 f, g 都是双射, 那么 gf 也是双射, 并且 $(gf)^{-1} = f^{-1}g^{-1}$.

38. 设 $f: S \to T$ 是映射, 证明:

1) f 是单射, 当且仅当存在映射 $g: T \to S$, 使得 $gf = \mathrm{id}_S$;

2) f 是满射, 当且仅当存在映射 $g: T \to S$, 使得 $fg = \mathrm{id}_T$.

39. 设 $f: S \to T$ 是映射, 证明:

1) f 是单射, 当且仅当不存在某个集合 U 到集合 S 的两个映射 $g_1, g_2: U \to S$, 使得 $g_1 \neq g_2$ 但 $fg_1 = fg_2$;

2) f 是满射, 当且仅当不存在集合 T 到某个集合 U 的两个映射 $h_1, h_2: T \to U$, 使得 $h_1 \neq h_2$ 但 $h_1 f = h_2 f$.

40. 举例说明, 映射的乘法不满足交换律.

41. 给出一个全体实数集 $\mathbf{R}$ 到全体正实数集 $\mathbf{R}^+$ 的双射.

42. 证明平面等距变换的下列性质:

1) 等距变换保持线段的分比不变;

2) 任给两直角标架 I 和 II, 存在唯一的等距变换把 I 变成 II;

3) 设 f 是一个反定向的等距变换, 证明 f^2 是一个平移.

43. 证明: 两个平移变换的乘积是平移变换; 两个旋转变换的乘积是平移或旋转变换.

44. 设平面上关于直线 ℓ_1, ℓ_2 的反射变换分别为 s_1, s_2. 证明: 若 ℓ_1 与 ℓ_2 平行, 则 s_1s_2 是一个平移; 若 ℓ_1 与 ℓ_2 相交, 则 s_1s_2 是个旋转.

45. 若空间中对于平面 π_1, π_2 的反射变换分别为 s_1, s_2. 证明: 若 π_1, π_2 平行, 则 s_1s_2 是一个平移; 若 π_1, π_2 相交, 则 s_1s_2 是一个旋转.

46. 证明: $m = r_\theta s$ 是一个关于过原点且与 x 轴交角为 $\frac{1}{2}\theta$ 的直线的反射.

47. 计算滑移反射 $t_{\vec{v}} r_\theta s$ 的滑移向量.

48. 设 f 是沿直线 ℓ 的滑移反射. 证明: 点 p 在 ℓ 上当且仅当 p, $f(p)$, $f^2(p)$ 共线.

49. 设 f 是一个反定向的等距变换, 且点 p, $f(p)$, $f^2(p)$ 是直线 ℓ 上不同的三点. 证明: f 是一个沿直线 ℓ 的滑移反射.

50. 证明: 空间仿射变换的两个不动点连线上的每一点都是不动点; 3 个不动点所确定的平面上的每一点都不动.

51. 已知点变换 f 在直角坐标系 I 中的公式, 即点 p 的 I 坐标 (x,y) 和像点 $f(p)$ 的 I 坐标 (x',y') 的关系:

$$\begin{cases} x' = \dfrac{\sqrt{2}}{2}x - \dfrac{\sqrt{2}}{2}y - 3, \\ y' = \dfrac{\sqrt{2}}{2}x + \dfrac{\sqrt{2}}{2}y + 2. \end{cases}$$

作直角坐标变换:

$$\begin{cases} x = \dfrac{1}{2}\widetilde{x} - \dfrac{\sqrt{3}}{2}\widetilde{y} - 2, \\ y = \dfrac{\sqrt{3}}{2}\widetilde{x} + \dfrac{1}{2}\widetilde{y} - 1. \end{cases}$$

试求 f 在新坐标系 II 中的公式.

第 3 章　线性空间与线性映射

几何学的研究, 让我们对空间的特性有了深入的认识, 更重要的是这种研究所采用的方法和所建立的理论可以一般化. 现在我们要讨论的线性代数可以看成解析几何方法的推广, 这个方法的理论基础就是将几何中向量的线性运算性质加以抽象而形成的线性空间与线性映射的概念. 本章介绍线性空间与线性映射的基本概念, 重点讨论线性空间的基与维数理论及线性映射的基本性质, 还介绍线性函数与对偶空间、直和与商空间的基本知识. 线性空间和线性映射的理论是本课程最重要的研究对象, 它们不仅是数学各分支学科的基本工具, 而且被广泛应用于科学与技术各领域.

3.1　线 性 空 间

作为解决几何问题的工具, 我们引入了一些代数方法, 如行列式, 线性方程组等. 这些都是经典的线性代数内容. 为了更好地理解这些代数方法, 我们需要将向量的概念加以推广, 引入抽象的线性空间概念.

3.1.1　数域

在讨论一般的向量空间之前, 先来介绍数域的概念.

代数学中, 数的概念是和解方程联系在一起的. 解方程与所讨论的数的范围有关. 例如, 方程 $x^2+1=0$ 在实数范围无解, 但在复数范围有解. 所以解方程时, 必需明确所考虑的数集范围.

几何学中, 一些基本的几何规律表现为关于向量的简单运算律, 而向量的运算又是以实数的加、减、乘、除四则运算进行的. 讨论向量、平面和直线问题时, 我们是在实数范围内解三元一次方程或方程组. 这时我们可以通过实数的四则运算判定方程组是否有解, 且有解时, 由 Cramer 法则, 解可由系数通过四则运算得出. 研究二次曲面时, 曲面的方程是二次的. 我们采用的研究方法是向量和坐标变换的方法. 涉及实数的四则运算和代数方程.

向量的概念可以加以推广, 我们不必将数量限制在实数范围, 也不一定要限制在三元数组上, 其他对象只要有和向量相同的运算性质, 我们都可以按同样的方式去研究它们.

定义 3.1　复数集 $\mathbf{C}$ 的子集 F 称为一个数域, 如果以下两条件满足:

1) 存在 $a\in F$, $a\neq 0$;

2) 对任意 $a, b \in F$, 有 $a+b, a-b, ab \in F$, 且 $b \neq 0$ 时, 有 $\frac{a}{b} \in F$.

显然, 有理数集 $\mathbf{Q}$, 实数集 $\mathbf{R}$, 复数集 $\mathbf{C}$ 都是数域. 但整数集 $\mathbf{Z}$ 不是, 因为两个整数的商可能不是整数, 如 $2 \div 3$ 就不是整数. 除以上三个熟悉的数域之外, 还有很多数域, 如下例所示.

例 3.1 令 $F = \{a + b\sqrt{2} : a, b \in \mathbf{Q}\}$, 则 F 是一个数域, 记为 $\mathbf{Q}(\sqrt{2})$.

证 显然, $1 \in F$. 对任意 $a, b, c, d \in \mathbf{Q}$,

$$(a + b\sqrt{2}) \pm (c + d\sqrt{2}) = (a \pm c) + (b \pm d)\sqrt{2} \in F,$$

$$(a + b\sqrt{2})(c + d\sqrt{2}) = (ac + 2bd) + (ad + bc)\sqrt{2} \in F,$$

即 F 对加法, 减法和乘法封闭. 当 $c + d\sqrt{2} \neq 0$ 时, 易知 $c - d\sqrt{2} \neq 0$. 否则的话, 当 $d = 0$ 时, 得出 $c = 0$, 而与 $c + d\sqrt{2} \neq 0$ 的条件矛盾; 在 $d \neq 0$ 时, 得出 $\sqrt{2} = \frac{c}{d} \in \mathbf{Q}$, 而与 $\sqrt{2}$ 是无理数的事实矛盾. 因此

$$\frac{a + b\sqrt{2}}{c + d\sqrt{2}} = \frac{(a + b\sqrt{2})(c - d\sqrt{2})}{c^2 - 2d^2} \in F,$$

即 F 对除法也封闭. 按定义, F 是数域.

例 3.2 令 $F = \{a + b\sqrt{-1} : a, b \in \mathbf{Q}\}$, 则 F 是一个数域, 记为 $\mathbf{Q}(\sqrt{-1})$.

证 作为练习.

命题 3.1 设 F 是数域. 则

1) $\mathbf{Q} \subseteq F$;

2) 如果 $\mathbf{R} \subsetneq F$, 那么 $F = \mathbf{C}$.

证 1) 因 F 为数域, 根据定义, 存在 $a \in F$, $a \neq 0$, 且 F 对四则运算封闭. 故

$$a - a = 0 \in F, \ \ 1 = \frac{a}{a} \in F.$$

进一步, 由 $0, 1 \in F$, 推出 $\mathbf{Q} \subseteq F$.

2) 因为 $\mathbf{R} \subsetneq F$, 所以存在 $z = a + b\imath \in F$, $a, b \in \mathbf{R}$, 其中 $b \neq 0$. 由 F 为数域知, F 对四则运算封闭, 所以由 $z, a, b \in F$ 得

$$\imath = \frac{z - a}{b} \in F,$$

故对任意的 $c, d \in \mathbf{R}$, 有 $c + d\imath \in F$. 因此 $F = \mathbf{C}$. □

注 数域就是复数域或其子域. 关于域的概念, 参见附录.

3.1.2 线性空间的定义

本节我们引入线性空间的概念. 线性空间是几何向量及其线性运算的一般化, 是现代数学中最基本的概念之一.

在第 1 章里, 我们定义了向量的加法和数量乘法. 向量的加法是集合 E^3 上的一个运算, 向量的数量乘法是实数域 $\mathbf{R}$ 和集合 E^3 之间的一个运算, 两种运算满足 8 条基本的运算性质. 分析向量的这两种运算的性质, 去掉向量 (有向线段) 及数量 (实数) 的具体属性, 用任意一个数域取代实数域, 任意一个非空集合取代 E^3, 保留运算性质, 我们就得到一般的线性空间的定义.

定义 3.2 设 F 是一个数域, V 是一个非空集合. 我们称 V 是数域 F 上一个线性空间, 如果对 V 中任意两个元素 x 与 y, 有 V 中唯一确定的元素 z 与之对应, 称 z 为 x 与 y 的和, 记为 $z=x+y$, 称此运算为加法; 对 F 中任意一个元素 k 和 V 中任意一个元素 x, 有 V 中唯一确定的元素 y 与之对应, 称 y 为 k 与 x 的数量乘积, 记为 $y=kx$, 称此运算为数量乘法, 简称数乘; 而且加法和数量乘法满足下列性质: 对任意 $k, l\in F$, 及任意 $x, y, z\in V$,

1) $x+y=y+x$(交换律);

2) $(x+y)+z=x+(y+z)$(结合律);

3) V 中存在一个特殊元素 0, 使得对于 V 中每个元素 x, 都有 $x+0=x$;

4) 对于 V 中每个元素 x, 在 V 中存在一个元素 y, 使得 $x+y=0$;

5) $1x=x$;

6) $(kl)x=k(lx)$;

7) $(k+l)x=kx+lx$;

8) $k(x+y)=kx+ky$.

线性空间也称为向量空间. 如果 V 是数域 F 上一个线性空间, 那么, V 中的元素称为向量; 具有性质 3) 的元素 0 称为 V 的零向量; 对于向量 $x\in V$, 具有性质 4) 的元素 y 称为 x 的负向量; 数域 F 中的元素称为纯量 或数. 数域 F 上线性空间也简称为 F 线性空间, 如实线性空间, 复线性空间. 在今后的讨论中, 总设 F 是一个数域.

几何向量按加法和数乘满足线性空间的定义, 线性空间概念正是几何向量及其线性运算的推广. 平面向量组成的线性空间记为 E^2, 空间向量组成的线性空间记为 E^3. 给定一个基, 将几何向量与它的坐标对应, 就得到 E^3 和 $\mathbf{R}^3$ 之间的一个一一对应, 这个对应还保持加法和数乘运算. 因此 $\mathbf{R}^3$ 关于三元有序数组的加法和数量乘法满足同样的运算性质, 成为实线性空间.

例 3.3 数域 F 上所有 n 元有序数组组成的集合

$$F^n=\{(a_1,\cdots,a_n):\ a_i\in F, 1\leqslant i\leqslant n\}.$$

关于如下定义的运算作成一个 F 线性空间.

$$\begin{aligned}(a_1,\cdots,a_n)+(b_1,\cdots,b_n)&=(a_1+b_1,\cdots,a_n+b_n),\\ k(a_1,a_2,\cdots,a_n)&=(ka_1,\cdots,ka_n).\end{aligned}\tag{3.1}$$

易知, $(0,\cdots,0)$ 是零向量, 记为 0; $(a_1,\cdots,a_n)$ 的负向量为 $(-a_1,\cdots,-a_n)$. 特别地, $F^1=F$ 是 F 线性空间, 其加法与数乘分别为 F 中加法与乘法.

例 3.4 设 S 是一个非空集合, F 是一个数域. 由 S 到 F 的映射也称为 ***S*** 上的 ***F*** 值函数. F^S 表示所有 S 上的 F 值函数组成的集合. 集合 F^S 对于函数的加法和数与函数的乘法作成一个 F 线性空间. 具体地, 线性空间 F^S 中的加法和数量乘法定义如下: 对任意的 $f, g\in F^S$, $k\in F$, $x\in S$,

$$\begin{aligned}(f+g)(x)&=f(x)+g(x)\ ,\\(kf)(x)&=kf(x)\ .\end{aligned}\tag{3.2}$$

零函数就是在 S 上每点的取值都为 0 的函数. 函数 $f:S\to F$ 的负函数为

$$-f:S\to F,\ \ (-f)(s)=-f(s).$$

特别地, 当 $S=\{1,2,\cdots,n\}$ 时, F^S 就是例 3.3 中的 F^n.

例 3.5 能写成如下形式的实变量实值函数称为一个 n 次多项式函数,

$$f(x)=a_nx^n+a_{n-1}x^{n-1}+\cdots+a_1x+a_0,$$

其中 $a_0, a_1, \cdots, a_n\in\mathbf{R}$, $a_n\neq 0$. 显然, 两个这样的函数之和是一个多项式函数, 一个实数乘一个多项式函数还是一个多项式函数. 事实上,

$$\begin{aligned}&(a_nx^n+\cdots+a_1x+a_0)+(b_nx^n+\cdots+b_1x+b_0)\\=&(a_n+b_n)x^n+\cdots+(a_1+b_1)x+(a_0+b_0),\\&k(a_nx^n+\cdots+a_1x+a_0)=ka_nx^n+\cdots+ka_1x+ka_0.\end{aligned}\tag{3.3}$$

全体实多项式函数组成的集合 $\mathbf{R}[x]$ 按函数的加法和数乘作成一个实线性空间. 由微积分知, 若两个多项式函数相等, 则它们的各阶导数也对应相等, 由此不难推出这两个多项式的各项系数对应相等. 也就是说多项式函数由它的系数所决定. 因此, 我们也可以将多项式函数理解为形式表达式, 称为多项式, 即规定两个多项式相等是指它们对应的各项系数都相等. 多项式的加法和数乘就是按 (3.3) 作形式运算. 且作形式运算和对应的函数运算是一致的. 也可以按同样的方式理解一般数域上的多项式, 如复系数多项式函数空间 $\mathbf{C}[x]$. 关于多项式的一般讨论在第 5 章.

例 3.6 设 K 是数域, 且 $K\subseteq F$. 则 F 可以看作 K 线性空间, 其加法就是 F 中的加法, 数量乘法即乘法. 特别地, 复数域 $\mathbf{C}$ 可以看成是实线性空间.

线性空间定义中的条件是线性空间的基本公理, 我们将从这些公理出发推出线性空间的一般性质. 下面是几个从定义可以立即推出的简单性质, 证明都很简单, 但要注意, 我们必须从定义出发严格地按逻辑推理.

命题 3.2 设 V 是 F 线性空间, 则

1) 零向量 0 是唯一的;

2) 每个向量 $x \in V$ 的负向量是唯一的, 记为 $-x$;

3) 消去律成立, 即对任意 $x, y, z \in V$, 若 $x+z=y+z$, 则 $x=y$.

证 1) 假设 0 及 $0'$ 都是 V 的零向量, 则 $0'=0'+0=0+0'=0$, 这里依次用到 0 是零向量, 加法满足交换律, $0'$ 是零向量.

2) 设 $x \in V$, 假设存在 y 及 $y' \in V$, 使得 $x+y=x+y'=0$, 则

$$y=y+0=y+(x+y')=(y+x)+y'=y'+(x+y)=y'+0=y'.$$

3) 由结合律及零元的性质得 $(x+z)+(-z)=x+(z+(-z))=x+0=x$, 式中 x 换为 y 也成立. 在等式 "$x+z=y+z$" 两边加上 $-z$ 即得 $x=y$. □

利用负向量, 可以定义加法的逆运算, 即减法: 对于 $x, y \in V$, 定义

$$x-y=x+(-y). \tag{3.4}$$

命题 3.3 设 V 为 F 线性空间. 对任意 $x, y \in V$ 及 $k, l \in F$, 有

1) $k0=0$, 其中 $0 \in V$;

2) $k(-x)=-kx$;

3) $k(x-y)=kx-ky$;

4) $0x=0$, 其中左边的 $0 \in F$, 右边的 $0 \in V$;

5) $(-1)x=-x$;

6) $(k-l)x=kx-lx$;

7) 若 $kx=0$, 则 $k=0$ 或 $x=0$.

证 1) 根据定义 3.2, $k0+k0=k(0+0)=k0=k0+0=0+k0$, 于是由消去律得 $k0=0$. 2) 根据定义 3.2, $k(-x)+kx=k(x+(-x))=k0$, 由已证的 1) 及负向量的唯一性得 $k(-x)=-kx$. 其余作为练习. □

3.1.3 子空间

设 V 是 F 线性空间, W 是 V 的一个非空子集. W 中任意两个向量 x, y 的和还是 V 中一个向量. 一般说来, $x+y$ 不一定在 W 中. 如果 W 中任意两向量的和仍在 W 中, 就称 W 对于 V 的加法是封闭的. 同样, 如果对于 W 中任意向量 y 和数域 F 中任意元素 k, ky 仍在 W 中, 就称 W 对于 V 的数量乘法是封闭的.

命题 3.4 设 W 是 F 线性空间 V 的一个非空子集. 如果 W 对于 V 的加法及数乘是封闭的, 那么 W 本身对于 V 的加法和数乘也作成 F 线性空间.

证 W 对于 V 的加法及数乘的封闭性保证了 W 中定义了一个加法运算和一个数乘运算. 因 W 非空, 设 $y \in W$, 则由 W 对数乘的封闭性和命题 3.3 得

$0 = 0y \in W$, 且对任意 $x \in W$, 有 $-x = (-1)x \in W$. 定义中的其余性质对 V 中所有向量都成立, 因此对 W 中所有向量也成立. □

定义 3.3 设 V 是 F 线性空间, 而 W 是 V 的一个非空子集. 如果 W 对于 V 的加法及数乘封闭, 那么就称 W 为 V 的一个子空间.

对于线性空间 V, $\{0\}$ 和 V 都是 V 的子空间, 称为 V 的平凡子空间, 其他子空间称为非平凡子空间. $\{0\}$ 也称为零子空间, 简记为 0.

命题 3.4 表明, V 的子空间 W 按 V 的加法与数乘运算是 F 线性空间. 不难证明, 如果 $W \subseteq V$, 那么下列条件等价

1) W 是 V 的子空间;

2) W 关于 V 的加法和数乘运算是 F 线性空间;

3) W 非空, 且若 $x, y \in W$, $k \in F$, 则 $kx + y \in W$.

例 3.7 平行于一给定平面 (或直线) 的全体向量的集合是 E^3 的子空间.

例 3.8 考虑闭区间 $[0,1]$ 上所有连续函数组成的集合 $C[0,1]$. 显然, 集合 $C[0,1]$ 非空, 如 $0 \in C[0,1]$. 微积分中的基本事实说明 $C[0,1]$ 对加法和数量乘法是封闭的. 于是 $C[0,1]$ 是 $\mathbf{R}^{[0,1]}$ 的子空间. 因此 $C[0,1]$ 关于函数的加法和数乘是一个实线性空间.

例 3.9 实多项式函数空间 $\mathbf{R}[x]$ 是函数空间 $\mathbf{R}^{\mathbf{R}}$ 的一个子空间. 考虑次数小于 n 的所有实多项式组成的集合 $\mathbf{R}[x]_n$. 显然它对加法和数乘都封闭, 因此, $\mathbf{R}[x]_n$ 是 $\mathbf{R}[x]$ 的一个子空间.

例 3.10 数域 F 上关于变量$x_1, \cdots, x_n$ 的一个 n 元齐次线性方程形如:

$$a_1x_1 + \cdots + a_nx_n = 0, \tag{3.5}$$

其中 $a_1, \cdots, a_n \in F$ 称为方程的系数. 对于 $c = (c_1, \cdots, c_n) \in F^n$, 如果 $a_1c_1 + \cdots + a_nc_n = 0$, 则称 c 是方程 (3.5) 的一个解. 方程 (3.5) 的解集,

$$S = \big\{(c_1, \cdots, c_n) \ : \ a_1c_1 + \cdots + a_nc_n = 0 \ \big\}$$

是 F^n 的一个子空间. 事实上, $a_10 + \cdots + a_n0 = 0$, 即 $0 \in S$. 因此 S 是 F^n 的一个非空子集. 对于 (3.5) 的任意两个解 $c = (c_1, \cdots, c_n)$ 和 $d = (d_1, \cdots, d_n)$, 及 F 中任意一个数 k, 直接验证知 $kc + d = (kc_1 + d_1, \cdots, kc_n + d_n)$ 也是 (3.5) 的一个解. 因此也称 S 为方程 (3.5) 的解空间. 特别地, 当 $F = \mathbf{R}$, $n = 3$, 且 $(a_1, a_2, a_3) \neq 0$ 时, S 是一个过原点的平面. 两个过原点的平面的交是一条过原点的直线, 也是 $\mathbf{R}^3$ 的子空间. 这在第 1 章里已有讨论. 也可以考虑多个线性方程构成的齐次线性方程组, 得出同样的结论. 一般情形将在第 4 章讨论.

设 V 是 F 线性空间. 设 V_1 和 V_2 是 V 的子空间. 它们的交$V_1 \cap V_2$ 是既在 V_1

中也在 V_2 中的元素组成的, 即

$$V_1 \cap V_2 = \{x \ : \ x \in V_1, \ x \in V_2 \}.$$

命题 3.5 V 的两个子空间 V_1 和 V_2 的交 $V_1 \cap V_2$ 是 V 的子空间.

证 因为 V_1 和 V_2 都是 V 的子空间, 所以 $0 \in V_1, 0 \in V_2$, 即 $0 \in V_1 \cap V_2$, 且若 $x, y \in V_1 \cap V_2, k \in F$, 则 $kx + y \in V_1 \cap V_2$. 故 $V_1 \cap V_2$ 是子空间. □

不难看出, V 的两个子空间 V_1 和 V_2 的交 $V_1 \cap V_2$ 是 V 的同时包含在 V_1 和 V_2 中的最大的子空间. 一般地, V 的任意多个子空间的交还是 V 的子空间. 但 V 的两个子空间 V_1 和 V_2 的并$V_1 \cup V_2$ 不一定是子空间.

下面我们来讨论构造子空间的一般方法. 我们知道, $\mathbf{R}^3$ 中过原点的直线可由一个非零向量的倍数组成, 过原点的平面可由两个不共线的向量的所有线性组合得到. 三个不共面的向量的所有线性组合就是整个空间. 一般地, 这也是构造数域 F 上线性空间 V 的子空间的一个基本方法.

定义 3.4 设 $a_1, \cdots, a_n \in V, k_1, \cdots, k_n \in F$. 我们称向量

$$k_1 a_1 + \cdots + k_n a_n$$

为 $a_1, \cdots, a_n$ 的一个以 $k_1, \cdots, k_n$ 为系数的 线性组合, 简记为 $\sum_{i=1}^n k_i a_i$.

设 $a_1, \cdots, a_n$ 是 V 中一组向量. 如果向量 x 等于向量 $a_1, \cdots, a_n$ 的一个线性组合, 即存在 F 中的数 $k_1, \cdots, k_n$, 使得 $x = \sum_{i=1}^n k_i a_i$, 我们就说 x 可以由 $a_1, \cdots, a_n$线性表出, 或 x可以表为$a_1, \cdots, a_n$ 的一个线性组合.

由向量 $a_1, \cdots, a_n$ 的所有线性组合构成的集合称为向量 $a_1, \cdots, a_n$ 的线性扩张, 记为 $\langle a_1, \cdots, a_n \rangle$ 或 $\mathrm{Span}(a_1, \cdots, a_n)$, 即

$$\langle a_1, \cdots, a_n \rangle = \left\{ \sum_{i=1}^n k_i a_i \ : \ k_1, \cdots, k_n \in F \right\}.$$

显然, $0 = 0a_1 + \cdots + 0a_n \in \langle a_1, \cdots, a_n \rangle$; 若 $x, y \in \langle a_1, \cdots, a_n \rangle, k \in F$, 设

$$x = \sum_{i=1}^n x_i a_i, \quad y = \sum_{i=1}^n y_i a_i,$$

则 $kx + y = \sum_{i=1}^n (kx_i + y_i) a_i \in \langle a_1, \cdots, a_n \rangle$. 因此 $\langle a_1, \cdots, a_n \rangle$ 是 V 的子空间, 也称为由向量 $a_1, \cdots, a_n$ 张成的子空间.

一般地, 如果 S 是 V 的一个子集, 那么 S 中有限个向量的一个线性组合也称为 S 的一个线性组合. S 的所有线性组合组成 V 的一个子空间, 称为由 S 张成的子空间, 记为 $\langle S \rangle$ 或 $\mathrm{Span} S$.

命题 3.6 设 W 是 V 的一个子空间, S 是 V 的一个子集. 如果 $S \subseteq W$, 则有 $\langle S \rangle \subseteq W$.

证 由于 W 对于加法和数乘封闭, 所以 W 对作线性组合也封闭. □

由此可见, $\langle S\rangle$ 是包含 S 的最小子空间. 包含 S 的最小子空间可以描述为包含 S 的所有子空间的交, 称为由 S 生成的子空间. 因此, 也称 $\langle S\rangle$ 是由 S 生成的子空间, S 称为 $\langle S\rangle$ 的一个生成元.

定义 3.5 设 V 是 F 线性空间, V_1 和 V_2 是 V 的两个子空间. 由 $V_1\cup V_2$ 张成的子空间 $\mathrm{Span}(V_1\cup V_2)$ 称为 V_1 与 V_2 的和, 记为 V_1+V_2. 等价地,

$$V_1+V_2=\big\{a+b\ :\ a\in V_1,\, b\in V_2\big\}. \tag{3.6}$$

显然, V_1+V_2 是 V 的既包含 V_1, 也包含 V_2 的最小子空间.

可以类似地定义多个子空间的和. 设 $\{V_i\}_{i\in I}$ 是 V 的一族子空间, 它们的并张成的子空间称为这族子空间的和, 记为 $\sum_{i\in I}V_i$. 按定义,

$$\sum_{i\in I}V_i=\left\{\sum_{i\in I}a_i\ :\ a_i\in V_i,\ \text{仅有限个}\ a_i\neq 0\right\}.$$

例 3.11 设 $e_1=(1,0,0)$, $e_2=(0,1,0)$, $e_3=(0,0,1)$, $a=(2,3,1)$. 那么 $\mathbf{R}^3$ 中任意向量 $x=(x_1,x_2,x_3)$ 都可以由 e_1, e_2, e_3 线性表出: $x=x_1e_1+x_2e_2+x_3e_3$, 因此

$$\mathbf{R}^3=\langle e_1,\,e_2,\,e_3\rangle=\langle e_1\rangle+\langle e_2\rangle+\langle e_3\rangle.$$

3.2 基 和 维 数

维数的概念是数学中最基本的思想之一, 在不同的数学分支中, 它有不同的形式. 本节讨论线性空间的维数及相关的问题. 定理 1.4 表明, E^3 中三个不共面的向量 (基) 可以线性表出空间所有向量, 且表示方式唯一. E^2 由两个不共线的向量确定. 我们说 E^3 的维数是 3, E^2 的维数是 2. 但是要精确地定义一般线性空间的维数, 我们必须回答两个问题: 线性空间是否有基？一个线性空间是否可以有两个含向量个数不同的基？要回答这些问题, 我们必需对“不共面”有一个更清晰的认识. 为此, 需引入几个新的概念, 证明几个相关的事实, 这些事实本身也很重要. 下面总假定 V 为数域 F 上一个线性空间.

3.2.1 线性相关与线性无关

设 $a_1,\cdots,a_n$ 是 V 中一组向量. 前面我们考虑了它们的线性组合全体. 这正好是含 $a_1,\cdots,a_n$ 的最小子空间. 下面我们来考虑, 一个向量表为 $a_1,\cdots,a_n$ 的线性组合的表法唯一性. 这可以归结为零向量的表法唯一性.

命题 3.7 设 $x\in\langle a_1,\cdots,a_n\rangle$. 则 x 表为 $a_1,\cdots,a_n$ 的线性组合的表法唯一, 当且仅当零向量 0 表为 $a_1,\cdots,a_n$ 的线性组合的表法唯一.

证 设 $x = l_1a_1 + \cdots + l_na_n, l_1, \cdots, l_n \in F$. 如果 x 还有另一种表法, 即 $x = k_1a_1 + \cdots + k_na_n$, 且有 i, 使 $k_i \neq l_i$, 则 $(k_1 - l_1)a_1 + \cdots + (k_n - l_n)a_n = 0$, 即零向量的表法不唯一. 反之, 若零向量的表法不唯一, 即有不全为零的数 $k_1, \cdots, k_n$, 使得 $k_1a_1 + \ldots + k_na_n = 0$, 那么, 我们得到 x 的另一种不同表法:

$$x = (k_1 + l_1)a_1 + \cdots + (k_n + l_n)a_n. \qquad \square$$

以上命题表明, 向量 x 表为向量 $a_1, \cdots, a_n$ 的线性组合的表法是否唯一的问题和 x 没有关系, 而是由 $a_1, \cdots, a_n$ 的性质所决定的.

定义 3.6 设 $a_1, \cdots, a_n \in V$. 若有不全为零的数 $k_1, \cdots, k_n \in F$, 使得 $k_1a_1 + \cdots + k_na_n = 0$, 则称 $a_1, \cdots, a_n$ 线性相关; 否则, 称为线性无关.

换个说法, 向量 $a_1, \cdots, a_n$ 线性无关, 等价于由 $k_1a_1 + \cdots + k_na_n = 0$ 能推出 $k_1 = \cdots = k_n = 0$, 即零向量表为 $a_1, \cdots, a_n$ 的线性组合的表法唯一. 显然, 关系式 $0a_1 + \cdots + 0a_n = 0$ 总是成立的, 我们称此为一个平凡的线性关系. 于是, 线性相关就是指存在非平凡的线性关系.

例 3.12 在 $\mathbf{R}^3$ 中, 若有 $k_1, k_2, k_3 \in \mathbf{R}$, 使 $k_1e_1 + k_2e_2 + k_3e_3 = 0$, 即 $(k_1, k_2, k_3) = (0, 0, 0)$, 则有 $k_1 = 0, k_2 = 0, k_3 = 0$. 因此 e_1, e_2, e_3 线性无关. 但是, $a_1 = (1, 1, 1), a_2 = (2, 2, 2)$ 线性相关, 因为 $2a_1 - a_2 = 0$. 类似地, 向量 $b_1 = (1, 0, 0), b_2 = (0, 1, 1), b_3 = (1, 1, 1)$ 线性相关, 因为 $b_3 = b_1 + b_2$, 此式可写成 $b_1 + b_2 + (-1)b_3 = 0$.

例 3.13 E^3 中两向量线性无关即不共线, 三向量线性无关即不共面, 任意四个向量一定线性相关.

例 3.14 在 F 线性空间 V 中, 证明:

1) 向量 a 线性无关当且仅当 $a \neq 0$;

2) 向量 a_1, a_2 线性相关当且仅当 $a_1 = 0$ 或存在 $k \in F$, 使得 $a_2 = ka_1$.

证 1) 若 $a = 0$, 则有 $1a = 0$, 于是 a 线性相关. 换个说法, 如果 a 线性无关, 则 $a \neq 0$, 必要性得证. 反过来, 如果 $a \neq 0$, 则由 $ka = 0, k \in F$ 可以推出 $k = 0$, 于是 a 线性无关, 充分性得证.

2) 设 a_1, a_2 线性相关, 则有不全为零的数 k_1, k_2, 使 $k_1a_1 + k_2a_2 = 0$. 若 $k_2 \neq 0$, 则 $a_2 = \frac{-k_1}{k_2}a_1$, 若 $k_2 = 0$, 则 $k_1 \neq 0$, 此时 $k_1a_1 = 0$, 所以 $a_1 = 0$. 反之, 若 $a_2 = ka_1$, 则 $ka_1 - a_2 = 0$, 于是 a_1, a_2 线性相关; 若 $a_1 = 0$, 则 $a_1 + 0a_2 = 0$, a_1, a_2 也线性相关.

命题 3.8 向量 $a_1, \cdots, a_n \in V$ 线性相关, 当且仅当其中有一个向量可以表为其余向量的线性组合.

证 如果 $a_1, \cdots, a_n$ 中有一个向量可以表为其余向量的线性组合, 不妨设 $a_1 = l_2a_2 + \cdots + l_na_n$, 则 $a_1 - l_2a_2 - \cdots - l_na_n = 0$, 即 $a_1, \cdots, a_n$ 线性相关. 反之,

设有不全为零的数 $k_1,\cdots,k_n$, 使得 $k_1a_1+\ldots+k_na_n=0$, 不妨设 $k_1\neq 0$, 则 $a_1=\frac{-k_2}{k_1}a_2+\cdots+\frac{-k_n}{k_1}a_n$, 即 a_1 可以表为 $a_2,\cdots,a_n$ 的线性组合. □

命题 3.9 设 $a_1,\cdots,a_n\in V$ 线性无关, 则 $b\in V$ 不能表为 $a_1,\cdots,a_n$ 的线性组合当且仅当 $a_1,\cdots,a_n,b$ 线性无关. 等价地, b 可以表为 $a_1,\cdots,a_n$ 的线性组合当且仅当 $a_1,\cdots,a_n,b$ 线性相关.

证 设 b 可以表为 $a_1,\cdots,a_n$ 的线性组合. 由命题 3.8, $a_1,\cdots,a_n,b$ 线性相关. 反之, 如果存在不全为零的数 $k_1,\cdots,k_n,l$, 使得

$$k_1a_1+\cdots+k_na_n+lb=0,$$

那么 $l\neq 0$, 否则 $a_1,\cdots,a_n$ 线性相关, 与已知条件矛盾. 因此,

$$b=\frac{-k_1}{l}a_1+\frac{-k_2}{l}a_2+\cdots+\frac{-k_n}{l}a_n,$$

即 b 可以表为 $a_1,\cdots,a_n$ 的线性组合. □

注 一组向量也称为一个向量组. 向量组 $a_1,\cdots,a_n$ 可记为 $\{a_1,\ldots,a_n\}$. 但向量组不同于作为 V 的子集的向量集. 向量组中的向量可以是相等的. 例如, 作为向量组, $\{x,x,y\}\neq\{x,y\}$, 而作为集合, $\{x,x,y\}=\{x,y\}$. 如果还要考虑向量组中向量的排列顺序, 此时向量组称为有序向量组. 一个有序向量组就是由集合 $\{1,2,\cdots,n\}$ 或某个指标集 S 到 V 的一个映射. 可以将有序向量组 $a_1,\cdots,a_n$ 记为 $(a_1,\cdots,a_n)$. 如果仍采用集合记号, 就要注意, 作为有序向量组, $\{x,y\}\neq\{y,x\}$.

显然, 如果一个向量组包含一个线性相关的部分组, 那么这个向量组也线性相关. 例如, 若一个向量组中含有两个向量成比例, 则这个向量组线性相关.

3.2.2 基的存在性与维数不变性

定义 3.7 向量组 $e_1,\cdots,e_n$ 称为 V 的一个基, 如果 V 中每个向量都可以表为 $e_1,\cdots,e_n$ 的线性组合, 且表法唯一.

命题 3.10 V 的一个向量组是 V 的基当且仅当它线性无关且张成 V.

证 设 $e_1,\cdots,e_n$ 是 V 的一个向量组. 按定义, $e_1,\cdots,e_n$ 张成 V, 即 V 中每个向量都可以表为它的线性组合. 根据命题 3.7, 命题得证. □

以上定义和第 1 章中基的定义是一致的. 由定理 1.4, 任意三个不共面的向量组成 E^3 的一个基. 引进基的目的是定义向量的坐标. 为此先证基的存在性和维数不变性.

定义 3.8 设 V 是 F 线性空间. 如果 V 中存在一个有限向量组张成 V, 我们称 V 是有限维的, 否则称 V 是无限维的.

定理 3.1 设 F 线性空间 V 的一个有限向量组 S 张成 V, 则 S 包含 V 的一个基; 特别地, 每个有限维线性空间有一个基.

证 设 S 张成 V. 若 S 线性相关, 根据命题 3.8, S 中某个向量可以表为其余向量的线性组合. 于是从 S 中去掉这个向量后所得向量组也张成 V. 继续这一过程有限次, 即得一个线性无关且张成 V 的向量组, 即 V 的一个基. □

定理 3.2 设 V 是有限维 F 线性空间, 则 V 的每个线性无关向量组 L 可以扩充为 V 的一个基. 特别, 每个非零向量包含在某个基中.

证 设 S 是张成 V 的一个有限向量组. 若 $S \subseteq \langle L \rangle$, 则 L 张成 V, 于是 L 是 V 的一个基. 若有 $x \in S$, $x \notin \langle L \rangle$, 由命题 3.9, 将 x 添加到 L, 所得向量组仍线性无关. 继续此过程有限次后, 得 V 的一个基. □

定理 3.3 在 F 线性空间 V 中, 设向量组 $S = \{a_1, \cdots, a_m\}$ 张成 V, 向量组 $L = \{b_1, \cdots, b_n\}$ 线性无关, 则有 $m \geqslant n$, 且有 S 中向量 $a_{i_{n+1}}, \cdots, a_{i_m}$, 使得 $L \cup \{a_{i_{n+1}}, \cdots, a_{i_m}\}$ 张成 V.

证 对 n 作归纳法. $n = 1$ 时, b_1 线性无关, 即 $b_1 \neq 0$, 由已知, S 张成 V, 于是 S 非空, 故 $m \geqslant 1$, b_1 可表为 S 的一个线性组合, 即有 $k_i \in F, i = 1, \cdots, n$, 使得 $b_1 = k_1 a_1 + \cdots + k_m a_m$, 其中 k_i 不可能全为零, 不妨设 $k_1 \neq 0$, 由上式解得 $a_1 = -\frac{1}{k_1}(k_2 a_2 + \cdots + k_m a_m - b_1)$, 所以 $b_1, a_2, \cdots, a_m$ 张成 V. 假设定理对于 $(n-1)$ 成立, 我们来证明, 定理对于 n 也成立. 因为 L 线性无关, 它的部分组 $b_1, \cdots, b_{n-1}$ 也线性无关, 由归纳假设, 存在 $a_{i_n}, \cdots, a_{i_m} \in S$, 使得 $S' = \{b_1, \cdots, b_{n-1}, a_{i_n}, \cdots, a_{i_m}\}$ 张成 V, 所以 b_n 可表为 S' 的线性组合, 即存在 $k_1, \cdots, k_{n-1}, l_n, \cdots, l_m$, 使得

$$b_n = k_1 b_1 + \cdots + k_{n-1} b_{n-1} + l_n a_{i_n} + \cdots + l_m a_{i_m},$$

上式中 l_i 不可能全为零, 否则 L 线性相关, 矛盾. 不妨设 $l_n \neq 0$, 则 a_{i_n} 可由 $S'' = L \cup \{a_{i_{n+1}}, \cdots, a_{i_m}\}$ 线性表出, 于是 S'' 张成 V. 由归纳法, 证毕. □

定理 3.4 有限维线性空间的任意两个基所含元素个数相同.

证 设 β_1, β_2 是线性空间 V 的两个基. 因 β_1 张成 V, β_2 线性无关, 由定理 3.3 得, $|\beta_1| \geqslant |\beta_2|$, 又 β_2 张成 V, β_1 线性无关, 得 $|\beta_2| \geqslant |\beta_1|$. □

定义 3.9 有限维线性空间 V 的一个基所含向量个数称为 V 的维数, 记为 $\dim V$, 有时为了指明基域 F, 也记为 $\dim_F V$.

注 我们规定空向量组是线性无关的, 这一规定是符合逻辑且与线性无关定义相符的. 因此, 空向量组是零空间 0 的一个基, 所以它的维数是 0.

定义 3.10 设 $e_1, \cdots, e_n$ 是线性空间 V 的一个基, $x \in V$. 若

$$x = x_1 e_1 + \cdots + x_n e_n, \ \ x_1, \cdots, x_n \in F,$$

我们称 $x_1, \cdots, x_n$ 为向量 x 关于基 $e_1, \cdots, e_n$ 的坐标或在此基下的坐标.

考虑坐标时, 我们通常考虑有序基$(e_1, \cdots, e_n)$. 此时, 向量 x 的坐标组成一个 n 维有序数组 $(x_1, \cdots, x_n)$, 即 F^n 中的一个向量, 因此也叫坐标向量.

例 3.15 向量空间 F^n 中单位向量

$$e_1=(1,0,\cdots,0),\ e_2=(0,1,\cdots,0),\ \cdots,\ e_n=(0,\cdots,0,1).$$

组成 F^n 的一个基. 称 $(e_1,\cdots,e_n)$ 为 F^n 的标准基. 所以 $\dim F^n=n$. 任意向量 $x=(x_1,\cdots,x_n)\in F^n$ 都可以唯一地表为 $(e_1,\cdots,e_n)$ 的线性组合: $x=x_1e_1+\cdots+x_ne_n$, 即 x 在标准基下的坐标为 x. 但向量 $(1,1,1)\in\mathbf{R}^3$ 在基 $((1,1,1),(1,1,0),(1,0,0))$ 下的坐标为 $(1,0,0)$.

例 3.16 在向量空间 $\mathbf{R}[x]_2$ 中, $(1-x,1+x)$ 是 $\mathbf{R}[x]_2$ 的一个基, 多项式 $2-x\in\mathbf{R}[x]_2$ 在基 $(1-x,1+x)$ 下的坐标为 $(\frac{3}{2},\frac{1}{2})$.

例 3.17 复数域 $\mathbf{C}$ 作为 $\mathbf{R}$ 上的线性空间, $(1,\imath)$ 是 $\mathbf{C}$ 的一个基. 因此 $\dim_{\mathbf{R}}\mathbf{C}=2$. 对任意向量 $z=a+b\imath$, 其中 $a,b\in\mathbf{R}$, 它在此基下的坐标为 (a,b). $\mathbf{C}$ 可以作为任意数域 F 上的一个线性空间. 显然 $\dim_{\mathbf{C}}\mathbf{C}=1$. 但 $\mathbf{C}$ 在 $\mathbf{Q}$ 上不是有限维的, 因为存在超越数, 如 π.

例 3.18 设 S 是一个非空集合. 对于每个 $s\in S$, 定义 s 的特征函数为

$$\chi_s:S\to F,\ \chi_s(t)=\delta_{st}.$$

易知, 若 $s_1,\cdots,s_k\in S$ 互不相同, 则 $\chi_{s_1},\cdots,\chi_{s_k}$ 在线性空间 F^S 中线性无关. 如果 S 是有限集, 那么特征函数组 $(\chi_s)_{s\in S}$ 张成 F^S. 事实上, 对任意 $f\in F^S$,

$$f=\sum_{s\in S}f(s)\chi_s.$$

因此 $(\chi_s)_{s\in S}$ 是 F^S 的一个基. 函数 f 在此基下的坐标为 $(f(s))_{s\in S}$. 特别地, 例 3.15 即 $S=\{1,\cdots,n\}$ 的情形.

推论 3.1 设 V 为有限维 F 线性空间, S,L 是 V 的两个向量组.

1) 如果 S 张成 V, 则 $|S|\geqslant\dim V$, 且等号成立时, S 是 V 的一个基;

2) 若 L 线性无关, 则 $|L|\leqslant\dim V$, 且等号成立时, L 是 V 的一个基.

证 由定理 3.3, 命题 3.10, 及定义 3.9 得证. □

例 3.19 由例 3.15, F^n 是一个 n 维线性空间. 所以 F^n 中任意 n 个线性无关的向量组成 F^n 的一个基, 任意 $m\ (>n)$ 个向量必线性相关. 这正是 3 维空间中熟知结论的推广.

基与维数的概念可以推广到无限维空间. 和有限向量组一样, 由线性组合的概念导出线性表出, 线性无关, 线性相关, 以及基的概念. 用集合论中超限归纳法或 Zorn 引理能够证明, 每个向量空间都有基, 这里不作证明.

例 3.20 考虑数域 F 上所有无限序列的集合

$$V=\big\{(a_1,a_2,\cdots)\ :\ a_i\in F\big\}.$$

类似有限长序列, 按分量定义加法和数乘, 那么 V 是一个线性空间. 称一个序列是有限序列, 如果它只有有限个分量不为零. V 中所有有限序列组成 V 的一个子空间, 记为 F^∞. $\{e_i=(0,\cdots,0,\overset{i}{1},0,\cdots),i\in\mathbf{N}\}$ 是 F^∞ 的一个基.

3.2.3 子空间的维数与向量组的秩

直觉上, 有限维空间的子空间也是有限维的. 但这需要证明.

定理3.5 有限维线性空间 V 的子空间 W 也是有限维线性空间, 而且 $\dim W\leqslant\dim V$, 等号成立时, $W=V$.

证 若 L 为 W 中一线性无关向量组, 看成 V 的向量组仍然是线性无关的, 由推论 3.1, $|L|\leqslant\dim V$. 若 L 不张成 W, 则存在 $a\in W$, $a\notin\mathrm{Span}L$. 由命题 3.9, 将 a 添加到向量组 L, 所得向量组 $L\cup\{a\}$ 仍然线性无关. 因此, 从空向量组开始, 至多添加 $\dim V$ 次以后, 我们就能得到一个张成 W 的线性无关向量组, 即 W 的一个基. 所以 W 是有限维的. 如果 $W\neq V$, 那么 W 的一个基不能张成 V. 但它是 V 的一个线性无关组, 因而可以被扩充为 V 的一个基, 于是 $\dim W<\dim V$. □

例3.21 设 $a=(1,1,-2)$, $b=(0,3,-3)$. 证明: 向量组 (a,b) 是向量空间 $\mathbf{R}^3$ 的子空间 $W=\{(x_1,x_2,x_3)\in\mathbf{R}^3\ :\ x_1+x_2+x_3=0\}$ 的一个基.

解 W 是过原点的平面, 于是 $\dim W=2$. 因此, 只要证 a, b 线性无关. 显然, $a,b\in W$. 若有 k, $l\in\mathbf{R}$, 使得 $ka+lb=0$, 即

$$0=k(1,1,2)+l(0,3,-3)=(k,k+3l,2k-3l),$$

于是 $k=k+3l=2k-3l=0$. 由此得 $k=l=0$. 所以 a, b 线性无关.

例3.22 求 $\mathbf{R}^4$ 的子空间 U 与 W 的交 $U\cap W$ 的一个基, 其中

$$U=\{(a_1,a_2,a_3,a_4)\in\mathbf{R}^4\ :\ a_1-a_2+a_3-a_4=0\},$$

$$W=\{(a_1,a_2,a_3,a_4)\in\mathbf{R}^4\ :\ a_1+a_2+a_3+a_4=0\}.$$

解 记 $U\cap W$ 为 V. 设 $a=(a_1,a_2,a_3,a_4)\in\mathbf{R}^4$. 则 $a\in V$ 当且仅当

$$a_1-a_2+a_3-a_4=a_1+a_2+a_3+a_4=0.$$

即

$$a_1=-a_3,\quad a_2=-a_4. \tag{3.7}$$

令

$$b=(1,0,-1,0),\ \ c=(0,-1,0,-1).$$

由 (3.7), b, $c\in V$. 观察 b 和 c 的前两个分量, $(1,0)$, $(0,-1)\in\mathbf{R}^2$ 是线性无关的, 所以 b, c 线性无关. 另一方面, 任给 $a\in V$, 由 (3.7),

$$a=(a_1,a_2,-a_1,-a_2,),$$

于是 $a = a_1b + a_2c$, 即 $a \in \langle b, c\rangle$, 因此 $V \subseteq \langle b, c\rangle$. 反之, 因为 $b, c \in V$, 所以 $\langle b, c\rangle \subseteq V$, 故 $\langle b, c\rangle = V$. 所以 (b, c) 是 V 的一个基, $\dim(U \cap W) = 2$.

我们知道, 可以将 V 的任意子空间 U 的一个基扩充为 V 的一个基. 但是, 给定 V 的一个基, 子空间 U 不一定是这个基的某些基向量张成的. 例如, 在图 3.1 中, $U = \mathrm{Span}(e_1)$; 在图 3.2 中, $U \neq \mathrm{Span}(e_1)$, $U \neq \mathrm{Span}(e_2)$.

下面我们证明, 对于 V 的任意两个子空间, 存在 V 的一个基, 使得这两个子空间都是这个基中某些基向量张成的, 参见图 3.3.

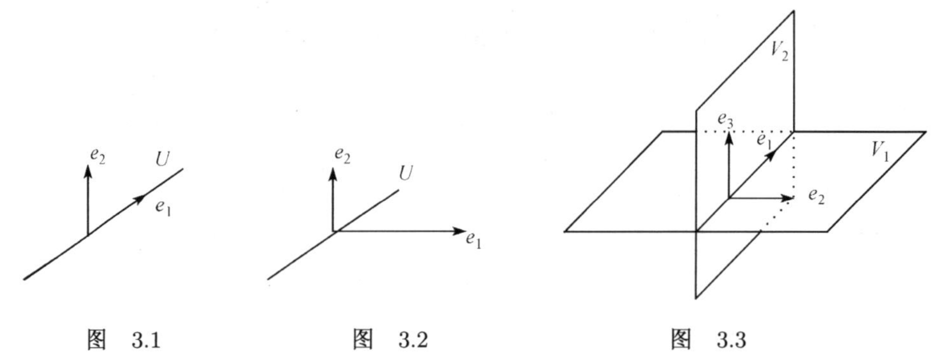

图 3.1　　图 3.2　　图 3.3

定理 3.6 设 V_1 与 V_2 都是 V 的子空间, 则存在 V 的一个基, 使得 V_1 和 V_2 都是这个基中某些基向量张成的.

证 $V_1 \cap V_2$ 是 V_1 的子空间, 也是 V_2 的子空间. 设 $V_1 \cap V_2$, V_1, V_2 的维数分别为 r, s, t. 取 $V_1 \cap V_2$ 的一个基 $(e_1, \cdots, e_r)$, 将其扩充为 V_1 的基 $(e_1, \cdots, e_r, e_{r+1}, \cdots, e_s)$ 和 V_2 的基 $(e_1, \cdots, e_r, e_{s+1}, \cdots, e_{s+t-r})$. 下面我们来证明, $e_1, \cdots, e_{s+t-r}$ 是线性无关的, 因而可以被扩充为 V 的一个基. 设有线性关系 $\sum_{i=1}^{s+t-r} k_ie_i = 0$, 即

$$\sum_{i=1}^{s} k_ie_i = -\sum_{j=s+1}^{s+t-r} k_je_j.$$

上式左边的向量属于 V_1, 右边的向量属于 V_2, 因而这个向量属于 $V_1 \cap V_2$, 将它记为 a. 于是, a 可以由 $e_1, \cdots, e_r$ 线性表出. 设

$$a = \sum_{i=1}^{r} l_ie_i = -\sum_{j=s+1}^{s+t-r} k_je_j.$$

因 $e_1, \cdots, e_r, e_{s+1}, \cdots, e_{s+t-r}$ 线性无关, 故 $k_{s+1} = \cdots = k_{s+t-r} = 0$. 于是 $0 = a = \sum_{i=1}^{s} k_ie_i$. 由 $e_1, \cdots, e_s$ 线性无关得 $k_1 = \cdots = k_s = 0$. □

推论 3.2 设 V_1 和 V_2 是 V 的子空间, 则

$$\dim(V_1 + V_2) = \dim V_1 + \dim V_2 - \dim(V_1 \cap V_2). \tag{3.8}$$

证 用定理 3.6 的记号, 已证 $e_1,\cdots,e_{s+t-r}$ 线性无关. 又

$$\begin{aligned}V_1+V_2&=\langle e_1,\cdots,e_s\rangle+\langle e_1,\cdots,e_r,e_{s+1},\cdots,e_{s+t-r}\rangle\\&=\langle e_1,\cdots,e_{s+t-r}\rangle,\end{aligned}$$

所以 $(e_1,\cdots,e_{s+t-r})$ 是 V_1+V_2 的一个基, 因此 $\dim(V_1+V_2)=s+t-r$. □

例 3.23 公式 (3.8) 表明, $\mathbf{R}^3$ 中两个过原点的平面的交 $\pi_1\cap\pi_2$ 一定包含一条直线, 因为 $\dim(\pi_1\cap\pi_2)\geqslant 2+2-3=1$. 一般地, $\mathbf{R}^n$ 中两超平面的交 $H_1\cap H_2$ 的维数至少是 $2(n-1)-n=n-2$.

设 V 是有限维 F 线性空间, 以下考虑的向量组都是 V 中有限向量组.

定义 3.11 一个向量组张成的子空间的维数称为此向量组的秩.

定义 3.12 一个向量组 S 中一部分向量构成的向量组 S_1 称为 S 的一个极大无关组, 如果 S_1 线性无关, 且 S 中每个向量都可以由 S_1 线性表出.

推论 3.3 向量组 S 的一个极大无关组 S_1 是 $\langle S\rangle$ 的一个基.

证 根据极大无关组的定义, S_1 线性无关, 且能线性表出 S. 因此, 根据基的定义, 只要证 S_1 能线性表出 $\langle S\rangle$ 即可. S_1 能线性表出 S, 即 $S\subseteq\langle S_1\rangle$, 由命题 3.6, $\langle S\rangle\subseteq\langle S_1\rangle$, 即 S_1 能线性表出 $\langle S\rangle$. 证毕. □

推论 3.4 向量组一定有极大无关组.

证 由定理 3.1 得. □

推论 3.5 向量组的任意两个极大无关组所含向量个数相同, 就是 $\langle S\rangle$ 的维数, 即 S 的秩.

证 由定理 3.4 得. □

定义 3.13 设 S_1 和 S_2 是 V 的两个向量组, 若 S_1 中每个向量都可以由 S_2 线性表出, 则称 S_1 可以由 S_2 线性表出; 若 S_1 和 S_2 能相互线性表出, 则称 S_1 和 S_2 等价.

推论 3.6 两向量组 S_1 和 S_2 等价当且仅当 $\langle S_1\rangle=\langle S_2\rangle$.

证 由命题 3.6 得. □

推论 3.7 两等价的向量组有相同的秩.

3.3 线性映射

3.3.1 线性映射的像与核

定义 3.14 设 V 和 W 都是数域 F 上线性空间, $\sigma: V\to W$ 是一个映射. 如果对任意 $x, y\in V$, $k\in F$, 都有

$$\sigma(x+y)=\sigma(x)+\sigma(y),\quad \sigma(kx)=k\sigma(x),$$

那么我们称 σ 是由 V 到 W 的一个线性映射或同态映射. 如果同态映射 σ 是一个双射, 则称 σ 是一个同构映射.

线性空间 V 到自身的线性映射也称为 V 的线性变换, 或线性算子, 而 V 到 F 的线性映射称为 V 上的线性函数.

例 3.24 平面旋转变换诱导的向量变换是一个线性映射, 而且是 E^2 到自身的一个同构映射.

例 3.25 设 $0 \neq a \in \mathbf{R}^3$, 按下式定义的正交投影 pr_a 是线性变换.

$$\mathrm{pr}_a : \mathbf{R}^3 \to \mathbf{R}^3, \quad \mathrm{pr}_a(b) = \frac{a \cdot b}{a \cdot a} a, \quad b \in \mathbf{R}^3. \tag{3.9}$$

事实上, 若 $b, c \in \mathbf{R}^3$, $k \in \mathbf{R}$, 则有

$$\mathrm{pr}_a(b+c) = \frac{a \cdot (b+c)}{a \cdot a} a = \left(\frac{a \cdot b + a \cdot c}{a \cdot a} \right) a = \mathrm{pr}_a(b) + \mathrm{pr}_a(c).$$

$$\mathrm{pr}_a(kb) = \frac{a \cdot (kb)}{a \cdot a} a = k \left(\frac{a \cdot b}{a \cdot a} \right) a = k\mathrm{pr}_a(b).$$

注 命题 1.3 表明, E^3 在某一非零向量 $\vec{a}$ 上的正交投影 $\mathrm{pr}_{\vec{a}}$ 是 E^3 的一个线性变换, 它将每个向量 $\vec{b}$ 映到其在 $\vec{a}$ 上的内射影 $\mathrm{pr}_{\vec{a}}(\vec{b})$, 即

$$\mathrm{pr}_{\vec{a}} : \mathrm{E}^3 \to \mathrm{E}^3, \; \vec{b} \mapsto \mathrm{pr}_{\vec{a}}(\vec{b}).$$

在那里, 我们正是利用了 $\mathrm{pr}_{\vec{a}}$ 的线性性质推出内积的线性性质, 即分配律, 参见定理 1.5. 在 $\mathbf{R}^3$ 中, 我们用直角坐标系中内积计算公式定义内积, 那么内积的线性性质可以直接证明, 由此推出 $\mathbf{R}^3$ 的正交投影是线性变换.

例 3.26 导数运算

$$D : C^{(1)}(a,b) \to \mathbf{R}^{(a,b)}, \; f(x) \mapsto f'(x)$$

是区间 (a,b) 上一次可微函数空间 $C^{(1)}(a,b)$ 到 $\mathbf{R}^{(a,b)}$ 的一个线性映射.

例 3.27 积分运算

$$S : C[a,b] \to \mathbf{R}, \; f(x) \mapsto \int_a^b f(x)dx$$

是闭区间 $[a,b]$ 上连续函数空间 $C[a,b]$ 到 1 维空间 $\mathbf{R}$ 的一个线性映射.

设 $\sigma : V \to W$ 是线性映射. 从定义知, σ 保持线性运算. 因此, σ 保持线性组合, 即对任意的 $a_i \in V$, $k_i \in F$, $1 \leqslant i \leqslant n$, 有

$$\sigma\left(\sum_{i=1}^n k_i a_i \right) = \sum_{i=1}^n k_i \sigma(a_i).$$

特别, σ 将向量零映到零, 将一个向量的负向量映到它的像的负向量, 即

$$\sigma(0) = \sigma(0 \cdot 0) = 0\sigma(0) = 0,$$
$$\sigma(-a) = \sigma((-1)a) = (-1)\sigma(a) = -\sigma(a).$$

于是, σ 保持线性关系, 即,

$$\text{若 } \sum_{i=1}^{n} k_i a_i = 0, \text{ 则 } \sum_{i=1}^{n} k_i \sigma(a_i) = \sigma\left(\sum_{i=1}^{n} k_i a_i\right) = \sigma(0) = 0.$$

进一步, σ保持线性相关性, 即,

$$\text{若 } a_1, \cdots, a_n \text{ 线性相关, 则 } \sigma(a_1), \cdots, \sigma(a_n) \text{ 线性相关.}$$

线性空间 V 中每个向量都可以表为基的线性组合, 而线性映射保持线性组合, 因此一个线性映射完全由它在基上的取值所确定, 而且取值没有限制.

命题 3.11 设 $(e_1, \cdots, e_n)$ 是 V 的一个基, $b_1, \cdots, b_n$ 是 W 中任意 n 个向量. 则存在唯一的由 V 到 W 的线性映射 σ, 使 $\sigma(e_i) = b_i$, $i = 1, \cdots, n$.

证 若 $x \in V$, 则存在 $x_1, \cdots, x_n \in F$, 使得 $x = \sum_{i=1}^{n} x_i e_i$. 定义映射

$$\sigma : V \to W, \quad \sigma(x) = \sum_{i=1}^{n} x_i b_i.$$

对任意 $z, y \in V$, $k \in F$, 设 $y = \sum_{i=1}^{n} y_i e_i$, $z = \sum_{i=1}^{n} z_i e_i$, 则

$$\sigma(ky + z) = \sum_{i=1}^{n} (ky_i + z_i) b_i = k \sum_{i=1}^{n} y_i b_i + \sum_{i=1}^{n} z_i b_i = k\sigma(y) + \sigma(z).$$

因此 σ 是线性映射. 显然, 对每个 i, $\sigma(e_i) = b_i$. 往证 σ 的唯一性. 若有线性映射 $\tau : V \to W$, 使得对每个 i, 有 $\tau(e_i) = b_i$, 则

$$\tau(x) = \sum_{i=1}^{n} x_i \tau(e_i) = \sum_{i=1}^{n} x_i \sigma(e_i) = \sigma(x),$$

即 σ, τ 对 V 中每个向量的作用相同. 因此 $\sigma = \tau$. □

现在我们来考虑和一个线性映射相联系的两个重要的子空间.

定义 3.15 设 $\sigma : V \to W$ 是线性映射. 称 $\{\sigma(x) : x \in V\}$ 为 σ 的像, 记为 $\mathrm{Im}\sigma$; 称 $\{x \in V : \sigma(x) = 0\}$ 为 σ 的核, 记为 $\mathrm{Ker}\sigma$.

命题 3.12 设 $\sigma : V \to W$ 是线性映射. 则 $\mathrm{Im}\sigma$ 是 W 的子空间, 而 $\mathrm{Ker}\sigma$ 是 V 的子空间.

证　对任意 $b_1, b_2 \in \mathrm{Im}\sigma$, 存在 $a_1, a_2 \in V$, 使 $b_1 = \sigma(a_1)$, $b_2 = \sigma(a_2)$. 于是对任意 $k \in F$, 有 $kb_1 + b_2 = k\sigma(a_1) + \sigma(a_2) = \sigma(ka_1 + a_2) \in \mathrm{Im}\sigma$. 显然 $\mathrm{Im}\sigma$ 非空. 所以 $\mathrm{Im}\sigma$ 是 W 的子空间. 类似地, 对于 $a_1, a_2 \in \mathrm{Ker}\sigma$, $k \in F$, 有 $\sigma(ka_1 + a_2) = k\sigma(a_1) + \sigma(a_2) = k0 + 0 = 0 + 0 = 0$, 即 $ka_1 + a_2 \in \mathrm{Ker}\sigma$. 显然 $\mathrm{Ker}\sigma$ 非空. 因此 $\mathrm{Ker}\sigma$ 是 V 的子空间. □

定理 3.7　设 $\sigma : V \to W$ 是线性映射. 如果 $\sigma(a) = b$, 那么

$$\sigma^{-1}(b) = a + \mathrm{Ker}\sigma = \{a + x \ : \ x \in \mathrm{Ker}\sigma\}.$$

特别地, σ 是单的, 当且仅当 $\mathrm{Ker}\sigma = \{0\}$.

证　如果 $x \in \mathrm{Ker}\sigma$, 那么 $\sigma(a + x) = \sigma(a) + \sigma(x) = b + 0 = b$. 另一方面, 如果 $\sigma(y) = b$, 那么 $\sigma(y - a) = \sigma(y) - \sigma(a) = b - b = 0$, 所以 $y - a \in \mathrm{Ker}\sigma$. 因此 $y = a + (y - a) \in a + \mathrm{Ker}\sigma$. 特别地, σ 是单的, 当且仅当对任意 $z \in \mathrm{Im}\sigma$, 方程 $\sigma(x) = z$ 有唯一解, 当且仅当 $\mathrm{Ker}\sigma = \{0\}$. □

定义 3.16　设 $\sigma : V \to W$ 是线性映射. 如果 V 是有限维的, 则 σ 的核和像都是有限维的. 我们称 $\mathrm{dimKer}\sigma$ 为 σ 的零度; 称 $\mathrm{dimIm}\sigma$ 为 σ 的秩.

定理 3.8 (维数定理)　设 $\sigma : V \to W$ 是线性映射, V 是有限维的. 则

$$\mathrm{dimKer}\sigma = \mathrm{dim}V - \mathrm{dimIm}\sigma. \tag{3.10}$$

证　$\mathrm{Ker}\sigma$ 是 V 的一个子空间, 它也是有限维的, 可以取 $\mathrm{Ker}\sigma$ 的一个基 $(e_1, \cdots,$
$e_s)$, 将其扩充为 V 的一个基 $(e_1, \cdots, e_n)$. 于是

$$\mathrm{Im}\sigma = \langle\sigma(e_1), \cdots, \sigma(e_n)\rangle = \langle\sigma(e_{s+1}), \cdots, \sigma(e_n)\rangle.$$

因此只要证明 $\sigma(e_{s+1}), \cdots, \sigma(e_n)$ 线性无关即可. 设有线性关系

$$k_1\sigma(e_{s+1}) + \cdots + k_{n-s}\sigma(e_n) = 0,$$

令 $a = k_1e_{s+1} + \cdots + k_{n-s}e_n$, 由上式得 $\sigma(a) = 0$, 即 $a \in \mathrm{Ker}\sigma$. 所以 a 可由 $e_1, \cdots, e_s$ 线性表出, 于是可以得到 $e_1, \cdots, e_n$ 的一个线性关系. 但 $e_1, \cdots, e_n$ 线性无关, 于是推出 $k_1 = \ldots = k_{n-s} = 0$. □

推论 3.8　设 $\sigma : V \to W$ 是线性映射, 且 V, W 都是 n 维的. 则 σ 是双射, 当且仅当 σ 是单射, 当且仅当 σ 是满射.

例 3.28　根据微积分知识,

$$D : \mathbf{R}[x] \to \mathbf{R}[x],\ D(f(x)) = \frac{d}{dx}f(x)$$

是一个线性映射, 且 $\mathrm{Ker}D = \mathbf{R}$, $\mathrm{Im}D = \mathbf{R}[x]$.

$$S : \mathbf{R}[x] \to \mathbf{R}[x],\ S(f(x)) = \int_0^x f(t)dt$$

也是一个线性映射, 且 $\mathrm{Ker}S = 0$, $\mathrm{Im}S = \{f(x) \in \mathbf{R}[x] \ : \ f(0) = 0\}$.

3.3.2 线性映射的运算

设 V 和 W 都是 F 线性空间. 考虑 V 到 W 的线性映射全体. 两个线性映射可以相加, 也可用数去乘线性映射, 这和函数相加、数乘函数一样地定义:

$$(\sigma + \tau)(x) = \sigma(x) + \tau(x), \quad (k\sigma)(x) = k\sigma(x), \ x \in V. \tag{3.11}$$

关于加法和数乘, 它们作成 F 上一个线性空间, 记为 $\mathrm{Hom}(V, W)$.

命题 3.13 如果 $\sigma : V \to W, \tau : U \to V$ 都是线性映射, 那么它们的乘积 $\sigma\tau : U \to W$ 也是线性映射.

证 按定义, 对于 $k \in F$, $x, y \in U$, 有 $(\sigma\tau)(x + y) = \sigma(\tau(x + y))$. 因为 σ, τ 保持加法, 所以

$$(\sigma\tau)(x + y) = \sigma(\tau(x)) + \sigma(\tau(y)) = (\sigma\tau)(x) + (\sigma\tau)(y).$$

类似地, 有 $(\sigma\tau)(kx) = \sigma(\tau(kx)) = \sigma(k\tau(x)) = k\sigma(\tau(x)) = k(\sigma\tau)(x)$. □

一般映射的乘法适合结合律, 线性映射的乘法当然也适合结合律. 线性映射的乘法和线性运算有如下关系 (只要其中的运算有意义):

$$\sigma(\tau + \rho) = \sigma\tau + \sigma\rho, \tag{3.12}$$

$$(\sigma + \tau)\rho = \sigma\rho + \tau\rho, \tag{3.13}$$

$$(k\sigma)\tau = \sigma(k\tau) = k(\sigma\tau). \tag{3.14}$$

作为例子, 我们验证 (3.12) 式. 设 $\sigma : V \to W, \tau : U \to V, \rho : U \to V$ 是线性映射. 对任意 $x \in U$, 按映射乘法定义, $(\sigma(\tau + \rho))(x) = \sigma((\tau + \rho)(x))$, 由加法定义, $(\tau + \rho)(x) = \tau(x) + \rho(x)$, 又 σ 保持加法, 因此,

$$(\sigma(\tau + \rho))(x) = \sigma(\tau(x)) + \sigma(\rho(x)) = (\sigma\tau)(x) + (\sigma\rho)(x) = (\sigma\tau + \sigma\rho)(x).$$

线性空间 V 到自身的所有线性映射的集合记为 $\mathrm{End}V$. $\mathrm{End}V$ 中线性算子的乘积仍在 $\mathrm{End}V$ 中. 因此 $\mathrm{End}V$ 上有三种运算: 乘法, 加法和数乘. 对于加法和数乘, $\mathrm{End}V$ 作成 F 上一个线性空间. 而且, 乘法满足结合律且有单位元, 乘法对加法满足分配律. 于是 $\mathrm{End}V$ 是一个环, 且满足 (3.14) 式. 因此 $\mathrm{End}V$ 是 F 上一个代数. 关于环与代数的定义, 可参考附录和 § 5.1.

由于线性变换的乘法满足结合律, 对于正整数 n, 可以定义一个线性算子 σ 的 n 次幂 σ^n 为 n 个 σ 的乘积. 规定 $\sigma^0 := \mathrm{id}_V$. 易证指数法则成立:

$$\sigma^{n+m} = \sigma^n\sigma^m, \ (\sigma^m)^n = \sigma^{mn}. \tag{3.15}$$

设 $f(x)=a_mx^m+a_{m-1}x^{m-1}+\cdots+a_1x+a_0$ 是一个多项式, 则定义

$$f(\sigma):=a_m\sigma^m+a_{m-1}\sigma^{m-1}+\cdots+a_1\sigma+a_0\mathrm{id}_V. \tag{3.16}$$

例 3.29　考虑线性映射

$$D:\mathbf{R}[x]_n\to\mathbf{R}[x]_n,\ D(f(x))=\frac{d}{dx}f(x),$$

易知, $\mathrm{Ker}D^k=\mathbf{R}[x]_k$, $\mathrm{Im}D^k=\mathbf{R}[x]_{n-k}$, 且 $D^n=0$.

命题 3.14　如果线性映射 $\sigma:V\to W$ 可逆, 那么 σ^{-1} 也是线性映射.

证　由命题 2.1, σ 是双射. 若 $k\in F, b_1,b_2\in W$, 则存在 $a_1,a_2\in V$, 使得 $\sigma(a_1)=b_1,\sigma(a_2)=b_2$. 因 σ 是线性的, 所以 $\sigma(ka_1+a_2)=kb_1+b_2$. 因此 $\sigma^{-1}(kb_1+b_2)=ka_1+a_2=k\sigma^{-1}(b_1)+\sigma^{-1}(b_2)$, 即 σ^{-1} 是线性映射. □

当 σ 可逆时, 定义 σ 的负整数幂如下:

$$\sigma^{-n}=(\sigma^{-1})^n. \tag{3.17}$$

定义 3.17　设 V 和 W 都是 F 线性空间. 如果存在由 V 到 W 的一个同构映射, 则称 V 和 W同构.

例 3.30　证明, 对任意非负整数 n, 向量空间 $\mathbf{R}[x]_n$ 和 $\mathbf{R}^n$ 同构.

证　定义映射 $\sigma:\mathbf{R}[x]_n\to\mathbf{R}^n$ 如下:

$$\sigma(a_0+a_1x+\cdots+a_{n-1}x^{n-1})=(a_0,a_1,\cdots,a_{n-1}).$$

由 (3.1) 和 (3.3) 式, σ 是线性映射. 还要证 σ 是双射. 为此, 定义

$$\tau:\mathbf{R}^n\to\mathbf{R}[x]_n,\ \tau(a_1,a_2,\cdots,a_n)=a_1+a_2x+\cdots+a_nx^{n-1}.$$

由于系数相同的多项式相等, 所以 τ 是映射. 且容易验证,

$$\sigma\tau(a)=a,\ \ \tau\sigma(f(x))=f(x),$$

对任意 $a\in\mathbf{R}^n$, $f(x)\in\mathbf{R}[x]_n$ 成立. 即 σ 是双射. 因此 σ 是同构映射. 证毕.

例 3.31　线性空间 E^3 同构于 $\mathbf{R}^3$, 每个基给出一个具体的同构. 同样地, 线性空间 E^2 同构于 $\mathbf{R}^2$.

根据命题 3.13 和命题 3.14, 线性空间的同构关系是一个等价关系. 因此, 全体线性空间可按同构进行分类, 同一类中的线性空间本质上是相同的, 可以看作同一个线性空间. 下面我们利用基的概念将线性空间具体化. 证明, 数域 F 上 n 维线性空间同构于 F^n. 所以在同构意义下, 只需研究 F^n 的结构.

定理 3.9　数域 F 上有限维线性空间同构当且仅当它们的维数相同.

证 如果 $\sigma: V\to W$ 是一个同构映射, $(e_1,\cdots,e_n)$ 是 V 的一个基, 则 $(\sigma(e_1),\cdots,\sigma(e_n))$ 是 W 的一个基. 因此 $\dim V=\dim W$. 反之, 分别取 V 的一个基 $(e_1,\cdots,e_n)$ 与 W 的一个基 $(f_1,\cdots,f_n)$, 下式定义了一个线性映射 $\sigma: V\to W$ 和它的逆映射 σ^{-1}:

$$\sigma\left(\sum_{i=1}^{n}k_ie_i\right)=\sum_{i=1}^{n}k_if_i,\ \ \sigma^{-1}\left(\sum_{i=1}^{n}k_if_i\right)=\sum_{i=1}^{n}k_ie_i.$$

因此 σ 是同构映射. □

推论 3.9 数域 F 上任意 n 维线性空间 V 同构于线性空间 F^n.

以上定理对所有有限维线性空间给出了一个完全刻画. 线性空间在同构意义下由其维数唯一地确定. 两个同构的线性空间之间的同构映射一般不是唯一的. 特别地, 线性空间 V 到自身的同构映射全体关于映射的合成运算构成一个群, 称为空间 V 的一般线性群, 记为 $\mathrm{GL}(V)$. 关于群的定义参见附录.

3.3.3 线性函数与对偶空间

我们知道, 数域 F 可以作成 F 上一个 1 维向量空间, V 到 F 的线性映射称为 V 上的线性函数. 线性函数是一类重要的函数, 作为线性映射, 它满足一般线性映射的所有性质. 向量空间 V 上的线性函数的全体按函数加法和数乘运算构成的向量空间 $\mathrm{Hom}(V,F)$ 称为 V 的对偶空间, 也记为 V^*.

例 3.32 设 $a_1,\cdots,a_n\in F$. 对任意 $x=(x_1,\cdots,x_n)\in F^n$, 定义

$$f(x)=a_1x_1+\cdots+a_nx_n.$$

容易验证: 函数 $f: F^n\to F$ 是 F^n 上的一个线性函数.

反过来, F^n 上任意一个线性函数都可以表示成这种形式. 事实上, 如果 $f: F^n\to F$ 是一个线性函数, 则对任意 $x=(x_1,\cdots,x_n)\in F^n$, 将 x 用标准基线性表出, 如 $x=x_1e_1+\cdots+x_ne_n$, 则由 f 的线性性质得

$$f(x)=x_1f(e_1)+\cdots+x_nf(e_n).$$

令 $a_i=f(e_i)$, $i=1,\cdots,n$, 则 $f(x)=a_1x_1+\cdots+a_nx_n$ 就是上述形式.

一般地, 设 f 是 n 维 F 线性空间 V 上一个线性函数. 取定 V 的一个基 $(e_1,\cdots,e_n)$. 如果 $x\in V$ 关于基 $(e_1,\cdots,e_n)$ 的坐标为 $x_1,\cdots,x_n$, 那么

$$f(x)=a_1x_1+\cdots+a_nx_n, \tag{3.18}$$

其中 $a_1=f(e_1),\cdots,a_n=f(e_n)$ 称为线性函数 f 关于基 $(e_1,\cdots,e_n)$ 的系数. 式 (3.18) 右端的表达式称为关于变量 $x_1,\cdots,x_n$ 的一个线性型.

所以线性函数由它在基上的值所确定, 它在一个基下的表达式是一个线性型, 系数可以是任意的, 也就是说, 对任意一组数 $a_1, \cdots, a_n \in F$, 由式 (3.18) 所定义的函数是线性函数. 利用线性函数和它的系数之间的对应, 由 F^n 的标准基可以得到 V^* 的一个基. 下面我们直接定义它.

定义 3.18 设 $\beta = (e_1, \cdots, e_n)$ 是 F 向量空间 V 的一个基. 如下定义的线性函数 $f_1, \cdots, f_n$ 称为关于基 β 的坐标函数: 对于 $i = 1, \cdots, n$,

$$f_i(x) = x_i, \forall\, x = \sum_{j=1}^{n} x_j e_j \in V.$$

等价地, $f_1, \cdots, f_n$ 是适合下列条件的线性函数:

$$f_i(e_j) = \delta_{ij},\, 1 \leqslant i,\, j \leqslant n.$$

显然, 我们有下列关系:

$$x = \sum_{i=1}^{n} f_i(x) e_i, \quad x \in V. \tag{3.19}$$

而且, 对于任意的线性函数 $f \in V^*$, 我们有

$$f = \sum_{i=1}^{n} f(e_i) f_i. \tag{3.20}$$

要证式 (3.20), 只要说明两边函数在基上的值相同即可. 事实上, 对每个 j,

$$\left(\sum_{i=1}^{n} f(e_i) f_i\right)(e_j) = \sum_{i=1}^{n} f(e_i) f_i(e_j) = f(e_j).$$

式 (3.20) 表明, V 上任意线性函数都能由 $f_1, \cdots, f_n$ 线性表出. 另一方面, 若

$$\sum_{i=1}^{n} k_i f_i = 0, \quad k_i \in F,$$

则

$$k_j = \sum_{i=1}^{n} k_i f_i(e_j) = \left(\sum_{i=1}^{n} k_i f_i\right)(e_j) = 0, \quad j = 1, \cdots, n.$$

于是 $f_1, \cdots, f_n$ 线性无关.

因此, 给定 V 的一个基 $(e_1, \cdots, e_n)$, 相应的坐标函数组 $(f_1, \cdots, f_n)$ 是对偶空间 V^* 的一个基. 我们称它为基 $(e_1, \cdots, e_n)$ 的对偶基. V^* 作为向量空间也有对偶

空间, V^* 的对偶空间记为 V^{**}, 称为 V 的二重对偶空间. 因为 $\dim V = \dim V^*$, 所以 V 和 V^* 同构, 从而 V 和 V^{**} 同构.

下面我们给出一个由 V 到 V^{**} 的自然同构.

任给 $x \in V$, 可以定义映射 $\varphi(x) : V^* \to F$ 如下：对于 $f \in V^*$,

$$\varphi(x)(f) = f(x). \tag{3.21}$$

根据 V^* 中线性运算的定义, 对任意的 $f, g \in V^*$, $k \in F$, 有

$$\varphi(x)(kf+g) = (kf+g)(x) = kf(x) + g(x) = k\varphi(x)(f) + \varphi(x)(g).$$

因此 $\varphi(x)$ 是 V^* 上的线性函数, 即 $\varphi(x) \in V^{**}$. 我们得到如下映射：

$$\varphi : V \to V^{**}, \quad x \mapsto \varphi(x).$$

定理 3.10 设 V 是有限维的, 则 $\varphi : V \to V^{**}$, $x \mapsto \varphi(x)$ 是一个同构.

证 首先 φ 是线性映射, 即, 对任意的 $x, y \in V$, $k \in F$, 有

$$\varphi(kx+y) = k\varphi(x) + \varphi(y).$$

事实上, 对任意 $f \in V^*$, 由 (3.21) 式、f 的线性性质及线性函数和的定义,

$$\begin{aligned}\varphi(kx+y)(f) &= f(kx+y) = f(kx) + f(y) = kf(x) + f(y) \\ &= k\varphi(x)(f) + \varphi(y)(f) = (k\varphi(x) + \varphi(y))(f).\end{aligned}$$

下面证明 φ 是双射. 设 $(e_1, \cdots, e_n)$ 是 V 的一个基, $(f_1, \cdots, f_n)$ 是 V^* 的对偶于 $(e_1, \cdots, e_n)$ 的基. 则

$$\varphi(e_i)(f_j) = f_j(e_i) = \delta_{ij},$$

因此 $(\varphi(e_1), \cdots, \varphi(e_n))$ 是 V^{**} 的对偶于 $(f_1, \cdots, f_n)$ 的基. 若 $x = \sum_{i=1}^n x_i e_i$, 则对任意 $f \in V^*$, 有

$$\left(\sum_{i=1}^n x_i \varphi(e_i)\right)(f) = \sum_{i=1}^n x_i f(e_i) = f\left(\sum_{i=1}^n x_i e_i\right) = f(x) = \varphi(x)(f),$$

于是 $\varphi(x) = \sum_{i=1}^n x_i \varphi(e_i)$, 即, 在映射 φ 下, V 中关于基 $(e_1, \cdots, e_n)$ 的坐标为 $x_1, \cdots, x_n$ 的向量 x 被映到 V^{**} 中关于基 $(\varphi(e_1), \cdots, \varphi(e_n))$ 有相同坐标的向量. 因此, φ 是一个双射, 因而是一个同构. □

定理 3.10 中的同构具有自然性, 我们对此解释一下. 我们知道 (习题 51), 对于任意的线性映射 $\sigma : V \to W$. 我们有线性映射 $\sigma^* : W^* \to V^*$, 进而有线性映射

$\sigma^{**}: V^{**} \to W^{**}$. 另一方面, 根据定理 3.10, 我们有同构映射 $\varphi_V: V \to V^{**}$ 和同构映射 $\varphi_W: W \to W^{**}$. φ 的自然性是指

$$\varphi_W \sigma = \sigma^{**} \varphi_V.$$

以后我们将 V 和 V^{**} 通过以上同构等同起来. 将 V 中向量 x 看成 V^* 上的函数. 这样, 空间 V 和 V^* 的地位就是完全对称的. 因此 V 与 V^* 可看成是互为对偶空间, 即 V 是 V^* 的对偶空间. 所以我们也常将 V 上函数 f 在 V 中向量 x 取值看作 V^* 与 V 的元素间的一种运算, 即 $V \times V^*$ 到 F 的一个函数

$$(,): V \times V^* \to F,\ (x, f) \mapsto f(x).$$

按此记号, 下面两行分别表示 $f \in V^*$ 和 $x \in V^{**}$:

$$(y+z, f) = (y, f) + (z, f), \quad (ky, f) = k(y, f),$$

$$(x, f+g) = (x, f) + (x, g), \quad (x, kf) = k(x, f).$$

如果 V^* 的基 $(f_1, \cdots, f_n)$ 对偶于 V 的基 $(e_1, \cdots, e_n)$, 则 $(e_1, \cdots, e_n)$ 可看作对偶于 $(f_1, \cdots, f_n)$ 的基, 两者互为对偶基. (3.19) 和 (3.20) 式可写成

$$x = \sum_{i=1}^{n} (x, f_i) e_i, \quad f = \sum_{i=1}^{n} (e_i, f) f_i.$$

推论 3.10 空间 V^* 的任意给定的一个基都对偶于 V 的某个基.

定义 3.19 定义 V 的子空间 U 的零化子为

$$U^\circ = \{f \in V^*:\ f(U) = 0\}.$$

零函数总在 U° 中, 于是 U° 非空. 其次, 若 $f, g \in U^\circ$, 则

$$(kf + g)(x) = kf(x) + g(x) = k0 + 0 = 0,\ \forall\, x \in U, k \in F.$$

于是 $kf + g \in U^\circ$, 因此 U° 是 V^* 的子空间.

定理 3.11 $\dim U^\circ = \dim V - \dim U$.

证 设 $(e_1, \cdots, e_s)$ 是 U 的一个基, 将其扩充为 V 的一个基 $(e_1, \cdots, e_n)$, 其对偶基为 $(f_1, \cdots, f_n)$. 显然 $f_{s+1}, \cdots, f_n \in U^\circ$. 令

$$W = \langle f_{s+1}, \cdots, f_n \rangle.$$

因为 U° 是子空间, 所以 $W \subseteq U^\circ$. 对任意的 $f \in U^\circ$, 设 $f = \sum_{i=1}^{n} k_i f_i$. 则 $k_j = f(e_j) = 0, j = 1, \cdots, s$. 即 $U^\circ \subseteq W$. 因此 $U^\circ = W$. □

将 V 与 V^{**} 等同, 可将 $U^\circ \subseteq V^*$ 的零化子 $U^{\circ\circ}$ 看作 V 的子空间, 即

$$U^{\circ\circ} = \left\{x \in V\ :\ f(x) = 0, \forall\, f \in U^\circ\ \right\}.$$

定理 3.12 对 V 的每个子空间 U, 有 $U^{\circ\circ}=U$.

证 用定理 3.11 的记号, 有 $U^{\circ\circ}=\langle e_1,\cdots,e_s\rangle=U$. □

推论 3.11 V 的每个子空间是 V^* 的某个子空间的零化子.

3.4 商空间与直和

3.4.1 商空间与同态基本定理

设 V 是数域 F 上向量空间, W 是 V 的一个子空间, a 是 V 中的一个向量. 数学中许多问题都要求我们研究 V 的如下形式的子集:

$$a+W=\{a+x\ :\ x\in W\},$$

这些子集不一定是 V 的子空间, 称为 W 的陪集, 也称为 V 的仿射子空间.

引理 3.1 设 W_1 和 W_2 都是 V 的子空间, a 和 b 都是 V 中的向量, 那么, $a+W_1=b+W_2$, 当且仅当 $W_1=W_2=W$, 且 $a-b\in W$.

证 若 $W_1=W_2=W$, 且 $a-b\in W$, 令 $a-b=c$, 则有

$$a+W_1=\{a+x\ :\ x\in W\},\ \ b+W_2=\{a+x-c\ :\ x\in W\}.$$

显然, 当 x 取遍 W 中所有向量时, $x-c$ 也如此. 因此, $a+W_1=b+W_2$. 反之, 若 $a+W_1=b+W_2$, 则 $(a-b)+W_1=(b-b)+W_2=W_2$. 又 $0\in W_2$, 于是 $a-b\in W_1$, 因而 $(a-b)+W_1=W_1$. 故 $W_1=W_2=W$. □

考虑 W 的所有陪集组成的集合, 记为 V/W, 即

$$V/W=\{x+W\ :\ x\in V\}.$$

在 V/W 中定义加法和数乘运算如下: 对任意 $x,y\in V$, $k\in F$,

$$\begin{aligned}(x+W)+(y+W)&=(x+y)+W,\\ k(x+W)&=kx+W.\end{aligned}\tag{3.22}$$

定义是合理的, 即与代表元的选取无关. 事实上, 设 $a+W=a'+W$, 及 $b+W=b'+W$, 则由引理 3.1, $a-a'$, $b-b'\in W$ 于是,

$$(a+b)-(a'+b')=(a-a')+(b-b')\in W,$$

$$ka-ka'=k(a-a')\in W.$$

因此, 由引理 3.1, $a+b+W=a'+b'+W$, $ka+W=ka'+W$.

命题 3.15 V/W 按上面定义的加法和数乘运算构成 F 上一个向量空间, 称为 V 模 W 的商空间.

证 直接验证上述两种运算适合向量空间定义中的 8 条性质. 例如,

$$k((a+W)+(b+W)) = k((a+b)+W) = k(a+b)+W$$
$$= (ka+kb)+W = (ka+W)+(kb+W) = k(a+W)+k(b+W).$$

其余类似可证. □

命题 3.16 设 V 为 F 向量空间, W 是 V 的子空间. 定义

$$\pi: V \to V/W, \qquad \pi(x) = x+W,$$

则 π 是 V 到 V/W 的满同态, 称为典型同态, 且 $\mathrm{Ker}\pi = W$.

证 显然, π 是满射. 由定义, 对任意 $a, b \in V$, $k \in F$,

$$\pi(a+b) = (a+b)+W = (a+W)+(b+W) = \pi(a)+\pi(b),$$
$$\pi(ka) = ka+W = k(a+W) = k\pi(a),$$

因此 π 是线性映射. 因为, $x+W=W$, 当且仅当 $x \in W$. 故 $\mathrm{Ker}\pi = W$. □

推论 3.12 设 V 是有限维 F 向量空间, W 是 V 的子空间, 则

$$\dim(V/W) = \dim V - \dim W.$$

证 将维数定理应用于典型同态 $\pi: V \to V/W$ 即得. □

通常称 $\dim V/W$ 为 W 的余维数, 记为 $\mathrm{codim}_V W$.

注 经常有这样的情况: V, W 是无限维的, 而 V/W 是有限维的. 这时, 当然不能应用推论 3.12, $\dim V/W$ 的计算就成为一个非平凡的问题了.

例 3.33 设 $W_1 = \{(0,0,m) : m \in \mathbf{R}\}$, $W_2 = \{(k,l,0) : k, l \in \mathbf{R}\}$. 则

$$\mathbf{R}^3/W_1 \cong W_2.$$

定理 3.13 设 V, U, W 是 F 向量空间, $\sigma: V \to W$, $\rho: V \to U$ 是线性映射, 则存在线性映射 $\tau: U \to W$, 使得 $\sigma = \tau\rho$ 的充要条件是 $\mathrm{Ker}\rho \subseteq \mathrm{Ker}\sigma$. 当条件满足且 $\mathrm{Im}\rho = U$ 时, τ 是唯一的.

证 如果存在线性映射 $\tau: U \to W$, 使得 $\sigma = \tau\rho$, 那么, 当 $\rho(x) = 0$ 时, 有 $\sigma(x) = \tau\rho(x) = 0$, 因此 $\mathrm{Ker}\rho \subseteq \mathrm{Ker}\sigma$. 反之, 设 $\mathrm{Ker}\rho \subseteq \mathrm{Ker}\sigma$. 我们首先在 $\mathrm{Im}\rho$ 上定义 τ, 要使 $\sigma = \tau\rho$ 成立, 唯一的可能是对 $y = \rho(x)$, 令 $\tau(y) = \sigma(x)$. 如果 $\rho(a) = \rho(b)$, 则 $a - b \in \mathrm{Ker}\rho \subseteq \mathrm{Ker}\sigma$, 于是 $\sigma(a) = \sigma(b)$, 即 τ 的定义是确定的. 由 σ 和 ρ 的线性性即得 τ 也是线性的. 然后, 将 τ 的定义域从子空间 $\mathrm{Im}\rho$ 扩充到整个空间 U. 例如, 取 $\mathrm{Im}\rho$ 的一个基 $(e_1, \cdots, e_r)$, 将其扩充为 U 的一个基 $(e_1, \cdots, e_n)$, 令 $\tau(e_i) = 0$, $i = r+1, \cdots, n$. □

定理3.14 (同态基本定理) 设 V, W 是 F 向量空间, σ 是由 V 到 W 的一个满同态, 则存在唯一的同构映射 $\tau: V/\mathrm{Ker}\sigma \to W$, 使得 $\sigma = \tau\pi$, 其中 $\pi: V \to V/\mathrm{Ker}\sigma$ 是典型同态.

证 典型同态 π 是满同态, 且 $\mathrm{Ker}\pi = \mathrm{Ker}\sigma$. 由定理 3.13 得 τ 的存在性和唯一性. 由于 σ 是满射, 所以 τ 也是满射. 由维数定理, τ 也是单的. □

3.4.2 直和与投影变换

现在我们将向量组线性无关的概念推广到子空间. 总设 V 是 F 线性空间.

定义 3.20 设 $V_1, \cdots, V_s$ 是 V 的一组子空间. 如果零向量表示成它们中的元素和的表法唯一, 即若有 $a_1 \in V_1, \cdots, a_s \in V_s$, 使得 $a_1 + \cdots + a_s = 0$, 则 $a_1 = \cdots = a_s = 0$, 那么就称 $V_1, \cdots, V_s$ 线性无关. 否则, 称它们线性相关.

例3.34 设 V 是 F 线性空间.

1) V 的单个子空间是线性无关的;

2) V 的两个子空间 V_1, V_2 线性无关当且仅当 $V_1 \cap V_2 = 0$;

3) 设 $a_1, \cdots, a_s$ 是 V 中的非零向量, 令 $V_i = \mathrm{Span}(a_i),\ \ 1 \leqslant i \leqslant s$. 则向量 $a_1, \cdots, a_s$ 线性无关, 当且仅当子空间 $V_1, \cdots, V_s$ 线性无关.

命题3.17 设 $V_1, \cdots, V_s$ 是 V 的子空间, 则下列性质等价:

1) $V_1, \cdots, V_s$ 是线性无关的,

2) $V_1, \cdots, V_s$ 的基合在一起是线性无关的,

3) $\dim(V_1 + \cdots + V_s) = \dim V_1 + \cdots + \dim V_s$.

证 设 $(e_{i1}, \cdots, e_{in_i})$ 是 V_i 的基, $i = 1, \cdots, s$. 这 s 个基合在一起的向量组记为 S. 如果 S 有一个非平凡的线性关系: $\sum_{i,j} k_{ij}e_{ij} = 0$, 即 $\sum_i a_i = 0$, 其中 $a_i = \sum_j k_{ij}e_{ij} \in V_i$, 那么子空间 $V_1, \cdots, V_s$ 线性相关. 反之, 如果 $V_1, \cdots, V_s$ 线性相关, 则存在不全为零的向量 $a_1 \in V_1, \cdots, a_s \in V_s$, 使得 $\sum_i a_i = 0$. 将每个 a_i 用基线性表出, 就得到向量组 S 的一个非平凡线性关系. 因此 1) 与 2) 等价. 显然, S 张成 $V_1 + \cdots + V_s$. 2) 和 3) 都等价于说, S 是 $V_1 + \cdots + V_s$ 的一个基. 因此 2) 和 3) 等价. □

定义 3.21 线性空间 V 的一组线性无关的子空间 $V_1, \cdots, V_s$ 的和称为直和, 记为 $V_1 \oplus \cdots \oplus V_s$, 或 $\bigoplus_{i=1}^s V_i$.

如果 $V = V_1 \oplus \cdots \oplus V_s$, 那么 V 中每个向量 a 可以唯一地表为 V_i 中向量的和, 即 $a = a_1 + \cdots + a_s$, $a_i \in V_i$, $i = 1, \cdots, s$. 定义

$$p_i: V \to V,\ a \mapsto a_i, \tag{3.23}$$

容易证明, p_i 是线性变换, 且

$$p_i p_j = \delta_{ij} p_i,\ p_1 + \cdots + p_s = \mathrm{id}, \mathrm{Im} p_i = V_i.$$

定义 3.22 一个线性变换 $p: V \to V$ 称为投影变换, 如果 $p^2 = p$.

因此 V 的一个直和分解自然地决定一组投影变换. 注意 p_i 不仅依赖于 V_i, 也依赖于直和中其他的直和项. 更准确的说法是由直和所决定的投影. 特别地, 若 $V = V_1 \oplus V_2$, 则称 p_1 为沿 V_2 在 V_1 上的投影. 于是 (3.23) 式中的 p_i 就是沿 $V_1 \oplus \cdots \hat{V_i} \cdots \oplus V_s$(除 V_i 外其余 $s-1$ 个之和) 在 V_i 上的投影.

我们来证明, 满足以上条件的一组投影变换也决定 V 的一个直和分解.

定理 3.15 设 $p_i: V \to V, i = 1, \cdots, s$ 是 s 个投影变换, 且具有如下性质: $p_1 + \cdots + p_s = \mathrm{id}$, $p_i p_j = \delta_{ij} p_i$, 则 $V = \mathrm{Im} p_1 \oplus \cdots \oplus \mathrm{Im} p_s$.

证 对于每个向量 $a \in V$, 用变换 $\mathrm{id} = \sum_{i=1}^{s} p_i$ 作用, 得 $a = \sum_{i=1}^{s} p_i(a)$. 因此 $V = \sum_{i=1}^{s} \mathrm{Im} p_i$. 往证此和是直和. 设有 $b_i = p_i(a_i) \in \mathrm{Im} p_i$, 使得

$$b_1 + \cdots + b_s = p_1(a_1) + \cdots + p_s(a_s) = 0,$$

用 p_j 作用上式, 注意到 $p_j^2 = p_j$, 且 $i \neq j$ 时, 有 $p_j p_i = 0$, 我们得到

$$b_j = p_j(a_j) = p_j^2(a_j) = -\sum_{i \neq j} p_j p_i(a_i) = 0,\ j = 1, \cdots, s. \qquad \square$$

例 3.35 在 $\mathbf{R}^3$ 中, 设 ℓ 是过原点 o、方向向量为 a 的直线, 过 o 与 ℓ 垂直的平面为 π. 考虑正交投影 pr_a(见例 3.25). 显然, pr_a 的像为 ℓ, 核为 π, 且 $\ell \oplus \pi = \mathbf{R}^3$. 因此 pr_a 决定 $\mathbf{R}^3$ 的一个直和分解 $\mathbf{R}^3 = \mathrm{Kerpr}_a \oplus \mathrm{Impr}_a$. 考虑线性映射 $\mathrm{id} - \mathrm{pr}_a: \mathbf{R}^3 \to \mathbf{R}^3$, 它将 $\mathbf{R}^3$ 中每个向量 b 映到 $b - \mathrm{pr}_a(b)$, 称为在平面 π 上的正交投影, 记为 pr_π. 易见, pr_π 的像为 π, 核为 ℓ. 且满足: $\mathrm{pr}_\ell^2 = \mathrm{pr}_\ell$, $\mathrm{pr}_\pi^2 = \mathrm{pr}_\pi$, $\mathrm{pr}_\ell + \mathrm{pr}_\pi = \mathrm{id}$. 另外, 令 $s_a = \mathrm{id} - 2\mathrm{pr}_a$, 则 s_a 是一个线性变换, 称为由 a 确定的正交反射, 或对于平面 π 的正交反射. 如果 ℓ 是过原点的一条直线, π 是过原点但不过 ℓ 的一个平面. 我们也有 $\mathbf{R}^3$ 的一个直和分解: $\mathbf{R}^3 = \ell \oplus \pi$, 确定两个投影变换.

例 3.36 如果 V 的一个线性算子 σ 是投影算子, 那么 $V = \mathrm{Ker}\sigma \oplus \mathrm{Im}\sigma$.

证 若 $\sigma^2 = \sigma$, 则 $\sigma, \mathrm{id} - \sigma$ 满足定理 3.15 的条件, 故 $V = \mathrm{Im}\sigma \oplus \mathrm{Im}(\mathrm{id} - \sigma)$. 往证 $\mathrm{Ker}\sigma = \mathrm{Im}(\mathrm{id} - \sigma)$. 若 $b \in \mathrm{Im}(\mathrm{id} - \sigma)$, 则存在 $a \in V$, 使 $b = a - \sigma(a)$, 于是 $\sigma(b) = \sigma(a) - \sigma^2(a) = \sigma(a) - \sigma(a) = 0$. 反过来, 如果 $b \in \mathrm{Ker}\sigma$, 那么 $\sigma(b) = 0$. 因此 $b = b - \sigma(b) = (\mathrm{id} - \sigma)(b) \in \mathrm{Im}(\mathrm{id} - \sigma)$. 证毕.

例 3.37 设 $(e_1, \cdots, e_n)$ 是 V 的一个基, 则 $V = \langle e_1 \rangle \oplus \cdots \oplus \langle e_n \rangle$. 向量 x 沿 $\langle e_1, \cdots, \hat{e_i} \cdots, e_n \rangle$ 在子空间 $\langle e_i \rangle$ 上的投影等于 $x_i e_i$, 其中 x_i 是 x 关于基 $(e_1, \cdots, e_n)$ 的第 i 坐标, 它不仅依赖 e_i, 也依赖其他基向量.

例 3.38 所有实函数构成的空间是奇函数空间和偶函数空间的直和.

定义 3.23 设 W 和 W' 都是 V 的子空间, 且 $V = W \oplus W'$. 则 W' 称为 W 在 V 中的直和补.

推论 3.13 设 W 是 V 的子空间, 那么存在 W 的直和补.

证 设 $(e_1,\cdots,e_r)$ 是 W 的一个基, 将其扩充为 V 的基 $(e_1,\cdots,e_n)$, 则 $W'=\langle e_{r+1},\cdots,e_n\rangle$ 是 W 的一个直和补. □

以上定义的子空间的直和也称为内直和, 下面我们给出外直和的概念. 设 V_1, V_2 是数域 F 上两个向量空间. 考虑集合

$$V=V_1\times V_2=\big\{(a,b)\ :\ a\in V_1,\ b\in V_2\big\}.$$

定义加法和数乘运算如下：对任意 $(a,b),(c,d)\in V$, $k\in F$, 定义

$$(a,b)+(c,d)=(a+c,b+d),\ \ k(a,b)=(ka,kb). \tag{3.24}$$

容易验证, V 是 F 向量空间. 称 V 为 V_1 和 V_2 的外直和, 记为 $V=V_1\oplus V_2$.

命题 3.18 设 $(e_1,\cdots,e_m)$ 是 V_1 的基, $(f_1,\cdots,f_n)$ 是 V_2 的基, 则

$$\beta=\big((e_1,0),\cdots,(e_m,0),(0,f_1),\cdots,(0,f_n)\big)$$

是 $V=V_1\oplus V_2$ 的基. 特别地, $\dim V=\dim V_1+\dim V_2$.

证 对于任意的 $(x,y)\in V$, 设 $x=\sum_i x_ie_i$, $y=\sum_i y_if_i$, 则

$$(x,y)=x_1(e_1,0)+\cdots+x_m(e_m,0)+y_1(0,f_1)+\cdots+y_n(0,f_n),$$

所以 β 张成 V. 若有 $k_i,l_j\in F$, 使得 $\sum_i k_i(e_i,0)+\sum_i l_j(0,f_j)=0$, 则 $\sum_i k_ie_i=0$, 且 $\sum_j l_jf_j=0$, 得所有 k_i, l_j 等于零. 故 β 线性无关. □

令

$$U=\{(x,0)\ :\ x\in V_1\},\ W=\{(0,y)\ :\ y\in V_2\}.$$

则 U 和 W 都是 V 的子空间, 且 $V=U\oplus W$(内直和). 另一方面, 容易证明, $V_1\cong U$, $V_2\cong W$. 因此两种直和本质上是一致的. 类似地, 我们可以定义多个向量空间的外直和, 特别地, $F^n=\underbrace{F\oplus\cdots\oplus F}_{n}$.

作为本章的结束, 我们考察两个简单例子, 引出下一章的主题.

在应用坐标变换解决几何问题时, 我们会遇到很麻烦的计算. 有没有计算规律可循呢 ? 实际上, 适当利用代数上的工具, 如矩阵, 我们就能化繁为简. 用矩阵表示坐标变换公式不仅形式简单, 运算方便, 而且使我们更容易把握坐标变换的本质. 同样地, 深入研究一般向量空间中的问题, 矩阵也是必不可少的工具. 同时, 矩阵是一个重要的代数对象, 在第四章中我们将对其作一般的讨论. 这里只作一个引入.

两个 3 维向量相加, 就是把三次数的加法看成一次向量加法. 类似地, 对于两个排成矩形表形式的数组, 对应位置的两个数相加, 可以看成这两个数组相加. 例

如, 将下面左边两个数组中对应位置的元素相加得到右边的数组:

$$\begin{matrix} 1 & 2 \\ 3 & 4 \end{matrix} \qquad \begin{matrix} 5 & 6 \\ 7 & 8 \end{matrix} \qquad \begin{matrix} 6 & 8 \\ 10 & 12 \end{matrix}$$

就是将四次数的加法看作一次数组的加法. 将每个数组视作一个整体写成

$$\begin{pmatrix} 1 & 2 \\ 3 & 4 \end{pmatrix} + \begin{pmatrix} 5 & 6 \\ 7 & 8 \end{pmatrix} = \begin{pmatrix} 6 & 8 \\ 10 & 12 \end{pmatrix}.$$

这和 4 维向量的加法本质上是一样的, 不同之处在于我们不是将数组写成一行或一列, 而是写成矩形表的形式. 同样地, 用一个数去乘数组的每个元素可以看成用这个数乘这个数组. 在工作和生活中我们经常是这样做的, 例如, 本课程的考试成绩就是按下式来计算的:

$$30\%M + 60\%F + 10\%H$$

其中 M 是平时成绩表, F 是期末成绩表, H 是平时作业成绩表, 成绩表是按组排成的表, 如 7 行 8 列的表.

一般地, 对于任意两个正整数 m 和 n, 我们将排成 m 行 n 列的矩形表形式的数组称作一个 $m \times n$ 矩阵. 例如, 一般的 3×3 矩阵可以写成如下形式

$$\begin{pmatrix} a_{11} & a_{12} & a_{13} \\ a_{21} & a_{22} & a_{23} \\ a_{31} & a_{32} & a_{33} \end{pmatrix}.$$

常用一个大写字母, 如 A 来表示这个矩阵. a_{ij} 称为矩阵 A 的 (i,j) 元. 其中 i, j 分别表示数 a_{ij} 位于矩阵 A 的第 i 行和第 j 列位置. 矩阵 A 有 3 行, 也有 3 列. 每一行都是 3 维向量, 称为矩阵 A 的行向量. 类似地, 列称为列向量. 当然, 行向量也可以看成 1×3 矩阵, 列向量可以看成 3×1 矩阵.

下面我们来分析坐标变换公式, 希望适当地定义矩阵的乘法运算, 以便合理地表述坐标变换的规律. 简单起见, 只考虑平面向量.

设有三个基 $(\vec{e_1}, \vec{e_2})$, $(\vec{f_1}, \vec{f_2})$, $(\vec{g_1}, \vec{g_2})$. 向量 $\vec{v}$ 关于这三个基的坐标分别为 (x_1, x_2), (y_1, y_2), (z_1, z_2). 按 (2.33), 可设坐标变换公式为

$$\begin{cases} x_1 = a_{11}y_1 + a_{12}y_2, \\ x_2 = a_{21}y_1 + a_{22}y_2. \end{cases} \qquad \begin{cases} y_1 = b_{11}z_1 + b_{12}z_2, \\ y_2 = b_{21}z_1 + b_{22}z_2. \end{cases} \tag{3.25}$$

从上述关系式, 我们可以得出 x_1, x_2 和 z_1, z_2 之间的关系式

$$\begin{cases} x_1 = (a_{11}b_{11} + a_{12}b_{21})z_1 + (a_{11}b_{12} + a_{12}b_{22})z_2, \\ x_2 = (a_{21}b_{11} + a_{22}b_{12})z_1 + (a_{21}b_{12} + a_{22}b_{22})z_2. \end{cases} \tag{3.26}$$

这是两次坐标变换的结果, 当然相当于一次坐标变换. 坐标变换由其系数所确定, 因此可以用系数组成的矩阵来表示. 根据 (3.26) 式, 我们应该如下地定义两个矩阵的乘积:

$$\begin{pmatrix} a_{11} & a_{12} \\ a_{21} & a_{22} \end{pmatrix}\begin{pmatrix} b_{11} & b_{12} \\ b_{21} & b_{22} \end{pmatrix}=\begin{pmatrix} a_{11}b_{11}+a_{12}b_{21} & a_{11}b_{12}+a_{12}b_{22} \\ a_{21}b_{11}+a_{22}b_{21} & a_{21}b_{12}+a_{22}b_{22} \end{pmatrix}.$$

因此接连作两次坐标变换的结果可以用矩阵的乘积来表示.

利用矩阵, 坐标变换公式 (3.25) 可以表为

$$\begin{pmatrix} x_1 \\ x_2 \end{pmatrix}=\begin{pmatrix} a_{11} & a_{12} \\ a_{21} & a_{22} \end{pmatrix}\begin{pmatrix} y_1 \\ y_2 \end{pmatrix}, \tag{3.27}$$

$$\begin{pmatrix} y_1 \\ y_2 \end{pmatrix}=\begin{pmatrix} b_{11} & b_{12} \\ b_{21} & b_{22} \end{pmatrix}\begin{pmatrix} z_1 \\ z_2 \end{pmatrix}. \tag{3.28}$$

因此, 将 (3.27) 代入 (3.28) 式就得到基 $(\vec{e_1}, \vec{e_2})$ 到 $(\vec{f_1}, \vec{f_2})$ 的坐标变换公式:

$$\begin{pmatrix} x_1 \\ x_2 \end{pmatrix}=\begin{pmatrix} a_{11} & a_{12} \\ a_{21} & a_{22} \end{pmatrix}\begin{pmatrix} b_{11} & b_{12} \\ b_{21} & b_{22} \end{pmatrix}\begin{pmatrix} z_1 \\ z_2 \end{pmatrix}. \tag{3.29}$$

如果用 X, Y, Z, A, B 分别表示下列矩阵:

$$\begin{pmatrix} x_1 \\ x_2 \end{pmatrix},\ \begin{pmatrix} y_1 \\ y_2 \end{pmatrix},\ \begin{pmatrix} z_1 \\ z_2 \end{pmatrix},\ \begin{pmatrix} a_{11} & a_{12} \\ a_{21} & a_{22} \end{pmatrix},\ \begin{pmatrix} b_{11} & b_{12} \\ b_{21} & b_{22} \end{pmatrix},$$

则以上公式及运算过程可以写成简洁的形式:

$$X=AY, Y=BZ,\ \ X=A(BZ)=(AB)Z.$$

下面考虑第二个问题. 设 $\sigma:\mathbf{R}^3\to\mathbf{R}^3$ 是一个线性变换, (e_1, e_2, e_3) 是 $\mathbf{R}^3$ 的标准基, 且已知

$$\begin{aligned} \sigma(e_1)&=(a_{11},a_{21},a_{31})=a_{11}e_1+a_{21}e_2+a_{31}e_3,\\ \sigma(e_2)&=(a_{12},a_{22},a_{32})=a_{12}e_1+a_{22}e_2+a_{32}e_3,\\ \sigma(e_3)&=(a_{13},a_{23},a_{33})=a_{13}e_1+a_{23}e_2+a_{33}e_3. \end{aligned} \tag{3.30}$$

对于 $x=(x_1,x_2,x_3)\in\mathbf{R}^3$, 如何计算 $\sigma(x)$ 呢 ?

利用 σ 的线性性质, 有

$$\sigma(x)=\sigma(x_1e_1+x_2e_2+x_3e_3)=x_1\sigma(e_1)+x_2\sigma(e_2)+x_3\sigma(e_3).$$

将 (3.30) 代入上式, 得

$$\begin{aligned}\sigma(x)=&x_1(a_{11}e_1+a_{21}e_2+a_{31}e_3)+x_2(a_{12}e_1+a_{22}e_2+a_{32}e_3)\\&+x_3(e_1a_{13}+a_{23}e_2+a_{33}e_3)\\=&(a_{11}x_1+a_{12}x_2+a_{13}x_3)e_1+(a_{21}x_1+a_{22}x_2+a_{23}x_3)e_2\\&+(a_{31}x_1+a_{32}x_2+a_{33}x_3)e_3.\end{aligned}$$

利用 $\sum$ 记号, (3.30) 式可写成如下形式:

$$\sigma(e_j)=\sum_{i=1}^{3}a_{ij}e_i,\quad j=1,\,2,\,3. \tag{3.31}$$

以上计算过程可写成如下更紧凑的形式:

$$\sigma(x)=\sum_{j=1}^{3}x_jf(e_j)=\sum_{j=1}^{3}\left(x_j\sum_{i=1}^{3}a_{ij}e_i\right)=\sum_{i=1}^{3}\sum_{j=1}^{3}a_{ij}x_je_i. \tag{3.32}$$

因此, 只要知道 a_{ij}, $i,j=1,2,3$, 就可按上式计算 σ 在任意向量上的值. 令

$$A=\begin{pmatrix}a_{11}&a_{12}&a_{13}\\a_{21}&a_{22}&a_{23}\\a_{31}&a_{32}&a_{33}\end{pmatrix}.$$

我们称 A 为 σ 关于基 $(e_1,\,e_2,\,e_3)$ 的矩阵.

线性变换的矩阵能否反映线性变换的性质呢 ? 我们来考虑 $\mathbf{R}^3$ 的两个线性变换 σ 和 τ. 它们的矩阵分别为

$$A=\begin{pmatrix}a_{11}&a_{12}&a_{13}\\a_{21}&a_{22}&a_{23}\\a_{31}&a_{32}&a_{33}\end{pmatrix},\qquad B=\begin{pmatrix}b_{11}&b_{12}&b_{13}\\b_{21}&b_{22}&b_{23}\\b_{31}&b_{32}&b_{33}\end{pmatrix}.$$

考虑线性变换 $\rho=\sigma\tau:\mathbf{R}^3\to\mathbf{R}^3$. 按定义, 有 $\rho(e_j)=\sigma(\tau(e_j))$, 于是

$$\begin{aligned}\rho(e_1)=&b_{11}(a_{11}e_1+a_{21}e_2+a_{31}e_3)+\ b_{21}(a_{12}e_1+a_{22}e_2+a_{32}e_3)\\&+b_{31}(a_{13}e_1+a_{23}e_2+a_{33}e_3)\\=&(a_{11}b_{11}+a_{12}b_{21}+a_{13}b_{31})e_1+\ (a_{21}b_{11}+a_{22}b_{21}+a_{23}b_{31})e_2\\&+(a_{31}b_{11}+a_{32}b_{21}+a_{33}b_{31})e_3,\\\rho(e_2)=&(a_{11}b_{12}+a_{12}b_{22}+a_{13}b_{32})e_1+\ (a_{21}b_{12}+a_{22}b_{22}+a_{23}b_{32})e_2\\&+(a_{31}b_{12}+a_{32}b_{22}+a_{33}b_{32})e_3,\\\rho(e_3)=&(a_{11}b_{13}+a_{12}b_{23}+a_{13}b_{33})e_1+\ (a_{21}b_{13}+a_{22}b_{23}+a_{23}b_{33})e_2\\&+(a_{31}b_{13}+a_{32}b_{23}+a_{33}b_{33})e_3.\end{aligned}$$

因此 ρ 关于基 (e_1, e_2, e_3) 的矩阵为

$$\begin{pmatrix} a_{11}b_{11}+a_{12}b_{21}+a_{13}b_{31} & a_{11}b_{12}+a_{12}b_{22}+a_{13}b_{32} & a_{11}b_{13}+a_{12}b_{23}+a_{13}b_{33} \\ a_{21}b_{11}+a_{22}b_{21}+a_{23}b_{31} & a_{21}b_{12}+a_{22}b_{22}+a_{23}b_{32} & a_{21}b_{13}+a_{22}b_{23}+a_{23}b_{33} \\ a_{31}b_{11}+a_{32}b_{21}+a_{33}b_{31} & a_{31}b_{12}+a_{32}b_{22}+a_{33}b_{32} & a_{31}b_{13}+a_{32}b_{23}+a_{33}b_{33} \end{pmatrix}$$

这个矩阵称为 σ 的矩阵 A 和 τ 的矩阵 B 的乘积 AB.

下面我们利用矩阵运算简化以上过程. 令

$$X = \begin{pmatrix} x_1 \\ x_2 \\ x_3 \end{pmatrix}.$$

利用矩阵记号, 可将 (3.31) 式及 (3.32) 式分别写成如下形式:

$$(\sigma(e_1), \sigma(e_2), \sigma(e_3)) = (e_1, e_2, e_3)A, \tag{3.33}$$

$$\sigma(x) = \sigma((e_1, e_2, e_3)X) = (\sigma(e_1), \sigma(e_2), \sigma(e_3))X = (e_1, e_2, e_3)(AX). \tag{3.34}$$

此式表明, $\sigma(x)$ 的坐标就是 σ 的矩阵 A 左乘 x 的坐标. 即线性变换的坐标形式表现为矩阵左乘.

一般地, 有限维线性空间之间的线性映射由它在基上的取值所确定. 因此, 可以用基向量的像的坐标向量组成的矩阵来描述线性映射.

习 题 3

总设 F 是数域, V 是 F 线性空间.

3.1 节习题

1. 证明: 下列数集是数域:

1) $\mathbf{Q}(\sqrt{-1}) = \{a + b\sqrt{-1} \ : \ a, b \in \mathbf{Q}\}$;

2) $\mathbf{Q}(\sqrt[3]{2}) = \{a + b\sqrt[3]{2} + c\sqrt[3]{4} \ : \ a, \ b, \ c \in \mathbf{Q}\}$.

2. 完成命题 3.3 的证明.

3. 检验以下集合对所定义的运算是否构成实线性空间:

1) $\mathbf{R}^2 = \{(a, b) \ : \ a, b \in \mathbf{R}\}$, 定义 $(a, b) \oplus (c, d) = (a + c, b + d + ac)$, $k \cdot (a, b) = (ka, kb + \frac{1}{2}k(k-1)a^2)$;

2) $\mathbf{R}^+ = \{a \in \mathbf{R} \ : \ a > 0\}$, 定义 $a \oplus b = ab$, $k \cdot a = a^k$.

4. 检验 $\mathbf{R}^2$ 的下列子集能否构成子空间:

1) 直线 $x = y$; 2) 单位圆; 3) 直线 $2x + y = 1$; 4) 第一象限.

5. 检验 $\mathbf{R}^3$ 的下列子集能否构成子空间:

1) $\{(x_1, x_2, x_3) \in \mathbf{R}^3 \ : \ x_1 = 0\}$;

2) $\{(x_1, x_2, x_3) \in \mathbf{R}^3 \ : \ x_1 + x_2 = 0\}$;

3) $\{(x_1, x_2, x_3) \in \mathbf{R}^3 \ : \ x_1 + x_2 = 1\}$;

4) $\{(x_1, x_2, x_3) \in \mathbf{R}^3 \ : \ x_1 + x_2 \geqslant 0\}$.

6. 证明: 每一过原点的直线和平面都是 $\mathbf{R}^3$ 的子空间. 描述 $\mathbf{R}^3$ 的所有子空间. 并且

1) 确定 $\mathbf{R}^3$ 中由 $(1,2,-1)$, $(3,0,1)$ 张成的平面 π_1;

2) 确定 $\mathbf{R}^3$ 中平面 $\pi_2 : 3x - y + 2z = 0$ 的一组生成元;

3) 求一向量 a, 使平面 π_1 和 π_2 的交线 $\ell = \langle a \rangle$.

7. 设 $\{W_i,\, i \in I\}$ 是 V 的一族子空间. 证明: 它们的交 $\cap_{i\in I} W_i$ 是 V 的子空间. 举例说明, 它们的并 $\cup_{i\in I} W_i$ 不一定是 V 的子空间.

8. 设 S, L 是 V 的子集. 证明:

1) $\langle S \cup L \rangle = \langle S \rangle + \langle L \rangle$;

2) $\langle S \cap L \rangle \subseteq \langle S \rangle \cap \langle L \rangle$;

3) 若 $S \subseteq L$, 则 $\langle S \rangle \subseteq \langle L \rangle$.

3.2 节习题

9. 判断 $\mathbf{R}^3$ 中下列向量组是否线性相关:

1) $(1,1,1)$, $(0,1,0)$, $(1,0,1)$;　2) $(1,1,1)$, $(1,1,0)$, $(1,0,0)$;

3) $(1,0,0)$, $(0,1,0)$, $(1,1,1)$;　4) $(1,1,1)$, $(0,1,0)$, $(0,0,1)$.

10. 判断 $\mathbf{R}[x]_3$ 中下列向量组是否线性相关:

1) 1, x, x^2;

2) $x - x^2$, $x^2 - x$;

3) $1 + x$, $1 - x$, x^2, 1;

4) $x^2 - 1$, $x + 1$, $x^2 - x$, $x^2 + x$.

11. 证明: 在函数空间 $\mathbf{R}^{\mathbf{R}}$ 中, 1, $\cos^2 t$, $\cos 2t$ 线性相关; 而 1, $\sin t$, $\cos t$ 线性无关.

12. 证明: V 中向量 a, b, c 线性无关, 等价于 $a+b$, $b+c$, $c+a$ 线性无关.

13. 证明: V 中非零向量 $a_1, \cdots, a_n$ 线性相关, 当且仅当某个 a_k 可以由 $a_1, \cdots, a_{k-1}$ 线性表出 $(2 \leqslant k \leqslant n)$.

14. 证明: F^2 中向量组 $a = (a_1, a_2)$, $b = (b_1, b_2)$ 线性无关, 当且仅当 $a_1 b_2 - a_2 b_1 \neq 0$.

15. 设 $a_1, \cdots, a_s \in V$ 线性无关. 设 $b_i = a_i + k_i a_s$, $k_i \in F$, $i = 1, \cdots, s-1$, 且 $b_s = a_s$. 证明: $b_1, \cdots, b_s$ 也线性无关.

16. 设 $m > n$. 证明: 如果 F^m 中向量组 $(a_i = (a_{i1}, \cdots, a_{im}))_{1\leqslant i\leqslant r}$ 线性相关, 那么 F^n 中向量组 $(\tilde{a_i} = (a_{i1}, \cdots, a_{in}))_{1\leqslant i\leqslant r}$ 也线性相关.

17. 当 k 取何值时, 向量组 $((k,1,1), (1,k,1), (1,1,k))$ 是 $\mathbf{R}^3$ 的一个基？

18. 求 $\mathbf{R}^3$ 的下列子空间的一个基:

1) $A = \{(x,y,z) \ : \ x - z = 0\}$;

2) $B = \{(x,y,z) \ : \ x + y + z = 0\}$;

3) $C = \{(x,y,z) \ : \ x - y + z = 0\}$;

4) $D = \{(x,y,z) \ : \ x = 0,\, y + z = 0\}$.

19. 求 $\mathbf{R}^3$ 的标准基向量 e_1, e_2, e_3 在基 $((1,1,1), (1,0,1), (0,1,1))$ 下的坐标.

20. 复数域 $\mathbf{C}$ 作为实数域 $\mathbf{R}$ 上线性空间. 证明: 向量组 $(1, \imath)$ 和向量组 $(1, 1+\imath)$ 都是 $\mathbf{C}$ 的基, 并求向量 $z = 2 + 3\imath$ 分别在这两个基下的坐标.

21. 证明：若 V 是无限维的，则 V 中存在线性无关的无限向量组.

22. 证明：V 中有限向量组 S 的线性无关组可扩充为 S 的一个极大无关组.

23. 设 U 和 W 都是 V 的有限维子空间，且 $U\cap W=0$. 证明：

$$\mathrm{dim}U+\mathrm{dim}W=\mathrm{dim}(U+W).$$

24. 设 $\mathbf{R}^3$ 的子空间 U 为 $\{(x,y,z)\ :\ y-z=0\}$. 试求 $\mathbf{R}^3$ 的一个子空间 W，使得 $U\cap W=0$，且 $U+W=\mathbf{R}^3$.

25. 证明：$\mathbf{R}^{(a,b)}$ 中函数组 $\{1,\ x,\ x^2,\ x^3,\ \cdots,\ x^n,\ \cdots\}$ 线性无关.

26. 证明：$a_1,\cdots,a_n\in V$ 线性无关，当且仅当 $\mathrm{dim}\langle a_1,\cdots,a_n\rangle=n$.

27. 设 W 为 F 线性空间 V 的子空间. 证明：若 $s=\mathrm{codim}_V W>0$，则存在余维数为 1 的子空间 W_i $(1\leqslant i\leqslant s)$，使得 $W=\cap_{i=1}^s W_i$.

28. 设 V_1,V_2 是 V 的子空间，且 $\mathrm{dim}(V_1+V_2)=\mathrm{dim}(V_1\cap V_2)+1$. 证明：$V_1+V_2=V_1$，或者 $V_1+V_2=V_2$.

29. 设 F^n 的非零子空间 W 中任意非零向量的分量都不为 0. 证明：$\mathrm{dim}W=1$.

30. 分别求 $\mathbf{R}^3$ 的子空间 $\langle a_1,a_2,a_3\rangle$ 与 $\langle b_1,b_2,b_3\rangle$ 的和与交的一个基，并指出其维数：

$$a_1=(1,2,1),\ \ a_2=(1,1,-1),\ \ a_3=(1,3,3);$$

$$b_1=(2,3,-1),\ \ b_2=(1,2,2),\ \ b_3=(1,1,-3).$$

3.3 节习题

31. 证明：下列映射是线性映射：

1) $D:\ C^1(a,b)\to\mathbf{R}^{(a,b)},\quad D(f(x))=f'(x)$;

2) $J:\ C[a,b]\to C[a,b],\quad J(f(x))=\int_a^x f(t)\mathrm{d}t$;

3) $S:\ C[a,b]\to\mathbf{R},\quad S(f(x))=\int_a^b f(t)\mathrm{d}t$.

32. 判定下列函数 $\sigma:F^2\to F$ 是否为线性函数：

1) $f(x_1,x_2)=x_1^2-x_2$;

2) $f(x_1,x_2)=x_1-x_2$.

33. F^3 到自身的下列线性映射可逆吗，若可逆，求其逆：

1) $\sigma(x,y,z)=(x+y+z,x-2y+2z,x-y-z)$;

2) $\tau(x,y,z)=(x+y+z,x-2y+2z,x)$.

34. 考虑变换 $\sigma:\mathbf{C}\to\mathbf{C},\ \ z\mapsto\bar{z}$. σ 作为复线性空间的变换是线性的吗？σ 作为实线性空间的变换是线性的吗？证明所得结论.

35. 设 $\sigma:\mathbf{R}\to\mathbf{R}$ 是线性映射. 证明：存在数 $a\in\mathbf{R}$，使得对所有的 $x\in\mathbf{R}$ 都有 $\sigma(x)=ax$；若 $\sigma(3)=-4$，计算 $\sigma(-7)$.

36. 设 $\sigma:\mathbf{R}^2\to\mathbf{R}$ 是线性映射. 证明：存在数 $a,b\in\mathbf{R}$，使得对所有的 $(x,y)\in\mathbf{R}^2$ 都有 $\sigma(x,y)=ax+by$；若 $\sigma(1,1)=3$，$\sigma(1,0)=4$，计算 $\sigma(2,1)$.

37. 设 $\sigma:V\to V$ 是线性映射，S 是 V 中一个向量组. 证明：$\sigma(\langle S\rangle)=\langle\sigma(S)\rangle$.

38. 设 V 是 $\mathbf{R}^n$ 的子空间. 证明：存在线性映射 $\sigma:\mathbf{R}^n\to\mathbf{R}^n$，使得其核为 V.

39. 设 $\sigma: \mathbf{R}^3 \to \mathbf{R}^3$ 是线性变换, (e_1, e_2, e_3) 是 $\mathbf{R}^3$ 的标准基, 已知

$$\sigma(e_1) = (1, 2, -2), \sigma(e_2) = (0, 1, -2), \sigma(e_3) = (-3, 1, 1).$$

试求 $\sigma(1, 2, 0)$、$\mathrm{Im}\sigma$、$\mathrm{Ker}\sigma$、及 $\sigma^{-1}(2, 3, 1)$.

40. 设 S 是一个集合, $T \subseteq S$. 任给函数 $f: T \to F$, 定义一个新的函数 $E(f)$ 如下:

$$E(f)(s) = \begin{cases} f(s), & \text{如果 } s \in T, \\ 0, & \text{如果 } s \notin T. \end{cases}$$

证明: $E: f \mapsto E(f)$ 是由 F^T 到 F^S 的一个映射, 且是线性映射, 并求 $\mathrm{Im}E$, $\mathrm{Ker}E$.

41. 设 S 是一个集合, $T \subseteq S$. 任给函数 $f: S \to F$, 定义 $R(f)$ 为 f 在 T 上的限制 $f|_T: T \to F$, $f|_T(s) = f(s)$. 证明: 映射 $R: F^S \to F^T$, $f \mapsto R(f) = f|_T$ 是一个线性映射. 并求 $\mathrm{Im}R$, $\mathrm{Ker}R$.

42. 证明: 映射 $\sigma: F^n \to F^n$, $\sigma(a_1, a_2, \cdots, a_n) = (0, a_1, a_2, \cdots, a_{n-1})$ 是线性映射, 且满足 $\sigma^n = 0$. 计算 σ^k 的核与像的维数.

43. 设 $\sigma: F^n \to F^n$ 是线性映射, $(e_1, \cdots, e_n)$ 是 F^n 的标准基, 且

$$\sigma(e_1) = 0,\ \sigma(e_2) = e_1, \sigma(e_3) = 2e_2, \cdots,\ \sigma(e_n) = (n-1)e_{n-1},$$

证明: $\sigma^n = 0$, 并求 $\mathrm{Im}\sigma$, $\mathrm{Ker}\sigma$.

44. 设 $\sigma, \tau, \rho \in \mathrm{End}V$, 定义 $[\sigma, \tau] = \sigma\tau - \tau\sigma$. 证明: $[[\sigma, \tau], \rho] + [[\tau, \rho], \sigma] + [[\rho, \sigma], \tau] = 0$.

45. 设 $\sigma \in \mathrm{End}V$. 证明:

1) $\mathrm{Im}\sigma \subseteq \mathrm{Ker}\sigma$, 当且仅当 $\sigma^2 = 0$;

2) $\mathrm{Ker}(\sigma) \subseteq \mathrm{Ker}(\sigma^2) \subseteq \mathrm{Ker}(\sigma^3) \cdots$;

3) $\mathrm{Im}(\sigma) \supseteq \mathrm{Im}(\sigma^2) \supseteq \mathrm{Im}(\sigma^3) \supseteq \cdots$.

46. 设 $\sigma, \tau \in \mathrm{End}V$, 且 $\sigma^2 = \sigma$, $\tau^2 = \tau$. 证明:

1) $(\sigma + \tau)^2 = \sigma + \tau$, 当且仅当 $\sigma\tau = \tau\sigma = 0$;

2) 若 $\sigma\tau = \tau\sigma$, 则 $(\sigma + \tau - \sigma\tau)^2 = \sigma + \tau - \sigma\tau$;

3) $\mathrm{Im}\sigma = \mathrm{Im}\tau$, 当且仅当 $\sigma\tau = \tau$, $\tau\sigma = \sigma$;

4) $\mathrm{Ker}\sigma = \mathrm{Ker}\tau$, 当且仅当 $\sigma\tau = \sigma$, $\tau\sigma = \tau$.

47. 设 f 为 V 上的非零线性函数. 证明: 存在 V 的一个基 $(e_1, \cdots, e_n)$, 使得对 V 中任意向量 $v = \sum_{i=1}^n x_i e_i$ 都有 $f(v) = x_1$.

48. 求 $\mathbf{R}^3$ 的基 $((1, 0, 2), (1, 2, 1), (0, 2, 1))$ 的对偶基.

49. 设 $V_1, \cdots, V_s$ 都是 V 的真子空间. 证明: $\cup_{i=1}^s V_i \neq V$.

50. 设 $a_1, \cdots, a_s$ 是 V 中 s 个非零向量, $f_1, \cdots, f_s$ 是 V 上 s 个非零线性函数. 证明:

1) 存在向量 $a \in V$, 使得 $f_i(a) \neq 0$, $i = 1, \cdots, s$;

2) 存在 V 上的线性函数 f, 使得 $f(a_i) \neq 0$, $i = 1, \cdots, s$.

51. 设 $\sigma: V \to W$ 是线性映射. 证明: 存在唯一的线性映射 $\sigma^*: W^* \to V^*$, 使得 $\sigma^*(f)(a) = f(\sigma(a))$ 对任意 $a \in V$, $f \in W^*$ 成立.

3.4 节习题

52. 设 U, W 是 V 的子空间. 证明: 下面的映射是同构映射:

$$U+W/W \to U/U\cap W,\ \ u+w+W \mapsto u+U\cap W.$$

53. 设 $\sigma: V \to W$ 是线性映射. 定义 $\mathrm{Coim}\sigma = V/\mathrm{Ker}\sigma$, $\mathrm{Coker}\sigma = W/\mathrm{Im}\sigma$. 并令 $\mathrm{ind}\sigma = \mathrm{dimCoker} - \mathrm{dimKer}\sigma$. 证明: 当 $\mathrm{dim}V = \mathrm{dim}W$ 时, $\mathrm{ind}\sigma = 0$.

54. 设 V_i, $i=1,\ldots,s$ 是 V 的一组子空间. 证明: 它们的和 $V_1+\cdots+V_s$ 是直和的充要条件是: $V_i\cap(V_1+\cdots+V_{i-1})=0$, $i=2,\cdots,s$.

55. 证明: 每个 n 维线性空间都可以表示成 n 个 1 维子空间的直和.

56. 设 $W=\{(x,y,z)\ :\ x+y-2z=0\}\subseteq \mathbf{R}^3$. 求 W', 使 $\mathbf{R}^3=W\oplus W'$.

57. 设 σ 是 n 维线性空间 V 到自身的一个线性映射, V 是子空间 V_1 与 V_2 的直和. 证明: σ 可逆的充要条件是 $V=\sigma(V_1)\oplus\sigma(V_2)$.

58. 设 V 是子空间 U 与 W 的直和. 证明: 映射 $U\to V/W,\ \ u\mapsto u+W$ 是同构映射.

59. 设 $\mathrm{dim}V=n$, U 为 V 的子空间, $\sigma\in\mathrm{End}V$. 证明:

$$\mathrm{dim}\sigma(U)+\mathrm{dim}(\mathrm{Ker}\sigma\cap U)=\mathrm{dim}U.$$

60. 设 $\mathrm{dim}V=n$, $\sigma,\tau\in\mathrm{End}V$. 证明: $\mathrm{rank}(\sigma\tau)\geqslant\mathrm{rank}\sigma+\mathrm{rank}\tau-\mathrm{dim}V$.

第 4 章　矩阵、线性方程组与行列式

本章从线性空间与线性映射的观点, 围绕线性方程组这一线性代数的经典课题介绍矩阵的基本性质及线性方程组与行列式的基本理论.

4.1　矩阵的基本运算

矩阵及相关的行列式理论是以解线性方程组为背景发展起来的, 但其影响和应用已远远超出这个范围, 已成为数学各领域及其他科学的基本工具. 本节我们单独讨论一般数域上矩阵的基本运算性质.

4.1.1　线性运算

设 F 是一个数域, m, n 为正整数. 引入如下记号

$$m \times n := \big\{(i,j) : i = 1, \cdots, m, j = 1, \cdots, n\big\}.$$

定义 4.1　由集合 $m \times n$ 到 F 的一个函数称为 F 上一个 $m \times n$ 矩阵.

通常用 $A, B, C, \cdots$ 表示矩阵. 矩阵 A 在 (i,j) 的值记为 $A(i,j)$.

数域 F 上全体 $m \times n$ 矩阵构成的集合 $F^{m\times n} = \big\{A : m \times n \to F\big\}$ 按函数的加法和数与函数的数量乘法作成一个 F 线性空间. 这两种运算分别称为矩阵的加法与矩阵的数乘, 即, 若 $A, B \in F^{m\times n}$, $k \in F$, 则

$$\begin{aligned}(A+B)(i,j) &= A(i,j) + B(i,j),\\ (kA)(i,j) &= kA(i,j).\end{aligned} \tag{4.1}$$

和 n 维向量一样, 矩阵也是有限集合上的函数. 因此, 列出一个矩阵的所有值来表示这个矩阵有时更加方便. 设 A 是 F 上一个 $m \times n$ 矩阵, 我们将矩阵 A 在 (i,j) 的值 $A(i,j)$ 记为 a_{ij}, 称为 A 的 (i,j) 元或元素, 并且将这 mn 个数排成 m 行, n 列的表, 左右两边再加上括号, 即

$$A = \begin{pmatrix} a_{11} & a_{12} & \cdots & a_{1n}\\ a_{21} & a_{22} & \cdots & a_{2n}\\ \vdots & \vdots & \ddots & \vdots\\ a_{m1} & a_{m2} & \cdots & a_{mn}\end{pmatrix}, \tag{4.2}$$

简记为 $A = (a_{ij})_{m\times n}$, 或 $A = (a_{ij})$. 元 a_{ij} 的第一个下标 i 和第二个下标 j 分别表示它位于表中第 i 行和第 j 列. 指标 i 和 j 分别称为它的行指标与列指标. 简言之,

数域 F 上一个 $m\times n$ 矩阵是一个由 F 中的 mn 个数构成的 m 行 n 列的表. 以下总假定所讨论的矩阵都是某个数域 F 上的矩阵.

两个矩阵 A 与 B, 只有当它们行数相同, 列数相同, 即定义域相同, 并且对应位置上的元素都相等时, 才是相等的, 记为 $A=B$. 使用上述记号, 若 $A=(a_{ij})$ 与 $B=(b_{ij})$ 都是 $m\times n$ 矩阵, 则 A 与 B 的和是 $m\times n$ 矩阵

$$A+B=(a_{ij}+b_{ij});\tag{4.3}$$

数 $k\in F$ 和 $m\times n$ 矩阵 A 的数乘是 $m\times n$ 矩阵

$$kA=(ka_{ij});\tag{4.4}$$

矩阵 A 的负矩阵为

$$-A=(-1)A;\tag{4.5}$$

矩阵 A 减矩阵 B 为

$$A-B=A+(-B).\tag{4.6}$$

所有元都为零的矩阵称为零矩阵, 记为 $0_{m\times n}$, 简记为 0.

矩阵的加法与数乘、向量的加法和数乘都是函数的加法与数乘函数的特殊情形. 简单地说, 加法就是将对应元素相加, 数乘就是用数乘每个元素. 作为线性空间, $F^{m\times n}$ 与 F^{mn} 同构. 令 E_{ij} 表示 (i,j) 元为 1, 其余元为零的 $m\times n$ 矩阵, 称为矩阵单位. 任意 $m\times n$ 矩阵 A 可由 $\{E_{ij}\}_{ij}$ 线性表出:

$$A=\sum_{i=1}^{m}\sum_{j=1}^{n}a_{ij}E_{ij}.\tag{4.7}$$

例如,

$$\begin{pmatrix}2&3\\4&0\end{pmatrix}=2\begin{pmatrix}1&0\\0&0\end{pmatrix}+3\begin{pmatrix}0&1\\0&0\end{pmatrix}+4\begin{pmatrix}0&0\\1&0\end{pmatrix}.$$

由矩阵相等的定义, 这种表法是唯一的. 因此,

$$\{E_{ij},\ i=1,\cdots,m,\ j=1,\cdots,n\}$$

是 $F^{m\times n}$ 的一个基. 这个基含 mn 个元素, 所以 $\dim F^{m\times n}=mn$.

定义4.2 设 A 是 F 上一个 $m\times n$ 矩阵. 定义 A 的转置矩阵$A^\top$ 为一个 $n\times m$ 矩阵, 其 (i,j) 元为 A 的 (j,i) 元, 即 $A^\top(i,j)=A(j,i)$.

例如, 设 $A=\begin{pmatrix}1&2\\3&4\end{pmatrix}$, 则 $A^\top=\begin{pmatrix}1&3\\2&4\end{pmatrix}$.

显然, 对任意 $A,\ B\in F^{m\times n}$ 及 $k\in F$,

$$(A^\top)^\top=A.\tag{4.8}$$

$$(A+B)^\top = A^\top + B^\top, \quad (kA)^\top = kA^\top. \tag{4.9}$$

上式表明, $(\cdot)^\top : F^{m\times n} \to F^{n\times m}$, $A \mapsto A^\top$ 是线性映射.

定义 4.3 称矩阵 A 是对称矩阵, 如果 $A^\top = A$; 称 A 是斜对称矩阵, 如果 $A^\top = -A$.

显然, (斜) 对称矩阵的行数与列数必相等. 一个 $n\times n$ 矩阵 A 也叫做一个 n 阶方阵, 元 $a_{11},\cdots,a_{nn}$ 称为 A 的主对角元, A 的主对角元之和 $\sum_{i=1}^n a_{ii}$ 称为 A 的迹, 记为 $\mathrm{tr}A$. 显然, $\mathrm{tr} : F^{n\times n} \to F$, $A \mapsto \mathrm{tr}A$ 是一个线性函数. 如果 $i \neq j$ 时, $a_{ij}=0$, 则称方阵 A 为对角方阵, 简记为 $\mathrm{diag}(a_{11},\cdots,a_{nn})$. 如果 $i>j$ 时, $a_{ij}=0$, 则称方阵 $A=(a_{ij})$ 为上三角的; 如果 $j>i$ 时, $a_{ij}=0$, 则称方阵 $A=(a_{ij})$ 为下三角的; 一个上 (下) 三角方阵称为严格上 (下) 三角的, 如果它的所有对角元 $a_{ii}\neq 0$. 所有对角元都相等的对角方阵称为数量矩阵.

数域 F 上所有 n 阶对称矩阵构成 $F^{n\times n}$ 的一个子空间, 记为 V_1. 所有 n 阶斜对称矩阵构成 $F^{n\times n}$ 的一个子空间, 记为 V_2. 则 $F^{n\times n} = V_1 \oplus V_2$. 事实上, 每个矩阵可表为一个对称矩阵和一个斜对称矩阵的和:

$$A = \frac{1}{2}(A+A^\top) + \frac{1}{2}(A-A^\top).$$

另一方面, 同时是对称和斜对称的矩阵是零矩阵.

设 A 是一个 $m\times n$ 矩阵. 固定 i, 得到一个 $1\times n$ 矩阵 $(a_{i1},\cdots,a_{in})$, 或 n 维行向量, 称为 A 的第 i 行, 记为 $A(i,\cdot)$; 固定 j, 得到一个 $m\times 1$ 矩阵 $(a_{1j},\cdots,a_{nj})^\top$, 或 m 维列向量, 称为 A 的第 j 列, 记为 $A(\cdot,j)$. 即

$$A(i,\cdot) = (a_{i1},\cdots,a_{in}), \quad A(\cdot,j) = (a_{1j},\cdots,a_{mj})^\top.$$

显然, 两矩阵相等, 当且仅当它们各行 (列) 对应相等; 两矩阵相加, 即对应各行 (列) 相加; 数乘矩阵, 即数乘矩阵的每一行 (列). 我们称向量组 $(A(1,\cdot),\cdots,A(n,\cdot))$ 为矩阵 A 的行向量组. 类似地, 称向量组 $(A(\cdot,1),\cdots,A(\cdot,n))$ 为矩阵 A 的列向量组.

4.1.2 矩阵乘法

就加法和数乘来说, 矩阵和向量没有区别, 矩阵的特殊性体现在乘法上.

定义 4.4 设 $A\in F^{m\times n}$ 和 $B\in F^{n\times p}$. 若 $(i,j)\in m\times p$, 定义

$$(AB)(i,j) = \sum_{k=1}^n A(i,k)B(k,j), \tag{4.10}$$

则 $AB\in F^{m\times p}$. 我们称 AB 为 A 与 B 的乘积.

也就是说, 一个 $m\times n$ 矩阵 $A=(a_{ij})$ 和一个 $n\times p$ 矩阵 $B=(b_{ij})$ 的乘积是一个 $m\times p$ 矩阵 $C=(c_{ij})$, 其中 c_{ij} 由下式确定.

$$c_{ij} = a_{i1}b_{1j} + \cdots + a_{in}b_{nj}. \tag{4.11}$$

特别, $1\times n$ 矩阵与 $n\times 1$ 矩阵的乘积为 1×1 矩阵, 即 F 中的数. 因此,

$$(AB)(i,j)=A(i,\cdot)B(\cdot,j),$$

即, A 乘 B 就是 A 的每一行乘 B 的每一列,

$$\begin{pmatrix} a_{11} & \cdots & a_{1n} \\ \vdots & & \vdots \\ \hline \boxed{a_{i1} \quad \cdots \quad a_{in}} \\ \hline \vdots & & \vdots \\ a_{m1} & \cdots & a_{mn} \end{pmatrix} \begin{pmatrix} b_{11} & \cdots & b_{1j} & \cdots & b_{1p} \\ \vdots & & \vdots & & \vdots \\ b_{n1} & \cdots & b_{nj} & \cdots & b_{np} \end{pmatrix} = \begin{pmatrix} c_{11} & \cdots & c_{1j} & \cdots & c_{1p} \\ \vdots & & \vdots & & \vdots \\ c_{i1} & \cdots & \boxed{c_{ij}} & \cdots & c_{ip} \\ \vdots & & \vdots & & \vdots \\ c_{m1} & \cdots & c_{mj} & \cdots & c_{mp} \end{pmatrix}.$$

若 A, B, C 分别为 F 上 $m\times n$, $n\times p$, $p\times q$ 矩阵, 则

$$(AB)C=A(BC), \tag{4.12}$$

即, 矩阵乘法适合结合律. 事实上, (4.12) 式两端都是 $m\times q$ 矩阵, 要证等式成立, 只要证两端矩阵的任意 (i,j) 元对应相等. 由乘法定义, 有

$$\begin{aligned}((AB)C)(i,j)&=\sum_{l=1}^{p}(AB)(i,l)C(l,j)\\&=\sum_{l=1}^{p}\Big(\sum_{k=1}^{n}A(i,k)B(k,l)\Big)C(l,j)\\&=\sum_{l=1}^{p}\sum_{k=1}^{n}A(i,k)B(k,l)C(l,j),\\(A(BC))(i,j)&=\sum_{k=1}^{n}A(i,k)(BC)(k,j)\\&=\sum_{k=1}^{n}A(i,k)\Big(\sum_{l=1}^{p}B(k,l)C(l,j)\Big)\\&=\sum_{k=1}^{n}\sum_{l=1}^{p}A(i,k)B(k,l)C(l,j).\end{aligned}$$

由于双重求和号可以交换次序, 所以上面两式相等.

n 阶对角方阵 $A=\mathrm{diag}(a_1,\cdots,a_n)$ 左乘 $n\times p$ 矩阵 B 有如下简单规律

$$\begin{pmatrix} a_1 & & & \\ & a_2 & & \\ & & \ddots & \\ & & & a_n \end{pmatrix}\begin{pmatrix} b_{11} & b_{12} & \cdots & b_{1p} \\ b_{21} & b_{22} & \cdots & a_{2p} \\ \vdots & \vdots & \ddots & \vdots \\ b_{n1} & b_{n2} & \cdots & b_{np} \end{pmatrix}=\begin{pmatrix} a_1b_{11} & a_1b_{12} & \cdots & a_1b_{1p} \\ a_2b_{21} & a_2b_{22} & \cdots & a_2b_{2p} \\ \vdots & \vdots & \ddots & \vdots \\ a_nb_{n1} & a_nb_{n2} & \cdots & a_nb_{np} \end{pmatrix}$$

即

$$(AB)(i,\cdot) = a_i B(i,\cdot), \quad i = 1, \cdots, n.$$

类似地, 若 A 是 $m \times n$ 矩阵, $B = \mathrm{diag}(b_1, \cdots, b_n)$ 是 n 阶对角矩阵, 则有

$$(AB)(\cdot, j) = b_j A(\cdot, j), \quad j = 1, \cdots, n.$$

定义 4.5 n 阶对角矩阵 $\mathrm{diag}(1, \cdots, 1)$ 称为 n 阶单位矩阵, 记为 I_n.

以上计算表明, 对于任意 $m \times n$ 矩阵 A, 我们有

$$AI_n = A, \quad I_m A = A. \tag{4.13}$$

容易证明, 若 $A,\ A_1 \in F^{m \times n},\ B,\ B_1 \in F^{n \times p},\ k \in F$, 则

$$\begin{aligned} &A(B + B_1) = AB + AB_1, \\ &(A + A_1)B = AB + A_1 B, \\ &A(kB) = (kA)B = k(AB). \end{aligned} \tag{4.14}$$

因此, 矩阵 A 定义了一个线性映射 $F^{n \times p} \to F^{m \times p},\ B \mapsto AB$, 称为用 A 左乘. 特别地, A 定义了一个 F^n 到 F^m 的线性映射. 类似地, 用 B 右乘是 $F^{m \times n}$ 到 $F^{m \times p}$ 的一个线性映射. 式 (4.14) 也表明, 矩阵乘法由矩阵单位之间的乘法所确定. 设 $E_{ij},\ E_{kl}$ 分别为 $m \times n,\ n \times p$ 矩阵单位, 按定义有

$$E_{ij} E_{kl} = \delta_{jk} E_{il}. \tag{4.15}$$

反之, 由 (4.7), (4.14) 及 (4.15) 式, 计算 AB 得 (4.10) 式, 即

$$AB = \sum_{i,j} a_{ij} E_{ij} \sum_{k,l} b_{kl} E_{kl} = \sum_{i,j,k,l} a_{ij} b_{kl} E_{ij} E_{kl} = \sum_{i,l} \left(\sum_k a_{ik} b_{kl} \right) E_{il}.$$

考虑数域 F 上全体 $n \times n$ 矩阵组成的集合 $F^{n \times n}$, 也记为 $M_n(F)$. 首先, 它关于矩阵的加法和数乘是一个线性空间; 其次, 任意两个 n 阶方阵的乘积还是 n 阶方阵. 式 (4.12)~(4.14) 表明, 乘法满足结合律且有单位元, 乘法对加法满足分配律, 乘法和数乘的结合律. 但它有和数域不同的特点:

1) $M_n(F)$ 是非交换的, 即乘法不满足交换律. 例如,

$$\begin{pmatrix} 1 & 0 \\ 0 & 0 \end{pmatrix} \begin{pmatrix} 0 & 1 \\ 0 & 0 \end{pmatrix} = \begin{pmatrix} 0 & 1 \\ 0 & 0 \end{pmatrix}, \quad \begin{pmatrix} 0 & 1 \\ 0 & 0 \end{pmatrix} \begin{pmatrix} 1 & 0 \\ 0 & 0 \end{pmatrix} = \begin{pmatrix} 0 & 0 \\ 0 & 0 \end{pmatrix};$$

2) $M_n(F)$ 有非零零因子. 即由 $AB = 0$ 不能推出 $A = 0$ 或 $B = 0$. 例如,

$$\begin{pmatrix} 0 & 1 \\ 0 & 0 \end{pmatrix}^2 = \begin{pmatrix} 0 & 1 \\ 0 & 0 \end{pmatrix} \begin{pmatrix} 0 & 1 \\ 0 & 0 \end{pmatrix} = \begin{pmatrix} 0 & 0 \\ 0 & 0 \end{pmatrix};$$

3) $M_n(F)$ 中并非每个非零元都可逆. 如下面两矩阵不是可逆元

$$\begin{pmatrix}1 & 0\\ 0 & 0\end{pmatrix}, \quad \begin{pmatrix}0 & 1\\ 0 & 0\end{pmatrix}.$$

定义 4.6 $M_n(F)$ 中的可逆元称为可逆矩阵, 即, 设 $A \in M_n(F)$, 如果存在 $B \in M_n(F)$, 使 $AB = BA = I$, 则称 A 为可逆矩阵, B 为 A 的逆.

若 A 可逆, 则 A 的逆唯一, 记为 A^{-1}. 事实上, 假设 B_1, B_2 都是 A 的逆, 则 $AB_1 = B_1A = I = AB_2 = B_2A$, 于是, $B_1 = IB_1 = (B_2A)B_1 = B_2(AB_1) = B_2I = B_2$. 按定义, 此时 A^{-1} 也可逆, A 为 A^{-1} 的逆, 即

$$(A^{-1})^{-1} = A. \tag{4.16}$$

若 A, B 可逆, 则 $(AB)(B^{-1}A^{-1}) = A(BB^{-1})A^{-1} = AA^{-1} = I$; 类似地, 有 $(B^{-1}A^{-1})(AB) = I$. 因此, 若 A, B 可逆, 则 AB 可逆, 且

$$(AB)^{-1} = B^{-1}A^{-1}.$$

数域 F 上全体 n 阶可逆矩阵的集合记为 $\mathrm{GL}(n, F)$ 或 $\mathrm{GL}_n(F)$. 显然 $\mathrm{GL}(n, F)$ 非空.

命题 4.1 若 A, $B \in \mathrm{GL}(n, F)$, 则 A^{-1}, $AB \in \mathrm{GL}(n, F)$.

一般地, 若 n 阶方阵 $A_1, \cdots, A_m$ 可逆, 则乘积 $A_1 \cdots A_m$ 也可逆, 且

$$(A_1A_2\cdots A_m)^{-1} = A_m^{-1}\cdots A_2^{-1}A_1^{-1}. \tag{4.17}$$

例 4.1 设 $A \in F^{m\times n}$, $B \in F^{n\times p}$. 证明: $(AB)^\top = B^\top A^\top$.

证 根据矩阵乘法的定义, $B^\top A^\top$ 的 (i,j) 元就是 $B^\top$ 的第 i 行与 $A^\top$ 的第 j 列的乘积. 由转置的定义, 这又等于 A 的第 j 行与 B 的第 i 列的乘积, 即 AB 的 (j,i) 元. 因此 $(AB)^\top = B^\top A^\top$.

例 4.2 设 $A \in M_n(F)$ 可逆. 证明: $A^\top$ 也可逆, 且 $(A^\top)^{-1} = (A^{-1})^\top$.

证 若 A 可逆, 则 $AA^{-1} = A^{-1}A = I$, 于是 $(AA^{-1})^\top = (A^{-1}A)^\top = I^\top$. 显然 $I^\top = I$. 应用上例, 得 $(A^{-1})^\top A^\top = A^\top(A^{-1})^\top = I$. 此式表明, 矩阵 $A^\top$ 可逆, 且 $(A^\top)^{-1} = (A^{-1})^\top$.

命题 4.2 设 $A \in F^{m\times n}$, $B \in F^{n\times p}$. 则

1) $(AB)(i,\cdot) = A(i,\cdot)B = a_{i1}B(1,\cdot) + a_{i2}B(2,\cdot) + \cdots + a_{in}B(n,\cdot)$;

2) $(AB)(\cdot,j) = AB(\cdot,j) = b_{1j}A(\cdot,1) + b_{2j}A(\cdot,2) + \cdots + b_{nj}A(\cdot,n)$.

证 1) 由乘法定义, $A(i,\cdot)B$ 是 $1\times p$ 矩阵, 其 $(1,j)$ 元等于 $\sum_{k=1}^n a_{ik}b_{kj}$, 于是 $A(i,\cdot)B$ 与 $(AB)(i,\cdot)$ 相等. 进一步,

$$\begin{aligned}(AB)(i,\cdot) &= \Big(\sum_{k=1}^n a_{ik}b_{k1}, \cdots, \sum_{k=1}^n a_{ik}b_{kp}\Big)\\ &= \sum_{k=1}^n a_{ik}\Big(b_{k1}, \cdots, b_{kp}\Big) = \sum_{k=1}^n a_{ik}B(k,\cdot).\end{aligned}$$

同样地, 由定义得 2). □

命题 4.2 表明, 用矩阵 A 左乘矩阵 B, 所得矩阵 AB 的第 i 行是 B 的行向量组的一个线性组合, 此线性组合的系数正是 A 的第 i 行; 反过来, 若用矩阵 B 的行向量组的线性组合作为行向量, 得到另一矩阵 C, 则 C 可用某个矩阵 A 左乘 B 得到, A 的行向量就是所作的相应的线性组合的系数. 也就是说, 对矩阵的行向量组作线性组合的过程可以用矩阵乘法来描述. 列也类似.

例 4.3 设 A 是 F 上 $m\times n$ 矩阵, $(e_1,\cdots,e_n)$ 为 n 维列空间 F^n 的标准基. 若 $X=(x_1,\cdots,x_n)^\top\in F^{n\times 1}$, $Y=(y_1,\cdots,y_m)\in F^{1\times m}$, 则

$$\begin{aligned}&Ae_j=A(\cdot,j),\quad j=1,\cdots,n,\\&AX=x_1A(\cdot,1)+\cdots+x_nA(\cdot,n),\\&YA=y_1A(1,\cdot)+\cdots+y_mA(m,\cdot).\end{aligned}$$

命题 4.3 设 $A\in M_n(F)$. 则 A 是可逆矩阵, 等价于下列条件之一:

1) 存在矩阵 B, 使得 $AB=I_n$;

2) A 的行向量组线性无关;

3) 存在矩阵 B, 使得 $BA=I_n$;

4) A 的列向量组线性无关.

证 根据可逆矩阵的定义, 只需证四条件等价.

1) ⇒ 2) 若有 $x=(x_1,\cdots,x_n)\in F^n$, 使得 $\sum_{i=1}^n x_iA(i,\cdot)=xA=0$, 则 $x=xI_n=x(AB)=(xA)B=0B=0$. 因此 A 的行向量组线性无关.

2) ⇒ 3) 如果 A 的行向量组线性无关, 则它是 F^n 的一个基, 于是它能线性表出 F^n 的标准基, 即存在矩阵 B, 使得 $BA=I_n$.

3) ⇒ 4) 若有 $X=(x_1,\cdots,x_n)^\top\in F^{n\times 1}$, 使 $\sum_{i=1}^n x_iA(\cdot,j)=AX=0$, 则 $X=I_nX=(BA)X=B(AX)=B0=0$. 因此 A 的列向量组线性无关.

4) ⇒ 1) 如果 A 的列向量组线性无关, 则它是 F^n 的一个基, 于是它能线性表出 F^n 的标准基, 即存在矩阵 B, 使 $AB=I_n$. □

4.1.3 分块方法

把一个矩阵 A 的行分成若干组, 列也分成若干组, 从而 A 被分成若干小块, 将 A 看作是这些小块组成的矩阵, 这称为矩阵的分块. 根据给定矩阵的特点作适当的分块, 可以将矩阵表为简洁的形式, 而且可以简化矩阵运算, 特别是乘法运算. 下面我们来介绍矩阵的分块乘法.

设 A 和 B 分别为 $m\times n$, $n\times p$ 矩阵. 设 r 为小于 n 的正整数, 将 A 按列分成两块, 将 B 按行分成两块如下:

$$A=(A_1\mid A_2),\quad B=\left(\frac{B_1}{B_2}\right),$$

其中 A_1 含前 r 列, B_1 含前 r 行, 则 $AB = A_1B_1 + A_2B_2$. 例如:

$$\left(\begin{array}{cc|c} 1 & 0 & 5 \\ 0 & 1 & 7 \end{array}\right)\left(\begin{array}{cc} 2 & 3 \\ 4 & 8 \\ \hline 0 & 0 \end{array}\right) = \begin{pmatrix} 1 & 0 \\ 0 & 1 \end{pmatrix}\begin{pmatrix} 2 & 3 \\ 4 & 8 \end{pmatrix} + \begin{pmatrix} 5 \\ 7 \end{pmatrix}(0,0) = \begin{pmatrix} 2 & 3 \\ 4 & 8 \end{pmatrix}.$$

也可将矩阵分成多块来计算. 最常用的是分成四块. 此时, 分块乘法规则和 2×2 矩阵一样. 设 $n_1 + n_2 = n$, 将 A, B 分块如下:

$$A = \left(\begin{array}{c|c} A_{11} & A_{12} \\ \hline A_{21} & A_{22} \end{array}\right), \quad B = \left(\begin{array}{c|c} B_{11} & B_{12} \\ \hline B_{21} & B_{22} \end{array}\right),$$

这里 A_{11} 的列数与 B_{11} 的行数都是 n_1, 乘法规则为

$$\left(\begin{array}{c|c} A_{11} & A_{12} \\ \hline A_{21} & A_{22} \end{array}\right)\left(\begin{array}{c|c} B_{11} & B_{12} \\ \hline B_{21} & B_{22} \end{array}\right) = \left(\begin{array}{c|c} A_{11}B_{11} + A_{12}B_{21} & A_{11}B_{12} + A_{12}B_{22} \\ \hline A_{21}B_{11} + A_{22}B_{21} & A_{21}B_{12} + A_{22}B_{22} \end{array}\right).$$

一般地, 只要矩阵 A 的列的分法和矩阵 B 的行的分法一致, A 和 B 分块以后相乘, 可按矩阵乘法的普通方式进行. 所谓 A 的列的分法和 B 的行的分法一致是指, A 的列和 B 的行都分成同样多组, 而且 A 的每个列组所含列数等于 B 的相应行组所含行数.

例如, 将 A 的行按顺序任意分成 s 组, 第 i 组含 m_i 行. 将 A 的列分成 r 组, 第 j 组含 n_j 列. 因此 $A = (A_{ij})_{s\times r}$, 其中 $A_{ij} \in F^{m_i\times n_j}$, 且 $\sum_{i=1}^{s} m_i = m$, $\sum_{i=1}^{r} n_i = n$. 为了使 A 的列的分法和 B 的行的分法一致, 也将 B 的行分成 r 组, 第 k 组含 n_k 行; B 的列可任意分成 t 组, 第 j 组含 p_j 列. 因此 $B = (B_{ij})_{r\times t}$, 其中 $B_{ij} \in F^{n_i\times p_j}$, 且 $\sum_{i=1}^{t} p_i = p$.

我们可按下面的公式来求 A 和 B 的乘积 $C = (C_{ij})_{st}$:

$$C_{ij} = \sum_{k=1}^{r} A_{ik}B_{kj}. \tag{4.18}$$

$$A = \begin{array}{c} \begin{array}{cccc} n_1 & n_2 & \cdots & n_r \end{array} \\ \left(\begin{array}{cccc} A_{11} & A_{12} & \cdots & A_{1r} \\ \vdots & \vdots & & \vdots \\ \hline A_{i1} & A_{i2} & \cdots & A_{ir} \\ \hline \vdots & \vdots & & \vdots \\ A_{s1} & A_{s2} & \cdots & A_{sr} \end{array}\right) \end{array}, \qquad \begin{array}{c} n_1 \\ n_2 \\ \vdots \\ n_r \end{array}\left(\begin{array}{ccccc} B_{11} & \cdots & \boxed{B_{1j}} & \cdots & B_{1t} \\ B_{21} & \cdots & B_{2j} & \cdots & B_{2t} \\ \vdots & & \vdots & & \vdots \\ B_{r1} & \cdots & B_{rj} & \cdots & B_{rt} \end{array}\right) = B,$$

$$C=\begin{pmatrix} C_{11} & \cdots & C_{1j} & \cdots & C_{1t} \\ \vdots & & \vdots & & \vdots \\ C_{i1} & \cdots & \boxed{C_{ij}} & \cdots & C_{it} \\ \vdots & & \vdots & & \vdots \\ C_{s1} & \cdots & C_{sj} & \cdots & C_{st} \end{pmatrix}.$$

事实上, 按矩阵乘法的定义, AB 的 (i_0, j_0) 元是 A 的第 i_0 行与 B 的第 j_0 列的乘积. 设 A 的第 i_0 行位于 A 的第 i 个行组中的第 i' 行, B 的第 j_0 列位于第 j 个列组中的第 j' 列. 则

$$\begin{aligned}(AB)(i_0,j_0) &= \left(A_{i1}(i',\cdot),\cdots,A_{ir}(i',\cdot)\right)\begin{pmatrix} B_{1j}(\cdot,j') \\ \vdots \\ B_{rj}(\cdot,j') \end{pmatrix} \\ &= A_{i1}(i',\cdot)B_{1j}(\cdot,j')+\cdots+A_{ir}(i',\cdot)B_{rj}(\cdot,j') \\ &= (A_{i1}B_{1j})(i',j')+\cdots+(A_{ir}B_{rj})(i',j') \\ &= \left(\sum_{k=1}^{r}A_{ik}B_{kj}\right)(i',j') \\ &= C_{ij}(i',j')=C(i_0,j_0).\end{aligned}$$

注 在分块乘法公式 (4.18) 中, 乘积 $A_{ik}B_{kj}$ 中两矩阵的顺序不能颠倒, 因为这是两个矩阵相乘. 这是和普通矩阵乘法不同的地方.

设 A 为 $n \times n$ 矩阵, A_i $(1 \leqslant i \leqslant s)$ 为 $n_i \times n_i$ 矩阵, $\sum_{i=1}^{s} n_i = n$, 且

$$A=\begin{pmatrix} A_1 & & \\ & \ddots & \\ & & A_s \end{pmatrix},$$

其余未写出元素为零. 称矩阵 A 为准对角矩阵, 简记为 $A=\mathrm{diag}(A_1,\cdots,A_s)$.

容易证明: 如果 $A=\mathrm{diag}(A_1,\cdots,A_s)$, $B=\mathrm{diag}(B_1,\cdots,B_s)$ 是同阶准对角矩阵, 且分块方式相同, 那么

1) $kA+B=\mathrm{diag}(kA_1+B_1,\cdots,kA_s+B_s)$, $k \in F$;

2) $AB=\mathrm{diag}(A_1B_1,\cdots,A_sB_s)$;

3) $A^{\top}=\mathrm{diag}(A_1^{\top},\cdots,A_s^{\top})$;

4) 若 A_i 都可逆, 则 A 可逆, 且 $A^{-1}=\mathrm{diag}(A_1^{-1},\cdots,A_s^{-1})$.

例 4.4 设 A, B 分别为 m 阶和 n 阶可逆方阵, $D=\begin{pmatrix} A & 0 \\ C & B \end{pmatrix}$, 其中 C 为任意 $n \times m$ 矩阵. 证明 D 可逆, 并求 D 的逆.

证 由命题 4.3, A, B 的行向量组都是线性无关组, 要证 D 的行向量组也线性无关. 简单起见, 将一个矩阵 Y 的第 i 行记为 y_i. 设有 k_i, $l_j \in F$, 使

$$\sum_i k_i d_i + \sum_j l_j d_{m+j} = 0,$$

即 $\sum_i k_i(a_i \mid 0) + \sum_j l_j(c_j \mid b_j) = \left(\sum_i k_i a_i + \sum_j l_j c_i \mid \sum_j l_j b_j\right) = 0$. 于是

$$\sum_i k_i a_i + \sum_j l_j c_i = 0, \quad \sum_j l_j b_j = 0.$$

由于 B 的行向量组线性无关, 于是由上面第二式得所有 $l_i = 0$, 代入上面第一式得 $\sum_{i=1}^m k_i a_i = 0$, 又 A 的行向量组线性无关, 所以每个 $k_i = 0$. 因此 D 的行向量组线性无关, 即 D 可逆. 将 D^{-1} 按 D 同样方式分块, 于是

$$DD^{-1} = \begin{pmatrix} A & 0 \\ C & B \end{pmatrix} \begin{pmatrix} X_1 & X_2 \\ X_3 & X_4 \end{pmatrix} = \begin{pmatrix} I_m & 0 \\ 0 & I_n \end{pmatrix},$$

由此得 $AX_1 = I_m$, $AX_2 = 0$, $CX_1 + BX_3 = 0$, $CX_2 + BX_4 = I_n$. 由这些等式解得 $X_1 = A^{-1}$, $X_2 = 0$, $X_3 = -B^{-1}CA^{-1}$, $X_4 = B^{-1}$. 故

$$D^{-1} = \begin{pmatrix} A^{-1} & 0 \\ -B^{-1}CA^{-1} & B^{-1} \end{pmatrix}.$$

4.1.4 向量的坐标变换

设 V 是数域 F 上一个 n 维线性空间. 在 V 中取定一个基 $(e_1, \cdots, e_n)$ 之后, 任意向量 $x \in V$ 都可以由这个基唯一地线性表出:

$$x = x_1 e_1 + \cdots + x_n e_n. \tag{4.19}$$

向量 $(x_1, \cdots, x_n)$ 叫做 x 关于基 $(e_1, \cdots, e_n)$ 的坐标. 如果 $(f_1, \cdots, f_n)$ 是 V 的另一个基, x 关于这个基的坐标为 $(x'_1, \cdots, x'_n)$, 那么这两个坐标有何关系 ?

首先, 为了利用矩阵运算规则, 我们将坐标向量写成列向量形式, 将向量的线性组合表为矩阵形式. 例如, 将 (4.19) 写成如下形式:

$$x = (e_1, \cdots, e_n) \begin{pmatrix} x_1 \\ \vdots \\ x_n \end{pmatrix}. \tag{4.20}$$

如果 m 个向量 $a_1, \cdots, a_m$ 关于 $e_1, \cdots, e_n$ 的坐标列向量分别为 $A_1, \cdots, A_m$, 那么可以将向量组 $(a_1, \cdots, a_m)$ 表为如下形式:

$$(a_1, \cdots, a_m) = (e_1, \cdots, e_n)A, \tag{4.21}$$

其中 $A=(A_1,\cdots,A_m)$ 是 $n\times m$ 矩阵. 易证, 对于 $A,A'\in F^{n\times m}, B\in F^{m\times p}$,

$$(e_1,\cdots,e_n)A+(e_1,\cdots,e_n)A'=(e_1,\cdots,e_n)(A+A');$$
$$\big((e_1,\cdots,e_n)A\big)B=(e_1,\cdots,e_n)(AB).$$

注 在列空间 F^n 中, 若向量 $Y=(y_1,\cdots,y_n)^\top$ 关于基 $(e_1,\cdots,e_n)$ 的坐标为 $X=(x_1,\cdots,x_n)^\top$, 即 $Y=x_1e_1+\cdots+x_ne_n$. 按上面的记法,

$$Y=(e_1,\cdots,e_n)X.$$

以向量组 $(e_1,\cdots,e_n)$ 作为列向量组构成一矩阵, 记为 B, 则 $Y=BX$, 和矩阵乘法一致. 特别, Y 关于标准基的坐标就是 Y. 应当指出, 在行空间 F^n 中, 如果希望与矩阵乘法一致, 那么上述记法应改为: 坐标写成行向量形式, 位于左边, 基向量排成列向量形式位于右边.

定义 4.7 设 $(e_1,\cdots,e_n)$ 与 $(f_1,\cdots,f_n)$ 是 F 线性空间 V 的两个基. 如果 f_j 关于基 $(e_1,\cdots,e_n)$ 的坐标向量为 $(c_{1j},\cdots,c_{nj})$, $j=1,\cdots,n$, 即

$$(f_1,\cdots,f_n)=(e_1,\cdots,e_n)\begin{pmatrix} c_{11} & c_{12} & \cdots & c_{1n}\\ c_{21} & c_{22} & \cdots & c_{2n}\\ \vdots & \vdots & \ddots & \vdots\\ c_{n1} & c_{n2} & \cdots & c_{nn}\end{pmatrix}. \tag{4.22}$$

那么就称矩阵 $C=(c_{ij})$ 为由基 $(e_1,\cdots,e_n)$ 到基 $(f_1,\cdots,f_n)$ 的过渡矩阵.

考虑同一个向量在两个基下的坐标之间的关系. 对任意 $x\in V$, 设

$$x=x_1e_1+\cdots+x_ne_n=x_1'f_1+\cdots+x_n'f_n,$$

令 $X=(x_1,\cdots,x_n)^\top$, $X'=(x_1',\cdots,x_n')^\top$. 那么 $x=(e_1,\cdots,e_n)X$, 而且

$$x=(f_1,\cdots,f_n)X'=\big((e_1,\cdots,e_n)C\big)X'=(e_1,\cdots,e_n)(CX').$$

由坐标的唯一性, 得

$$X=CX'. \tag{4.23}$$

这就是基改变时向量的坐标变换公式. 公式 (4.23) 是 E^2, E^3 中向量的坐标变换公式的推广, 参见公式 (2.33), (2.47).

命题 4.4 取定 n 维 F 线性空间 V 的一个基 $\beta=(e_1,\cdots,e_n)$. 则 V 的所有的基都可以表示成 βC 的形式, 其中 $C\in \mathrm{GL}(n,F)$.

证 如果 $\gamma=(f_1,\cdots,f_n)$ 也是 V 的一个基, 令 C 是由 β 到 γ 的过渡矩阵, 且 D 是由 γ 到 β 的过渡矩阵, 那么 $\beta=\gamma D=(\beta C)D=\beta(CD)$. 此式表明, CD 的第 j $(1\leqslant j\leqslant n)$ 列就是 e_j 关于基 β 的坐标. 由坐标唯一性得 $CD=I$, 所以 C 可逆. 反之, 若 C 可逆, 令 $\gamma=\beta C$, 则 $\beta=\gamma C^{-1}$. 此式表明, β 可以由 γ 线性表出. 因此 γ 张成 V. 又 γ 与 β 所含向量个数相同, 所以 γ 也是 V 的一个基. □

例 4.5 证明: $\mathbf{R}^2$ 中向量组 $f_1=(\cos\theta,\sin\theta)$, $f_2=(-\sin\theta,\cos\theta)$ 是一个基, 并求向量 $x=(x_1,x_2)$ 关于此基的坐标 $X'=(x_1',x_2')^\top$.

解 设 $\mathbf{R}^2$ 的标准基为 $(e_1,\ e_2)$. 由已知得 $(f_1,\ f_2)=(e_1,\ e_2)C$, 其中

$$C=\begin{pmatrix}\cos\theta & -\sin\theta\\ \sin\theta & \cos\theta\end{pmatrix}.$$

易知 C 可逆, 所以 $(e_1,\ e_2)$ 也是 $\mathbf{R}^2$ 的一个基, 且由 $(e_1,\ e_2)$ 到 $(f_1,\ f_2)$ 的过渡矩阵就是 C. 由坐标变换公式, 得 $X=CX'$, 因此 $X'=C^{-1}X$, 即

$$\begin{pmatrix}x_1'\\ x_2'\end{pmatrix}=\begin{pmatrix}\cos\theta & \sin\theta\\ -\sin\theta & \cos\theta\end{pmatrix}\begin{pmatrix}x_1\\ x_2\end{pmatrix}.$$

例 4.6 设 $b_1=(1,1,\cdots,1)$, $b_2=(0,1,\cdots,1)$, $\cdots$, $b_n=(0,\cdots,0,1)$. 证明: $\beta=(b_1,\cdots,b_n)$ 是 F^n 的一个基, 并求向量 $x\in F^n$ 关于此基的坐标.

证 将 b_i 用标准基 $(e_1,\cdots,e_n)$ 线性表出, 得 $(b_1,\cdots,b_n)=(e_1,\cdots,e_n)C$,

$$C=\begin{pmatrix}1 & & & \\ 1 & 1 & & \\ \vdots & \vdots & \ddots & \\ 1 & 1 & \cdots & 1\end{pmatrix}.$$

显然 C 可逆. 所以 β 是 F^n 的一个基, 且由标准基到 β 的过渡矩阵是 C. 又 x 关于标准基的坐标为 $X=(x_1,\cdots,x_n)^\top$, 因此 x 关于 β 的坐标为

$$X'=C^{-1}X=(x_1,\ x_2-x_1,\ \cdots,\ x_n-x_{n-1})^\top.$$

例 4.7 设 $a_1=(1,1,1,1)$, $a_2=(1,1,-1,-1)$, $a_3=(1,-1,1,-1)$, $a_4=(1,-1,-1,1)$; $b_1=(1,1,0,1)$, $b_2=(2,1,3,1)$, $b_3=(1,1,0,1)$, $b_4=(0,1,-1,-1)$. 证明: $\alpha=(a_1,a_2,a_3,a_4)$ 和 $\beta=(b_1,b_2,b_3,b_4)$ 都是 F^4 的基, 并求由 α 到 β 的过渡矩阵 C.

证 用 F^4 的标准基 ε 线性表出 a_i, b_j, 得 $\alpha=\varepsilon C_1$, $\beta=\varepsilon C_2$, 其中

$$C_1=\begin{pmatrix}1 & 1 & 1 & 1\\ 1 & 1 & -1 & -1\\ 1 & -1 & 1 & -1\\ 1 & -1 & -1 & 1\end{pmatrix},\quad C_2=\begin{pmatrix}1 & 2 & 1 & 0\\ 1 & 1 & 1 & 1\\ 0 & 3 & 0 & -1\\ 1 & 1 & 0 & -1\end{pmatrix}.$$

容易证明, C_1 和 C_2 都是可逆矩阵. 因此 α 和 β 都是 F^4 的基. 设 $\beta=\alpha C$. 那么 $\varepsilon C_2=(\varepsilon C_1)C=\varepsilon(C_1C)$, 所以 $C_2=C_1C$. 因此

$$C=C_1^{-1}C_2=\frac{1}{4}\begin{pmatrix}3 & 7 & 2 & -1\\ 1 & -1 & 2 & 3\\ 0 & 3 & 0 & -1\\ 1 & -1 & 0 & -1\end{pmatrix}.$$

例 4.8 设 (e_i) 及 (e_i') 是 n 维线性空间 V 的两个基, 它们的对偶基分别为 (f_i) 及 (f_i'). 如果 (e_i) 到 (e_i') 的过渡矩阵为 A, (f_i) 到 (f_i') 的过渡矩阵为 B, 那么 $B=(A^\top)^{-1}$. 这里 (x_i) 是 $(x_1,\cdots,x_n)$ 的简写.

证 因 $(e_1',\cdots,e_n')=(e_1,\cdots,e_n)A$, $(f_1',\cdots,f_n')=(f_1,\cdots,f_n)B$, 故

$$\delta_{ij}=f_i'(e_j')=\sum_{k=1}^n b_{ki}f_k\left(\sum_{l=1}^n a_{lj}e_l\right)=\sum_{k=1}^n b_{ki}a_{kj},$$

因此 $B^\top A=I$, 即 $B=(A^\top)^{-1}$.

注 上面例子涉及求矩阵的逆. 这里的矩阵比较特殊. 下一节介绍一般方法.

4.2 矩阵与线性方程组

4.2.1 Gauss 消去法

设 F 是一个数域. F 上具有 n 个变量 (未定元, 未知量)$x_1,x_2,\cdots,x_n$ 的 m 个线性方程构成的 n 元线性方程组的一般形式为

$$\begin{cases} a_{11}x_1+a_{12}x_2+\cdots+a_{1n}x_n=b_1, \\ a_{21}x_1+a_{22}x_2+\cdots+a_{2n}x_n=b_2, \\ \cdots\cdots\cdots\cdots \\ a_{m1}x_1+a_{m2}x_2+\cdots+a_{mn}x_n=b_m, \end{cases} \tag{4.24}$$

其中 $a_{ij}\in F$ 称为系数, $b_i\in F$ 称为常数项 $(i=1,\cdots,m,\ j=1,\cdots,n)$. 系数 a_{ij} 的第 1 个下标表示它在第 i 个方程, 第 2 个下标表示它是 x_j 的系数. 常数项都为零的线性方程组称为齐次线性方程组. 每个线性方程组都联系一个齐次线性方程组, 称为原方程组的导出组. 方程组 (4.24) 的导出组是

$$\begin{cases} a_{11}x_1+a_{12}x_2+\cdots+a_{1n}x_n=0, \\ a_{21}x_1+a_{22}x_2+\cdots+a_{2n}x_n=0, \\ \cdots\cdots\cdots\cdots \\ a_{m1}x_1+a_{m2}x_2+\cdots+a_{mn}x_n=0. \end{cases} \tag{4.25}$$

矩阵

$$A=\begin{pmatrix} a_{11} & a_{12} & \cdots & a_{1n} \\ a_{21} & a_{23} & \cdots & a_{2n} \\ \vdots & \vdots & \ddots & \vdots \\ a_{m1} & a_{m2} & \cdots & a_{mn} \end{pmatrix},\quad M=\begin{pmatrix} a_{11} & a_{12} & \cdots & a_{1n} & b_1 \\ a_{21} & a_{23} & \cdots & a_{2n} & b_2 \\ \vdots & \vdots & \ddots & \vdots & \vdots \\ a_{m1} & a_{m2} & \cdots & a_{mn} & b_m \end{pmatrix}$$

分别称为线性方程组 (4.24) 的系数矩阵和增广矩阵.

如果未知量 $x_1, x_2, \cdots, x_n$ 分别用数 $c_1, c_2, \cdots, c_n \in F$ 代入后, 方程组中每个方程都变成恒等式, 那么我们称 n 元有序数组 $(c_1, c_2, \cdots, c_n)$ 是该方程组的一个解. 一个解可看作 F^n 中的一个元素, 因而也称为解向量. 一个线性方程组称为相容的, 如果它至少有一个解; 否则称为不相容的. 解方程组就是求方程组的所有解, 所有解的集合称为它的解集.

Gauss 消去法是一个简单的解线性方程组的一般方法, 其基本思想是通过所谓的初等变换将方程组化为与之等价, 形式简单, 容易求解的方程组.

定义 4.8 对一个线性方程组作初等变换是指下列三类变换:

1° 将一个方程乘一个数加到另一个方程上;

2° 互换两个方程的位置;

3° 用一个非零数乘某一个方程.

定义 4.9 解集相同的两个线性方程组称为同解或等价.

对方程组 (4.24) 作初等变换得一新方程组. 显然, 原方程组 (4.24) 的每个解都是新方程组的解. 另一方面, 可以由新方程组经适当的同类型初等变换得到原方程组. 例如, 如果将原方程组的第 2 个方程乘以 k 加到第 1 个方程, 得一新方程组, 那么将新方程组的第 2 个方程乘以 $-k$ 加到第 1 个方程, 就得到原方程组. 于是, 新方程组的每个解也是原方程组的解. 因此, 对线性方程组作初等变换, 所得新方程组和原方程组等价.

线性方程组与它的增广矩阵是相互确定的. 于是, 我们引入如下定义.

定义 4.10 对一个矩阵作初等行变换是指下列三类变换:

1° 将一行乘一个数加到另一行上;

2° 互换两行的位置;

3° 用一个非零数乘某一行.

显然, 对一个线性方程组作初等变换, 相当于对它的增广矩阵作相应的初等行变换. 下面我们证明, 数域 F 上任意一个矩阵都能经过有限次初等行变换化为所谓行阶梯矩阵, 从而每个线性方程组都可以经过初等变换化为阶梯方程组, 即增广矩阵为行阶梯矩阵的线性方程组. 因此, 解一般线性方程组的问题化归为解阶梯方程组的问题.

为方便起见, 我们引进下述术语: 一个 $m \times n$ 矩阵 A 中元素全为零的行称为 A 的零行, A 的非零行的第一个非零元称为 A 的主元.

定义 4.11 具有下列性质的矩阵称为行阶梯矩阵:

1) 零行都位于下方;

2) 由上至下, 主元的列指标组成一个严格递增序列.

行阶梯矩阵 $A=(a_{ij})$ 形如 (其中左下方未标出元素都为零):

$$\begin{pmatrix} \underline{|a_{1j_1}} & \cdots\cdots\cdots\cdots\cdots\cdots\cdots & & \\ & \underline{|a_{2j_2}} & \cdots\cdots\cdots\cdots\cdots & \\ & & \cdots\cdots\cdots\cdots\cdots & \\ & & \underline{|a_{rj_r}} & \cdots \\ & & & \end{pmatrix} \tag{4.26}$$

按定义, $A=(a_{ij})_{m\times n}$ 是行阶梯矩阵, 当且仅当存在正整数 $j_1,\cdots,j_r$, 使得

1) $i>r$ 时, $a_{ij}=0$;

2) $a_{1j_1}\cdots a_{rj_r}\neq 0$, 当 $j<j_i$ 时, $a_{ij}=0$, 且 $1\leqslant j_1<\cdots<j_r\leqslant n$.

定理 4.1 数域 F 上每个矩阵都能经有限次初等行变换化为行阶梯矩阵.

证 若矩阵 $A=0$, A 已是行阶梯矩阵. 若 A 非零, 设第 1 个非零列为第 j_1 列. 通过交换 A 的行 (若有必要的话), 可设 $a_{1j_1}\neq 0$. 用第 1 行乘以适当的数加到其余行, 可将第 j_1 列中其余元变为 0, 得到如下形式的矩阵:

$$\left(\begin{array}{c|c|c} 0\cdots 0 & a_{1j_1} & \cdots\cdots \\ \hline \multicolumn{2}{c|}{0} & A_1 \end{array}\right).$$

对 A_1 重复上述步骤, 继续做有限步后, 就得到一个形如 (4.26) 的矩阵. □

例 4.9 将矩阵 A 化为行阶梯矩阵, 其中

$$A=\begin{pmatrix} 1 & -2 & 2 & 0 & 2 \\ 1 & -1 & 3 & -1 & 4 \\ 2 & -1 & 7 & -3 & 10 \\ -2 & 6 & -2 & -3 & 3 \end{pmatrix}.$$

解 将 A 的第 1 行分别乘以 -1, -2, 2 加到第 2, 3, 4 行, 得矩阵 A_1; 再将 A_1 的第 2 行分别乘以 -3, -2 加到第 3, 4 行, 得矩阵 A_2; 最后互换 A_2 的第 3, 4 行, 即得行阶梯矩阵 B.

$$\begin{pmatrix} 1 & -2 & 2 & 0 & 2 \\ 0 & 1 & 1 & -1 & 2 \\ 0 & 3 & 3 & -3 & 6 \\ 0 & 2 & 2 & -3 & 7 \end{pmatrix} \to \begin{pmatrix} 1 & -2 & 2 & 0 & 2 \\ 0 & 1 & 1 & -1 & 2 \\ 0 & 0 & 0 & 0 & 0 \\ 0 & 0 & 0 & -1 & 3 \end{pmatrix} \to \begin{pmatrix} \underline{1} & -2 & 2 & 0 & 2 \\ 0 & \underline{1} & 1 & -1 & 2 \\ 0 & 0 & 0 & \underline{-1} & 3 \\ 0 & 0 & 0 & 0 & 0 \end{pmatrix}.$$

给定一个阶梯方程组, 记系数矩阵中非零行个数为 r, 增广矩阵中非零行个数为 $\widetilde{r}$. 显然, $\widetilde{r}=r$ 或 $r+1$. 有三种可能性:

1° $\widetilde{r}=r+1$. 阶梯方程组中有一个如下形式的方程: $0x_1+\cdots+0x_n=d$, 其中 $d\neq 0$, 因而方程组是不相容的.

2° $\widetilde{r}=r=n$. 去掉零方程以后, 得到一个严格三角方程组, 即它的系数矩阵是严格上三角的. 由最后一个方程可以确定 x_n, 代入倒数第 2 个方程又可确定 x_{n-1}. 继续下去, 直至确定 x_1. 因而方程组有唯一解.

3° $\widetilde{r}=r<n$. 设主元的列指标为 $j_1,\cdots,j_r$, 称 $x_{j_1},\cdots,x_{j_r}$ 为主变量, 其余变量为自由变量. 去掉零方程, 将自由变量移到等号右边, 得到一个关于主变量的严格三角方程组. 如情形 2 一样, 解此方程组, 可以用自由变量来表示主变量, 这些表达式一起称为方程组的一般解. 如果适当调整变量的顺序, 一般解有如下形式:

$$\begin{cases} x_1=c_{11}x_{r+1}+\cdots+c_{1,n-r}x_n+d_1, \\ \qquad\cdots\cdots\cdots\cdots \\ x_r=c_{r1}x_{r+1}+\cdots+c_{r,n-r}x_n+d_r. \end{cases} \tag{4.27}$$

对自由变量任意取值, 可以得到方程组的所有解.

注 对于相容的线性方程组, 如果它有唯一解, 则称它为确定的; 如果它有多于一个的解, 则称它为不确定的. 可以认为, 确定的方程组的所有变量都是主变量, 没有自由变量, 其一般解就是其唯一解. 总之, 变量个数是主变量个数与自由变量个数之和.

一个齐次线性方程组总是相容的, 因为它有零解. 如果它是确定的, 则它只有零解. 如果它不是确定的, 那么它有无穷多个非零解. 沿用前面的记号, 当 $r<n$ 时, 齐次线性方程组有非零解. 因为 $r\leqslant m$, 于是作为高斯消去法的推论, 我们得到如下常用结论:

推论 4.1 m 个方程的 n 元齐次线性方程组当 $m<n$ 时有非零解.

例 4.10 解线性方程组

$$\begin{cases} x_1 - 2x_2 + 2x_3 \qquad = 2, \\ x_1 - x_2 + 3x_3 - x_4 = 4, \\ 2x_1 - 1x_2 + 7x_3 - 3x_4 = 10, \\ -2x_1 + 6x_2 - 2x_3 - 3x_4 = 3. \end{cases} \tag{4.28}$$

解 例 4.9 中的矩阵是此线性方程组的增广矩阵, 例 4.9 中的计算表明, 此方程组等价于阶梯方程组

$$\begin{cases} x_1-2x_2+2x_3 \qquad =2, \\ \qquad x_2+x_3-x_4=2, \\ \qquad\qquad -x_4=3. \end{cases}$$

取 x_1, x_2, x_4 为主变量, x_3 为自由变量, 将方程组改写为

$$\begin{cases} x_1-2x_2 \qquad =-2x_3+2, \\ \qquad x_2-x_4=-x_3+2, \\ \qquad\quad -x_4=3. \end{cases}$$

解关于 x_1, x_2, x_4 的方程组, 得一般解

$$x_1=-4t,\quad x_2=-t-1,\quad x_3=t,\quad x_4=-3,\quad t\in F. \tag{4.29}$$

一个严格上三角方阵可以经初等行变换化为单位矩阵. 为此, 将最后一行乘以适当的数加到其余行, 使得最后一列中除最后一个元素之外都化为零. 再将倒数第 2 行乘适当的数加到它前面的行, 使得倒数第 2 列除对角元外其余元都为零. 继续下去, 直到得一对角矩阵. 再用适当的数乘每一行, 将对角矩阵化为单位矩阵. 将这种方法用于解线性方程组, 得到行阶梯矩阵以后, 继续作初等行变换将主变量的系数矩阵化为单位矩阵. 从而立即得到一般解.

定义 4.12　设 A 是一个行阶梯矩阵. 如果 A 的主元都是 1, 且主元所在列的其他元都是零, 那么就称 A 为既约行阶梯矩阵.

定理 4.2　数域 F 上每个矩阵都可经初等行变换化为既约行阶梯矩阵.

例如, 下列矩阵都是既约行阶梯矩阵:

$$\begin{pmatrix}\underline{1}&0&0&2\\0&\underline{1}&0&3\\0&0&\underline{1}&5\end{pmatrix},\quad \begin{pmatrix}\underline{1}&2&3&0&9\\0&0&0&\underline{1}&4\end{pmatrix},\quad \begin{pmatrix}0&\underline{1}&3&0&9\\0&0&0&\underline{1}&0\end{pmatrix}.$$

例 4.11　对例 4.9 中的矩阵 B 作初等行变换将其化为既约行阶梯矩阵.

解　采用简写记号, 如第 2 行减去第 3 行, 简记为 r_2-r_3, 则有

$$B\xrightarrow{r_2+r_3,\ (-1)r_3}\begin{pmatrix}1&-2&2&0&2\\0&1&1&0&-1\\0&0&0&1&-3\\0&0&0&0&0\end{pmatrix}\xrightarrow{r_1+2r_2}\begin{pmatrix}\underline{1}&0&4&0&0\\0&\underline{1}&1&0&-1\\0&0&0&\underline{1}&-3\\0&0&0&0&0\end{pmatrix}.$$

例 4.10 中的方程组等价于

$$\begin{cases}x_1\quad +4x_3 \quad = 0,\\ \quad x_2+x_3 \quad =-1,\\ \qquad\qquad x_4=-3.\end{cases}$$

将含 x_3 的项移到右边, 立即得到方程组的一般解 (4.29).

例 4.12　讨论下面的线性方程组解的情况:

$$\begin{cases}1x_1+2x_2+3x_3=b_1,\\4x_1+5x_2+6x_3=b_2,\\7x_1+8x_2+9x_3=b_3.\end{cases}$$

解 用初等行变换化增广矩阵 M 为行阶梯矩阵 M':

$$M \xrightarrow{r_2-r_1} \left(\begin{array}{ccc|c} 1 & 2 & 3 & b_1 \\ 3 & 3 & 3 & b_2-b_1 \\ 7 & 8 & 9 & b_3 \end{array}\right) \xrightarrow{r_3-2r_2} \left(\begin{array}{ccc|c} 1 & 2 & 3 & b_1 \\ 3 & 3 & 3 & b_2-b_1 \\ 1 & 2 & 3 & b_3-2b_2+2b_1 \end{array}\right) \xrightarrow{r_3-r_1}$$

$$\left(\begin{array}{ccc|c} 1 & 2 & 3 & b_1 \\ 3 & 3 & 3 & b_2-b_1 \\ 0 & 0 & 0 & b_3-2b_2+b_1 \end{array}\right) \xrightarrow{\frac{-1}{3}r_2} \left(\begin{array}{ccc|c} 1 & 2 & 3 & b_1 \\ -1 & -1 & -1 & \frac{1}{3}b_1-\frac{1}{3}b_2 \\ 0 & 0 & 0 & b_3-2b_2+b_1 \end{array}\right) \xrightarrow{r_2+r_1}$$

$$\left(\begin{array}{ccc|c} 1 & 2 & 3 & b_1 \\ 0 & 1 & 2 & \frac{4}{3}b_1-\frac{1}{3}b_2 \\ 0 & 0 & 0 & b_3-2b_2+b_1 \end{array}\right) \xrightarrow{r_1-2r_2} \left(\begin{array}{ccc|c} 1 & 0 & -1 & \frac{-5}{3}b_1+\frac{2}{3}b_2 \\ 0 & 1 & 2 & \frac{4}{3}b_1-\frac{1}{3}b_2+2 \\ 0 & 0 & 0 & b_1-2b_2+b_3 \end{array}\right) = M'.$$

因此, 当 $b_1-2b_2+b_3 \neq 0$ 时, 方程组无解. 当 $b_1-2b_2+b_3=0$ 时, x_3 是自由变量, x_1, x_2 是主变量, 方程组有无限多解.

4.2.2 矩阵的秩与初等变换

下面我们将矩阵的初等行变换和矩阵乘法联系起来, 从矩阵运算的角度来考虑 Gauss 消去法. 线性方程组 (4.24) 可写成如下矩阵方程形式:

$$\begin{pmatrix} a_{11} & a_{12} & \cdots & a_{1n} \\ a_{21} & a_{23} & \cdots & a_{2n} \\ \vdots & \vdots & \ddots & \vdots \\ a_{m1} & a_{m2} & \cdots & a_{mn} \end{pmatrix} \begin{pmatrix} x_1 \\ x_2 \\ \vdots \\ x_n \end{pmatrix} = \begin{pmatrix} b_1 \\ b_2 \\ \vdots \\ b_m \end{pmatrix}, \tag{4.30}$$

令 $X=(x_1,\cdots,x_n)^{\top}$, $B=(b_1,\cdots,b_m)^{\top}$, 则线性方程组 (4.24) 可写成

$$AX=B. \tag{4.31}$$

矩阵方程 (4.31) 和一元一次方程 $ax=b$ 形式相同. 但矩阵的运算和数的运算性质有所不同, 如乘法不满足交换律, 两非零矩阵相乘可能得到零矩阵. 因此, 不能简单地认为, 当 $A \neq 0$ 时, $X=A^{-1}B$, 因为 A 非零不一定可逆. 但是, $AX=B$ 不只是一个记号, 当 A 可逆时, $X=A^{-1}B$ 就是该方程的解. 事实上, $A(A^{-1}B)=(AA^{-1})B=IB=B$; 反之, 若 $AX_0=B$, 两边左乘 A^{-1}, 得 $X_0=A^{-1}B$. 问题是怎么判断 A 可逆与否 ? A 可逆时如何求出其逆 ? A 不可逆时又怎么求解呢 ? 下面将回答这些问题, 推广以上解法. 简单地说, 就是在方程两边左乘一可逆矩阵 P, 得

到与原方程同解的方程 $PAX = PB$, 使得增广矩阵 $(PA \mid PB)$ 尽量简单, 以便立即求解.

前面引入了矩阵的初等行变换, 将定义中的"行"改为"列"就得到矩阵的初等列变换的定义. 矩阵的初等行变换与初等列变换统称为矩阵的初等变换.

定义 4.13 对单位矩阵作一次初等变换所得矩阵称为初等矩阵.

我们得到下列三类初等矩阵:

$$P_{ij}(k) = \begin{pmatrix} 1 & & & & & & \\ & \ddots & & & & & \\ & & 1 & & k & & \\ & & & \ddots & & & \\ & & & & 1 & & \\ & & & & & \ddots & \\ & & & & & & 1 \end{pmatrix} \begin{matrix} \\ \\ i\ 行 \\ \\ j\ 行 \\ \\ \\ \end{matrix}$$

$$P_{ij} = \begin{pmatrix} 1 & & & & & & & & & & \\ & \ddots & & & & & & & & & \\ & & 1 & & & & & & & & \\ & & & 0 & & & & 1 & & & \\ & & & & 1 & & & & & & \\ & & & & & \ddots & & & & & \\ & & & & & & 1 & & & & \\ & & & 1 & & & & 0 & & & \\ & & & & & & & & 1 & & \\ & & & & & & & & & \ddots & \\ & & & & & & & & & & 1 \end{pmatrix} \begin{matrix} \\ \\ \\ i\ 行 \\ \\ \\ \\ j\ 行 \\ \\ \\ \\ \end{matrix}$$

$$P_i(k) = \begin{pmatrix} 1 & & & & & \\ & \ddots & & & & \\ & & 1 & & & \\ & & & k & & \\ & & & & 1 & \\ & & & & & \ddots & \\ & & & & & & 1 \end{pmatrix} \begin{matrix} \\ \\ \\ i\ 行 \\ \\ \\ \\ \end{matrix}$$

这里, $P_{ij}(k)$ 是将单位矩阵的第 j 行乘以数 k 加到第 i 行, 得到的初等矩阵; P_{ij} 是将单位矩阵的第 i, j 两行互换所得初等矩阵; $P_i(k)$ 是将单位矩阵的第 i 行乘以非零数 k 所得初等矩阵. 这些就是全部的初等矩阵. 事实上, 将单位矩阵的第 i 列乘数 k 加到第 j 列, 就得到初等矩阵 $P_{ij}(k)$; 交换单位矩阵的第 i, j 两列, 得到 P_{ij}; 单位矩阵的第 i 列乘非零数 k, 得到 $P_i(k)$.

例 4.13 二阶初等矩阵有 (其中 $r,\ s\in F,\ r\neq 0$):

$$\begin{pmatrix}0&1\\1&0\end{pmatrix},\ \begin{pmatrix}r&0\\0&1\end{pmatrix},\ \begin{pmatrix}1&0\\0&r\end{pmatrix},\ \begin{pmatrix}1&s\\0&1\end{pmatrix},\ \begin{pmatrix}1&0\\s&1\end{pmatrix}.$$

命题 4.5 用初等矩阵左乘矩阵 A 和对 A 作相应的初等行变换所得矩阵相等; 用初等矩阵右乘矩阵 A, 相当于对 A 作相应的初等列变换.

证 由命题 4.2 知, $P_i(k)$ 的每行只有一个元素非零, 以它们作为系数作 B 的行向量组的线性组合, 得 $P_i(k)B$ 的第 i 行为 $kB(i,\cdot)$, 第 j $(j\neq i)$ 行为 $B(j,\cdot)$, 正好是用 k 乘 B 的第 i 行所得矩阵. 将 A 的第 i 列乘数 k, 所得矩阵为 $AP_i(k)$. 其他情形也是类似的. □

命题 4.6 初等矩阵是可逆的, 且初等矩阵的逆也是初等矩阵. 具体地,

$$P_{ij}(k)^{-1}=P_{ij}(-k),\quad P_{ij}^{-1}=P_{ij},\quad P_i(k)^{-1}=P_i(k^{-1}). \tag{4.32}$$

证 将 $P_{ij}(k)$ 的第 j 行乘以 $-k$ 加到第 i 行, 或交换 P_{ij} 的第 $i,\ j$ 两行, 或将 $P_i(k)$ 的第 i 行乘以 k^{-1}, 我们都得到单位矩阵 I, 根据命题 4.5, 有

$$P_{ij}(-k)P_{ij}(k)=I,\quad P_{ij}P_{ij}=I,\quad P_i(k^{-1})P_i(k)=I,$$

所以 $P_{ij}(k),\ P_{ij},\ P_i(k)$ 都是可逆矩阵, 且 (4.32) 式成立. □

例 4.14 设 $a,\ b,\ c,\ d,\ r,\ s\in F$, 且 $r\neq 0$, 则

$$\begin{pmatrix}0&1\\1&0\end{pmatrix}\begin{pmatrix}a&b\\c&d\end{pmatrix}=\begin{pmatrix}c&d\\a&b\end{pmatrix},\quad \begin{pmatrix}r&0\\0&1\end{pmatrix}\begin{pmatrix}a&b\\c&d\end{pmatrix}=\begin{pmatrix}ra&rb\\c&d\end{pmatrix},$$

$$\begin{pmatrix}1&s\\0&1\end{pmatrix}\begin{pmatrix}a&b\\c&d\end{pmatrix}=\begin{pmatrix}a+sc&b+sd\\c&d\end{pmatrix}.$$

命题 4.7 设 P 是可逆矩阵, 则方程 $PAX=PB$ 与 $AX=B$ 等价.

证 如果 X_0 是方程 $AX=B$ 的解, 即 $AX_0=B$, 则 $PAX_0=PB$; 反之, 若 $PAX_0=PB$, 则 $AX_0=P^{-1}PAX_0=P^{-1}PB=B$. □

推论 4.2 若对方程 $AX=B$ 的增广矩阵 $M=(A\mid B)$ 作初等行变换得到矩阵 $M'=(A'\mid B')$, 那么 M' 对应的方程 $A'X=B'$ 与 $AX=B$ 等价.

证 设 $M'=P_r\cdots P_1M$, 其中 $P_1,\cdots,P_r$ 是初等矩阵. 令 $P=P_r\cdots P_1$, 则 P 是可逆矩阵, 且 $M'=PM$, 即 $(A'\mid B')=P(A\mid B)=(PA\mid PB)$. 由此得 $A'=PA,\ B'=PB$. 由命题 4.7, $A'X=B'$ 与 $AX=B$ 等价. □

因此用矩阵语言, 高斯消去法是用一系列初等矩阵左乘方程 (4.31) 两端, 将矩阵 A 及增广矩阵 $(A\mid B)$ 化为行阶梯矩阵.

注　设 $M=(A\mid B)$ 经一系列初等行变换化为行阶梯矩阵 M', 则存在可逆矩阵 P, 使 $M'=PM=(PA\mid PB)$. 列矩阵 PB 的第 i 分量是 $b_1,\cdots b_m$ 的线性组合, 其系数就是 P 的第 i 行. 因此对 M 作初等行变换时, M 的最后一列则记录了所作的初等行变换所对应的矩阵. 如例 4.12 中,

$$P=\frac{1}{3}\begin{pmatrix}-5&2&0\\4&-1&0\\3&-6&3\end{pmatrix}.$$

也可用单位矩阵来记录所施行的初等行变换. 对矩阵 $(A\mid I)$ 作初等行变换, 将前半部分化为行阶梯矩阵 A' 时, 后半部分就成了对应的初等矩阵的乘积 P, 即

$$P(A\mid I)=(PA\mid PI)=(A'\mid P).$$

下面这一特殊情形从初等行变换观点给出了可逆方阵的一个刻画.

定理 4.3　矩阵 A 是可逆矩阵, 当且仅当 A 是有限个初等矩阵的乘积.

证　初等矩阵是可逆矩阵, 因而其乘积也是可逆矩阵. 反之, 若 A 是可逆矩阵, 则齐次线性方程组 $AX=0$ 只有零解. 因此, A 经初等行变换所得既约行阶梯矩阵的主元数与 A 的列数相等, 即 A 经一系列初等行变换可化为 I. 因此, 存在初等矩阵 $P_1\cdots P_s$, 使得 $P_1\cdots P_sA=I$. 但 $P_1^{-1},\cdots,P_s^{-1}$ 仍是初等矩阵, 所以 $A=P_s^{-1}\cdots P_1^{-1}$ 是初等矩阵之积. □

设 A 是可逆方阵, 则它是一些初等矩阵的乘积, 如 $A=P_1\cdots P_s$, 于是

$$P_s^{-1}\cdots P_1^{-1}A=I,\quad P_s^{-1}\cdots P_1^{-1}I=A^{-1},\quad P_s^{-1}\cdots P_1^{-1}B=A^{-1}B.$$

由初等矩阵和乘法的关系, 以上等式表明, 可以对 A 作一系列初等行变换将其化为单位矩阵, 而且同样的初等行变换作用在单位矩阵上, 就得到 A^{-1}, 作用在矩阵 B 上, 就得到 $A^{-1}B$. 这就给出了一个求可逆矩阵的逆, 或解某些矩阵方程 (包括线性方程组) 的方法. 用分块方法写出, 即

$$A^{-1}(A\mid I\mid B)=(I\mid A^{-1}\mid A^{-1}B).\tag{4.33}$$

例 4.15　设

$$A=\begin{pmatrix}2&3&-1\\-1&3&-3\\3&0&3\end{pmatrix},\quad B=\begin{pmatrix}1&-1&1\\1&1&0\\2&1&1\end{pmatrix},$$

求 A^{-1} 及 $A^{-1}B$.

解 对 3×9 矩阵 $(A\mid I\mid B)$ 作初等行变换化为既约行阶梯矩阵:

$$\left(\begin{array}{ccc|ccc|ccc} 1 & 0 & 0 & 1 & -1 & -\frac{2}{3} & -\frac{4}{3} & -\frac{8}{3} & \frac{1}{3} \\ 0 & 1 & 0 & -\frac{2}{3} & 1 & \frac{7}{9} & -\frac{17}{9} & -\frac{22}{9} & -\frac{1}{9} \\ 0 & 0 & 1 & -1 & 1 & 1 & 2 & 3 & 0 \end{array}\right).$$

所以

$$A^{-1}=\begin{pmatrix} 1 & -1 & -\frac{2}{3} \\ -\frac{2}{3} & 1 & \frac{7}{9} \\ -1 & 1 & 1 \end{pmatrix},\quad A^{-1}B=\begin{pmatrix} -\frac{4}{3} & -\frac{8}{3} & \frac{1}{3} \\ -\frac{17}{9} & -\frac{22}{9} & -\frac{1}{9} \\ 2 & 3 & 0 \end{pmatrix}.$$

定义 4.14 设 $A, B\in F^{m\times n}$. 若存在可逆矩阵 P, 使 $PA=B$, 则称 A 与 B 行等价; 若存在可逆矩阵 Q, 使 $AQ=B$, 则称 A 与 B 列等价; 若存在可逆矩阵 P 及 Q, 使 $PAQ=B$, 则称 A 与 B 等价或相抵.

由定理 4.3 知, 矩阵 A 与 B 行等价, 当且仅当 A 能经初等行变换化为矩阵 B. 矩阵 A 与 B 列等价, 当且仅当 A 能经初等列变换化为矩阵 B. 两矩阵等价, 当且仅当它们能经过初等变换互化. 不难证明: 矩阵的行等价, 矩阵的列等价, 以及矩阵的相抵都是等价关系.

下面我们研究矩阵的秩, 说明它是矩阵在初等变换下的不变量.

矩阵 A 的行向量组张成的 F^n 的子空间称为 A 的行空间, 记为 $\mathrm{Row}A$. 类似地, A 的列向量组张成的 F^m 的子空间称为 A 的列空间, 记为 $\mathrm{Col}A$.

定义 4.15 矩阵的行向量组的秩称为行秩; 列向量组的秩称为列秩.

命题 4.8 如果两矩阵行等价, 那么, 它们的行向量组等价, 即行空间相等; 它们的列向量组具有相同线性关系, 因而列空间维数相等.

证 设 A 和 B 行等价, 即存在可逆阵 P, 使得 $PA=B$. 由命题 4.2, A 与 B 的行向量组可以相互线性表出, 因而等价, 即 $\mathrm{Row}A=\mathrm{Row}B$. 分别记 A 和 B 的列向量组为 $(a_1,\cdots,a_n)$ 和 $(b_1,\cdots,b_n)$. 对 $X\in F^{n\times 1}$, $AX=0$, 当且仅当 $BX=0$. 换个说法, $\sum_{i=1}^n x_ia_i=0$, 当且仅当 $\sum_{i=1}^n x_ib_i=0$, 即 A 与 B 的列向量组具有相同的线性关系. 若 $(a_{j_1},\cdots,a_{j_r})$ 是 $\mathrm{Col}A$ 的一个基, 则 $(b_{j_1},\cdots,b_{j_r})$ 是 $\mathrm{Col}B$ 的一个基, 因而 $\dim\mathrm{Col}A=\dim\mathrm{Col}B$. 事实上, 若存在 $k_i\in F$, 使得 $\sum_{i=1}^r k_ib_{j_i}=0$, 则 $\sum_{i=1}^r k_ia_{j_i}=0$, 于是所有 $k_i=0$. 因此 $b_{j_1},\cdots,b_{j_r}$ 线性无关. 因为 A 的任意一列 a_j 可由 $a_{j_1},\cdots,a_{j_r}$ 线性表出, 设 $a_j=\sum_{i=1}^r l_ia_{j_i}$, 则 $b_j=\sum_{i=1}^r l_ib_{j_i}$, 即 b_j 可由 $b_{j_1},\cdots,b_{j_r}$ 线性表出. □

显然, 将命题中 “ 行 ” 改为 “ 列 ”, 所得命题亦成立. 因此, 由命题 4.5, 命题 4.6, 以及命题 4.8, 我们得到如下重要结论.

推论 4.3 初等变换不改变矩阵的行秩与列秩.

命题 4.9　行阶梯矩阵的非零行组成行空间的一个基; 主元所在列组成列空间的一个基.

证　设行阶梯矩阵 B 的主元的列指标依次为 $j_1,\cdots,j_r$. 设有 $k_i\in F$, 使得 $\sum_{i=1}^r k_iB(i,\cdot)=0$. 比较等号两端向量的第 $j_1,\cdots,j_r$ 分量, 得

$$\begin{aligned}&k_1b_{1j_1}=0,\\&k_1b_{1j_2}+k_2b_{2j_2}=0,\\&\cdots\cdots\cdots\cdots\\&k_1b_{1j_r}+k_2b_{2j_r}+\cdots+k_rb_{rj_r}=0.\end{aligned}$$

由于主元 $b_{1j_1},\cdots,b_{rj_r}$ 非零, 所以由上面方程组解得 $k_1=\cdots=k_r=0$. 因此 B 的非零行线性无关, 因而是 $\mathrm{Row}B$ 的一个基. 因为 B 的第 $j_1,\cdots,j_r$ 列的前 r 个分量组成一个严格上三角矩阵, 所以对于 $i=1,\cdots,n$, 方程

$$B(\cdot,i)=x_1B(\cdot,j_1)+\cdots+x_rB(\cdot,j_r)$$

有唯一解. 因此, B 的第 $j_1,\cdots,j_r$ 列线性无关, 且能线性表出 B 的其余列, 即 B 的第 $j_1,\cdots,j_r$ 列组成 $\mathrm{Col}B$ 的一个基. □

由命题 4.9, 行阶梯矩阵的行秩等于它的非零行的数目, 列秩等于它的主元的数目, 非零行的数目与主元的数目显然相同. 因此, 行阶梯矩阵的行秩等于列秩. 我们知道, 每个矩阵都可以经过一系列初等行变换化为行阶梯矩阵, 且初等行变换不改变矩阵的行秩与列秩, 于是我们得到如下重要结论.

定理 4.4　矩阵 A 的行秩与列秩相等, 称为 A 的秩, 记为 $\mathrm{rank}A$.

推论 4.4　设 $A\in F^{m\times n}$. 则 $\mathrm{rank}A=\mathrm{rank}A^\top$.

证　$\mathrm{rank}A=\dim\mathrm{Col}A=\dim\mathrm{Row}A^\top=\mathrm{rank}A^\top$. □

我们可以用初等行变换方法来求一个矩阵的秩, 以及它的列向量组的一个极大无关组. 欲求 F^n 中一个向量组的秩和它的一个极大无关组, 或者它们张成的子空间的维数和一个基, 以及 F^n 中向量组的线性关系. 只需将每个向量写成列向量形式组成一个矩阵, 用初等行变换方法即可.

例 4.16　对矩阵 A 作初等行变换化为行阶梯矩阵 B:

$$A=\begin{pmatrix}1&2&3\\4&5&9\\7&8&15\end{pmatrix}\longrightarrow\begin{pmatrix}1&2&3\\0&-3&-3\\0&-6&-6\end{pmatrix}\longrightarrow\begin{pmatrix}1&2&3\\0&1&1\\0&0&0\end{pmatrix}=B.$$

由命题 4.9 知, B 的秩等于 B 的非零行数 2, 且 $\{(1,2,3),\ (0,1,1)\}$ 为行空间的基, $\{(1,0,0),\ (2,1,0)\}$ 为列空间基. 因此由命题 4.8 知, 矩阵 A 的秩等于 2, 且行空间的一个基为 $\{(1,2,3),\ (0,1,1)\}$, 列空间的一个基为 $\{(1,4,7),\ (2,5,8)\}$. 不难看出, B

的第 1, 2 列线性无关, 且第 3 列等于前两列的和. 由命题 4.8 知, 矩阵 A 的第 1, 2 列也线性无关, 且第 3 列也是前两列的和.

用向量组的语言来说, 为求 F^3 中如下向量组

$$S: a_1=(1,4,7),\ a_2=(2,5,8),\ a_3=(3,9,15)$$

的一个极大无关组, 我们将 a_1, a_2, a_3 写成列向量形式, 组成矩阵 A, 于是向量组 S 的秩为 2, 它的一个极大无关组为 $\{(1,4,7),\ (2,5,8)\}$.

例 4.17 F^4 中 $a_1=(1,2,1,0)$, $a_2=(-1,1,1,1)$, $a_3=(0,3,2,1)$ 张成的子空间记为 V_1, 而 $b_1=(2,-1,0,1)$, $b_2=(1,-1,3,7)$ 张成的子空间记为 V_2. 分别求 V_1+V_2, $V_1\cap V_2$ 的一个基和维数.

解 显然, $V_1+V_2=\langle a_1,a_2,a_3\rangle+\langle b_1,b_2\rangle=\langle a_1,a_2,a_3,b_1,b_2\rangle$. 将这些向量写成列向量形式, 组成矩阵 $A=(a_1^\top,a_2^\top,a_3^\top,b_1^\top,b_2^\top)$, 对 A 作初等行变换化为行阶梯矩阵 B:

$$A=\begin{pmatrix}1&-1&0&2&1\\2&1&3&-1&-1\\1&1&2&0&3\\0&1&1&1&7\end{pmatrix}\longrightarrow\begin{pmatrix}1&0&1&0&-1\\0&1&1&0&4\\0&0&0&1&3\\0&0&0&0&0\end{pmatrix}=B.$$

由此得 $(a_1,\ a_2,\ b_1)$ 是 V_1+V_2 的一个基, 于是 $\dim(V_1+V_2)=3$. 又 B 的列向量组与 A 的列向量组有同样的线性关系, 于是 $b_2=-a_1+4a_2+3b_1$, 且 (a_1,a_2), (b_1,b_2) 分别是 V_1,V_2 的基. 因此 $a_1-4a_2=3b_1-b_2\in V_1\cap V_2$, 且

$$\dim(V_1\cap V_2)=\dim V_1+\dim V_2-\dim(V_1+V_2)=1.$$

因此, 非零向量 $a_1-4a_2=(5,-2,-3,-4)$ 构成 $V_1\cap V_2$ 的一个基,

下面证明, 每个矩阵 A 经初等行变换所得既约行阶梯矩阵是唯一的.

定理 4.5 设 $A\in F^{m\times n}$. 则存在唯一的既约行阶梯矩阵 B, 使 A 与 B 行等价. 称 B 为 A 的既约行阶梯形, 记为 A_{rref}.

证 存在性已证. 记 $W=\mathrm{Row}A$, 由命题 4.8, $\mathrm{Row}B=W$. 设 B 的主元的列指标依次为 $j_1,\cdots,j_r$, 前 r 行依次记为 $b_1,\cdots,b_r$. 由命题 4.9, W 的一个基为 $(b_1,\cdots,b_r)$. W 中任意元素 x 可由 $b_1,\cdots,b_r$ 线性表出且表法唯一. 注意到 B 的主元都是 1, 且主元所在列的其余元为零, 我们有

$$x=(x_1,\cdots,x_n)=x_{j_1}b_1+\cdots+x_{j_r}b_r,$$

即 x 由它的第 $j_1,\cdots,j_r$ 分量唯一确定. 特别, b_s 是 W 中唯一的第 j_s 分量为 1, 其余的 j_t 分量为零的向量, 即, 若 $x_{j_t}=\delta_{st}$, $t=1,\cdots,r$, 则 $x=b_s$. 如果 $x\neq 0$, 则存在 s, 使 $x=\sum_{i=s}^{r}x_{j_i}b_i$, 其中 $x_{j_s}\neq 0$. 于是, W 中非零向量的主元是第 $j_1,\cdots,j_r$

分量之一.

若 B' 是一个 $m \times n$ 既约行阶梯矩阵, 其行空间仍为 W, 则 B' 有 r 个非零行, 记为 $b_1', \cdots, b_r'$. 设 B' 的主元的列指标依次为 $k_1, \cdots, k_r$. 由前面的分析知, $k_1, \cdots, k_r \in \{j_1, \cdots, j_r\}$, 于是 $k_1 = j_1, \cdots, k_r = j_r$, 即 B' 和 B 的主元位置是一致的. 因此, 对于每个 $s \in \{1, \cdots, r\}$, 向量 $b_s' \in W$ 的第 j_s 分量为 1, 其余的 j_t 分量为零. 由前面的分析得 $b_s' = b_s$. 因此 $B' = B$. □

推论 4.5 设 $A, B \in F^{m\times n}$. 则 A 和 B 行等价, 当且仅当它们的行向量组等价.

证 必要性已证. 反之, 若 A 和 B 的行向量组等价, 则它们有相同的行空间, 因而 A_{rref} 与 B_{rref} 也有相同的行空间. 由定理 4.5 得 $A_{rref} = B_{rref}$. 设 $A_{rref} = P_1A$, $B_{rref} = P_2B$, P_1, P_2 可逆, 于是 $A = P_1^{-1}P_2B$. 因此 A 和 B 行等价. □

定理 4.6 设 $A \in F^{m\times n}$. 则 $\mathrm{rank}A = r$ 当且仅当存在可逆阵 P, Q 使

$$PAQ = \left(\begin{array}{c|c} I_r & 0 \\ \hline 0 & 0 \end{array}\right). \tag{4.34}$$

证 若 $\mathrm{rank}A = r$, 则存在可逆矩阵 P, 使得 $PA = A_{rref}$, 其中 A_{rref} 有 r 个非零行. 将 A_{rref} 的主元所在列乘适当的数加到其余列可将主元以外的其余元都化为零, 再将主元所在列通过第 2 类初等列变换移到前 r 列即得式 (4.34) 中等号右边形式, 即存在可逆矩阵 Q, 使得 (4.34) 式成立. 反之, 因初等变换不改变矩阵的秩, 所以 $\mathrm{rank}A = r$. □

式 (4.34) 中等号右边矩阵称为矩阵 A 的等价标准形. 也可从线性映射观点来解释矩阵的等价, 参见定理 6.1.

4.2.3 线性方程组的理论

任给一个线性方程组, 我们都可以应用高斯消去法来求解, 可以说这一简单方法已经包含了线性方程组的全部理论.

对矩阵作初等行变换, 所得行阶梯矩阵与所施行的初等行变换有关. 但是, 定理 4.4 说明, 这些行阶梯矩阵中非零行个数是不变的, 它就是原矩阵的秩. 因此, 线性方程组化为阶梯形以后, 系数矩阵和增广矩阵中非零行个数 r 和 $\tilde{r}$, 分别就是原方程组的系数矩阵和增广矩阵的秩. 因此我们证明了如下定理.

定理 4.7 (Kronecker-Capelli) 线性方程组有解判别定理:

1) 线性方程组是相容的, 当且仅当系数矩阵的秩与增广矩阵的秩相等;

2) 相容的线性方程组是确定的, 当且仅当系数矩阵的秩等于变量个数.

推论 4.6 线性方程组 $AX = 0$ 只有零解, 当且仅当 A 的秩等于列数.

线性方程组理论实际上就是关于线性空间中向量组的线性关系的理论. 关于线性空间 F^m 中向量组的基本问题是: 给定 n 个向量

$$a_i=(a_{1i},\cdots,a_{mi}),\quad i=1,\ 2,\ \cdots,\ n,$$

如何判定这个向量组是线性相关还是线性无关 ? 如果它是线性相关, 能否找出它的所有非平凡的线性关系 ? 任给向量 $b=(b_1,\cdots,b_m)$, 如何判定 b 是否可表为这个向量组的线性组合 ? 可以的话, 有哪些表法 ?

向量 b 可表为 $a_1,\cdots,a_n$ 的线性组合, 等价于存在数 $k_1,\cdots,k_n\in F$, 使

$$k_1a_1+k_2a_2+\cdots+k_na_n=b, \tag{4.35}$$

等价于存在数 $k_1,\cdots,k_n\in F$, 使下面 m 个式子同时成立 (按分量写出):

$$a_{i1}k_1+a_{i2}k_2+\cdots+a_{in}k_n=b_i,\ i=1,\cdots,m.$$

即线性方程组 (4.24) 有解. 换个说法, 线性方程组 (4.24) 是相容的, 当且仅当 $b\in\langle a_1,\cdots,a_n\rangle$, 等价于 $\langle a_1,\cdots,a_n\rangle=\langle a_1,\cdots,a_n,b\rangle$. 又由于这两个子空间具有包含关系, 两者相等当且仅当它们的维数相等. 因此, 线性方程组 (4.24) 是相容的当且仅当

$$\dim\langle a_1,\cdots,a_n\rangle=\dim\langle a_1,\cdots,a_n,b\rangle. \tag{4.36}$$

由命题 3.7, 如果线性方程组 (4.24) 是相容的, 那么它是确定的当且仅当 $a_1,\cdots,a_n$ 线性无关. 特别地, 当 $b=0$ 时, 条件 (4.36) 总成立. 因此, 齐次线性方程组 (4.25) 只有零解当且仅当 $a_1,\cdots,a_n$ 线性无关. 这正是线性无关的定义. 将向量组 $(a_1,\cdots,a_n,b)$ 中每个向量都写成列向量形式就得到矩阵 A 和 M. 定理 4.7 就是用矩阵的秩来表述上述结论.

例 4.18 下列线性方程组有解吗?

$$\begin{cases} x_1+x_2+x_3=1,\\ x_1\qquad\ +x_3=1,\\ 2x_1+x_2+2x_3=0.\end{cases}$$

解 方程组的系数矩阵 A 的列向量组是 $((1,1,2),\ (1,0,1),\ (1,1,2))$, 于是 A 的列空间是由 $(1,1,2)$, $(1,0,1)$ 张成的. 令 $b=(1,1,0)$. 如果

$$(1,1,0)=k(1,1,2)+l(1,0,1),$$

则有 $1=k+l,\ 1=k,\ 0=2k+l$, 于是 $l=0,\ k=1,\ l=-2$. 这是不可能的. 因此 b 不属于 A 的列空间, 原方程组无解.

例 4.19 下列向量组是否线性相关？若是，找出一个非平凡线性关系：

1) $a_1 = (1, -2, 0, 3)$, $a_2 = (2, 5, -1, 0)$, $a_3 = (3, 4, 1, 2)$;

2) $a_1 = (3, 4, -2, 5)$, $a_2 = (2, -5, 0, -3)$, $a_3 = (5, 0, -1, 2)$, $a_4 = (3, 3, -3, 5)$.

解 1) 考虑齐次线性方程组 $x_1a_1 + x_2a_2 + x_3a_3 = 0$. 用初等行变换将系数矩阵 A 化为行阶梯矩阵 B:

$$A = \begin{pmatrix} 1 & 2 & 3 \\ -2 & 5 & 4 \\ 0 & -1 & 1 \\ 3 & 0 & 2 \end{pmatrix} \longrightarrow \begin{pmatrix} 1 & 2 & 3 \\ 0 & 9 & 10 \\ 0 & -1 & 1 \\ 0 & -6 & -7 \end{pmatrix} \longrightarrow \begin{pmatrix} 1 & 2 & 3 \\ 0 & -1 & 1 \\ 0 & 0 & 1 \\ 0 & 0 & 0 \end{pmatrix} = B,$$

矩阵 B 中非零行数等于变量数, 因此方程组只有零解, 故 a_1, a_2, a_3 线性无关.

2) 考虑齐次线性方程组 $x_1a_1 + x_2a_2 + x_3a_3 + x_4a_4 = 0$.

$$\begin{pmatrix} 3 & 2 & 5 & 3 \\ 4 & -5 & 0 & 3 \\ -2 & 0 & -1 & -3 \\ 5 & -3 & 2 & 5 \end{pmatrix} \xrightarrow{r_1+1\cdot r_3} \begin{pmatrix} 1 & 2 & 4 & 0 \\ 4 & -5 & 0 & 3 \\ -2 & 0 & -1 & -3 \\ 5 & -3 & 2 & 5 \end{pmatrix} \longrightarrow \begin{pmatrix} 1 & 2 & 4 & 0 \\ 0 & 1 & -5 & 6 \\ 0 & 0 & 1 & -1 \\ 0 & 0 & 0 & 0 \end{pmatrix},$$

阶梯形中非零行个数 3 小于变量个数 4, 因此齐次线性方程组有非零解, 从而 a_1, a_2, a_3, a_4 线性相关, 方程组的一般解为 $x_1 = -2x_4$, $x_2 = -x_4$, $x_3 = x_4$. 令 $x_4 = -1$, 得一个解 $(2, 1, -1, -1)$, 由此得到一个非平凡线性关系：

$$2a_1 + a_2 - a_3 - a_4 = 0.$$

定理 4.8 (线性方程组解的结构定理) 线性方程组 (4.24) 的解集 S 是它的一个特解与它的导出组 (4.25) 的解集 S_0 的和. 而且齐次线性方程组 (4.25) 的解集 S_0 是 F^n 的一个 $n - \text{rank}A$ 维子空间, 称为它的解空间.

证 当方程组 (4.24) 有解时, 用初等变换可将它化为一般解形式, 不妨设 (4.24) 的一般解为 (4.27). 同时, 我们得到方程组 (4.25) 的一般解：

$$\begin{cases} x_1 = c_{11}x_{r+1} + \cdots + c_{1,n-r}x_n, \\ \quad\cdots\cdots\cdots\cdots \\ x_r = c_{r1}x_{r+1} + \cdots + c_{r,n-r}x_n, \end{cases} \tag{4.37}$$

其中 $r = \text{rank}A$. 在上式中令自由变量 $x_{r+1}, \cdots, x_n$ 中的一个取 1, 其余自由变量取 0, 我们就得到方程组 (4.25) 的 $s := n - r$ 个解：

$$\begin{aligned} c_1 &= (c_{11}, c_{21}, \cdots, c_{r1}, 1, 0, 0, \cdots, 0, 0), \\ c_2 &= (c_{12}, c_{22}, \cdots, c_{r2}, 0, 1, 0, \cdots, 0, 0), \\ &\cdots\cdots\cdots\cdots \\ c_s &= (c_{1s}, c_{2s}, \cdots, c_{rs}, 0, 0, 0, \cdots, 0, 1). \end{aligned}$$

在 (4.27) 中令自由变量全取 0, 得到 (4.24) 的一个解 $d=(d_1,\cdots,d_r,0\cdots,0)$. 于是, 我们可以将它们的一般解分别写成如下解向量形式:

$$(x_1,\cdots,x_n)=x_{r+1}c_1+\cdots+x_nc_n+d, \tag{4.38}$$

$$(x_1,\cdots,x_n)=x_{r+1}c_1+\cdots+x_nc_n. \tag{4.39}$$

由此得

$$S_0=\mathrm{Span}(c_1,\cdots,c_s),\quad S=d+S_0.$$

显然, c_1, $\cdots$, c_s 是线性无关的, 于是 $c_1,\cdots,c_s$ 是 (4.25) 的解空间的一个基. 特别地, 解空间的维数为 $n-\mathrm{rank}A$. □

定义 4.16 齐次线性方程组的解空间的一个基称为一个基础解系.

例 4.20 解线性方程组

$$\begin{cases}2x_1-x_2+3x_3=1,\\4x_1-2x_2+5x_3=4,\\2x_1-x_2+4x_3=-1.\end{cases}$$

解 对增广矩阵作初等行变换:

$$\begin{pmatrix}2&-1&3&1\\4&-2&5&4\\2&-1&4&-1\end{pmatrix}\xrightarrow[r_3+(-1)r_1]{r_2+(-2)r_1}\begin{pmatrix}2&-1&3&1\\0&0&-1&2\\0&0&1&-2\end{pmatrix}\xrightarrow{r_3+r_2}\begin{pmatrix}2&-1&3&1\\0&0&-1&2\\0&0&0&0\end{pmatrix}$$

系数矩阵的秩和增广矩阵的秩都是 2. 因此方程组有解, 其一般解为

$$\begin{cases}x_1=\dfrac{1}{2}(7+x_2),\\x_3=-2.\end{cases}$$

原方程组的一般解可表为

$$c=c_0+tc_1=\left(\frac{7}{2},0,-2\right)+t\left(\frac{1}{2},1,0\right),\quad t\in F,$$

其中 $c_0=(\frac{7}{2},0,-2)$ 是一个特解, $c_1=(\frac{1}{2},1,0)$ 是导出组的基础解系.

最后, 我们从线性映射的观点来讨论一下线性方程组理论.

设 A 是数域 F 上一个 $m\times n$ 矩阵. 用 A 左乘一个 n 维列向量得到一个 m 维列向量, 这就定义了一个映射 $L_A:F^n\to F^m$, $L_A(X)=AX$. 矩阵运算性质表明, L_A 是一个线性映射.

齐次线性方程组 $AX=0$ 的解集就是 F^m 中零向量在 L_A 下的原像 $L_A^{-1}(0)$, 即 L_A 的核 $\mathrm{Ker}L_A$, 它是 F^n 的一个子空间, 即 $AX=0$ 的解空间, 也称为矩阵 A 的零空间, 记为 $\mathrm{Null}A$. 求线性方程组 $AX=B$ 的解, 就是求向量 B 在映射 L_A 下

的原像 $L_A^{-1}(B)$. 定理 3.7 表明, 如果 $AX=B$ 有解, 则它的解集是它的一个特解和 $AX=0$ 的解空间的和.

任给 $X\in F^n$, $L_A(X)$ 可以写成 A 的列向量组的一个线性组合, 即

$$L_A(X)=AX=\sum_{i=1}^{n}x_iA(\cdot,i),$$

其中 $X=(x_1,\cdots,x_n)^\top$. 因此, $\mathrm{Im}L_A=\mathrm{Col}A$. 将维数定理 3.8 应用于 L_A, 得 $\dim\mathrm{Ker}L_A=n-\dim\mathrm{Im}L_A$. 因此

$$\dim\mathrm{Null}A=n-\dim\mathrm{Col}A. \tag{4.40}$$

另一方面, 对于 $i=1,\cdots,m$, 定义 $f_i:F^n\to F$ 如下:

$$f_i(x)=\sum_{j=1}^{n}a_{ij}x_j,\quad x=(x_1,\cdots,x_n)\in F^n.$$

我们得到 m 个 F^n 上的线性函数. 齐次线性方程组 $AX=0$ 可以重写成

$$f_i(x)=0,\quad i=1,\cdots,m.$$

因此,

$$\mathrm{Null}A=\{x\in F^n:f_i(x)=0,\quad i=1,\cdots,m\}=U^\circ,$$

其中 $U=\langle f_1,\cdots,f_m\rangle$. 因为 F^n 的标准基 $(e_1,\cdots,e_n)$ 的对偶基是由坐标函数组成的基 $(x_1,\cdots,x_n)$, 而 f_i 关于它的坐标就是 $(a_{i1},\cdots,a_{in})$, 由坐标同构得, $\dim U=\dim\mathrm{Row}A$. 由定理 3.11 知, $\dim U+\dim U^\circ=n$. 所以

$$\dim\mathrm{Null}A=\dim U^\circ=n-\dim\mathrm{Row}A. \tag{4.41}$$

比较 (4.40) 与 (4.41) 两式, 得

$$\dim\mathrm{Row}A=\dim\mathrm{Col}A. \tag{4.42}$$

作为线性映射一般理论的应用, 我们重新证明了: 矩阵 A 的行秩与列秩相等, 及齐次线性方程组解的结构定理 4.8, 即

$$\dim\mathrm{Null}A=n-\mathrm{rank}A.$$

另外, 由定理 3.12 的推论 3.11 可得如下结论.

定理 4.9　F^n 的每个子空间是某个齐次线性方程组的解空间.

例 4.21 设 $a_1 = (1,1,-2,1)$, $a_2 = (3,1,-4,1)$, $a_3 = (-1,1,0,1)$ 生成的 $V = F^4$ 的子空间为 U. 求一齐次线性方程组, 使其解空间为 U.

解 由已知, $U = \langle a_1, a_2, a_3 \rangle$. 对于 $f \in V^*$, 可设 $f = \sum_{i=1}^4 k_i f_i$, 其中 f_i 为坐标函数. 按定义, $f \in U^\circ$, 等价于 $f(a_1) = f(a_2) = f(a_3) = 0$, 即

$$\begin{cases} k_1 + k_2 - 2k_3 + k_4 = 0, \\ 3k_1 + k_2 - 4k_3 + 4k_4 = 0, \\ -k_1 + k_2 + k_4 = 0. \end{cases}$$

解上述方程组, 得 $(k_1, k_2, k_3, k_4) = k_3(1,1,1,0) + k_4(0,-1,0,1)$. 令

$$g_1 = f_1 + f_2 + f_3, \ g_2 = -f_2 + f_4,$$

则 $U^\circ = \langle g_1, g_2 \rangle$. 因此, 由 $U^{\circ\circ} = U$ 知, U 是下面线性方程组的解空间:

$$\begin{cases} x_1 + x_2 + x_3 = 0, \\ -x_2 + x_4 = 0. \end{cases}$$

注 我们知道, 在 $\mathbf{R}^3$ 中有内积运算, 利用内积可以定义正交的概念. 因此, 三元实系数齐次线性方程组的解空间就是其系数矩阵的行空间的正交补. 在 F^n 中, 点积是一个非退化的对称双线性函数, 我们可以类似地定义关于对称双线性函数的正交概念, 那么 F 上齐次线性方程组的解空间与其系数矩阵的行空间互为正交补, 参见第 7 章.

4.3 方阵的行列式

在第 1 章中, 我们考虑了由三个向量形成的平行六面体的体积, 引入了三阶行列式的概念, 并且利用行列式给出了三个向量共面的条件. 根据矩阵理论, F^n 中 n 个向量线性无关, 等价于它们组成的 n 阶方阵可逆. 用初等行变换将方阵化为行阶梯形, 就能知道这个方阵是否可逆, 等价地, 这 n 个向量是否线性无关. 本节我们定义 n 阶行列式, 利用它给出关于 n 阶可逆方阵的元素应该满足的一般条件. 同时, 将行列式应用于线性方程组, 得到直接用系数表示解的公式, 即经典的 Cramer 法则; 并且用行列式刻画矩阵的秩.

4.3.1 行列式的定义及基本性质

在任意数域上任意维数的空间中, 我们没有面积和体积的概念. 因此, 自然地定义任意数域上 n 阶行列式为具有类似于面积、体积性质的函数. 作为定义 n 阶行列式的准备, 我们先来讨论排列及多线性函数的性质.

定义 4.17 由 $1,2,\cdots,n$ 组成的一个有序组 $(i_1,i_2,\cdots,i_n)$ 称为一个 n 元排列, 所有 n 元排列组成的集合记为 S_n.

例如, $(3,1,2)$ 是一个 3 元排列, 共有 6 个 3 元排列. 一般地, n 元排列总数有 $n!$ 个. 同样可以考虑由任意 n 个不同的自然数组成的排列, 如 $(5,2,7)$ 是 $2,5,7$ 的一个排列.

$(1,2,\cdots,n)$ 是一个特殊排列, 它具有自然顺序, 称它为平凡排列. 在一个排列中, 一对数称为构成一个逆序, 如果其中较大的数排在较小的数左边. 一个排列中逆序的总数称为它的逆序数, 记为 $\tau(i_1,i_2,\cdots,i_n)$. 含偶数个逆序的排列称为偶排列, 相反则称为奇排列. 定义一个排列的符号为偶排列时取 1, 奇排列时取 -1, 排列 $(i_1,i_2,\cdots,i_n)$ 的符号记为 $\mathrm{sign}(i_1,i_2,\cdots,i_n)$. 例如, 在 6 个 3 元排列中, 奇偶排列各有 3 个:

$$\mathrm{sign}(1,2,3)=\mathrm{sign}(2,3,1)=\mathrm{sign}(3,1,2)=1,$$
$$\mathrm{sign}(3,2,1)=\mathrm{sign}(2,1,3)=\mathrm{sign}(1,3,2)=-1.$$

例 4.22 求排列 $(n,n-1,\cdots,1)$ 的逆序数.

解 计算一个由 n 个不同自然数构成的排列 $(k_1,\cdots,k_n)$ 的逆序数, 可以按顺序依次计数 k_i 和它后面的数构成的逆序数 τ_i, 即集合 $\{k_j : j>i, k_j<k_i\}$ 的元素个数, 于是 $\tau(k_1,\cdots,k_n)=\tau_1+\cdots+\tau_{n-1}$. 因此

$$\tau(n,n-1,\cdots,1)=(n-1)+(n-2)+\cdots+2+1=\frac{n(n-1)}{2}.$$

将一个排列中的某两个元素互换位置, 其余元素保持不动, 得到一个新的排列, 这样的变换称为一个对换.

命题 4.10 任意对换改变排列的符号.

证 如果互换位置的两个元素是相邻的, 那么对换只改变这两个元素的相对位置, 它们和其他元素的相对位置没有改变. 因此对换前后, 排列的逆序数相差 1, 符号改变. 如果互换位置的两个元素 i 和 j 之间有 s 个元素, 那么, 这样的对换可以通过 $2s+1$ 次相邻元素对换来实现: 首先 i 和所有中间元素互换, 以及 i,j 互换, 然后 j 与中间元素互换. 已证明, 每次相邻元素对换都改变排列的符号. 因此, 奇数次这样的对换改变排列的符号. □

命题 4.11 任意 n 元排列 $(j_1,j_2,\cdots,j_n)$ 与平凡排列 $(1,2,\cdots,n)$ 可以经过一系列对换互变, 且所作对换的次数与排列 $(j_1,j_2,\cdots,j_n)$ 有相同奇偶性.

证 先对 n 归纳来证明, 任意一个 n 元排列可以经过一系列对换变为平凡排列. $n=1$ 显然. 假设结论对于 $n-1$ 成立. 设 $(j_1,j_2\cdots,j_n)$ 是一个 n 元排列. 若 $j_n=n$, 由归纳假设, $n-1$ 元排列 $(j_1,j_2\cdots,j_{n-1})$ 可以经过一系列对换变成 $(1,2,\cdots,n-1)$, 于是, 这一系列对换也将 $(j_1,j_2\cdots,j_n)$ 变成 $(1,2,\cdots,n)$. 若 $j_n\neq n$, 那么对 $(j_1,j_2\cdots,j_n)$ 作 j_n, n 对换, 归结为已证情形. 因此结论对所有 n 成立. 同

样地 $(1,2,\cdots,n)$ 可经一系列对换变成 $(j_1,j_2\cdots,j_n)$, 而 $(1,2,\cdots,n)$ 是偶排列, 所以由命题 4.10 知, 所作对换个数与排列 $(j_1,j_2\cdots,j_n)$ 有相同的奇偶性. □

推论4.7 对 $n>1$, n 个元素的偶排列个数与奇排列个数相等.

证 将所有偶排列的前两个元素对换, 得到所有奇排列, 反之亦然. □

定义 4.18 设 V 是数域 F 上的一个线性空间, $f(a_1,\cdots,a_m)$ 是定义在空间 V 上取值于 F 的多元 (m 元) 函数. 如果对于每一个 j $(1\leqslant j\leqslant m)$, 当 a_1, $\cdots$, a_{j-1}, a_{j+1}, $\cdots,a_m$ 都固定不动时, 函数 f 是 a_j 的线性函数, 则称 f 是多线性函数或 m 线性函数.

例如, f 关于第一个变元是线性的是指: 对任意 x, $y\in V$, $k\in F$, 有

$$f(x+y,a_2,\cdots,a_m)=f(x,a_2,\cdots,a_m)+f(y,a_2,\cdots,a_m)$$
$$f(kx,a_2,\cdots,a_m)=kf(x,a_2,\cdots,a_m).$$

定义4.19 称 m 线性函数 f 斜对称, 如果对任意 $1\leqslant i<j\leqslant m$, 有

$$f(\cdots,x_i\cdots,x_j,\cdots)=-f(\cdots,x_j\cdots,x_i,\cdots).$$

定理4.10 设 $c\in F$. 则存在唯一的 F^n 上斜对称 n 线性函数 f, 使得

$$f(e_1,\cdots,e_n)=c, \tag{4.43}$$

其中 $e_1,\cdots,e_n$ 为 F^n 的标准基; 而且函数 f 的具体表达式为

$$f(a_1,\cdots,a_n)=c\sum_{(j_1,\cdots,j_n)\in S_n}\operatorname{sign}(j_1,\cdots,j_n)a_{1j_1}\cdots a_{nj_n}, \tag{4.44}$$

其中 a_{ij} 表示向量 a_i 的第 j 个分量.

证 假定 f 是 F^n 上的一个满足条件 (4.43) 的斜对称多线性函数, 则可以运用其多线性性质, 逐步把 f 展开:

$$\begin{aligned}f(a_1,\cdots,a_n)&=f\left(\sum_{j_1=1}^n a_{1j_1}e_{j_1},\sum_{j_2=1}^n a_{2j_2}e_{j_2},\cdots,\sum_{j_n=1}^n a_{nj_n}e_{j_n}\right)\\&=\sum_{j_1=1}^n a_{1j_1}f\left(e_{j_1},\sum_{j_2=1}^n a_{2j_2}e_{j_2},\cdots,\sum_{j_n=1}^n a_{nj_n}e_{j_n}\right)\\&\qquad\cdots\cdots\cdots\cdots\\&=\sum_{j_1,\cdots,j_n}a_{1j_1}\cdots a_{nj_n}f(e_{j_1},\cdots,e_{j_n}).\end{aligned}$$

当下标 $j_1,\cdots,j_n$ 之中有两个相同时, 由 f 的斜对称性得 $f(e_{j_1},\cdots,e_{j_n})=0$. 当下标 $j_1,\cdots,j_n$ 互异时, 我们来证明,

$$f(e_{j_1},\cdots,e_{j_n})=c\operatorname{sign}(j_1,\cdots,j_n). \tag{4.45}$$

事实上, 由条件 (4.43), 对于平凡排列, 等式 (4.45) 成立. 由平凡排列经过一系列的对换能得到任意排列, 在对换之下, (4.45) 式的等号两端都只改变符号. 因此等式 (4.45) 对任意排列都成立. 于是, 我们得到 $f(a_1,\cdots,a_n)$ 的表达式 (4.44). 唯一性得证.

下面验证, 式 (4.44) 所确定的函数 f 是一个满足条件 (4.43) 的多线性函数. 首先, 对任意 i, 式 (4.44) 可写作

$$f(a_1,\cdots,a_n)=a_{i1}u_1+a_{i2}u_2+\cdots+a_{in}u_n,$$

其中 $u_1,\cdots,u_n$ 不依赖于 a_i. 因此固定所有 a_j $(j\neq i)$ 时, f 是关于 a_i 的线性函数, 于是 f 是多线性的. 其次, 因为 $f(e_1,\cdots,e_n)$ 的表达式 (4.44) 中, 只有对应平凡排列的项等于 1, 其他项都是 0, 所以 (4.43) 式成立.

最后证 f 的斜对称性. 考虑 a_k, a_l 互换的情况. 将全部排列通过 j_k, j_l 的对换两两配对, 使每两个配成对的排列在这个对换下互变. 根据命题 4.10, 在 (4.44) 式中, 这样一对排列所对应的乘积项 $a_{1j_1}\cdots a_{nj_n}$ 带有相反的符号. 当 a_k 与 a_l 互换时, 乘积项也互换. 因此, a_k, a_l 互换, 相当于表达式 (4.44) 中所有项都乘以 -1. □

对于 $c=1$, 满足条件 (4.43) 的唯一斜对称多线性函数记为 det, 称为数域 F 上 n 阶行列式函数.

定义 4.20 设 F 上 n 阶方阵 $A=(a_{ij})$ 的行向量组为 $a_1,\cdots,a_n$, 则

$$\det(a_1,\cdots,a_n)=\sum_{(j_1,\cdots,j_n)\in S_n}\operatorname{sign}(j_1,\cdots,j_n)a_{1j_1}\cdots a_{nj_n}. \tag{4.46}$$

称为矩阵 A 的行列式, 记为 $\det A$ 或 $|A|$.

当 $F=\mathbf{R}$, $n=2$, 3 时, 以上定义与第 1 章中的定义是一致的. 对于 $n=1$, 规定 $\det(a_{11})=a_{11}$. 由定义知, n 阶方阵 A 的行列式是所有取自 A 的不同行且不同列的 n 个元素之积 $a_{1j_1}\cdots a_{nj_n}$ 的代数和, 其中每一乘积项的符号由列指标构成的排列 $(j_1,\cdots,j_n)$ 所确定, 和式中共有 $n!$ 项. 式 (4.46) 也称为方阵 A 的行列式的完全展开式.

将矩阵与它的行向量组等同, 可以将 F^n 上的 n 元函数看成是 $M_n(F)$ 上的一元函数, 反之亦然. 根据定理 4.10 及行列式的定义, 行列式具有如下性质:

1° 单位矩阵的行列式等于 1;

2° 两行互换, 行列式改变符号;

3° 某一行乘以一个数, 相当于行列式乘以这个数; 某一行是两个向量的和, 则行列式等于该行换成这两个向量后所得两个行列式之和.

例如, 因为 $(3,4,5)=(1,2,3)+2(1,1,1)$, 所以

$$\begin{vmatrix} 2 & 1 & 2 \\ 3 & 4 & 5 \\ 1 & 2 & 3 \end{vmatrix} = \begin{vmatrix} 2 & 1 & 2 \\ 1 & 2 & 3 \\ 1 & 2 & 3 \end{vmatrix} + \begin{vmatrix} 2 & 1 & 2 \\ 2 & 2 & 2 \\ 1 & 2 & 3 \end{vmatrix} = 2\begin{vmatrix} 2 & 1 & 2 \\ 1 & 1 & 1 \\ 1 & 2 & 3 \end{vmatrix}.$$

进一步, 若某一行为零, 或有两行相同或成比例, 则行列式为零.

定理 4.10 的唯一性可以重述如下.

推论 4.8 如果 f 是 F^n 上的一个斜对称 n 线性函数, 那么, 对 F 上任意 n 阶矩阵 A, 有 $f(A)=f(I)\det A$.

当 $n>4$ 时, 按公式 (6.6) 直接计算行列式计算量相当大, 利用行列式的性质, 可以简化计算.

命题 4.12 方阵的行列式在第一类初等行变换下不变.

证 考虑将 A 的第 2 行乘以数 k 加到第 1 行得到 B 的情形, 则

$$\begin{aligned}\det B &= \det(a_1+ka_2, a_2, \cdots, a_n)\\ &= \det(a_1, a_2, \cdots, a_n) + k\det(a_2, a_2, \cdots, a_n) = \det A.\end{aligned}$$

其余情形类似可证. □

因此, 若方阵 A 的行向量组线性相关, 则 A 的行列式等于零.

我们已经知道初等行变换下行列式的变化规律. 由于每个矩阵可经初等行变换化为行阶梯矩阵, 而每个行阶梯方阵是三角的, 因此我们只要会计算三角方阵的行列式, 就可用初等行变换方法来计算行列式了.

命题 4.13 三角方阵的行列式等于其主对角元的乘积.

证 方阵 A 的主对角元之积是其行列式展开式中的一项, 且符号为正. 若 A 是三角的, 则展开式中其他项都是零. 事实上, 若 $a_{1j_1}a_{2j_2}\cdots a_{nj_n}\neq 0$, 则 $j_1\geqslant 1$, $j_2\geqslant 2$, $\cdots$, $j_n\geqslant n$. 但 $j_1+j_2+\cdots+j_n=1+2+\cdots+n$, 所以必有 $j_1=1$, $j_2=2$, $\cdots$, $j_n=n$. □

例 4.23 计算 $\det A$, 这里 $A=\begin{pmatrix} 1 & 0 & 1 & 1 \\ 0 & 1 & 0 & 1 \\ 1 & 1 & 1 & 1 \\ 1 & 1 & 0 & 1 \end{pmatrix}$.

解 对 A 作初等行变换如下:

$$A \xrightarrow{r_3-r_1} \begin{pmatrix} 1 & 0 & 1 & 1 \\ 0 & 1 & 0 & 1 \\ 0 & 1 & 0 & 0 \\ 1 & 1 & 0 & 1 \end{pmatrix} \xrightarrow{r_4-r_1} \begin{pmatrix} 1 & 0 & 1 & 1 \\ 0 & 1 & 0 & 1 \\ 0 & 1 & 0 & 0 \\ 0 & 1 & -1 & 0 \end{pmatrix} \xrightarrow{r_3-r_2} \begin{pmatrix} 1 & 0 & 1 & 1 \\ 0 & 1 & 0 & 1 \\ 0 & 0 & 0 & -1 \\ 0 & 1 & -1 & 0 \end{pmatrix}$$

$$\xrightarrow{r_4-r_2}\begin{pmatrix}1&0&1&1\\0&1&0&1\\0&0&0&-1\\0&0&-1&0\end{pmatrix}\xrightarrow{(r_3,r_4)}\begin{pmatrix}1&0&1&1\\0&1&0&1\\0&0&-1&0\\0&0&0&-1\end{pmatrix}=B,$$

所以 $\det A=-\det B=-1$.

对单位矩阵作一次初等行变换就得到初等矩阵, 于是我们得到对应的初等矩阵的行列式如下：$i\neq j$

$$\det(P_{ij}(k))=1,\quad \det P_{ij}=-1,\quad \det P_i(k)=k,$$

对任意矩阵 A 作初等行变换, 相当于用相应初等矩阵左乘 A. 因此, 我们可将行列式在初等行变换下的变化规律表为如下形式.

推论 4.9　设 $A\in M_n(F)$, P 为 n 阶初等阵, 则 $\det(PA)=\det P\det A$.

方阵 A 经有限次初等行变换可以化为既约行阶梯形. 设存在初等矩阵 $P_1,\cdots,P_k$, 使 $A=P_1\cdots P_kA_{rref}$, 应用推论 4.9, 得

$$\det A=\det P_1\cdots\det P_k\det A_{rref}.$$

初等矩阵的行列式非零. 因此, $\det A\neq 0$, 当且仅当 $\det A_{rref}\neq 0$. 而 A_{rref} 要么是单位矩阵 I, 因而行列式为 1, 要么它的最底下一行为 0, 因而其行列式为 0. 结合定理 4.3, 我们得到可逆方阵的又一刻画：

定理 4.11　方阵 A 可逆, 当且仅当 $\det A\neq 0$.

进一步, 对矩阵 B, 有 $\det(AB)=\det P_1\cdots\det P_k\det(A_{rref}B)$. 若 A 可逆, 则 $\det A=\det P_1\cdots\det P_k$, $\det(AB)=\det A\det B$. 若 A 不可逆, 则 A_{rref} 及 $A_{rref}B$ 的最底下一行为 0, 所以 $\det A=\det(AB)=0$.

定理 4.12　设 A, B 是 n 阶方阵, 则 $\det(AB)=\det A\det B$.

推论 4.10　若 A 可逆, 则 $\det(A^{-1})=\dfrac{1}{\det A}$.

证　因 $AA^{-1}=I$, 所以 $\det(AA^{-1})=\det A\det(A^{-1})=1$. □

定理 4.13　若 A 为 n 阶方阵, 则 $\det A=\det A^{\top}$.

证　若 A 可逆, 将 A 写成初等阵之积 $A=P_1\cdots P_k$, 则 $A^{\top}=P_k^{\top}\cdots P_1^{\top}$. 初等矩阵的转置还是初等矩阵, 第 2, 3 类初等阵是对称的, 而第 1 类初等阵的转置还是第 1 类的, 其行列式为 1, 于是 $\det(P_i^{\top})=\det P_i$. 因此由推论 4.9 得 $\det A^{\top}=\det A$. 如果 $A^{\top}$ 可逆, 则 $(A^{\top})^{\top}=A$ 可逆. 因此, 若 A 不可逆, 则 $A^{\top}$ 也不可逆. 此时, $\det A=\det(A^{\top})=0$. □

由于上述定理, 行列式性质中“行”改为“列”仍成立. 特别地, 有

推论 4.11　方阵 A 的行列式是 A 的列向量的斜对称多线性函数.

定理 4.14 设 A, B 分别为 m 阶和 n 阶的方阵, 则

$$\det\begin{pmatrix} A & C \\ 0 & B \end{pmatrix} = \det A \det B = \det\begin{pmatrix} A & 0 \\ D & B \end{pmatrix}.$$

证 当 A, C 固定时, 左边行列式是其后 n 行的斜对称多线性函数, 因而是关于 B 的行向量的斜对称多线性函数. 由推论 4.8 得

$$\det\begin{pmatrix} A & C \\ 0 & B \end{pmatrix} = \det\begin{pmatrix} A & C \\ 0 & I \end{pmatrix}\det B.$$

同理, 当 C 固定时, $\det\begin{pmatrix} A & C \\ 0 & I \end{pmatrix}$ 是关于 A 的列的斜对称多线性函数, 故

$$\det\begin{pmatrix} A & C \\ 0 & I \end{pmatrix} = \det\begin{pmatrix} I & C \\ 0 & I \end{pmatrix}\det A = \det A.$$

应用定理 4.13, 我们得到第二个等式. □

例 4.24 计算 Vandermonde 行列式:

$$V(x_1, x_2, \cdots, x_n) = \begin{vmatrix} 1 & 1 & 1 & \cdots & 1 \\ x_1 & x_2 & x_3 & \cdots & x_n \\ {x_1}^2 & {x_2}^2 & {x_3}^2 & \cdots & {x_n}^2 \\ \vdots & \vdots & \vdots & \ddots & \vdots \\ x_1^{n-1} & x_2^{n-1} & x_3^{n-1} & \cdots & x_n^{n-1} \end{vmatrix}.$$

解 从第 n 行开始每行加上前一行的 $-x_1$ 倍, 由定理 4.14, 命题 4.12 得

$$\begin{aligned} & V(x_1, x_2, \cdots, x_n) \\ = & \begin{vmatrix} 1 & 1 & 1 & \cdots & 1 \\ 0 & x_2 - x_1 & x_3 - x_1 & \cdots & x_n - x_1 \\ 0 & x_2(x_2 - x_1) & x_3(x_3 - x_1) & \cdots & x_n(x_n - x_1) \\ \vdots & \vdots & \vdots & \ddots & \vdots \\ 0 & x_2^{n-2}(x_2 - x_1) & x_3^{n-2}(x_3 - x_1) & \cdots & x_n^{n-2}(x_n - x_1) \end{vmatrix} \\ = & (x_2 - x_1)\cdots(x_n - x_1)V(x_2, x_3, \cdots, x_n). \end{aligned}$$

重复上面的步骤, 最后得

$$V(x_1, x_2, \cdots, x_n) = \prod_{1 \leqslant i < j \leqslant n}(x_j - x_i).$$

4.3.2 Laplace 展开定理

对任意矩阵 A, 选定若干行列, 这些行列交叉点处元素形成的矩阵称为 A 的一个子矩阵. A 的 k 阶子方阵的行列式称为 A 的 k 阶子式.

如果 A 是一个方阵, M 是 A 的一个子式, 划去 M 所在行列之后, A 的余下行列组成的子式 M' 称为 M 的余子式. M' 带上符号后, 即 $(-1)^s M'$ 称为 M 的代数余子式, 其中 s 是 M 所在行列指标之和.

特别地, 设 A 是一个 n 阶方阵, 划去 A 的第 i 行和第 j 列之后, 所得的 $(n-1)$ 阶子式称为 A 的 (i,j) 元 a_{ij} 的余子式, 用 M_{ij} 表示. 令

$$A_{ij} = (-1)^{i+j} M_{ij} \tag{4.47}$$

称 A_{ij} 为 A 的 (i,j) 元 a_{ij} 的代数余子式.

引理 4.1 将 n 阶方阵 $A=(a_{ij})$ 的第 i 行的元素除 a_{ij} 外, 其余都换为 0, 所得矩阵记为 A_1, 则 $\det A_1 = a_{ij}A_{ij}$, 即

$$\begin{vmatrix} a_{11} & \cdots & a_{1j} & \cdots & a_{1n} \\ \vdots & & \vdots & & \vdots \\ 0 & \cdots & a_{ij} & \cdots & 0 \\ \vdots & & \vdots & & \vdots \\ a_{n1} & \cdots & a_{nj} & \cdots & a_{nn} \end{vmatrix} = a_{ij}A_{ij}.$$

证 将第 i 行依次与它上面的行对换, 第 j 列依次与它左边的列对换, 共进行 $i-1+j-1=i+j-2$ 次对换, 得到如下行列式:

$$\begin{vmatrix} a_{ij} & 0 & \cdots & 0 \\ a_{1j} & a_{11} & \cdots & a_{1n} \\ \vdots & \vdots & & \vdots \\ a_{nj} & a_{n1} & \cdots & a_{nn} \end{vmatrix},$$

其中右下角对应 a_{ij} 的余子式. 由定理 4.14, 此行列式等于 $a_{ij}M_{ij}$, 考虑到对换引起的符号改变, 即得引理结论. □

定理 4.15 设 A 是一个 $n\ (n \geqslant 2)$ 阶方阵. 则

$$\det A = \sum_{j=1}^{n} a_{ij}A_{ij} = \sum_{i=1}^{n} a_{ij}A_{ij}.$$

证 $\det A$ 的完全展开式中每一项恰含第 i 行中一个元素, 前面引理表明, 所有含 a_{ij} 的项之和为 $a_{ij}A_{ij}$, 于是得到沿第 i 行展开的公式. 类似地, 得到沿第 j 列展开的公式. □

上述两式分别称为 A 的行列式按第 i 行与第 j 列的 Laplace 展开式. 下面我们将行列式展开定理推广至更一般的情形, 即按多行 (列) 展开.

定理 4.16 在 n 阶方阵 $A=(a_{ij})$ 中任意取定 p 行, 则 A 的行列式等于这 p 行元素所组成的一切 p 阶子式与对应的代数余子式的乘积之和.

证 取定 A 的 p 行以后, 任取 A 的 p 列就得到 A 的一个 p 阶子式, 共有 $t=\binom{n}{p}$ 个子式, 记为 $M_1,\cdots,M_t$. 对应的代数余子式分别记为 $A_1,\cdots,A_t$. M_i 的完全展开式是 $p!$ 项之和, 每项都是位于 M_i 的不同行列的 p 个元素之积带上符号. A_i 是 $(n-p)!$ 项之和, 每项都是位于非 M_i 所在的不同行列的 $(n-p)$ 个元素之积带上符号. 于是每个乘积 M_iA_i 展开后就是 $p!(n-p)!$ 项的和, t 个这样的乘积总共有 $tp!(n-p)!=n!$ 项, 每项都是位于 A 的不同行列的 n 个元素之积带上符号, 这些项显然互不相同. 因此只需证明, 每一项和 A 的完全展开式中的对应项符号相同.

先看 A 的前 p 行, p 列构成的子式 M_0 的情形. M_0A_0 的一般项为

$$\operatorname{sign}(k_1,\cdots,k_p)\operatorname{sign}(k_{p+1},\cdots,k_n)a_{1k_1}\cdots a_{pk_p}a_{p+1k_{p+1}}\cdots a_{nk_n},\tag{4.48}$$

其中 $(k_1,\cdots,k_p)$ 为 $1,\cdots,p$ 的一个排列, $(k_{p+1},\cdots,k_n)$ 为 $p+1,\cdots,n$ 的一个排列, 因而 $(k_1,\cdots,k_n)$ 为 $1,\cdots,n$ 的一个排列, 当 $1\leqslant i\leqslant p$, 而且 $p+1\leqslant j\leqslant n$ 时, 有 $k_i<k_j$, 故

$$\operatorname{sign}(k_1,\cdots,k_n)=\operatorname{sign}(k_1,\cdots,k_p)\operatorname{sign}(k_{p+1},\cdots,k_n).$$

因此 (4.48) 式恰好是 $\det A$ 的完全展开式中的一项.

设 M_s 是第 $j_1,\cdots,j_p$ 列确定的子式, M_s' 是它的余子式. 通过对换相邻两行, 两列的方式, 依次将 A 的第 $i_1,\cdots,i_p$ 行分别移至第 $1,\cdots,p$ 行; A 的第 $j_1,\cdots,j_p$ 列分别移至第 $1,\cdots,p$ 列, 所得矩阵记为 B. 总共做了 $(i_1-1)+\cdots+(i_p-p)$ 次行对换, $(j_1-1)+\cdots+(j_p-p)$ 次列对换. 于是

$$\det B=(-1)^{\sum_{t=1}^{p}(i_t+j_t)-p(p+1)}\det A=(-1)^{\sum_{t=1}^{p}(i_t+j_t)}\det A.$$

又

$$M_sA_s=(-1)^{\sum_{t=1}^{p}(i_t+j_t)}M_sM_s',$$

由前部分证明知, M_sM_s' 中每一项是 $\det B$ 的完全展开式中的一项, 所以 M_sA_s 中每一项恰好是 $\det A$ 的完全展开式中的一项. □

定理 4.14 和定理 4.15 都可看作定理 4.16 的特例.

例 4.25 将 3 阶方阵 $A=(a_{ij})_3$ 的行列式按第 1, 2 行展开如下:

$$\begin{aligned}|A|&=\begin{vmatrix}a_{11}&a_{12}\\a_{21}&a_{22}\end{vmatrix}(-1)^6a_{33}+\begin{vmatrix}a_{11}&a_{13}\\a_{21}&a_{23}\end{vmatrix}(-1)^7a_{32}+\begin{vmatrix}a_{12}&a_{13}\\a_{22}&a_{23}\end{vmatrix}(-1)^8a_{31}\\&=\begin{vmatrix}a_{11}&a_{12}\\a_{21}&a_{22}\end{vmatrix}a_{33}-\begin{vmatrix}a_{11}&a_{13}\\a_{21}&a_{23}\end{vmatrix}a_{32}+\begin{vmatrix}a_{12}&a_{13}\\a_{22}&a_{23}\end{vmatrix}a_{31}.\end{aligned}$$

这与按第 3 行展开结果一致.

例 4.26　计算 $\Delta_n = \begin{vmatrix} 1 & 1 & 0 & \cdots & 0 & 0 \\ -1 & 1 & 1 & \cdots & 0 & 0 \\ \vdots & \vdots & \vdots & & \vdots & \vdots \\ 0 & 0 & 0 & \cdots & 1 & 1 \\ 0 & 0 & 0 & \cdots & -1 & 1 \end{vmatrix}_n$.

解　显然, $\Delta_1 = 1$, $\Delta_2 = 2$. 将 Δ_n 按第 1 行展开, 得

$$\Delta_n = \Delta_{n-1} + \Delta_{n-2}. \tag{4.49}$$

解递推关系 (4.49) 即可求出 Δ_n. (4.49) 形如 $\Delta_n = (a+b)\Delta_{n-1} - ab\Delta_{n-2}$. 为此, 令 $a+b=1$, $ab=-1$, 解得

$$a = \frac{1}{2}(1+\sqrt{5}), \quad b = \frac{1}{2}(1-\sqrt{5}),$$

$$\begin{aligned} \Delta_n - a\Delta_{n-1} &= b(\Delta_{n-1} - a\Delta_{n-2}) = \cdots = b^{n-2}(\Delta_2 - a\Delta_1), \\ \Delta_n - b\Delta_{n-1} &= a(\Delta_{n-1} - b\Delta_{n-2}) = \cdots = a^{n-2}(\Delta_2 - b\Delta_1). \end{aligned}$$

解上面方程, 得

$$\Delta_n = \frac{\Delta_2 - b\Delta_1}{a(a-b)} a^n - \frac{\Delta_2 - a\Delta_1}{b(a-b)} b^n.$$

将 Δ_1, Δ_2, a, b 的值代入上式, 得

$$\Delta_n = \frac{\sqrt{5}}{5}\left[\left(\frac{1+\sqrt{5}}{2}\right)^{n+1} - \left(\frac{1-\sqrt{5}}{2}\right)^{n+1}\right].$$

例 4.27　计算 $\Delta = \begin{vmatrix} a_1 & & & & & c_1 \\ & \ddots & & & \iddots & \\ & & a_n & c_n & & \\ & & d_n & b_n & & \\ & \iddots & & & \ddots & \\ d_1 & & & & & b_1 \end{vmatrix}$.

解　重复利用 Laplace 定理将行列式按首尾两行展开, 得

$$\Delta = (a_1 b_1 - c_1 d_1) \begin{vmatrix} a_2 & & & & & c_2 \\ & \ddots & & & \iddots & \\ & & a_n & c_n & & \\ & & d_n & b_n & & \\ & \iddots & & & \ddots & \\ d_2 & & & & & b_2 \end{vmatrix} = \cdots = \prod_{i=1}^{n}(a_i b_i - c_i d_i).$$

例 4.28 计算 $\Delta = \begin{vmatrix} 0 & a_1+a_2 & \cdots & a_1+a_n \\ a_2+a_1 & 0 & \cdots & a_2+a_n \\ \vdots & \vdots & & \vdots \\ a_n+a_1 & a_n+a_2 & \cdots & 0 \end{vmatrix}$.

解 下面的第 1, 3, 6 步利用了定理 4.14 或 Laplace 定理, B 是第 2 个等号后对应的矩阵. 第 5 步是用第 3 列以后的列乘适当的数加到第 1, 2 列, 使这两列中除第 1, 2 分量外其余分量都化为 0.

$$\Delta = \begin{vmatrix} 1 & a_1 & a_2 & \cdots & a_n \\ 0 & & & & \\ \vdots & & A & & \\ 0 & & & & \end{vmatrix} \overset{r_i - r_1, i\geqslant 2}{=} \begin{vmatrix} 1 & a_1 & a_2 & \cdots & a_n \\ -1 & -a_1 & a_1 & \cdots & a_1 \\ -1 & a_2 & -a_2 & \cdots & a_2 \\ \vdots & \vdots & \vdots & & \vdots \\ -1 & a_n & a_n & \cdots & -a_n \end{vmatrix}$$

$$= \begin{vmatrix} 1 & 0 & \cdots & 0 \\ 0 & & & \\ a_1 & & B & \\ \vdots & & & \\ a_n & & & \end{vmatrix} \overset{c_j - c_1, j\geqslant 3}{=} \begin{vmatrix} 1 & 0 & -1 & \cdots & -1 \\ 0 & 1 & a_1 & \cdots & a_n \\ a_1 & -1 & -2a_1 & & \\ \vdots & \vdots & & \ddots & \\ a_n & -1 & & & -2a_n \end{vmatrix}$$

$$= \begin{vmatrix} 1-\dfrac{n}{2} & \displaystyle\sum_{i=1}^{n}\frac{1}{2a_i} & -1 & \cdots & -1 \\ \dfrac{1}{2}\displaystyle\sum_{i=1}^{n} a_i & 1-\dfrac{n}{2} & a_1 & \cdots & a_n \\ & & -2a_1 & & \\ & & & \ddots & \\ & & & & -2a_n \end{vmatrix}$$

$$= \begin{vmatrix} 1-\dfrac{n}{2} & \displaystyle\sum_{i=1}^{n}\frac{1}{2a_i} \\ \dfrac{1}{2}\displaystyle\sum_{i=1}^{n} a_i & 1-\dfrac{n}{2} \end{vmatrix} \begin{vmatrix} -2a_1 & & \\ & \ddots & \\ & & -2a_n \end{vmatrix}$$

$$= (-2)^{n-2} a_1 \cdots a_n \left((n-2)^2 - \sum_{j,k=1}^{n} \frac{a_j}{a_k} \right).$$

4.3.3 Cramer 法则

在 4.2 节开头, 我们说过, 当 A 可逆时, $A^{-1}B$ 是方程 $AX = B$ 的解. Gauss 消去法是这个解法的推广. 因此, 作为特例, 可以用初等行变换方法判定一个矩阵是否可逆, 并求它的逆. 根据定理 4.11, 也可以用行列式来判定矩阵的可逆性. 下面我们用行列式给出逆矩阵的公式, 从而得到用线性方程组的系数表示解的公式, 即经典的 Cramer 法则. 更一般地, 用行列式刻画矩阵的秩.

引理 4.2　设 A 为 n 阶方阵. 则

$$\text{当 } i \neq k \text{ 时}, \quad \sum_{j=1}^{n} a_{ij} A_{kj} = 0, \quad \text{当 } j \neq k \text{ 时}, \quad \sum_{i=1}^{n} a_{ij} A_{ik} = 0.$$

证　将矩阵 A 的第 k 行换成它的第 i 行, 得矩阵 B, 则 B 有两行相同, 因而 $\det B = 0$. 另一方面, 可以沿 B 的第 k 行展开来计算 $\det B$, 注意到 $b_{kj} = a_{ij}$, $B_{kj} = A_{kj}$, 我们得到

$$0 = \det B = \sum_{j=1}^{n} b_{kj} B_{kj} = \sum_{j=1}^{n} a_{ij} A_{kj}.$$

同样地可证另一等式. □

定义 4.21　设 $A = (a_{ij})$ 是 n 阶方阵. 令

$$\mathrm{adj}A = \begin{pmatrix} A_{11} & A_{21} & \cdots & A_{n1} \\ A_{12} & A_{22} & \cdots & A_{n2} \\ \vdots & \vdots & \ddots & \vdots \\ A_{1n} & A_{2n} & \cdots & A_{nn} \end{pmatrix}. \tag{4.50}$$

我们称 $\mathrm{adj}A$ 为矩阵 A 的伴随矩阵, 其中 A_{ij} 是 a_{ij} 的代数余子式.

将定理 4.15 和引理 4.2 合起来, 我们得到如下矩阵等式:

$$A\mathrm{adj}A = (\mathrm{adj}A)A = (\det A)I. \tag{4.51}$$

定理 4.17　如果 n 阶方阵 $A = (a_{ij})$ 可逆, 那么

$$A^{-1} = \frac{1}{\det A}\mathrm{adj}A. \tag{4.52}$$

证　若 $A = (a_{ij})$ 可逆, 则 $\det A \neq 0$, 由 (4.51) 式即得 (4.52) 式. □

考虑 n 个变量 n 个方程的线性方程组:

$$\begin{cases} a_{11}x_1 + a_{12}x_2 + \cdots + a_{1n}x_n = b_1 \\ a_{21}x_1 + a_{22}x_2 + \cdots + a_{2n}x_n = b_2 \\ \qquad\cdots\cdots\cdots\cdots \\ a_{n1}x_1 + a_{n2}x_2 + \cdots + a_{nn}x_n = b_n \end{cases} \tag{4.53}$$

令 $A = (a_{ij})$, $B = (b_1, \cdots, b_n)^\top$. 系数矩阵 A 的第 i 列换为常数项 B 之后, 所得方阵记为 A_i $(i = 1, \cdots, n)$.

定理 4.18 (Cramer)　如果 $\det A \neq 0$, 那么线性方程组 (4.53) 有唯一解:

$$x_j = \frac{\det A_j}{\det A}, \quad j = 1, \cdots, n. \tag{4.54}$$

证 当 $\det A \neq 0$ 时, A 可逆. 因此 $X_0 = A^{-1}B$ 是方程 $AX = B$ 的唯一解, 而且,

$$\begin{aligned} X_0 &= \frac{1}{\det A}(\mathrm{adj}A)B \\ &= \frac{1}{\det A}\Big(\sum_{j=1}^{n} b_j A_{j1}, \cdots, \sum_{j=1}^{n} b_j A_{jn}\Big)^{\top} \\ &= \Big(\frac{\det A_1}{\det A}, \cdots, \frac{\det A_n}{\det A}\Big)^{\top}. \end{aligned}$$

定理得证. □

以上推导实际上就是 2, 3 阶情形的消元法的推广. 根据定理 4.15 和引理 4.2. 为了求 x_j, 把 (4.53) 中第 i 个方程乘以 A_{ij}, 并把这些方程加起来, 同时消去变量 $x_1, \cdots, x_{j-1}, x_{j+1}, \cdots, x_n$, 得

$$(a_{1j}A_{1j} + \cdots + a_{nj}A_{nj})x_j = (b_1 A_{1j} + \cdots + b_n A_{nj}),$$

即

$$\det A x_j = \det A_j.$$

因此, 当 $\det A \neq 0$ 时, 方程组 (4.53) 有解 (4.54).

以上定理称为 Cramer 法则. 它只能应用于解方程个数和变量个数相等, 且系数矩阵的行列式非零的线性方程组. 根据 Gauss 消去法理论, 当系数矩阵的行列式为零时, 方程组可能是不相容的, 或者是不确定的.

推论 4.12 设 $A = (a_{ij})$ 为 n 阶方阵, 则有

$$\det(\mathrm{adj}A) = (\det A)^{n-1}.$$

证 由 (4.51) 式得 $\det(\mathrm{adj}A)\det A = (\det A)^n$. 所以, 当 $\det A \neq 0$ 时, 有 $\det(\mathrm{adj}A) = (\det A)^{n-1}$. 当 $\det A = 0$ 时, 有 $(\mathrm{adj}A)A = 0$, 即 A 的每一列都是齐次线性方程组 $(\mathrm{adj}A)X = 0$ 的解. 假设 $\det(\mathrm{adj}A) \neq 0$, 则齐次线性方程组 $(\mathrm{adj}A)X = 0$ 只有零解, 由此得 $A = 0$, 从而 $\mathrm{adj}A = 0$, 矛盾. 因此, 当 $\det A = 0$ 时, 也有 $\det(\mathrm{adj}A) = 0$. □

定理 4.19 一个矩阵的秩等于其非零子式阶数的最大值.

证 设 A 的秩是 r, $s > r$, 则 A 的任意 s 行线性相关, 因此 A 的任意 s 阶子矩阵的行向量也线性相关, 所以 A 的任意 s 阶子式为零. 考虑由 A 的 r 个线性无关的行构成的子矩阵, 它的秩也是 r, 因此它有 r 个线性无关的列, 这些列组成的 r 阶子式非零. 反之, 若 A 有一个 r 阶子式非零, 所有 $r+1$ 阶子式为零, 那么 A 有 r 行线性无关, 任意 $r+1$ 行线性相关. 因此 A 的秩是 r. □

习　题　4

若未说明, 所有矩阵都是某个数域 F 上的矩阵.

4.1 节习题

1. 设 $A=\begin{pmatrix}1 & 2 & 3\end{pmatrix}$, $B=\begin{pmatrix}1 & 1 & 1\end{pmatrix}^{\top}$, 求 AB, BA.

2. 计算 AB, BA:

1) 设 $A=(a_{ij})_{3\times 3}$, $B=\operatorname{diag}(b_1,b_2,b_3)$;　2) 设 A, B 都是 3×3 上三角矩阵.

3. 设 $A\in M_3(F)$. 计算 PA 和 AP:

1) $P=\begin{pmatrix}1 & 0 & 0\\ k & 1 & 0\\ 0 & 0 & 1\end{pmatrix}$;　2) $P=\begin{pmatrix}1 & 0 & 0\\ 0 & 0 & 1\\ 0 & 1 & 0\end{pmatrix}$;　3) $P=\begin{pmatrix}1 & 0 & 0\\ 0 & k & 0\\ 0 & 0 & 1\end{pmatrix}$.

4. 计算:

1) $\begin{pmatrix}x & y & 1\end{pmatrix}\begin{pmatrix}a_{11} & a_{12} & b_1\\ a_{12} & a_{22} & b_2\\ b_1 & b_2 & c\end{pmatrix}\begin{pmatrix}x\\ y\\ 1\end{pmatrix}$;　2) $\begin{pmatrix}x & y & z & 1\end{pmatrix}\begin{pmatrix}a_{11} & a_{12} & a_{13} & b_1\\ a_{12} & a_{22} & a_{23} & b_2\\ a_{31} & a_{32} & a_{33} & b_3\\ b_1 & b_2 & b_3 & c\end{pmatrix}\begin{pmatrix}x\\ y\\ z\\ 1\end{pmatrix}$.

5. 计算下列矩阵的 n 次方幂 (n 为正整数):

1) $\begin{pmatrix}1 & 0 & 0\\ 0 & \cos\theta & -\sin\theta\\ 0 & \sin\theta & \cos\theta\end{pmatrix}$;　2) $\begin{pmatrix}k & 1 & 0\\ 0 & k & 1\\ 0 & 0 & k\end{pmatrix}$;　3) $\begin{pmatrix}1 & -1 & -1 & -1\\ -1 & 1 & -1 & -1\\ -1 & -1 & 1 & -1\\ -1 & -1 & -1 & 1\end{pmatrix}$.

6. 称矩阵 B 与矩阵 A 可交换, 如果 $AB=BA$. 求与矩阵 A 可交换的所有矩阵:

1) $A=\begin{pmatrix}1 & 0 & 0\\ 0 & 3 & 0\\ 0 & 0 & 6\end{pmatrix}$;　2) $A=\begin{pmatrix}1 & 0 & 0\\ 0 & 1 & 2\\ 3 & 1 & 2\end{pmatrix}$.

7. 设 $D=\operatorname{diag}(d_1,\cdots,d_n)$, 且 $d_1,\cdots,d_n\in F$ 两两不同. 求所有与 D 可交换的矩阵;

8. 证明: 若矩阵 A 与所有 n 阶方阵可交换, 则 A 是数量矩阵, 即 $A=kI_n$, $k\in F$.

9. 设 A, $B\in M_n(F)$, 且 A, B 可交换. 证明:

1) $(A+B)^m=\sum\limits_{i=0}^{m}\binom{m}{i}A^iB^{m-i}$;

2) $A^m-B^m=(A-B)\left(\sum\limits_{i=1}^{m}A^{m-i}B^{i-1}\right)$.

10. 设 $A\in M_n(F)$ 是可逆矩阵, $a_1,\cdots,a_k\in F^{n\times 1}$. 证明: $a_1,\cdots,a_k$ 线性无关当且仅当 $Aa_1,\cdots,Aa_k$ 线性无关.

11. 证明: 若方阵 A 幂零, 即有 $k\in\mathbf{N}$, 使得 $A^k=0$, 则 $I-A$ 与 $I+A$ 是可逆矩阵.

12. 证明: 一个矩阵如果有一行为零, 则它不是可逆矩阵.

13. 设 A, $B\in M_n(F)$. 证明: $AB-BA\neq I$.

14. 设 A, $B\in M_n(F)$. 证明:

1) 若 $A^3=B^3$, $A^2B=B^2A$, 且 A^2+B^2 可逆, 则 $A=B$;

2) 若 $A+B$ 可逆, 则 $A(A+B)^{-1}B=B(A+B)^{-1}A$.

15. 设 $A,\ B\in M_n(F)$. 证明:

1) 若 AB 可逆, 则 A 和 B 都可逆;

2) 若 $I-AB$ 可逆, 则 $I-BA$ 可逆;

3) 若 $A,\ B,\ AB-I$ 可逆, 则 $A-B^{-1}$ 和 $(A-B^{-1})^{-1}-A^{-1}$ 都可逆, 且

$$((A-B^{-1})^{-1}-A^{-1})^{-1}=ABA-A\ (\text{华罗庚等式}).$$

16. 设 $A\in F^{m\times n}$. 证明: 存在矩阵 B, 使得 $BA=I_n$ 当且仅当 A 的列向量组线性无关; 存在矩阵 B, 使得 $AB=I_m$ 当且仅当 A 的行向量组线性无关.

17. 证明: 两个 n 阶上三角矩阵的乘积还是上三角矩阵; 严格上三角方阵是可逆矩阵.

18. 证明: 若 A 是可逆对称 (斜对称) 矩阵, 则 A^{-1} 也是对称 (斜对称) 矩阵; 两个 n 阶对称矩阵的乘积在什么条件下也是对称矩阵?

19. 设 A 为实对称矩阵. 证明: $A^2=0$ 当且仅当 $A=0$.

20. 证明: $M_n(\mathbf{R})$ 的下列子集 W 是子空间, 并且给出 W 的一个基, 指出其维数.

1) 对称矩阵全体; 2) 斜对称矩阵全体; 3) 上三角矩阵全体.

21. $S,\ T$ 分别表示 $M_n(F)$ 中斜对称, 上三角矩阵构成的子空间. 证明: $M_n(F)=S\oplus T$.

22. 令 $V=M_2(F)$, $U=\Big\{A\in V: a_{11}+a_{12}=0\Big\}$, $W=\Big\{A\in V: a_{11}+a_{21}=0\Big\}$.

1) 证明: $U,\ W$ 是 V 的子空间;

2) 求 $U,\ W,\ U+W,\ U\cap W$ 的维数;

3) 给出 V 的一个基 $(A_1,\ A_2,\ A_3,\ A_4)$, 使得 ${A_i}^2=A_i,\ i=1,2,3,4$.

23. 用分块乘法计算矩阵乘积:

$$\left(\begin{array}{c|cc} 0 & 1 & 2 \\ \hline 0 & 1 & 0 \\ 3 & 0 & 1 \end{array}\right)\left(\begin{array}{c|cc} 1 & 2 & 3 \\ \hline 4 & 2 & 3 \\ 5 & 0 & 4 \end{array}\right).$$

24. 设 $A,\ B,\ C,\ D\in M_n(F)$, 且 A 可逆. 求矩阵 $X,\ Y$, 使得

$$\begin{pmatrix} I & 0 \\ X & I \end{pmatrix}\begin{pmatrix} A & B \\ C & D \end{pmatrix}=\begin{pmatrix} A & B \\ 0 & D_1 \end{pmatrix},\quad \begin{pmatrix} A & B \\ C & D \end{pmatrix}\begin{pmatrix} I & Y \\ 0 & I \end{pmatrix}=\begin{pmatrix} A & 0 \\ C & D_2 \end{pmatrix}.$$

25. 设 $A,\ C\in M_n(F)$ 可逆, $X=\begin{pmatrix} 0 & A \\ C & 0 \end{pmatrix}$. 证明: X 可逆, 并求 X^{-1}.

26. 设 $A=\mathrm{diag}(a_1I_{n_1},\cdots,a_sI_{n_s})$, 其中 $a_1,\cdots a_s\in F$ 两两不同. 证明: 与 A 可交换的矩阵是 $\mathrm{diag}(B_1,\cdots,B_s)$, 其中 B_i 是 n_i 阶矩阵, $i=1,\cdots,s$.

27. 设 $e_1=(1,0,-i),\ e_2=(1+\imath,1-\imath,1),\ e_3=(\imath,\imath,\imath)$. 证明: $(e_1,\ e_2,\ e_3)$ 是 $\mathbf{C}^3$ 的一个基, 并求向量 $a=(a_1,a_2,a_3)$ 关于此基的坐标.

28. 在 F^4 中, 求由基 (e_1,e_2,e_3,e_4) 到基 (d_1,d_2,d_3,d_4) 的过渡矩阵, 及任意 $a\in F^4$ 分别关于这两个基的坐标, 其中

$e_1=(1,2,-1,0),\ e_2=(1,-1,1,1),\ e_3=(-1,2,1,1),\ e_4=(-1,-1,0,1)$;

$d_1=(2,1,0,1),\ d_2=(0,1,2,2),\ d_3=(-2,1,1,2),\ d_4=(1,3,1,2)$.

29. 设 (e_1, e_2, e_3) 是 3 维空间 V 的一个基, (f_1, f_2, f_3) 是其对偶基. 证明：向量组 $e_1' = e_1 + 2e_2 + 3e_3$, $e_2' = e_1 + e_2 - e_3$, $e_3' = e_1 + e_2$ 也是 V 的基, 并求其对偶基.

30. 将平面或空间点与向量的坐标变换公式写成矩阵形式, 然后写出它们的逆变换公式, 及连续两次坐标变换的复合变换公式.

4.2 节习题

31. 用 Gauss 消去法解下列 $\mathbf{R}$ 上线性方程组:

1) $\begin{cases} x_1 + 3x_2 + 5x_3 - 4x_4 = 1, \\ x_1 + 3x_2 + 2x_3 - 2x_4 + x_5 = -1, \\ x_1 - 2x_2 + x_3 - x_4 - x_5 = 3, \\ x_1 - 4x_2 + x_3 + x_4 - x_5 = 3, \\ x_1 + 2x_2 + x_3 - x_4 + x_5 = -1; \end{cases}$　2) $\begin{cases} x_1 - 4x_2 + 2x_3 = -1, \\ -x_1 + 11x_2 - x_3 = 3, \\ 3x_1 - 5x_2 + 7x_3 = k. \end{cases}$

32. 证明: $\mathbf{R}$ 上线性方程组 $AX = B$ 如果有多于一个的解, 则必有无限多解; 如果它在 $\mathbf{C}$ 上是相容的, 则在 $\mathbf{R}$ 上也是相容的.

33. 当 k 为何值时, 下列 $\mathbf{R}$ 上线性方程组有解, 有唯一解或无解 ? 有解时, 求一般解.

1) $\begin{cases} x_1 + 2x_2 + 4x_3 + 4x_4 = 7, \\ x_2 + x_3 + 2x_4 = 3, \\ x_1 + 2x_3 = k; \end{cases}$　2) $\begin{cases} x_1 + x_2 + x_3 = 3, \\ x_1 + 2x_2 - kx_3 = 9, \\ 2x_1 - x_2 + 3x_3 = 6. \end{cases}$

34. 求可逆矩阵 P, 使得 PA 为既约行阶梯矩阵:

1) $\begin{pmatrix} 1 & 1 & 0 \\ 2 & 3 & 1 \\ 1 & 2 & 1 \end{pmatrix}$;　2) $\begin{pmatrix} 1 & 2 & -1 & 1 \\ 2 & 3 & 1 & 0 \\ 0 & 1 & 2 & 1 \end{pmatrix}$;　3) $\begin{pmatrix} 1 & 0 & 1 & 0 \\ 0 & 1 & 1 & 0 \\ 1 & 1 & 0 & 0 \\ 1 & 0 & 0 & 1 \end{pmatrix}$.

35. 下列矩阵是否可逆 ? 若可逆, 求其逆矩阵:

1) $\begin{pmatrix} 1 & 0 & 1 \\ 0 & 1 & -1 \\ 1 & 1 & 0 \end{pmatrix}$;　2) $\begin{pmatrix} 1 & 0 & -2 \\ 0 & 1 & 1 \\ 1 & 1 & 0 \end{pmatrix}$;　3) $\begin{pmatrix} 1 & 0 & 1 \\ 0 & 1 & 1 \\ 1 & 2 & 1 \end{pmatrix}$;

4) $\begin{pmatrix} 1 & 0 & 1 & 0 \\ 0 & 1 & 0 & -1 \\ 1 & 0 & -1 & 0 \\ 0 & 1 & 0 & 1 \end{pmatrix}$;　5) $\begin{pmatrix} 0 & 2 & 4 \\ 2 & 6 & 4 \\ 3 & 3 & 1 \end{pmatrix}$;　6) $\begin{pmatrix} 0 & 0 & 0 & 1 \\ 1 & 0 & 0 & 0 \\ 0 & 1 & 0 & 0 \\ 0 & 0 & 1 & 0 \end{pmatrix}$.

36. 求矩阵 X, Y, 使得 $AX = B$, $YA = B$:

1) $A = \begin{pmatrix} 1 & 1 & -1 \\ 0 & 2 & 2 \\ 1 & -1 & 0 \end{pmatrix}$, $B = \begin{pmatrix} 1 & -1 & 1 \\ 1 & 1 & 0 \\ 2 & 1 & 1 \end{pmatrix}$;

2) $A=(a_{ij})_n$, $B=(b_{ij})_n$, 其中

$$a_{ij}=\begin{cases}1, & i\leqslant j,\\ 0, & i>j,\end{cases}\qquad b_{ij}=\begin{cases}2, & |i-j|=0,\\ 1, & |i-j|=1,\\ 0, & |i-j|>1.\end{cases}$$

37. 证明: 矩阵的第 2 类初等行变换可以通过第 1 类和第 3 类初等行变换来实现.

38. 在 $\mathbf{R}^4$ 中, 把向量 $b=(1,2,1,1)$ 表成向量 a_1,a_2,a_3,a_4 的线性组合:

1) $a_1=(1,1,1,1)$, $a_2=(1,1,-1,-1)$, $a_3=(1,-1,1,-1)$, $a_4=(1,-1,-1,1)$;

2) $a_1=(1,1,0,1)$, $a_2=(2,1,3,1)$, $a_3=(1,1,0,0)$, $a_4=(0,1,-1,-1)$.

39. 求由 $\mathbf{R}^4$ 中向量 $(1,0,-2,1)$, $(2,-1,2,1)$, $(1,1,1,1)$, $(0,1,0,1)$, $(0,1,1,0)$ 张成的子空间 W 的一个基.

40. 求由 $\mathbf{R}[x]_4$ 中下列多项式组张成的子空间 W 的一个基:

$$2+x+2x^2+3x^3,\quad 4+2x+4x^2+6x^3,\quad 6+3x+8x^2+7x^3,\quad 2+x+5x^3,\quad 4+x+9x^3.$$

41. 求由 $M_2(\mathbf{R})$ 中下列矩阵组张成的子空间 W 的一个基.

$$\begin{pmatrix}0 & -1\\ -1 & 1\end{pmatrix},\quad \begin{pmatrix}1 & 2\\ 2 & 3\end{pmatrix},\quad \begin{pmatrix}2 & 1\\ 1 & 9\end{pmatrix},\quad \begin{pmatrix}1 & -2\\ -2 & 4\end{pmatrix},\quad \begin{pmatrix}-1 & 2\\ 2 & -1\end{pmatrix}.$$

42. 求下列矩阵的秩:

1) $\begin{pmatrix}0 & 1 & 1 & -1 & 2\\ 0 & 2 & 2 & -2 & 0\\ 0 & -1 & -1 & 1 & 1\\ 1 & 1 & 0 & -1 & 1\end{pmatrix}$; 2) $\begin{pmatrix}1 & -1 & 2 & 1 & 0\\ 2 & -2 & 4 & -2 & 0\\ 3 & 0 & 6 & -1 & 1\\ 0 & 3 & 0 & 0 & 1\end{pmatrix}$;

3) $\begin{pmatrix}14 & 12 & 6 & 8 & 2\\ 6 & 10 & 21 & 9 & 17\\ 7 & 6 & 3 & 4 & 1\\ 35 & 30 & 15 & 20 & 5\end{pmatrix}$; 4) $\begin{pmatrix}1 & 0 & 0 & 1 & 4\\ 0 & 1 & 0 & 2 & 5\\ 0 & 0 & 1 & 3 & 6\\ 1 & 2 & 3 & 14 & 32\\ 4 & 5 & 6 & 32 & 77\end{pmatrix}$,

43. 设 $A\in M_n(F)$. 证明: $\text{rank}A=1$, 当且仅当存在 $0\neq a$, $b\in F^n$, 使得 $A=a^{\top}b$.

44. 设 $\text{rank}A=r$. 证明: A 可以表示为 r 个秩为 1 的矩阵之和.

45. 设 $B\in F^{m\times n}$, $C\in F^{n\times p}$, $\text{rank}C=n$. 证明: 若 $BC=0$, 则 $B=0$.

46. 设 A, $B\in F^{m\times n}$. 证明: $\text{rank}(A+B)\leqslant\text{rank}A+\text{rank}B$.

47. 设 $A\in F^{m\times n}$, $B\in F^{n\times p}$. 证明:

1) $\text{Null}B\subseteq\text{Null}(AB)$, $\text{Col}A\supseteq\text{Col}(AB)$;

2) 若 $AB=0$, 则 $\text{Col}B\subseteq\text{Null}A$; $\text{rank}A+\text{rank}B\leqslant n$.

48. 设 $A\in M_n(F)$. 证明:

1) 若 $A^2=0$, 则 $\text{Col}A\subseteq\text{Null}A$;

2) 若 A 幂零, 则 $\text{dimNull}A>0$;

3) 若 $A^2=I$, 则 $\mathrm{rank}(A+I)+\mathrm{rank}(A-I)=n$;

4) 若 $A^2=A$, 则 $\mathrm{rank}A+\mathrm{rank}(A-I)=n$.

49. 设 $A\in\mathbf{R}^{m\times n}$. 证明:

1) $\mathrm{Row}A\cap\mathrm{Null}A=\{0\}$;　2) $\mathrm{Null}(A^\top A)=\mathrm{Null}A$;　3) $\mathrm{rank}(A^\top A)=\mathrm{rank}A$.

50. 设 $A\in F^{m\times n}$, 定义 $L_A:F^n\to F^m$, $L_A(X)=AX$. 证明:

1) L_A 是单射当且仅当 A 的列向量组线性无关;

2) L_A 是满射当且仅当 A 的行向量组线性无关;

3) L_A 是双射当且仅当 A 是可逆矩阵.

51. 设 $A\in M_n(F)$. 证明: 或者对所有 $B\in F^{n\times 1}$, 方程 $AX=B$ 有解, 此时 $AX=0$ 只有零解; 或者存在 $B\in F^{n\times 1}$ 使得方程 $AX=B$ 无解, 此时 $AX=0$ 有非零解.

52. 设 A, B 分别为数域 F 上 $m\times n$, $n\times p$ 矩阵, U 为 $(AB)X=0$ 的解空间. 证明:

$$\dim L_B(U)=\mathrm{rank}B-\mathrm{rank}(AB).$$

53. 设 A, B, C 分别为数域 F 上 $m\times n$, $n\times p$, $p\times q$ 矩阵. 证明:

1) $\mathrm{rank}(AB)\geqslant\mathrm{rank}A+\mathrm{rank}B-n$;

2) $\mathrm{rank}(ABC)\geqslant\mathrm{rank}(AB)+\mathrm{rank}(BC)-\mathrm{rank}B$.

54. 求 $\mathrm{Null}A$ 及 $\mathrm{Col}A$ 的一个基和维数.

1) $A=\begin{pmatrix}1&2&0&1&2\\2&0&1&-1&2\\1&1&-1&1&0\end{pmatrix}$;　　2) $A=\begin{pmatrix}1&1&-2&3\\3&-1&8&1\\1&3&-9&7\end{pmatrix}$.

55. 设 W 是齐次线性方程组 $AX=0$ 的解空间, 这里

$$A=\begin{pmatrix}1&-1&0&2&-3&1\\2&-1&-1&3&-4&4\end{pmatrix}.$$

1) 证明: $S=\{(0,-1,0,1,1,0),\ (1,0,1,1,1,0)\}$ 是 W 的一个线性无关子集;

2) 将 S 扩充为 W 的一个基.

56. 当 a, b 取何值时, 下列 $\mathbf{R}$ 上线性方程组有唯一解 ?

$$\begin{pmatrix}1&a&a^2\\1&a&ab\\b&a^2&a^2b\end{pmatrix}\begin{pmatrix}x\\y\\z\end{pmatrix}=\begin{pmatrix}1\\a\\a^2b\end{pmatrix}.$$

57. 设 $W=\{A\in M_n(\mathbf{R}):\mathrm{tr}A=0\}$. 求一个子空间 W', 使得 $M_n(\mathbf{R})=W\oplus W'$.

58. 实齐次线性方程组 $x_1+\cdots+x_n=0$ 与 $x_i-x_{i+1}=0,\ i=1,\cdots,n-1$ 的解空间分别记为 V_1 和 V_2. 证明: $\mathbf{R}^n=V_1\oplus V_2$.

59. 考虑 $\mathbf{R}^4$ 中由 $a=(1,1,-1,2)$ 和 $b=(1,1,0,1)$ 张成的子空间 W. 求一齐次线性方程组, 使得它的解集为 W.

60. 分别求 $\mathbf{R}^4$ 的子空间 $\langle a_1,a_2,a_3\rangle$ 与 $\langle b_1,b_2,b_3\rangle$ 的和与交的一个基, 并指出其维数.

1) $a_1=(1,2,1,-2)$,　$a_2=(2,3,1,0)$,　$a_3=(1,2,2,-3)$;

$b_1=(1,1,1,1),\ \ b_2=(1,0,1,-1),\ \ b_3=(1,3,0,-4)$;

2) $a_1=(1,1,0,0),\ \ a_2=(0,1,1,0),\ \ a_3=(0,0,1,1)$;

$b_1=(1,0,1,0),\ \ b_2=(0,2,1,1),\ \ b_3=(1,2,1,2)$.

61. 设 $\dim V=n$. 证明: V 上 n 个线性函数 $f_1,\cdots,f_n$ 作成线性空间 V^* 的一个基的充要条件是, 不存在非零向量 $x\in V$, 使得 $f_1(x)=\cdots=f_n(x)=0$.

4.3 节习题

62. 决定以下排列的逆序数和奇偶性:

1) $(1,9,6,4,5,8,7,3,2)$; 2) $(9,8,7,6,5,4,3,2,1)$; 3) $(n,(n-1),\cdots,2,1)$;

4) $(1,3,\cdots,(2n-1),2,4,\cdots,2n)$; 5) $(2,4,\cdots,(2n),1,3,\cdots,(2n-1))$.

63. 已知排列 $(x_1,x_2,\cdots,x_n)$ 的逆序数为 a, 求排列 $(x_n,x_{n-1},\cdots,x_1)$ 的逆序数.

64. 按定义证明下列行列式等于 0:

1) $\begin{vmatrix} a_1 & a_2 & a_3 & a_4 & a_5 \\ b_1 & b_2 & b_3 & b_4 & b_5 \\ c_1 & c_2 & 0 & 0 & 0 \\ d_1 & d_2 & 0 & 0 & 0 \\ e_1 & e_2 & 0 & 0 & 0 \end{vmatrix}$; 2) $\displaystyle\sum_{(j_1,\cdots,j_n)\in S_n}\begin{vmatrix} a_{1j_1} & a_{1j_2} & \cdots & a_{1j_n} \\ a_{2j_1} & a_{2j_2} & \cdots & a_{2j_n} \\ \vdots & \vdots & \ddots & \vdots \\ a_{nj_1} & a_{nj_2} & \cdots & a_{nj_n} \end{vmatrix}$.

65. 证明:

$$\det A=\sum_{(i_1,\cdots,i_n)\in S_n}(-1)^{\tau(i_1,\cdots,i_n)}a_{i_1 1}\cdots a_{i_n n}.$$

66. 设 $A,\ A_1,\ A_2\in M_n(F)$. 令

$$A_1(\cdot,j)=\sum_{i\neq j}A(\cdot,i),\quad A_2(\cdot,j)=A(\cdot,j)-A_1(\cdot,j),\ j=1,\cdots,n.$$

证明: $\det A_1=(-1)^{n-1}(n-1)\det A$; $\det A_2=-(n-2)2^{n-1}\det A$.

67. 证明: 奇数阶斜对称矩阵不可逆.

68. 计算下列行列式:

1) $\begin{vmatrix} 1 & 0 & 0 & 0 \\ 5 & 2 & 0 & 0 \\ 8 & 6 & 3 & 0 \\ 0 & 9 & 7 & 4 \end{vmatrix}$; 2) $\begin{vmatrix} 3 & 1 & 1 & 1 \\ 1 & 3 & 1 & 1 \\ 1 & 1 & 3 & 1 \\ 1 & 1 & 1 & 3 \end{vmatrix}$; 3) $\begin{vmatrix} 0 & a & 0 & 0 & 0 \\ b & 0 & 0 & 0 & 0 \\ 0 & 0 & c & 0 & 0 \\ 0 & 0 & 0 & 0 & d \\ 0 & 0 & 0 & e & 0 \end{vmatrix}$;

4) $\begin{vmatrix} 1 & 2 & 3 & 4 \\ 2 & 3 & 4 & 1 \\ 3 & 4 & 1 & 2 \\ 4 & 1 & 2 & 3 \end{vmatrix}$; 5) $\begin{vmatrix} a & 0 & 0 & b \\ 0 & c & d & 0 \\ 0 & e & f & 0 \\ g & 0 & 0 & h \end{vmatrix}$; 6) $\begin{vmatrix} 1+x & 1 & 1 & 1 \\ 1 & 1-x & 1 & 1 \\ 1 & 1 & 1+y & 1 \\ 1 & 1 & 1 & 1-y \end{vmatrix}$;

7) $\begin{vmatrix} a^2 & (a+1)^2 & (a+2)^2 & (a+3)^2 \\ b^2 & (b+1)^2 & (b+2)^2 & (b+3)^2 \\ c^2 & (c+1)^2 & (c+2)^2 & (c+3)^2 \\ d^2 & (d+1)^2 & (d+2)^2 & (d+3)^2 \end{vmatrix}$; 8) $\begin{vmatrix} \cos\theta & \sin\theta & \cos\theta & \sin\theta \\ \cos 2\theta & \sin 2\theta & 2\cos 2\theta & 2\sin 2\theta \\ \cos 3\theta & \sin 3\theta & 3\cos 3\theta & 3\sin 3\theta \\ \cos 4\theta & \sin 4\theta & 4\cos 4\theta & 4\sin 4\theta \end{vmatrix}$.

69. 计算下列 n 或 $n+1$ 阶行列式:

1) $\begin{vmatrix} 0 & 1 & & & \\ & & 2 & & \\ & & & \ddots & \\ & & & & n-1 \\ n & & & & 0 \end{vmatrix}$; 2) $\begin{vmatrix} & & & 1 & 0 \\ & & 2 & & \\ & \ddots & & & \\ n-1 & & & & \\ 0 & & & & n \end{vmatrix}$;

3) $\begin{vmatrix} x & y & & & \\ & x & y & & \\ & & \ddots & \ddots & \\ & & & x & y \\ y & & & & x \end{vmatrix}$; 4) $\begin{vmatrix} 1 & 2 & \cdots & n-1 & n \\ 1 & -1 & & & \\ & 2 & -2 & & \\ & & \ddots & \ddots & \\ & & & n-1 & 1-n \end{vmatrix}$;

5) $\begin{vmatrix} 1 & 2 & 3 & \cdots & n \\ 2 & 2 & 3 & \cdots & n \\ 3 & 3 & 3 & \cdots & n \\ \vdots & \vdots & \vdots & \ddots & \vdots \\ n & n & n & \cdots & n \end{vmatrix}$; 6) $\begin{vmatrix} 1 & a_1 & {a_1}^2 & \cdots & {a_1}^{n-2} & {a_1}^n \\ 1 & a_2 & {a_2}^2 & \cdots & {a_2}^{n-2} & {a_2}^n \\ \vdots & \vdots & \vdots & & \vdots & \vdots \\ 1 & a_n & {a_n}^2 & \cdots & {a_n}^{n-2} & {a_n}^n \end{vmatrix}$;

7) $\begin{vmatrix} a_0 & -1 & & & \\ a_1 & x & -1 & & \\ \vdots & & \ddots & \ddots & \\ a_{n-2} & & & x & -1 \\ a_{n-1} & & & & x \end{vmatrix}$; 8) $\begin{vmatrix} x & a_1 & a_2 & \cdots & a_{n-1} & 1 \\ a_1 & x & a_2 & \cdots & a_{n-1} & 1 \\ a_1 & a_2 & x & \cdots & a_{n-1} & 1 \\ \vdots & \vdots & \vdots & \ddots & \vdots & \vdots \\ a_1 & a_2 & a_3 & \cdots & x & 1 \\ a_1 & a_2 & a_3 & \cdots & a_n & 1 \end{vmatrix}$;

9) $\begin{vmatrix} a_0 & 1 & \cdots & 1 \\ 1 & a_1 & & \\ \vdots & & \ddots & \\ 1 & & & a_{n-1} \end{vmatrix}$; 10) $\begin{vmatrix} 0 & 1 & 1 & 1 & \cdots & 1 \\ 1 & 0 & a_1+a_2 & a_1+a_3 & \cdots & a_1+a_n \\ 1 & a_2+a_1 & 0 & a_2+a_3 & \cdots & a_2+a_n \\ \vdots & \vdots & \vdots & \vdots & & \vdots \\ 1 & a_n+a_1 & a_n+a_2 & a_n+a_3 & \cdots & 0 \end{vmatrix}$.

70. 计算下列 n 阶方阵的行列式:

1) $(a_i - b_j)$;　2) $(1 + {x_i}^j)$;　3) $(\frac{1}{a_i+b_j})$;　4) $(\sin j\theta_i)$;

5) $(\binom{m_i}{j-1})$;　6) $(1 + a_i\delta_{ij})$;　7) $(2 + (i-2)\delta_{ij})$.

8) $A = (a_{ij})$, 当 $i \geqslant j$ 时,$a_{ij} = a_i b_j$, 当 $i < j$ 时, $a_{i,j} = a_j b_i$;

9) $A = (a_{ij})$, 其中所有 $a_{ii} = 2$, 当 $|i-j| = 1$ 时, $a_{ij} = -1$, 其余元为 0;

10) $A = (a_{ij})$, 其中所有 $a_{ii} = 2\cos\theta$, 当 $|i-j| = 1$ 时, $a_{ij} = -1$; 其余元为 0.

71. 用 Cramer 法则解下列方程组:

1) $\begin{cases} 2x_1 - x_2 + 3x_3 + 2x_4 = 6, \\ 3x_1 - 3x_2 + 3x_3 + 2x_4 = 5, \\ 3x_1 - x_2 - x_3 + 2x_4 = 3, \\ 3x_1 - x_2 + 3x_3 - x_4 = 4, \end{cases}$ 2) $\begin{cases} x_1 + 2x_2 - 2x_3 + 4x_4 - x_5 = -1, \\ 2x_1 - x_2 + 3x_3 - 4x_4 + 2x_5 = 8, \\ 3x_1 + x_2 - x_3 + 2x_4 - x_5 = 8, \\ 4x_1 + 3x_2 + 4x_3 + 2x_4 + 2x_5 = -2, \\ x_1 - x_2 - x_3 + 2x_4 - 3x_5 = -3. \end{cases}$

72. 考虑方程组 (4.53). 证明:

1) 若 $\det A = 0$, 而对某个 i, $\det A_i \neq 0$, 则方程组是不相容的;

2) 如果 $\det A = \det A_1 = \cdots = \det A_n = 0$, 则方程组要么是不确定的, 要么是不相容的, 并举例说明, 两种情况都有可能.

73. 设 A 为 n 阶可逆矩阵, 且所有元 a_{ij} 都是整数. 证明: A^{-1} 的所有元都是整数当且仅当 $\det A = \pm 1$.

74. 设 $B = C^{-1}AC$. 证明: A, B 有相同的行列式.

75. 设 $A \in M_n(F)$. 证明:

1) 若 A 有一个 r 阶子式 $M \neq 0$, 以 M 作为子式的 $r+1$ 阶子式都为零, 则 $\mathrm{rank}A = r$;

2) 若 $\mathrm{rank}A = r$, 则 A 的任意 r 个线性无关行和 r 个线性无关列构成的子式非零.

76. 设 A, B, C, $D \in M_n(F)$, $M = \begin{pmatrix} A & B \\ C & D \end{pmatrix}$. 证明:

1) 若 A 可逆, 则 $\det M = \det A \det(D - CA^{-1}B)$;

2) 若 $AC = CA$, 则 $\det M = \det(AD - CB)$;

3) 若 $A = D$, $B = C$, 则 $\det M = \det(A+B)\det(A-B)$.

77. 设 $A \in F^{m\times n}$, $B \in F^{n\times m}$, 证明: $I_m - AB$ 可逆当且仅当 $I_n - BA$ 可逆.

78. 设 $A \in M_n(F)$ $(n \geqslant 2)$, $B = \mathrm{adj}A$. 证明:

1) 当 $\mathrm{rank}A$ 等于 n, 等于 $n-1$, 或小于 $n-1$ 时, $\mathrm{rank}B$ 分别等于 n, 1, 或 0;

2) 当 $n > 2$ 时, $\mathrm{adj}B = (\det A)^{n-2}A$.

79. 设 A, B 是 n 阶方阵 $(n \geqslant 2)$. 证明: $\mathrm{adj}(AB) = \mathrm{adj}B\,\mathrm{adj}A$.

80. 设 $A \in F^{m\times n}$, $B \in F^{n\times m}$, $n > m$. 对于 $1 \leqslant i_1 < \cdots < i_m \leqslant n$, 由 A 的第 $i_1, \cdots, i_m$ 列组成的 A 的子矩阵, 记为 $A(i_1, \cdots, i_m)$, 由 B 的第 $i_1, \cdots, i_m$ 行组成的 B 的子矩阵, 记为 $B(i_1, \cdots, i_m)$. 证明 Cauchy-Binet 公式:

$$\det AB = \sum_{1\leqslant i_1<\cdots<i_m\leqslant n} \det A(i_1, \cdots, i_m)\det B(i_1, \cdots, i_m).$$

81. 证明: 如果直线

$$\begin{cases} a_1x + b_1y + c_1z + d_1 = 0, \\ a_2x + b_2y + c_2z + d_2 = 0 \end{cases} \quad 与 \quad \begin{cases} a_3x + b_3y + c_3z + d_3 = 0, \\ a_4x + b_4y + c_4z + d_4 = 0 \end{cases}$$

相交, 那么

$$\begin{vmatrix} a_1 & b_1 & c_1 & d_1 \\ a_2 & b_2 & c_2 & d_2 \\ a_3 & b_3 & c_3 & d_3 \\ a_4 & b_4 & c_4 & d_4 \end{vmatrix} = 0.$$

82. 求三个平面 $a_ix + b_iy + c_iz + d_i = 0,\ i = 1, 2, 3$ 分别满足下列关系的充要条件:
1) 有一个公共点; 2) 有一条公共直线; 3) 三个平面平行; 4) 三个平面构成三棱柱.

第5章　多　项　式

本章主要讨论一元多项式的求根问题及更一般的因式分解问题. 多项式和整数有很多相似之处, 我们将类似地介绍多项式的带余除法、整除、最大公因式、互素、不可约多项式等概念, 并证明数域上的一元多项式环是主理想整环, 因而是唯一分解整环的结论, 从而对多项式环的结构有一个初步的了解, 作为今后进一步学习抽象代数的基础, 也为后面研究单个线性变换的结构作准备. 另外, 也简单介绍多元多项式的概念, 讨论对称多项式的基本性质.

5.1　基 本 概 念

5.1.1　代数

定义 5.1　设 F 是数域. F 上的一个代数 A 是 F 上一个线性空间, 且对 A 中任意两个元素 a 与 b, 有唯一确定的一个元素 c 与之对应, 称 c 为 a 与 b 的乘积, 记为 ab, 称此运算为 A 的乘法, 还满足下列性质:

1) 对任意 $a,\ b,\ c\in A$, 有 $a(b+c)=ab+ac,\quad (a+b)c=ac+bc$;

2) 对任意 $k\in F,\ a,\ b\in A$, 有 $(ka)b=a(kb)=k(ab)$.

如果代数 A 中存在元素 1, 使得对任意 a, 有 $1a=a1=a$, 就称 1 为 A 的单位元. 易知, 若 A 有单位元, 则单位元是唯一的.

代数 A 称为交换代数, 如果它的乘法满足交换律: $ab=ba,\ \forall\ a,\ b\in A$; 代数 A 称为结合代数, 如果它的乘法满足结合律: $(ab)c=a(bc),\ \forall\ a,\ b,\ c\ \in A$.

例 5.1　设 F 是数域 L 的子域, 则 L 可以看作 F 上一个代数. 特别地, 数域 F 是 F 上一个代数. 复数域 $\mathbf{C}$ 是实数域 $\mathbf{R}$ 上的一个代数.

例 5.2 (函数代数)　集合 X 到数域 F 的全体函数组成的集合关于函数加法、乘法、数乘运算构成 F 上一个代数. 这个代数是结合的、交换的, 且有单位元 (等于 1 的常值函数). 这是一个典型的交换代数.

例 5.3 (矩阵代数)　数域 F 上全体 n 阶矩阵的集合 $M_n(F)$ 按矩阵运算是一个有单位元的结合代数. 当 $n>2$ 时, 这是一个典型的非交换代数.

例 5.4 (线性变换代数)　数域 F 上线性空间 V 的全体线性变换构成的线性空间 $\mathrm{End}V$ 按线性变换的乘法是一个非交换的有单位元的结合代数.

例 5.5　E^3 以向量的外积运算作为乘法构成 $\mathbf{R}$ 上的一个代数. 它的乘法不满足结合律和交换律, 但满足 Jacobi 恒等式和反交换律. 它是一个 Lie 代数.

今后我们说到代数一词都是指结合代数.

设 A 是 F 上一个代数, 我们称 $\dim_F A$ 为 A 的维数. 如果 $\dim_F A$ 是有限数, 就称 A 是有限维代数. 代数的乘法完全由它的一个基所确定, 基向量之间的乘积组成的表称为 A 的乘法表. 例如, $M_n(F)$ 的乘法表为

$$E_{ij}E_{kl} = \delta_{jk}E_{il},\ \ 1 \leqslant i,\ j,\ k,\ l \leqslant n.$$

定义 5.2 如果 B 是 F 上代数 A 的一个子空间, 而且 B 对于乘法封闭, 那么就称 B 是 A 的一个子代数.

显然, 子代数 B 也是 F 上一个代数. 例如, F 上全体对角矩阵组成的集合 $D_n(F)$ 是 $M_n(F)$ 的一个子代数.

定义 5.3 如果 I 是 F 上代数 A 的一个子空间, 而且 I 具有性质: 对任意的 $b \in I$, $a \in A$, 有 ab, $ba \in I$, 那么就称 I 是 A 的一个理想.

显然, 理想一定是子代数, 但子代数不一定是理想. 例如, $M_n(F)$ 只有两个理想, 即 $\{0\}$ 和 $M_n(F)$.

由一个代数到另一个代数的一个线性映射如果保持乘法和单位元, 则称它是一个代数映射; 如果它还是双射, 就称它是代数同构. 两个代数之间如果存在一个代数同构, 就称这两个代数是同构的. 同构的代数可以等同看待. 例如, 取定 n 维 F 线性空间 V 的一个基, $\mathrm{End}V$ 与 $M_n(F)$ 是同构的代数.

5.1.2 一元多项式代数

一个实变量 x 的函数称为一个多项式函数, 如果它可表为如下形式:

$$f(x) = a_0 + a_1x + a_2x^2 + \cdots + a_nx^n,\ a_0,\ a_1, \cdots, a_n \in \mathbf{R}.$$

由例 3.5, 我们知道, 所有实多项式函数全体 $\mathbf{R}[x]$ 按函数的加法和数乘构成 $\mathbf{R}$ 上一个向量空间. 由例 5.2, 我们知道, 实变量实函数全体按函数乘法构成 $\mathbf{R}$ 上一个代数. 显然, 两个多项式函数的乘积还是一个多项式函数. 因此, 所有多项式函数形成 $\mathbf{R}^{\mathbf{R}}$ 的一个子代数, 称为 $\mathbf{R}$ 上的多项式函数代数. 不难看出, 1, x, x^2, $\cdots$ 组成 $\mathbf{R}[x]$ 的一个基, 其乘法表为

$$x^ix^j = x^{i+j},\ \ i,\ j = 0,\ 1,\ 2,\ \cdots$$

我们在例 3.5 中指出, 实多项式函数由它的系数所确定. 因此可以将多项式函数理解为形式表达式, 而且作形式运算和对应的函数运算是一致的. 也就是说, 我们完全可以形式地对待实多项式函数及其运算. 我们将看到, 这对于任意数域都是对的. 下面我们形式地定义一般数域上的多项式及其运算. 将一个多项式和它的系数构成的序列等同起来.

定义 5.4 设 F 是数域. F 上一个 (一元) 多项式 f 是由 F 中元素组成的一个有限无穷序列, 即仅有有限个元非零的无穷序列, 即

$$f=(a_0,a_1,a_2,\cdots),$$

其中所有 $a_i\in F$, 且仅有有限个 a_i 非零. 可以简记为 $f=(a_i)$.

我们固定一个数域 F, 下面的多项式都是指 F 上的多项式.

定义 5.5 称多项式 $f=(a_i)$ 与 $g=(b_i)$ 相等, 如果 $a_i=b_i,\ i=0,1,\cdots$.

定义 5.6 设 $f=(a_i)$ 与 $g=(b_i)$ 是多项式, c 是 F 中的数. 定义

$$f+g=(a_0+b_0,a_1+b_1,\cdots), \tag{5.1}$$

$$cf=(ca_0,ca_1,\cdots). \tag{5.2}$$

我们称多项式 $f+g$ 为 f 与 g 的和; 称多项式 cf 为 f 与 c 的乘积.

按照上面定义的加法和数乘, F 上一切多项式组成的集合 F^∞ 作成 F 上一个向量空间. 用 e_i 表示第 i 个元为 1, 其余元为 0 的序列, 则 $e_0,e_1,e_2,\cdots$ 组成 F^∞ 的一个基, 即每个多项式都能唯一地写成它们的线性组合:

$$(a_0,a_1,a_2,\cdots,a_n,0,\cdots)=a_0e_0+a_1e_1+a_2e_2+\cdots+a_ne_n.$$

定义 5.7 定义多项式 f 与 g 的乘积为 $fg=h=(c_i)$, 其中

$$c_k=\sum_{i+j=k}a_ib_j,\ k=0,\ 1,\cdots. \tag{5.3}$$

显然, 上式中只有有限个 c_k 非零, 即 fg 仍是多项式. 不难证明, 乘法满足结合律、交换律、及对于加法的分配律: $\forall\ f=(a_i),\ g=(b_i),\ h=(c_i)\in F^\infty$,

$$(fg)h=f(gh), \tag{5.4}$$

$$fg=gf, \tag{5.5}$$

$$f(g+h)=fg+fh,\ (g+h)f=gf+hf. \tag{5.6}$$

事实上, 对 $n=0,1,\cdots$, 根据 (5.3) 直接验证等号两边多项式的第 n 分量相等:

$$\sum_{l+k=n}\left(\sum_{i+j=l}a_ib_j\right)c_k=\sum_{i+j+k=n}a_ib_jc_k=\sum_{i+m=n}a_i\sum_{j+k=m}b_jc_k.$$

根据定义 5.5, 结合律 (5.4) 式得证. 其余两式类似可证.

容易看出, 乘法公式 (5.3) 是由基向量的乘法:

$$e_ie_j=e_{i+j} \tag{5.7}$$

经分配律扩充而得的. 事实上, 按公式 (5.3) 计算 e_ie_j 即得 (5.7) 式. 反之,

$$fg=\sum_i a_ie_i\sum_j b_je_j=\sum_{i,\ j} a_ib_je_ie_j=\sum_k\left(\sum_{i+j=k}a_ib_j\right)e_k.$$

不难看出, 元素 e_0 是乘法单位元. 注意到映射

$$i: F\to F[x],\quad i(c)=(c,0,\cdots)=ce_0 \tag{5.8}$$

是单线性映射, 且保持乘法, 可将 F 中元素 c 与 F^∞ 中的元素 ce_0 等同.

定理 5.1 F^∞ 是数域 F 上一个交换代数, 称为 F 上的多项式代数.

选取一个符号来表示 e_1, 比如 x. 这时, 符号 x 称为不定元, 数域 F 上多项式代数记作 $F[x]$.

根据乘法定义, $e_1e_1=e_2=x^2$, $e_1e_1e_1=e_3=x^3$, $\cdots$. 因此, 按照 $F[x]$ 中加法, 数乘运算的定义, 我们又回到多项式的通常写法:

$$f=a_0e_0+a_1e_1+a_2e_2+\cdots+a_ne_n=a_0+a_1x+a_2x^2+\cdots+a_nx^n.$$

数 $a_0,a_1,a_2,\cdots$ 称为这个多项式的系数. 其中 a_ix^i 叫做 i 次项, a_i 叫做 i 次项的系数. 系数全为零的多项式称为零多项式, 记为 0.

定义 5.8 非零多项式的最后一个非零系数称为首项系数, 它的指标称为该多项式的次数. 不定义零多项式的次数或者说它的次数小于任意有限数.

次数为 n 的多项式也称为 n 次多项式. 特别地, 零次多项式就是 F 中的非零数. 首项系数为 1 的多项式称为首一多项式. 以后我们用 $f(x)$, $g(x)$, $\cdots$ 或简单地用 f, g, $\cdots$ 表示多项式. 多项式 $f(x)$ 的次数记为 $\deg f(x)$.

因此, 以上形式构作和我们以前熟悉的实多项式及其运算是一致的. 加法就是将对应项的系数相加, 乘法就是将一个多项式的每一项与另一多项式的每一项相乘, 再将同次项合并. 在等同映射 (5.8) 下, 数乘成为乘法的特殊情形. 多项式 $f(x)=\sum_k a_kx^k$ 与 $g(x)=\sum_k b_kx^k$ 的和与积分别为

$$\begin{aligned}f(x)+g(x)&=\sum_k(a_k+b_k)x^k,\\ f(x)g(x)&=\sum_{i,j}a_ib_jx^{i+j}=\sum_k\left(\sum_{i+j=k}a_ib_j\right)x^k.\end{aligned}\tag{5.9}$$

定理 5.2 (次数公式) 设 $f(x)$, $g(x)$ 是 $F[x]$ 中两个非零多项式, 则

1) $\deg(f(x)+g(x))\leqslant\max\{\deg f(x),\ \deg g(x)\}$;

2) $\deg(f(x)g(x))=\deg f(x)+\deg g(x)$.

证 设 $f = a_nx^n + \cdots + a_1x + a_0$, $g = b_mx^m + \cdots + b_1x + b_0$, 且 $a_nb_m \neq 0$. 不妨设 $n \geqslant m$. 那么 $f+g$ 的 k $(k>n)$ 次项系数都为零. 因此 1) 成立. 按定义, $fg = a_nb_mx^{n+m}+$ 低次项, 其中 $a_nb_m \neq 0$. 因此 2) 成立. □

推论 5.1 设 f, $g \in F[x]$. 若 $f \neq 0$, $g \neq 0$, 则 $fg \neq 0$, 即 $F[x]$ 是整环.

定义 5.9 设 A 是 F 上一个代数, $f(x) = \sum\limits_{i=0}^{n} a_ix^i \in F[x]$. 对任意 $a \in A$, 我们得到 A 中一个元素 $\sum\limits_{i=0}^{n} a_ia^i$, 称为 $f(x)$ 在 a 的值, 记为 $f(a)$. 特别地, 令 $A = F$, $c \in F$. 考虑 $f(x)$ 在 c 的值, 我们得到一个多项式函数

$$f: F \to F, \quad f(c) = \sum_{i=0}^{n} a_ic^i. \tag{5.10}$$

例 5.6 设 $f(x) = x^2 + 2 \in \mathbf{C}[x]$.

1) 令 $A = \mathbf{C}[x]$, $g(x) = x^4 + 3\imath$. 那么 $f(g(x)) = -7 + 6\imath x^4 + x^8 \in \mathbf{C}[x]$.

2) 令 $A = \mathrm{End}\mathbf{C}^3$, $\sigma \in A$, 且 $\sigma(x_1, x_2, x_3) = (\imath\sqrt{2}x_1, x_2, \imath\sqrt{2}x_3)$. 那么 $f(\sigma) \in A$, 且 $f(\sigma)(x_1, x_2, x_3) = (0, 3x_2, 0)$.

3) 令$A = M_2(\mathbf{C})$, $B = \begin{pmatrix} 1 & 0 \\ -1 & 2 \end{pmatrix}$. 那么 $f(B) = \begin{pmatrix} 3 & 0 \\ -3 & 6 \end{pmatrix}$.

定理 5.3 设 A 是 F 上一个代数, $f(x)$, $g(x) \in F[x]$, $a \in A$. 则有

$$(f+g)(a) = f(a) + g(a), \quad (fg)(a) = f(a)g(a).$$

证 设 $f(x) = \sum_i a_ix^i$, $g(x) = \sum_i b_ix^i$, 则

$$\begin{aligned}(f+g)(a) &= \sum_i (a_i + b_i)a^i = \sum_i a_ia^i + \sum_i b_ia^i = f(a) + g(a),\\ (fg)(a) &= \sum_{i,\ j} a_ib_ja^{i+j} = \sum_i a_ia^i \sum_j b_ja^j = f(a)g(a).\end{aligned}$$ □

5.1.3 带余除法

在多项式代数 $F[x]$ 中, 可以作加、减、乘三种运算. 但乘法的逆运算, 即除法不是普遍可施行的. 这和整数的情形类似. 例如, 7 不能被 3 除尽, 因此整数环中不能做除法运算. 但是, $7 = 3 \cdot 2 + 1$, 这时我们说 7 被 3 除 (或 3 除 7) 的商为 2, 余数为 1. 类似地, 多项式也可以做这样的带余除法. 例如, 不存在多项式 $q(x)$, 使得 $q(x)$ 和 $(x+3)$ 的乘积为 $x^2 + 3x + 2$. 我们说 $x^2 + 3x + 2$ 不能被 $x - 3$ 整除, 但是 $x^2 + 3x + 2 = (x+3)x + 2$, 我们说 $x^2 + 3x + 2$ 被 $x+3$ 除 (或 $x+3$ 除 $x^2 + 3x + 2$) 的商为 x, 余式为 2. 多项式的次数的概念类似于整数的绝对值概念. 下面证明, 这样的带余除法在 $F[x]$ 内是普遍可行的.

定理5.4　对于 $F[x]$ 中任意两个多项式 $f(x)$ 与 $g(x)$, 其中 $g(x)\neq 0$, 一定存在 $F[x]$ 中的多项式 $q(x)$, $r(x)$, 使得 $f(x)=q(x)g(x)+r(x)$, 其中 $\deg r(x)<\deg g(x)$, 且这样的 $q(x)$, $r(x)$ 是由 $f(x)$, $g(x)$ 唯一决定的.

证　若 $\deg f(x)<\deg g(x)$, 取 $q(x)=0$, $r(x)=f(x)$ 即可. 否则, 设 a_n, b_m 分别为 $f(x)$, $g(x)$ 的首项系数. 令 $q_0(x)=a_nb_m^{-1}x^{n-m}$, 则多项式 $q_0(x)g(x)$ 与 $f(x)$ 首项相同, 于是 $\deg(f(x)-q_0(x)g(x))<\deg f(x)$. 令

$$f_1(x)=f(x)-q_0(x)g(x).$$

对 $f_1(x)$ 重复上一步. 如果 $\deg f_1(x)<\deg g(x)$, 那么取 $q(x)=q_0(x)$, 且 $r(x)=f_1(x)$ 即可. 如果 $\deg f_1(x)\geqslant\deg g(x)$, 则有 $q_1(x)\in F[x]$, 使得 $\deg(f_1(x)-q_1(x)g(x))<\deg f_1(x)$. 令

$$f_2(x)=f_1(x)-q_1(x)g(x).$$

继续下去, 由于 $f_1(x)$, $f_2(x)$, $\cdots$ 的次数递降, 可设 s 步后我们得到

$$f_s(x)=f_{s-1}(x)-q_{s-1}(x)g(x),\qquad \deg f_s(x)<\deg g(x).$$

令 $q(x)=q_0(x)+\cdots+q_{s-1}(x)$, $r(x)=f_s(x)$. 于是 $f(x)=q(x)g(x)+r(x)$. 存在性得证. 设还有 $q_1(x)$, $r_1(x)\in F[x]$, 使 $f(x)=q_1(x)g(x)+r_1(x)$, 且 $\deg r_1(x)<\deg g(x)$, 则 $(q(x)-q_1(x))g(x)=r_1(x)-r(x)$, 比较次数得 $q(x)=q_1(x)$, $r(x)=r_1(x)$. 唯一性得证. □

注　也可用归纳法语言来叙述证明过程.

定理 5.4 中的 $q(x)$ 和 $r(x)$ 分别称为 $g(x)$ 除 $f(x)$ 所得的商和余式. 证明过程就是一个具体求出 $q(x)$ 和 $r(x)$ 的算法. 可按下例格式来作.

例5.7　$f(x)=3x^3+4x^2-5x+6$, $g(x)=x^2-3x+1$, 求 $g(x)$ 除 $f(x)$ 的商和余式.

解　根据定理 5.4 列式如下:

<table>
<tr><td>$g(x)=x^2-3x+1$</td><td>$f(x)=3x^3+4x^2-5x+6$
$3x^3-9x^2+3x$</td><td>$q(x)=3x+13$</td></tr>
<tr><td></td><td>$13x^2-8x+6$
$13x^2-39x+13$</td><td></td></tr>
<tr><td></td><td>$r(x)=31x-7$</td><td></td></tr>
</table>

因此 $g(x)$ 除 $f(x)$ 的商和余式分别为 $q(x)=3x+13$, $r(x)=31x-7$.

用一次多项式 $x-c$ 去除一个多项式 $f(x)$, 余式的次数小于 1, 因而它是数域 F 中的元素, 即存在 $q(x)\in F[x]$, $r\in F$, 使得 $f(x)=q(x)(x-c)+r$. 用 $x=c$ 代入上式, 得 $f(c)=r$.

定理 5.5 (Bézout) 在 $F[x]$ 中, 用 $x-c$ 除 $f(x)$ 所得余式是 $f(c)$.

由 Bézout 定理, 可用带余除法求多项式 $f(x)$ 在 c 的值 $f(c)$. 除式是一次多项式, 可采用下述 Horner 算法, 也称综合除法. 可设

$$a_nx^n+\cdots+a_1x+a_0=(x-c)(b_{n-1}x^{n-1}+\cdots+b_1x+b_0)+r.$$

将上式右边展开, 比较两边 x^i 的系数即得下列递推关系

$$\begin{aligned}&b_{n-1}=a_n,\\&b_i=cb_{i+1}+a_{i+1},\quad 0\leqslant i\leqslant n-2,\\&r=f(c)=cb_0+a_0.\end{aligned}$$

因此, 我们可按下列格式来做:

c	a_n	a_{n-1}	$\cdots$	a_1	a_0
	b_{n-1}	b_{n-2}	$\cdots$	b_0	$f(c)=r$

即从 b_{n-2} 开始, 表中第 2 行中的数等于它上面的数加上左边数的 c 倍.

例 5.8 设 $f(x)=2x^5-x^4-3x^3+x-3$, 求 $f(3)$.

解 用 $x-3$ 除 $f(x)$, 由综合除法得

3	2	−1	−3	0	1	−3
	2	5	12	36	109	324

因此, 商和余式分别为 $2x^4+5x^3+12x^2+36x+109$ 和 324, 于是 $f(3)=324$.

5.1.4 整除与同余

定义 5.10 设 $f,\ g\in F[x]$. 如果存在 $h\in F[x]$, 使得 $f=gh$, 那么我们称 g 整除 f, 记为 $g\mid f$. 此时, 也称 g 为 f 的因式, 称 f 为 g 的倍式. 否则, 称 g 不整除 f, 记为 $g\nmid f$.

命题 5.1 设 $f,\ g\in F[x]$, $g\neq 0$. 则 $g\mid f$, 当且仅当 g 除 f 的余式为 0.

证 按定义, 当 $g=0$ 时, $g\mid f$, 当且仅当 $f=0$. 当 $g\neq 0$ 时, 由带余除法, 存在 $q,\ r\in F[x]$, 使得 $f=qg+r$, $\deg r<\deg g$. 如果 $r=0$, 那么 $f=qg$, 由整除的定义得 $g\mid f$; 反之, 若 $g\mid f$, 则存在 $q\in F[x]$, 使得 $f=qg$, 由商和余式的唯一性知 g 除 f 的余式为 0. □

记 $F^*=F\setminus\{0\}$, 即 F 中非零元全体. 按定义, 对任意 $f\in F[x]$, 及 $c\in F^*$, 有 $c\mid f$, $cf\mid f$, 即 c 和 cf 都是 f 的因式, 我们称 f 的这两类因式为平凡因式, f 的其他因式称为非平凡因式.

命题 5.2 设 $f, g, h, f_1, \cdots, f_s, u_1, \cdots, u_s \in F[x]$.

1) $f \mid g$, $g \mid f$ 当且仅当存在 $c \in F^*$, 使得 $f = cg$;

2) 若 $f \mid g$, $g \mid h$, 则 $f \mid h$;

3) 若 $g \mid f_1, \cdots, g \mid f_s$, 则 $g \mid \sum_{i=1}^{s} u_i f_i$;

4) 设数域 $K \supseteq F$, 则在 $F[x]$ 中 $g \mid f$, 当且仅当在 $K[x]$ 中 $g \mid f$.

证 1) 如果有 $c \in F^*$, 使得 $f = cg$, 那么 $g = c^{-1} f$. 因此, $f \mid g$, $g \mid f$. 反之, 如果 $f \mid g$, $g \mid f$, 则有 $h_1, h_2 \in F[x]$, 使得 $f = h_1 g$, $g = h_2 f$, 于是 $f = h_1 h_2 f$. 若 $f = 0$, 则 $g = 0$, 取 $c = 1$ 即可. 若 $f \neq 0$, 消去 f 就有 $h_1 h_2 = 1$. 从而 $\deg h_1 + \deg h_2 = 0$. 由此得 $\deg h_1 = 0$, 即 $h_1 \in F^*$.

2) 设 $g = g_1 f$, $h = h_1 g$, 得 $h = h_1 g_1 f$, 于是 $f \mid h$.

3) 设 $f_i = g g_i$, 可得 $\sum_i u_i f_i = g \sum_i u_i g_i$, 即 $g \mid \sum_i u_i f_i$.

4) 如果在 $F[x]$ 中有 $g \mid f$, 则有 $h \in F[x]$ 使得 $f = gh$. 此式也是 $K[x]$ 中等式, 因此在 $K[x]$ 中有 $g \mid f$. 反之, 若 $g = 0$, 则 $f = 0$, 结论成立. 若 $g \neq 0$, 则在 $K[x]$ 中 g 除 f 的余式为零. 在 $F[x]$ 中做带余除法, 有唯一的商和余式 $q, r \in F[x]$, 使得 $f = qg + r$. 将此式看成 $K[x]$ 中等式, 知 q, r 分别是 g 除 f 的商和余式, 由 $K[x]$ 中商和余式的唯一性得 $r = 0$. □

定义 5.11 设 $f, g, m \in F[x]$, $m \neq 0$, 如果 $m \mid f - g$, 则称 f 与 g 模 m 同余, 记为 $f \equiv g \bmod m$.

由定义容易验证, 模 m 同余是 $F[x]$ 上一个等价关系.

5.2 多项式的根

多项式的一个重要特征是整数所没有的, 这就是多项式的根的概念. 经典代数学的主要部分就是求多项式方程的根, 也因此而产生了现代代数学理论. 多项式方程的根的一般理论超出了本课程范围, 本节只介绍一些基本事实.

5.2.1 一般性质

总设 F 是一个数域, 若无特别说明, 所论多项式都是指 $F[x]$ 中的多项式.

定义 5.12 设 $f(x) \in F[x]$, $c \in F$. 如果 $f(c) = 0$, 则称 c 为 $f(x)$ 的一个根或零点. 此时也称 c 为代数方程 $f(x) = 0$ 的解.

由 Bézout 定理立即得到如下事实.

定理 5.6 $c \in F$ 是多项式 $f(x)$ 的根当且仅当 $x - c$ 整除 $f(x)$.

如果 c_1 是 $f(x)$ 的根, 则有多项式 $f_1(x)$, 使 $f(x) = (x - c_1) f_1(x)$. 如果 c_2 是 $f_1(x)$ 的根, 则有多项式 $f_2(x)$, 使 $f_1(x) = (x - c_2) f_2(x)$. 于是有 $f(x) = (x - c_1)(x -$

$c_2)f_2(x)$. 依此类推, 最后 $f(x)$ 可写成如下形式

$$f(x)=(x-c_1)(x-c_2)\cdots(x-c_m)g(x), \tag{5.11}$$

其中多项式 $g(x)$ 在 F 中没有根. 对任意 $c\in F$, 有

$$f(c)=(c-c_1)(c-c_2)\cdots(c-c_m)g(c). \tag{5.12}$$

由于 $g(c)\neq 0$, 所以 $f(c)=0$ 当且仅当 c 等于某个 c_i. 因此, 数 $c_1,\cdots,c_m$ 就是 $f(x)$ 的全部根, $f(x)$ 的根的个数 $m=\deg f-\deg g\leqslant \deg f$.

多项式 $f(x)$ 的根 c 称为单根, 如果 $f(x)$ 不能被 $(x-c)^2$ 整除, 否则, 就称为重根. 根 c 的重数是使 $(x-c)^k$ 整除 $f(x)$ 的最大整数 k, 此时称 c 为 $f(x)$ 的 k 重根. 于是, 单根就是 1 重根. 当 c 不是 $f(x)$ 的根时, 也称 c 为 $f(x)$ 的 0 重根. 显然, c 是 $f(x)$ 的 k 重根当且仅当

$$f(x)=(x-c)^k q(x),\ \text{且}\ q(c)\neq 0. \tag{5.13}$$

定理5.7 一个非零多项式的根的个数 (k 重根算 k 个) 不超过它的次数, 而且两者相等当且仅当它可以写成一次多项式的乘积.

证 式 (5.11) 可重写成 $f(x)=(x-c_1)^{k_1}(x-c_2)^{k_2}\cdots(x-c_s)^{k_s}g(x)$, 其中 $c_1,\cdots,c_s$ 互不相同. 显然 $c_1,\cdots,c_s$ 是多项式 $f(x)$ 的所有根, 且 c_i 的重数为 k_i. 因此, 重根按重数计算, $f(x)$ 的根的个数为 $\deg f-\deg g\leqslant \deg f$. 等号成立当且仅当 $\deg g=0$. □

推论5.2 如果多项式 $f(x)$ 和 $g(x)$ 的次数都小于 n, 而它们对于 F 中 n 个不同的数 $a_1,\ \cdots,\ a_n$ 取值相同, 那么 $f(x)=g(x)$.

证 令 $h(x)=f(x)-g(x)$. 由条件知, $h(a_i)=f(a_i)-g(a_i)=0$, 即 $h(x)$ 有 n 个根. 因 $\deg h<n$, 由定理 5.7 得 $h(x)=0$, 即 $f=g$. □

推论5.3 两个多项式如果作为函数相等, 那么这两个多项式相等.

例 5.9(插值问题) 已知一个次数小于 n 的多项式 $f(x)$ 在 n 个不同的数 $a_1,\cdots,$
$a_n\in F$ 取值分别为 $b_1,\cdots,b_n\in F$, 求 $f(x)$.

解 由推论 5.2 知, 插值问题若有解, 则解是唯一的. 直接验证知, 下列公式给出了插值问题的解:

$$f(x)=\sum_{i=1}^{n}\frac{b_i(x-a_1)\cdots(x-a_{i-1})(x-a_{i+1})\cdots(x-a_n)}{(a_i-a_1)\cdots(a_i-a_{i-1})(a_i-a_{i+1})\cdots(a_i-a_n)} \tag{5.14}$$

多项式 $f(x)$ 称为 Lagrange 插值公式.

考虑所有次数小于 n 的多项式及零多项式组成的向量空间 $F[x]_n$. 令

$$p_i(x)=\prod_{j\neq i}\frac{x-a_j}{a_i-a_j},\quad i=1,\cdots,n.$$

若有 $c_i\in F$, 使 $\sum_{i=1}^n c_ip_i(x)=0$, 则 $\sum_{i=1}^n c_ip_i(a_j)=c_j=0(1\leqslant j\leqslant n)$, 即 $p_1(x),\cdots,p_n(x)$ 线性无关. 又 $\dim F[x]_n=n$, 所以 $(p_1(x),\cdots,p_n(x))$ 是线性空间 $F[x]_n$ 的一个基. 显然, 函数

$$a_i:F[x]_n\to F,\quad f(x)\mapsto f(a_i)$$

是线性函数, 且 $p_i(a_j)=\delta_{ij}$. 于是 $(p_1(x),\cdots,p_n(x))$ 与 $(a_1,\cdots,a_n)$ 互为对偶基. 因此我们又得到 Lagrange 插值公式: 对任意 $f(x)\in F[x]_n$,

$$f(x)=\sum_{i=1}^n f(a_i)p_i(x).$$

例 5.10(**Viéta**) 若 F 上 n 次多项式 $f(x)$ 有 n 个根 $c_1,\cdots,c_n$, 则

$$\begin{cases}c_1+c_2+\cdots+c_n=-\dfrac{a_{n-1}}{a_n},\\ \cdots\cdots\cdots\cdots\\ \displaystyle\sum_{i_1<i_2<\cdots<i_k}c_{i_1}c_{i_2}\cdots c_{i_k}=(-1)^k\frac{a_{n-k}}{a_n},\\ \cdots\cdots\cdots\cdots\\ c_1c_2\cdots c_n=(-1)^n\dfrac{a_0}{a_n}.\end{cases}\tag{5.15}$$

证 此时 $f(x)=a_nx^n+a_{n-1}x^{n-1}+\cdots+a_1x+a_0\in F[x]$ 能分解成一次多项式的乘积, 那么 $f(x)=a_n(x-c_1)(x-c_2)\cdots(x-c_n)$. 将此式乘开, 比较两个表达式中 x^i 的系数即得 Viéta 公式.

下面我们定义多项式的导数, 并用导数来判定多项式的根的重数.

由实变量函数的微分法知, 多项式函数的导数还是多项式函数. 将每个多项式函数对应到它的导数, 就得到 $\mathbf{R}[x]$ 到自身的一个线性映射 D, 且

$$Dx=1,\quad D(fg)=(Df)g+f(Dg)\ .\tag{5.16}$$

这就启发我们定义 F 上多项式的形式导数. 假设存在满足性质 (5.16) 的线性映射 $D:F[x]\to F[x]$, 那么

$$D1=0,\quad Dx^n=nx^{n-1},\quad n=1,2,\cdots\tag{5.17}$$

事实上, $D1 = D(1\cdot 1) = (D1)\cdot 1 + 1\cdot(D1) = D1 + D1$, 于是 $D1 = 0$. 下面用归纳法证明, $Dx^n = nx^{n-1}$. 当 $n = 1$ 时, 显然. 设公式对 $(n-1)$ 成立, 则 $Dx^n = (Dx^{n-1})x + x^{n-1}(Dx) = (n-1)x^{n-2}\cdot x + x^{n-1} = nx^{n-1}$, 即公式对于 n 也成立. 因此公式对任意 $n \geqslant 1$ 成立. 这就说明, D 在基向量 1, x, x^2, $\cdots$ 上是唯一确定的. 因此, 它在 $F[x]$ 上也是唯一确定的.

另一方面, 可以利用公式 (5.17) 来构造一个线性映射 $D: F[x] \to F[x]$, 即指定它在基向量上的取值. 只需验证这个映射满足性质 (5.16) 即可. 又由于 D 的线性性质, 只需在基向量上验证即可. 由公式 (5.17),

$$Dx = 1,\quad D(x^m x^n) = Dx^{m+n} = (m+n)x^{m+n-1},$$

$$(Dx^m)x^n + x^m Dx^n = mx^{m-1}x^n + nx^m x^{n-1} = (m+n)x^{m+n-1},$$

即 D 满足 (5.16). 于是, 我们证明了如下命题.

命题 5.3 存在唯一的线性映射 $D: F[x] \to F[x]$ 满足 (5.16).

定义 5.13 设 $f(x) \in F[x]$, 称多项式 $Df(x)$ 为 $f(x)$ 的导数, 记为 $f'(x)$.

设 $f(x) = a_n x^n + a_{n-1}x^{n-1} + \cdots + a_1 x + a_0 \in F[x]$, 按定义,

$$f'(x) = na_n x^{n-1} + (n-1)a_{n-1}x^{n-2} + \cdots + a_1 \in F[x]. \tag{5.18}$$

称 $f'(x)$ 的导数为 $f(x)$ 的 2 阶导数, 记为 $f''(x)$. 设 $f(x)$ 的 $(k-1)$ 阶导数已定义, 记作 $f^{(k-1)}(x)$, 定义 $f(x)$ 的 k 阶导数 $f^{(k)}(x)$ 为 $f^{(k-1)}(x)$ 的导数, 即

$$f^{(k)}(x) = (f^{(k-1)}(x))'. \tag{5.19}$$

另外, 我们约定 $f^{(0)}(x) = f(x)$.

对任意 $c \in F$. 可将 $f(x)$ 写成 $(x-c)$ 的多项式, 并用导数确定系数. 如

$$f(x) = b_0 + b_1(x-c) + b_2(x-c)^2 + \cdots + b_n(x-c)^n. \tag{5.20}$$

对 (5.20) 求 k 次导数, 用 $x = c$ 代入即得 (5.20) 中的系数 $b_k = \frac{f^{(k)}(c)}{k!}$. 由此得到多项式的 Taylor 公式:

$$f(x) = f(c) + \frac{f'(c)}{1!}(x-c) + \frac{f''(c)}{2!}(x-c)^2 + \cdots + \frac{f^{(n)}(c)}{n!}(x-c)^n. \tag{5.21}$$

由 Taylor 公式及式 (5.13) 即得如下结论.

定理 5.8 设 $c \in F$ 是 $f \in F[x]$ 的根, 则 c 是 f 的 k 重根当且仅当

$$f(c) = f^{(1)}(c) = \cdots = f^{(k-1)}(c) = 0,\quad f^{(k)}(c) \neq 0.$$

推论 5.4 多项式 $f(x)$ 的 k 重根是它的导数 $f'(x)$ 的 $(k-1)$ 重根.

例 5.11　验证 $x=2$ 是多项式 $f(x)$ 的根, 并求其重数, 其中

$$f(x)=x^5-5x^4+7x^3-2x^2+4x-8\in\mathbf{R}[x].$$

解　将 $f(x)$ 表为 $(x-2)$ 的方幂和, 为此设

$$f(x)=c_5(x-2)^5+c_4(x-2)^4+c_3(x-2)^3+c_2(x-2)^2+c_1(x-2)+c_0.$$

用 $(x-2)$ 除 $f(x)$, 得余数为 c_0. 用所得商代替 $f(x)$ 再作下一次带余除法, 得余数为 c_1. 继续下去, 求出所有 c_i. 可按下列格式做:

$$\begin{array}{c|cccccc}
 & 1 & -5 & 7 & -2 & 4 & -8 \\
\hline
2 & 1 & -3 & 1 & 0 & 4 & \boxed{0} \\
 & 1 & -1 & -1 & -2 & \boxed{0} & \\
 & 1 & 1 & 1 & \boxed{0} & & \\
 & 1 & 3 & \boxed{7} & & & \\
 & 1 & \boxed{5} & & & & \\
 & \boxed{1} & & & & &
\end{array}$$

于是 $f(x)=(x-2)^5+5(x-2)^4+7(x-2)^3$. 由此得 2 是 f 的 3 重根, 而且 $f'''(2)=3!\cdot 7=42,\ f^{(4)}(2)=4!\cdot 5=120,\ f^{(5)}(2)=5!\cdot 1=120$.

5.2.2　复系数与实系数多项式的根

前面我们得到了关于多项式的根的个数的一个上界. 但是, 我们并不能确定一个多项式是否有根. 事实上, 存在次数大于零的多项式没有根的情况. 例如, x^2+1 在 $\mathbf{R}$ 上没有根. 这也正是我们构造复数域的理由. 在复数域上, 次数大于零的多项式都有根. 这就是代数基本定理, 参见附录.

推论 5.5　$\mathbf{C}[x]$ 中每个次数大于零的多项式都可以分解为一次因式的乘积; 每个 n 次多项式恰有 n 个根 (重根按重数计).

证　根据代数基本定理, 结合定理 5.7 得. □

一个 n 次实系数多项式的实根个数小于或等于 n. 但是, 作为复系数多项式, 它有 n 个根. 因此, 实系数多项式的虚根有如下特别的性质.

命题 5.4　如果 $c\in\mathbf{C}$ 是实系数多项式 $f(x)$ 的一个虚根, 则 $\bar{c}$ 也是 $f(x)$ 的根, 而且它和 c 有相同的重数.

证　设 $f(x)=a_nx^n+a_{n-1}x^{n-1}+\cdots+a_1x+a_0\in\mathbf{R}[x]$. 我们知道, 复共轭保持数域 $\mathbf{C}$ 的加法和乘法运算, 且保持实数不动. 因此, 若 $f(c)=0$, 则

$$\begin{aligned}f(\bar{c})&=a_n\bar{c}^n+a_{n-1}\bar{c}^{n-1}+\cdots+a_1\bar{c}+a_0\\&=\bar{a}_n\bar{c}^n+\bar{a}_{n-1}\bar{c}^{n-1}+\cdots+\bar{a}_1\bar{c}+\bar{a}_0=\overline{f(c)}=\bar{0}=0,\end{aligned}$$

即 $\bar{c}$ 也是 f 的一个根. 类似地, 对任意正整数 k, $f^{(k)}(c)=0$ 当且仅当 $f^{(k)}(\bar{c})=0$. 于是 c 和 $\bar{c}$ 的重数相等. □

定理5.9 $\mathbf{R}[x]$ 中每个次数大于零的多项式 $f(x)$ 可以分解成一次多项式和判别式小于零的二次多项式之积.

证 设 $c_1,\cdots,c_s,d_1,\cdots,d_t,\bar{d}_1,\cdots,\bar{d}_t$ 是 $f(x)\in\mathbf{R}[x]$ 的所有不同的复根, 其中所有 $c_i\in\mathbf{R}$, 所有 $d_j\notin\mathbf{R}$, 且 c_i 重数为 k_i, d_j 重数为 l_j, 则

$$f(x)=a_0(x-c_1)^{k_1}\cdots(x-c_s)^{k_s}[(x-d_1)(x-\bar{d}_1)]^{l_1}\cdots[(x-d_t)(x-\bar{d}_t)]^{l_t},$$

其中 $(x-d_i)(x-\bar{d}_i)=x^2-(d_i+\bar{d}_i)+d_i\bar{d}_i\in\mathbf{R}[x]$, 且判别式为负. □

例5.12 将 $f(x)=x^5-1\in\mathbf{R}[x]$ 分解因式.

解 先将 $f(x)$ 在 $\mathbf{C}$ 上分解成一次因式之积, 再将共轭因式相乘即得

$$\begin{aligned}
f(x)&=(x-1)\left(x-\left(\cos\frac{2\pi}{5}+\imath\sin\frac{2\pi}{5}\right)\right)\left(x-\left(\cos\frac{2\pi}{5}-\imath\sin\frac{2\pi}{5}\right)\right)\\
&\quad\times\left(x-\left(\cos\frac{4\pi}{5}+\imath\sin\frac{4\pi}{5}\right)\right)\left(x-\left(\cos\frac{4\pi}{5}-\imath\sin\frac{4\pi}{5}\right)\right)\\
&=(x-1)\left(x^2-2x\cos\frac{2\pi}{5}+1\right)\left(x^2-2x\cos\frac{4\pi}{5}+1\right)\\
&=(x-1)\left(x^2-\frac{\sqrt{5}-1}{2}x+1\right)\left(x^2+\frac{\sqrt{5}+1}{2}x+1\right).
\end{aligned}$$

5.3 因式分解

复数域上多项式分解成一次因式的乘积, 实数域上多项式分解成一次和二次因式的乘积, 类似于整数分解成素数的乘积. 这样的因式分解对于任意数域上的多项式都是存在的, 但因式不能限于一次或二次多项式. 这样的因式分解问题可以看成是多项式求根问题的推广. 在复数域上这两个问题是等价的. 在一般数域上, 并没有一个分解因式的一般方法. 本节我们主要证明, 这样的因式分解在某种意义下是唯一的. 以下总设 F 是一个数域.

5.3.1 最大公因式

和整数的情形类似, 我们可以考虑两个多项式的公因式. 在多项式代数 $F[x]$ 中, 如果多项式 d 既是 f 的因式, 又是 g 的因式, 则称 d 为 f 与 g 的一个公因式. 在公因式中占有特殊地位的是所谓最大公因式.

定义5.14 设 $f,\ g,\ d\in F[x]$. 如果 d 是 f 与 g 的公因式, 而且 f 与 g 的每个公因式 h 都是 d 的因式, 那么我们称 d 是 f 与 g 的最大公因式.

任意两个多项式都有最大公因式吗？有的话, 是否唯一？如何求呢？下面我们来回答这几个问题.

唯一性问题. 由定义不难看出, f 与 g 的任意两个最大公因式可以相互整除, 因而相差一个非零常数倍. 这就是说, 两个多项式的最大公因式如果存在的话, 则在可以相差一个非零常数倍的意义下是唯一的. 通常将首项系数为 1 的最大公因式记为 $\gcd(f,g)$ 或 (f,g).

存在性问题. 如果 $f=g=0$, 那么任意多项式都是 f, g 的公因式, 于是 0 是它们的唯一最大公因式, 记为 $(f,g)=0$. 设 f, g 不同时为零, 不妨设 $g\neq 0$. 用 g 除 f, 得 $f=qg+r$, 其中 $\deg r<\deg g$, 那么 f, g 与 g, r 有相同的最大公因式. 事实上, 若 $d\mid f$, $d\mid g$, 则 $d\mid r=f-qg$; 反之, 若 $d\mid g$, $d\mid r$, 则 $d\mid f$. 因此它们有相同的公因式, 从而有相同的最大公因式. 于是, 求 f, g 的最大公因式的问题化归为求 g, r 的最大公因式的问题. 注意到 $\deg r<\deg g$, 重复使用带余除法, 即可求得 f, g 的一个最大公因式. 这样不仅证明了最大公因式的存在性, 同时也给出了求最大公因式的一个具体算法. 这个算法称为辗转相除法或 Euclid 算法. 详述如下.

定理 5.10 对任意 f, $g\in F[x]$, (f,g) 存在, 且有 u, $v\in F[x]$, 使

$$(f,g)=uf+vg \quad (\text{Bézout 等式}).$$

证 当 $g=0$ 时, 若 $f=0$, 则 $(f,g)=0=0f+0g$, 若 f 的首项系数为 $a\neq 0$, 则 $(f,g)=a^{-1}f=a^{-1}f+0g$. 下面设 $g\neq 0$. 用 g 除 f, 得余式 r. 若 $r\neq 0$, 用 r 除 g, 得余式 r_1. 若 $r_1\neq 0$, 用 r_1 除 r, 得余式 r_2. 如此辗转相除. 由于余式次数递减, 有限步后必得余式为 0, 即有下列等式:

$$\begin{aligned}&f=qg+r,\ g=q_1r+r_1,\ r=q_2r_1+r_2,\ \cdots,\\&r_{s-3}=q_{s-1}r_{s-2}+r_{s-1},\ r_{s-2}=q_sr_{s-1}+r_s,\ r_{s-1}=q_{s+1}r_s,\end{aligned}\tag{5.22}$$

且 $\deg f>\deg r_1>\cdots>\deg r_s$. 于是

$$(f,g)=(g,r)=(r,r_1)=(r_1,r_2)=\cdots=(r_{s-1},r_s)=b^{-1}r_s,$$

其中 b 为 r_s 的首项系数. 而且, 从 (5.22) 式中倒数第二式开始, 由下往上代入, 消去 $r,r_1,\cdots,r_{s-1}$, 即得 (f,g) 为 f 和 g 的一个 $F[x]$ 线性组合. □

例 5.13 设 $f(x)=x^4+3x^3-x^2-4x-3$, $\quad g(x)=3x^3+10x^2+2x-3$, 求 (f,g), 并求 u, $v\in F[x]$, 使 $(f,g)=uf+vg$.

解 辗转相除法可按下列格式来作

	g	f	
$q_1 =$	$3x^3+10x^2+2x-3$	$x^4+3x^3-x^2-4x-3$	$\frac{1}{3}x-\frac{1}{9}=q$
$-\frac{27}{5}x+9$	$3x^3+15x^2+18x$	$x^4+\frac{10}{3}x^3+\frac{2}{3}x^2-x$	
	$-5x^2-16x-3$	$-\frac{1}{3}x^3-\frac{5}{3}x^2-3x-3$	
	$-5x^2-25x-30$	$-\frac{1}{3}x^3-\frac{10}{9}x^2-\frac{2}{9}x+\frac{1}{3}$	
	$r_1=9x+27$	$r=-\frac{5}{9}x^2-\frac{25}{9}x-\frac{10}{3}$	$-\frac{5}{81}x-\frac{10}{81}$
		$-\frac{5}{9}x^2-\frac{15}{9}x$	$=q_2$
		$-\frac{10}{9}x-\frac{10}{3}$	
		$-\frac{10}{9}x-\frac{10}{3}$	
		$r_2=0$	

以上相当于做了 3 次带余除法：$f=qg+r$，$g=q_1r+r_1$，$r=q_2r_1$，于是

$$(f,g)=\frac{1}{9}r_1=x+3.$$

由 $r_1=g-q_1r=g-q_1(f-qg)=-q_1f+(1+q_1q)g$，得

$$(f,g)=\left(\frac{3}{5}x-1\right)f+\left(-\frac{1}{5}x^2+\frac{2}{5}x\right)g.$$

定义 5.15 设 $f,\ g\in F[x]$. 如果 $(f,g)=1$，那么称 f 与 g 互素.

推论 5.6 设 $f,\ g,\ h\in F[x]$.

1) f 与 g 互素当且仅当存在 $u,\ v\in F[x]$，使 $uf+vg=1$；

2) 若 f 与 g 互素，且 $f\mid gh$，则 $f\mid h$；

3) 若 f 与 g 互素，且 $f\mid h$，$g\mid h$，则 $fg\mid h$.

证 1) 必要性由定理 5.10 得. 反之，若存在 $u,\ v\in F[x]$，使 $uf+vg=1$，由 $(f,g)\mid f$，$(f,g)\mid g$ 得 $(f,g)\mid 1$. 因此 $(f,g)=1$.

2) 如果 $(f,g)=1$，则有 $u,\ v\in F[x]$，使得 $uf+vg=1$，因而 $f\mid huf+hvg=h$.

3) 由于 $f\mid h$，可设 $h=fq$，$q\in F[x]$. 由 $g\mid h=fq$，$(f,g)=1$ 得 $g\mid q$，于是存在 $p\in F[x]$，使得 $q=gp$. 因此 $h=fq=fgp$，即 $fg\mid h$. □

下面我们用理想的概念重新说明最大公因式的存在性.

例 5.14 设 $f \in F[x]$, 用 (f) 表示由 f 的所有倍式组成的集合. 即

$$(f) = \{uf : u \in F[x]\}.$$

显然 (f) 非空. 对 (f) 中任意两元素 uf, vf 和 F 中任意数 k, l, 有

$$k(uf) + l(vf) = (ku + lv)f \in (f).$$

因此 (f) 是 $F[x]$ 的子空间. 对 (f) 中任意元素 uf 及任意 $g \in F[x]$, 有

$$(uf)g = u(fg) \in (f).$$

因此 (f) 是 $F[x]$ 的一个理想, 称为由 f 生成的主理想,

例 5.15 设 $f_1, \cdots, f_n \in F[x]$, 考虑子空间 (f_i) 的和

$$I = (f_1) + \cdots + (f_n).$$

对任意 $p \in I$, 有 $u_1, \cdots, u_n \in F[x]$, 使 $p = \sum_{i=1}^n u_i f_i$, 于是对任意 $g \in F[x]$,

$$pg = \left(\sum_{i=1}^n u_i f_i\right) g = \sum_{i=1}^n (u_i f_i) g = \sum_{i=1}^n (u_i g) f_i \in I.$$

因此 I 是 $F[x]$ 的一个理想, 称为由 $f_1, \cdots, f_n$ 生成的理想.

定理 5.11 $F[x]$ 的每个理想都是主理想, 即 $F[x]$ 是主理想整环 (PID).

证 设 I 是 $F[x]$ 的任意一个理想. 若 $I = 0$, 则 I 是由 0 多项式生成的理想. 如果 $I \neq 0$, 则 I 中有非零多项式, 于是 I 中所有非零多项式中存在一个次数最低的首一多项式 d. 按理想的定义即知 $(d) \subseteq I$. 对 I 中任意多项式 f, 由定理 5.4, 存在 q, $r \in F[x]$, 使 $f = qd + r$, 其中 $\deg r < \deg d$. 由于 I 是理想, 所以 $r = f - qd \in I$, 而 d 是 I 中次数最低的非零多项式, 所以 $r = 0$, 于是 $f = qd$, 即 $f \in (d)$, 因而 $I \subseteq (d)$. 故 $I = (d)$. □

定理 5.11 表明, $F[x]$ 的每个非零理想 I 一定是某个首一多项式的所有倍式组成的. 进一步, 这个首一多项式是唯一的. 事实上, 若还有另一个首一多项式 d_1, 使 $I = (d_1)$, 则有多项式 p, $q \in F[x]$, 使 $d = d_1 p$, $d_1 = dq$, 于是 $d = dpq$. 比较两边次数, 得 $\deg p = \deg q = 0$. 又 d, d_1 是首一的, 所以 $p = q = 1$, 于是 $d = d_1$.

考虑多项式 $f_1, \cdots, f_n$ 生成的理想 I, 这是 $f_1, \cdots, f_n$ 的所有 $F[x]$ 线性组合组成的集合. 由定理 5.11, 存在唯一的首一多项式 d, 使 $I = (d)$. 由 $d \in I$ 知, 存在 $u_i \in F[x]$, 使 $d = u_1 f_1 + \cdots + u_n f_n$. 由 $f_i \in (d)$, 有 $d \mid f_i$, 而且, 对任意 $g \in F[x]$, 若 $g \mid f_i$, $i = 1, \cdots, n$, 由上式得 $g \mid d$. 特别地, 考虑 $n = 2$ 的情形. 这就是说, 两个多项式的首一最大公因式存在, 而且可写成这两个多项式的一个 $F[x]$ 线性组合. 这就是前面已证的定理 5.10. 考虑一般的情形, 得到下列定义和结论.

定义 5.16 称 $d \in F[x]$ 为 $f_1, \cdots, f_n \in F[x]$ 的最大公因式, 如果

1) $d \mid f_i,\ i=1,\cdots,n$;

2) 对任意 $h \in F[x]$, 若 $h \mid f_1,\ \cdots,\ h \mid f_n$, 则有 $h \mid d$.

定理 5.12 多项式 $f_1, \cdots, f_n \in F[x]$ 的最大公因式一定存在, 而且, 存在 $u_i \in F[x]$, 使得 $(f_1, \cdots, f_n) = u_1 f_1 + \cdots + u_n f_n$, 这里 $(f_1, \cdots, f_n)$ 表示 $f_1, \cdots, f_n$ 的首一最大公因式.

定义 5.17 称多项式 $f_1, \cdots, f_n \in F[x]$ 互素, 如果 $(f_1, \cdots, f_n) = 1$.

推论 5.7 多项式 $f_1, \cdots, f_n \in F[x]$ 互素当且仅当存在 $u_i \in F[x]$, 使得 $u_1 f_1 + \cdots + u_n f_n = 1$,

例 5.16 设 $g_1, \cdots, g_n$ 是 $F[x]$ 内一组两两互素的次数大于零的多项式, 则对 $F[x]$ 中任意给定的 n 个多项式 $r_1, \cdots r_n$, 必存在 $f \in F[x]$, 使得

$$f \equiv r_i (\bmod g_i) \quad (i=1,\cdots,n). \tag{5.23}$$

令 $k = \sum_{i=1}^{n} \deg g_i$, 那么, 存在唯一的次数小于 k 的多项式 f 满足 (5.23).

证 令 $G = g_1 \cdots g_n$, $G_i = g_1 \cdots g_{i-1} g_{i+1} \cdots g_n$. 则 $(g_i, G_i) = 1$, 而且对于 $j \neq i$, 有 $g_j \mid G_i$. 因此存在多项式 u_i, v_i, 使得 $u_i g_i + v_i G_i = 1$. 于是得

$$v_i G_i \equiv 1 (\bmod g_i), \quad v_i G_i \equiv 0 (\bmod g_j), \quad j \neq i.$$

令 $f = r_1 v_1 G_1 + \cdots + r_n v_n G_n$, 则 f 满足 (5.23). 若有两多项式 f_1, f_2 均满足 (5.23), 则 $g_i \mid (f_1 - f_2)$. 由于 $g_1, \cdots, g_n$ 两两互素, 所以 $G \mid (f_1 - f_2)$. 因此满足 (5.23) 的所有多项式为

$$\{f + hG : h \in F[x]\}.$$

若 $f \neq 0$, 且 $\deg f \geqslant k$, 则由带余除法定理, 存在唯一确定的多项式 q, r, 使得 $f = qG + r$, 且 $\deg r < k$. 易知 r 满足 (5.23). 若有 f_1, f_2 满足 (5.23), 且 $\deg f_i < k$, 则 $G \mid f_1 - f_2$. 因此 $f_1 - f_2 = 0$. □

上例结论称为中国剩余定理. 拉格朗日插值公式可看作这里的特例.

5.3.2 唯一因式分解定理

要讨论一般数域上的因式分解问题. 我们先要明确分解的标准. 代数基本定理表明, 复数域上多项式都可以分解为一次因式的乘积. 因此, 对复系数多项式来说, 分解的标准当然是一次因式. 对实系数多项式来说, 一次因式和判别式为负的二次因式是分解的标准. 例如, 在复数域上,

$$x^4 - 4 = (x - \sqrt{2})(x + \sqrt{2})(x - \sqrt{2}\imath)(x + \sqrt{2}\imath);$$

在实数域上, $x^4-4=(x-\sqrt{2})(x+\sqrt{2})(x^2+2)$; 但在有理数域上, 分解的标准是什么？在有理数域上 $x^4-4=(x^2-2)(x^2+2)$ 还能再分吗？这里有两个问题, 不能再分的意思是什么？怎样判定？下面我们给出一般数域上不可约多项式的定义.

定义 5.18 设 $p\in F[x]$, $\deg p\geqslant 1$. 如果 p 只有平凡因式, 则称 p 为 $F[x]$ 中一个不可约多项式, 否则, 称 p 为可约多项式.

从定义知, 如果 $p(x)$ 不可约, 则 $p(x)$ 不能表为两个次数大于零的多项式的乘积, 如果 $p(x)$ 可约, 则 $p(x)$ 有非平凡因式, 因而可表为两个次数大于零的多项式的乘积.

在任意数域上, 一次多项式总是不可约的. 一般地, 不可约的概念与系数域相关. 复数域上不可约多项式就是一次多项式, 实数域上不可约多项式就是一次多项式和判别式为负的二次多项式. 例如, x^2+2 在 $\mathbf{R}[x]$ 中不可约. 但在 $\mathbf{C}[x]$ 中可约, 因为 $x^2+2=(x+\sqrt{2}\imath)(x-\sqrt{2}\imath)$.

从定义可立即得到不可约多项式 $p\in F[x]$ 的如下简单事实:

1° 对任意 $f\in F[x]$, 或者 $p\mid f$ 或者 $(p,f)=1$;

2° 对任意 $f,\ g\in F[x]$, 由 $p\mid fg$ 可推出 $p\mid f$ 或 $p\mid g$.

定理 5.13 数域 F 上任意次数大于零的多项式可表为不可约多项式的乘积, 且若

$$f=p_1\cdots p_r=q_1\cdots q_s,\ \text{其中每个}\ p_i,\ q_j\ \text{不可约},$$

则 $r=s$, 且经适当排列后, 有 $q_i=c_ip_i,\ c_i\in F^*,\ 1\leqslant i\leqslant r$.

证 对 $n=\deg f$ 归纳. $n=1$ 时, 结论显然成立. 设 $\deg f<n$ 时结论成立. 考察 $\deg f=n$ 时的情况. 若 f 不可约, 结论显然成立. 若 f 可约, 设 $f=gh$, $\deg g<n$, $\deg h<n$. 由归纳假设, g 与 h 均可表为不可约多项式的乘积, 因而 f 也能写成不可约多项式的乘积. 如果

$$f=p_1\cdots p_r=q_1\cdots q_s, \tag{5.24}$$

其中 $p_i,\ q_j$ 都不可约. 因为 p_1 不可约, 所以 p_1 整除某个 q_i. 不妨设 $p_1\mid q_1$, 但 q_1 也不可约, 故存在 $c_1\in F^*$, 使 $q_1=c_1p_1$. 从 (5.24) 式两边消去 p_1, 将 c_1q_2 仍记为 q_2, 得 $g=p_2\cdots p_r=q_2\cdots q_s$. 现在 $\deg g=\deg f-\deg p_1<n$, 由归纳假设, 得 $r-1=s-1$, 且适当排列不可约因式, 对 $i=2,\cdots,r$, 有 $q_i=c_ip_i,\ c_i\in F^*$. 由归纳法, 定理得证. □

以上定理称为唯一因式分解定理, 将 $f(x)$ 的每个不可约因子写成一个常数和一个首一不可约多项式之积, 则 $f(x)$ 有如下唯一标准分解式

$$f=cp_1^{r_1}\cdots p_s^{r_s},$$

其中 $c\in F^*$,r_i 为正整数, $p_1,\ \cdots,\ p_s$ 为互不相同的首一不可约多项式.

讨论多个多项式时, 常将它们写成相同的不可约多项式的方幂乘积, 这时让幂指数 r_i 可以取零, 并约定 $p_i^0=1$. 如设 f, g 的标准分解式分别为

$$f=cp_1^{r_1}\cdots p_s^{r_s},\quad g=cp_1^{t_1}\cdots p_s^{t_s}.$$

令 $k_i=\min(r_i,t_i)$, $1\leqslant i\leqslant s$. 易知 $(f,g)=p_1^{k_1}\cdots p_s^{k_s}$.

5.3.3 重因式

求多项式的根和多项式的因式分解密切相关. 唯一因式分解定理是一个十分重要的结论, 它表明多项式环 $F[x]$ 是一个唯一分解整环 (UFD). 但这是一个理论上的结果, 具体给定一个多项式, 如何分解因式仍是一个十分困难的问题. 下面我们利用导数给出一个判定重因式的方法.

定义 5.19 设 f, $p\in F[x]$, p 不可约, k 为非负整数, 如果 $p^k\mid f$, 而 $p^{k+1}\nmid f$, 则称 p 是 f 的一个 k 重因式.

当 $k=0$ 时, p 实际上不是 f 的因式. $k=1$ 时, 也称 p 是 f 的单因式. 当 $k\geqslant 2$ 时, 称 p 是 f 的重因式.

定理 5.14 设 p, $f\in F[x]$, p 不可约. 如果 p 是 f 的一个 k 重因式 $(k\geqslant 1)$, 那么 p 是 f' 的一个 $(k-1)$ 重因式; 反之, 如果 p 是 f' 的一个 $(k-1)$ 重因式, 而且是 f 的一个因式, 那么 p 是 f 的一个 k 重因式.

证 若 p 是 f 的 k 重因式, 则 $f=p^kq$, 且 $p\nmid q$, 于是 $(p,q)=1$, 且

$$f'=kp^{k-1}p'q+p^kq'=p^{k-1}(kp'q+pq').$$

故 $p^{k-1}\mid f'$. 假如 $p^k\mid f'$, 即 $f'=p^kq_1$, 代入上式, 消去 p^{k-1}, 得

$$kp'q+pq'=pq_1.$$

从上式推出 $p\mid kp'q$, 而 $(p,q)=1$, 于是 $p\mid kp'$, 但 $\deg kp'<\deg p$. 矛盾, 故 $p^k\nmid f'$. 这表明 p 是 f' 的 $(k-1)$ 重因式. 反之, 如果 p 是 f 的因式, 设它是 l 重因式, 由前面的证明知, p 是 f' 的 $(l-1)$ 重因式. 又已知它是 f' 的 $(k-1)$ 重因式, 因此 $k-1=l-1$ 即 p 是 f 的 k 重因式. □

由这个定理, 立即得到下面的推论.

推论 5.8 设 f, $p\in F[x]$, 且 p 不可约, 则

1) p 是 f 的 k 重因式当且仅当 $p\mid f^{(i)}$, $0\leqslant i\leqslant k-1$, 但 $p\nmid f^{(k)}$;

2) p 是 f 的重因式当且仅当 p 是 f 与 f' 的公因式;

3) f 无重因式当且仅当 $(f,f')=1$.

显然, 在 $\mathbf{C}[x]$ 中, 多项式 f 无重因式, 等价于 f 无重根. 进一步, 有

推论 5.9 设 F 为数域, $f(x)\in F[x]$. 则 $f(x)$ 无重因式, 等价于 $f(x)\in\mathbf{C}[x]$ 无重根.

5.3.4 有理系数多项式

根据因式分解定理, 有理系数多项式可以唯一分解成一个有理数和一些首一不可约多项式的乘积. 自然要问, 不可约多项式有哪些? 如何判定?

关于第一个问题, 这里的情形比 $\mathbf{C}$, $\mathbf{R}$ 上的情形复杂. 在 $\mathbf{Q}$ 上, 一次多项式当然是不可约的, 二次多项式作为 $\mathbf{R}$ 上的多项式是不可约时, 作为 $\mathbf{Q}$ 上多项式当然也不可约. 但是, 存在 $\mathbf{Q}$ 上不可约多项式, 它作为 $\mathbf{R}$ 上多项式是可约的, 如 x^2-2. 另外, $\mathbf{Q}$ 上还有高次的不可约多项式, 如 $f(x)=x^3-2$. 事实上, 我们将看到, $\mathbf{Q}$ 上存在任意次数的不可约多项式. 可见有理系数多项式的因式分解问题十分复杂. 我们将证明, 一个整系数多项式在 $\mathbf{Q}$ 上可约, 等价于它能分解成两个次数较低的整系数多项式之积. 关于第二个问题, 至今还没有一个有效的判别方法, 我们将给出不可约多项式的一个充分条件.

首先考虑一次因式. 显然, 一个有理系数多项式可以写成一个有理数与一个整系数多项式的乘积. 因此, 只需考虑整系数多项式的有理根, 而且可以利用整数的整除性质. 关于整数的整除性, 参见附录. 所有整系数多项式组成的集合记为 $\mathbf{Z}[x]$.

定理 5.15　设 $f(x)=\sum_{i=0}^{n}a_ix^i$ 是整系数多项式. 如果 $f(x)$ 有有理根 $\frac{s}{r}$, 其中 r, s 为互素整数, 那么 $r\mid a_n$, $s\mid a_0$.

证　由已知,

$$0=r^nf\left(\frac{s}{r}\right)=a_0r^n+a_1r^{n-1}s+\cdots+a_{n-1}rs^{n-1}+a_ns^n.$$

上式中除最后一项外其他项都可被 r 整除, 因此最后一项也必能被 r 整除. 但 r, s 互素, 于是 r, s^n 互素, 因此 $r\mid a_n$. 类似地, $s\mid a_0$. □

推论 5.10　如果一个整系数首一多项式有有理根, 则这个根是整数.

例 5.17　求 $f(x)=x^3-6x^2+15x-14$ 的有理根.

解　$f(x)$ 的有理根只可能是 ±1, ±2, ±7, ±14, 显然 $f(x)$ 无负根, 直接验算知, 只有 2 是 $f(x)$ 的根.

例 5.18　设 $f(x)=\sum_{i=0}^{n}a_ix^i\in\mathbf{Z}[x]$. 若有正整数 $p>1$, 使 $p\nmid f(k)$, $k=0,1,\cdots,p-1$, 则 f 无整数根.

证　设 $m\in\mathbf{Z}$, 由整数的带余除法, 存在 m_1, $k\in\mathbf{Z}$, 使得 $m=m_1p+k$, 且 $0\leqslant k\leqslant p-1$. 于是, $f(m)=\sum_{i=0}^{n}a_i(m_1p+k)^i\equiv f(k)(\mathrm{mod}p)$. 因为 $p\nmid f(k)$, $k=0,1,\cdots,p-1$, 所以 $p\nmid f(m)$. 故 $f(m)\neq0$.

定义 5.20　设 $f(x)$ 是非零整系数多项式, 若 $f(x)$ 的各项系数的最大公因数为 1, 则称 $f(x)$ 为本原多项式.

例如, 首一整系数多项式是本原的, $2x+3$ 也是本原的.

引理 5.1　$\mathbf{Q}[x]$ 中任一非零多项式可以表为一个有理数与一个本原多项式的乘积, 且除正负号外表法唯一.

证 设 $0 \neq f(x) \in \mathbf{Q}[x]$, 则存在非零整数 b, 使 $bf(x)$ 为整系数多项式, 再提取其各项系数的最大公因数 c $(c \neq 0)$, 则 $\frac{b}{c}f(x)$ 为本原多项式, 记为 $g(x)$, 记 $r = \frac{c}{b}$, 则 $f(x) = rg(x)$. 若还有 $f(x) = r_1 g_1(x)$, 其中

$$r_1 = \frac{c_1}{b_1}, \ \ c_1, \ b_1 \in \mathbf{Z}, \ \ g_1(x) \in \mathbf{Z}[x],$$

那么 $b_1 c g(x) = c_1 b g_1(x)$, 于是 $b_1 c = \pm c_1 b$, 因此 $r = \pm r_1$, $g(x) = \mp g_1(x)$. □

引理 5.2 (Gauss 引理) 两个本原多项式的乘积仍是一个本原多项式.

证 设 $f(x) = \sum_{i=0}^{n} a_i x^i$, $g(x) = \sum_{j=0}^{m} b_j x^j \in \mathbf{Z}[x]$ 都是本原多项式. 如果 $f(x)g(x)$ 不是本原的, 那么一定存在一个素数 p, 它能整除 $f(x)g(x)$ 的所有系数. 由于 $f(x)$ 和 $g(x)$ 都是本原多项式, 所以 p 不能整除 $f(x)$ 的所有系数, 也不能整除 $g(x)$ 的所有系数. 令 a_r, b_s 分别是 $f(x)$ 和 $g(x)$ 的第一个不能被 p 整除的系数. 考察 $f(x)g(x)$ 的第 $r+s$ 项系数

$$\sum_{i+j=r+s} a_i b_j = a_r b_s + \sum_{i+j=r+s, \ i<r} a_i b_j + \sum_{i+j=r+s, \ j<s} a_i b_j.$$

素数 $p \nmid a_r b_s$, 但 p 整除上式中其余 $a_i b_j$, 矛盾. 故 $f(x)g(x)$ 是本原的. □

定理5.16 设 $f(x) \in \mathbf{Q}[x]$, $\deg f > 0$, $f(x) = rg(x)$, 其中 $r \in \mathbf{Q}$, 而 $g(x) \in \mathbf{Z}[x]$ 是本原多项式, 则 $f(x)$ 在 $\mathbf{Q}[x]$ 中不可约当且仅当 $g(x)$ 不能分解为两个次数大于零的整系数多项式之积.

证 “$\Rightarrow$”显然. “$\Leftarrow$”设 $g(x)$ 不能分解为两个次数大于零的整系数多项式之积. 若 $f(x)$ 在 $\mathbf{Q}[x]$ 中可约, 设

$$f(x) = f_1(x) f_2(x), \ \ f_i(x) \in \mathbf{Q}[x], \ \ \deg f_i < \deg f, \ \ i = 1, \ 2.$$

则由引理 5.1, 有有理数 r_1, r_2 及本原多项式 $g_1(x), g_2(x)$, 使得

$$f(x) = rg(x) = r_1 g_1(x) r_2 g_2(x) = r_1 r_2 g_1(x) g_2(x).$$

根据 Gauss 引理, $g_1(x)g_2(x)$ 是本原的. 由引理 5.1, 有 $g(x) = \pm g_1(x)g_2(x)$. 显然 $\deg g_i = \deg f_i < \deg f = \deg g$, 矛盾! 因此 $f(x)$ 在 $\mathbf{Q}[x]$ 中不可约. □

例5.19 判定 $f(x) = x^3 + kx + 1$ 在 $\mathbf{Q}[x]$ 中是否可约, 其中 $k \in \mathbf{Z}$.

解 因为 $f(x)$ 是一个 3 次多项式, 因此若 $f(x)$ 在 $\mathbf{Q}[x]$ 中可约, 则 $f(x)$ 必有有理根, 且可能的有理根是 ± 1. 用 ± 1 代入 $f(x)$ 得知, 当 $k = -2$ 或 0 时, $f(x)$ 有有理根 1 或 -1, 因而 $f(x)$ 有一次因式 $x - 1$ 或 $x + 1$, 此时 $f(x)$ 可约; 当 $k \neq 2$, 0 时, $f(x)$ 没有有理根, 因而 $f(x)$ 在 $\mathbf{Q}[x]$ 中不可约.

注 例 5.19 中用到了 $f(x)$ 的次数是 3 的特点, 方法不适用于一般情形. 一般情形一个可约多项式不一定有有理根, 如 $f(x) = (x^2 + 1)(x^3 + 2)$. 判定一个有理系

数或整系数多项式是否可约是一个困难的问题, 下面我们给出一个判别法, 但此判别法只是一个充分条件!

定理 5.17 设 $f(x)=\sum_{i=0}^{n}a_ix^i\in\mathbf{Z}[x]$, 若有素数 p 满足

(1) $p\nmid a_n$, (2) $p\mid a_i,\ 0\leqslant i\leqslant n-1$, (3) $p^2\nmid a_0$,

则 $f(x)$ 是 $\mathbf{Q}[x]$ 中不可约多项式.

证 若 $f(x)$ 在 $\mathbf{Q}[x]$ 中可约, 由定理 5.16 有 $f(x)=g(x)h(x)$, 其中

$$g(x)=\sum_{i=0}^{l}b_ix^i,\ h(x)=\sum_{j=0}^{m}c_jx^j\in Z[x],\ l<n,\ m<n.$$

因而有 $a_n=b_lc_m,\ a_0=b_0c_0$. 由于 $p\mid a_0,\ p^2\nmid a_0$, 不妨设 $p\mid b_0,\ p\nmid c_0$. 又由 $p\nmid a_n$ 知 $p\nmid b_l,\ p\nmid c_m$. 于是存在 $k\ (1\leqslant k\leqslant l)$, 使得

$$p\mid b_i,\ 0\leqslant i\leqslant k-1;\ p\nmid b_k,$$

因而 $p\nmid a_k=b_kc_0+b_{k-1}c_1+\cdots+b_0c_k$. 这与已知 $p\mid a_k$ 矛盾. 故 $f(x)$ 是 $\mathbf{Q}[x]$ 中不可约多项式. □

定理 5.17 叫做 Eisenstein 判别法, 下例应用它来说明 $\mathbf{Q}[x]$ 中存在任意次数的不可约多项式.

例 5.20 证明: $f(x)=x^n-2$ 是 $\mathbf{Q}[x]$ 中不可约多项式.

证 $f(x)$ 的首项系数 $a_n=1$, 常数项 $a_0=2$, 且 $a_1=\cdots=a_{n-1}=0$, 显然 $p=2$ 是素数, 且 $2\mid a_0,a_1,\cdots,a_{n-1},2\nmid a_n,2^2\nmid a_0$. 因此由 Eisenstein 判别法知 $f(x)$ 在 $\mathbf{Q}[x]$ 中不可约.

例 5.21 设 p 为素数. 多项式 $f(x)=x^{p-1}+\cdots+x+1$ 叫做分圆多项式. 证明: $f(x)$ 在 $\mathbf{Q}[x]$ 中不可约.

证 易知 $(x-1)f(x)=x^p-1$, 作变量替换 $x=y+1$ 得

$$f(y+1)=y^{p-1}+\binom{p}{1}y^{p-2}+\cdots+\binom{p}{p-2}y+\binom{p}{p-1}.$$

因

$$\binom{p}{i}=\frac{p(p-1)\cdots(p-i+1)}{i!}$$

是整数, 当 $1\leqslant i<p$ 时, $(i!,p)=1$, 所以

$$i!\mid(p-1)\cdots(p-i+1),$$

故 $p\mid\binom{p}{i}$. 由 Eisenstein 判别法知 $f(y+1)$ 不可约, 因此 $f(x)$ 也不可约.

5.4 多元多项式简介

本节介绍多元多项式的定义和简单性质, 特别是对称多项式的基本性质.

5.4.1 基本概念

多元多项式也是我们熟悉的对象, 如 $x^2+y^2+4xy-3x+4y+2$. 实变量 $x_1,x_2,\cdots,x_n$ 的一个函数 f 称为一个多项式, 如果它能表为如下形式:

$$f(x_1,x_2,\cdots,x_n)=\sum_{k_1,k_2,\cdots,k_n} a_{k_1k_2\cdots k_n}{x_1}^{k_1}{x_2}^{k_2}\cdots{x_n}^{k_n}, \tag{5.25}$$

其中求和取遍非负整数组 $(k_1,k_2,\cdots,k_n)$ 集合, 但只有有限个系数 $a_{k_1k_2\cdots k_n}$ 非零. 我们知道, 所有 n 元函数组成一个代数, 其中多项式全体形成它的一个子代数, 称为 $\mathbf{R}$ 上 $x_1,x_2,\cdots,x_n$ 的多项式代数, 记为 $\mathbf{R}[x_1,x_2,\cdots,x_n]$.

下面给出任意数域 F 上 n 元多项式的形式定义. 首先引入一个记号. 令

$$\mathbf{Z}^n=\big\{(k_1,\cdots,k_n):k_1,\cdots,k_n\in\mathbf{Z}\big\}.$$

在 $\mathbf{Z}^n$ 上定义加法如下:

$$(k_1,\cdots,k_n)+(l_1,\cdots,l_n)=(k_1+l_1,\cdots,k_n+l_n).$$

易知 $\mathbf{Z}^n$ 是一个 Abel 群, 参见附录. 令 $I=\{k\in\mathbf{Z}^n\ :\ k_i\geqslant 0,\ i=1,\cdots,n\}$.

考虑 F 上以 $\{e_k:k\in I\}$ 为基的无限维向量空间, 按如下乘法表:

$$e_ke_l=e_{k+l},\quad \forall k,l\in I,$$

得到一个交换代数, 其单位元为 e_0. 这个代数称为数域 F 上 n 元多项式代数, 记为 $F[x_1,x_2,\cdots,x_n]$. 当 $n=1$ 时, 这就是一元多项式代数.

对于 F 中每个元素 a, 我们将 ae_0 与 a 等同, 记

$$e_{(1,0,\cdots,0)}=x_1,\quad e_{(0,1,\cdots,0)}=x_2,\quad \cdots,\quad e_{(0,\cdots,0,1)}=x_n,$$

那么 $e_{(k_1,\cdots,k_n)}={x_1}^{k_1}\cdots{x_n}^{k_n}$. 因此 $F[x_1,\cdots,x_n]$ 中的元素可表为 (5.25) 形式, 也可简记为 $f=\sum\limits_{k\in I}a_kx^k$, 称为 F 上 n 元多项式, 此处 $x_1,\ \cdots,\ x_n$ 是 n 个文字, 也称为未定元.

仅有一个非零系数的多项式称为一个单项式, 如 a_kx^k, 称 $|k|:=k_1+\cdots+k_n$ 为其次数. 两个单项式 a_kx^k, b_lx^l 称为同类项, 如果 $k=l$, 即 $k_i=l_i$, $1\leqslant i\leqslant n$. 多项式 f 中单项式的次数的最大值称为此多项式的次数, 记为 $\deg f$. 多项式 f 可以唯一地表为如下形式:

$$f(x_1,x_2,\cdots,x_n)=\sum_{k=0}^{\infty}f_k(x_2,\cdots,x_n){x_1}^k, \tag{5.26}$$

其中 f_k 是 $x_2, \cdots, x_n$ 的多项式, 且仅有有限个 f_k 非零, 这些非零多项式 f_k 对应的最大整数 k 称为 f 关于 x_1 的次数, 记为 $\deg_{x_1} f$. 因此, 可以将 $F[x_1, x_2, \cdots, x_n]$ 看成环 $F[x_2, \cdots, x_n]$ 上的一元多项式环, 即

$$F[x_1, x_2, \cdots, x_n] = F[x_2, \cdots, x_n][x_1]. \tag{5.27}$$

为了像一元多项式那样, 将一个多元多项式的表达式中所有单项式按顺序排列起来, 我们必须在多指标之间规定顺序. 在全体 n 指标集合 I 中按如下方式定义一个序: 对任意两个 n 指标 $k = (k_1, \cdots, k_n)$, $l = (l_1, \cdots, l_n)$, 如果 $k - l = (k_1 - l_1, \cdots, k_n - l_n)$ 的第一个非零数大于零, 则规定 k 大于 l, 记为 $k \succ l$. 利用 n 指标的序来定义单项式的序如下, 单项式 $a_k x^k$ 排在 $b_l x^l$ 之前, 记为 $a_k x^k \succ b_l x^l$, 如果 $k \succ l$. 我们把这样定义的序称为字典序. 当 $n = 1$ 时, 这就是降幂排法.

按字典序写出来的第一个非零单项式称为此多项式的首项. 例如, 多项式 $2x_1 {x_2}^2 + {x_3}^2 + {x_1}^2 x_2 + {x_1}^2$ 按字典序写出来就是 ${x_1}^2 x_2 + {x_1}^2 + 2x_1 {x_2}^2 + {x_3}^2$, 其中 ${x_1}^2 x_2$ 就是它的首项. 应注意, 首项次数和多项式的次数可能不一致.

命题 5.5 单项式的字典序有下列性质:

1) 如果 $u \succ v$, $v \succ w$, 则 $u \succ w$;

2) 如果 $u \succ v$, 则对任意单项式 w 有 $uw \succ vw$;

3) 如果 $u_1 \succ v_1$, $u_2 \succ v_2$, 则 $u_1 u_2 \succ v_1 v_2$.

证 1) 考虑 u, v, w 的第一个具有不同幂的文字, 设它们的指数分别为 k, l, m, 则 $k \geqslant l \geqslant m$, 且至少一个为不等号, 因此, $k > m$.

2) u, v 都乘以 w, 同一文字的幂都加上同一个数, 大小关系不变.

3) 由 2) 得, $u_1 u_2 \succ u_1 v_2 \succ v_1 v_2$. □

定理 5.18 非零多项式的乘积的首项等于它们的首项的乘积.

证 只需对两个多项式来证明即可. 设 u_1, u_2 分别是多项式 f, g 的首项, v_1, v_2 是 f, g 的任意项. 如果 $v_1 \neq u_1$ 或 $v_2 \neq u_2$, 则由命题 5.5, 有 $u_1 u_2 \succ v_1 v_2$, 因此, $u_1 u_2$ 是 fg 的首项. □

推论 5.11 n 元多项式代数 $F[x_1, \cdots, x_n]$ 无零因子.

若多项式 f 中所有单项式都有次数 d, 则称 f 是 d 次齐次多项式, 即

$$f(x_1, \cdots, x_n) = \sum_{|k|=d} a_k {x_1}^{k_1} \cdots {x_n}^{k_n}.$$

有时也将多项式先按次数写成齐次多项式的和, 每个齐次部分则按字典序排列. 设 $f \in F[x_1, \cdots, x_n]$, $\deg f = m$, 则有唯一的 i 次齐次多项式 f_i, $i = 0, 1, \cdots, m$, 使得 $f = f_m + \cdots + f_1 + f_0$, 其中 f_i 称为 f 的 i 次齐次分量. 将两个多项式都写成齐次分量的和

$$f = f_m + \cdots + f_1 + f_0, \quad g = g_l + \cdots + g_1 + g_0,$$

则乘积 $h=fg$ 的 k 次齐次分量为

$$h_k=\sum_{i+j=k}f_ig_j$$

定理 5.19 设 $f,\ g\in F[x_1,\cdots,x_n]$, 则

1) $\deg(f+g)\leqslant\max(\deg f,\deg g)$,

2) $\deg(fg)=\deg f+\deg g$.

证 1) 显然; 2) 将 $f,\ g$ 写成齐次多项式的和

$$f=f_m+\cdots+f_1+f_0,\quad g=g_l+\cdots+g_1+g_0,$$

则易知 fg 的次数等于其最高次齐次部分 f_mg_l 的次数, 由定理 5.18, f_mg_l 的首项等于 f_m 的首项与 g_l 的首项之积, 当 $f\neq 0,\ g\neq 0$ 时, $f_m\neq 0,\ g_l\neq 0$, 因此 $f_mg_l\neq 0$, 故 $\deg(fg)=\deg f+\deg g$. □

和 $n=1$ 的情形一样, F 上一个 n 元多项式确定 F 上一个 n 元函数.

定理 5.20 数域 F 上不同的 n 元多项式确定不同的函数.

证 要证一个非零多项式确定一个非零函数. 对 n 归纳. $n=1$ 的情形就是推论 5.3. 假定 $f\in F[x_1,\cdots,x_n]$, $n>1$, 且 f 确定一个零函数. 将 f 表成 x_1 的多项式形式

$$f=\sum_k f_k{x_1}^k,\quad f_k\in F[x_2,\cdots,x_n].$$

让 $x_2,\ \cdots,\ x_n$ 任意取定 F 中一组数 $c_2,\cdots,c_n$, 我们得到一个关于 x_1 的一元多项式 $g(x_1)=\sum_k f_k(c_2,\cdots,c_n){x_1}^k$. 因为 f 是零函数, 所以对任意 $c_1\in F$, 有 $g(c_1)=f(c_1,\cdots,c_n)=0$. 由推论 5.3 知, $g(x_1)$ 的所有系数 $f_k(c_2,\cdots,c_n)$ 都为零. 由 $c_2,\cdots,c_n$ 的任意性知, 所有 f_k 都是零函数. 由归纳假设得, 所有 $f_k=0$. 因此, $f=0$. □

5.4.2 对称多项式

定义 5.21 设 $f\in F[x_1,\cdots,x_n]$, 若对 $1,\cdots,n$ 的任意排列 $i_1,\cdots,i_n$, 都有 $f(x_{i_1},\cdots,x_{i_n})=f(x_1,\cdots,x_n)$, 则称 f 是对称多项式.

任意排列都可由平凡排列经一系列对换得到. 因此, 对称多项式就是任意两个变元互换都不改变的多项式. 显然, 对称多项式的齐次分量是对称多项式.

例 5.22 下列对称多项式称为幂和:

$$s_k={x_1}^k+{x_2}^k+\cdots+{x_n}^k,\quad k=1,\ 2,\ \cdots$$

例 5.23 下列对称多项式称为初等对称多项式:

$$\sigma_1 = \sum_{i=1}^{n} x_i,$$
$$\sigma_2 = \sum_{1\leqslant i<j\leqslant n} x_i x_j,$$
$$\cdots\cdots\cdots\cdots$$
$$\sigma_n = x_1 \cdots x_n.$$

例 5.24 Vandermonde 行列式 $V(x_1,\cdots,x_n)$ 的平方是对称多项式.

例 5.25 变元 x_1, x_2, x_3, x_4 的任意一个置换导致多项式

$$h_1 = x_1x_2 + x_3x_4,\ h_2 = x_1x_3 + x_2x_4,\ h_3 = x_1x_4 + x_2x_3$$

的一个置换, 因此, h_1, h_2, h_3 的任意对称多项式关于 x_1, x_2, x_3, x_4 也是对称的. 例如, $h_1h_2h_3 = (x_1x_2 + x_3x_4)(x_1x_3 + x_2x_4)(x_1x_4 + x_2x_3)$.

例 5.26 对称多项式 $s_2 = {x_1}^2 + {x_2}^2 + \cdots + {x_n}^2$ 可表为: $s_2 = {\sigma_1}^2 - 2\sigma_2$.

对称多项式的和与积还是对称多项式, 对称多项式与数的乘积也是对称多项式, 换句话说, 多项式代数 $F[x_1,\cdots,x_n]$ 中对称多项式全体组成一个子代数. 因此, 如果 $G \in F[X_1,\cdots,X_m]$ 是 $X_1,\cdots,X_m$ 的多项式, 而 $f_1,\cdots,f_m \in F[x_1,\cdots,x_n]$ 都是 $x_1,\cdots,x_n$ 的对称多项式, 则 $G(f_1,\cdots,f_m)$ 是 $x_1,\cdots,x_n$ 的对称多项式. 自然要问, 是否存在对称多项式 $f_1,\cdots,f_m$, 使得任意对称多项式都可用它们来表示 ? 下面证明, 初等对称多项式就是这样一组对称多项式.

引理 5.3 若 $u = a{x_1}^{k_1}\cdots{x_n}^{k_n}$ 是对称多项式 f 的首项, 则 $k_1 \geqslant \cdots \geqslant k_n$.

证 若对某个 i, $k_i < k_{i+1}$, 将 x_i 与 x_{i+1} 对换即得 f 中另一个单项式

$$u' = a{x_1}^{k_1}\cdots{x_i}^{k_{i+1}}{x_{i+1}}^{k_i}\cdots{x_n}^{k_n}.$$

显然, $u' \succ u$, 这与 u 是 f 的首项矛盾. □

引理 5.4 对任意单项式 $u = {x_1}^{k_1}\cdots{x_n}^{k_n}$, $k_1 \geqslant \cdots \geqslant k_n$, 存在非负整数 $l_1,\cdots,l_n$, 使得对称多项式 ${\sigma_1}^{l_1}\cdots{\sigma_n}^{l_n}$ 的首项为 u, 且 l_1, $\cdots$, l_n 由 u 唯一确定.

证 σ_k 的首项是 $x_1x_2\cdots x_k$. 因此, ${\sigma_1}^{l_1}{\sigma_2}^{l_2}\cdots{\sigma_n}^{l_n}$ 的首项是

$${x_1}^{l_1}(x_1x_2)^{l_2}\cdots(x_1x_2\cdots x_n)^{l_n} = {x_1}^{l_1+l_2+\cdots+l_n}{x_2}^{l_2+\cdots+l_n}\cdots{x_n}^{l_n}.$$

令它等于 u, 得线性方程组

$$\begin{cases} l_1 + l_2 + \cdots + l_n = k_1, \\ \qquad l_2 + \cdots + l_n = k_2, \\ \qquad\qquad \cdots\cdots \\ \qquad\qquad\qquad l_n = k_n. \end{cases}$$

它显然有唯一解, $l_n = k_n$, $l_i = k_i - k_{i+1}$, $i = 1, 2, \cdots, n-1$. □

定理 5.21 (Newton) $F[x_1, \cdots, x_n]$ 中任意对称多项式 f 都可以表示为初等对称多项式的多项式, 且表法唯一. 也就是说, 存在唯一的多项式 $G \in F[X_1, \cdots, X_n]$, 使得 $f(x_1, \cdots, x_n) = G(\sigma_1, \cdots, \sigma_n)$.

证 如果多项式 $f = 0$, 那么取 $G = 0$ 即可. 如果 $f \neq 0$, 设 f 的首项为 $u_1 = a{x_1}^{k_1} \cdots {x_n}^{k_n}$. 由引理 5.3, $k_1 \geqslant \cdots \geqslant k_n$. 由引理 5.4, 存在单项式 $G_1 \in F[X_1, \cdots, X_n]$, 使 $G_1(\sigma_1, \cdots, \sigma_n)$ 的首项为 u_1. 考虑对称多项式

$$f_1 = f - G_1(\sigma_1, \cdots, \sigma_n).$$

如果 $f_1 = 0$, 就取 $G = G_1$. 若 $f_1 \neq 0$, 设 u_2 是 f_1 的首项, 根据引理 5.4, 存在 $G_2 \in F[X_1, \cdots, X_n]$, 使 $G_2(\sigma_1, \cdots, \sigma_n)$ 的首项是 u_2. 考虑对称多项式

$$f_2 = f_1 - G_2(\sigma_1, \cdots, \sigma_n).$$

如果 $f_2 = 0$, 就取 $G = G_1 + G_2$. 否则, 继续做下去. 我们得到一列对称多项式 $f, f_1, \cdots$, 它们的首项 $u_1, u_2, \cdots$ 满足下列关系:

$$u_1 \succ u_2 \succ \cdots$$

由引理 5.3, 这些单项式 u_m 中任意变量的幂不超过 x_1 的幂, 因而不超过 k_1. 因此, u_m 的指数组仅有有限多种可能, 故上述过程有限步以后必停止, 即存在某个 r, 使 $f_r = 0$, 取 $G = G_1 + G_2 + \cdots + G_r$ 即可.

下面证明, G 是由 f 唯一确定的. 假设还存在 $H \in F[X_1, \cdots, X_n]$, 使得 $f = H(\sigma_1, \cdots, \sigma_n)$. 令 $D = G - H$, 则 $D(\sigma_1, \cdots, \sigma_n) = 0$. 要证 $D = 0$. 若不然, 令 $D_1, \cdots, D_s$ 是 D 的全部不同类的非零单项式. 设 w_i 表示多项式 $D_i(\sigma_1, \cdots, \sigma_n)$ 的首项, $i = 1, \cdots, s$. 由引理 5.4, $w_1, \cdots, w_s$ 互不同类. 考虑其中最大的一个, 不妨设为 w_1. 因为 w_1 比 $D_1(\sigma_1, \cdots, \sigma_n)$ 中所有其他的项及 $D_i(\sigma_1, \cdots, \sigma_n)$, $i = 2, \cdots, s$ 中的所有项都要大, 于是将

$$D_1(\sigma_1, \cdots, \sigma_n) + \cdots + D_s(\sigma_1, \cdots, \sigma_n) = D(\sigma_1, \cdots, \sigma_n)$$

中单项式作同类项合并, w_1 不会被抵消掉. 因此 $D \neq 0$, 这与假设矛盾. □

例 5.27 用初等对称多项式表示 4 元对称多项式

$$\begin{aligned} f =& {x_1}^2x_2x_3 + {x_1}^2x_3x_4 + {x_1}^2x_2x_4 + {x_2}^2x_1x_3 + {x_2}^2x_1x_4 + {x_2}^2x_3x_4 \\ &+{x_3}^2x_1x_2 + {x_3}^2x_1x_4 + {x_3}^2x_2x_4 + {x_4}^2x_1x_2 + {x_4}^2x_1x_3 + {x_4}^2x_2x_3. \end{aligned}$$

解 f 的首项为 ${x_1}^2x_2x_3$, 等于 $\sigma_1\sigma_3$ 的首项. 令 $f_1 = f - \sigma_1\sigma_3$. 计算得 $f_1 = -4\sigma_4$, 所以 $f = \sigma_1\sigma_3 - 4\sigma_4$.

例 5.27 中 f 也可简记为 $f=\sum x_1{}^2x_2x_3$. 一般地, 设 $ax_1{}^{k_1}\cdots x_n{}^{k_n}$ 是一个单项式, 用符号 $\sum x_1{}^{k_1}\cdots x_n{}^{k_n}$ 表示这个单项式经过 $x_1,\cdots,x_n$ 的一切对换所得的一切不同项的和. 它是一个齐次对称多项式.

例 5.28 用初等对称多项式表示 4 元对称多项式:

$$f=(x_1x_2+x_3x_4)(x_1x_3+x_2x_4)(x_1x_4+x_2x_3).$$

解 f 是 6 次齐次多项式, 其首项为 $x_1{}^3x_2x_3x_4$. 满足条件

$$(l_1,l_2,l_3,l_4)\prec(3,1,1,1),\quad 3\geqslant l_1\geqslant l_2\geqslant l_3\geqslant l_4,\quad l_1+l_2+l_3+l_4=6$$

的指数组只可能是 $(3,1,1,1),(2,2,2,0),(2,2,1,1)$. 形如 $\sigma_1{}^{l_1-l_2}\sigma_2{}^{l_2-l_3}\sigma_3{}^{l_3-l_4}\sigma_4{}^{l_4}$ 的单项式分别为 $\sigma_1{}^2\sigma_4$, $\sigma_3{}^2$, $\sigma_2\sigma_4$. 因此可以设 $f=\sigma_1{}^2\sigma_4+a\sigma_3{}^2+b\sigma_2\sigma_4$. 对 x_1, x_2, x_3, x_4 取特殊值, 得到关于 a, b 的方程组, 求出 a, b. 如下表:

x_1	x_2	x_3	x_4	σ_1	σ_2	σ_3	σ_4	f	
1	1	1	0	3	3	1	0	1	$a=1$
1	1	-1	-1	0	-2	0	1	8	$-2b=8$

因此 $f=\sigma_1{}^2\sigma_4+\sigma_3{}^2-4\sigma_2\sigma_4$.

利用定理 5.21 和 Viéta 公式, 我们可以求出关于一个给定的代数方程的根的任意对称多项式.

例 5.29 设 c_1, c_2, c_3, c_4 是四次方程

$$x^4+px^2+qx+r=0 \tag{5.28}$$

的根, 求以 $d_1=c_1c_2+c_3c_4$, $d_2=c_1c_3+c_2c_4$, $d_3=c_1c_4+c_2c_3$ 为根的三次方程 $y^3+a_1y^2+a_2y+a_3=0$.

解 根据 Viéta 公式:

$$\sigma_1(c_1,c_2,c_3,c_4)=0,\quad \sigma_2(c_1,c_2,c_3,c_4)=p,$$

$$\sigma_3(c_1,c_2,c_3,c_4)=-q,\quad \sigma_4(c_1,c_2,c_3,c_4)=r,$$

$$a_1=-(d_1+d_2+d_3),\quad a_2=d_1d_2+d_1d_3+d_2d_3,\quad a_3=-d_1d_2d_3.$$

而 $d_i=h_i(c_1,c_2,c_3,c_4)$, h_i 是例 5.25 中的多项式, 且由例 5.27, 例 5.28, 有

$$h_1+h_2+h_3=\sigma_2,$$

$$h_1h_2+h_1h_3+h_2h_3=\sigma_1\sigma_3-4\sigma_4,$$

$$h_1h_2h_3=\sigma_1{}^2\sigma_4+\sigma_3{}^2-4\sigma_2\sigma_4.$$

因此 $a_1=-p,\quad a_2=-4r,\quad a_3=4pr-q^2$, 所以所求方程为

$$y^3-py^2-4ry+(4pr-q^2)=0. \tag{5.29}$$

继续考虑此例, 能否从 3 次方程 (5.29) 的根求出原 4 次方程 (5.28) 的根？容易推出 (作为练习) 下列关系式:

$$(c_1+c_2-c_3-c_4)^2=4(d_1-p),$$

$$(c_1-c_2+c_3-c_4)^2=4(d_2-p),$$

$$(c_1-c_2-c_3+c_4)^2=4(d_3-p),$$

$$(c_1+c_2-c_3-c_4)(c_1-c_2+c_3-c_4)(c_1-c_2-c_3+c_4)=-8q.$$

由此可得

$$\begin{aligned}
c_1&=\frac{1}{2}\left(\sqrt{d_1-p}+\sqrt{d_2-p}+\sqrt{d_3-p}\ \right),\\
c_2&=\frac{1}{2}\left(\sqrt{d_1-p}-\sqrt{d_2-p}-\sqrt{d_3-p}\ \right),\\
c_3&=\frac{1}{2}\left(-\sqrt{d_1-p}+\sqrt{d_2-p}-\sqrt{d_3-p}\ \right),\\
c_4&=\frac{1}{2}\left(-\sqrt{d_1-p}-\sqrt{d_2-p}+\sqrt{d_3-p}\ \right).
\end{aligned}$$

方程 (5.29) 称为方程 (5.28) 的预解式.

例 5.30 解三次方程: $x^3+px+q=0$.

解 设 ω 是一个不等于 1 的三次单位根, 则 1, ω, ω^{-1} 是所有三次单位根. 由韦达公式得 $\omega+\omega^{-1}=-1$. 考虑线性多项式

$$h_1=x_1+\omega x_2+\omega^{-1}x_3,\quad h_2=x_1+\omega^{-1}x_2+\omega x_3,$$

当 x_2, x_3 互换时, h_1, h_2 两者互变. 当 x_1, x_2 互换时, h_1 变成 ωh_2, 而 h_2 变成 $\omega^{-1}h_1$. 因此, $f={h_1}^3+{h_2}^3$, $g=h_1h_2$ 是关于 x_1, x_2, x_3 的对称多项式, 可以用初等对称多项式将其表为

$$f=2{\sigma_1}^3-9\sigma_1\sigma_2+27\sigma_3,\quad g={\sigma_1}^2-3\sigma_2.$$

设 c_1, c_2, c_3 是多项式 x^3+px+q 的三个根. 令

$$d_1=c_1+\omega c_2+\omega^{-1}c_3,\quad d_2=c_1+\omega^{-1}c_2+\omega c_3.$$

于是 ${d_1}^3+{d_2}^3=-27q,\quad d_1d_2=-3p$, 因此 ${d_1}^3{d_2}^3=-27p^3$. 于是 ${d_1}^3$ 和 ${d_2}^3$ 是二次方程 $x^2+27qx-27p^3-0$ 的根, 解得

$$ {d_1}^3=27\left(-\frac{q}{2}+\sqrt{\frac{p^3}{27}+\frac{q^2}{4}}\right),\quad {d_2}^3=27\left(-\frac{q}{2}-\sqrt{\frac{p^3}{27}+\frac{q^2}{4}}\right). \tag{5.30} $$

由等式 $c_1+c_2+c_3=0,\ c_1+\omega c_2+\omega^{-1}c_3=d_1,\ c_1+\omega^{-1}c_2+\omega c_3=d_2$ 得

$$ c_1=\frac{1}{3}(d_1+d_2). $$

由于根的顺序可任意取, 上式实际上产生所有三个根. 因此得 Cardano 公式:

$$ c_1=\sqrt[3]{-\frac{q}{2}+\sqrt{\frac{p^3}{27}+\frac{q^2}{4}}}+\sqrt[3]{-\frac{q}{2}-\sqrt{\frac{p^3}{27}+\frac{q^2}{4}}}, $$

$$ c_2=\omega\sqrt[3]{-\frac{q}{2}+\sqrt{\frac{p^3}{27}+\frac{q^2}{4}}}+\omega^2\sqrt[3]{-\frac{q}{2}-\sqrt{\frac{p^3}{27}+\frac{q^2}{4}}}, $$

$$ c_3=\omega^2\sqrt[3]{-\frac{q}{2}+\sqrt{\frac{p^3}{27}+\frac{q^2}{4}}}+\omega\sqrt[3]{-\frac{q}{2}-\sqrt{\frac{p^3}{27}+\frac{q^2}{4}}}. $$

习　题　5

总假定 F 是数域, 无特别说明时, 所考虑的多项式都在 $F[x]$ 中.

5.1 节习题

1. 设 $f(x),\ g(x),\ h(x)\in F[x]$. 证明:

1) 如果 $f(x)+g(x)=f(x)+h(x)$, 那么 $g(x)=h(x)$;

2) 如果 $f(x)g(x)=f(x)h(x)$, 且 $f(x)\neq 0$, 那么 $g(x)=h(x)$.

2. 设 $0\neq f(x),\ 0\neq g(x)\in F[x]$, 又 $\deg(f(x)g(x))=\deg g(x)$. 证明: $f(x)\in F^*$.

3. 设 $m,\ n\in\mathbf{N},\ f(x)\in F[x]$. 定义 $f(x)^1=f(x),\quad f(x)^n=f(x)\cdot f(x)^{n-1}$. 证明:

1) $f(x)^nf(x)^m=f(x)^{m+n}$;

2) $(f(x)^n)^m=f(x)^{mn}$;

3) $(f(x)g(x))^n=f(x)^ng(x)^n$;

4) $(f(x)+g(x))^n=\sum_{k=0}^n\binom{n}{k}f(x)^kg(x)^{n-k}$.

4. 设 $f(x)=x^2-5x+3,\ A=\begin{pmatrix}1&1\\0&1\end{pmatrix}$. 求 $f(A)=A^2-5A+3I_2$.

5. 设 $A\in M_n(F)$. 证明: 存在非零多项式 $f(x)=a_mx^m+\cdots+a_1x+a_0$, 使得 $f(A)=0$.

6. 设 $A=\mathrm{diag}(A_1,A_2,\cdots,A_s)\in M_n(F)$ 是准对角矩阵, $f(x)\in F[x]$. 证明:

$$ f(A)=\mathrm{diag}(f(A_1),f(A_2),\cdots,f(A_s)). $$

7. 设 A 是 F 上 n 阶矩阵, $\deg f>0,\ f(0)\neq 0,\ f(A)=0$. 证明: A 可逆.

8. 设 $f(x)=-x^3-2\in \mathbf{R}[x]$, 求 $f(\sigma)$, 其中 $\sigma\in \mathrm{End}\mathbf{R}^3$ 由下式定义:

$$\sigma(x_1,x_2,x_3)=(x_1,x_3,-2x_2-x_3).$$

9. 求用 $g(x)$ 除 $f(x)$ 的商 $q(x)$ 与余式 $r(x)$:

1) $f(x)=x^3-3x^2-x-1,\quad g(x)=3x^2-2x+1$;

2) $f(x)=x^4-2x+5,\quad g(x)=x^2-x+2$.

10. 用综合除法求 $g(x)$ 除 $f(x)$ 所得的商 $q(x)$ 与余式 $r(x)$:

1) $f(x)=x^5-5x^3-8x,\quad g(x)=x+3$;

2) $f(x)=x^3-x^2-x,\quad g(x)=x-1+2\sqrt{-1}$.

11. 用综合除法把 $f(x)$ 表成 $x-x_0$ 的方幂和形式 $\sum_{i=0}^{\infty}c_i(x-x_0)^i$:

1) $f(x)=x^5, x_0=1$;

2) $f(x)=x^4-2x^2+3, x_0=-2$;

3) $f(x)=x^4+2\sqrt{-1}x^3-(1+\sqrt{-1})x^2-3x+7+\sqrt{-1}, x_0=-\sqrt{-1}$.

12. 实数 m, p, q 适合什么条件时, $x^2+mx+1\mid x^4+px+q$?

13. 设 f_1, f_2, g_1, g_2, $m\in F[x]$. 证明: 如果 $f_1\equiv g_1 \bmod m$, $f_2\equiv g_2 \bmod m$, 那么

$$f_1\pm f_2\equiv (g_1\pm g_2) \bmod m,\quad f_1f_2\equiv g_1g_2 \bmod m.$$

14. 设 $g(x), f_1(x), f_2(x)\in F[x]$, $g(x)\neq 0$. 令 S_i 为与 $f_i(x)$ 模 $g(x)$ 同余的多项式的集合, 即 $S_i=\{f(x)\in F[x]\ :\ f(x)\equiv f_i(x) \bmod g(x)\}$. 证明下列条件等价:

1) $S_1\cap S_2\neq\emptyset$; 2) $f_1(x)\equiv f_2(x) \bmod g(x)$; 3) $S_1=S_2$.

15. 求多项式 $f(x)$, 使得 $x^2+1\mid f(x)$, 且 $x^3+x^2+1\mid f(x)+1$.

16. 求一次数最低的多项式 $f(x)$, 使得

$$f(x)\equiv\begin{cases} x^2+x+1 \bmod (x^4-2x^3-2x^2+10x-7), \\ 2x^2-3 \bmod (x^4-2x^3-3x^2+13x-10). \end{cases}$$

5.2 节习题

17. 设一个四次首一多项式 $f(x)\in C[x]$ 有 2 重根 1 和单根 2, 3, 求此多项式.

18. 对任意 $f(x)\in F[x]$, 定义 $D(f(x))=f'(x)$. 证明:

1) 映射 $D:F[x]\to F[x]$ 是线性映射, 并求 $\mathrm{Ker}D$, $\mathrm{Im}D$;

2) 对任意 $f(x)$, $g(x)\in F[x]$, 有 $(f(g(x)))'=f'(g(x))g'(x)$.

19. 设 $f(x)\in\mathbf{R}[x]$, 且对任意 $a\in\mathbf{R}$, 有 $f(a)\geqslant 0$. 证明: 存在 $f_1(x)$, $f_2(x)\in\mathbf{R}[x]$, 使得 $f(x)=f_1(x)^2+f_2(x)^2$.

20. 设 $a_1,\cdots,a_{n-1}\in\mathbf{C}$ 互不相同, 试将多项式 $f(x)$ 分解为一次因式的乘积, 其中

$$f(x)=\begin{vmatrix} 1 & x & x^2 & \cdots & x^{n-1} \\ 1 & a_1 & {a_1}^2 & \cdots & {a_1}^{n-1} \\ \vdots & \vdots & \vdots & & \vdots \\ 1 & a_{n-1} & {a_{n-1}}^2 & \cdots & {a_{n-1}}^{n-1} \end{vmatrix}.$$

21. 将 $x^4+x^3+x^2+x+1\in\mathbf{C}[x]$ 分解为一次多项式的乘积.

22. 设 $f(x)$, $g(x)$, $h(x)\in F[x]$ 满足下列条件:

$$(x^2+1)h(x)+(x-1)f(x)+(x+2)g(x)=0,$$
$$(x^2+1)h(x)+(x+1)f(x)+(x-2)g(x)=0.$$

证明: $(x^2+1)\mid f$, 且 $(x^2+1)\mid g$.

23. 设 $F[x]_n=\{g(x)\in F[x]\ :\ \deg g<n\}$. 证明: 以下四组多项式都是 $F[x]_n$ 的基, 并求 S_1 到 S_2, S_3 以及 S_4 到 S_1 的过渡矩阵.

$S_1:\quad 1,\ x,\ \cdots,\ x^{n-1};$

$S_2:\quad 1,\ x-a,\ \cdots,\ (x-a)^{n-1};$

$S_3:\quad f(x),f'(x),\cdots,f^{(n-1)}(x)$ (其中 $f\in F[x]$, $\deg f=n-1$);

$S_4:\quad \prod\limits_{j\neq 1}(x-a_j),\cdots,\prod\limits_{j\neq n}(x-a_j)$ ($a_1,\cdots,a_n\in F$, $i\neq j$ 时 $a_i\neq a_j$).

24. 设 $V=F[x]_n$, $a\in F$. 定义 $f_i:V\to F$, $f_i(p(x))=p^{(i)}(a)$, $\forall\ p(x)\in V$. 证明: 函数 $f_0,\cdots,f_{n-1}$ 组成 V^* 的一个基, 并求它的对偶基.

25. 设 n 为正整数. 证明: $\sum\limits_{k=0}^{n}(-1)^k\binom{n}{k}(n-k+1)^n=n!$

26. 求所有非零复多项式 $f(x)\in\mathbf{C}[x]$, 使 $f(f(x))=f(x)^n$.

27. 求 $f(x)$, $g(x)\in\mathbf{R}[x]$, 使 $\deg f\neq\deg g$, 且 $f(x)^2-g(x)^2=x^4+x^3+x^2+x+1$.

28. 决定整数 m, n, p, 使得下列条件分别成立:

1) $x^2-x+1\mid x^{3m}+x^{3n+1}+x^{3p+2}$;

2) $x^4+x^2+1\mid x^{3m}+x^{3n+1}+x^{3p+2}$;

3) $x^2+x+1\mid x^{2m}+x^m+1$;

4) $(x-1)^2\mid mx^4+nx^2+1$.

29. 设 m, n, p 为非负整数. 证明: $x^2+x+1\mid x^{3m}+x^{3n+1}+x^{3p+2}$.

5.3 节习题

30. 求下列各组多项式的最大公因式:

1) $f(x)=x^3-6x+7,\quad g(x)=x+4$;

2) $f(x)=x^4-4x^3+1,\quad g(x)=x^3-3x^2+1$;

3) $f(x)=3x^2+1,\quad g(x)=x^6+x^4+x+1$;

4) $f(x)=x^3-1,\quad g(x)=x^7-x^4+x^3-1$.

31. 对下列各组多项式, 求 $u(x)$ 与 $v(x)$, 使得 $(f,g)=uf+vg$:

1) $f(x)=x^4+2x^3-x^2-4x-2,\quad g(x)=x^4+x^3-x^2-2x-2$;

2) $f(x)=4x^4-2x^3-16x^2+5x+9,\quad g(x)=2x^3-x^2-5x+4$;

3) $f(x)=x^4-x^3-4x^2+4x+1,\quad g(x)=x^2-x-1$.

32. 设 f, g, h, d, u, $v\in F[x]$. 证明:

1) 若 $d=uf+vg$, 则 d 为 f, g 的最大公因式当且仅当 $d\mid f$ 及 $d\mid g$;

2) 若 h 是首一的, 则 $(fh,gh)=(f,g)h$;

3) 设 f, g 不全为零, 若 $d=(f,g)$, $f=dp$, $g=dq$, 则 $(p,q)=1$;

4) 设 f, g 不全为零, 若 $uf+vg=(f,g)$, 则 $(u,v)=1$;

5) 若 $(f,g)=(f,h)=1$, 则 $(f,gh)=1$;

6) 若 $(f,g)=1$, 则 $(fg,f+g)=1$;

7) 设 $f_1=af+bg$, $g_1=cf+dg$, $a,b,c,d\in F$, 且 $ad-bc\neq 0$, 则 $(f,g)=(f_1,g_1)$.

33. 设 f, g, $m\in F[x]$, 如果 (1)$f\mid m$, $g\mid m$; (2) 若 $f\mid h$, $g\mid h$, 则 $m\mid h$, 那么我们称 $m(x)$ 为 $f(x)$, $g(x)$ 的最小公倍式. 证明:

1) 多项式 f, g 的最小公倍式一定存在, 且除一个非零常数因子外是唯一的;

2) 若 f, g 都是首一的, 则 $[f,g](f,g)=fg$, 其中 $[f,g]$ 表示首一最小公倍式.

34. 如果 $f\in F[x]$, 令 $(f)=\{g\in F[x]\ :\ f\mid g\}$. 证明:

1) (f) 是 $F[x]$ 的子空间;

2) 商空间 $F[x]/(f)$ 的维数等于 $\deg f$;

3) $g\mid f$, 当且仅当 $(f)\subseteq(g)$;

4) $(f)\cap(g)=([f,g])$, $(f)+(g)=((f,g))$.

35. 设 f, $g\in F[x]$, $\deg f\deg g>0$, $(f,g)=1$. 证明: 存在唯一的 u, $v\in F[x]$, 使得 $uf+vg=1$, 且 $\deg u<\deg g$, $\deg v<\deg f$.

36. 一个次数大于零的多项式 $p\in F[x]$ 称为素多项式, 如果 p 具有如下性质: 若 p 整除两多项式的积, 则必整除其中一个. 证明: p 是素多项式当且仅当 p 是不可约多项式.

37. 设 $f\in F[x]$, $\deg f>0$. 证明下面三条件等价:

1) $f=cp^m$, p 不可约, $c\in F^*$;

2) 对任意 $g\in F[x]$, 或者 $(f,g)=1$, 或者存在 k, 使得 $f\mid g^k$;

3) 若 $f\mid gh$, 则 $f\mid g$ 或存在 k, 使得 $f\mid h^k$.

38. 设 f, $g\in F[x]$, $g\neq 0$. 证明下面三条件等价:

1) $g\mid f$;　　2) $g^k\mid f^k$, $\forall\ k\in\mathbf{N}$;　　3) $g^m\mid f^m$, $\exists\ m\in\mathbf{N}$.

39. 设 f, g, $h\in F[x]$, $(f,h)=1$, 且存在 $k\in\mathbf{N}$, 使得 $f^k\mid(gh)^k$. 证明, $f\mid g$.

40. 设 $(f(x),g(x))=1$. 证明: $(f(x^m),g(x^m))=1$.

41. 判断下列多项式有无重因式, 如有, 求出其重数:

1) x^3-x^2-x+1;

2) $x^5-10x^3-20x^2-15x-4$;

3) $x^6-6x^4-4x^3+9x^2+12x+4$;

4) $x^5-5x^4+7x^3-2x^2+4x-8$.

42. 实数 a, b 满足什么条件时, 下面多项式有重因式 ?

1) x^3+3x^2+ax+1;

2) $x^3+3ax+b$;

3) $x^4+4ax+b$.

43. 证明: 多项式 $f(x)=1+x+\frac{x^2}{2!}+\cdots+\frac{x^n}{n!}$ 没有重因式.

44. 设 $\deg f(x)>0$. 证明: $f'(x)\mid f(x)$, 当且仅当存在 a, $b\in F$, 使 $f(x)=a(x-b)^n$.

45. 证明: $(x^m-1,x^n-1)=x^{(m,n)}-1$.

46. 设 $g(x) \neq 0$, $f \equiv h \bmod \mathrm{g}$. 证明: $(f,g) = (h,g)$.

47. 求 $u(x)$, $v(x) \in \mathbf{R}[x]$, 使 $x^n u(x) + (1-x)^n v(x) - 1$.

48. 设 f, $g \in F[x]$. 试证下列三条件等价:

1) $(f,g) = 1$;

2) 存在 $u \in F[x]$, 使得 $uf \equiv 1 \bmod g$;

3) 存在 $v \in F[x]$, 使得 $vg \equiv 1 \bmod f$.

49. 判断下列多项式在 $\mathbf{Q}$ 上是否可约:

1) $x^n - p$, p 为素数; 2) $x^4 - 8x^3 + 12x^2 + 2$;

3) $5x^4 - 7x + 7$; 4) $x^4 + x^3 + x^2 + x + 1$;

5) $x^3 + 3x + 2$; 6) $x^6 + x^3 + 1$;

7) $x^p + px + 1$, 其中 p 为奇素数; 8) $x^4 + 4kx + 1$, 其中 k 为整数.

50. 证明: 有无限多个整数 a, 使 $f(x) = x^7 + 15x^2 - 30x + a$ 在 $\mathbf{Q}$ 上不可约.

51. 设 p_1, $\cdots$, p_k 是互不相等的素数. 证明: $\sqrt[n]{p_1 \cdots p_k}$ 是无理数 $(n \geqslant 2)$.

52. 求下列多项式的有理根:

1) $x^3 - 6x^2 + 15x - 14$;

2) $4x^4 - 7x^2 - 5x - 1$;

3) $x^5 + x^4 - 6x^3 - 14x^2 - 11x - 3$.

53. 设 $f \in \mathbf{Q}[x]$ 有无理根 $a + \sqrt{b}$, 其中 a, $b \in \mathbf{Q}$. 证明: $a - \sqrt{b}$ 也是 f 的根.

54. 设 $f(x) \in \mathbf{Z}[x]$, 若 f 满足下面的两条件之一, 则 $f(x)$ 无整数根.

1) $f(0)$, $f(1)$ 都是奇数;

2) 有奇素数 m, 偶数 n, 使 $f(m)$, $f(n)$ 都是奇数;

3) $3 \nmid f(0)$, $3 \nmid f(\pm 1)$.

55. 设 $f(x) \in \mathbf{Q}[x]$, $\deg f = 3$. 证明: $f(x)$ 可约当且仅当 $f(x)$ 有有理根.

56. 设 $f(x) = a_n x^n + a_{n-1} x^{n-1} \cdots + a_1 x + a_0 \in F[x]$, 其中 $a_n \neq 0$, $a_0 \neq 0$, 令 $g(x) = a_0 x^n + a_1 x^{n-1} \cdots + a_{n-1} x + a_n$. 证明: f 不可约当且仅当 g 不可约.

57. 设 $f(x) = \sum_{i=0}^{n} a_i x^i \in \mathbf{Z}[x]$ 无有理根. 且有素数 p, 使下列条件成立:

1) $p \nmid a_n$, 2) $p \mid a_i$, $0 \leqslant i \leqslant n-2$, 3) $p^2 \nmid a_0$.

证明: $f(x)$ 在 $\mathbf{Q}[x]$ 中不可约.

58. 设 $f = \sum_{i=0}^{n} a_i x^i \in \mathbf{Z}[x]$. 且有素数 p, 使下列条件成立:

1) $p \nmid a_0$, 2) $p \mid a_i, 1 \leqslant i \leqslant n$, 3) $p^2 \nmid a_n$.

证明: f 在 $\mathbf{Q}[x]$ 中不可约.

59. 设 $f(x)$, $g(x) \in \mathbf{Z}[x]$ 互素, 且有正次数, 则只有有限个 $k \in \mathbf{Z}$, 使得 $g(k) \mid f(k)$.

60. 设 a, $b \in F$, $a \neq 0$. 证明: $f(x) \in F[x]$ 可约当且仅当 $f(ax+b)$ 可约.

61. 证明: 下列多项式在 $\mathbf{Q}[x]$ 中是不可约的.

1) $x^2 + 27x + 213$; 2) $x^3 + 6x + 12$;

3) $8x^3 - 6x + 1$; 4) $x^5 - 3x^4 + 3$.

62. 设 $a_1, \cdots, a_n$ 是不同的整数, $f(x) = (x-a_1)(x-a_2)\cdots(x-a_n)$.

1) 证明: $f(x) - 1$ 是 $\mathbf{Q}[x]$ 中不可约多项式;

2) 证明：当 $n>4$ 时，$f(x)+1$ 是 $\mathbf{Q}[x]$ 中不可约多项式；讨论当 $n\leqslant 4$ 的情形.

5.4 节习题

63. 证明：下面的多项式 f 是对称多项式：

$$f(x_1,x_2,x_3)={x_1}^3{x_2}^2+{x_1}^3{x_3}^2+{x_1}^2{x_2}^3+{x_1}^2{x_3}^3+{x_2}^2{x_3}^3+{x_2}^3{x_3}^2.$$

64. 证明：$D(x_1,\cdots,x_n)=\prod\limits_{1\leqslant i<j\leqslant n}(x_i-x_j)^2$ 是对称多项式，并且对于 $n=2,\ 3$，用初等对称多项式表示多项式 $D(x_1,\cdots,x_n)$.

65. 设 $\omega^3=1,\ \omega\neq 1$. 证明：$f,\ g$ 是对称多项式，并用初等对称多项式表示之：

1) $f(x_1,x_2,x_3)=(x_1+\omega x_2+\omega^{-1}x_3)^3+(x_1+\omega^{-1}x_2+\omega x_3)^3$;

2) $g(x_1,x_2,x_3)=(x_1+\omega x_2+\omega^{-1}x_3)(x_1+\omega^{-1}x_2+\omega x_3)$.

66. 把下列对称多项式表成初等对称多项式的多项式：

1) ${x_1}^3x_2+x_1{x_2}^3+{x_2}^3x_3+{x_1}^3x_3+x_1{x_3}^3+x_2{x_3}^3$;

2) ${x_1}^4+{x_2}^4+{x_3}^4$;

3) $(x_1x_2+{x_3}^2)(x_2x_3+{x_1}^2)(x_3x_1+{x_2}^2)$;

4) $f(x_1,\cdots,x_n)=\sum {x_1}^3$;

5) $f(x_1,\cdots,x_n)=\sum {x_1}^2{x_2}^2x_3$.

67. 设 $f=(x-x_1)\cdots(x-x_n)=x^n-\sigma_1x^{n-1}+\cdots+(-1)^n\sigma_n,\ s_k={x_1}^k+\cdots+{x_n}^k$.

1) 证明：$x^{k+1}f'=(s_0x^k+\cdots+s_{k-1}x+s_k)f+g$，其中 $\deg g<n$;

2) 由上式证明 Newton 公式：

$$s_k+\sum_{i=1}^{k-1}(-1)^i\sigma_is_{k-i}+(-1)^kk\sigma_k=0,\quad 1\leqslant k\leqslant n;$$

$$s_k+\sum_{i=1}^{n}(-1)^i\sigma_is_{k-i}=0,\quad k\geqslant n.$$

68. 设 $s_k={x_1}^k+{x_2}^k+\cdots+{x_n}^k,\ k=0,1,2,\cdots$. 证明：

$$\begin{vmatrix} s_0 & s_1 & \cdots & s_{n-1}\\ s_1 & s_2 & \cdots & s_n\\ \vdots & \vdots & & \vdots\\ s_{n-1} & s_n & \cdots & s_{2n-2}\end{vmatrix}=\prod_{i<j}(x_i-x_j)^2.$$

69. 证明 Waring 公式：当 $k\geqslant 1$ 时，

$$s_k=\sum_{l'=k,l_j\geqslant 0}\frac{(-1)^lk(l_1+\cdots+l_n-1)!}{l_1!\cdots l_n!}\sigma_1^{l_1}\cdots\sigma_n^{l_n},$$

其中 $l'=\sum_{j=1}^n jl_j,\ l=l_2+l_4+\cdots+l_{2[\frac{n}{2}]},\ [\frac{n}{2}]$ 为 $\frac{n}{2}$ 的整数部分.

第6章 线 性 变 换

我们已讨论了线性空间与线性映射的基本性质, 及其和线性方程组理论与矩阵运算的联系. 本章主要研究单个线性变换的结构, 介绍特征值与特征向量、不变子空间、最小多项式等概念, 讨论线性变换可对角化的问题及线性变换对角化与空间分解的关系, 给出线性变换的根子空间分解和幂零变换的循环分解定理, 从而证明复空间上单个线性变换在适当基下的矩阵具有某种意义下最简的形式, 即 Jordan 形矩阵, 为了方便计算, 也介绍多项式矩阵方法.

6.1 特征值与特征向量

6.1.1 线性映射的矩阵

总设 U, V, W 是数域 F 上有限维线性空间. 设 $\sigma: V\to W$ 是线性映射.

令 $\beta=(e_1,\cdots,e_n)$ 是 V 的一个基, $\gamma=(d_1,\cdots,d_m)$ 是 W 的一个基. 于是 W 中的向量 $\sigma(e_1),\cdots,\sigma(e_n)$ 可以由基 γ 线性表出. 设

$$\sigma(e_j)=a_{1j}d_1+\cdots+a_{mj}d_m,\quad j=1,\cdots,n. \tag{6.1}$$

将 $\sigma(e_j)$ 关于 γ 的坐标向量作为第 j 列, 我们得到 $m\times n$ 矩阵

$$A=\begin{pmatrix} a_{11} & a_{12} & \cdots & a_{1n}\\ a_{21} & a_{22} & \cdots & a_{2n}\\ \vdots & \vdots & \ddots & \vdots\\ a_{m1} & a_{m2} & \cdots & a_{mn}\end{pmatrix}. \tag{6.2}$$

定义 6.1 (6.2) 式中矩阵 A 称为线性映射 σ 关于 V 的基 β 和 W 的基 γ 的矩阵, 简称为 σ 的矩阵, 记为 $[\sigma]_\beta^\gamma$, 或简记为 $[\sigma]$. 如果 $V=W$, 且 $\beta=\gamma$, 我们称矩阵 $[\sigma]_\beta^\gamma$ 为线性变换 σ 关于基 β 的矩阵, 记为 $[\sigma]_\beta$.

也就是说, σ 关于基 β, γ 的矩阵的第 j 列就是 $\sigma(e_j)$ 关于基 γ 的坐标.

例 6.1 求 $\mathbf{R}^3$ 的恒等变换 id 关于基 β 和 γ 的矩阵, 这里 β 表示 $\mathbf{R}^3$ 的标准基, $\gamma=(d_1,d_2,d_3)$, 其中 $d_1=(1,1,1)$, $d_2=(1,1,0)$, $d_3=(1,0,0)$.

解 因为 $\mathrm{id}(e_1)=d_3$, $\mathrm{id}(e_2)=d_2-d_3$, $\mathrm{id}(e_3)=d_1-d_2$, 所以

$$[\mathrm{id}]_\beta^\gamma=\begin{pmatrix} 0 & 0 & 1\\ 0 & 1 & -1\\ 1 & -1 & 0\end{pmatrix}.$$

设 $x=\sum_i x_ie_i\in V$, 则 $\sigma(x)=\sum_i x_i\sigma(e_i)$. 将 (6.1) 代入, 整理得

$$\sigma(x)=\left(\sum_{j=1}^{n}a_{1j}x_j\right)d_1+\cdots+\left(\sum_{j=1}^{n}a_{mj}x_j\right)d_m.$$

因此 $\sigma(x)$ 关于基 γ 的坐标为 $y_i=\sum_{j=1}^{n}a_{ij}x_j,\ i=1,\cdots,m$. 即

$$\begin{pmatrix}y_1\\y_2\\\vdots\\y_m\end{pmatrix}=\begin{pmatrix}a_{11}&a_{12}&\cdots&a_{1n}\\a_{21}&a_{22}&\cdots&a_{2n}\\\vdots&\vdots&\ddots&\vdots\\a_{m1}&a_{m2}&\cdots&a_{mn}\end{pmatrix}\begin{pmatrix}x_1\\x_2\\\vdots\\x_n\end{pmatrix},\tag{6.3}$$

或简写为

$$Y\ =\ AX.\tag{6.4}$$

换句换说, 对于取定的基, x 在 σ 作用下的像 $\sigma(x)$ 的坐标就是 σ 的矩阵 A 左乘 x 的坐标. 可用下面的交换图来表示 σ 和 L_A 的关系: $L_A[\cdot]_\beta=[\cdot]_\gamma\sigma$, 即

$$\begin{array}{ccc}V&\xrightarrow{\ \sigma\ }&W\\ {\scriptstyle[\cdot]_\beta}\big\downarrow&&\big\downarrow{\scriptstyle[\cdot]_\gamma}\\ F^n&\xrightarrow{\ L_A\ }&F^m\end{array}$$

采用矩阵记号, 可以简化上述计算过程:

$$\begin{aligned}&\sigma(e_1,\cdots,e_n)=(d_1,\cdots,d_m)A,\quad x=(e_1,\cdots,e_n)X\\&\Rightarrow\sigma(x)=\sigma(e_1,\cdots,e_n)X=(d_1,\cdots,d_m)(AX)\\&\Rightarrow[\sigma(x)]_\gamma=AX.\end{aligned}\tag{6.5}$$

注 考虑线性映射 $\sigma:F^n\to F^m$ 关于标准基的矩阵. 如果我们直接将 F^n 和 F^m 中的向量写成列向量形式, 看成列矩阵, 那么 σ 关于标准基的矩阵就是 $A=(\sigma(e_1),\cdots,\sigma(e_n))$, 而 σ 在向量 X 上的作用就是用矩阵 A 左乘 X, 即

$$\sigma(X)=AX.$$

这和一般情形是一致的, 因为列向量在标准基下的坐标向量就是它自己.

命题 6.1 取 V 的基 $\beta=(e_1,\cdots,e_n)$ 以及 W 的基 $\gamma=(d_1,\cdots,d_m)$, 则有同构映射:

$$\varphi:\mathrm{Hom}(V,W)\to F^{m\times n},\quad \varphi(\sigma)=[\sigma]_\beta^\gamma.$$

证 由定义知, 矩阵 $[\sigma]$ 的第 j 列就是 $\sigma(e_j)$ 的坐标. 由坐标的唯一性得 φ 是 $\mathrm{Hom}(V,W)$ 到 $F^{m\times n}$ 的一个映射. 设 A 是任意一个 $m\times n$ 矩阵, 则对每个 j $(1\leqslant j\leqslant n)$, 存在唯一的向量 $f_j\in W$, 它关于基 γ 的坐标为 A 的第 j 列, 即 $f_j=\gamma A(\cdot,j)$. 由命题 3.11 知, 存在唯一的线性映射 $\sigma:V\to W$, 使 $\sigma(e_i)=f_j,\ j=1,\cdots,n$. 按定义, σ 的矩阵为 A. 这就证明了 φ 是双射. 对任意的 $\sigma,\ \tau\in\mathrm{Hom}(V,W),\ k\in F$, 有 $\sigma(\beta)=\gamma[\sigma],\ \tau(\beta)=\gamma[\tau]$. 因此 $(k\sigma+\tau)(\beta)=\gamma(k[\sigma]+[\tau])$, 即 $[k\sigma+\tau]=k[\sigma]+[\tau]$. 这就证明了 φ 是线性映射. 因此 φ 是同构映射. □

推论 6.1 若 $\dim V=n,\ \dim W=m$, 则 $\dim\mathrm{Hom}(V,W)=nm$.

证 由 $\dim(F^{m\times n})=nm$ 得 $\dim\mathrm{Hom}(V,W)=nm$. □

注 也可直接构造 $\mathrm{Hom}(V,W)$ 的一个基. 对 $1\leqslant i\leqslant m,\ 1\leqslant j\leqslant n$, 令

$$\sigma_{ij}(e_k)=\delta_{kj}d_i,\ k=1,\cdots,n,$$

线性扩充为由 V 到 W 的线性映射 σ_{ij}. 易证, $(\sigma_{ij})_{1\leqslant i\leqslant m;1\leqslant j\leqslant n}$ 线性无关, 因而是 $\mathrm{Hom}(V,W)$ 的一个基. 显然, σ_{ij} 的矩阵是 E_{ij}.

命题 6.2 设 $\sigma:V\to W,\ \tau:U\to V$ 是线性映射, $\alpha,\ \beta,\ \gamma$ 分别是 $U,\ V,\ W$ 的基. 那么

$$[\sigma\tau]_\alpha^\gamma=[\sigma]_\beta^\gamma\ [\tau]_\alpha^\beta.$$

证 由命题 3.13 知, $\sigma\tau$ 是线性映射. 由 $\sigma(\beta)=\gamma[\sigma],\ \tau(\alpha)=\beta[\tau]$ 得

$$(\sigma\tau)(\alpha)=\sigma(\tau(\alpha))=\sigma(\beta[\tau])=\sigma(\beta)[\tau]=(\gamma[\sigma])[\tau]=\gamma([\sigma][\tau]).$$ □

命题 6.3 设 $\sigma:V\to W$ 是一个线性映射, 且 $\beta,\ \gamma$ 分别是 $V,\ W$ 的基. 那么, σ 可逆当且仅当 $[\sigma]_\beta^\gamma$ 可逆. 此时,

$$[\sigma^{-1}]_\gamma^\beta=[\sigma]_\beta^{\gamma\,-1}.$$

证 令 $[\sigma]_\beta^\gamma=A$. 由命题 3.14, 若 σ 可逆, 则 $\sigma^{-1}:W\to V$ 也是线性映射, 且 $\sigma^{-1}\sigma=\mathrm{id}_V,\ \sigma\sigma^{-1}=\mathrm{id}_W$. 显然 $[\mathrm{id}_V]_\beta=[\mathrm{id}_W]_\gamma=I$. 令 $[\sigma^{-1}]_\gamma^\beta=B$. 由命题 6.1, 命题 6.2 知, $AB=BA=I$. 因此 A 可逆, 且 A 的逆为 B. 反之, 若 A 可逆, 则存在线性映射 $\tau:W\to V$, 使 $[\tau]_\gamma^\beta=A^{-1}$. 于是 $[\sigma\tau]_\gamma=AA^{-1}=I$. 由命题 6.1 得 $\sigma\tau=\mathrm{id}_W$. 同理, $\tau\sigma=\mathrm{id}_V$. 因此 σ 可逆. □

有限维线性空间取定基以后, 它们之间的线性映射可以用矩阵来表示. 线性映射的运算对应矩阵的相应运算. 但是, 线性映射的矩阵与基的选取有关, 那么基改变时, 线性映射的矩阵怎样改变呢？能否选取适当的基, 使得它的矩阵有简单的形式？

设 $V,\ W$ 是数域 F 上线性空间, $\sigma:V\to W$ 是线性映射.

命题 6.4 取 V 的基 β 和 W 的基 γ, 设 $[\sigma]_\beta^\gamma = A$. 如果另取 V 的基 β' 及 W 的基 γ', 且 $\beta' = \beta P$, $\gamma' = \gamma Q$, 那么

$$[\sigma]_{\beta'}^{\gamma'} = Q^{-1}AP. \tag{6.6}$$

反之, 若 $P \in \mathrm{GL}(n, F)$, $Q \in \mathrm{GL}(m, F)$, 则 $Q^{-1}AP$ 是 σ 关于某两个基的矩阵.

证 根据定义, $\sigma(\beta) = \gamma A$. 由已知, $\beta' = \beta P$, $\gamma' = \gamma Q$. 于是

$$\sigma(\beta') = \sigma(\beta)P = (\gamma A)P = \gamma(AP) = (\gamma' Q^{-1})(AP) = \gamma'(Q^{-1}AP), \tag{6.7}$$

即 (6.6) 成立. 反之, 对于可逆矩阵 P, Q, 令 $\beta' = \beta P$, $\gamma' = \gamma Q$. 则 β', γ' 分别是 V, W 的基, 且由 (6.7) 式, $Q^{-1}AP$ 是 σ 关于 β', γ' 的矩阵. □

以上命题表明, 基的改变引起线性映射的矩阵以等价的方式改变; 反过来, 相互等价的矩阵可以看作同一个线性映射在两对基下所对应的矩阵.

定理 6.1 可以适当选取 V, W 的基, 使线性映射 $\sigma: V \to W$ 的矩阵形如

$$\left(\begin{array}{c|c} I_r & 0 \\ \hline 0 & 0 \end{array}\right). \tag{6.8}$$

证 取 $\mathrm{Ker}\sigma$ 的基 $(a_1, \cdots, a_k)$, 扩充为 V 的基 $(b_1, \cdots, b_r;\ a_1, \cdots, a_k)$, 记为 β. 设 $c_i = \sigma(b_i)$. 由维数定理, $(c_1, \cdots, c_r)$ 是 $\mathrm{Im}\sigma$ 的一个基, 将其扩充为 W 的基 $\gamma = (c_1, \cdots, c_r;\ d_1, \cdots, d_s)$. 则 $[\sigma]_\beta^\gamma$ 形如 (6.8). □

用矩阵的话来说, 对于任意矩阵 A, 存在可逆矩阵 P 和 Q, 使得 PAQ 形如 (6.8). 换个说法, 矩阵 A 可以经过一系列的初等变换化为标准形式. 前面我们从初等变换的观点直接证明了这个结论. 初等变换不改变矩阵的秩, 因此 (6.8) 式中的 r 就是矩阵 A 的秩, 也就是线性映射 σ 的秩, 即像 $\mathrm{Im}\sigma$ 的维数. 因此, 秩相同的两个线性映射 σ, $\tau: V \to W$ 有相同的标准形. 也就是说, 线性映射的矩阵表示只反映了它的秩. 这主要是我们对于基的选取的自由度太大. 要想使矩阵表示能更精细地反映线性映射的性质, 需对基的选取方式加以限制. 这对于线性算子结构的研究非常重要.

6.1.2 线性变换的矩阵

设 V 是 F 线性空间, σ 是 V 上线性变换. 给定 V 的基 $\beta = (e_1, \cdots, e_n)$, 线性变换 σ 完全由它在基上的取值 $\sigma(e_1), \cdots, \sigma(e_n)$ 所确定. 设

$$\sigma(e_j) = a_{1j}e_1 + a_{2j}e_2 + \cdots + a_{nj}e_n, \quad j = 1, \cdots, n.$$

则 σ 由系数 a_{ij} 所确定. 根据定义 6.1, 线性变换 σ 关于基 β 的矩阵为方阵

$$A=\begin{pmatrix} a_{11} & a_{12} & \cdots & a_{1n} \\ a_{21} & a_{22} & \cdots & a_{2n} \\ \vdots & \vdots & & \vdots \\ a_{n1} & a_{n2} & \cdots & a_{nn} \end{pmatrix}. \tag{6.9}$$

也就是说, σ 关于基 β 的矩阵 A 的第 j 列就是向量 $\sigma(e_j)$ 关于基 β 的坐标.

例 6.2 已知线性变换 $\sigma:\mathbf{R}^3\to\mathbf{R}^3$, $\sigma(x,y,z)=(x+2z,y-x,z+y)$. 试写出 σ 关于标准基的矩阵.

解 令 $(e_1,\ e_2,\ e_3)$ 为 $\mathbf{R}^3$ 的标准基. 计算 $\sigma(e_j)$ 的坐标如下:

$$\begin{aligned} \sigma(e_1)&=\sigma(1,0,0)=(1,-1,0)=1e_1+(-1)e_2+0e_3,\\ \sigma(e_2)&=\sigma(0,1,0)=(0,1,1)=0e_1+1e_2+1e_3,\\ \sigma(e_3)&=\sigma(0,0,1)=(2,0,1)=2e_1+0e_2+1e_3. \end{aligned}$$

因此 σ 关于标准基 $(e_1,\ e_2,\ e_3)$ 的矩阵为

$$\begin{pmatrix} 1 & 0 & 2 \\ -1 & 1 & 0 \\ 0 & 1 & 1 \end{pmatrix}.$$

例 6.3 设 $0\neq a=(a_1,a_2,a_3)\in\mathbf{R}^3$. 求正交投影 pr_a 在标准基下的矩阵.

解 根据公式计算, 得 $\mathrm{pr}_a(e_i)=\frac{a\cdot e_i}{a\cdot a}a=\frac{a_i}{a\cdot a}a$, $i=1,\ 2,\ 3$. 因此

$$A=\frac{1}{a_1^2+a_2^2+a_3^2}\begin{pmatrix} a_1^2 & a_2a_1 & a_3a_1 \\ a_1a_2 & a_2^2 & a_3a_2 \\ a_1a_3 & a_2a_3 & a_3^2 \end{pmatrix}.$$

推论 6.2 取定 V 的一个基 $\beta=(e_1,\cdots,e_n)$, 则以下对应

$$\varphi:\ \mathrm{End}V\longrightarrow M_n(F),\qquad \varphi(\sigma)=[\sigma]_\beta$$

是线性同构映射, 且保持乘法, 保持单位元. 即 φ 是代数同构.

证 显然, $\varphi(\mathrm{id}_V)=I$, 其余由命题 6.2 和命题 6.1 得. □

推论 6.3 设 $\sigma\in\mathrm{End}V$ 关于基 β 的矩阵为 A.

1) 若 $\gamma=\beta C$ 是 V 的基, 则 σ 关于基 γ 的矩阵为 $C^{-1}AC$;

2) 若 $C\in\mathrm{GL}(n,F)$, 则 $C^{-1}AC$ 是 σ 关于基 $\gamma=\beta C$ 的矩阵.

证 这是命题 6.4 当 $P=Q$ 的特例. □

定义 6.2 设 $A,\ B\in M_n(F)$. 如果存在可逆矩阵 $C\in M_n(F)$, 使得 $C^{-1}AC=B$, 那么就称 A 与 B 相似 .

容易证明, 矩阵的相似关系是一个等价关系.

由推论 6.2 知, 线性算子的矩阵表示保持了代数结构. 因此, 可以利用矩阵来了解线性算子的性质, 或利用线性算子来了解矩阵的性质.

例 6.4 设 $A \in M_n(F)$, 且 $A^2 = A$. 证明: A 相似于一个对角矩阵.

证 设 V 是一个 n 维 F 线性空间, β 是 V 的一个基, $\sigma \in \mathrm{End}V$, 且 $[\sigma]_\beta = A$. 由 $A^2 = A$, 得 $\sigma^2 = \sigma$, 即 σ 是投影算子. 故 $V = \mathrm{Ker}\sigma \oplus \mathrm{Im}\sigma$. 令 $r = \mathrm{rank}A$. 则 $\dim\mathrm{Im}\sigma = r$. 取 $\mathrm{Im}\sigma$ 的一个基 $(a_1, \cdots, a_r)$, 及 $\mathrm{Ker}\sigma$ 的一个基 $(a_{r+1}, \cdots, a_n)$, 得到 V 的一个基 $\gamma = (a_1, \cdots, a_n)$. 此时, $[\sigma]_\gamma$ 是对角线上前 r 个为 1 其余元为 0 的对角矩阵. 因此 A 相似于对角矩阵 $[\sigma]_\gamma$.

例 6.5 设 (e_1, e_2) 是 F 线性空间 V 的基, $\sigma \in \mathrm{End}V$, 且 $\sigma(e_1) = 2e_1 - e_2$, $\sigma(e_2) = e_1$. 令 $f_1 = e_1 - e_2$, $f_2 = -e_1 + 2e_2$, 求 σ 关于基 $(f_1,\ f_2)$ 的矩阵.

解 设 $(f_1, f_2) = (e_1, e_2)C$, σ 关于基 (e_1, e_2) 的矩阵为 A. 由已知得

$$C = \begin{pmatrix} 1 & -1 \\ -1 & 2 \end{pmatrix}, \quad A = \begin{pmatrix} 2 & 1 \\ -1 & 0 \end{pmatrix}.$$

因为 C 可逆, 所以 $(f_1,\ f_2)$ 也是 V 的一个基, 且由基 (e_1, e_2) 到基 (f_1, f_2) 的过渡矩阵为 C. 因此 σ 关于基 (f_1, f_2) 的矩阵为

$$A' = C^{-1}AC = \begin{pmatrix} 1 & 1 \\ 0 & 1 \end{pmatrix}.$$

注 这里矩阵 A' 是上三角矩阵, 其方幂是容易计算的. 因此, 利用 A 和 A' 的上述关系, 可以简化方幂 A^k 的计算:

$$A^k = (CA'C^{-1})^k = CA'^kC^{-1} = \begin{pmatrix} k+1 & k \\ -k & -k+1 \end{pmatrix}.$$

6.1.3 特征值与特征向量

自然要问, 如何选取 V 的一个基, 使得线性算子 $\sigma \in \mathrm{End}V$ 关于这个基的矩阵具有简单的形状 ? 通过选取特殊的基, 使得线性算子的矩阵有尽可能简单的形状, 这是我们的主要目标. 我们知道, σ 关于不同的基的矩阵是相似的, 且和 σ 关于某个基的矩阵相似的矩阵一定是 σ 关于另一个基的矩阵. 矩阵的相似关系是一个等价关系, 一个相似类代表一个线性算子. 用矩阵的话来说, 我们要在每个相似类中, 找一个形式尽可能简单的矩阵.

形式最简单的矩阵是对角矩阵. 我们希望能选取 V 的一个基, 使得 σ 的矩阵是对角矩阵. 如果有这样的一个基, 那么基向量 e_i 在 σ 下的像就是 e_i 的倍数. 从几何观点看, 基向量变为和自己平行的向量. 这当然是很特别的情况. 就平面向量旋转 r_α 而言, 当 α 不是 π 的整数倍时, 不存在这样的非零向量; 就投影变换 $\mathrm{pr}\vec{e}$ 来说, 和 $\vec{e}$ 平行的向量都具有这一性质.

定义 6.3 如果存在一个非零向量 $v \in V$ 和某个数 $\lambda \in F$, 使得

$$\sigma(v) = \lambda v, \tag{6.10}$$

则称 λ 为 σ 的一个特征值, 称 v 是 σ 的属于特征值 λ 的一个特征向量.

如果 v 是 σ 的一个属于特征值 λ 的特征向量, 那么它的任何一个非零倍数也是 σ 的属于特征值 λ 的特征向量. 事实上, 对任意 $k \in F$,

$$\sigma(kv) = k\sigma(v) = k(\lambda v) = \lambda(kv).$$

这说明对应于某个特征值的特征向量不是唯一的. 进一步, σ 的所有属于特征值 λ 的特征向量以及零向量一起组成 V 的一个子空间, 称为 σ 的属于特征值 λ 的特征子空间, 记为 $E_\lambda(\sigma)$, 不混淆时, $E_{\lambda_i}(\sigma)$ 简记为 E_i. 事实上,

$$E_\lambda(\sigma) = \{x \in V \ : \ \sigma(x) = \lambda x\} = \mathrm{Ker}(\lambda \mathrm{id}_V - \sigma). \tag{6.11}$$

但是, 对应于某个特征向量的特征值显然是由这个特征向量唯一决定的, 也就是说, 一个特征向量只能属于一个特征值.

如果 V 是一个有限维线性空间, 令 $(e_1, \cdots, e_n)$ 是 V 的一个基. 设线性变换 σ 关于这个基的矩阵为 A. 任给向量 $x \in V$, 它的坐标记为 X. 由坐标映射的性质知, 存在数 $\lambda \in F$, 使得 $\sigma(x) = \lambda x$, 等价于存在数 $\lambda \in F$, 使得 $AX = \lambda X$. 若能先确定数 λ, 则可通过解齐次线性方程组 $(\lambda I - A)X = 0$, 求出 X, 所以考虑先确定特征值.

数 λ 是 σ 的特征值, 当且仅当存在非零向量 $x \in V$ 满足 $\sigma(x) = \lambda x$, 当且仅当存在非零向量 $X \in F^n$, 使得 $AX = \lambda X$, 当且仅当齐次线性方程组 $(\lambda I - A)X = 0$ 有非零解, 当且仅当 $\lambda I - A$ 的行列式等于零.

由行列式的完全展开公式,

$$\det(tI - A) = \begin{vmatrix} t - a_{11} & -a_{12} & \cdots & -a_{1n} \\ -a_{21} & t - a_{22} & \cdots & -a_{2n} \\ \vdots & \vdots & & \vdots \\ -a_{n1} & -a_{n2} & \cdots & t - a_{nn} \end{vmatrix} \tag{6.12}$$

是由矩阵 A 所确定的一个关于 t 的多项式.

我们称 $\det(tI - A)$ 为矩阵 A 的特征多项式, 记为 $\mathrm{ch}_A(t)$. 因此, 数 λ 是 σ 的一个特征值, 当且仅当 λ 是多项式 $\mathrm{ch}_A(t)$ 在 F 中的一个根.

易知, 相似的矩阵有相同的特征多项式. 因此我们有下面的定义和结论.

定义 6.4 设 V 上的线性算子 σ 关于某个基的矩阵为 A, 则称矩阵 A 的特征多项式 $\mathrm{ch}_A(t) = \det(tI - A)$ 为 σ 的特征多项式, 记为 $\mathrm{ch}_\sigma(t)$.

定理 6.2 线性算子 σ 的特征值就是其特征多项式在 F 中的根.

由代数基本定理得

推论 6.4 复线性空间上的每个线性算子至少有一个特征值.

因此, 求出线性算子 σ 的特征多项式 $\mathrm{ch}_\sigma(t)=\det(tI-A)$ 在 F 中的根就求出了线性算子 σ 的所有特征值. 求出了特征值以后, 要求 σ 的属于每个特征值的特征向量, 我们就解齐次线性方程组

$$(\lambda I-A)X=0, \tag{6.13}$$

其中 λ 是已知的特征值. (6.13) 称为对应于特征值 λ 的特征方程, 它的一个基础解系对应的 V 中的向量组就是属于 λ 的特征子空间的一个基.

例 6.6 设 $\beta=(e_1,e_2,e_3)$ 为实线性空间 V 的一个基, V 上线性变换 σ 关于基 β 的矩阵为 A. 求 σ 的特征值和特征向量, 其中

$$A=\begin{pmatrix}1&2&2\\2&1&2\\2&2&1\end{pmatrix}.$$

解 计算得 $\mathrm{ch}_\sigma(t)=\det(tI-A)=(t-5)(t+1)^2$. 它的根为 -1(二重) 和 5. 所以 σ 的特征值为 $\lambda_1=-1$, $\lambda_2=5$. 解方程 $(\lambda_1 I-A)X=0$, 得 E_1 的一个基: $(1,-1,0)^\top$, $(1,0,-1)^\top$. 解方程 $(\lambda_2 I-A)X=0$, 得 E_2 的一个基: $(1,1,1)^\top$.

例 6.7 求平面向量的旋转变换 $r_\theta:\mathrm{E}^2\to\mathrm{E}^2$ 的特征值和特征向量.

解 取 E^2 的一个标准正交基, r_θ 在此基下的矩阵为

$$A=\begin{pmatrix}\cos\theta&-\sin\theta\\\sin\theta&\cos\theta\end{pmatrix}.$$

于是 $\mathrm{ch}_A(t)=t^2-2t\cos\theta+1$ 在 $\mathbf{R}$ 中的根就是 r_θ 的特征值. 易知判别式 $\Delta=4\cos^2\theta-4\leqslant 0$, 而且, $\Delta=0$, 当且仅当 $\theta=n\pi$, $n\in\mathbf{Z}$. 因此,

1) 当 $\theta=n\pi$ 且 n 为偶数时, $r_\theta=\mathrm{id}$, 1 是它的特征值, E^2 中每个非零向量都是 r_θ 的属于特征值 1 的特征向量;

2) 当 $\theta=n\pi$ 且 n 为奇数时, $r_\theta=-\mathrm{id}$, -1 是它的特征值, E^2 中每个非零向量都是 r_θ 的属于特征值 -1 的特征向量;

3) 当 $\theta\neq n\pi$ 时, r_θ 没有特征值及特征向量.

设 A 是数域 F 上的 n 阶方阵, A 定义的左乘变换 L_A 的特征值和特征向量分别叫做方阵 A 的特征值和特征向量, 即,

定义 6.5 如果存在一个非零向量 $X\in F^n$ 和某个数 $\lambda\in F$, 使得

$$AX=\lambda X, \tag{6.14}$$

则称 λ 为 A 的一个特征值, 称 X 是 A 的属于特征值 λ 的一个特征向量.

如果 V 是 F 上一个有限维空间, V 上线性变换 σ 关于某个基的矩阵为 A, 那么, 向量 x 是线性变换 σ 的属于特征值 λ 的特征向量, 当且仅当 x 的坐标向量 X 是矩阵 A 的属于特征值 λ 的特征向量. 所以, 有限维空间上的线性变换的特征值与特征向量的问题转化为矩阵的相应问题.

例 6.7 中, r_θ 的矩阵 A 也可以看成复数域上的矩阵, 在 $\mathbf{C}$ 中 A 有特征值 $\cos\theta+i\sin\theta$, $\cos\theta-i\sin\theta$, 对应地有特征向量 $(1,-i)^\top,(1,i)^\top$. 这说明矩阵的特征值和特征向量与所考虑的数域有关.

一般地, n 阶矩阵 A 的特征多项式 $\mathrm{ch}_A(t)$ 是一个 n 次多项式. 它的首项系数为 1, 常数项为 $\det(-A)=(-1)^n\det A$, t^{n-1} 的系数是 $-\mathrm{tr}A$, 于是有

$$\mathrm{ch}_A(t)=t^n-\mathrm{tr}(A)t^{n-1}+\cdots+(-1)^n\det A. \tag{6.15}$$

对于 n 阶矩阵 A, 位于 A 的第 $i_1,\cdots,i_k$ 行及第 $i_1,\cdots,i_k$ 列的 k 阶子式称为 A 的 k 阶主子式. 不难证明, t^{n-k} 的系数是 $(-1)^k$ 乘 A 的所有 k 阶主子式之和. 在复数域上, 由根与系数的关系, 立即得到如下结论.

命题 6.5　设 $\lambda_1,\cdots,\lambda_n$ 是 $\mathbf{C}$ 上 n 阶矩阵 A 的全部特征值, 则

$$\mathrm{tr}A=\lambda_1+\lambda_2+\cdots+\lambda_n,\qquad \det A=\lambda_1\lambda_2\cdots\lambda_n. \tag{6.16}$$

证　由代数基本定理和 Vieta 定理得. □

6.1.4　对角化

满足什么条件的线性变换的矩阵可以是对角矩阵？等价地, 什么样的矩阵相似于对角矩阵？下面我们来讨论这个问题.

设 σ 是数域 F 上 n 维线性空间 V 上的一个线性变换.

定义 6.6　如果 σ 关于 V 的某个基的矩阵为对角矩阵, 则称 σ 可对角化; 设 $A\in F^{n\times n}$. 如果 A 相似于对角矩阵, 则称 A 在 F 上可对角化.

由定义即得如下结论.

命题 6.6　线性变换 σ 可对角化, 当且仅当 V 有一个由 σ 的特征向量组成的基, 当且仅当 σ 关于任意基的矩阵可对角化.

例 6.8　考虑 2×2 实矩阵 $A=\begin{pmatrix}1&2\\2&1\end{pmatrix}$.

解　$\det(tI-A)=t^2-2t-3=(t-3)(t+1)$. 于是 A 的特征值是 $\lambda_1=-1$, $\lambda_2=3$. 解对应的特征方程:

$$\begin{pmatrix}-2&-2\\-2&-2\end{pmatrix}X=0 \text{ 和 } \begin{pmatrix}2&-2\\-2&2\end{pmatrix}X=0,$$

得矩阵 A 的特征向量 $c_1=(1,-1)^\top$, $c_2=(1,1)^\top$. 易知, $(c_1,\ c_2)$ 是 $\mathbf{R}^2$ 的一个基. 设 $C=(c_1,\ c_2)$, 则 $C^{-1}AC=\mathrm{diag}(-1,\ 3)$. 因此 A 在 $\mathbf{R}$ 上可对角化.

推论6.5 如果 n 阶方阵 A 的一组特征向量组成 F^n 的一个基, 以这个基作为列向量组的矩阵为 C, 则 $A' = C^{-1}AC$ 是对角阵.

引理6.1 如果向量 $v_1, \cdots, v_s$ 是线性变换 σ 的分别属于不同特征值 $\lambda_1, \cdots, \lambda_s$ 的特征向量, 那么向量组 $v_1, \cdots, v_s$ 线性无关.

证 对 s 用数学归纳法. 当 $s=1$ 时, 特征向量 v_1 非零, 所以向量组 v_1 线性无关, 命题成立. 设 $s>1$, 假设对 $(s-1)$ 个向量, 命题成立. 若

$$l_1v_1 + \cdots + l_sv_s = 0, \quad l_i \in F, \tag{6.17}$$

上式两端用 $\lambda_s\mathrm{id} - \sigma$ 作用, 得

$$l_1(\lambda_s - \lambda_1)v_1 + \cdots + l_s(\lambda_s - \lambda_{s-1})v_{s-1} = 0.$$

由于 $v_1, \cdots, v_{s-1}$ 线性无关, 所以

$$l_1(\lambda_s - \lambda_1) = \cdots = l_s(\lambda_s - \lambda_{s-1}) = 0,$$

因为 $\lambda_1, \cdots, \lambda_s$ 互不相同, 所以 $l_1 = \cdots = l_{s-1} = 0$, 将它们代入 (6.17) 式得 $l_sv_s = 0$, 又 $v_s \neq 0$, 所以 $l_s = 0$. 因此 $v_1, \cdots, v_k$ 线性无关. □

引理6.2 如果 $\lambda_1, \cdots, \lambda_s$ 是 σ 的不同的特征值, 而 $v_{i1}, \cdots, v_{ir_i}$ 是 σ 的属于 λ_i 的线性无关特征向量, 那么 $v_{11}, \cdots, v_{1r_1}, \cdots, v_{s1}, \cdots, v_{sr_s}$ 线性无关.

证 如果存在数 $l_{11}, \cdots, l_{1r_1}, \cdots, l_{s1}, \cdots, l_{sr_s} \in F$, 使得

$$l_{11}v_{11} + \cdots + l_{1r_1}v_{1r_1} + \cdots + l_{s1}v_{s1} + \cdots + l_{sr_s}v_{sr_s} = 0,$$

记 $v_i = l_{i1}v_{i1} + \cdots + l_{ir_i}v_{ir_i},\ i = 1, \cdots, s$, 则 $v_i \in E_i$, 上式即

$$v_1 + \cdots + v_s = 0,$$

于是 $v_1, \cdots, v_s$ 线性相关, 由引理 6.1 得 $v_1 = \cdots = v_s = 0$. 由已知, 对每个 i, 向量 $v_{i1}, \cdots, v_{ir_i}$ 是线性无关的, 所以 $l_{i1} = \cdots = l_{ir_i} = 0,\ i = 1, \cdots, s$. □

线性变换 σ 的特征值 λ 对应的特征子空间的维数称为 λ 的几何重数, 而 λ 作为特征多项式的根的重数称为 λ 的代数重数. 两者间有如下关系.

引理6.3 几何重数小于或等于代数重数.

证 设 λ_1 是 σ 的一个特征值, $(e_1, \cdots, e_s)$ 是 E_1 的一个基, 将此基扩充为 V 的一个基, 那么 σ 在这个基下的矩阵形如

$$A = \begin{pmatrix} \lambda_1 I & A_1 \\ 0 & A_2 \end{pmatrix}.$$

由 $\det(tI - A) = (t - \lambda_1)^s \det(tI - A_2)$ 知, λ_1 是 $\mathrm{ch}_A(t)$ 的至少 s 重根. □

定理 6.3 设线性变换 σ 的全部不同的特征值是 $\lambda_1, \cdots, \lambda_s$, 则 σ 可对角化的充要条件是 σ 的特征子空间 $E_1, \cdots, E_s$ 的维数之和等于空间 V 的维数, 即 $n = \dim V = \sum_{i=1}^{s} \dim E_i$.

证 设 $\lambda_1, \cdots, \lambda_s$ 是 σ 的所有根, 重数分别为 $r_1, \cdots, r_s$. 由引理 6.3 知, 有 $\dim E_i \leqslant r_i$, 于是 $\sum_{i=1}^{s} \dim E_i \leqslant \sum_{i=1}^{s} r_i \leqslant n$. 由引理 6.2 知, 要得到一个由线性算子 σ 的特征向量组成的基, 唯一的方式就是取特征子空间的基的并. 因此, σ 可对角化的充要条件是 $n = \sum_{i=1}^{s} \dim E_i$. 这等价于 $\sum_{i=1}^{s} r_i = n$, 且对所有 i, $\dim E_i = r_i$, 等价于 $\mathrm{ch}_\sigma(t)$ 可分解为一次因式的乘积, 且每个特征值的几何重数等于其代数重数. □

推论 6.6 如果线性变换 σ 的特征多项式在 F 中有 n 个不同的根, 那么 σ 可对角化. 等价地, F 上 $n \times n$ 矩阵 A 如果在 F 中有 n 个不同特征值, 则 A 在 F 上可对角化.

由于 $\mathbf{C}$ 上 n 次多项式有 n 个根, 所以有下述结论.

推论 6.7 设 σ 是复线性空间 V 上的一个线性变换. 如果 σ 的特征多项式无重根, 那么 σ 可对角化.

例 6.9 下列矩阵是否可对角化？

$$A = \begin{pmatrix} 0 & 1 \\ -1 & 0 \end{pmatrix}, \quad B = \begin{pmatrix} 1 & 2 & 3 \\ 4 & 5 & 6 \\ 7 & 8 & 9 \end{pmatrix}, \quad C = \begin{pmatrix} 0 & 1 & 0 & 1 \\ 1 & 0 & 2 & 1 \\ 0 & 2 & 0 & 0 \\ 1 & 1 & 0 & 0 \end{pmatrix}.$$

解 $\mathrm{ch}_A(t) = t^2 + 1$ 有复根 $\pm\imath$. 于是 A 在 $\mathbf{C}$ 上可对角化.

$\mathrm{ch}_B(t) = t^3 - 15t^2 + 21t$ 有实根 0, $\frac{1}{2}(15 \pm \sqrt{151})$, B 的特征值是实的且互不相同. 因此 B 在 $\mathbf{R}$ 上可对角化.

$\mathrm{ch}_C(t) = t^4 - 7t^2 - 2t + 4 = (t+1)(t^3 - t^2 - 6t + 4)$. 显然 -1 不是 $f(t) = t^3 - t^2 - 6t + 4 = 0$ 的根, $f'(t) = 3t^2 - 2t - 6$ 有根 $\lambda = \frac{1 \pm \sqrt{19}}{3}$, 但 $f(\lambda) \neq 0$, 所以 $f(t)$ 的图像与实轴有三个不同的交点. 因此 C 有 4 个不同的实特征值, C 在 $\mathbf{R}$ 上可对角化.

例 6.10 设 $B \in \mathbf{R}^{4\times 4}$, 它的所有元都是 1. 证明, B 可对角化.

解 显然, $\mathrm{rank} B = 1$. 所以方程组 $BX = 0$ 的解空间的维数是 3, 于是 0 是 B 的一个特征值, 且 $\dim E_0 = 3$. 易知,

$$c_1 = (-1, 1, 0, 0)^\top, \quad c_2 = (-1, 0, 1, 0)^\top, \quad c_3 = (-1, 0, 0, 1)^\top$$

是方程组 $x_1 + x_2 + x_3 + x_4 = 0$ 的一个基础解系, 即 B 的三个线性无关的特征向量. 由观察知, 4 也是 B 的一个特征值, $c_4 = (1, 1, 1, 1)^\top$ 是属于 $\lambda = 4$ 的一个特征

向量. 于是我们得到了四个线性无关的特征向量. 因此 B 在 $\mathbf{R}$ 上可对角化. 具体地, 令 $C=(c_1,c_2,c_3,c_4)$, 则有

$$C^{-1}BC=D=\operatorname{diag}(0,0,0,4).$$

下面定理是利用直和的概念表述可对角化条件.

定理 6.4 设 σ 是 F 上向量空间 V 的线性变换. $\lambda_1,\cdots,\lambda_s$ 是 σ 的全部互不相同的特征值. 则 σ 可对角化当且仅当 $V=\oplus_{i=1}^{s}E_i$.

证 若 σ 可对角化, 则 V 有一个由 σ 的特征向量组成的基. 将这个基中对应于特征值 λ_i 的特征向量张成的子空间记为 V_i, 则有 $V=\oplus_{i=1}^{s}V_i$, 且 $V_i\subseteq E_i$. 因此 $V=\sum_{i=1}^{s}E_i$. 由引理 6.2 知, 不同的特征子空间的和是直和. 反之, 在每个 E_i 中取一个基, 合起来组成 V 的一个基, 则 σ 关于此基的矩阵是对角阵. □

如果 σ 可对角化, 那么它的对角矩阵的对角元除顺序外是由 σ 唯一确定的, 就是 σ 的特征值. 当 σ 不可对角化时, σ 的矩阵有何简单形式 ?

命题 6.7 设 σ 是 n 维复线性空间 V 上的线性变换. 则存在 V 的基, 使得 σ 的矩阵是上三角的.

证 设 σ 关于基 β 的矩阵为 A. 由代数基本定理, σ 有特征向量 e_1', 将其扩充为 V 的基 β', 则 σ 关于基 β' 的矩阵 A' 的第一列为 $(\lambda_1,0,\cdots,0)^{\top}$. 于是, A' 形如

$$\begin{pmatrix}\lambda_1 & *\\ 0 & B\end{pmatrix},$$

其中 B 为 $(n-1)$ 阶方阵, 即存在可逆矩阵 C_1, 使 $A'={C_1}^{-1}AC_1$. 对 n 归纳, 可假定存在 $C_2\in\mathrm{GL}_{n-1}(\mathbf{C})$, 使得 $C_2^{-1}BC_2$ 是上三角的, 令

$$C=\begin{pmatrix}1 & 0\\ 0 & C_2\end{pmatrix},$$

则 $(C_1C)^{-1}A(C_1C)=C^{-1}({C_1}^{-1}AC_1)C=C^{-1}A'C$ 为上三角形. □

矩阵形式: 每个复 $n\times n$ 矩阵 A 相似于一个上三角矩阵. 换句话说, 存在矩阵 $C\in\mathrm{GL}_n(\mathbf{C})$, 使得 $C^{-1}AC$ 是上三角的.

推论 6.8 设 σ 是数域 F 上有限维向量空间 V 上的线性变换. 如果 σ 的特征多项式可以分解为 F 上一次因式的乘积, 则存在 V 的基, 使得 σ 的矩阵 A 是上三角的.

证 和上面证明一样, 只要说明 B 的特征多项式在 F 上也可分解为一次因式之积. 事实上, $\det(tI-A')=(t-\lambda_1)\det(tI-B)$. □

6.2 不变子空间

继续考虑线性变换的矩阵表示. 设 V 是 F 上一个向量空间, σ 是 V 的线性变

换. 我们知道, σ 可对角化当且仅当 V 有一个由 σ 的特征向量组成的基. 但并非每个线性变换都有足够多的特征向量组成 V 的一个基. 那么怎样取基才能使 σ 的矩阵尽可能简单呢？若不能化为对角形, 能化为准对角形吗？为此, 我们将特征向量的属性加以推广.

6.2.1 线性变换的限制

定义 6.7 设 U 是 V 的子空间. 如果 $\sigma(U)\subseteq U$, 即, 若 $x\in U$, 则 $\sigma(x)\in U$, 那么就称 U 是 σ 的不变子空间, 简称 σ 子空间.

从不变子空间的定义立即得到

命题 6.8 设 $\sigma\in \mathrm{End}V$, $a_1,\cdots,a_s\in V$. 则 $U=\langle a_1,\cdots,a_s\rangle$ 是 σ 的不变子空间, 当且仅当 $\sigma(a_1)$, $\cdots$, $\sigma(a_s)\in U$.

例 6.11 设 V 是数域 F 上向量空间, σ, τ 是 V 的线性变换.

1° 零子空间 $\{0\}$ 和 V 自身都是 σ 子空间, 称为平凡 σ 子空间;

2° 设 U 是 σ 子空间, 则 $\sigma(U)=\{\sigma(x)\ :\ x\in U\}$ 也是 σ 子空间. 特别地, σ 的像 $\sigma(V)$ 是 σ 子空间;

3° 设 τ 与 σ 可换, 则 τ 的特征子空间、核与像都是 σ 子空间. 事实上, 设 $x\in E_\lambda(\tau)$, 则 $\tau(\sigma(x))=\sigma(\tau(x))=\lambda\sigma(x)$, 故 $\sigma(x)\in E_\lambda(\tau)$, 因而 $E_\lambda(\tau)$, $\mathrm{Ker}\tau=E_0(\tau)$ 是 σ 子空间. 又 $\sigma(\tau(V))=\tau(\sigma(V))\subseteq\tau(V)$, 所以 $\tau(V)$ 也是 σ 子空间. 特别地, σ 的多项式 $f(\sigma)$ 与 σ 可换, 因而 $f(\sigma)$ 的核与像是 σ 子空间. 特别地 σ 的特征子空间是 σ 子空间;

4° 设 $0\neq a\in V$, 则 $\langle a\rangle$ 是 σ 子空间, 当且仅当 a 是 σ 的特征向量;

5° 设 $0\neq a\in V$. 由 $S=\{a,\sigma(a),\sigma^2(a),\cdots\}$ 张成的子空间 $\langle S\rangle$ 是 σ 子空间, 且是含 a 的最小 σ 子空间, 称为由 a 生成的 σ 循环子空间.

设 U 是 σ 子空间. 按定义, 有 $\sigma(U)\subseteq U$. 考虑映射 σ 在 U 上的限制, 得到 U 上的一个线性变换, 叫做线性变换 σ 在 U 上的限制, 记作 $\sigma|_U$, 即

$$\sigma|_U: U\to U,\quad \sigma|_U(x)=\sigma(x),\ \forall\, x\in U.$$

易见, σ 在其核上的限制 $\sigma|_{\mathrm{Ker}\sigma}$ 就是 $\mathrm{Ker}\sigma$ 上的零变换, σ 在任一特征子空间上的限制 $\sigma|_{E_\lambda(\sigma)}$ 是 $E_\lambda(\sigma)$ 上的数量变换.

如果 V 是有限维的, 取 U 的一个基 $\beta_1=(e_1,\cdots,e_s)$, 将其扩充为 V 的一个基 $\beta=(e_1,\cdots,e_n)$. 设 σ 关于基 β 的矩阵为 $A=(a_{ij})_{n\times n}$, 即

$$\sigma(e_j)=a_{1j}e_1+\cdots+a_{nj}e_n,\quad j=1,\cdots,n. \tag{6.18}$$

因为 U 是 σ 子空间, 所以 $\sigma(e_1),\cdots,\sigma(e_s)$ 都可以由 β_1 线性表出. 因此, A 的前 s

列中的后 $(n-s)$ 个元都为零, 即

$$A=\begin{pmatrix} A_1 & A_3 \\ 0 & A_2 \end{pmatrix}. \tag{6.19}$$

此时, 矩阵 A_1 就是 $\sigma|_U$ 关于基 β_1 的矩阵. 反之, 如果 σ 关于 V 的某个基 β 的矩阵形如 (6.19), 其中 A_1 是 s 阶方阵, 那么 $\langle\beta_1\rangle$ 是 σ 子空间.

如果 V 可以分解成两个 σ 子空间的直和: $V=U\oplus W$, 我们分别取 U 的一个基 $\beta_1=(e_1,\cdots,e_s)$, 和 W 的一个基 $\beta_2=(e_{s+1},\cdots,e_n)$, 那么 $\beta=(e_1,\cdots,e_n)$ 是 V 的一个基, 且 $\sigma(e_1),\cdots,\sigma(e_s)$ 可由 β_1 线性表出, 而 $\sigma(e_{s+1}),\cdots,\sigma(e_n)$ 可由 β_2 线性表出. 因此 σ 关于基 β 的矩阵 A 形如

$$\begin{pmatrix} A_1 & 0 \\ 0 & A_2 \end{pmatrix}, \tag{6.20}$$

其中 A_1 是 $\sigma|_U$ 关于基 β_1 的矩阵, A_2 是 $\sigma|_W$ 关于基 β_2 的矩阵. 反过来, 若 σ 关于某个基的矩阵形如 (6.20), 令 U, W 分别表示 β_1, β_2 生成的子空间, 则 U 和 W 都是 σ 子空间, 且 $V=U\oplus W$. 由归纳法得如下命题.

命题6.9 V 可以分解为 σ 子空间的直和 $V=V_1\oplus\cdots\oplus V_s$, 当且仅当 σ 关于某个基的矩阵为准对角矩阵 $A=\mathrm{diag}(A_1,\cdots,A_s)$, 其中 A_i 为 $\sigma|_{V_i}$ 在相应基下的矩阵.

例6.12 空间向量绕轴旋转 θ 角的变换是 E^3 上的一个线性变换. 取标准正交基 $(\vec{e_1},\ \vec{e_2},\ \vec{e_3})$, 使得 $\vec{e_3}$ 与旋转轴共线, 则它的矩阵为准对角阵

$$A=\begin{pmatrix} \cos\theta & -\sin\theta & 0 \\ \sin\theta & \cos\theta & 0 \\ 0 & 0 & 1 \end{pmatrix}.$$

这与 E^3 分解成不变子空间的直和是一致的: $\mathrm{E}^3=\langle\vec{e_1},\vec{e_2}\rangle\oplus\langle\vec{e_3}\rangle$.

6.2.2 实向量空间的复化

复向量空间上的每个线性变换至少有一个特征值, 而实向量空间上的线性变换可能没有特征值. 类似于用实数构造复数, 可以用实向量空间 V 构造一个复向量空间 $V_{\mathbf{C}}$. 通过复化可以获得实向量空间上线性变换的一些有用信息.

具体地, 取 V 的元素对 (u,v) 作为 $V_{\mathbf{C}}$ 的元素, 定义加法和数乘如下:

$$(u_1,v_1)+(u_2,v_2)=(u_1+u_2,v_1+v_2),\ u_i,\ v_i\in V,$$
$$(a+b\imath)(u,v)=(au-bv,bu+av),\ a,\ b\in\mathbf{R}.$$

容易验证, 按以上定义, $V_{\mathbf{C}}$ 成为 $\mathbf{C}$ 上一个向量空间.

考虑形如 $(v,0)$ 的元素和实数的乘法, 将 $(v,0)$ 与 v 等同, 可以将 V 作为实子空间嵌入 $V_{\mathbf{C}}$, 将 $V_{\mathbf{C}}$ 的任意向量写成如下形式:

$$(u,v)=(u,0)+(0,v)=(u,0)+\imath(v,0)=u+\imath v. \tag{6.21}$$

V 的每个基同时也是 $V_{\mathbf{C}}$ 的一个基, 所以 $\dim V=\dim_{\mathbf{C}}V_{\mathbf{C}}$. 但 $V_{\mathbf{C}}$ 还有其他的基. V 上的每个线性变换可以唯一地扩充为 $V_{\mathbf{C}}$ 上的线性变换

$$\sigma_{\mathbf{C}}:V_{\mathbf{C}}\to V_{\mathbf{C}},\ u+\imath v\mapsto\sigma(u)+\imath\sigma(v). \tag{6.22}$$

关于实向量组成的基, 线性变换 σ 和 $\sigma_{\mathbf{C}}$ 有相同的矩阵.

变换 $\sigma_{\mathbf{C}}$ 有复特征值和对应的复特征向量, 对应的实的意义是什么？

命题 6.10　设 $u,\ v\in V,\ a,\ b\in\mathbf{R},\ b\neq 0$. 向量 $u+\imath v$ 是 $\sigma_{\mathbf{C}}$ 的属于特征值 $a+b\imath$ 的特征向量当且仅当 $U=\langle u,v\rangle$ 是 V 的 2 维 σ 子空间且

$$\sigma(u)=au-bv,\quad \sigma(v)=bu+av.$$

证　由定义及 (6.21)、(6.22) 式, $\sigma_{\mathbf{C}}(u+\imath v)=(a+\imath b)(u+\imath v)$ 等价于

$$\sigma(u)+\imath\sigma(v)=(au-bv)+\imath(bu+av),$$

即 $\sigma(u)=au-bv,\ \sigma(v)=bu+av$. □

命题 6.10 表明, 线性变换 $\sigma|_U$ 关于基 $(u,\ v)$ 的矩阵为

$$\begin{pmatrix} a & b\\ -b & a\end{pmatrix},$$

于是向量 $u-\imath v$ 是 $\sigma_{\mathbf{C}}$ 的对应于特征值 $a-\imath b$ 的特征向量. 作为命题 6.10 的推论, 我们得到如下重要定理.

定理 6.5　实空间上的线性变换有 1 维或 2 维不变子空间.

6.2.3　最小多项式

设 V 是 F 向量空间, 而 σ 是 V 的一个线性变换. 我们知道, 对于 F 上任意多项式 $f(t)=\sum_{i=0}^{n}a_it^i$, 我们得到 V 的一个线性变换

$$\sum_{i=0}^{n}a_i\sigma^i=a_0\mathrm{id}_V+a_1\sigma+\cdots+a_n\sigma^n,$$

称为多项式 $f(t)$ 在 σ 的值, 记为 $f(\sigma)$. 也就是说, 我们用 σ 定义了多项式代数 $F[t]$ 到 V 的线性变换代数 $\mathrm{End}V$ 的一个映射

$$\varphi:F[t]\to\mathrm{End}V,\quad f(t)\mapsto f(\sigma).$$

我们知道 φ 是线性映射, 且保持乘法和单位元, 即对任意的 $f,\ g\in F[t]$,

$$(f+g)(\sigma)=f(\sigma)+g(\sigma),\qquad (fg)(\sigma)=f(\sigma)g(\sigma).$$

定义 6.8 设 $f(t)\in F[t]$. 若 $f(\sigma)=0$, 则称 $f(t)$ 为 σ 的零化多项式.

根据定义, 多项式 $f(t)$ 是 σ 的零化多项式, 当且仅当 $f(t)\in \mathrm{Ker}\varphi$, 即 σ 的全体零化多项式组成的集合就是 $\mathrm{Ker}\varphi$. 这是 $F[t]$ 的子空间, 且对任意 $f(t)\in F[t]$, $g(t)\in \mathrm{Ker}\varphi$, 有 $f(\sigma)g(\sigma)=0$, 于是 $f(t)g(t)\in \mathrm{Ker}\varphi$. 因此 $\mathrm{Ker}\varphi$ 是 $F[t]$ 的一个理想. $F[t]$ 的每个理想都是主理想. 因此, 若 $\mathrm{Ker}\varphi\neq 0$, 则存在唯一的首一多项式 $m(t)$, 使得 $\mathrm{Ker}\varphi=(m(t))$. 实际上, $\mathrm{Ker}\varphi\neq 0$, 等价于 σ 有非零零化多项式. 此时, $m(t)$ 就是其中次数最低者.

定义 6.9 线性变换 σ 的非零零化多项式中次数最低的首一多项式称为 σ 的最小多项式, 记为 $m_\sigma(t)$ 或 $m(t)$.

命题 6.11 线性变换 σ 的最小多项式若存在, 则唯一; 且若 $m(t)$ 是 σ 的最小多项式, 则 σ 的全部零化多项式就是 $m(t)$ 的所有倍式.

例 6.13 零变换 0 和恒等变换 id_V 的最小多项式分别为 t 与 $t-1$.

例 6.14 设 $\sigma=\frac{d}{dx}\in \mathrm{End}F[x]_n$. 对任意 $f(x)\in F[x]_n$, 有 $\sigma^n(f(x))=0$, 于是 t^n 是 σ 的零化多项式. 对任意 $k<n$, $\sigma^k(x^{n-1})\neq 0$. 因此 σ 的最小多项式为 $m_\sigma(t)=t^n$. 但作为 $F[x]$ 的线性变换, $\sigma=\frac{d}{dx}$ 没有最小多项式. 事实上, 对任意 $g(t)\in F[t]$, 设 $\deg g=m$, 则 $g(\sigma)x^m\neq 0$. 故 $g(t)\notin \mathrm{Ker}\varphi$.

如果 V 是有限维的, 则 $\mathrm{End}V$ 也是有限维的. 因此存在正整数 m, 使得 id_V, σ, $\cdots$, σ^{m-1} 线性无关, 而 id_V, σ, $\cdots$, σ^m 线性相关, 于是 σ^m 可表为 id_V, σ, $\cdots$, σ^{m-1} 的一个线性组合, 即有线性关系

$$\sigma^m=a_0\mathrm{id}_V+a_1\sigma+\cdots+a_{m-1}\sigma^{m-1}.$$

因此, 多项式 $f(t)=t^m-a_{m-1}t^{m-1}-\cdots-a_1t-a_0$ 是 σ 的一个零化多项式, 而且是次数最低的首一零化多项式. 因此 $f(t)$ 就是 σ 的最小多项式.

类似地, 可定义矩阵的零化多项式, 最小多项式的概念.

取 V 的一个基 $(e_1,\cdots,e_n)$, 设 σ 的矩阵 $[\sigma]$ 为 A, 我们知道映射

$$\psi:\mathrm{End}V\to M_n(F),\quad \sigma\mapsto[\sigma]$$

是 V 的线性变换代数和 F 上 n 阶矩阵代数之间的同构映射. 因此, 对于任意的 $f(t)\in F[t]$, $f(\sigma)=0$, 当且仅当 $f(A)=0$. 由此得如下结论.

命题 6.12 多项式 $f(t)$ 是线性变换 σ 的最小多项式, 当且仅当 $f(t)$ 是 σ 的矩阵 A 的最小多项式; 相似矩阵有相同的最小多项式.

定理 6.6 设 U 是 V 的一个 σ 子空间, 且 σ, $\sigma|_U$ 的特征多项式分别为 $f(t)$, $f_1(t)$, 最小多项式分别为 $m(t)$, $m_1(t)$, 则 $f_1(t)\mid f(t)$, $m_1(t)\mid m(t)$.

证　取 U 的一个基, 扩充为 V 的基, 则 σ 关于这个基的矩阵形如 (6.19). 于是 $f(t)=\det(tI-A)=\det(tI-A_1)\det(tI-A_2)$. 又 $\det(tI-A_1)=f_1(t)$, 因此 $f_1(t)\mid f(t)$. 由

$$m(A)=\begin{pmatrix} m(A_1) & * \\ 0 & m(A_2) \end{pmatrix}=0,$$

得 $m(A_1)=0$, 即 $m(t)$ 是 A_1 的零化多项式. 因此 $m_1(t)\mid m(t)$. □

推论 6.9　如果 V 可以分解为 σ 子空间的直和: $V=V_1\oplus\cdots\oplus V_s$, 记 σ 和 $\sigma|_{V_i}$ 的特征多项式分别为 f, f_i, 最小多项式分别为 m, m_i, 则

$$f=f_1\cdots f_s,\quad m=[m_1,\cdots,m_s].$$

证　根据命题 6.9, σ 在某个基下的矩阵为 $A=\mathrm{diag}(A_1,\cdots,A_s)$, 其中 A_i 为 $\sigma|_{V_i}$ 的 (n_i 阶) 矩阵. 于是

$$f(t)=\det(tI_n-A)=\prod_{i=1}^{s}\det(tI_{n_i}-A_i)=\prod_{i=1}^{s}f_i(t).$$

令 $g=[m_1,\cdots,m_s]$. 于是 $g(A)=\mathrm{diag}(g(A_1),\cdots,g(A_s))=0$, 因而 $m\mid g$. 又 $0=m(A)=\mathrm{diag}(m(A_1),\cdots,m(A_s))$, 因而 $m(A_i)=0$, $i=1,\cdots,s$, 于是 $m_i\mid m$, $i=1,\cdots,s$, 从而 $g\mid m$. 因此 $m=g$. □

6.2.4　Cayley-Hamilton 定理

引理 6.4　设 V 是数域 F 上有限维线性空间, σ 是 V 的线性变换, W 是由 V 中一个非零向量 x 生成的循环子空间. 令 $\dim W=k$. 则 $(x,\sigma(x),\cdots,\sigma^{k-1}(x))$ 是 W 的一个基.

证　因为 $x\neq 0$, 且 V 是有限维线性空间, 于是存在最大的正整数 j, 使得 $\beta=(x,\sigma(x),\cdots,\sigma^{j-1}(x))$ 线性无关. 令 $Z=\langle x,\sigma(x),\cdots,\sigma^{j-1}(x)\rangle$. 则 β 是 Z 的一个基, 且 $\sigma^j(x)$ 可以由 β 线性表出, 即 $\sigma^j(x)\in Z$. 对任意的 $y\in Z$, 令 $y=b_0x+b_1\sigma(x)+\cdots+b_{j-1}\sigma^{j-1}(x)$, 其中 $b_0,\cdots,b_{j-1}\in F$. 则

$$\sigma(y)=b_0\sigma(x)+b_1\sigma^2(x)+\cdots+b_{j-1}\sigma^j(x)\in Z.$$

因此 Z 是 σ 不变子空间. 又 W 是含 x 的最小不变子空间, 所以 $W=Z$. □

定理 6.7 (Cayley-Hamilton)　设 V 是数域 F 上有限维线性空间, 而 σ 是 V 的线性变换, $f(t)$ 是 σ 的特征多项式, 则 $f(\sigma)=0$.

证　显然 $f(\sigma)(0)=0$. 对任意 $0\neq x\in V$, 要证 $f(\sigma)(x)=0$. 令 W 为 x 生成的循环子空间, 且 $\dim W=k$. 由引理 6.4 知, 存在 $a_0,a_1,\cdots,a_{k-1}\in F$, 使

$$a_0x+a_1\sigma(x)+\cdots+a_{k-1}\sigma^{k-1}(x)+\sigma^k(x)=0.\tag{6.23}$$

因此 $\sigma|_W$ 关于基 $(x,\sigma(x),\cdots,\sigma^{k-1}(x))$ 的矩阵为

$$[\sigma|_W]_\beta=\begin{pmatrix}0&0&\cdots&0&-a_0\\1&0&\cdots&0&-a_1\\\vdots&\vdots&&\vdots&\vdots\\0&0&\cdots&1&-a_{k-1}\end{pmatrix},$$

于是 $\sigma|_W$ 的特征多项式

$$g(t)=a_0+a_1t+\cdots+a_{k-1}t^{k-1}+t^k.$$

式 (6.23) 表明, $g(\sigma)(x)=0$. 由定理 6.6 得 $g\mid f$, 因此 $f(\sigma)(x)=0$. □

推论 6.10 设 A 是数域 F 上一个 $n\times n$ 矩阵, 则 $\mathrm{ch}_A(A)=0$.

推论 6.11 线性变换最小多项式与特征多项式有相同的根 (不计重数).

证 如果 λ 是线性变换 σ 的特征值, 那么 $\sigma|_{E_\lambda(\sigma)}$ 的最小多项式为 $t-\lambda$, 由定理 6.6 得 $t-\lambda\mid m_\sigma$. 反之, 由 Cayley-Hamilton 定理知 $m_\sigma\mid \mathrm{ch}_\sigma$. □

6.2.5 准素分解

设 σ 是数域 F 上向量空间 V 的线性变换.

定理 6.8 (准素分解定理) 设 $m(t)$ 是 σ 的最小多项式, 且有标准分解

$$m(t)=m_1(t)^{r_1}\cdots m_s(t)^{r_s},$$

则 V 可以分解为 σ 的不变子空间的直和:

$$V=V_1\oplus\cdots\oplus V_s,$$

其中 $V_i=\mathrm{Ker}m_i(\sigma)^{r_i}$, 且 $\sigma|_{V_i}$ 的最小多项式为 $m_i(t)^{r_i}$.

证 令 $h_i(t)=m_i(t)^{r_i}$, $g_i(t)=m(t)/h_i(t)$, 则 $g_1,\cdots,g_s$ 互素, 于是存在多项式 $f_i\in F[t]$, 使得 $\sum_{i=1}^s f_ig_i=1$, 所以 $\sum_{i=1}^s f_i(\sigma)g_i(\sigma)=\mathrm{id}_V$. 因此,

$$v=\mathrm{id}_V(v)=v_1+\cdots+v_s,\quad \forall\, v\in V,$$

其中 $v_i=f_i(\sigma)g_i(\sigma)(v)$, $i=1,\cdots,s$. 对每个 i, 因为

$$h_i(\sigma)(v_i)=h_i(\sigma)f_i(\sigma)g_i(\sigma)(v)=f_i(\sigma)m(\sigma)(v)=0,$$

所以 $v_i\in V_i=\mathrm{Ker}h_i(\sigma)$. 因此 $V=\sum_{i=1}^s V_i$. 往证此和为直和. 若

$$0=v_1+\cdots+v_s,\quad v_i\in V_i,\quad 1\leqslant i\leqslant s.$$

用 $g_i(\sigma)$ 作用上式, 由于 $g_i(\sigma)(v_j)=0\ (j\neq i)$, 则得 $g_i(\sigma)(v_i)=0$. 因此

$$v_i=\mathrm{id}_V(v_i)=\left(\sum_{j=1}^{s}f_j(\sigma)g_j(\sigma)\right)(v_i)=\sum_{j=1}^{s}f_j(\sigma)g_j(\sigma)(v_i)=0.$$

又由推论 6.9, $\sigma|_{V_i}$ 的最小多项式为 $m_i(t)^{r_i}$, $i=1,\cdots,s$. □

推论 6.12 σ 可对角化, 当且仅当 σ 的最小多项式 m_σ 在 F 上可以分解成不同的一次因式的乘积.

证 设 $m(t)=(t-\lambda_1)\cdots(t-\lambda_s)$, 其中 λ_i 互不相同, 由定理 6.8,

$$V=\oplus_{i=1}^{s}\mathrm{Ker}(\sigma-\lambda_i\mathrm{id}_V)=\oplus_{i=1}^{s}E_i,$$

于是 σ 可对角化. 反之, 若 σ 可对角化, 则 $V=\oplus_{i=1}^{s}E_i$, 因为 $\sigma|_{E_i}$ 的最小多项式为 $t-\lambda_i$, 由推论 6.9, 得 $m_\sigma(t)=(t-\lambda_1)\cdots(t-\lambda_s)$. □

6.3 Jordan 标准形

一般地, 线性变换的特征多项式不一定能在给定数域上分解为线性因子的乘积, 或者特征子空间的维数可能小于相应特征值的重数, 所以线性变换不一定能对角化. 因此我们考虑比特征向量更一般的根向量, 证明只要特征多项式能分解为线性因子乘积 (这在复数域上总是成立的), 则存在由根向量组成的基, 使线性变换的矩阵具有某种意义下最简单的形式 ——Jordan 标准形.

6.3.1 根子空间分解

设 V 是数域 F 上向量空间, σ 是 V 上一个线性变换.

定义 6.10 设 λ 是线性变换 σ 的一个特征值, 若有非负整数 m, 使得 $(\sigma-\lambda\mathrm{id}_V)^m v=0$, 则称 v 为 σ 的一个对应特征值 λ 的根向量. 使上式成立的 m 的最小值称为根向量 v 的高度, 记为 $\mathrm{ht}v=m$.

例 6.15 考虑无穷可微函数空间上的微分变换. 对应 λ 的特征向量是和 $e^{\lambda t}$ 成比例的函数. 根向量是形如 $f(t)e^{\lambda t}$ 的函数, 其中 $f(t)$ 是多项式. 此根向量的高度为 $\deg f+1$. 特别, 多项式函数是对应 0 的根向量.

显然, 特征向量是高度为 1 的根向量. 若 v 是高度为 $m\ (m>1)$ 的根向量, 则向量 $e=(\sigma-\lambda\mathrm{id}_V)^{m-1}v$ 是特征向量. 因此 λ 是 σ 的特征值.

对应于特征值 λ 的所有根向量构成 V 的一个子空间, 称为根子空间, 记为 $V_\lambda(\sigma)$, 或简记为 V_λ. 显然, $V_\lambda\supseteq E_\lambda$. 若 $v\in V_\lambda$, 且 $\mathrm{ht}v=m>0$, 则 $(\sigma-\lambda\mathrm{id}_V)v$ 是高度为 $m-1$ 的根向量, 即根子空间 V_λ 是 $\sigma-\lambda\mathrm{id}_V$ 的不变子空间, 因而 V_λ 是 σ 的不变子空间.

显然, 对应于特征值 λ 的所有高度不超过 m 的根向量全体组成的集合就是 $\mathrm{Ker}(\sigma-\lambda\mathrm{id}_V)^m$. 因此根子空间 V_λ 是下列子空间升链的并

$$\mathrm{Ker}(\sigma-\lambda\mathrm{id}_V)\subseteq\mathrm{Ker}(\sigma-\lambda\mathrm{id}_V)^2\subseteq\cdots\subseteq\mathrm{Ker}(\sigma-\lambda\mathrm{id}_V)^m\subseteq\cdots$$

当 $\dim V$ 有限时, 必存在 m, 使得 $V_\lambda=\mathrm{Ker}(\sigma-\lambda\mathrm{id}_V)^m$. 因此可取 V_λ 的一个基, 使得 $(\sigma-\lambda\mathrm{id})|_{V_\lambda}$ 的矩阵是对角元为 0 的上三角阵, 因而 $\sigma|_{V_\lambda}$ 的矩阵是对角元为 λ 的上三角阵. 因此有以下结论:

1° $\sigma|_{V_\lambda}$ 的特征多项式为 $(t-\lambda)^k$, 其中 $k=\dim V_\lambda$.

2° 若 $k\in F$, $k\neq\lambda$, 则 $\sigma-k\mathrm{id}_V$ 限制在 V_λ 上非奇异.

命题 6.13 根子空间的维数等于对应特征值的代数重数.

证 取 V_λ 的一个基 $(e_1,\cdots,e_s)$, 并将其扩充为 V 的基 $(e_1,\cdots,e_n)$, 则

$$[\sigma]=A=\begin{pmatrix}B & D\\ 0 & C\end{pmatrix},$$

其中 B 是 $\sigma|_{V_\lambda}$ 的矩阵. 因此 $\det(tI_n-A)=(t-\lambda)^s\det(tI_{n-s}-C)$. 我们要证, λ 不是 $\det(tI_{n-s}-C)$ 的根. 令 $U=\langle e_{s+1},\cdots,e_n\rangle$. 矩阵 C 确定一个线性变换 $\sigma_1:U\to U$, 即 σ_1 关于基 $(e_{s+1},\cdots,e_n)$ 的矩阵为 C. 假设存在 $v\in U$, 使得 $\sigma_1(v)=\lambda v$, 且 $v\neq0$, 则 $\sigma(v)=\lambda v+u$, 其中 $u\in V_\lambda$. 于是 $(\sigma-\lambda\mathrm{id}_V)v=u\in V_\lambda$, 从而 $v\in V_\lambda$, 矛盾. 因此 λ 不是 C 的特征值. 所以 λ 是 σ 的 s 重特征值. □

命题 6.14 对应不同特征值的根子空间的和是直和.

证 对特征值个数 s 归纳. $s=1$ 时, 显然. 设 $s>1$, 假设 $s-1$ 时命题成立. 考虑 σ 的 s 个不同特征值 $\lambda_1,\cdots,\lambda_s$ 的情形. 如果

$$v_1+\cdots+v_s=0,\tag{6.24}$$

其中 $v_i\in V_i:=V_{\lambda_i}$, $i=1,\cdots,s$, 设 $m=\mathrm{ht}v_s$, 用 $(\sigma-\lambda_s\mathrm{id}_V)^m$ 作用上式得

$$(\sigma-\lambda_s\mathrm{id}_V)^m v_1+\cdots+(\sigma-\lambda_s\mathrm{id}_V)^m v_{s-1}=0.$$

由归纳假设, 得 $(\sigma-\lambda_s\mathrm{id}_V)^m v_i=0$, $i=1,\cdots,s-1$. 因为 $(\sigma-\lambda_s\mathrm{id}_V)^m$ 限制在 $V_1,\cdots,V_{s-1}$ 上非奇异, 因此 $v_1=\cdots=v_{s-1}=0$, 将其代入 (6.24) 式得 $v_s=0$. 因此 $\sum_{i=1}^s V_i$ 是直和. 由归纳法, 命题得证. □

综合以上两命题即得下面的根子空间分解定理.

定理 6.9 若 σ 的特征多项式可分解为一次因式的乘积:

$$\mathrm{ch}_\sigma(t)=(t-\lambda_1)^{n_1}\cdots(t-\lambda_s)^{n_s},$$

则 V 可分解为 σ 的根子空间的直和: $V=V_1\oplus\cdots\oplus V_s$, 且 $\sigma|_{V_i}$ 的特征多项式为 $(t-\lambda_i)^{n_i}$, $i=1,\cdots,s$.

6.3.2 幂零变换的循环分解

定义 6.11 设 τ 是数域 F 上 n 维向量空间 V 的一个线性变换. 如果存在正整数 r, 使 $\tau^r=0$, 即对任意 $x\in V$, $\tau^r(x)=0$, 则称 τ 是一个幂零变换. 使 $\tau^r=0$ 的最小正整数 r 称为 τ 的高度, 记为 $\mathrm{ht}(\tau)$.

设 τ 是数域 F 上 n 维向量空间 V 的一个幂零变换. 易知 0 是幂零变换 τ 的特征值, 任意向量 $x\in V$ 是对应特征值 0 的根向量. x 作为 τ 的根向量的高度也称为 x 关于 τ 的高度. τ 的高度为 r, 即 $\tau^r=0$, 且存在 $x\in V$, 使 $\tau^{r-1}(x)\neq 0$. 换句话说, 任意向量的高度不超过 r, 且存在高度为 r 的根向量. 类似地, 对数域 F 上 n 阶方阵 A, 如果存在正整数 r, 使 $A^r=0$, 则称 A 为幂零矩阵.

例 6.16 $F[t]_n$ 上微分变换是幂零变换, 高度为 n.

引理 6.5 设 $x\in V$, $\mathrm{ht}x=r$, 则 $x,\ \tau(x),\ \cdots,\ \tau^{r-1}(x)$ 线性无关.

证 若有线性关系 $a_0x+a_1\tau(x)+\cdots+a_{r-1}\tau^{r-1}(x)=0$, 且 a_k 是第一个非零系数. 用 τ^{r-k-1} 作用得 $a_k\tau^{r-1}(x)=0$, 于是 $\tau^{r-1}(x)=0$, 与条件 $\mathrm{ht}x=r$矛盾. 因此所有 a_i 等于 0. 证毕. □

设 $\mathrm{ht}x=r$, 则由 x 生成的 τ 循环子空间为 $\langle x,\tau(x),\cdots,\tau^{r-1}(x)\rangle$, 记为 $C(x)$. 显然, τ 循环子空间是 τ 子空间, $\tau|_{C(x)}$ 是高度为 r 的幂零变换, 它关于基 $\beta=(x,\tau(x),\cdots,\ \tau^{r-1}(x))$ 的矩阵为

$$J(0,r)=\begin{pmatrix}0&&&\\1&0&&\\&\ddots&\ddots&\\&&1&0\end{pmatrix}.$$

基 β 称为循环基, 矩阵 $J(0,r)$ 称为 r 阶幂零 Jordan 块.

定理 6.10 设 τ 是数域 F 上 n 维向量空间 V 的一个幂零变换. 则 V 可分解为 τ 循环子空间的直和, 直和项个数为 τ 的零度, 即 $\mathrm{dimKer}\tau$.

证 对 $\dim V$ 归纳. $\dim V=1$ 时, 显然. 设定理对 $n-1$ 维空间成立, 考虑 $\dim V=n$ 的情形. 设 $U\subseteq V$ 是一个包含 $\mathrm{Im}\tau$ 的 $n-1$ 维子空间. 则 $\tau(U)\subseteq\mathrm{Im}\tau\subseteq U$, 即 U 是 τ 不变的, 且 $\tau|_U$ 幂零, 由归纳假设, 可设

$$U=U_1\oplus\cdots\oplus U_s,$$

其中 U_i 都是 τ 循环子空间. 选取 $v\in V\setminus U$, 则有 $\tau(v)\in\mathrm{Im}\tau\subseteq U$, 可设

$$\tau(v)=u_1+\cdots+u_s,\quad u_i\in U_i,\quad 1\leqslant i\leqslant s. \tag{6.25}$$

进一步, 可设 (6.25) 式中每个 u_i, 要么为 0, 要么有 $u_i\notin\tau(U_i)$. 事实上, 若有 $v_i\in U_i$, 使 $u_i=\tau(v_i)\in\tau(U_i)$, 则将 v 替换为 $v-v_i$ 即可.

如果所有 u_i 为零, 即 $\tau(v)=0$, 此时 $V=\mathrm{span}(v)\oplus U_1\oplus\cdots\oplus U_s$ 是 τ 循环子空间的直和.

如果 $\tau(v)\neq 0$, 显然 $\mathrm{ht}(\tau(v))=\max\{\mathrm{ht}(u_i)\ :\ 1\leqslant i\leqslant s\}$, 不失一般性, 设 $\mathrm{ht}(\tau(v))=\mathrm{ht}(u_1)=r$, 则 $\mathrm{ht}(v)=r+1$. 往证

$$V=C(v)\oplus U_2\oplus\cdots\oplus U_s. \tag{6.26}$$

事实上, 因为 $u_1\notin\tau(U_1)$, 所以 $\dim U_1=\mathrm{ht}(u_1)=r$, 于是

$$\dim V=\dim U+1=(r+1)+\dim U_2+\cdots+\dim U_s,$$

因此只要证

$$C(v)\cap(U_2+\cdots+U_s)=0. \tag{6.27}$$

为此, 设有

$$k_0v+k_1\tau(v)+\cdots+k_r\tau^r(v)\in U_2+\cdots+U_s,$$

因为 $v\notin U$, 所以 $k_0=0$, 将 $k_1\tau(v)+\cdots+k_r\tau^r(v)$ 投影到 U_1 得

$$k_1u_1+k_2\tau(u_1)+\cdots+k_r\tau^{r-1}(u_1)=0,$$

又 $u_1,\tau(u_1),\cdots,\tau^{r-1}(u_1)$ 线性无关, 得 $k_i=0,\ 1\leqslant i\leqslant r$, 于是 (6.27) 式成立, 因此 (6.26) 式成立. 由数学归纳法, 存在性得证.

设 $V=V_1\oplus\cdots\oplus V_s$ 是 τ 的一个循环分解, 显然

$$\mathrm{Ker}\tau=\mathrm{Ker}(\tau|_{V_1})\oplus\cdots\oplus\mathrm{Ker}(\tau|_{V_s}).$$

因为对每个 i, 有 $\dim\mathrm{Ker}(\tau|_{V_i})=1$, 所以 $\dim\mathrm{Ker}\tau=s$. 定理证毕. □

6.3.3 Jordan 标准分解

回到一般情形的讨论, 设 σ 是数域 F 上向量空间 V 上的一个线性变换. 设 λ 是 σ 的一个特征值, 则 $\tau=(\sigma-\lambda\mathrm{id}_V)|_{V_\lambda(\sigma)}$ 是幂零变换, τ 的一个循环子空间 U 也是 σ 子空间, $\sigma|_U$ 关于 U 的一个 τ 循环基的矩阵形如

$$\begin{pmatrix}\lambda & & & \\ 1 & \lambda & & \\ & \ddots & \ddots & \\ & & 1 & \lambda\end{pmatrix}_{r\times r},$$

我们称它为数域 F 上的一个主对角元为 λ 的 r 阶 Jordan 块, 记为 $J(\lambda,r)$.

定义 6.12 数域 F 上若干个 Jordan 块构成的准对角矩阵称为 F 上的一个 Jordan 形矩阵.

对角矩阵可看作由一阶 Jordan 块构成的 Jordan 形矩阵. 结合根子空间分解和幂零变换的循环分解定理, 我们得到下列结果.

定理 6.11 设 σ 是数域 F 上的 n 维向量空间 V 的线性变换. 如果 σ 的特征多项式在 $F[t]$ 中能分解为一次因式的乘积, 则存在 V 的一个基, 使得 σ 在此基下的矩阵为 Jordan 形矩阵.

用矩阵的语言叙述如下.

定理 6.12 设 A 是数域 F 上的 n 阶方阵. 如果 A 的特征多项式在 $F[t]$ 中能分解为一次因式的乘积, 则 A 相似于一个 Jordan 形矩阵.

根据代数基本定理, 复数域上每个次数大于零的多项式都可以分解成一次因式的乘积, 因此复数域上有限维线性空间的每一个线性变换都有 Jordan 标准形, 从而每一个复方阵都有 Jordan 标准形.

例 6.17 求下列复矩阵的 Jordan 标准形:

$$A=\begin{pmatrix}1 & 2 & 1\\ 1 & -1 & 1\\ 2 & 0 & 1\end{pmatrix}.$$

解 计算得 A 的特征多项式为 $f(t)=\det(tI-A)=(t-3)(t+1)^2$, 特征值为 $\lambda_1=3$ 与 $\lambda_2=-1$. 于是有根子空间分解: $\mathbf{C}^3=V_1\oplus V_2$, 且 $\dim V_1=1$, $\dim V_2=2$. 由此知 $V_1=E_1$. 但 $E_2\subsetneq V_2$.

由 $(A-\lambda_1 I)X=0$ 求出 E_1 的一个基: $c_1=(2,1,2)^\top$.

由 $(A-\lambda_2 I)X=0$ 求出 E_2 的一个基: $a=(2,-1,-2)^\top$. 因为 $\dim E_2=1$, 所以 V_2 的循环分解只有一个直和项.

由 $(A-\lambda_2 I)^2X=0$ 求出 V_2 的一个基:

$$b_1=(1,-2,0)^\top,\quad b_2=(3,0,-4)^\top.$$

在 V_2 的基中取一个向量 c_2, 使得 $c_3=(A-\lambda_2 I)c_2\in E_2$. 令 $c_2=b_1$, 易知 $c_3=(A-\lambda_2 I)c_2=-a\in E_2$. 此时有 $V_2=\langle c_2,c_3\rangle$. 令 $C=(c_1,c_2,c_3)$, 得到矩阵 A 的 Jordan 标准形为

$$C^{-1}AC=\begin{pmatrix}3 & 0 & 0\\ 0 & -1 & 0\\ 0 & 1 & -1\end{pmatrix},\ \text{其中 } C=\begin{pmatrix}2 & 1 & -2\\ 1 & -2 & 1\\ -2 & 0 & 2\end{pmatrix}.$$

例 6.18 求下列复矩阵的 Jordan 标准形:

$$A = \begin{pmatrix} 3 & 0 & 8 \\ 3 & -1 & 6 \\ -2 & 0 & -5 \end{pmatrix}.$$

解 计算得 A 的特征多项式 $f(t) = \det(tI - A) = (t+1)^3$, 特征值为 $\lambda_1 = -1$. 于是有根子空间分解: $\mathbf{C}^3 = V_1$. 验算知,

$$(A - \lambda_1 I) \neq 0, \ \ (A - \lambda_1 I)^2 = 0.$$

解方程组 $(A - \lambda_1 I)X = 0$, 求出 E_1 的一个基:

$$b_1 = (0, 1, 0)^\top, \ b_2 = (-2, 0, 1)^\top.$$

由此知 V_1 的循环分解有两个直和项. 在 E_1 之外取一个向量 c_1, 使得

$$(A - \lambda_1 I)c_1 \in E_1.$$

于是令 $c_1 = (1, 0, 0)^\top$, 验算得 $c_2 = (A - \lambda_1 I)c_1 = (4, 3, -2)^\top = 3b_1 - 2b_2 \in E_1$. 在 E_1 中找一个向量 c_3 与 c_2 一起构成 E_1 的一个基. 令 $c_3 = b_1$ 即可. 令 $C = (c_1, c_2, c_3)$, 则得到矩阵 A 的 Jordan 标准形为

$$C^{-1}AC = \begin{pmatrix} -1 & 0 & 0 \\ 1 & -1 & 0 \\ 0 & 0 & -1 \end{pmatrix}, \ \ 其中 \ C = \begin{pmatrix} 1 & 4 & 0 \\ 0 & 3 & 1 \\ 0 & -2 & 0 \end{pmatrix}.$$

例 6.19 求下列复矩阵的 Jordan 标准形:

$$A = \begin{pmatrix} 4 & 5 & -2 \\ -2 & -2 & 1 \\ -1 & -1 & 1 \end{pmatrix}.$$

解 计算得 A 的特征多项式 $f(t) = \det(tI - A) = (t-1)^3$, 特征值为 $\lambda_1 = 1$. 于是有根子空间分解: $\mathbf{C}^3 = V_1$. 计算知 $(A - \lambda_1 I)^2 \neq 0$. 因此存在向量 c_1, 使得 $(A - \lambda_1 I)^2 c_1 \neq 0$. 令 $c_1 = (1, 0, 0)^\top$, 经验算, $(A - \lambda_1 I)^2 c_1 \neq 0$. 令 $c_2 = (A - \lambda_1 I)c_1 = (3, -2, -1)^\top$, 于是 $c_3 = (A - \lambda_1 I)^2 c_1 = (1, -1, -1)^\top$. 令 $C = (c_1, c_2, c_3)$, 则得到 A 的 Jordan 标准形为

$$C^{-1}AC = \begin{pmatrix} 1 & 0 & 0 \\ 1 & 1 & 0 \\ 0 & 1 & 1 \end{pmatrix}, \ \ 其中 \ C = \begin{pmatrix} 1 & 3 & 1 \\ 0 & -2 & -1 \\ 0 & -1 & -1 \end{pmatrix}.$$

6.4　多项式矩阵方法

本节用多项式矩阵方法讨论矩阵的 Jordan 标准形理论. 证明, 可以对矩阵 A 的特征矩阵 $tI-A$ 作初等变换来确定 A 的各 Jordan 块. 因为 $tI-A$ 的元素是 t 的多项式, 所以要先介绍多项式矩阵的一些知识.

6.4.1　多项式矩阵

设 F 是数域, $F[t]$ 是 F 上一元多项式环. 以 F 上多项式作为元素的矩阵称为 $F[t]$ 上矩阵, 简称多项式矩阵. 所有 $m\times n$ 多项式矩阵构成的集合, 记为 $F[t]^{m\times n}$ 或 $M_{m,n}(F[t])$, 当 $m=n$ 时, 简记为 $M_n(F[t])$. 为了区别, 有时将 F 上矩阵称为数字矩阵. 显然, F 上矩阵可看作特殊的多项式矩阵.

我们知道, 多项式可以作加法和乘法运算, 且与数的运算有类似的运算性质. 仿照 F 上矩阵的运算, 可以定义 $F[t]$ 上矩阵的加法、纯量乘法及乘法运算, 它们与数字矩阵的运算有类似的运算性质.

数域 F 上方阵的行列式概念实际上只用到 F 中元素的加法与乘法. 因此, 对于方阵 $A\in M_n(F[t])$, 也可以定义 A 的行列式的概念, 它与数字矩阵的行列式有类似的性质. 例如, 若 $A,\ B\in M_n(F[t])$, 则有

$$\det(AB)=\det A\det B\in F[t]. \tag{6.28}$$

有了行列式的概念, 就有子式的概念. 我们用它来定义多项式矩阵的秩.

定义6.13　设 $A\in F[t]^{m\times n}$. 如果 A 有一个 r 阶子式不为零, 而所有 $r+1$ 阶子式 (如果有 $r+1$ 阶子式的话) 全为零, 则称 A 的秩为 r. 零矩阵 0 的秩为 0, A 的秩记为 $\mathrm{rank}A$.

设 $A\in M_n(F[t])$, 可定义 A 的余子式、代数余子式及伴随矩阵. 易知,

$$A\mathrm{adj}(A)=\mathrm{adj}(A)A=(\det A)I_n. \tag{6.29}$$

定义6.14　设 $A\in M_n(F[t])$. 若有 $B\in M_n(F[t])$, 使得 $AB=BA=I$, 则称 A 可逆, B 为 A 的逆矩阵.

由定义易知, 若多项式矩阵 A 可逆, 则 A 有唯一的逆距阵, 记为 A^{-1}.

定理6.13　$A\in M_n(F[t])$ 可逆, 当且仅当 $\det A$ 为非零常数. 此时

$$A^{-1}=(\det A)^{-1}\mathrm{adj}(A).$$

证　若 A 可逆, 则有 $B\in M_n(F[t])$, 使得 $AB=I$. 于是, 由 (6.28) 式得

$$\det(AB)=\det A\det B=\det I=1.$$

故 $\det A\in F^*$. 反之, 由 (6.29) 得 $[(\det A)^{-1}\mathrm{adj}(A)]A=I$. 因此 A 可逆. □

例如, 设 $A=\begin{pmatrix}1+t & -t\\ t & 1-t\end{pmatrix}$, 则 $\det A=1$. 因此 A 是 $M_2(F[t])$ 中的可逆矩阵, 且

$$A^{-1}=\begin{pmatrix}1-t & t\\ -t & 1+t\end{pmatrix}.$$

注意, 环 $F[t]$ 中的非零元不一定可逆, 因此行列式不等于零的多项式矩阵不一定可逆. 这和 F 上矩阵的情形有所不同. 由定理 6.13 知, 如果矩阵 $A\in F[t]^{n\times n}$ 可逆, 则 $\det A$ 非零, 因此 $\mathrm{rank}A=n$. 反之, 若 $\mathrm{rank}A=n$, 则 $\det A$ 非零, 但不一定是非零常数. 此时 A 不一定可逆.

定义 6.15　对 $F[t]$ 上矩阵的行 (列) 施行的下列三类变换称为初等行 (列) 变换, 初等行、列变换都称为初等变换:

1° 某一行 (列) 乘一个多项式 $f(t)\in F[t]$ 加到另一行 (列);

2° 某两行 (列) 互换;

3° 某行 (列) 乘以非零常数 $c\in F^*$.

定义 6.16　对单位矩阵施行一次初等变换所得矩阵称为初等矩阵.

根据定义 6.16, 有三种类型的初等矩阵:

(1) $P_{ij}(f(t))$,　(2) P_{ij},　(3) $P_i(k), k\in F^*$.

设 $A\in F[t]^{m\times n}$. 容易证明, 用一个 m 阶初等距阵左乘 A, 就是将 A 进行相应的初等行变换; 用一个 n 阶初等矩阵右乘 A, 就是将 A 进行相应的初等列变换. 由此可知, 初等矩阵是可逆的, 其逆是同类的初等矩阵:

$$P_{ij}(f(t))^{-1}=P_{ij}(-f(t)),\quad P_{ij}^{-1}=P_{ij},\quad P_i(k)^{-1}=P_i(k^{-1}).$$

也可由初等矩阵的行列式为非零常数的事实得知初等矩阵的可逆性. 进一步, 初等矩阵的乘积是可逆的. 后面将证明, 反之也成立.

下面我们要证明: 任意多项式矩阵可经初等变换化为某种对角形; 可逆矩阵是初等矩阵的乘积. 为此, 先给出行列式因子的概念.

定义 6.17　设 $A\in F[t]^{m\times n}$, $\mathrm{rank}A=r$, $1\leqslant s\leqslant r$. A 的所有 s 阶子式的首一最大公因式称为 A 的 s 阶行列式因子, 记为 $\Delta_s(A)$.

引理 6.6　初等变换不改变多项式矩阵的行列式因子, 因而也不改变秩.

证　只要证多项式矩阵 A 经过一次初等变换, 行列式因子不变即可.

(1) 如果 $B=P_{ij}(f(t))A$, 此时 B 的 s 阶子式或为 A 的 s 阶子式 (当此子式不含第 i 行) 或为 A 的一个 s 阶子式加上另一 s 阶子式的 $\pm f(t)$ 倍 (当此子式含第 i 行). 总之, B 的 s 阶子式是 A 的 s 阶子式的 $F[t]$ 线性组合. 因此 $\Delta_s(A)\mid\Delta_s(B)$. 由于 $A=P_{ij}(-f(t))B$, 因此 $\Delta_s(B)\mid\Delta_s(A)$. 故 $\Delta_s(A)=\Delta_s(B)$.

(2) 如果 $B=P_{ij}A$, 则 $A=P_{ij}B$. 此时 B 的任一 s 阶子式为 A 的一个 s 阶子

式的 ±1 倍, 反之亦然. 故 $\Delta_s(A)=\Delta_s(B)$.

(3) 如果 $B=P_i(k)A$, 则 $A=P_i(k^{-1})B$. 此时 B 的 s 阶子式为 A 的 s 阶子式的非零常数倍, 反之亦然, 故 $\Delta_s(A)=\Delta_s(B)$.

初等列变换的情形类似可证. □

例 6.20 求下列矩阵的行列式因子:

$$A=\begin{pmatrix} t-1 & -1 & 0 \\ 0 & t+3 & -1 \\ 0 & 0 & t+3 \end{pmatrix}.$$

解 矩阵 A 有一个一阶子式 -1, 因而 $\Delta_1(A)=1$. A 有二阶子式

$$\begin{vmatrix} -1 & 0 \\ t+3 & -1 \end{vmatrix}=1,$$

所以 $\Delta_2(A)=1$. $\Delta_3(A)=\det A=(t+3)^2(t-1)$.

按定义计算一个多项式矩阵的行列式因子一般很麻烦. 下面我们证明, 每个矩阵都可经初等变换化为某种标准形式的矩阵, 而这种形式的矩阵的行列式因子可根据定义直接得出. 由于初等变换不改变矩阵的行列式因子, 因此, 初等变换提供了一个求矩阵的行列式因子的方法. 为此, 先证一个引理.

引理 6.7 设 $A=(a_{ij}(t))\in F[t]^{m\times n}$, 则可以对 A 施行一系列初等变换, 得到矩阵 $B=(b_{ij}(t))\in F[t]^{m\times n}$, 使得 $b_{11}(t)$ 整除每个 $b_{ij}(t)$.

证 只需考虑 $A\neq 0$ 情形, 可以对 A 作初等变换将其非零元移到 $(1,1)$ 位置. 因此可设 $a_{11}(t)\neq 0$. 若有 $a_{ij}(t)$ 不能被 $a_{11}(t)$ 整除, 我们分三种情形来证明, 可以对 A 作初等变换得到矩阵 $B=(b_{ij}(t))$, 使得 $\deg b_{11}<\deg a_{11}$.

(1) 某个 a_{1j} 不能被 $a_{11}(t)$ 整除. 应用带余除法. 设

$$a_{1j}(t)=a_{11}(t)q_1(t)+r_1(t),\ \deg r_1<\deg a_{11}.$$

将 A 的第 1 列的 $-q_1(t)$ 倍加到第 j 列; 再将第 j 列与第 1 列互换, 得到 $B=(b_{ij}(t))$, 且 $b_{11}(t)=r_1(t)$.

(2) 某个 a_{i1} 不能被 $a_{11}(t)$ 整除. 类似情形 (1).

(3) a_{11} 整除所有 a_{1s}, a_{l1}, 但不整除某个 a_{ij}. 设 $a_{i1}(t)=a_{11}(t)q(t)$. 先将 A 的第 1 行的 $-q(t)$ 倍加到第 i 行, 再将所得矩阵的第 i 行加到第 1 行, 得到矩阵 $B=(b_{ij}(t))$, 其中

$$b_{11}(t)=a_{11}(t),\quad b_{1j}(t)=a_{1j}(t)(1-q(t))+a_{ij}(t).$$

于是 $b_{11}\nmid b_{1j}$. 化为情形 (1).

总之, 可以对 A 作初等变换得到 $B=(b_{ij}(t))$, 使得 $\deg a_{11}>\deg b_{11}$. 如果 B 满足定理中条件, 则证毕. 若不然, 重复上述过程, 经有限步后可得满足条件的 B. □

定理6.14 设 $A \in F[t]^{m\times n}$, 则 A 经初等变换可化为如下形式的矩阵:

$$D = \left(\begin{array}{ccc|c} d_1(t) & & & \\ & \ddots & & 0 \\ & & d_r(t) & \\ \hline & 0 & & 0 \end{array}\right), \tag{6.30}$$

其中 $r = \mathrm{rank}A$, $d_i(t)$ 都是首一的, $d_i \mid d_{i+1}$, $i = 1, \cdots, r-1$, 且 D 唯一.

证 根据引理 6.7, A 经初等变换可化为矩阵 $B = (b_{ij}(t))$, 其中 b_{11} 整除所有 b_{ij}, 设 $b_{1j}(t) = b_{11}(t)q_j(t)$, $b_{i1}(t) = b_{11}(t)p_i(t)$. 将 B 的第 i 行加上第 1 行的 $-p_i(t)$ 倍, 第 j 列加上第 1 列的 $-p_i(t)$ 倍, 得矩阵

$$C = \left(\begin{array}{c|c} b_{11}(t) & 0 \\ \hline 0 & C_1 \end{array}\right).$$

而且, 因为 C_1 中所有元素都是 B 中元素的 $F[t]$ 线性组合, 因而都能被 $b_{11}(t)$ 整除. 若 $C_1 \neq 0$, 则可对 C_1 施行初等变换, 即 C 的第 2 行至第 m 行, 第 2 列至第 n 列的初等变换, 得矩阵

$$\left(\begin{array}{cc|c} b_{11}(t) & 0 & 0 \\ 0 & c_{22}(t) & 0 \\ \hline 0 & 0 & C_2 \end{array}\right),$$

这里 C_2 中所有元素都能被 c_{22} 整除, 且 b_{11} 整除 c_{22}. 经有限步后可得

$$D = \left(\begin{array}{c|c} D_1 & 0 \\ \hline 0 & 0 \end{array}\right),$$

其中 $D_1 = \mathrm{diag}(d_1(t), \cdots, d_r(t))$, 且 $d_i \mid d_{i+1}$, $i = 1, \cdots, r-1$. 往证唯一性. 如果 A 还可经初等变换化为

$$D' = \left(\begin{array}{c|c} D_2 & 0 \\ \hline 0 & 0 \end{array}\right),$$

其中 $D_2 = \mathrm{diag}(e_1(t), \cdots, e_s(t))$, 且 $e_i \mid e_{i+1}$, $i = 1, \cdots, s-1$, 那么 D 经初等变换可化为 D'. 由引理 6.6, D 与 D' 的各阶行列式因子相等. 根据行列式因子的定义, D 的行列式因子为 $\Delta_i(D) = d_1(t)\cdots d_i(t)$, $i = 1, \cdots, r$. 而 D' 的行列式因子为 $\Delta_j(D') = e_1(t)\cdots e_j(t)$, $j = 1, \cdots, s$. 于是 $r = s$, 且对于 $j = 1, \cdots, r$, 有 $d_1(t)\cdots d_j(t) = e_1(t)\cdots e_j(t)$. 由此得 $d_j(t) = e_j(t)$ 对于 $j = 1, \cdots, r$ 都成立, 即 $D = D'$. □

定义6.18 采用定理 6.14 中记号. 称 D 为 A 的 Smith 标准形, 称 $d_1(t), \cdots, d_r(t)$ 为 A 的不变因子.

引理 6.6 表明, 矩阵 A 的行列式因子等于其 Smith 标准形 D 的行列式因子. 因此 A 的行列式因子由它的不变因子所决定:

$$\Delta_i(A) = d_1(t)\cdots d_i(t),\ i = 1, \cdots, r. \tag{6.31}$$

反之, 由上式得

$$d_1(t) = \Delta_1(A),\ d_2(t) = \frac{\Delta_2(A)}{\Delta_1(A)},\ \cdots,\ d_r(t) = \frac{\Delta_r(A)}{\Delta_{r-1}(A)}. \tag{6.32}$$

因此 A 的不变因子由它的行列式因子所决定.

推论6.13 多项式矩阵 A 的行列式因子和它的不变因子相互确定; 且 A 的行列式因子满足: $\Delta_i(A) \mid \Delta_{i+1}(A),\ i = 1, \cdots, r-1$.

定理6.15 $F[t]$ 上方阵 A 可逆, 当且仅当 A 可表成初等矩阵的乘积.

证 设 A 是初等矩阵的乘积. 由于初等矩阵是可逆矩阵, 因此 A 可逆. 反之, 若 A 可逆, 则由定理 6.13 知 $\det A$ 为非零常数, 故 $\Delta_n(A) = 1$. 于是, 由推论 6.13 知 $\Delta_k(A) = 1, 1 \leqslant k \leqslant n, d_i(t) = 1,\ 1 \leqslant i \leqslant n$. 因而 A 可经有限次初等变换化为单位矩阵 I_n, 即存在初等矩阵 $P_1, \cdots, P_s,\ Q_1, \cdots, Q_t$, 使得 $A = P_1 \cdots P_s I_n Q_1 \cdots Q_t$. □

定义6.19 设 $A,\ B \in F[t]^{m\times n}$. 如果存在 m 阶可逆方阵 P 及 n 阶可逆方阵 Q, 使得 $B = PAQ$, 那么称 A 与 B 在 $F[t]$ 上相抵 (或等价).

显然, 相抵是 $F[t]^{m\times n}$ 上一个等价关系.

推论6.14 设 $A,\ B \in F[t]^{m\times n}$. 则 A 与 B 等价, 当且仅当经过有限次初等变换可将 A 化为 B.

证 由初等变换与初等矩阵的关系及定理 6.15 得证. □

定理6.16 设 $A,\ B \in F[t]^{m\times n}$, 则下面三个条件等价

1) A 与 B 等价;

2) A 与 B 有相同的行列式因子;

3) A 与 B 有相同的不变因子.

证 若 A 与 B 等价, 根据推论 6.14, A 可经初等变换化为 B, 又根据引理 6.6, A 与 B 有相同的行列式因子. 因此, 由 1) 可推出 2). 根据推论 6.13, 2) 与 3) 等价. 若 A 与 B 有相同的不变因子, 即有相同的 Smith 标准形, 则 A 与 B 可经初等变换化为同一矩阵, 因而, A 可经初等变换化为 B, 由推论 6.14, A 与 B 等价. 因此, 由 3) 可推出 1). □

例6.21 用初等变换求矩阵 A 的 Smith 标准形, 这里

$$A = \begin{pmatrix} 1-t & 2t-1 & t \\ t & t^2 & -t \\ 1+t^2 & t^2+t-1 & -t^2 \end{pmatrix}.$$

解 以 $A \to B$ 表示将 A 经初等变换化为 B, 并在 $\to$ 的上方与下方标明所用列 (c) 或行 (r) 变换. 有时将两次 (多次) 初等变换并作一次. 于是

$$A \xrightarrow{c_1+c_3} \begin{pmatrix} 1 & 2t-1 & t \\ 0 & t^2 & -t \\ 1 & t^2+t-1 & -t^2 \end{pmatrix} \xrightarrow{r_3-r_1} \begin{pmatrix} 1 & 2t-1 & t \\ 0 & t^2 & -t \\ 0 & t^2-t & -t^2-t \end{pmatrix}$$

$$\xrightarrow[c_3-tc_1]{c_2-(2t-1)c_1} \begin{pmatrix} 1 & 0 & 0 \\ 0 & t^2 & -t \\ 0 & t^2-t & -t^2-t \end{pmatrix} \xrightarrow[(-1)c_2]{c_3\leftrightarrow c_2} \begin{pmatrix} 1 & 0 & 0 \\ 0 & t & t^2 \\ 0 & t^2+t & t^2-t \end{pmatrix}$$

$$\xrightarrow{c_3-tc_2} \begin{pmatrix} 1 & 0 & 0 \\ 0 & t & 0 \\ 0 & t^2+t & -t^3-t \end{pmatrix} \xrightarrow[(-1)r_3]{r_3-(t+1)r_2} \begin{pmatrix} 1 & 0 & 0 \\ 0 & t & 0 \\ 0 & 0 & t(t^2+1) \end{pmatrix}.$$

多项式矩阵也可看成是以矩阵为系数的多项式. 加法、数乘、乘法运算按多项式的相应运算进行. 因此, 多项式矩阵也有类似于多项式的性质. 但这里的系数为矩阵, 应注意矩阵乘法不满足交换律. 例如,

$$\begin{pmatrix} t & 1 \\ 2t & t \end{pmatrix} = t\begin{pmatrix} 1 & 0 \\ 2 & 1 \end{pmatrix} + \begin{pmatrix} 0 & 1 \\ 0 & 0 \end{pmatrix}, \quad \begin{pmatrix} 2 & t \\ t & 1 \end{pmatrix} = t\begin{pmatrix} 0 & 1 \\ 1 & 0 \end{pmatrix} + \begin{pmatrix} 2 & 0 \\ 0 & 1 \end{pmatrix},$$

$$\begin{pmatrix} t & 1 \\ 2t & t \end{pmatrix} + \begin{pmatrix} 2 & t \\ t & 1 \end{pmatrix} = \begin{pmatrix} t+2 & t+1 \\ 3t & t+1 \end{pmatrix}$$

$$= t\left(\begin{pmatrix} 1 & 0 \\ 2 & 1 \end{pmatrix} + \begin{pmatrix} 0 & 1 \\ 1 & 0 \end{pmatrix}\right) + \begin{pmatrix} 0 & 1 \\ 1 & 0 \end{pmatrix} + \begin{pmatrix} 2 & 0 \\ 0 & 1 \end{pmatrix} = t\begin{pmatrix} 1 & 1 \\ 3 & 1 \end{pmatrix} + \begin{pmatrix} 2 & 1 \\ 0 & 1 \end{pmatrix}.$$

引理 6.8 设 $A \in M_n(F)$, $U(t) \in M_n(F[t])$. 则存在 C, $D \in M_n(F)$, 以及 $Q(t)$, $R(t) \in M_n(F[t])$, 使得

$$U(t) = (tI - A)Q(t) + C, \quad U(t) = R(t)(tI - A) + D.$$

证 设 $U(t) = t^m U_m + t^{m-1}U_{m-1} + \cdots + tU_1 + U_0$, 其中 $U_i \in M_n(F)$. 若 $m = 0$, 则 $U(t) \in M_n(F)$, 取 $Q(t) = 0$, $C = U(t)$ 即可. 若 $m > 0$, 设

$$Q(t) = t^{m-1}Q_{m-1} + t^{m-2}Q_{m-2} + \cdots + tQ_1 + Q_0,$$

其中 $Q_i \in M_n(F)$ 是待定的方阵, 于是

$$(tI - A)Q(t) = t^m Q_{m-1} + t^{m-1}(Q_{m-2} - AQ_{m-1}) + \cdots + t(Q_0 - AQ_1) - AQ_0.$$

因而只要取

$$\begin{aligned}&Q_{m-1}=U_m,\\&Q_{m-2}=U_{m-1}+AQ_{m-1},\\&\quad\cdots\cdots\cdots\\&Q_0=U_1+AQ_1,\\&C=U_0+AQ_0\end{aligned}$$

即可. 类似地可求得 $R(t)$ 及 D. □

下面用 $F[t]$ 上矩阵的初等变换来讨论 F 上矩阵的相似. 设 $A\in M_n(F)$. 则 $tI-A\in M_n(F[t])$. 我们称 $tI-A$ 为 A 的特征矩阵, $tI-A$ 的不变因子, 行列式因子也分别称为 A 的不变因子, 行列式因子.

定理6.17 设 $A, B\in M_n(F)$. 则 A 和 B 相似当且仅当多项式矩阵 $tI-A$ 与 $tI-B$ 等价.

证 若 A 与 B 相似, 则有可逆矩阵 $P\in M_n(F)$, 使得 $P^{-1}AP=B$. 于是

$$P^{-1}(tI-A)P=tI-B.$$

由定义 6.19, $tI-A$ 与 $tI-B$ 等价.

反之, 如果 $tI-A$ 与 $tI-B$ 等价, 根据定义 6.19, 存在可逆多项式矩阵 $U(t)$ 及 $V(t)$, 使得 $tI-A=U(t)(tI-B)V(t)$. 根据引理 6.8, 存在多项式矩阵 $R(t)$ 及 F 上矩阵 D, 使得 $V(t)=R(t)(tI-A)+D$. 于是

$$U(t)^{-1}(tI-A)=(tI-B)\big(R(t)(tI-A)+D\big).$$

令 $T=U(t)^{-1}-(tI-B)R(t)$. 上式即

$$T(tI-A)=(tI-B)D. \tag{6.33}$$

比较系数得 $T\in M_n(F)$. 于是 $U(t)T=I-U(t)(tI-B)R(t)$. 根据引理 6.8, 存在多项式矩阵 $Q(t)$ 及 F 上矩阵 C, 使得 $U(t)=(tI-A)Q(t)+C$. 于是

$$\begin{aligned}I&=U(t)T+U(t)(tI-B)R(t)\\&=\big((tI-A)Q(t)+C\big)T+(tI-A)V(t)^{-1}R(t)\\&=CT+(tI-A)(Q(t)T+V(t)^{-1}R(t)),\end{aligned}$$

比较次数知 $Q(t)T+V(t)^{-1}R(t)=0$, $CT=I$, 于是 $T=C^{-1}\in M_n(F)$. 因此, 由 (6.33) 得 $T=D$, 且 $A=T^{-1}BT$, 即 A 与 B 相似. □

推论6.15 设 $A, B\in M_n(F)$. 则 A 与 B 相似, 当且仅当 A 与 B 有相同的行列式因子, 当且仅当 A 与 B 有相同的不变因子.

推论 6.16 设 A, B, C, $D\in M_n(F)$, 且 $tI-A=C(tI-B)D$. 则 C, D 可逆, 且 $D=C^{-1}$, 即 A 与 B 相似.

设 V 是 F 上 n 维向量空间, σ 为 V 的线性变换, $(e_1,\cdots,e_n)$ 为 V 的一个基. 基于以上定理及其推论, 我们可以称 σ 关于基 $(e_1,\cdots,e_n)$ 的矩阵的不变因子, 行列式因子为线性变换 σ 的不变因子, 行列式因子.

6.4.2 Jordan 标准形的计算

定义 6.20 设 $d_1(t),\cdots,d_n(t)$ 为 $A\in M_n(F)$ 的不变因子, 且

$$d_i(t)=p_1(t)^{k_{i1}}\cdots p_r(t)^{k_{ir}},\ i=1,\cdots,n.$$

这里 $k_{ij}\geqslant 0$, $p_1(t),\cdots,p_r(t)$ 是 F 上不同的首一不可约多项式. 则称

$$\{\ p_j(t)^{k_{ij}}\ :\ \ k_{ij}\geqslant 1,\ i,\ i=1,\cdots,n,\ j=1,\cdots,r\} \tag{6.34}$$

为 A 在 F 上的初等因子 (相同者重复计入).

设 (6.34) 是矩阵 $A\in M_n(F)$ 的初等因子. 根据定义, 由于 $d_i(t)\mid d_{i+1}(t)$, 得 $k_{1j}\leqslant k_{2j}\leqslant\cdots\leqslant k_{nj}$, $1\leqslant j\leqslant r$. 由于 $\det(tI-A)=d_1(t)\cdots d_n(t)$, 因此,

$$\prod_{i,j}p_j(t)^{k_{ij}}=\det(tI-A),\ \sum_{i,j}k_{ij}\deg p_j(t)=n.$$

例 6.22 设 $A\in\mathbf{R}^{n\times n}$, A 在 $\mathbf{R}$ 上的不变因子是

$$1,\cdots,1,\ (t-1)^2,\ (t-1)^2(t+1),\ (t-1)^2(t+1)(t^2+1)^2,$$

则 A 在 $\mathbf{R}$ 上的初等因子为 $(t-1)^2$, $(t-1)^2$, $(t-1)^2$, $t+1$, $t+1$, $(t^2+1)^2$. 矩阵 A 在 $\mathbf{C}$ 上的初等因子为

$$(t-1)^2,\ (t-1)^2,\ (t-1)^2,\ t+1,\ t+1,\ (t-\sqrt{-1})^2,\ (t+\sqrt{-1})^2.$$

定理 6.18 设 A, $B\in M_n(F)$. 则 A 与 B 有相同的不变因子当且仅当 A 与 B 有相同的初等因子.

证 若 A 与 B 有相同的不变因子. 由因式分解唯一性知它们有相同的初等因子. 反之, 若 A 与 B 有相同的初等因子. 将它们按降幂次序排列如下:

$$\begin{array}{c}p_1(t)^{k_{11}},\ p_1(t)^{k_{21}},\ \cdots,\ p_1(t)^{k_{n1}},\\ p_2(t)^{k_{12}},\ p_2(t)^{k_{22}},\ \cdots,\ p_2(t)^{k_{n2}},\\ \cdots\cdots\cdots\cdots\\ p_r(t)^{k_{1r}},\ p_r(t)^{k_{2r}},\ \cdots,\ p_r(t)^{k_{nr}},\end{array}$$

这里 $k_{ij} \geqslant 0,\ 1 \leqslant j \leqslant r$, 即上表中每行后面可能添加了非初等因子 1. 令

$$d_{n-i+1}(t) = \prod_{j=1}^{r} p_j(t)^{k_{ij}}, \quad 1 \leqslant i \leqslant n.$$

于是 $d_i \mid d_{i+1},\ 1 \leqslant i \leqslant n-1$. 因而 $d_1, \cdots, d_n$ 为 A 与 B 的不变因子. □

注 上述定理表明, 矩阵的初等因子和不变因子相互确定. 因为多项式的因式分解与所考虑的数域有关, 所以初等因子与数域有关. 但是两个矩阵的初等因子是否相同却和数域无关.

例 6.23 设 $A \in \mathbf{R}^{n\times n}$ 的初等因子为

$$(t-1),\ (t-1)^2,\ (t-1)^2,\ (t^2+5),\ (t^2+5)^2,\ t^2+t+1.$$

试求 n 及 A 的不变因子.

解 $n = 1+2+2+2+2\times 2+2 = 13$. A 的不变因子为

$$d_{13}(t) = (t^2+t+1)(t^2+5)^2(t-1)^2,\ d_{12}(t) = (t-1)^2(t^2+5),$$

$$d_{11}(t) = t-1,\ d_1(t) = \cdots = d_{10}(t) = 1.$$

为了求矩阵的初等因子, 将它的特征矩阵化为标准形时比较麻烦. 下面定理表明, 我们可以直接求初等因子, 而不必先求不变因子.

定理 6.19 设矩阵 $A \in M_n(F)$ 的特征矩阵 $tI - A$ 在 $F[t]$ 上等价于对角矩阵 $D = \mathrm{diag}(h_1(t), \cdots, h_n(t))$, 其中 $h_i(t)$ 是首一多项式, 且

$$h_i(t) = p_1(t)^{m_{i1}} \cdots p_r(t)^{m_{ir}},\ m_{ij} \geqslant 0,$$

其中 $p_1, \cdots, p_r$ 为 F 上互不相同的首一不可约多项式, 则 A 的初等因子为

$$\{\ p_j(t)^{m_{ij}}\ :\ m_{ij} \geqslant 1\}.$$

证 按定义, D 的 k 阶行列式因子 $\Delta_k(t)$ 是下列多项式的最大公因式:

$$h_{i_1}(t)h_{i_2}(t)\cdots h_{i_k}(t), \quad 1 \leqslant i_1 < \cdots < i_k \leqslant n.$$

将 $m_{1j}, \cdots, m_{nj}$ 按照递增顺序排列为 $m'_{1j}, \cdots, m'_{nj}$, 则

$$\Delta_k(t) = \prod_{j=1}^{r} p_j(t)^{m'_{1j}+\cdots+m'_{kj}}.$$

故 D 的不变因子为

$$d_k(t) = \prod_{j=1}^{r} p_j(t)^{m'_{kj}},\ 1 \leqslant k \leqslant n,$$

因此, A 的初等因子为 $\{p_j(t)^{m'_{ij}}\ :\ m'_{ij} \geqslant 1\} = \{p_j(t)^{m_{ij}}\ :\ m_{ij} \geqslant 1\}$. □

引理 6.9 设 J 为 Jordan 形矩阵 $\mathrm{diag}(J_1,\cdots,J_s)$, 其中 J_i 是特征值为 λ_i 的 n_i 阶 Jordan 块, 则 J 的初等因子为 $(t-\lambda_i)^{n_i}$, $i=1,\cdots,s$.

证 $|tI_{n_i}-J(\lambda_i,n_i)|=(t-\lambda_i)^{n_i}$, 而 $tI_{n_i}-J(\lambda_i,n_i)$ 有 (n_i-1) 阶子式

$$\begin{vmatrix} -1 & t-\lambda_i & & \\ & \ddots & \ddots & \\ & & -1 & t-\lambda_i \\ & & & -1 \end{vmatrix} = (-1)^{n_i-1},$$

故 $J(\lambda_i,n_i)$ 的不变因子为 1, $\cdots$, 1, $(t-\lambda_i)^{n_i}$, 初等因子为 $(t-\lambda_i)^{n_i}$. 根据定理 6.19, J 的初等因子为 $(t-\lambda_i)^{n_i}$, $i=1,\cdots,s$. □

定理 6.20 $\mathbf{C}$ 上两个 Jordan 形矩阵 $J_1=\mathrm{diag}(J(\lambda_1,k_1),\cdots,J(\lambda_s,k_s))$ 和 $J_2=\mathrm{diag}(J(\mu_1,l_1),\cdots,J(\mu_r,l_r))$ 相似的充分必要条件是 $s=r$, 且经适当排列后 $\lambda_i=\mu_i$, $k_i=l_i$, $i=1,\cdots,s$.

证 由引理 6.9, J_1, J_2 的初等因子分别为 $\{\ (t-\lambda_i)^{k_i}\ :\ 1\leqslant i\leqslant s\}$, 和 $\{\ (t-\mu_i)^{l_i}\ :\ 1\leqslant i\leqslant r\}$. 于是, 由定理 6.18, 定理得证. □

定理 6.21 $\mathbf{C}$ 上每个方阵 A 相似于一个 Jordan 形矩阵, 这个 Jordan 形矩阵除 Jordan 块的次序外是唯一的, 它称为 A 的 Jordan 标准形.

证 设 A 的初等因子为 $(t-\lambda_1)^{k_1}$, $\cdots$, $(t-\lambda_s)^{k_s}$, 于是 A 相似于 Jordan 形矩阵 $J=\mathrm{diag}(J(\lambda_1,k_1),\cdots,\ J(\lambda_s,k_s))$. 由定理 6.20 知, 除 Jordan 块的次序外, Jordan 形矩阵 J 是唯一的. □

用线性变换的观点, 上述定理可叙述为

定理 6.22 设 V 是 n 维复空间, $\sigma\in\mathrm{End}V$. 则 σ 在 V 的某个基下的矩阵为 Jordan 形矩阵 J, 且除 Jordan 块的次序外, J 是唯一的. □

例 6.24 设 $A\in\mathbf{C}^{12\times 12}$. A 的不变因子是

$$1,\cdots 1,(t-1)^2,(t-1)^2(t+1),(t-1)^2(t+1)(t^2+1)^2$$

试求 A 的 Jordan 标准形.

解 由 A 的不变因子求出 A 的初等因子:

$$(t-1)^2,\ (t-1)^2,\ (t-1)^2,\ t+1,\ t+1,\ (t-\sqrt{-1})^2,\ (t+\sqrt{-1})^2,$$

于是 A 的 Jordan 标准形为 $\mathrm{diag}(A_1,A_1,A_1,-1,-1,A_2,A_3)$, 其中

$$A_1=\begin{pmatrix}1&0\\1&1\end{pmatrix},\ A_2=\begin{pmatrix}\sqrt{-1}&0\\1&\sqrt{-1}\end{pmatrix},\ A_3=\begin{pmatrix}-\sqrt{-1}&0\\1&-\sqrt{-1}\end{pmatrix}.$$

例 6.25 求 $A=\begin{pmatrix}-1&-2&6\\-1&0&3\\-1&-1&4\end{pmatrix}$ 的 Jordan 标准形.

解 A 的特征矩阵 $tI - A$ 经初等变换化为对角形

$$\begin{pmatrix} t+1 & 2 & -6 \\ 1 & t & -3 \\ 1 & 1 & t-4 \end{pmatrix} \longrightarrow \begin{pmatrix} 1 & 1 & t-4 \\ 0 & t-1 & -t+1 \\ 0 & -t+1 & -t^2+3t-2 \end{pmatrix}$$

$$\longrightarrow \begin{pmatrix} 1 & 0 & 0 \\ 0 & t-1 & -t+1 \\ 0 & 0 & -t^2+2t-1 \end{pmatrix} \longrightarrow \begin{pmatrix} 1 & 0 & 0 \\ 0 & t-1 & 0 \\ 0 & 0 & (t-1)^2 \end{pmatrix}.$$

因此, A 的初等因子为 $(t-1)$, $(t-1)^2$, 于是 A 的 Jordan 标准形为

$$\begin{pmatrix} 1 & 0 & 0 \\ 0 & 1 & 0 \\ 0 & 1 & 1 \end{pmatrix}.$$

习 题 6

若非特别说明, 下面总设 V 是数域 F 上 n 维向量空间.

6.1 节习题

1. 求下列线性映射关于标准基的矩阵:

1) $\sigma : \mathbf{R}^3 \to \mathbf{R}^5$, $\sigma(x_1, x_2, x_3) = (x_1, x_1 - x_3, x_2 + x_3, x_3, x_1 + x_2)$;

2) $\sigma : \mathbf{R}^4 \to \mathbf{R}^4$, $\sigma(x_1, x_2, x_3, x_4) = (x_1, x_1 + x_2, x_1 + x_2 + x_3, x_1 + x_2 + x_3 + x_4)$;

3) $\sigma : \mathbf{R}^3 \to \mathbf{R}^1$, $\sigma(x_1, x_2, x_3) = x_1 + x_2 + x_3$.

2. 设线性映射 σ, $\tau : F^3 \to F^2$ 关于标准基的矩阵分别为

$$\begin{pmatrix} 6 & -1 & 2 \\ 2 & 4 & 1 \end{pmatrix}, \qquad \begin{pmatrix} -5 & 0 & -7 \\ 2 & -1 & 9 \end{pmatrix}$$

求线性映射 $\rho = 3\sigma - 7\tau$ 关于标准基的矩阵, 并求 ρ 在 $(1, 2, 3)$ 的值.

3. 设 $\sigma \in \mathrm{End}F^3$. 已知 $e_1 = (-1, 0, 2)$, $e_2 = (0, 1, 1)$, $e_3 = (3, -1, 0)$,

$$\sigma(e_1) = (-1, 0, 2),\ \sigma(e_2) = (0, -1, 6),\ \sigma(e_3) = (-1, -1, 9).$$

求 σ 关于基 $(e_1,\ e_2,\ e_3)$ 的矩阵.

4. 设 $\sigma \in \mathrm{End}F^3$. σ 关于基 $(e_1,\ e_2,\ e_3)$ 的矩阵为 A, 求 σ 关于标准基的矩阵, 其中

$e_1 = (-1, 1, 1)$, $e_2 = (1, 0, -1)$, $e_3 = (0, 0, 1)$, 且 $A = \begin{pmatrix} 1 & 0 & 1 \\ 1 & 1 & 0 \\ -1 & 2 & 1 \end{pmatrix}$.

5. 设 $A \in M_2(F)$. 定义 $M_2(F)$ 的线性变换如下: 对任意 $X \in M_2(F)$,

$$L_A(X) = AX; \quad R_A(X) = XA.$$

分别求 L_A, R_A, L_AR_A, $\mathrm{ad}A:=L_A-R_A$ 关于基 $(E_{11},\ E_{12},\ E_{21},\ E_{22})$ 的矩阵.

6. 设 $\sigma\in\mathrm{End}V$. 证明: σ 是数量变换, 当且仅当 σ 关于 V 的任意基的矩阵都相等.

7. 设 $(e_1,\cdots,e_n)$ 是 V 的一个基, $(f_1,\cdots,f_n)$ 是它的对偶基, $\sigma\in\mathrm{End}V$.

1) 证明: 如果 $f\in V^*$, 那么 $f\sigma\in V^*$;

2) 定义映射 $\sigma^*:V^*\to V^*,\ f\mapsto f\sigma$. 证明: $\sigma^*\in\mathrm{End}(V^*)$;

3) 设 σ 关于基 $(e_1,\cdots,e_n)$ 的矩阵为 A, 试求 σ^* 关于基 $(f_1,\cdots,f_n)$ 的矩阵.

8. 求 $\mathbf{C}$ 上下列矩阵的特征值和特征向量:

1) $\begin{pmatrix}1&0&1\\0&1&0\\1&0&1\end{pmatrix}$; 2) $\begin{pmatrix}0&1&0\\0&0&1\\1&0&0\end{pmatrix}$; 3) $\begin{pmatrix}6&2&4\\2&3&2\\4&2&6\end{pmatrix}$;

4) $\begin{pmatrix}a&b&c\\b&c&a\\c&a&b\end{pmatrix}$; 5) $\begin{pmatrix}1&0&0&1\\0&1&1&0\\0&1&1&0\\1&0&0&1\end{pmatrix}$; 6) $\begin{pmatrix}1&0&1&0\\0&1&0&1\\1&0&1&0\\0&1&0&1\end{pmatrix}$;

7) $\begin{pmatrix}0&1&0&1\\1&0&2&1\\0&2&0&0\\1&1&0&0\end{pmatrix}$; 8) $\begin{pmatrix}-3&0&-4&-4\\0&2&1&1\\4&0&5&4\\-4&0&-4&-3\end{pmatrix}$; 9) $\begin{pmatrix}1&0&0&0&1\\0&1&0&1&0\\0&0&1&0&0\\0&1&0&1&0\\1&0&0&0&1\end{pmatrix}$.

9. 设 A 是数域 F 上一个 n 阶矩阵, λ 是 A 的一个特征值. 证明:

1) 对任意数 $k\in F$, $k\lambda$ 是 kA 的一个特征值;

2) 对任意正整数 m, λ^m 是矩阵 A^m 的一个特征值;

3) 对于 F 上的一元多项式 $f(t)$, $f(\lambda)$ 是矩阵 $f(A)$ 的一个特征值;

4) A 奇异, 当且仅当 0 是 A 的一个特征值;

5) 若 A 幂零, 则 A 的特征多项式为 t^n, 从而 $A=0$, 或 A 不可对角化;

6) 若 A 可逆, 则 λ^{-1} 是 A^{-1} 的一个特征值;

7) 若 A 可逆, 且 $\mathrm{ch}_A(t)=t^n+a_{n-1}t^{n-1}+\cdots+a_1t+a_0$, 则

$$\mathrm{ch}_{A^{-1}}(t)=t^n+\frac{a_1}{a_0}t^{n-1}+\cdots+\frac{a_{n-1}}{a_0}t+\frac{1}{a_0}.$$

10. 设 A, B 是 n 阶矩阵, A 可逆. 证明: AB 与 BA 有相同的特征多项式.

11. 证明: 方阵 A 和 $A^{\top}$ 有相同的特征多项式.

12. 如果可能, 将下列复矩阵对角化:

$$\begin{pmatrix}0&-i\\i&0\end{pmatrix},\ \begin{pmatrix}1&-1\\-1&1\end{pmatrix},\ \begin{pmatrix}0&1\\-1&0\end{pmatrix},\ \begin{pmatrix}\cos\theta&-\sin\theta\\\sin\theta&\cos\theta\end{pmatrix}$$

$$\begin{pmatrix}1&0&1\\0&1&0\\1&0&1\end{pmatrix},\begin{pmatrix}1&0&-1\\-1&1&1\\2&-1&-2\end{pmatrix},\begin{pmatrix}0&1&1\\1&0&1\\1&-1&1\end{pmatrix},\begin{pmatrix}2&-1&1\\1&0&1\\1&-1&-2\end{pmatrix}.$$

13. 设 $A \in M_2(F)$, $A^2+3A+2I=0$. 证明: -1 或 -2 是 A 的特征值.

14. 设 $A \in M_3(\mathbf{C})$, A 与 $-A$ 相似, A 的特征值不全为 0. 证明: A 可对角化.

15. 设 $A \in M_4(F)$, A 有特征值 ± 1, $\mathrm{trA}=3$, $\det A=0$. 证明: A 可对角化.

16. 设 A 是 F 上对角元互不相同的上三角矩阵. 证明: A 可对角化.

17. 设 $n\times n$ 矩阵 A 的特征多项式在 F 上可分解为一次因式的乘积, 证明: 存在矩阵 $C\in \mathrm{GL}_n(F)$, 使得 $C^{-1}AC$ 是上三角的.

6.2 节习题

18. 设 $\dim V=n$, $\sigma\in \mathrm{End}V$. 证明:

1) 如果 $\sigma^{n-1}\neq 0$, $\sigma^n=0$, 那么 V 只有 $(n+1)$ 个 σ 子空间;

2) 如果 σ 有 n 个不同的特征值, 那么 V 只有 2^n 个 σ 子空间.

19. 设 $F=\mathbf{C}$, $\sigma\in\mathrm{End}V$. 证明: σ 可对角化的充要条件是对任意 σ 子空间 U, 都有 σ 子空间 U', 使得 $V=U\oplus U'$.

20. 设 $\beta=(e_1,e_2,e_3,e_4)$ 是 V 的一个基, $\sigma\in\mathrm{End}V$, 且 σ 关于基 β 的矩阵为

$$A=\begin{pmatrix} 1 & 0 & 2 & 1\\ -1 & 2 & 1 & 3\\ 1 & 2 & 5 & 5\\ 2 & -2 & 1 & -2\end{pmatrix}.$$

1) 令 $b_1=e_1-2e_2+4e_4$, $b_2=3e_2-e_3-e_4$, $b_3=e_3+e_4$, $b_4=2e_4$. 证明: 向量组 (b_1,b_2,b_3,b_4) 是 V 的一个基, 并求 σ 关于此基的矩阵以及 σ 的像与核;

2) 取 $\mathrm{Ker}\sigma$ 的一个基, 扩充为 V 的基, 求 σ 在此基下的矩阵;

3) 取 $\mathrm{Im}\sigma$ 的一个基, 扩充为 V 的基, 求 σ 在此基下的矩阵.

21. 求下列复矩阵的最小多项式:

1) $\begin{pmatrix} 0 & 0 & 1\\ 0 & 1 & 0\\ 1 & 0 & 0\end{pmatrix}$; 2) $\begin{pmatrix} 3 & 1 & -1\\ 0 & 2 & 0\\ 1 & 1 & 1\end{pmatrix}$; 3) $\begin{pmatrix} 1 & 0 & 0\\ 1 & 1 & 0\\ 0 & 0 & 1\end{pmatrix}$; 4) $\begin{pmatrix} 1 & 0 & 0\\ 1 & 1 & 0\\ 0 & 1 & 1\end{pmatrix}$.

22. 设 $A\in M_3(F)$, A 的特征值为 0, 0, 1. 证明: $A^3=A^2$.

23. 设 $A=\begin{pmatrix} 1 & 0 & 0\\ 1 & 0 & 1\\ 0 & 1 & 0\end{pmatrix}$. 证明: 当 $n\geqslant 3$ 时, $A^n=A^{n-2}+A^2-I$, 并求 A^{100}.

24. 证明: $\sigma\in\mathrm{GL}(V)$, 当且仅当存在 $f(t)\in F[t]$, 使得 $f(0)\neq 0$, 且 $f(\sigma)=0$.

25. 设 $f(t)$, $g(t)$ 分别为复矩阵 A 的特征多项式和最小多项式. 证明下面条件等价:

1) A 相似于对角矩阵;

2) $(g,g')=1$;

3) $g=f/(f,f')$.

26. 设 V 是 n 维复空间, σ, $\tau\in\mathrm{End}V$, $\sigma\tau=\tau\sigma$. 证明: σ, τ 必有公共特征向量.

27. 设 V 是 n 维复空间, σ, $\tau\in\mathrm{End}V$. 若存在 V 的基, 使得 σ, τ 的矩阵同为对角阵, 则称 σ, τ 可同时对角化. 等价地, 对于 A, $B\in M_n(\mathbf{C})$, 如果存在 $C\in\mathrm{GL}(\mathrm{n},\mathbf{C})$, 使得 $C^{-1}AC$ 和 $C^{-1}BC$ 同为对角阵, 那么就称矩阵 A, B 可同时对角化. 证明:

1) 如果 A, B 可同时对角化, 则 A, B 可换;

2) 如果 A, B 可换, 且 A, B 都可对角化, 则 A, B 可同时对角化.

28. 设 f, $g\in F[t]$, $d=(f,g)$, $m=[f,g]$, $\sigma\in\mathrm{End}V$. 证明:

1) 若 $g\mid f$, 则 $\mathrm{Ker}g(\sigma)\subseteq\mathrm{Ker}f(\sigma)$;

2) $\mathrm{Ker}f(\sigma)\cap\mathrm{Ker}g(\sigma)=\mathrm{Ker}d(\sigma)$;

3)$\mathrm{Ker}f(\sigma)+\mathrm{Ker}g(\sigma)=\mathrm{Ker}m(\sigma)$;

4) 若 $d(t)=1$, 则 $\mathrm{Ker}fg(\sigma)=\mathrm{Ker}f(\sigma)\oplus\mathrm{Ker}g(\sigma)$.

6.3 节习题

29. 证明: n 阶复矩阵 A 幂零当且仅当 A 的所有特征值为 0.

30. 设 $\sigma\in\mathrm{End}V$. 证明: σ 的对应于特征值 λ 的根向量 e 的高度不超过 $\dim V_\lambda(\sigma)$.

31. 设 $\sigma\in\mathrm{End}V$. 证明: 在 σ 的 Jordan 标准形中, 特征值为 λ 的 Jordan 块的最大阶数等于幂零变换 $\tau=(\sigma-\lambda\mathrm{id}_V)|_{V_\lambda(\sigma)}$ 的高度.

32. 设 V 是 $\mathbf{C}$ 上 n 维向量空间, $\sigma\in\mathrm{End}V$, U 是 σ 子空间, λ 为 σ 的特征值. 证明: $V_\lambda(\sigma|_U)=V_\lambda(\sigma)\cap U$.

33. 写出所有可能的 2, 3 阶 Jordan 标准形类型.

34. 证明: 2 阶复矩阵相似, 当且仅当它们的最小多项式相同; 3 阶复矩阵相似, 当且仅当它们的特征多项式, 最小多项式都相同; 给出两个最小多项式相同而不相似的矩阵; 给出两个特征多项式、最小多项式都相同而不相似的矩阵.

35. 对于下列矩阵 A, 求复矩阵 C, 使得 $C^{-1}AC$ 为 Jordan 标准形:

$$\begin{pmatrix}2&3&2\\1&8&2\\-2&-14&-3\end{pmatrix};\begin{pmatrix}0&4&-2\\-1&-5&3\\-1&-4&2\end{pmatrix};\begin{pmatrix}4&0&1&0\\2&2&3&0\\-1&0&2&0\\4&0&1&2\end{pmatrix}.$$

36. 设 $(e_1,\cdots,e_n)$ 是 V 的一个基, $\sigma\in\mathrm{End}V$, σ 关于此基的矩阵为 $J(a,n)$. 证明:

1) V 的含 e_1 的不变子空间只有 V;

2) V 的任一非零不变子空间都包含 e_n;

3) V 不能分解为两个非平凡的不变子空间的直和.

37(循环分解唯一性). 设 $\tau:V\to V$ 是幂零变换.

1) 若 U 是一个 τ 循环子空间, $\dim U=r$, $s\in\mathbf{N}$, $0<s\leqslant r$, 则 $\dim\tau^s(U)=r-s$;

2) 若有两种方式将 V 分解为 τ 循环子空间的直和 $V=\oplus_{i=1}^s W_i=\oplus_{i=1}^t U_i$, 并且 $\dim W_i=r_i$, $\dim U_j=p_j$, 满足条件 $r_1\geqslant\cdots\geqslant r_s$, $p_1\geqslant\cdots\geqslant p_t$, 那么 $s=t$, $r_i=p_i\ (i=1,\cdots,s)$.

38. 设 $\tau:V\to V$ 是高度为 r 的幂零变换, 令 $H_i=\mathrm{Ker}\tau^i$, $\dim H_i=m_i$, $0\leqslant i\leqslant r+1$.

1) 证明: $0=H_0\subseteq H_1\subseteq\cdots\subseteq H_r=H_{r+1}=V$;

2) 证明: $\dim H_t/H_{t-1}\geqslant\dim H_{t+1}/H_t$; $1\leqslant t\leqslant r-1$;

3) 构造 V 的一个基, 使 τ 的矩阵为 Jordan 形矩阵;

4) 证明: τ 的 Jordan 标准形中 t 阶 Jordan 块的个数为 $2m_t-m_{t-1}-m_{t+1}$, $1\leqslant t\leqslant r$.

39(Jordan-Chevally 分解). 设 σ 是 $\mathbf{C}$ 上 n 维向量空间 V 的线性变换. 证明: 存在 σ_s, $\sigma_n\in\mathrm{End}V$ 满足下列条件:

1) $\sigma=\sigma_s+\sigma_n$, $\sigma_s\sigma_n=\sigma_n\sigma_s$;

2) σ_n 是幂零的, σ_s 可对角化;

3) 存在 $f(t)$, $g(t)\in \mathbf{C}[t]$, 使得 $\sigma_s=f(\sigma)$, $\sigma_n=g(\sigma)$;

4) 若有 σ_s', $\sigma_n'\in \mathrm{End}V$ 满足条件 1), 2), 则 $\sigma_s'=\sigma_s$, $\sigma_n'=\sigma_n$.

6.4 节习题

40. 设 A, $B\in M_n(F[t])$, 且 A 与 B 等价. 证明: $\mathrm{rank}A=\mathrm{rank}B$.

41. 求下列矩阵的 Smith 标准形:

1) $\begin{pmatrix} t^3-t & 2t^2 \\ t^2+5t & 3t \end{pmatrix}$; 2) $\begin{pmatrix} 1-t & t^2 & t \\ t & t & -t \\ 1+t^2 & t^2 & -t^2 \end{pmatrix}$;

3) $\begin{pmatrix} t^2+t & 0 & 0 \\ 0 & t & 0 \\ 0 & 0 & (t+1)^2 \end{pmatrix}$; 4) $\begin{pmatrix} 3t^2+2t-3 & 2t-1 & t^2+2t-3 \\ 4t^2+3t-5 & 3t-2 & t^2+3t-4 \\ t^2+t-4 & t-2 & -t-1 \end{pmatrix}$;

5) $\begin{pmatrix} 0 & 0 & 0 & t^2 \\ 0 & 0 & t^2-t & 0 \\ 0 & (t-1)^2 & 0 & 0 \\ t^2-t & 0 & 0 & 0 \end{pmatrix}$; 6) $\begin{pmatrix} 2t & 3 & 0 & 1 & t \\ 4t & 3t+6 & 0 & t+2 & 2t \\ 0 & 6t & t & 2t & 0 \\ t-1 & 0 & t-1 & 0 & 0 \\ 3t-3 & 1-t & 2t-2 & 0 & 0 \end{pmatrix}$.

42. 求下列矩阵的行列式因子与不变因子:

1) $\begin{pmatrix} t & -1 & 0 & 0 \\ 0 & t & -1 & 0 \\ 0 & 0 & t & -1 \\ 4 & 3 & 2 & t \end{pmatrix}$, 2) $\begin{pmatrix} t+e & b & 1 & 0 \\ -b & t+a & 0 & 1 \\ 0 & 0 & t+a & b \\ 0 & 0 & -b & t+a \end{pmatrix}$;

3) $\begin{pmatrix} 0 & 0 & 0 & t+2 \\ 0 & 1 & t+2 & 0 \\ 0 & t+2 & 0 & 0 \\ t+2 & 0 & 0 & 0 \end{pmatrix}$; 4) $\begin{pmatrix} t & & & & a_0 \\ -1 & t & & & a_1 \\ & \ddots & \ddots & & \vdots \\ & & -1 & t & a_{n-2} \\ & & & -1 & t+a_{n-1} \end{pmatrix}$.

43. 设 $A\in M_n(F)$. 证明: A 与 $A^{\top}$ 相似.

44. 设 A, B, A_1, $B_1\in M_n(F)$, 且 A, A_1 可逆. 证明: $tA-B$ 与 tA_1-B_1 等价的充要条件是存在可逆矩阵 P, $Q\in M_n(F)$, 使得 $A_1=PAQ$, $B_1=PBQ$.

45. 设 $f(t)\in F[t]$, $A\in M_n(F)$, 且 $f(A)=0$. 证明: 存在 $R(t)$, $Q(t)\in M_n(F[t])$, 使得

$$f(t)I=(tI-A)Q(t)=R(t)(tI-A).$$

46. 设 $A\in M_n(F)$. 证明: 存在 $B(t)\in M_n(F[t])$, 使得

1) $\Delta_1(B(t))=1$;

2) $\mathrm{adj}\,(tI-A)=\Delta_{n-1}(tI-A)B(t)$.

47. 证明: $A\in M_n(F)$ 的第 n 个不变因子 $d_n(t)$ 是 A 的最小多项式.

48. 证明：$A=\mathrm{diag}(A_1,A_2)\in M_n(F)$ 的初等因子为 A_1 与 A_2 的初等因子的合并.

49. 求下列复方阵的 Jordan 标准形：

1) $\begin{pmatrix} 3 & 1 & 0 & 0 \\ -4 & -1 & 0 & 0 \\ 7 & 1 & 2 & 1 \\ -7 & -6 & -1 & 0 \end{pmatrix}$； 2) $\begin{pmatrix} 1 & 2 & 3 & 4 \\ 0 & 1 & 2 & 3 \\ 0 & 0 & 1 & 2 \\ 0 & 0 & 0 & 1 \end{pmatrix}$；

3) $\begin{pmatrix} 1 & -3 & 0 & 3 \\ -2 & 6 & 0 & 13 \\ 0 & -3 & 1 & 3 \\ -1 & 2 & 0 & 8 \end{pmatrix}$； 4) $\begin{pmatrix} 1 & -3 & 0 & 3 \\ -2 & -6 & 0 & 13 \\ 0 & -3 & 1 & 3 \\ -4 & -4 & 0 & 8 \end{pmatrix}$.

50. 计算 n 阶 Jordan 块 $J(\lambda,n)$ 的方幂 $J(\lambda,n)^k$.

51. 设 $A=\sum_{i=1}^{n}E_{i,n-(i-1)}$, 求 $J(\lambda,n)A$.

52. 设 J 为 n 阶 Jordan 形矩阵. 证明：J 可写成一复对称阵与一实对称阵之积.

53. 证明：任一复方阵可写成两个复对称阵的积.

54. 设 $A\in M_n(\mathbf{R})$. 证明：A 相似于准对角阵 $D=\mathrm{diag}(B_1,\cdots,B_s)$, 且除 B_i 的排列次序外, D 是唯一的, 其中 B_i 或为 Jordan 块 $J(\lambda_i,n_i)$, 或为

$$\begin{pmatrix} D_i & & & \\ I_2 & D_i & & \\ & \ddots & \ddots & \\ & & I_2 & D_i \end{pmatrix}, \quad \text{其中} \quad D_i=\begin{pmatrix} 0 & -b_i \\ 1 & a_i \end{pmatrix}, \quad a_i^2<4b_i.$$

第 7 章　双线性型与欧氏空间

向量空间公理反映了几何向量的线性运算性质. 但几何向量的度量性质, 如长度、夹角等并没有在向量空间的定义中得到反映. 几何向量的长度与夹角都可以用内积来表示, 因此, 要推广几何向量的度量性质, 可以从内积着手. 本章讨论几何向量的内积在一般有限维实或复向量空间上的推广. 内容包括双线性函数与二次函数, 欧氏空间与酉空间理论.

作为本章的背景, 我们来看二次曲线化简的问题.

设在平面仿射坐标系 I= $(o;\vec{e}_1,\vec{e}_2)$ 下, 我们将二次曲线的方程的二次项部分写成矩阵形式:

$$q(x,y)=(x,y)\begin{pmatrix} a_{11} & a_{12} \\ a_{21} & a_{22} \end{pmatrix}\begin{pmatrix} x \\ y \end{pmatrix}=X^{\top}AX\ .$$

我们希望找到仿射坐标系 II= $(o;\vec{f}_1,\vec{f}_2)$, 使得上式化为平方和. 假设由坐标系 I 到待求的 II 的过渡矩阵为 C, 即 $(\vec{f}_1,\vec{f}_2)=(\vec{e}_1,\vec{e}_2)C$. 令 $C=(c_1,c_2)$, 则 c_1, c_2 分别为 $\vec{f}_1$, $\vec{f}_2$ 的 I 坐标 (看作 $\mathbf{R}^2$ 中的列向量).

经坐标变换 $X=CY$ 后, $q(x,y)$ 变成了 $Y^{\top}(C^{\top}AC)Y$. 用仿射坐标变换消去交叉项的问题转化为: 求可逆矩阵 C, 使得 $C^{\top}AC$ 为对角矩阵, 即

$$C^{\top}AC=\begin{pmatrix} {c_1}^{\top}Ac_1 & {c_1}^{\top}Ac_2 \\ {c_2}^{\top}Ac_1 & {c_2}^{\top}Ac_2 \end{pmatrix}=\begin{pmatrix} d_1 & 0 \\ 0 & d_2 \end{pmatrix}$$

等价地, 求 $\mathbf{R}^2$ 的一个基 $(c_1,\,c_2)$, 使得 ${c_1}^{\top}Ac_2=0$.

这可以仿照 $\mathbf{R}^2$ 中的正交投影来做. 只要令

$$c_1=e_1,\quad c_2=e_2-\frac{{e_2}^{\top}Ac_1}{{c_1}^{\top}Ac_1}c_1.$$

如果我们称满足条件 ${c_1}^{\top}Ac_2=0$ 的两向量 c_1, c_2 关于 A 正交, 那么上面求 c_1, c_2 的过程就是求两个关于 A 正交的向量. 这就相当于用矩阵 A 在 $\mathbf{R}^2$ 上定义了一种不同于标准内积的度量结构, 它由下列函数定义:

$$f(X,Y):\mathbf{R}^2\to\mathbf{R}^2,\ f(X,Y)=X^{\top}AY\ . \tag{7.1}$$

它是 $\mathbf{R}^2$ 的标准内积的推广. 我们可以在一般的向量空间上考虑同样的问题. 这样的考虑在数学、物理及其他领域都有重要的应用.

如果 $(o;\vec{e}_1,\vec{e}_2)$ 是直角坐标系, 我们希望作直角坐标变换消去 $q(x,y)$ 的交叉项. 此时, (c_1,c_2) 是 $\mathbf{R}^2$ 的幺正基. 由幺正条件得 $C^\top=C^{-1}$. 因此, 问题转化为求 $\mathbf{R}^2$ 的幺正基 (c_1,c_2), 使得

$$AC=C\begin{pmatrix}\lambda_1 & 0\\ 0 & \lambda_2\end{pmatrix}.$$

即 $(Ac_1,Ac_2)=(\lambda_1c_1,\lambda_2c_2)$. 也就是说, 要求 $\mathbf{R}^2$ 的一个幺正基 $(c_1,\ c_2)$, 使得 $Ac_1=\lambda_1c_1$, $Ac_2=\lambda_2c_2$. 问题转化为求矩阵 A 的特征向量的问题. 下面我们证明, 总可以找到这样的幺正基. 事实上,

矩阵 A 的特征多项式为

$$\begin{vmatrix}x-a_{11} & -a_{12}\\ -a_{21} & x-a_{22}\end{vmatrix}=x^2-(a_{11}+a_{22})x+(a_{11}a_{22}-a_{12}^2)\ ,$$

其判别式 $\nabla=(a_{11}+a_{22})^2-4(a_{11}a_{22}-a_{12}^2)=(a_{11}-a_{22})^2+4{a_{12}}^2\geqslant 0$.

当 $\nabla=0$ 时, $a_{12}=0$. 此时 $q(x,y)$ 已不含交叉项, 任取一个幺正基即可.

当 $\nabla>0$ 时, A 有两个不同的特征值, 对应的特征向量 c_1, c_2 是正交的. 事实上, $\lambda_1(c_1\cdot c_2)=(Ac_1)\cdot c_2=(c_1^\top A^\top)c_2=c_1^\top(Ac_2)=\lambda_2(c_1\cdot c_2)$. 因此 $c_1\cdot c_2=0$. 将它们单位化就得到所求的幺正基.

这个结论可以推广到一般的情形. 这里我们顺便还给出 3 维的情形.

设 $A=(a_{ij})_{3\times 3}$ 是实对称矩阵, 则 A 的特征多项式 $f(x)$ 等于

$$|xI-A|=\begin{vmatrix}x-a_{11} & -a_{12} & -a_{13}\\ -a_{21} & x-a_{22} & -a_{23}\\ -a_{31} & -a_{32} & x-a_{33}\end{vmatrix}=x^3-d_1x^2+d_2x-d_3,$$

其中 $d_1=\mathrm{tr}A=a_{11}+a_{22}+a_{33}$, $d_3=\det A$,

$$d_2=\begin{vmatrix}a_{11} & a_{12}\\ a_{21} & a_{22}\end{vmatrix}+\begin{vmatrix}a_{11} & a_{13}\\ a_{31} & a_{33}\end{vmatrix}+\begin{vmatrix}a_{22} & a_{23}\\ a_{32} & a_{33}\end{vmatrix}.$$

引理 7.1　设 A 是 3×3 实对称矩阵, 则 A 的特征多项式的根都是实数.

证　设 λ 是 $f(x)$ 在 $\mathbf{C}$ 中的根, 则存在 $\mathbf{C}^3$ 中非零向量 c, 使得 $Ac=\lambda c$. 取共轭转置得 $\bar{c}^\top A=\bar{\lambda}\bar{c}^\top$, 于是 $\bar{c}^\top Ac=\bar{\lambda}\bar{c}^\top c$. 另一方面, 有 $\bar{c}^\top Ac=\lambda\bar{c}^\top c$. 所以 $(\bar{\lambda}-\lambda)\bar{c}^\top c=0$. 但 $0\neq\bar{c}^\top c\in\mathbf{R}$, 因此 $\bar{\lambda}=\lambda$, 故 $\lambda\in\mathbf{R}$. □

定理 7.1　3 阶实对称矩阵 A 必有三个特征向量组成 $\mathbf{R}^3$ 的一个幺正基.

证　设 $\lambda_1,\lambda_2,\lambda_3$ 是 A 的三个特征值. 由根与系数的关系,

$$d_1=\lambda_1+\lambda_2+\lambda_3,\quad d_2=\lambda_1\lambda_2+\lambda_1\lambda_3+\lambda_2\lambda_3,\quad d_3=\lambda_1\lambda_2\lambda_3\ .$$

当 $\lambda_1=\lambda_2=\lambda_3$ 时, 我们有 $a_{11}+a_{22}+a_{33}=3\lambda_1$, 且

$$a_{11}a_{22}+a_{11}a_{33}+a_{22}a_{33}-({a_{12}}^2+{a_{13}}^2+{a_{23}}^2)=3\lambda_1^2\ .$$

由此得 $(a_{11}-\lambda_1)^2+(a_{22}-\lambda_1)^2+(a_{33}-\lambda_1)^2+2({a_{12}}^2+{a_{13}}^2+{a_{23}}^2)=0$. 因此 $a_{12}=a_{13}=a_{23}=0$, 即 A 是对角的.

当 $\lambda_1,\ \lambda_2,\ \lambda_3$ 中有两个不相等时, 不妨设 $\lambda_1\neq\lambda_2$. 对应取两个单位向量 $c_1,\ c_2\in\mathbf{R}^3$, 使得 $Ac_1=\lambda_1c_1$, $Ac_2=\lambda_2c_2$. 我们有 $c_1\perp c_2$. 事实上,

$$\lambda_1c_2^\top c_1=c_2^\top Ac_1=c_1^\top Ac_2=\lambda_2c_1^\top c_2=\lambda_2c_2^\top c_1.$$

又 $\lambda_1\neq\lambda_2$, 所以 $c_1^\top c_2=0$. 令 $c_3=c_1\times c_2$, 则 c_3 与 $c_1,\ c_2$ 都正交. 于是

$$c_i^\top Ac_3={c_3}^\top Ac_i=\lambda_i{c_3}^\top c_i=0,\quad i=1,\ 2.$$

所以 Ac_3 也与 $c_1,\ c_2$ 都正交. 因此 Ac_3 与 c_3 平行, 即 $Ac_3=\lambda_3c_3$. 显然, 向量 c_3 是单位向量. 因此 $(c_1,\ c_2,\ c_3)$ 是 $\mathbf{R}^3$ 的一个幺正基. □

7.1 双线性函数

几何向量的内积运算的一个基本性质是内积对于加法的分配律. 将内积看成向量空间 E^3 上的一个二元函数, 分配律就是说这个函数关于两个变量都是线性的. 首先我们要将内积的这一基本性质推广到一般的向量空间.

7.1.1 双线性函数的定义及基本性质

设 F 为数域, V 为 F 向量空间.

定义 7.1 设 $f:V\times V\to F,\ (x,y)\mapsto f(x,y)$ 是定义在 V 上取值于 F 的一个二元函数. 如果对任意向量 $x,\ y,\ z\in V$, 及任意数 $k\in F$, 有

$$\begin{aligned}f(x+y,z)&=f(x,z)+f(y,z),\quad f(kx,y)=kf(x,y),\\ f(x,y+z)&=f(x,y)+f(x,z),\quad f(x,ky)=kf(x,y),\end{aligned}$$

则称 f 为 V 上的一个双线性函数.

固定其中一个变量的值, 双线性函数就成为另一个变量的线性函数.

例 7.1 对任意 $x=(x_1,\cdots,x_n),\ y=(y_1,\cdots,y_n)\in\mathbf{R}^n$, 定义

$$f(x,y)=\sum_{i=1}^n x_iy_i, \tag{7.2}$$

则 f 是 $\mathbf{R}^n$ 上的双线性函数, 常将 $f(x,y)$ 记作 $x\cdot y$.

例 7.2 设 $A\in M_n(F)$, 定义 n 维列向量空间 F^n 上二元函数如下:

$$f(X,Y)=X^{\top}AY,\ \ \forall\ X,\ Y\in F^n.$$

容易验证, f 是 F^n 上的一个双线性函数. 我们将看到, F^n 上所有双线性函数都具有这样的形式. 若 $F=\mathbf{R}$, $A=I_n$, f 就是 (7.2) 的列向量形式.

例 7.3 设 $V=\mathbf{R}^{n\times n}$, 定义 $f:V\times V\to\mathbf{R}$ 如下:

$$f(A,B)=\operatorname{tr}(AB^{\top}),\ \ \forall\ A,\ B\in V.$$

容易验证, f 是 V 上的一个双线性函数. 若将 V 与 $\mathbf{R}^{n^2}$ 等同, 则 f 就是 (7.2).

设 V 是 n 维 F 向量空间, $\beta=(e_1,\cdots,e_n)$ 是 V 的基. f 为 V 上的双线性函数. 对任意 $x=\sum_{i=1}^n x_ie_i$ 和 $y=\sum_{j=1}^n y_je_j$, 按双线性函数的定义, 有

$$f(x,y)=f\Big(\sum_{i=1}^n x_ie_i,\sum_{j=1}^n y_je_j\Big)=\sum_{i=1}^n\sum_{j=1}^n f(e_i,e_j)x_iy_j\ . \tag{7.3}$$

由 (7.3) 式可知, 双线性函数由其在基上的取值所确定. 换个说法, V 上两个双线性函数 f_1 和 f_2 相等, 当且仅当它们在基向量上的取值相同, 即 $f_1=f_2$, 当且仅当 $f_1(e_i,e_j)=f_2(e_i,e_j)$, $i,\ j=1,\cdots,n$. 令

$$A=\begin{pmatrix} f(e_1,e_1) & f(e_1,e_2) & \cdots & f(e_1,e_n)\\ f(e_2,e_1) & f(e_2,e_2) & \cdots & f(e_2,e_n)\\ \vdots & \vdots & \ddots & \vdots\\ f(e_n,e_1) & f(e_n,e_2) & \cdots & f(e_n,e_n)\end{pmatrix}.$$

定义 7.2 称矩阵 A 为双线性函数 f 关于基 $(e_1,\cdots,e_n)$ 的矩阵.

用矩阵记号, 设 x, y 的坐标向量分别为 X, Y, (7.3) 式可表为

$$f(x,y)=X^{\top}AY. \tag{7.4}$$

于是, V 上双线性函数 f_1 和 f_2 相等当且仅当它们关于基 $(e_1,\cdots,e_n)$ 的矩阵 $A_1=(f_1(e_i,e_j))$ 和 $A_2=(f_2(e_i,e_j))$ 相等. 反之, 设 $A\in M_n(F)$, 定义

$$f:V\times V\to F,\quad f(x,y)=X^{\top}AY.$$

显然, f 是 V 上的一个双线性函数, 且 $f(e_i,e_j)=a_{ij}$, $1\leqslant i,\ j\leqslant n$, 即 f 关于基 $(e_1,\cdots,e_n)$ 的矩阵为 A. 因此, 取定 V 的基以后, V 上双线性函数与 F 上 n 阶方阵一一对应. 显然, 两个双线性函数的和是一个双线性函数, 一个双线性函数与一个数的乘积也是一个双线性函数. 因此, 空间 V 上全体双线性函数的集合是一个

线性空间. 当两个双线性函数相加时, 它们的矩阵相加; 双线性函数乘一个数时, 它的矩阵乘以这个数. 因此, 双线性函数和它的矩阵的对应是 V 上双线性函数空间到 n 阶方阵空间的一个同构.

(7.3) 式右端的表达式称为 F 上变量 $x_1,\cdots,x_n,y_1,\cdots,y_n$ 的双线性型. 因此, 任意一个双线性函数用坐标表示时就是一个双线性型. 反之, 任意一个双线性型按 (7.3) 式定义一个双线性函数. 因此, 在一个给定的基下, 双线性函数和双线性型之间存在着一一对应关系. 此时对这两个名词不加区分.

例 7.4 设 $V=\mathbf{R}^2$, 对于任意的 $x=(x_1,x_2)$, $y=(y_1,y_2)\in V$, 令

$$f(x,y)=x_1y_2+x_2y_1,$$

则 f 是 V 上一个双线性函数. 根据定义, f 关于标准基 $(e_1,\ e_2)$ 的矩阵为

$$A=\begin{pmatrix} f(e_1,e_1) & f(e_1,e_2) \\ f(e_2,e_1) & f(e_2,e_2) \end{pmatrix}=\begin{pmatrix} 0 & 1 \\ 1 & 0 \end{pmatrix},$$

且

$$f(x,y)=(x_1,x_2)\begin{pmatrix} 0 & 1 \\ 1 & 0 \end{pmatrix}\begin{pmatrix} y_1 \\ y_2 \end{pmatrix}=X^\top AY.$$

其中 $X=(x_1,x_2)^\top$, $Y=(y_1,y_2)^\top$ 分别为 x, y 关于标准基的坐标.

基变换时, 双线性函数的矩阵会怎样改变?

设 $\beta'=(e_1',\cdots,e_n')$ 是 V 的另一个基, 且 β 到 β' 的基变换矩阵为 C, 即 $\beta'=\beta C$. 对任意 x, $y\in V$, 设 $x=\beta X=\beta' X'$, $y=\beta Y=\beta' Y'$, 则 $X=CX'$, $Y=CY'$, 代入 (7.4) 式, 得 $f(x,y)=(X')^\top C^\top ACY'$. 因此, f 关于基 β' 的矩阵是 $A'=C^\top AC$. 反之, 如果 $A'=C^\top AC$, 其中 C 可逆. 令 $\beta'=\beta C$, 则 β' 是 V 的基. 由已证部分知, f 关于基 β' 的矩阵是 A'. 于是, 我们有如下定义和结论.

定义 7.3 设 A, $A'\in M_n(F)$, 如果存在可逆矩阵 C, 使得 $A'=C^\top AC$, 则称矩阵 A' 与矩阵 A 合同.

命题 7.1 V 上双线性函数关于不同基的矩阵是合同的, 反之与其矩阵合同的矩阵一定是它关于另一个基的矩阵.

容易验证, 合同关系是 $M_n(F)$ 上的一个等价关系. 双线性函数理论的主要目的是选取适当的基, 使得双线性函数的矩阵有尽可能简单的形式. 所以, 对于双线性函数, 知道其矩阵的那些与基的选取无关的性质是非常重要的.

定义 7.4 V 上一个双线性函数 f 的核定义为

$$\mathrm{Ker}f=\left\{y\in V:\ f(x,y)=0,\ \forall\ x\in V\right\}.$$

如果 f 的核 $\mathrm{Ker}f$ 为 $\{0\}$, 那么就称 f 是非退化的; 否则, 称 f 是退化的.

易知, Ker$f$ 是 V 的子空间. 如果 $(e_1,\cdots,e_n)$ 是 V 的一个基, 那么

$$\mathrm{Ker}f=\{x\in V: f(e_i,x)=0,\ i=1,\cdots,n\}.$$

将 Ker$f$ 中的元素所要满足的条件用坐标写出, 我们得到一个齐次线性方程组, 其系数矩阵就是 f 的矩阵 A. 因此,

$$\dim\mathrm{Ker}f=n-\mathrm{rank}A. \tag{7.5}$$

特别地, Ker$f=0$, 当且仅当 rank$A=n$, 即 A 非奇异. (7.5) 式表明, 双线性函数的矩阵的秩并不依赖于基的选取, 或者说合同的矩阵有相同的秩.

定义 7.5 双线性函数 f 的矩阵的秩称为 f 的秩, 记为 rank$f$.

定义 7.6 设 f 是 V 上一个双线性函数. 如果对任意的 $x,\ y\in V$, 有

$$f(x,y)=f(y,x),$$

那么称 f 是对称的; 称 $f(x,y)$ 是斜对称的, 如果对任意的 $x,\ y\in V$, 有

$$f(x,y)=-f(y,x).$$

设 f 是 V 上一个双线性函数. f 关于基 $(e_1,\cdots,e_n)$ 的矩阵为 A. 如果 f 是对称的, 那么 $a_{ij}=f(e_i,e_j)=f(e_j,e_i)=a_{ji},\quad i,\ j=1,\cdots,n$. 因此 A 是对称的; 反之, 如果 A 是对称矩阵, 则对任意 $x=\beta X,\ y=\beta Y$, 有

$$f(x,y)=X^\top AY=(X^\top AY)^\top=Y^\top A^\top(X^\top)^\top=Y^\top AX=f(y,x),$$

即 f 是对称的. 因此, 双线性函数 f 是对称的当且仅当其矩阵 A 是对称的. 又由于双线性函数的对称性并不依赖于基的选取, 因此, 如果 f 关于 V 的某个基的矩阵是对称的, 则它关于 V 的任意基的矩阵也是对称的.

定义 7.7 设 f 是数域 F 上向量空间 V 上的一个对称双线性函数. 函数 $q: V\to F, q(x)=f(x,x)$ 称为与 f 相联系的二次函数.

容易看出, 对称双线性函数 f 由对应的二次函数 q 唯一决定. 事实上, 函数 f 可以从函数 q 恢复出来:

$$f(x,y)=\frac{1}{2}[q(x+y)-q(x)-q(y)] \tag{7.6}$$

双线性函数 f 称为二次函数 $q(y)$ 的极化. 因此, V 上全体对称双线性函数的集合和 V 上全体二次函数的集合之间存在一一对应. 在此对应之下, 关于对称双线性函数的所有概念 (如矩阵, 秩, 非退化等) 或命题都可以转换成二次函数的相应概念或命题, 反之亦然. 因此, 考虑对称双线性函数或者考虑二次函数, 原则上是没有差别的. 以后说到二次函数, 我们心里同时有对应的对称双线性函数, 反之亦然.

任取 V 的基 $\beta=(e_1,\cdots,e_n)$, 对任意向量 $x=\sum_{i=1}^n x_ie_i=\beta X$, 有

$$q(x)=\sum_{i=1}^n\sum_{j=1}^n a_{ij}x_ix_j, \tag{7.7}$$

右端的表达式称为 F 上变量 $x_1,\cdots,x_n$ 的一个二次型. 也可写成矩阵形式

$$q(x)=X^\top AX, \tag{7.8}$$

其中 A 是二次函数 $q(x)$ 关于基 $(e_1,\cdots,e_n)$ 的矩阵.

这样就建立了二次函数和二次型之间的一一对应. 但此对应依赖于基的选取, 如 $(e_1',\cdots,e_n')$ 是 V 的另一个基, 且

$$(e_1',\cdots,e_n')=(e_1,\cdots,e_n)C.$$

则对任意 $x=\sum_{i=1}^n x_ie_i=\sum_{j=1}^n y_je_j'$, 我们有 $X=CY$, 于是

$$q(x)=X^\top AX=Y^\top(C^\top AC)Y\ .$$

此时就说 $q(x_1,\cdots,x_n)=X^\top AX$ 经非退化线性替换 $X=CY$ 化成了二次型

$$q_1(y_1,\cdots,y_n)=Y^\top(C^\top AC)Y.$$

7.1.2　正交化方法与分类定理

考虑定义了一个对称或斜对称双线性函数的有限维线性空间. 我们可以讨论这个线性空间中向量的正交性, 但这和几何空间中向量的正交性有很大差别, 和我们的几何直觉是不一致的. 利用正交性的概念可以描述有限维实、复线性空间上所有的对称双线性函数. 从而给出实、复二次函数的分类.

下面总设 F 是一个数域. V 是数域 F 上的一个有限维向量空间.

定义 7.8　设 f 是 V 上一个对称或斜对称双线性函数. 对于 $x,\ y\in V$, 如果 $f(x,y)=0$, 则称 $x,\ y$ 关于 f 是正交的, 或 f 正交的, 记为 $x\perp y$.

例 7.5　设 $\mathbf{R}^4$ 上双线性函数 f 关于标准基的矩阵为 $\mathrm{diag}(1,1,1,-1)$. 易知, $(1,0,0,1)\in\mathbf{R}^4$ 关于 f 是自正交的.

正交关系显然是对称的, 即如果 $x\perp y$, 则有 $y\perp x$. 若 f 是斜对称的, 则每个向量都和自己正交.

定义 7.9　设 f 是 V 上一个对称或斜对称双线性函数. 设 U 是 V 的一个子空间, 定义 U 关于 f 的正交补 (或 f 正交补) 为

$$U^\perp=\{y\in V:\ f(x,y)=0,\ \forall\ x\in U\}.$$

换个说法, U 的 f 正交补 $U^{\perp}$ 就是和 U 中每个向量都 f 正交的向量组成的集合. 容易证明, $U^{\perp}$ 是 V 的一个子空间. 特别地, $V^{\perp}=\mathrm{Ker}f$.

命题 7.2 设 f 是 V 上一个非退化的对称或斜对称双线性函数, 设 U 是 V 的子空间, 则 $\dim U^{\perp}=\dim V-\dim U,\quad (U^{\perp})^{\perp}=U$.

证 取 U 的一个基 $(e_1,\cdots,e_s)$, 将其扩充为 V 的一个基 $(e_1,\cdots,e_n)$, 则

$$U^{\perp}=\big\{x\in V:f(e_i,x)=0,\ i=1,\cdots,s\big\}. \tag{7.9}$$

将 $U^{\perp}$ 中元素要满足的条件写成坐标形式, 我们得到一个齐次线性方程组, 其系数矩阵是行满秩的. 事实上, 若有不全为零的数 $k_1,\cdots,k_s\in F$, 使得

$$\sum_{i=1}^{s}k_if(e_i,e_j)=f\Big(\sum_{i=1}^{s}k_ie_i,e_j\Big)=0\ ,\ j=1,\cdots,n.$$

因为 f 是非退化的, 所以 $\sum_{i=1}^{s}k_ie_i=0$. 这与 $(e_1,\cdots,e_s)$ 线性无关矛盾. 于是方程组的系数矩阵的秩等于 s. 因此 $\dim U^{\perp}=\dim V-s$. 由此得

$$\dim(U^{\perp})^{\perp}=n-(n-s)=s=\dim U.$$

又根据定义, 我们有 $(U^{\perp})^{\perp}\supseteq U$. 因此 $(U^{\perp})^{\perp}=U$. □

设 f 是 V 上一个双线性函数. 考虑 f 在 V 的子空间 U 上的限制 $f|_U$, 我们得到 U 上一个双线性函数 $f|_U:U\times U\to F,\ (x,y)\mapsto f(x,y)$.

命题 7.3 设 f 是 V 上一个对称或斜对称双线性函数, U 是 V 的子空间, 则 $V=U\oplus U^{\perp}$ 当且仅当 f 在 U 上的限制 $f|_U$ 是非退化的.

证 由命题 7.2 的证明知, 对于子空间 U, 有 $\dim U^{\perp}\geqslant\dim V-\dim U$. 另一方面, 根据定义, $U\cap U^{\perp}=\mathrm{Ker}f|_U=\big\{y\in U:f(x,y)=0,\ \forall\ x\in U\big\}$. 因此, 若 $V=U\oplus U^{\perp}$, 则 $U\cap U^{\perp}=0$, 于是 $f|_U$ 非退化. 反之, 若 $f|_U$ 非退化, 则 $U\cap U^{\perp}=0$, 于是 $\dim(U+U^{\perp})=\dim U+\dim U^{\perp}\geqslant\dim V$, 因此 $U+U^{\perp}=V$. 所以 $V=U\oplus U^{\perp}$. □

定义 7.10 设 f 是 V 上对称双线性函数. V 的一个基 $\beta=(e_1,\cdots,e_n)$ 称为关于 f 的正交基或 f 正交基, 如果 $f(e_i,e_j)=0,\ i\neq j,\ 1\leqslant i,\ j\leqslant n$.

定理 7.2 设 f 是数域 F 上 n 维向量空间 V 上的一个对称双线性函数, 则 V 中存在关于 f 的正交基.

证 对 n 归纳. $n=1$ 时, 显然. 假设对于 $n-1(n>1)$ 维空间, 定理成立, 考虑 n 维的情形. 如果 $f=0$, 任意一个基都是正交基. 如果 $f\neq 0$, 由极化等式 (7.6) 知, $q\neq 0$, 即存在向量 $e_1\in V$, 使得 $f(e_1,e_1)=q(e_1)\neq 0$. 由命题 7.3 知, $V=\langle e_1\rangle\oplus\langle e_1\rangle^{\perp}$. f 限制在子空间 $\langle e_1\rangle^{\perp}$ 上仍是对称双线性函数. 由归纳假设, 存在 $\langle e_1\rangle^{\perp}$ 的一个 f 正交基 $(e_2,\cdots,e_n)$. 因此我们得到 V 的一个 f 正交基 $(e_1,e_2,\cdots,e_n)$. □

定理7.3　设 V 是数域 F 上 n 维向量空间, f 是 V 上一个斜对称双线性函数. 则存在 V 的一个基 $(e_1,\cdots,e_n)$, 使得

$$\begin{cases} f(e_{2i-1},e_{2i})=-f(e_{2i},e_{2i-1})=1, & i=1,\cdots,m, \\ f(e_i,e_j)=0, & \text{其他情形}. \end{cases}$$

换句话说, f 关于这个基的矩阵为 $J=\mathrm{diag}(J_2,\cdots,J_2,0,\cdots,0)$, 其中

$$J_2=\begin{pmatrix} 0 & 1 \\ -1 & 0 \end{pmatrix}. \tag{7.10}$$

这样的基称为 V 关于 f 的辛基.

证　对 $\dim V$ 作归纳. 当 $\dim V=1$ 时, $f=0$. 定理成立. 设 $n>1$, 且当 $\dim V<n$ 时, 定理成立. 考虑 $\dim V=n$ 的情形. 如果 $f=0$, 定理显然成立. 如果 $f\neq 0$, 则存在向量 e_1, e_2, 使得 $f(e_1,e_2)\neq 0$. e_1 或 e_2 乘适当的数 (仍记为 e_1 或 e_2) 可使 $f(e_1,e_2)=-f(e_2,e_1)=1$. 于是, f 限制在子空间 $\langle e_1,e_2\rangle$ 上关于基 (e_1, e_2) 的矩阵 J_2 形如 (7.10) . J_2 是非奇异的, 由命题 7.3, $V=\langle e_1,e_2\rangle\oplus\langle e_1,e_2\rangle^{\perp}$. 由归纳假设, $\langle e_1,e_2\rangle^{\perp}$ 有辛基 $(e_3,\cdots,e_n)$, 于是 $(e_1,\cdots,e_n)$ 是 V 的辛基. 由归纳法, 定理得证. □

下面我们主要讨论对称双线性函数.

设 f 是 V 上的一个对称双线性函数. 如果 V 有一个关于 f 的正交基 $(e_1,\cdots,e_n)$, 那么 f 关于这个基的矩阵 $(f(e_i,e_j))$ 是对角的. 不妨设 $(f(e_i,e_j))=\mathrm{diag}(d_1,\cdots,d_n)$. 此时 f 自身以及对应的二次函数 q 有如下简单形式：对任意 $x=x_1e_1+\cdots+x_ne_n$, $y=y_1e_1+\cdots+y_ne_n\in V$,

$$f(x,y)=d_1x_1y_1+\cdots+d_nx_ny_n, \tag{7.11}$$

$$q(x)=d_1x_1^2+\cdots+d_nx_n^2. \tag{7.12}$$

因为双线性函数在不同基下的矩阵是合同的, 因此, 用矩阵语言, 定理 7.2 即是说, F 上每个对称矩阵一定合同于一个对角矩阵. 下面给出一个更具体的构造正交基的方法 (在一定条件下).

设 $(e_1,\cdots,e_n)$ 是 V 的一个基, 而 $A=(a_{ij})$ 是 f 关于这个基的矩阵. 令 $V_s=\langle e_1,\cdots,e_s\rangle$, $s=1$, $\cdots$, n. 可以将 f 限制在子空间 V_s 上. 用 A_s 表示 $f|_{V_s}$ 关于基 $(e_1,\cdots,e_s)$ 的矩阵. 易见 A_s 就是 A 的前 s 行及前 s 列构成的子矩阵, 即 A 的左上角 s 阶子矩阵. 我们称 A_s 的行列式 $\det A_s$ 为方阵 A 的 s 阶顺序主子式, 记为 δ_s. 规定 $V_0=0$, $\delta_0=1$.

定理 7.4　如果矩阵 A 的所有顺序主子式都非零, 那么 V 中存在唯一的一个关于 f 的正交基 $(a_1,\cdots,a_n)$, 使得 $a_s\in e_s+V_{s-1}$, $s=1,\cdots,n$, 且

$$q(a_s)=f(a_s,a_s)=\frac{\delta_s}{\delta_{s-1}}, \quad s=1,\cdots,n. \tag{7.13}$$

证 对 $\dim V$ 归纳. 当 $\dim V = 1$ 时, 有 $a_1 = e_1$, $q(a_1) = \delta_1(=\frac{\delta_1}{\delta_0})$. 假设 $\dim V = n-1$ $(n>1)$ 时, 结论成立.

考虑 $\dim V = n$ 的情形. 对 V_{n-1} 用归纳假设, 可设 $(a_1, \cdots, a_{n-1})$ 是 V_{n-1} 的满足定理要求的基. 我们通过待定系数来构造 a_n. 设 $a_n = e_n + \sum_{i=1}^{n-1} k_i a_i$. 由归纳假设, $a_1, \cdots, a_{n-1}$ 两两关于 f 正交, 且 $q(a_i) = \frac{\delta_i}{\delta_{i-1}} \neq 0$, $i < n$. 所以存在唯一的 $k_1, \cdots, k_{n-1} \in F$, 使得

$$0 = f(a_n, a_i) = f(e_n, a_i) + k_i q(a_i),\ i = 1, \cdots, n-1.$$

又 $a_n \notin V_{n-1}$, 因此 $(a_1, \cdots, a_n)$ 是 V 的一个关于 f 的正交基. 下面验证 (7.13) 对于 $s = n$ 成立. 从基 $(e_1, \cdots, e_n)$ 到基 $(a_1, \cdots, a_n)$ 的过渡矩阵是上三角的, 且主对角元都为 1, 因此过渡矩阵的行列式为 1. 于是 f 的矩阵的行列式不因基的改变而改变, 但 f 在新基 $(a_1, \cdots, a_n)$ 下的矩阵是对角阵 $\mathrm{diag}(q(a_1), \cdots, q(a_n))$. 因此

$$\delta_n = q(a_1) \cdots q(a_{n-1}) q(a_n).$$

由归纳假设, 得 $q(a_n) = \dfrac{\delta_n}{\delta_{n-1}}$. □

这个构造法称为 Gram-Schmidt 正交化方法. 应用于 E^3, 参见图 7.1.

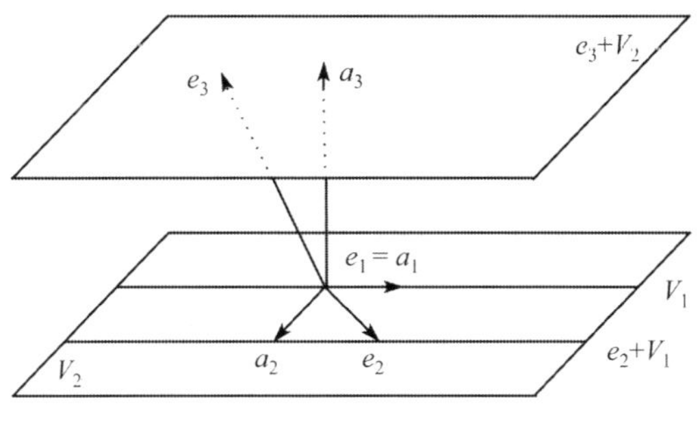

图 7.1

如果 $(e_1, \cdots, e_n)$ 是 V 的一个关于 f 的正交基, 那么调整 e_i 的倍数就可以改变二次函数的系数 $d_i = q(e_i)$, 或 f 的矩阵. 如令 $e_i' = k_i e_i$, 则

$$d_i' = q(e_i') = k_i^2 q(e_i) = k_i^2 d_i, i = 1, \cdots, n.$$

这相当于用 F 中一个非零元的平方乘 d_i. 另外, 改变正交基中基向量的次序还是一个正交基. 那么, 这样调整的余地到底有多大呢? 这个问题就与数域 F 的性质有关了.

1) 当 $F = \mathbf{C}$ 时, 我们可以用基向量的倍数调整系数 d_i, 使它等于 1 或 0. 再适当调整基向量顺序, 二次函数 $q(x)$ 的表达式获得如下形式:

$$q(x) = x_1^2 + x_2^2 + \cdots + x_r^2, \tag{7.14}$$

这里 $r = \text{rank}A$ 是与基无关的, 因而是不变的.

2) 当 $F = \mathbf{R}$ 时, 可以用基向量的倍数调整系数 d_i, 使它等于 ± 1 或 0. 再适当调整基向量顺序, 二次函数 $q(x)$ 的表达式获得如下形式:

$$q(x) = x_1^2 + x_2^2 + \cdots + x_k^2 - x_{k+1}^2 - x_{k+2}^2 \cdots - x_{k+l}^2, \tag{7.15}$$

这里 $k + l = \text{rank}A$ 与基无关, 因而是不变的. 自然要问, k 和 l 是不变的吗?

用矩阵的话来说, 每个 n 阶实对称矩阵 A 都合同于如下形式的对角矩阵:

$$\begin{pmatrix} I_k & & \\ & -I_l & \\ & & 0 \end{pmatrix}, \tag{7.16}$$

那么对角线上 1 的个数 k 是由 A 唯一决定的吗?

下面我们证明, 数 k 和 l 是由 f 或矩阵 A 唯一确定的. 为此, 先考虑 $k = n$ 的特殊情形. 此时, q 有如下形式:

$$q(x) = x_1^2 + x_2^2 + \cdots + x_n^2. \tag{7.17}$$

由此得知, 对于 V 中任意非零向量 $x = \sum_{i=1}^n x_i e_i$, 都有 $q(x) > 0$.

定义 7.11 设 V 是一个实线性空间. V 上一个二次函数 q 称为正定的, 如果对 V 中任意非零向量 x, 都有 $q(x) > 0$. V 上一个对称双线性函数称为正定的, 如果与它对应的二次函数是正定的.

显然, 对于 V 上一个正定二次函数 q, 存在 V 的一个基 $(e_1, \cdots, e_n)$, 使得对任意 $x = \sum_{i=1}^n x_i e_i \in V$, q 形如 (7.17) 式.

定理 7.5 实二次函数 q 的表达式 (7.15) 中指数 k 等于 $\dim U$ 的最大值, 其中 U 是 V 的子空间, 且 q 限制在 U 上是正定的.

证 显然, q 在 k 维子空间 $\langle e_1, \cdots, e_k \rangle$ 上是正定的. 设 U 是 V 的一个子空间, 且 q 限制在 U 上是正定的. 令 $W = \langle e_{k+1}, \cdots, e_n \rangle$. 对任意 $x \in W$, 有 $q(x) \leqslant 0$. 因此, $U \cap W = 0$, 于是 $\dim U \leqslant k$. □

推论 7.1 式 (7.16) 中的数 k, l 由对称双线性函数 f 唯一确定.

以上推论也称为Sylvester 定理或惯性定律. 整数对 (k, l) 称为 f 的符号. k, l 分别称为 f 的正、负惯性指数. $k - l = 2k - r$ 称为 f 的符号差.

式 (7.15) 称为实二次函数 q 的规范形. 式 (7.14) 称为复二次函数 q 的规范形. 此时的基称为规范正交基. 矩阵 (7.16) 称为矩阵 A 的合同标准形.

由定理 7.4 立即得到一个正定性判别法, 称为 Jacobi 方法.

定理 7.6 (Jacobi) 如果实二次函数的矩阵的顺序主子式都不为零, 那么 q 的负惯性指数等于序列 1, δ_1, δ_2, $\cdots$, δ_n 的符号改变数.

推论 7.2 一个实二次函数是正定的当且仅当它的矩阵的所有顺序主子式大于零.

证 如果二次函数的矩阵的所有顺序主子式都大于零, 那么由 Jacobi 方法得知, 该二次函数是正定的. 反之, 如果二次函数是正定的, 那么它限制到任意子空间也是正定的, 因而是非退化的. 特别地, 它的矩阵的所有顺序主子式都非零, 由 Jacobi 方法, 它们都大于零. □

7.1.3 二次型及其标准形

前面我们看到, 二次函数的坐标表达式是一个二次齐次多项式. 现在我们从多项式的观点来讨论这类函数.

定义 7.12 设 F 为数域. 系数在 F 中，具有 n 个变量 $x_1, x_2, \cdots, x_n$ 的二次齐次多项式称为 F 上一个 n 元二次型. 它的一般形式为

$$q(x_1, \cdots, x_n) = \sum_{i=1}^{n} a_{ii}x_i^2 + 2\sum_{1\leqslant i<j\leqslant n} a_{ij}x_ix_j, \tag{7.18}$$

或

$$q(x_1, \cdots, x_n) = \sum_{i=1}^{n}\sum_{j=1}^{n} a_{ij}x_ix_j, \quad a_{ij} = a_{ji}. \tag{7.19}$$

利用矩阵乘法, 我们可将二次型 $q(x_1, \cdots, x_n)$ 写成如下矩阵形式:

$$q(x_1, \cdots, x_n) = (x_1, x_2, \cdots, x_n)\begin{pmatrix} a_{11} & a_{12} & \cdots & a_{1n} \\ a_{21} & a_{22} & \cdots & a_{2n} \\ \vdots & \vdots & \ddots & \vdots \\ a_{n1} & a_{n2} & \cdots & a_{nn} \end{pmatrix}\begin{pmatrix} x_1 \\ x_2 \\ \vdots \\ x_n \end{pmatrix} \tag{7.20}$$

或更简单的形式:

$$q(X) = X^{\top}AX. \tag{7.21}$$

定义 7.13 n 阶矩阵 $A = (a_{ij})$ 称为 二次型 $q(x_1, \cdots, x_n)$ 的矩阵.

例 7.6 二次型 $q(x_1, x_2) = x_1^2 + 6x_1x_2 + 2x_2^2$ 的矩阵为

$$\begin{pmatrix} 1 & 3 \\ 3 & 2 \end{pmatrix}.$$

按照定义中二次型的一般形式的写法, n 元二次型 $q(x_1, \cdots, x_n)$ 的矩阵 A 是一个 n 阶对称矩阵. 反之, 任给一个 n 阶对称矩阵 A, 我们得到一个 n 元二次型 $q(x_1, \cdots, x_n) = X^{\top}AX$. 两个二次型称为相等, 是指它们的各项系数都对应相等, 即它们的矩阵相等. 也就是说, 二次型完全由其矩阵所确定. 于是我们就在 F 上全体

以 $x_1, \cdots, x_n$ 为变量的二次型的集合和 F 上全体 n 阶对称矩阵的集合之间建立了一一对应.

我们知道, 对于向量空间上的二次函数, 当基改变时, 其坐标表达式也相应地改变, 其规律可用矩阵来表述, 变换前后的矩阵是合同的. 上一节的一个主要结果是每个二次函数都可以经过适当的坐标变换, 使其表达式化为坐标的平方和形式. 用矩阵的话来说, 就是每个对称矩阵合同于一个对角矩阵. 下面我们用二次型的语言来重述这个结果.

定义 7.14 设 C 为 n 阶可逆矩阵, 我们称 $X = CY$ 是从变量 X 到变量 Y 的一个非退化线性替换, 其中

$$X = (x_1, \cdots, x_n)^\top, \ Y = (y_1, \cdots, y_n)^\top.$$

对二次型 $q(X) = X^\top AX$ 作变量替换 $X = CY$, 即将 $X = CY$ 代入 $X^\top AX$, 我们得到 $Y^\top(C^\top AC)Y$, 这是一个以 Y 为变量的二次型 $Y^\top BY$, 其矩阵 B 为 $C^\top AC$. 为了使得替换后所得二次型的性质能解释为原二次型的性质, 我们要求矩阵 C 可逆, 即所作的变量替换是非退化的. 因此, 矩阵 A 与矩阵 B 是合同的, 即在非退化线性替换之下, 二次型替换前后的矩阵是合同的. 注意到对角矩阵所对应的二次型是一个平方和形式, 对称矩阵合同于一个对角矩阵这一结果, 可用二次型的语言表为: 二次型可经非退化线性替换化为平方和. 这个结果的几何意义是: 在仿射坐标系下, 二次曲面方程的二次项部分可以经过仿射坐标变换化为平方和.

下面是一个具体的化法.

1) 二次型中某个变量平方项的系数不为零. 例如, $a_{11} \neq 0$. 此时, 把二次型对 x_1 进行配方, 得 (若 $a_{11} = 0$, 某个 $a_{ii} \neq 0$, 则对 x_i 配方)

$$\begin{aligned} q(x_1, \cdots, x_n) &= a_{11}x_1^2 + 2a_{12}x_1x_2 + \cdots + 2a_{1n}x_1x_n + \sum_{i=2}^{n}\sum_{j=2}^{n} a_{ij}x_ix_j \\ &= a_{11}\left(x_1 + \frac{a_{12}}{a_{11}}x_2 + \cdots + \frac{a_{1n}}{a_{11}}x_n\right)^2 + \sum_{i=2}^{n}\sum_{j=2}^{n} b_{ij}x_ix_j. \end{aligned}$$

令 $\begin{cases} y_1 = x_1 + \frac{a_{12}}{a_{11}}x_2 + \cdots + \frac{a_{1n}}{a_{11}}x_n, \\ y_i = x_i, \quad i = 2, \cdots, n, \end{cases}$ 即 $\begin{cases} x_1 = y_1 - \frac{a_{12}}{a_{11}}y_2 - \cdots - \frac{a_{1n}}{a_{11}}y_n, \\ x_i = y_i, \quad i = 2, \cdots, n. \end{cases}$
经此非退化线性替换, 二次型 $q(x_1, \cdots, x_n)$ 已化为如下形式:

$$a_{11}y_1^2 + \sum_{i=2}^{n}\sum_{j=2}^{n} b_{ij}y_iy_j.$$

再对上式右边的 $(n-1)$ 个变量继续配方, 直至化为平方和为止.

2) $a_{ii}=0(i=1,\cdots,n)$, 有一个 $a_{ij}\neq 0$. 则作非退化线性替换:

$$\begin{cases} x_i=y_i+y_j, \\ x_j=y_i-y_j, \\ x_k=y_k \quad (k\neq i,j). \end{cases}$$

这就可以把二次型化为第一种情况.

例 7.7 将下面的二次型化为标准形:

1) $q(x_1,x_2,x_3)=x_1^2+2x_2^2+4x_3^2+2x_1x_2+6x_2x_3+2x_1x_3$;

2) $q(x_1,x_2,x_3,x_4)=2x_1x_2+2x_1x_3-2x_1x_4-2x_2x_3+2x_2x_4+2x_3x_4$.

解 1) $a_{11}=1\neq 0$. 属于第一种情况.

$$\begin{aligned} q&=x_1^2+2x_1(x_2+x_3)+(x_2+x_3)^2-(x_2+x_3)^2+2x_2^2+4x_3^2+6x_2x_3 \\ &=(x_1+x_2+x_3)^2+x_2^2+3x_3^2+4x_2x_3 \\ &=(x_1+x_2+x_3)^2+(x_2+2x_3)^2-x_3^2. \end{aligned}$$

令 $y_1=x_1+x_2+x_3$, $y_2=x_2+2x_3$, $y_3=x_3$, 即

$$X=\begin{pmatrix} x_1 \\ x_2 \\ x_3 \end{pmatrix}=\begin{pmatrix} 1 & -1 & 1 \\ 0 & 1 & -2 \\ 0 & 0 & 1 \end{pmatrix}\begin{pmatrix} y_1 \\ y_2 \\ y_3 \end{pmatrix}=CY.$$

易知 C 非奇异. 经非退化线性替换 $X=CY$ 后, 二次型化成了标准形:

$$q(x_1,x_2,x_3)=q'(y_1,y_2,y_3)=y_1^2+y_2^2-y_3^2=Y^\top A'Y.$$

验算得知, q 的矩阵 A 与 q' 的矩阵 A' 满足合同关系: $A'=C^\top AC$.

2) q 不含平方项, 属于第二种情形. 先作替换:

$$x_1=y_1+y_2,\ x_2=y_1-y_2,\ x_3=y_3,\ x_4=y_4.$$

则有 $q(x_1,x_2,x_3,x_4)=2y_1^2-2y_2^2+4y_2y_3-4y_2y_4+2y_3y_4$, 再配方

$$\begin{aligned} q&=2y_1^2-2(y_2^2-2y_2(y_3-y_4)+(y_3-y_4)^2)+2(y_3-y_4)^2+2y_3y_4 \\ &=2y_1^2-2(y_2-y_3+y_4)^2+2y_3^2+2y_4^2-2y_3y_4 \\ &=2y_1^2-2(y_2-y_3+y_4)^2+2\left(y_3-\frac{1}{2}y_4\right)^2+\frac{3}{2}y_4^2. \end{aligned}$$

令 $z_1=y_1$, $z_2=y_2-y_3+y_4$, $z_3=y_3-\frac{1}{2}y_4$, $z_4=y_4$, 则

$$q(x_1,x_2,x_3,x_4)=2z_1^2-2z_2^2+2z_3^2+\frac{3}{2}z_4^2.$$

所作替换为 $X=CZ$, 其中

$$C=\begin{pmatrix}1&1&0&0\\1&-1&0&0\\0&0&1&0\\0&0&0&1\end{pmatrix}\begin{pmatrix}1&0&0&0\\0&1&-1&1\\0&0&1&-\dfrac{1}{2}\\0&0&0&1\end{pmatrix}^{-1}=\begin{pmatrix}1&1&1&-\dfrac{1}{2}\\1&-1&-1&\dfrac{1}{2}\\0&0&1&\dfrac{1}{2}\\0&0&0&1\end{pmatrix}.$$

根据二次型和对称矩阵的一一对应关系, 以及在非退化线性替换下, 二次型的矩阵的变化规律, 也可以用初等变换方法化二次型为平方和.

设 A 为对称矩阵, C 为可逆矩阵, 且 $C^{\top}AC=D$. 将 C 写成初等矩阵的乘积: $C=C_1\cdots C_r$, 则 $C_r^{\top}\cdots C_1^{\top}AC_1\cdots C_r=D$. 用初等矩阵 C_i 右乘 A 相当于对 A 作某种初等列变换, 用 $C_i^{\top}$ 左乘 A 相当于对 A 作同样的初等行变换. 为了求出矩阵 C, 我们可以对矩阵 $(A\mid I_n)$ 作初等行变换, 而对前半部分作同样的初等列变换. 最后将前半部分化成为对角矩阵 D 时, 后半部分就是矩阵 $C^{\top}$. 事实上,

$$C^{\top}(AC\mid I)=(D\mid C^{\top}).$$

例 7.8　将二次型 $q(x_1,x_2,x_3)=2x_1x_2-6x_2x_3+2x_1x_3$ 化为平方和.

解　记 q 的矩阵为 A. 对 $(A\mid I)$ 作初等行变换和同样的初等列变换:

$$\left(\begin{array}{ccc|ccc}0&1&1&1&0&0\\1&0&-3&0&1&0\\1&-3&0&0&0&1\end{array}\right)\xrightarrow{r_1+r_2}\left(\begin{array}{ccc|ccc}1&1&-2&1&1&0\\1&0&-3&0&1&0\\1&-3&0&0&0&1\end{array}\right)\xrightarrow{c_1+c_2}$$

$$\left(\begin{array}{ccc|ccc}2&1&-2&1&1&0\\1&0&-3&0&1&0\\-2&-3&0&0&0&1\end{array}\right)\xrightarrow[r_3+r_1]{r_2-\frac{1}{2}r_1}\left(\begin{array}{ccc|ccc}2&1&-2&1&1&0\\0&-\dfrac{1}{2}&-2&-\dfrac{1}{2}&\dfrac{1}{2}&0\\0&-2&-2&1&1&1\end{array}\right)\xrightarrow[c_3+c_1]{c_2-\frac{1}{2}c_1}$$

$$\left(\begin{array}{ccc|ccc}2&0&0&1&1&0\\0&-\dfrac{1}{2}&-2&-\dfrac{1}{2}&\dfrac{1}{2}&0\\0&-2&-2&1&1&1\end{array}\right)\xrightarrow{r_3-4r_2}\left(\begin{array}{ccc|ccc}2&0&0&1&1&0\\0&-\dfrac{1}{2}&-2&-\dfrac{1}{2}&\dfrac{1}{2}&0\\0&0&6&3&-1&1\end{array}\right)\xrightarrow{c_3-4c_2}$$

$$\left(\begin{array}{ccc|ccc}2&0&0&1&1&0\\0&-\dfrac{1}{2}&0&-\dfrac{1}{2}&\dfrac{1}{2}&0\\0&0&6&3&-1&1\end{array}\right).$$

即 $C^{\top}(AC\mid I_3)=(C^{\top}AC\mid C^{\top})$. 于是, 令 $X=CY$, 得

$$q(x_1,x_2,x_3)=2y_1^2-\frac{1}{2}y_2^2+6y_3^2.$$

前面已说明, F 上任意一个二次型 $q(x_1,\cdots,x_n)$ 都可以经过非退化线性替换化为平方和. 如

$$d_1y_1^2+\cdots+d_ry_r^2,\ \ d_i\neq 0,\ i=1,\cdots,r.$$

如果 $F=\mathbf{C}$, 再作非退化线性替换:

$$y_i=\frac{1}{\sqrt{d_i}}z_i,\quad i=1,\cdots,r,\quad y_j=z_j,\quad j=r+1,\cdots,n.$$

可将它化为系数为 1 和 0 的平方和:

$$z_1^2+\cdots+z_r^2,$$

称为复二次型 q 的规范形. 因为 $r=\mathrm{rank}A$, 所以规范形是唯一的.

如果 $F=\mathbf{R}$, 不妨设 $d_i>0,i=1,\cdots,k$; $d_i<0,\ i=k+1,\cdots,r$. 可以再作非退化线性替换:

$$y_i=\frac{1}{\sqrt{|d_i|}}z_i,\quad i=1,\cdots,r,\quad y_j=z_j,\quad j=r+1,\cdots,n.$$

将它化为规范形:

$$z_1^2+\cdots+z_k^2-z_{k+1}^2-\cdots-z_{k+l}^2. \tag{7.22}$$

下面是规范形唯一性的另一证法.

定理 7.7 实二次型 $q(X)=X^\top AX$ 可经非退化线性替换化为规范形 (7.22) , 且规范形是唯一的, 其中正、负平方项个数 k、l 分别称为 q 的正、负惯性指数, ($k-l$ 称为 q 的符号差), $k+l$ 是 q 的秩.

证 设 $q(X)$ 经非退化线性替换 $X=BY$ 和 $X=CZ$ 分别化为如下形式:

$$q(X)=y_1^2+\cdots y_k^2-y_{k+1}^2-\cdots-y_r^2, \tag{7.23}$$

$$q(X)=z_1^2+\cdots+z_l^2-z_{l+1}^2-\ldots-z_r^2. \tag{7.24}$$

假设 $k>l$, 由于 X, Y, Z 之间具有可逆的线性关系, 所以

$$z_1=0,\ \cdots\ z_l=0,\ y_{k+1}=0,\ \cdots,\ y_n=0 \tag{7.25}$$

组成一个关于 $x_1,\cdots,x_n$ 的齐次线性方程组, 且方程个数 $n-k+l$ 小于变量个数 n, 因而它有非零解. 取一个非零解 X_0, 则有 $Y_0=B^{-1}X_0\neq 0$. 因为 Y_0 的后 $n-k$ 个元都为零, 于是前 k 个元中至少有一个不为零. 因此, 将 X_0 代入 (7.23) 式, 得到一个大于零的数; 将 X_0 代入 (7.24) 式, 得到一个小于或等于零的数. 矛盾! 于是 $k\leqslant l$. 由于 Y, Z 的地位对称, 同理可得 $l\leqslant k$. □

如果 n 元实二次型 $q(X)$ 的符号差等于 n, 那么经过某个非退化线性替换 $X=CY$, $q(X)$ 可以化为如下规范形:

$$q(x_1,\cdots,x_n)=X^\top AX=Y^\top(C^\top AC)Y=y_1^2+\cdots+y_n^2.$$

由此看出, 任意一组不全为零的数 $y_1,\ldots,y_n$ 代入后, 二次型的值都是正数. 由于 $X=CY$, $Y=C^{-1}X$, 所以, $X\neq 0$ 当且仅当 $Y\neq 0$; 且 X 取遍 $\mathbf{R}^n$, 等价于 Y 取遍 $\mathbf{R}^n$. 因此, 对于变量 $x_1,\ldots,x_n$ 的任意一组不全为零的值, 函数值 $q(x_1,\cdots,x_n)$ 都是正数. 反过来, 如果对于任意非零的 $X\in\mathbf{R}^n$, 都有 $q(X)>0$, 那么 $q(X)$ 的秩和符号差都等于 n. 事实上, 若 $r<n$, 或者 $r=n$, 但 $s<n$, 取 $Y_0=(0,\cdots,0,1)\in\mathbf{R}^n$, 令 $X_0=CY_0$, 则有 $q(X_0)=Y_0^\top C^\top ACY_0=0$, 或者 -1. 与已知矛盾.

定义 7.15　设 A 是 n 阶实对称矩阵, 二次型 $q(X)=X^\top AX$ 称为正定的, 如果对任意非零的 $X\in\mathbf{R}^n$, 总有 $q(X)>0$. 此时 A 称为正定矩阵.

命题 7.4　设 A 是一个 n 阶实对称矩阵. 则 A 是正定矩阵, 或二次型 $q(X)=X^\top AX$ 是正定二次型, 等价于下列条件之一:

1) A 合同于单位矩阵,

2) A (或 $q(X)$) 的正惯性指数等于 n,

3) A 的所有顺序主子式大于零.

证　留作练习.　□

与正定性平行, 还有下面的概念.

定义 7.16　设 $q(X)$ 是一个 n 元实二次型.

1) 如果对任意 $0\neq X\in\mathbf{R}^n$, 都有 $q(X)<0$, 那么 q 称为负定的;

2) 如果对任意 $X\in\mathbf{R}^n$, 都有 $q(X)\geqslant 0$, 那么 q 称为半正定的;

3) 如果对任意 $X\in\mathbf{R}^n$, 都有 $q(X)\leqslant 0$, 那么 q 称为半负定的;

4) 如果 q 既不是半正定又不是半负定, 那么 q 就称为不定的.

7.2　欧氏空间

本节我们将初等向量几何推广到 n 维情形. 我们将看到, 几何向量的线性运算及内积运算性质能通过欧氏向量空间的概念得到充分的反映.

7.2.1　基本性质

定义 7.17　设 V 是实向量空间. V 上一个正定对称双线性函数称为 V 的一个内积. 定义了内积的实向量空间称为欧氏向量空间, 简称欧氏空间.

设 V 是一个欧氏空间, f 是它的内积. 对任意 $x,y\in V$, $f(x,y)$ 称为向量 x 与 y 的内积, 常简记为 (x,y).

例如, E^3 是实向量空间, 它的内积运算是 E^3 上的一个正定对称双线性函数. 因此 E^3 是一个欧氏空间. 取直角坐标系, 向量用坐标来表示, 我们得到线性空间 $\mathbf{R}^3$. 几何向量的内积在直角坐标系下的坐标表达式定义了 $\mathbf{R}^3$ 上一个内积. 更一般地, 我们还定义了实线性空间 $\mathbf{R}^n$ 上的标准内积, 即

$$(x,y)=x_1y_1+\cdots+x_ny_n,\quad \forall x,\ y\in\mathbf{R}^n.$$

显然, 这是 $\mathbf{R}^n$ 上一个正定对称双线性函数. 因此 $\mathbf{R}^n$ 是一个欧氏空间.

例 7.9 对于函数 $f(x),\ g(x)\in C[0,1]$, 定义

$$(f(x),g(x))=\int_0^1 f(x)g(x)dx. \tag{7.26}$$

这里 $C[0,1]$ 是区间 $[0,1]$ 上的实连续函数空间. 由定积分的性质知, 这定义了 $C[0,1]$ 上一个正定对称双线性函数, 使 $C[0,1]$ 成为一个欧氏空间.

因为内积是对称双线性函数, 所以欧氏空间中有正交的概念.

定义 7.18 设 V 是欧氏空间. 如果向量 x,y 的内积为零, 即 $(x,y)=0$, 那么 $x,\ y$ 称为正交或相互垂直, 记为 $x\perp y$.

内积还具有正定性, 对任意 $x\in V$, $\sqrt{(x,x)}$ 是一个非负实数. 因此可以定义向量的长度.

定义 7.19 欧氏空间 V 中向量 x 的长度为非负实数 $\sqrt{(x,x)}$, 记为 $|x|$.

显然, 这样定义的向量的长度一般是正数, 只有零向量的长度才是零, 即 $|x|\geqslant 0$, 且 $|x|=0$, 当且仅当 $(x,x)=0$, 当且仅当 $x=0$. 长度还具有 E^3 中向量长度的熟知性质: 对任意 $k\in\mathbf{R}$, $x\in V$,

$$|kx|=|k||x|. \tag{7.27}$$

事实上, $|kx|=\sqrt{(kx,kx)}=\sqrt{k^2(x,x)}=|k||x|$. 如果 $|x|=1$, 则称 x 为单位向量. 如果 $x\neq 0$, 由 (7.27) 式, 向量 $\frac{1}{|x|}x$ 是单位向量, 称为 x 的单位化.

定理 7.8 (Cauchy-Schwarz) 对欧氏空间 V 中任意向量 $x,\ y$, 有

$$|(x,y)|\leqslant |x||y|, \tag{7.28}$$

且等号成立当且仅当 x,y 线性相关.

证 如果 $x,\ y$ 线性相关, 不仿设 $y=kx,\ k\in\mathbf{R}$, 那么

$$|(x,y)|=|k||(x,x)|=|k||x|^2=|x||y|.$$

如果向量 $x,\ y$ 线性无关, 那么它们组成 2 维子空间 $W=\mathrm{Span}(x,y)$ 的一个基, 内积在 W 上的限制关于基 $x,\ y$ 的矩阵为

$$\begin{pmatrix}(x,x) & (x,y)\\(x,y) & (y,y)\end{pmatrix}.$$

因为内积是正定的, 它的矩阵的行列式大于零, 因此 $|(x,y)| < |x||y|$. □

由于 (7.28) 式, 我们可以定义向量之间的角度.

定义 7.20　欧氏空间 V 中非零向量 x 与 y 的夹角$\angle(x,y)$ 定义为

$$\angle(x,y) = \arccos\frac{(x,y)}{|x||y|},\quad 0 \leqslant \angle(x,y) \leqslant \pi.$$

特别地, 角度 $\angle(x,y)$ 等于 0 或 π 当且仅当向量 x, y 线性相关. 角度 $\angle(x,y)$ 等于 $\frac{\pi}{2}$ 当且仅当 x 与 y 正交. Cauchy-Schwarz 不等式是关于欧氏空间中任意有限向量组的一个更一般的不等式的特例.

定义 7.21　设 $(a_1,\cdots,a_r)$ 是欧氏空间 V 的一个向量组. 令

$$G = \begin{pmatrix} (a_1,a_1) & (a_1,a_2) & \cdots & (a_1,a_r) \\ (a_2,a_1) & (a_2,a_2) & \cdots & (a_2,a_r) \\ \vdots & \vdots & \ddots & \vdots \\ (a_r,a_1) & (a_r,a_2) & \cdots & (a_r,a_r) \end{pmatrix},$$

称矩阵 $G = ((a_i,a_j))$ 为向量组 $(a_1,\cdots,a_r)$ 的 Gram 矩阵.

设 V 是 n 维欧氏空间. 按定义, V 的一个基的 Gram 矩阵就是内积关于这个基的矩阵, 也称为这个基的度量矩阵. 度量矩阵完全确定了内积. 也就是说, 对任意 $x=\sum_i x_ie_i$, $y=\sum_i y_ie_i \in V$, 有

$$(x,y) = \sum_{i=1}^{n}\sum_{j=1}^{n}(e_i,e_j)x_iy_j = X^\top GY,$$

其中 X, Y 分别为 x, y 的坐标列. 度量矩阵是正定矩阵. 特别地, 它的行列式大于零. 不同基的度量矩阵是合同的. 一般地, 有下面的结论.

定理 7.9　对于 V 中任意向量组 $(a_1,\cdots,a_r)$, 有

$$\det G(a_1,\cdots,a_r) \geqslant 0,$$

且等号成立当且仅当 a_1, $\cdots$, a_r 线性相关.

证　如果有 $k_1,\cdots,k_r \in \mathbf{R}$, 使得 $\sum_{i=1}^{r} k_ia_i = 0$, 则有

$$\sum_{i=1}^{r} k_i(a_i,a_j) = 0,\quad j = 1,\ \cdots,\ r.$$

因此, 如果 $a_1,\cdots,a_r$ 线性相关, 则 $G(a_1,\cdots,a_r)$ 的行向量组线性相关. 于是 $\det G(a_1,\cdots,a_r) = 0$. 如果 $a_1,\cdots,a_r$ 线性无关, 则内积限制在子空间 $\langle a_1,\cdots,a_r\rangle$ 上是正定的, 因此 $\det G(a_1,\cdots,a_r) > 0$. □

7.2.2 标准正交基

根据对称双线性函数的一般理论, 立即知道, 欧氏空间中存在一个基, 使得内积具有规范形式, 而且这样的基并不唯一. 下面我们来描述所有这样的基.

欧氏空间中一组非零的向量称为一个正交向量组, 如果它们两两正交. 容易证明, 正交向量组是线性无关的. 因此, n 维欧氏空间中含 n 个向量的正交向量组就是它的一个基. 两两正交的非零向量不超过 n 个. 欧氏空间的一个基如果是一个正交向量组, 就称为一个正交基.

定义 7.22 n 维欧氏空间 V 的一个基 $(e_1, \cdots, e_n)$ 称为标准正交基, 简称幺正基, 如果基向量是两两正交的单位向量. 即由单位向量组成的正交基.

显然, 基 $(e_1, \cdots, e_n)$ 是幺正基, 当且仅当 $(e_i, e_j) = \delta_{ij}$, $1 \leqslant i, j \leqslant n$; 当且仅当 $G(e_1, \cdots, e_n) = I$. 因此, 一个基是幺正基的充要条件是它的度量矩阵是单位矩阵. 度量矩阵是正定矩阵, 正定矩阵合同于单位矩阵. 因此 n 维欧氏空间中一定存在一个基, 它的度量矩阵是单位矩阵, 即 n 维欧氏空间中存在幺正基. 下面的性质是显然的, 可作为练习.

命题 7.5 设 $(e_1, \cdots, e_n)$ 是欧氏空间 V 的一个基. 则下列条件等价:

1) $(e_1, \cdots, e_n)$ 是幺正基;

2) 对任意 $x = \sum_i x_i e_i$, $y = \sum_i y_i e_i \in V$, 有 $(x, y) = \sum_i x_i y_i$;

3) 对任意 $x = \sum_i x_i e_i$, 有 $(x, x) = \sum\limits_{i=1}^{n} {x_i}^2$.

给定欧氏空间 V 的幺正基 β, 对 V 的任意基 γ. 设 $\gamma = \beta C$, 则内积关于 γ 的矩阵为 $C^\top I C = C^\top C$. 因此, γ 是幺正基, 当且仅当 $C^\top C = I$.

命题 7.6 设 $C \in M_n(\mathbf{R})$. 下列条件等价:

1) $C^\top C = I$;

2) $\sum_k c_{ki} c_{kj} = \delta_{ij}$, 即 C 的列向量组是 $\mathbf{R}^n$ 的幺正基;

3) $C^\top = C^{-1}$;

4) $CC^\top = I$;

5) $\sum_k c_{ik} c_{jk} = \delta_{ij}$, 即 C 的行向量组是 $\mathbf{R}^n$ 的幺正基.

定义 7.23 满足以上等价条件的实矩阵 C 称为正交矩阵.

命题 7.7 设 β 是欧氏空间 V 的一个幺正基, V 的一个基 γ 是幺正基当且仅当 β 到 γ 的过渡矩阵 C 是正交矩阵.

例 7.10 2 阶正交矩阵是下列矩阵之一:

$$\begin{pmatrix} \cos\alpha & -\sin\alpha \\ \sin\alpha & \cos\alpha \end{pmatrix}, \qquad \begin{pmatrix} \cos\alpha & \sin\alpha \\ \sin\alpha & -\cos\alpha \end{pmatrix}.$$

例 7.11 行列式为 1 的 3×3 正交矩阵 C 可以分解为三个正交矩阵之积:

$$\begin{pmatrix}\cos\varphi & -\sin\varphi & 0\\ \sin\varphi & \cos\varphi & 0\\ 0 & 0 & 1\end{pmatrix}\begin{pmatrix}1 & 0 & 0\\ 0 & \cos\theta & -\sin\theta\\ 0 & \sin\theta & \cos\theta\end{pmatrix}\begin{pmatrix}\cos\psi & -\sin\psi & 0\\ \sin\psi & \cos\psi & 0\\ 0 & 0 & 1\end{pmatrix}.$$

因此正交矩阵完全刻画了欧氏空间的幺正基. 即, 固定 n 维欧氏空间 V 的一个幺正基之后, n 阶正交矩阵和 V 的幺正基一一对应.

特别地, 考虑欧氏空间 $\mathbf{R}^n$. 由以上条件 2), 5) 知, 一个 n 阶实矩阵是正交矩阵当且仅当它的行 (或列) 向量组是行 (或列) 空间 $\mathbf{R}^n$ 的一个幺正基. 又由 1) 可知, 正交矩阵的行列式等于 1 或 -1. 正交矩阵的逆也是正交的, 两个 n 阶正交矩阵的乘积也是正交矩阵, 因而所有 $n\times n$ 正交矩阵构成 $\mathrm{GL}_n(\mathbf{R})$ 的一个子群, 称为 n 阶正交群, 记为 O_n, 即

$$\mathrm{O}_n=\left\{A\in\mathrm{GL}_n(\mathbf{R}):A^{\top}A=I\right\}.$$

行列式为 1 的正交矩阵形成一个子群, 称为特殊正交群, 记为 SO_n, 即

$$\mathrm{SO}_n=\left\{A\in\mathrm{GL}_n(\mathbf{R}):A^{\top}A=I,\quad \det A=1\right\}.$$

因为 V 的内积在任意子空间 U 上的限制也是正定的, 所以欧氏空间的每个子空间也是欧氏空间. 特别地, V 的内积在子空间 U 上的限制是非退化的. 因此, 由命题 7.3, $V=U\oplus U^{\perp}$. 每个向量 $x\in V$ 有唯一分解

$$x=y+z,\quad y\in U,\quad z\in U^{\perp}. \tag{7.29}$$

向量 y 称为向量 x 在子空间 U 上的正交投影(或内射影), 记为 $\mathrm{pr}_U(x)$. 向量 z 称为向量 x 关于子空间 U 的正交分量, 记为 $\mathrm{ort}_U(x)$.

命题 7.8 设 U 是欧氏空间 V 的子空间, $(e_1,\cdots,e_s)$ 是 U 的正交基. 则

$$\mathrm{pr}_U(x)=\sum_{i=1}^{s}\frac{(x,e_i)}{(e_i,e_i)}e_i,\quad \forall\, x\in V. \tag{7.30}$$

特别地, 如果 $(e_1,\cdots,e_n)$ 是欧氏空间 V 的一个幺正基, 那么

$$x=(x,e_1)e_1+\cdots+(x,e_n)e_n\ ,\quad \forall\, x\in V.$$

证 令 $y=\sum_{i=1}^{s}\frac{(x,e_i)}{(e_i,e_i)}e_i$. 则 $(y,e_i)=(x,e_i), 1\leqslant i\leqslant s$, 因此 $x-y\in U^{\perp}$. 由于 $V=U\oplus U^{\perp}$, 因此 $\mathrm{pr}_U(x)=y$. 特别地, $\mathrm{pr}_V=\mathrm{id}_V$. □

可以用 Gram-Schmidt 正交化方法由 V 的一个基 $(e_1,\cdots,e_n)$ 构造一个幺正基. 假设 $(a_1,\cdots,a_{s-1})$ 已是子空间 $V_{s-1}=\langle e_1,\cdots,e_{s-1}\rangle$ 的一个正交基, 可以应用

公式 (7.30), 求出 $\mathrm{pr}_{V_{s-1}}(e_s)$, 然后求出 a_s:

$$a_s = e_s - \sum_{i=1}^{s-1} \frac{(e_s, a_i)}{(a_i, a_i)} a_i, \quad s = 1, \cdots, n. \tag{7.31}$$

再将正交基 $(a_1, \cdots, a_n)$ 单位化即可.

例 7.12 给定 $\mathbf{R}^4$ 的一个基 $(e_1,\ e_2,\ e_3,\ e_4)$, 求 $\mathbf{R}^4$ 的一个幺正基, 其中 $e_1 = (1,1,0,0)$, $e_2 = (1,0,1,0)$, $e_3 = (-1,0,0,1)$, $e_4 = (1,-1,-1,1)$.

解 先正交化:

$$\begin{aligned}
a_1 &= e_1 = (1,1,0,0), \\
a_2 &= e_2 - \frac{e_2 \cdot a_1}{a_1 \cdot a_1} a_1 = \left(\frac{1}{2}, -\frac{1}{2}, 1, 0\right), \\
a_3 &= e_3 - \frac{e_3 \cdot a_1}{a_1 \cdot a_1} a_1 - \frac{e_3 \cdot a_2}{a_2 \cdot a_2} a_2 = \left(-\frac{1}{3}, \frac{1}{3}, \frac{1}{3}, 1\right), \\
a_4 &= e_4 - \frac{e_4 \cdot a_1}{a_1 \cdot a_1} a_1 - \frac{e_4 \cdot a_2}{a_2 \cdot a_2} a_2 - \frac{e_4 \cdot a_3}{a_2 \cdot a_2} a_3 = (1,-1,-1,1),
\end{aligned}$$

再单位化, 得到一个幺正基 $(e_1',\ e_2',\ e_3',\ e_4')$, 其中

$$\begin{aligned}
e_1' &= \left(\frac{1}{\sqrt{2}}, \frac{1}{\sqrt{2}}, 0, 0\right), & e_2' &= \left(\frac{1}{\sqrt{6}}, -\frac{1}{\sqrt{6}}, \frac{2}{\sqrt{6}}, 0\right), \\
e_3' &= \left(-\frac{1}{\sqrt{12}}, \frac{1}{\sqrt{12}}, \frac{1}{\sqrt{12}}, \frac{3}{\sqrt{12}}\right), & e_4' &= \left(\frac{1}{2}, -\frac{1}{2}, -\frac{1}{2}, \frac{1}{2}\right).
\end{aligned}$$

7.2.3 欧氏空间的同构

我们知道, 向量空间的结构只依赖于它的维数, 任意 n 维实向量空间都和 $\mathbf{R}^n$ 同构. 下面要证明, 对于欧氏空间, 也有同样的结论.

设 V 是 n 维欧氏空间. 根据定理 7.2, V 中总存在幺正基. 取 V 的一个幺正基 β. 那么, 对任意 $x = \beta X$, $y = \beta Y \in V$, 有 $(x, y) = X^{\top} Y$. 即 V 的内积对应 $\mathbf{R}^n$ 的标准内积.

定义 7.24 设 V 和 U 都是欧氏空间. 若 $\sigma: V \to U$ 是线性同构映射, 且

$$(\sigma(x), \sigma(y)) = (x, y) \quad \forall\ x, y \in V$$

则称 σ 是 V 到 U 的同构映射. 若存在 V 到 U 的同构映射, 称 V 与 U同构.

定理 7.10 两个有限维欧氏空间同构, 当且仅当它们的维数相等.

证 若欧氏空间 V 和 U 同构, 则有同构映射 $\sigma: V \to U$. 按定义, σ 也是线性同构映射. 同构的线性空间有相同的维数. 因此 V 和 U 维数相同. 反之, 设 V 和

U 都是 n 维欧氏空间, 各取一个幺正基 $(e_1, \cdots, e_n)$ 和 $(f_1, \cdots, f_n)$. 则存在线性同构映射 $\sigma: V \to U$, 使得 $\sigma(e_i) = f_i$, $i = 1, \cdots, n$. 于是

$$(\sigma(e_i), \sigma(e_j)) = (f_i, f_j) = \delta_{ij} = (e_i, e_j).$$

因此, 对任意的 $x = \sum_i x_i e_i$, $y = \sum_i y_i e_i \in V$, 有

$$(\sigma(x), \sigma(y)) = \sum_i \sum_j x_i y_j (\sigma(e_i), \sigma(e_j)) = \sum_i x_i y_i = (x, y). \qquad \square$$

因为 $\dim \mathbf{R}^n = n$, 所以任意 n 维欧氏空间都与 $\mathbf{R}^n$ 同构. 同构的欧氏空间本质上相同. 因此, 任意 n 维欧氏空间 V 本质上和 $\mathbf{R}^n$ 赋予标准内积是相同的. 选取 V 的一个幺正基, V 上的问题就转化为 $\mathbf{R}^n$ 上的问题.

欧氏空间的内积在子空间上的限制使子空间也成为欧氏空间. 前面我们抽象地定义了欧氏空间 V 中两个向量的夹角. 其实也可以利用内积在子空间上的限制及同构来定义. 具体地说, 若两向量 x, y 线性相关, 则定义其夹角为零; 否则, (x, y) 是 V 的 2 维子空间 $W = \langle x, y \rangle$ 的一个基. 内积在子空间 W 上的限制使 W 成为欧氏空间, 因而 W 有幺正基 (e_1, e_2). 利用这个基, 向量 x, $y \in V$ 对应坐标向量 X, $Y \in \mathbf{R}^2$. 因此, 我们可以利用 X, Y 的几何性质来解释 x, y 的性质. 因为 (e_1, e_2) 是幺正基, 所以

$$(x, y) = X^\top Y, \ |x| = |X|, \ |y| = |Y|.$$

因此, 定义 $\angle(x, y)$ 为 $\angle(X, Y)$, 作为 $\mathbf{R}^2$ 中类似公式的推论, 我们得到

$$(x, y) = |x||y| \cos \angle(x, y), \quad \forall\ x,\ y \in V.$$

通过将内积限制到 2 维子空间的办法, 容易证明, $\mathbf{R}^2$ 和 $\mathbf{R}^3$ 中一些标准的事实对任意欧氏空间成立. 例如, Cauchy-Schwarz 不等式, 以及

$$\text{三角形不等式}: |x + y| \leqslant |x| + |y|, \tag{7.32}$$

$$\text{余弦定理}: |x - y|^2 = |x|^2 + |y|^2 - 2|x||y| \cos \angle(x, y), \tag{7.33}$$

$$\text{勾股定理}: |x + y|^2 = |x|^2 + |y|^2, \ (\ x \perp y\ ). \tag{7.34}$$

当然也可以不用坐标方法, 直接证明这些结论.

7.2.4　向量到子空间的距离

定义 7.25　欧氏空间 V 中向量 x 和 y 的距离定义为 $d(x, y) = |x - y|$.

这个距离满足度量空间公理: 对 V 中任意向量 x, y, z,

1) $d(x,y)\geqslant 0$, 且 $d(x,y)=0$ 当且仅当 $x=y$;

2) $d(x,y)=d(y,x)$;

3) $d(x,z)\leqslant d(x,y)+d(y,z)$.

一个度量空间 V 中两个子集 S, T 间的距离定义为

$$d(S,T)=\inf_{x\in S,\ y\in T} d(x,y). \tag{7.35}$$

定理 7.11 设 U 是欧氏空间 V 的子空间, $x\in V$. 则向量 x 到子空间 U 的距离等于 $|\mathrm{ort}_U(x)|$, U 中和 x 距离最近的向量是 $\mathrm{pr}_U(x)$.

证 设 $y=\mathrm{pr}_U(x)$, 对于 U 中任意一个不同于 y 的向量 z, 有

$$x-z=(x-y)-(z-y)\ ,\ \ (x-y)\perp(z-y),$$

由勾股定理, $d(x,z)=|x-z|=\sqrt{|x-y|^2+|z-y|^2}>|x-y|=d(x,y)$. □

定理 7.12 设 $(e_1,\cdots,e_s)$ 是欧氏空间 V 的子空间 U 的一个基. 则有

$$(d(x,U))^2=\frac{\det G(e_1,\cdots,e_s,x)}{\det G(e_1,\cdots,e_s)},\ \forall\, x\in V.$$

证 如果 $x\in U$, 则 $d(x,U)=0$, 且 $\det G((e_1,\cdots,e_s,x)=0$. 定理成立. 如果 $x\notin U$, 令 $y=\mathrm{ort}_U(x)$. 应用定理 7.4 于子空间 $U\oplus\langle x\rangle$ 得

$$|y|^2=(y,y)=\frac{\delta_{s+1}}{\delta_s}=\frac{\det G(e_1,\cdots,e_s,x)}{\det G(e_1,\cdots,e_s)}.$$ □

以上公式可用来求欧氏空间 V 中一个平行体的体积. 欧氏空间 V 中由向量 $a_1,\cdots,a_n$ 确定的平行体是指集合

$$P(a_1,\cdots,a_n)=\left\{\sum_{i=1}^n x_ia_i : 0\leqslant x_i\leqslant 1,\ i=1,\cdots,n\right\}.$$

它的底是 $(n-1)$ 维平行体 $P(a_1,\cdots,a_{n-1})$, 而高为向量 $\mathrm{ort}_{\langle a_1,\cdots,a_{n-1}\rangle}(a_n)$ 的长度. 对于 $n=2$, 3, 这和第一章中标准的定义是一致的. 有了平行四边形的面积和平行六面体的体积公式, 我们有下列归纳定义

定义 7.26 1 维平行体 $P(a)$ 的体积就是向量 a 的长度. 一个 $n(>1)$ 维平行体的体积是其底的体积和高的乘积, 平行体 P 的体积记为 $\mathrm{vol}P$.

定理 7.13 $(\mathrm{vol}P(a_1,\cdots,a_n))^2=\det G(a_1,\cdots,a_n)$.

证 对 n 归纳. 当 $n=1$ 时, 由定义知结论成立. 对 $n>1$, 设定理对于 $(n-1)$ 维平行体成立, 考虑 n 维平行体的情形. 按定义,

$$\mathrm{vol}P(a_1,\cdots,a_n)=\mathrm{vol}P(a_1,\cdots,a_{n-1})\cdot h,$$

其中 h 是 a_n 到子空间 $\langle a_1,\cdots,a_{n-1}\rangle$ 的距离. 由归纳假设和定理 7.12 得

$$\begin{aligned}(\mathrm{vol}P(a_1,\cdots,a_n))^2 &= \det G(a_1,\cdots,a_{n-1})\cdot\frac{\det G(a_1,\cdots,a_{n-1},a_n)}{\det G(a_1,\cdots,a_{n-1})}\\ &= \det G(a_1,\cdots,a_n).\end{aligned}$$ □

特别地, 虽然平行体的底与我们将哪个向量看成最后一个有关, 但平行体的体积却仅与向量组有关.

定理 7.14 设 $(e_1,\cdots,e_n)$ 是欧氏空间 V 的一个幺正基, 而 $a_1,\ldots,a_n$ 是 V 中 n 个向量, 且 $(a_1,\ldots,a_n)=(e_1,\cdots,e_n)A$. 则

$$\mathrm{vol}P(a_1,\cdots,a_n)=|\det A|.$$

证 由 $G(a_1,\cdots,a_n)=A^\top A$ 得 $\det G(a_1,\cdots,a_n)=(\det A)^2$. □

在第 1 章里我们看到, 定向平行四边形的定向面积和定向平行六面体的定向体积分别是 2, 3 阶行列式. 定理 7.14 中的等式可看作是行列式绝对值的几何意义. 至于 $\det A$ 的符号, 可以解释为向量组 $(a_1,\cdots,a_n)$ 关于基 $(e_1,\cdots,e_n)$ 的定向.

例 7.13 (最小二乘法) 实际问题中, 用观测数据列出的实线性方程组

$$AX=B,\quad A=(a_{ij})_{m\times n},\quad B=(b_1,\cdots,b_m)^\top \tag{7.36}$$

可能无解. 此时, 希望找向量 $X_0=(c_1,\cdots,c_n)^\top$, 使如下误差平方和达到最小:

$$\sum_{i=1}^{m}\left(\sum_{j=1}^{n}a_{ij}c_j-b_i\right)^2. \tag{7.37}$$

这个 X_0 称为 (7.36) 的最小二乘解. 它是否存在呢? 存在的话, 如何求呢?

解 (7.37) 式可以看成欧氏空间 $\mathbf{R}^m$ 中向量 AX_0-B 的长度平方. 因此, 向量 X_0 是 $AX=B$ 的最小二乘解, 当且仅当

$$|AX_0-B|\leqslant|AX-B|,\quad\forall\ X\in\mathbf{R}^n.$$

因为 $\mathrm{Col}A=\{AX:X\in\mathbf{R}^n\}$, 所以上式等价于

$$|AX_0-B|\leqslant|Y-B|,\quad\forall\ Y\in\mathrm{Col}A.$$

即 AX_0 是 B 在子空间 $\mathrm{Col}A$ 上的正交投影. 由定理 7.11 知, 最小二乘解存在. 而且, 求 (7.36) 的最小二乘解, 等价于求下列线性方程组的解:

$$A^\top AX=A^\top B. \tag{7.38}$$

事实上, $(B-AX_0)\in\mathrm{Col}A^\perp\Leftrightarrow A^\top(B-AX_0)=0\Leftrightarrow(A^\top A)X_0=A^\top B$.

注 也可由 $\mathrm{rank}(A^\top A,A^\top B)=\mathrm{rank}(A^\top A)$, 得知方程组 (7.38) 有解.

7.3 欧氏空间上的线性变换

在 n 维欧氏空间 V 中取定一个幺正基, 就可以将 V 等同于 $\mathbf{R}^n$. 我们希望适当地选取 V 的幺正基来研究 V 上的线性变换. 幺正基之间的基变换矩阵是正交矩阵, 线性变换关于不同的幺正基的矩阵正交相似. 因此我们要研究实矩阵的正交相似标准形问题. 一类重要的线性变换是对称变换 (如正交投影), 它们关于幺正基的矩阵是对称矩阵. 我们将证明, 对称变换关于某个幺正基的矩阵是对角矩阵, 换句话说, 实对称矩阵正交相似于对角矩阵. 欧氏空间上最基本的线性变换是正交变换 (如正交反射). 正交变换关于幺正基的矩阵是正交矩阵. 因此我们要研究正交矩阵的正交相似标准形问题.

7.3.1 线性变换的伴随

设 V 是一个欧氏空间, $(e_1, \cdots, e_n)$ 是 V 的一个幺正基. 对于 V 中每个向量 $x \in V$, 对应地有一个线性函数

$$(x, \cdot) : V \to \mathbf{R},\ (x, \cdot)(y) = (x, y), \tag{7.39}$$

而且线性函数 $(x, \cdot)$ 关于基 $(e_1, \cdots, e_n)$ 的系数 $(x, \cdot)(e_i) = (e_i, x)$ 就等于向量 x 关于基 $(e_1, \cdots, e_n)$ 的坐标. 因此, 映射

$$(\cdot, \cdot) :\ V \to V^*,\ x \mapsto (x, \cdot)$$

是一个同构, 称为将欧氏空间 V 和它的对偶空间 V^* 等同的典型同构.

类似地, 对于欧氏空间 V 的每个线性变换 σ, 对应地有一个双线性函数

$$(\cdot, \sigma(\cdot)) : V \times V \to \mathbf{R},\ (\cdot, \sigma(\cdot))(x, y) = (x, \sigma(y)), \tag{7.40}$$

而且, 双线性函数 $(\cdot, \sigma(\cdot))$ 关于基 $(e_1, \cdots, e_n)$ 的矩阵等于线性变换 σ 在此基下的矩阵. 事实上, $(\cdot, \sigma(\cdot))(e_i, e_j) = (e_i, \sigma(e_j))$ 就是向量 $\sigma(e_j)$ 的第 i 个坐标, 即 σ 的矩阵的 (i, j) 元. 因此, 映射

$$\sigma \mapsto (\cdot, \sigma(\cdot)) \tag{7.41}$$

是欧氏空间 V 上线性变换空间到 V 上双线性函数空间的一个同构. 这个同构并不依赖于幺正基的选取. 但应注意, 在非幺正基下, 双线性函数 $(\cdot, \sigma(\cdot))$ 的矩阵和变换 σ 的矩阵可能不同.

对于任一双线性函数 f, 我们可以定义它的转置函数

$$f^\top(x, y) = f(y, x), \qquad \forall\ x,\ y \in V.$$

在任意基下, $f^\top$ 的矩阵是 f 的矩阵的转置. 在同构 (7.41) 下, 设对应于双线性函数 f 的线性变换为 σ, 那么, 对应于双线性函数 $f^\top$ 的线性变换 σ^* 称为 σ 的伴随变换, 即

定义 7.27 欧氏空间 V 上的线性变换 σ 的伴随变换 σ^* 由下式定义.

$$(\sigma^*(x), y) = (x, \sigma(y)), \qquad \forall\ x,\ y \in V. \tag{7.42}$$

在幺正基下, σ^* 的矩阵是 $f^\top$ 的矩阵, σ 的矩阵是 f 的矩阵. 因此, 在幺正基下, σ^* 的矩阵是 σ 的矩阵的转置.

由矩阵的转置性质立即得到伴随变换的下列简单性质:

1) $\mathrm{id}_V^* = \mathrm{id}_V$; 2) $(\sigma^*)^* = \sigma$;

3) $(\sigma_1+\sigma_2)^* = \sigma_1^* + \sigma_2^*$; 4) $(k\sigma)^* = k\sigma^*,\ k \in \mathbf{R}$;

5) $(\sigma\tau)^* = \tau^*\sigma^*$; 6) 若 σ 可逆, 则 σ^* 可逆且 $(\sigma^*)^{-1} = (\sigma^{-1})^*$.

例 7.14 设 $\sigma, \tau : \mathbf{R}^2 \to \mathbf{R}^2$ 是由下式给出的两个线性变换, 求 σ^*, τ^*.

$$\sigma(x) = (x_1+2x_2, 2x_1+x_2), \quad \tau(x) = (x_1+3x_2, 2x_1+x_2).$$

解 对任意 $x = (x_1, x_2) \in \mathbf{R}^2$, 设 $\sigma^*(x) = (y_1, y_2)$. 取 $\mathbf{R}^2$ 的标准基 $(e_1,\ e_2)$, 则 $y_1 = e_1 \cdot \sigma^*(x)$, $y_2 = e_2 \cdot \sigma^*(x)$. 于是, 由 (7.42) 得

$$\begin{aligned} y_1 &= e_1 \cdot \sigma^*(x) = \sigma(e_1) \cdot x = (1,2) \cdot (x_1, x_2) = x_1 + 2x_2, \\ y_2 &= e_2 \cdot \sigma^*(x) = \sigma(e_2) \cdot x = (2,1) \cdot (x_1, x_2) = 2x_1 + x_2. \end{aligned}$$

因此 $\sigma^*(x) = \big(x_1+2x_2, 2x_1+x_2\big)$. 类似地, 有

$$e_1 \cdot \tau^*(x) = x_1 + 2x_2,\ e_2 \cdot \tau^*(x) = 3x_1 + x_2,\ \tau^*(x) = \big(x_1+2x_2, 3x_1+x_2\big)\ .$$

7.3.2 (斜) 对称变换

满足条件 $\sigma^* = \sigma$ 的线性变换 (如例 7.14 中的 σ) 具有特别的重要性, 下面我们将考虑这类线性变换.

定义 7.28 设 σ 是欧氏空间 V 上的线性变换. 如果 $\sigma^* = \sigma$, 则称 σ 为对称变换; 如果 $\sigma^* = -\sigma$, 则称 σ 为斜对称变换.

对称变换也称为自伴算子. 如果 σ 在一个幺正基下的矩阵为 A, 则 σ^* 的矩阵为 $A^\top$. 因此, σ 是 (斜) 对称变换当且仅当 A 是 (斜) 对称矩阵.

例 7.15 设 V 是一个欧氏空间, U 是 V 的一个子空间, 且 $U \neq V$. 则 $V = U \oplus U^\perp$. 任意 $x \in V$ 能唯一地表示成 $x = y + z$, 其中 $y \in U$, $z \in U^\perp$. 我们得到在子空间 U 上的正交投影

$$\mathrm{pr}_U : V \to V, \quad x \mapsto y.$$

不难看出, 正交投影是线性变换. 如果取 U 的一个幺正基 $(e_1,\cdots,e_s)$, 并且将其扩充为 V 的幺正基 $(e_1,\cdots,e_n)$, 则 pr_U 关于基 $(e_1,\cdots,e_n)$ 的矩阵为对角矩阵 $\mathrm{diag}(1,\cdots,1,0\cdots,0)$. 因此 pr_U 是对称变换.

命题 7.9 设 σ 是欧氏空间 V 上的线性变换. 则 σ 是对称变换当且仅当

$$(x,\sigma(y))=(\sigma(x),y),\quad \forall\ x,\ y\in V;$$

而 σ 是斜对称变换当且仅当 $(x,\sigma(y))=-(\sigma(x),y),\quad \forall\ x,\ y\in V.$

证 若 $\sigma^*=\sigma$, 则对任意 $x,\ y\in V$, 有 $(x,\sigma(y))=(\sigma^*(x),y)=(\sigma(x),y)$. 反之, 若对任意 $x,\ y\in V$, 都有 $(\sigma^*(x),y)=(x,\sigma(y))=(\sigma(x),y)$. 则对任意 $x\in V$, 有 $(\sigma^*-\sigma)(x)=0$. 由此得 $\sigma^*-\sigma=0$, 即 $\sigma^*=\sigma$. 斜对称变换的情形类似可证. □

命题 7.10 设 σ 是欧氏空间 V 上的 (斜) 对称变换. 如果 U 是 σ 的不变子空间, 那么 $U^{\perp}$ 也是 σ 的不变子空间.

证 对任意 $x\in U^{\perp}$, 要证 $\sigma(x)\in U^{\perp}$. 对任意 $y\in U$, 因为 U 是 σ 子空间, 所以 $\sigma(y)\in U$. 又 σ 是对称变换, 且 $x\in U^{\perp}$, 得 $0=(x,\sigma(y))=(\sigma(x),y)$. 因此 $\sigma(x)\in U^{\perp}$. 斜对称情形类似可证. □

定理 7.15 设 σ 是欧氏空间 V 上的对称变换. 则存在 V 的一个由 σ 的特征向量组成的幺正基, 即 σ 在此基下的矩阵为对角矩阵.

证 由定理 6.5, σ 有 1 维或 2 维 σ 子空间 W. 若 $\dim W=1$, 则 W 中非零向量都是 σ 的特征向量; 若 $\dim W=2$, 则 $\sigma|_W$ 在 W 的一个幺正基下的矩阵为对称矩阵, 于是 σ 有特征向量. 因此 σ 至少有一个特征向量. 下面对 $\dim V=n$ 归纳证明定理. $n=1$ 的情形是显然的. 设 $n>1$, 且假设定理对 $(n-1)$ 的情形成立. 取 σ 的一个单位特征向量 e_1, 令 $U=\langle e_1\rangle$, 由命题 7.10 , $U^{\perp}$ 是 σ 子空间, 且 $\dim U^{\perp}=(n-1)$. 由归纳假设, $U^{\perp}$ 有一个由对称变换 $\sigma|_{U^{\perp}}$ 的特征向量组成的幺正基, 设为 $(e_2,\cdots,e_n)$. 于是 V 有一个由 σ 的特征向量组成的幺正基 $(e_1,e_2,\cdots,e_n)$. 由归纳法, 定理得证. □

定理 7.15 的矩阵形式表述如下.

推论 7.3 设 A 是实对称矩阵, 则存在实正交矩阵 C, 使得

$$C^{-1}AC=C^{\top}AC=\mathrm{diag}(\lambda_1,\cdots,\lambda_n),$$

其中 $\lambda_1,\cdots,\lambda_n$ 为 A 的全部特征值.

推论 7.4 欧氏空间 V 上对称变换的特征多项式的根都是实数; 每个特征子空间的维数等于对应特征值的重数, 即每个特征值的几何重数等于代数重数; 对应不同特征值的特征子空间是正交的.

例 7.16 求正交矩阵 C, 使 $C^{\top}AC=C^{-1}AC$ 为对角形, 其中

$$A=\begin{pmatrix} 1 & -2 & -4 \\ -2 & 4 & -2 \\ -4 & -2 & 1 \end{pmatrix}.$$

解 A 的特征多项式为 $|tI-A|=(t-5)^2(t+4)$, 于是 A 的特征值为 $\lambda_1=5$ (2 重), $\lambda_2=-4$. 对 $\lambda_1=5$, 求出特征方程 $(\lambda_1 I-A)X=0$ 的基础解系: $a_1=(1,-2,0)^{\top}$, $a_2=(1,0,-1)^{\top}$. 将基础解系正交化得

$$b_1=a_1, \qquad b_2=a_2-\frac{a_2\cdot a_1}{a_1\cdot a_1}a_1=\left(\frac{4}{5},\frac{2}{5},-1\right)^{\top},$$

再单位化得

$$c_1=\left(\frac{\sqrt{5}}{5},\ -\frac{2\sqrt{5}}{5},\ 0\right)^{\top}, \quad c_2=\left(\frac{4\sqrt{5}}{15},\ \frac{2\sqrt{5}}{15},\ -\frac{\sqrt{5}}{3}\right)^{\top}.$$

对 $\lambda_2=-4$, 求出 $(\lambda_2 I-A)X=0$ 的基础解系, 单位化得 $c_3=\left(\frac{2}{3},\ \frac{1}{3},\ \frac{2}{3}\ \right)^{\top}$. 令 $C=(c_1,c_2,c_3)$, 则 C 是正交阵, 且

$$C^{\top}AC=C^{-1}AC=\mathrm{diag}(5,5,-4).$$

由对称变换和对称双线性函数 (等价地, 二次函数) 的对应, 可以用二次函数的语言将定理 7.15 重述如下.

推论 7.5 设 q 是欧氏空间 V 上的一个二次函数. 则存在 V 的一个幺正基 $(e_1,\cdots,e_n)$, 使得 q 的矩阵是对角的, 即对于 $x=\sum_i x_ie_i\in V$,

$$q(x)=\lambda_1x_1^2+\cdots+\lambda_nx_n^2, \tag{7.43}$$

其中 $\lambda_1,\cdots,\lambda_n$ 是 q 的全部特征值.

注意, 推论 7.5 中的幺正基是相对于内积来说的, 而不是相对于 q 对应的对称双线性函数 f 来说的. 但是, 因为 f 在此基下的矩阵是对角的, 所以这个基关于 f 也是正交的. 但它不是规范正交的, 即 q 在此基下的表达式不一定是规范形. 又因为数 $\lambda_1,\cdots,\lambda_n$ 是对应的对称变换的特征值, 因此它们是唯一的 (不计次序). 定理 7.15 称为谱定理. (7.43) 式称为实二次函数的正交标准形. 确定一个幺正基, 使得 q 有标准形 (7.43), 也称为将二次函数化到主轴.

用二次型的话来说, 我们将实二次型 $q(x_1,\cdots,x_n)$ 写成矩阵形式:

$$q(X)=X^{\top}AX, \quad X=(x_1,\cdots,x_n)^{\top}\in\mathbf{R}^n. \tag{7.44}$$

因为 A 是 n 阶实对称矩阵, 所以存在实正交矩阵 C, 使得

$$C^{-1}AC=C^{\top}AC=\mathrm{diag}(\lambda_1,\lambda_2,\cdots,\lambda_n). \tag{7.45}$$

作变量替换 $X=CY$, 称为正交线性替换. 则

$$X^\top AX=(CY)^\top A(CY)=Y^\top(C^\top AC)Y,$$

即原二次型 $q(x_1,\cdots,x_n)$ 变成了一个以 Y 为变量的二次型:

$$\lambda_1y_1^2+\lambda_2y_2^2+\cdots+\lambda_ny_n^2. \tag{7.46}$$

推论 7.6 每个实二次型都可以经过正交线性替换化为平方和.

例 7.17 设二次曲面在直角坐标系 $(O;\vec{e_1},\vec{e_2},\vec{e_3})$ 下的方程为

$$x^2+4y^2+z^2-4xy-8xz-4yz-1=0. \tag{7.47}$$

用直角坐标变换消去方程中的交叉项.

解 设坐标变换公式为 $X=CX'$. 将 (7.47) 的二次项部分写成矩阵形式:

$$(x,y,z)\begin{pmatrix}1&-2&-4\\-2&4&-2\\-4&-2&1\end{pmatrix}\begin{pmatrix}x\\y\\z\end{pmatrix}=X^\top AX$$

在新坐标系中, (7.47) 的二次项部分变成

$$X'^\top(C^\top AC)X'=5x'^2+5y'^2-4z'^2.$$

因此, 在新坐标系中, (7.47) 的方程为

$$5x'^2+5y'^2-4z'^2=1.$$

定理 7.16 设 σ 是欧氏空间 V 上的斜对称线性变换. 则存在 V 的一个幺正基, 使得 σ 的矩阵为准对角阵 $A=\mathrm{diag}(H(a_1),\cdots,H(a_s),0,\cdots,0)$, 其中

$$H(a)=\begin{pmatrix}0&-a\\a&0\end{pmatrix}.$$

证 2 维欧氏空间上一个斜对称线性变换在一个幺正基下的矩阵形如 $H(a)$. 根据命题 7.10 和定理 6.5 , 应用归纳法即可完成证明. □

7.3.3 正交变换

定义 7.29 欧氏空间 V 上的线性变换 σ 称为正交变换, 如果 $\sigma^*=\sigma^{-1}$.

按定义, 正交变换就是在幺正基下的矩阵为正交矩阵的线性变换.

命题 7.11 欧氏空间 V 上的线性变换 σ 是正交变换当且仅当

$$(\sigma(x),\sigma(y))=(x,y),\quad \forall\ x,\ y\in V. \tag{7.48}$$

证 由 (7.42) 式, 对任意 $x,\ y\in V$, 有 $(\sigma(x),\sigma(y))=(\sigma^*\sigma(x),y)$. 因此, 若 $\sigma^*=\sigma^{-1}$, 则 (7.48) 成立. 反之, 若 (7.48) 成立, 则对任意 $x\in V$, 有 $\sigma^*\sigma(x)=\mathrm{id}_V(x)$, 因此 $\sigma^*\sigma=\mathrm{id}_V$, 即 σ 可逆, 且 $\sigma^*=\sigma^{-1}$. □

下列等式表明, 一个线性变换是正交变换当且仅当它保持向量长度.

$$(x,y)=\frac{1}{2}(|x+y|^2-|x|^2-|y|^2).$$

命题 7.12 欧氏空间 V 上的正交变换 σ 的不变子空间 U 的正交补 $U^\perp$ 也是 σ 的不变子空间.

证 对任意 $x\in U^\perp$, 要证 $\sigma(x)\in U^\perp$, 即对任意 $y\in U$, 有 $(y,\sigma(x))=0$. 显然 $\sigma|_U$ 也是正交变换, 因此 $\sigma|_U$ 可逆, 于是存在 $z\in U$, 使得 $y=\sigma(z)$. 故 $(y,\sigma(x))=(\sigma(z),\sigma(x))=(z,x)=0$, 即 $\sigma(x)\in U^\perp$. □

例 7.18 设 V 是 n 维欧氏空间, U 是 V 的一个子空间, 且 $U\neq V$. 则 $V=U\oplus U^\perp$. 因此任意 $x\in V$ 都能唯一地表示成 $x=y+z,\ y\in U,\ z\in U^\perp$. 于是, 我们得到关于子空间 U 的正交反射

$$s_U:V\to V,\quad x\mapsto y-z.$$

易知, 正交反射是正交变换. 特别地, 设 U 是 V 的一个超平面, $U^\perp=\langle e\rangle$, 其中 e 为单位向量, 则对任意 $x\in V$,

$$s_U(x)=x-2(x,e)e.$$

我们称 s_U 为关于 U 的镜面反射. 当 $n=2$ 时, S_U 就是关于直线 U 的反射.

例 7.19 平面等距变换诱导的线性变换是 E^2 的正交变换. 取 E^2 的右手幺正基 $(\vec{e_1},\ \vec{e_2})$, 则 E^2 上正交变换的矩阵是 2 阶正交矩阵. 由例 7.10 知, 它是一个旋转或关于直线 ℓ 的反射, ℓ 是与 $\vec{e_1}$ 夹角为 $\frac{\alpha}{2}$ 的直线.

定理 7.17 设 σ 是欧氏空间 V 上的正交变换. 则存在 V 的一个幺正基, 使得 σ 的矩阵为 $A=\mathrm{diag}(R(\alpha_1),\cdots,R(\alpha_s),1,\cdots,1-1,\cdots,-1)$, 其中

$$R(\alpha)=\begin{pmatrix}\cos\alpha & -\sin\alpha\\ \sin\alpha & \cos\alpha\end{pmatrix}.$$

证 由于命题 7.12 和定理 6.5, 只要考虑 1 维和 2 维的情形. 在 1 维空间上, 一个正交变换就是 ±1 对应的数乘变换. 在一个 2 维空间上, 每个正交变换要么是一个转角为 α 的旋转, 要么是一个关于某一直线的反射, σ 关于某一幺正基的矩阵要么为 $R(\alpha)$, 要么为 $\mathrm{diag}(1,-1)$. □

欧氏空间 V 上正交变换全体组成的集合记为 $\mathrm{O}(V)$. 则 $\mathrm{O}(V)$ 是一般线性群 GL(V) 的子群, 称为 V 的正交群.

事实上, 显然 $\mathrm{id}_V \in \mathrm{O}(V)$; 若 $\sigma_1,\ \sigma_2 \in \mathrm{O}(V)$, 则对任意 $x,\ y \in V$,

$$(\sigma_1\sigma_2(x), \sigma_1\sigma_2(y)) = (\sigma_2(x), \sigma_2(y)) = (x, y),$$

故 $\sigma_1\sigma_2 \in \mathrm{O}(V)$; 若 $\sigma \in \mathrm{O}(V)$, 则 σ 可逆, 且 $\sigma^{-1} \in \mathrm{O}(V)$. 事实上,

$$(x, y) = (\sigma\sigma^{-1}(x), \sigma\sigma^{-1}(y)) = (\sigma^{-1}(x), \sigma^{-1}(y)), \forall\ x,\ y \in V.$$

正交变换的行列式等于 1 或 -1. 行列式为 1 的正交变换称为旋转或第一类正交变换, V 的所有第一类正交变换构成的集合记为 $\mathrm{SO}(V)$, 易知 $\mathrm{SO}(V)$ 也是 GL(V) 的子群, 称为 V 的特殊正交群. 行列式为 -1 的正交变换称为第二类正交变换.

例 7.20 2 阶正交群 $\mathrm{O}_2 = \mathrm{O}(\mathrm{E}^2)$ 由旋转和反射组成. 两个旋转的乘积是一个旋转: $r_\alpha r_\beta = r_{(\alpha+\beta)}$. 所有旋转组成子群 $\mathrm{SO}_2 = \mathrm{SO}(\mathrm{E}^2)$. 一个旋转和一个反射的乘积是一个反射:

$$r_\alpha s_\beta = s_{\beta+\frac{\alpha}{2}}, \quad s_\beta r_\alpha = s_{(\beta-\frac{\alpha}{2})}.$$

两个反射的乘积保定向, 因而是一个旋转:

$$s_\alpha s_\beta = r_{2(\alpha-\beta)}$$

上式表明, 给定 $r_{2(\alpha-\beta)}$ 和 s_α, 可以确定 s_β, 即任意一个旋转是两个反射的乘积, 且可以任意给定其中一个反射. 因此, 反射生成群 O_2.

例 7.21 设 $\sigma \in \mathrm{O}(\mathrm{E}^3)$, 则 σ 是绕某条直线的旋转或镜像旋转.

事实上, 由定理 7.17 知, 在一个三维欧氏空间上, 任意正交变换在某个幺正基下的矩阵是下列情形之一

$$\begin{pmatrix} \cos\alpha & -\sin\alpha & 0 \\ \sin\alpha & \cos\alpha & 0 \\ 0 & 0 & 1 \end{pmatrix}, \quad \begin{pmatrix} \cos\alpha & -\sin\alpha & 0 \\ \sin\alpha & \cos\alpha & 0 \\ 0 & 0 & -1 \end{pmatrix}.$$

前一情形是绕某一轴的旋转, 转角为 α. 后一情形是一个旋转和一个对于与旋转轴正交的平面的反射的乘积, 一个镜像旋转. 显然, 镜像旋转改变空间的定向. 因此, 一个刚体连续运动, 不管多么复杂, 如果有一个不动点, 最后结果和一个以某个角度和轴旋转的结果是一样的. 这就是欧拉定理.

定义 7.30 一个对称变换称为正定变换, 如果对应的二次函数是正定的, 等价地, 如果所有特征值是正的.

命题 7.13 如果 σ 是正定变换, 则存在唯一的正定变换 τ, 使 $\sigma = \tau^2$.

证 设 $\lambda_1, \cdots, \lambda_s$ 是对称变换 σ 的不同的特征值, $V_1, \cdots, V_s$ 是对应的特征子空间. 由假设, λ_i 是正数. 令 $\mu_i = \sqrt{\lambda_i}$. 令 τ 表示限制在每个 V_i 上的作用等于 $\mu_i \mathrm{id}_{V_i}$ 的线性变换, 那么 τ 满足命题要求.

反之, 设 τ 是满足要求的变换, 设 $\mu_1, \cdots, \mu_s$ 是 τ 的特征值, $W_1, \cdots, W_s$ 是对应的特征子空间. 则变换 $\tau^2 = \sigma$ 作用在 W_i 上就是用 μ_i^2 乘. 因此, 适当排序以后, $\mu_i^2 = \lambda_i$ 且 $W_i = V_i$, 这表明 τ 是唯一确定的. □

定理 7.18 (极分解) 欧氏空间上每个非奇异线性变换可以唯一地分解成一个正定变换和一个正交变换的乘积.

证 设 V 是欧氏空间, σ 是 V 上的非奇异线性变换. 假设 $\sigma = \rho\tau$, 其中 ρ 是正定变换, τ 是正交变换, 则 $\sigma\sigma^*$ 是正定变换, 且

$$\sigma\sigma^* = \rho\tau\tau^*\rho^* = \rho\tau\tau^*\rho = \rho^2.$$

由命题 7.13 , 这唯一确定了变换 ρ, 因此, 唯一确定了 τ. 反之, 等式

$$(x, \sigma\sigma^*(y)) = (\sigma^*(x), \sigma^*(y))$$

和线性变换 σ^* 的非奇异性表明 $\sigma\sigma^*$ 是正定变换. 由命题 7.13 , 存在正定变换 ρ, 使得 $\sigma\sigma^* = \rho^2$. 令 $\tau = \rho^{-1}\sigma$, 则 $\sigma = \rho\tau$ 且 $\sigma\sigma^* = \rho\tau\tau^*\rho = \rho^2$. 消去 ρ 得 $\tau\tau^* = \mathrm{id}$. 因此 τ 是正交变换. □

7.3.4 正规变换

前面讨论的三类算子可以放在一个更一般的概念下来讨论.

定义 7.31 设 V 为 n 维欧氏空间, $\sigma \in \mathrm{End}V$. 如果 $\sigma^*\sigma = \sigma\sigma^*$, 则称 σ 是正规变换.

定义 7.32 称 n 阶实矩阵 A 为正规矩阵, 如果 $A^\top A = AA^\top$.

显然, 正交矩阵, 对称矩阵, 斜对称矩阵都是正规矩阵. 如果 A 是正规矩阵, Q 是正交矩阵, 则 $Q^\top AQ$ 也是正规矩阵. 因此有如下结论.

命题 7.14 σ 为正规变换当且仅当 σ 关于任意 (或某个) 幺正基的矩阵是正规矩阵.

命题 7.15 设 σ 是欧氏空间 V 的正规变换, U 是 σ 的不变子空间, 则 U 的正交补 $U^\perp$ 也是 σ 的不变子空间; U, $U^\perp$ 也是 σ^* 的不变子空间.

证 取 U 的幺正基 $(e_1, \cdots, e_s)$, 将其扩充为 V 的幺正基 $(e_1, \cdots, e_n)$. 则 σ 关于这个基的矩阵为

$$\begin{pmatrix} A_1 & A_3 \\ 0 & A_2 \end{pmatrix},$$

其中 $A_1 \in \mathbf{R}^{k\times k}$. 由 $A^\top A = AA^\top$ 得

$$\begin{pmatrix} A_1^\top A_1 & A_1^\top A_3 \\ A_3^\top A_1 & A_3^\top A_3 + A_2^\top A_2 \end{pmatrix} = \begin{pmatrix} A_1A_1^\top + A_3A_3^\top & A_3A_2^\top \\ A_2A_3^\top & A_2A_2^\top \end{pmatrix},$$

因此 $A_1A_1^\top + A_3A_3^\top = A_1^\top A_1$. 于是 $\mathrm{tr}(A_3A_3^\top) = \sum\limits_{i,j}(A_3(i,j))^2 = 0$. 由此得 $A_3 = 0$. 所以 σ, σ^* 的矩阵分别为

$$A = \begin{pmatrix} A_1 & 0 \\ 0 & A_2 \end{pmatrix}, \quad A^\top = \begin{pmatrix} A_1^\top & 0 \\ 0 & A_2^\top \end{pmatrix}.$$

命题得证. □

推论 7.7 若 U 是正规变换 σ 的不变子空间, 则 $\sigma|_U$ 是 U 的正规变换, 且 $(\sigma|_U)^* = \sigma^*|_U$.

例 7.22 设 A 为 2 阶正规矩阵, 且无实特征值, 则

$$A = r\begin{pmatrix} \cos\theta & -\sin\theta \\ \sin\theta & \cos\theta \end{pmatrix}, \quad r > 0. \tag{7.49}$$

定理 7.19 设 σ 是 n 维欧氏空间 V 的正规变换, 则存在 V 的幺正基, 使得 σ 的矩阵为 $A = \mathrm{diag}(\lambda_1, \cdots, \lambda_s, A_1, \cdots, A_t)$, 其中 A_i 形如 (7.49) .

证 当 $n = 1$ 时, 定理显然成立. 当 $n = 2$ 时, 若 σ 有实特阵值 λ_1, 对应有特征向量 e_1, 则 $e_1^\perp$ 也是 1 维的, 于是存在幺正基 (e_1, e_2), 使 σ 的矩阵为 $A = \mathrm{diag}(\lambda_1, \lambda_2)$. 若 σ 无实特征值, 由例 7.22, σ 在任一幺正基下的矩阵形如 (7.49). 所以, 当 $n = 2$ 时, 定理成立. 设 $n > 2$, 此时 σ 有 1 或 2 维不变子空间 U. 由命题 7.15, $U^\perp$ 也是不变子空间. 由推论 7.7, $\sigma|_{U^\perp}$ 是 $U^\perp$ 的正规变换, 但 $\dim U^\perp < n$. 因此, 由数学归纳法, 定理得证. □

7.4 Hermite 型与酉空间

本节我们将向量长度的概念推广到复线性空间中. 复数虽然不能比较大小, 但我们将 $\mathbf{C}$ 与 $\mathbf{R}^2$ 等同后, 可利用 $\mathbf{R}^2$ 中向量的长度来定义 $\mathbf{C}$ 中向量的长度 (模). 类似地, 我们可以将 $\mathbf{C}^n$ 等同于 $\mathbf{R}^{2n}$ 来定义 $\mathbf{C}^n$ 中向量的长度. 设

$$z = (z_1, \cdots, z_n)^\top \in \mathbf{C}^n,$$

其中 $z_r = a_r + b_r\imath$ $(r = 1, \cdots, n, a_r, b_r \in \mathbf{R})$, 则 z 的长度是

$$|z| = \sqrt{a_1^2 + b_1^2 + \cdots + a_n^2 + b_n^2} = \sqrt{\bar{z_1}z_1 + \cdots + \bar{z_n}z_n}.$$

因此我们定义 $\mathbf{C}^n$ 上的内积为

$$(x, y) = \bar{x}^\top y = \bar{x_1}y_1 + \cdots + \bar{x_n}y_n,$$

称为标准 Hermite 内积. 它具有下列基本性质:

- 关于第二变量是线性的: $(x, y+z) = (x,y) + (x,z), (x, ky) = k(x,y)$;
- 关于第一变量是共轭线性的: $(x+y, z) = (x,z) + (y,z)$, $(kx, y) = \bar{k}(x,y)$;
- Hermite 对称性: $(x,y) = \overline{(y,x)}$;
- 正定性: $z \neq 0$ 时, $(z,z) > 0$.

7.4.1 Hermite型

总设 V 是复线性空间.

定义 7.33 称二元函数 $f: V \times V \to \mathbf{C}$ 是半线性的, 如果 f 关于第二变量是线性的, 关于第一变量是共轭线性的, 即 $\forall\, x,\ y,\ z\ \in V,\ k \in \mathbf{C}$,

1) $f(x, ky) = kf(x,y), \quad f(x, y+z) = f(x,y) + f(x,z)$;

2) $f(kx, y) = \bar{k}f(x,y), \quad f(x+y, z) = f(x,z) + f(y,z)$.

注 有些书将半线性函数定义为关于第一变量是线性的, 关于第二变量是共轭线性的.

定义 7.34 设 $(e_1, \cdots, e_n)$ 是 V 的一个基. 称 n 阶矩阵 $A = (f(e_i, e_j))$ 为半线性函数 f关于基 $(e_1, \cdots, e_n)$ 的矩阵.

取定 V 的一个基 $\beta = (e_1, \cdots, e_n)$, 那么 V 上半线性函数 f 完全由它的矩阵所确定. 事实上, 对任意 $x,\ y \in V$, 设 $x = \beta X,\ y = \beta Y$, 则

$$f(x,y) = \sum_{i,j} f(e_i, e_j)\bar{x_i}y_j = \bar{X}^\top AY. \tag{7.50}$$

但是, 这与基的选取有关. 基变换时, 半线性函数 f 的矩阵 A 怎样变化? 令 β' 是 V 的另一个基, 且 $\beta' = \beta C$. 设 $x = \beta X = \beta' X',\ y = \beta Y = \beta Y'$, 那么由坐标变换公式, 我们有 $X = CX',\ Y = CY'$, 于是

$$f(x,y) = \bar{X}^\top AY = \overline{(CX')}^\top A(CY') = \bar{X'}^\top (\bar{C}^\top AC)Y'.$$

因此 f 关于基 β' 的矩阵为 $A' = \bar{C}^\top AC$.

定义 7.35 复矩阵 A 的共轭转置 $\bar{A}^\top$ 称为 A 的伴随, 记为 A^*.

容易证明, 下列性质成立:

1) $I^* = I$; 2) $A^{**} = A$;

3) $(A+B)^* = A^* + B^*$; 4) $(kA)^* = \bar{k}A^*$;

5) $(AB)^* = B^*A^*$; 6) $(A^*)^{-1} = (A^{-1})^*$, 若 A 可逆.

推论 7.8 设 A 是半线性函数 f 关于某个基的矩阵. 那么, A' 是 f 关于另一基的矩阵当且仅当存在可逆矩阵 $C \in GL_n(\mathbf{C})$ 使得 $A' = C^*AC$.

定义 7.36 设 f 是 V 上一个半线性函数. 集合

$$\{y \in V : f(x,y) = 0,\ \forall\, x \in V\}$$

称为 f 的核, 记为 $\mathrm{Ker}f$. 如果 $\mathrm{Ker}f = 0$, 那么称 f 非退化.

易知, f 非退化等价于 f 的矩阵 A 非奇异.

定义 7.37 设 f 是 V 上一个半线性函数. 如果 f 满足Hermite 对称性:

$$f(x,y)=\overline{f(y,x)},\quad \forall\ x,\ y\in V,$$

那么就称 f 是一个 Hermite 函数或 Hermite 型. 如果 f 满足

$$f(y,x)=-\overline{f(x,y)},\quad \forall\ x,\ y\in V,$$

那么就称 f 为一个斜 Hermite 函数或斜 Hermite 型.

显然, 用 $\imath$ 乘一个 Hermite 函数, 就得到一个斜Hermite 函数. 反之亦然. 在 V 的任意一个基下, 一个半线性函数 f 是 (斜) Hermite 函数当且仅当它的矩阵 A 满足条件: $A^*=A(A^*=-A)$.

定义 7.38 一个复矩阵 A 称为Hermite 矩阵或自伴矩阵, 如果 $A^*=A$. 一个复矩阵 A 称为斜Hermite 矩阵, 如果 $A^*=-A$.

例如, 如下矩阵是一个Hermite 矩阵:

$$\begin{pmatrix} 2 & i \\ -i & 3 \end{pmatrix}.$$

于是, (斜) Hermite 型在任意基下的矩阵是 (斜) Hermite 矩阵. 显然, 一个实矩阵是 Hermite 矩阵, 当且仅当它是一个实对称矩阵. 一个 Hermite 矩阵的对角元一定是实数. 斜 Hermite 矩阵的对角元一定是纯虚数.

对于每个 Hermite 型, 对应有一个 Hermite 二次函数 (型)

$$q(x)=f(x,x).$$

易知, q 的值是实数. 可以从 Hermite 二次型 q 由 (7.51) 式得到 Hermite 型 f:

$$\begin{aligned} q(x+y)&=q(x)+q(y)+f(x,y)+f(y,x),\\ q(x+\imath y)&=q(x)+q(y)+\imath f(x,y)-\imath f(y,x). \end{aligned} \tag{7.51}$$

特别地, 如果 $q\equiv 0$, 那么 $f\equiv 0$.

类似于对称双线性型, 对于 Hermite 型 f, 如果 $f(x,y)=0$, 那么称 x 与 y 正交. Hermite 对称性保证了正交性是一个对称关系. 前面关于对称双线性型的讨论可以照搬过来. 如 Sylvester 定律. 特别地, 称 Hermite 型 f 或对应的 Hermite 二次型 q 为正定 Hermite 型, 如果 $f(x,x)>0,\ \forall\ x\neq 0$.

命题 7.16 设 W 是复线性空间 V 的一个子空间. 如果 Hermite 型 f 在 W 上的限制非退化, 那么 $V=W\oplus W^{\perp}$.

7.4.2 酉空间

定义 7.39　给定了一个正定 Hermite 型 f 的复向量空间 V 称为一个酉空间, 或 Hermite 空间. 称 f 为 V 的内积.

酉空间 V 中两向量 x, y 的内积 $f(x,y)$ 简记为 (x,y).

例 7.23　复线性空间 $\mathbf{C}^n$ 赋予标准内积成为一个酉空间. 今后说到酉空间 $\mathbf{C}^n$, 若无特别说明, 内积总是指标准内积.

例 7.24　对于区间 $[0,1]$ 上连续复值函数组成的复线性空间 V, 定义

$$(g(x),h(x))=\int_0^1\overline{g(x)}h(x)dx,\quad \forall\ g(x),\ h(x)\in V.$$

容易验证, 这是 V 上的一个内积, 此时 V 成为一个酉空间.

例 7.25　对于所有 $n\times n$ 复矩阵组成的复线性空间 $\mathbf{C}^{n\times n}$, 定义

$$(A,B)=\mathrm{tr}(A^*B),\quad \forall\ A,\ B\in\mathbf{C}^{n\times n}.$$

容易验证, 这是 V 上的一个内积. 此时 V 成为一个酉空间.

和欧氏空间类似, 在酉空间中, 也可以利用内积定义正交性, 长度和角度等度量概念.

定义 7.40　酉空间 V 中向量 x 的长度定义为 $|x|=\sqrt{(x,x)}$. 当 x 的长度等于 1 时, 称 x 为单位向量.

Cauchy-Schwarz 不等式以及三角形不等式成立:

$$|(x,y)|\leqslant|x||y|,\qquad\qquad |x+y|\leqslant|x|+|y|.$$

定义 7.41　在酉空间 V 中, 两非零向量 x 与 y 的夹角规定为

$$\angle(x,y)=\arccos\frac{|(x,y)|}{|x||y|}.$$

于是, $0\leqslant\angle(x,y)\leqslant\frac{\pi}{2}$. $\angle(x,y)=\frac{\pi}{2}$, 当且仅当 $(x,y)=0$.

定义 7.42　在酉空间 V 中, 若 $(x,y)=0$, 则称 x 与 y 正交, 记作 $x\perp y$.

两两正交的非零向量组称为正交向量组, 易知, 正交向量组一定线性无关.

定义 7.43　酉空间 V 的一个基 $(e_1,\cdots,e_n)$ 称为幺正基, 如果内积关于此基有规范形式, 即 $(e_i,e_j)=\delta_{ij}$.

利用幺正基容易计算向量的内积. 若向量 x, y 在幺正基 $(e_1,\cdots,e_n)$ 下的坐标分别为 X, Y, 则

$$(x,y)=\left(\sum_{i=1}^n x_ie_i,\sum_{j=1}^n y_je_j\right)=\sum_{i=1}^n\bar{x_i}y_i=X^*Y.$$

定义 7.44 n 阶复矩阵 P 称为酉矩阵, 如果 $P^*P=I$.

易知, 酉矩阵的行列式的模为 1.

例如, 如下矩阵是一个酉矩阵:

$$\frac{1}{\sqrt{2}}\begin{pmatrix}1 & i\\ 1 & -i\end{pmatrix}.$$

命题 7.17 设 $\beta=(e_1,\cdots,e_n)$ 是酉空间 V 的幺正基, $P\in M_n(\mathbf{C})$, 而且 $\gamma=(f_1,\cdots,f_n)=\beta P$, 则 γ 是 V 的一个幺正基当且仅当 P 是酉矩阵.

证 向量 f_k 在基 β 下的坐标就是矩阵 P 的第 k 列, 因为 β 是幺正基, 所以 $(f_i,f_j)=\sum\limits_{k=1}^{n}\bar{p_{ki}}p_{kj}$. 因此, $(f_i,f_j)=\delta_{ij}$ 等价于 $P^*P=I$. □

设 U 是 n 维酉空间 V 的一个子空间, 定义

$$U^{\perp}=\{x\in V:(x,y)=0,\ \forall\ y\in U\},$$

称 $U^{\perp}$ 为 U 的正交补. 显然 $U^{\perp}$ 也是 V 的子空间.

和在欧氏空间中一样, 对酉空间 V 的任意一个子空间 U, 有下列分解

$$V=U\oplus U^{\perp}.$$

如果 $(e_1,\cdots,e_s)$ 是 U 的幺正基, 则向量 $x\in V$ 在 U 上的投影为

$$\mathrm{pr}_U(x)=\sum_{i=1}^{s}\frac{(e_i,x)}{(e_i,e_i)}e_i.$$

酉空间 V 中任一两两正交的单位向量组都可以扩充为 V 的幺正基. 和定理 7.11, 7.12 类似的结论对酉空间也成立.

定义 7.45 设 V_1 和 V_2 都是酉空间, $\sigma:V_1\to V_2$ 是线性同构映射. 如果 σ 保持内积, 则称 σ 是由酉空间 V_1 到 V_2 的同构映射. 如果存在一个由 V_1 到 V_2 的同构映射, 就称 V_1 与 V_2 同构.

易证, 两个有限维酉空间同构的充要条件是它们的维数相同.

7.4.3 酉空间上的线性变换

下面我们来考虑酉空间上的线性变换.

定义 7.46 设 $\sigma:V\to V$ 是一个线性变换. 由下式定义的线性变换 σ^* 称为 σ 的伴随变换: $(\sigma^*(x),y)=(x,\sigma(y)),\ \forall\ x,\ y\in V$.

命题 7.18 设 $(e_1,\cdots,e_n)$ 是 V 的一个幺正基. 线性变换 σ 在此基下的矩阵为 A, σ^* 在此基下的矩阵为 B, 则 $B=A^*$.

证 由于 $(e_i,\sigma(e_j))=a_{ij}$, $(\sigma^*(e_i),e_j)=\overline{(e_j,\sigma^*(e_i))}=\overline{b_{ji}}$, 因此由等式 $(e_i,\sigma(e_j))=(\sigma^*(e_i),e_j)$ 得 $B=A^*$. □

定义 7.47　设 V 是酉空间, $\sigma \in \mathrm{End}V$. 若 $\sigma^* = \sigma$, 则称 σ 为 Hermite 变换; 若 $\sigma^* = -\sigma$, 则称 σ 为斜 Hermite 变换; 若 $\sigma^* = \sigma^{-1}$, 则称 σ 为酉变换.

因此, 在幺正基下, (斜) Hermite 变换的矩阵为 (斜) Hermite 矩阵, 酉变换的矩阵为酉矩阵. 从一个幺正基变为另一个幺正基时, 过渡矩阵 P 是酉矩阵, 因此线性变换 σ 的矩阵 A 变为 $A' = P^{-1}AP = P^*AP$. 可以证明, 以上三类变换都可对角化, 即存在由特征向量组成的幺正基.

定理 7.20　设 σ 是酉空间 V 的一个 Hermite 变换, 则存在一个由 σ 的特征向量组成的 V 的幺正基.

证　取 σ 的一个单位特征向量 e, 将 e 扩充为 V 的幺正基, 则 σ 的矩阵为

$$A = \begin{pmatrix} a & * \\ 0 & N \end{pmatrix}$$

因为 σ 是 Hermite 变换, 所以 A 是 Hermite 矩阵, 因此 $* = 0$, 且 N 是一个 $(n-1)$ 阶 Hermite 矩阵, 由数学归纳法, 命题得证. □

上述定理称为谱定理, 其矩阵形式为: 设 A 是 Hermite 矩阵, 则存在酉矩阵 P, 使得 P^*AP 是实对角矩阵.

例 7.26　求酉矩阵 P, 使 P^*AP 为实对角阵, 其中 $A = \begin{pmatrix} 2 & i \\ -i & 2 \end{pmatrix}$.

解　A 的特征值是 3, 1. 向量 $(1, -\imath)^\top$, $(1, \imath)^\top$ 分别为属于 3, 1 的特征向量. 将它们单位化作为列向量得酉矩阵

$$P = \frac{1}{\sqrt{2}} \begin{pmatrix} 1 & 1 \\ -i & i \end{pmatrix}, \quad \text{且} \quad P^*AP = \begin{pmatrix} 3 & \\ & 1 \end{pmatrix}.$$

作为谱定理的推论得 (也可直接证明)

命题 7.19　Hermite 变换的特征值都是实数.

Hermite 变换和 Hermite 半线性函数之间存在一一对应关系, 在一个幺正基下, 它们有相同的矩阵. 因为对每个 Hermite 变换, 存在 V 的一个由特征向量组成的幺正基, 因此, 对酉空间 V 上的任一 Hermite 二次型 q, 存在 V 的一个幺正基, 使得 q 的矩阵是对角的, 即

$$q(x) = \lambda_1|x_1|^2 + \cdots + \lambda_n|x_n|^2,$$

称为 q 的标准形, 其中 $\lambda_1, \cdots, \lambda_n$ 是对应的 Hermite 变换的特征值.

一个 Hermite 变换称为正定的, 如果对应的 Hermite 二次型是正定的, 等价地, 它的所有特征值是正的.

类似地可以讨论斜 Hermite 变换和酉变换, 一个斜 Hermite 变换的特征值都是纯虚数, 一个酉变换的特征值的绝对值等于 1.

酉空间 V 上所有酉变换组成的集合记为 $\mathrm{U}(V)$. 容易验证, $\mathrm{U}(V)$ 关于变换乘积构成 GL(V) 的一个子群, 称为酉群. 行列式为 1 的酉变换构成 $\mathrm{U}(V)$ 的一个子群, 称为特殊酉群, 记为 $\mathrm{SU}(V)$.

相应地, 酉矩阵的逆也是酉的, 两个 n 阶酉矩阵的乘积也是酉矩阵, 因而所有 $n\times n$ 酉矩阵构成 $\mathrm{GL}_n(\mathbf{C})$ 的一个子群, 称为酉群, 记为 U_n. 行列式为 1 的 n 阶酉矩阵构成 U_n 的一个子群, 称为 n 阶特殊酉群, 记为 SU_n, 即

$$\begin{aligned}\mathrm{U}_n &= \{P\in \mathrm{GL}_n(\mathbf{C}) : P^*P = I\},\\ \mathrm{SU}_n &= \big\{P\in \mathrm{GL}_n(\mathbf{C}) : P^*P = I,\ \det P = 1\big\}.\end{aligned}$$

酉空间上每个非奇异线性变换可以唯一地分解成一个酉变换和一个正定变换的乘积, 这一分解称为极分解. 在 1 维的情形, 一个线性变换就是一个复数, 它的极分解就是这个复数的三角形式, 一个复数的三角形式与平面上的极坐标相关联, 这就是一般情形也称为极分解的原因.

一个欧氏空间 V 的复化 $V_{\mathbf{C}}$ 是一个酉空间:

$$(x_1+\imath y_1, x_2+\imath y_2) = \big((x_1,x_2)+(y_1,y_2)\big) + \imath\big((x_1,y_2)-(y_1,x_2)\big)$$

一个对称 (斜对称, 正交) 变换 σ 的复扩充 $\sigma_{\mathbf{C}}$ 是一个 Hermite (斜 Hermite, 酉) 变换. 这样我们可以得到对称变换有特征向量的另一证法:

设 $x+\imath y(x,\ y\in V)$ 是 $\sigma_{\mathbf{C}}$ 的一个特征向量. 因为 $\sigma_{\mathbf{C}}$ 是 Hermite 变换, 对应的特征值 k 是实数, 因此 $\sigma(x)=kx$, $\sigma(y)=ky$, 其中 x, y 至少有一个不为零, 于是得到 σ 的一个特征向量.

上述三类算子可以统一在正规算子的概念之下, 下面我们给出正规算子谱定理的矩阵形式, 其变换形式则放在习题中.

定义 7.48 若复矩阵 A 满足 $AA^*=A^*A$, 则称 A 为正规矩阵.

引理 7.2 设 P 是酉矩阵. 则 A 是正规矩阵, 当且仅当 $B=P^*AP$ 也是正规矩阵.

证 因为 P 是酉矩阵, 所以 $PP^*=I$. 于是

$$\begin{aligned}BB^* &= P^*AP(P^*AP)^* = P^*AA^*P,\\ B^*B &= (P^*AP)^*(P^*AP) = P^*A^*AP.\end{aligned}$$

因此, $AA^*=A^*A$, 当且仅当 $BB^*=B^*B$. □

定理 7.21 复矩阵 A 正规, 当且仅当存在酉矩阵 P, 使 P^*AP 为对角阵.

证 任意两个 n 阶对角矩阵可换, 所以对角矩阵是正规的. 由引理知, 若有酉矩阵 P, 使得 P^*AP 为对角阵, 则 A 正规. 反之, 设 A 正规, 取 A 的一个单位特征

向量 e, 将 e 扩充为 $\mathbf{C}^n$ 的一个幺正基, 则存在酉矩阵 P, 使得

$$A_1 = P^*AP = \begin{pmatrix} a_{11} \ a_{12} & \cdots & a_{1n} \\ 0 & & \\ \vdots & N & \\ 0 & & \end{pmatrix}, \quad A_1^* = P^*A^*P = \begin{pmatrix} \bar{a_{11}} \ 0 & \cdots & 0 \\ \bar{a_{12}} & & \\ \vdots & N^* & \\ \bar{a_{1n}} & & \end{pmatrix}.$$

易知 $A_1^*A_1$ 和 $A_1A_1^*$ 的 $(1,1)$ 元分别是 $a_{11}\bar{a_{11}}$ 和 $a_{11}\bar{a_{11}} + a_{12}\bar{a_{12}} \cdots + a_{1n}\bar{a_{1n}}$. 因为 A 正规, 所以 A_1 也正规, 即 $A_1A_1^* = A_1^*A_1$. 因此 $a_{12}\bar{a_{12}} \cdots + a_{1n}\bar{a_{1n}} = 0$. 又 $a_{1j}\bar{a_{1j}} \geqslant 0$, 所以 $a_{1j} = 0$, $(2 \leqslant j \leqslant n)$. 因此

$$A_1 = \begin{pmatrix} a_{11} & 0 \\ 0 & N \end{pmatrix}.$$

对 N 继续上面步骤, 有限步后即得对角矩阵. □

习 题 7

以下如果没有特别说明, V 总表示数域 F 上一个有限维向量空间.

7.1 节习题

1. 设 f 是 V 上的双线性函数. 证明: 当 x 固定时, $f(x,\cdot): V \to F$, $y \mapsto f(x,y)$ 是线性函数; 当 y 固定时, $f(\cdot,y): V \to F$, $x \mapsto f(x,y)$ 也是线性函数.

2. 设 f 是 V 上一个双线性函数, 令

$$V_1 = \Big\{x \in V : f(x,y) = 0, \ \forall\, y \in V\Big\}, \quad V_2 = \Big\{y \in V : f(x,y) = 0, \ \forall\, x \in V\Big\}.$$

证明: V_1, V_2 都是 V 的子空间, 且 $\dim V_1 = \dim V_2$.

3. 设 A, $B \in M_n(\mathbf{R})$, 且对任意 X, $Y \in \mathbf{R}^n$, 都有 $X^\top AY = X^\top BY$. 证明: $A = B$.

4. 设 $(i_1, \cdots, i_n)$ 是一个 n 元排列. 证明: $\mathrm{diag}(a_1, \cdots, a_n)$ 与 $\mathrm{diag}(a_{i_1}, \cdots, a_{i_n})$ 合同.

5. 证明: 一个双线性函数可以唯一分解成一个对称的与一个斜对称的双线性函数之和.

6. 设 f 是 V 上一个双线性函数, 且对任意的 x, $y \in V$, 由 $f(x,y) = 0$ 可以推出 $f(y,x) = 0$. 证明: f 是对称的或斜对称的.

7. 设 V 上给定一对称双线性函数, U, W 是 V 的子空间. 证明:

1) $(U+W)^\perp = U^\perp \cap W^\perp$;

2) 若 $U \subseteq W$, 则 $U^\perp \supseteq W^\perp$.

8. 定义 $f: F^4 \times F^4 \to F$, $f(x,y) = x_1y_1 + x_2y_2 + x_3y_3 - x_4y_4$.

1) 证明: f 是 F^4 上的一个对称双线性函数;

2) 求 f 关于标准基 (e_1, e_2, e_3, e_4) 的矩阵;

3) 求一个非零向量 x, 使 $f(x,x) = 0$.

9. 证明: 秩为 r 的对称矩阵可表为 r 个秩为 1 的对称矩阵的和.

10. 设 $\mathbf{R}^3$ 上双线性函数 f 关于标准基的矩阵为 $\begin{pmatrix} 1 & 0 & 1 \\ 0 & 2 & 1 \\ 1 & 1 & 1 \end{pmatrix}$, 求一个 f 正交基.

11. 设 f 是 V 上一个非退化斜对称双线性函数. 证明: $\dim V$ 是偶数, 且存在 V 的一个基, 使得 f 关于它的矩阵形如 $\begin{pmatrix} 0 & I \\ -I & 0 \end{pmatrix}$.

12. 把实对称矩阵按合同分类. 试问, 共有几类?

13. 证明: 每个非奇异的对称复矩阵 A 形如 $A = C^{\top}C$, 其中 C 可逆.

14. 设 $V = \mathbf{R}^{n\times n}$. 定义 $f : V \times V \to \mathbf{R}$, $f(A, B) = \operatorname{tr}(AB)$.

1) 证明: f 是 V 上的非退化对称双线性函数;

2) 求 f 关于标准基 $(E_{11}, \cdots, E_{1n}, \cdots, E_{n1}, \cdots\ E_{nn})$ 的矩阵;

3) 求 V 的一个 f 正交基, 及 f 的符号;

4) 记 V 中迹为零的矩阵构成的子空间为 W, 求 $f|_W$ 的符号.

15. 证明: 下面的矩阵是正定矩阵

$$\begin{pmatrix} 2 & -3 \\ -3 & 6 \end{pmatrix}; \quad \begin{pmatrix} 1 & -\frac{1}{2} & 0 & 0 \\ -\frac{1}{2} & 1 & -1 & 0 \\ 0 & -1 & 2 & -1 \\ 0 & 0 & -1 & 2 \end{pmatrix}, \quad \begin{pmatrix} 2 & -1 & & & \\ -1 & 2 & -1 & & \\ & \ddots & \ddots & \ddots & \\ & & -1 & 2 & -1 \\ & & & -1 & 2 \end{pmatrix}.$$

16. 证明: A 是正定矩阵当且仅当 A 的所有主子式都大于零.

17. 设 A 是 n 阶正定矩阵. 证明: A 的最大元素位于对角线上.

18. 证明: 如果方阵 A 的所有顺序主子式非零, 那么 A 可以唯一地表示为 $A = UB$, 其中 U 是一个主对角元为 1 的下三角矩阵, B 是一个上三角矩阵.

19. 用非退化线性替换化二次型为标准型.

1) ${x_1}^2 + 2x_1x_2 + 2{x_2}^2 + 4x_2x_3 + 4{x_3}^2$;

2) $8x_1x_4 + 2x_2x_3 + 8x_2x_4 + 2x_3x_4$;

3) $x_1x_{2n} + x_2x_{2n-1} + \cdots + x_nx_{n+1}$;

4) $x_1x_2 + x_2x_3 + \cdots + x_{n-1}x_n$;

5) $\sum\limits_{i=1}^{n} x_i^2 + \sum\limits_{1\leqslant i<j\leqslant n} x_ix_j$;

6) $\sum\limits_{i=1}^{n} (x_i - \bar{x})^2$, 其中 $\bar{x} = \frac{1}{n}(x_1 + \cdots + x_n)$.

20. 证明: 一个实二次型可以分解为两个实系数的一次齐次多项式的乘积, 当且仅当其秩为 2 且符号差为 0, 或者秩为 1.

21. 设 $q(x_1, \cdots, x_n) = f_1^2 + \cdots + f_k^2 - f_{k+1}^2 - \cdots - f_{k+l}^2$, 其中 $f_i(1 \leqslant i \leqslant k + l)$ 是 $x_1, \cdots, x_n$ 的一次齐次式. 证明: q 的正惯性指数 $\leqslant k$, 负正惯性指数 $\leqslant l$.

22. 设 $A = (a_{ij})$ 是实 $s \times n$ 矩阵. 证明: 下列实二次型 q 的秩等于矩阵 A 的秩.

$$q(x_1, \cdots, x_n) = \sum_{i=1}^{s} \left(\sum_{j=1}^{n} a_{ij}x_j \right)^2.$$

23. 判别下列实二次型是否正定.

1) $99x_1^2-12x_1x_2+48x_1x_3+130x_2^2-60x_2x_3+71x_3^2$;

2) $10x_1^2+8x_1x_2+24x_1x_3+2x_2^2-28x_2x_3+x_3^2$;

3) $\sum\limits_{i=1}^{n}x_i^2+\sum\limits_{1\leqslant i<j\leqslant n}x_ix_j$;

4) $\sum\limits_{i=1}^{n}x_i^2+\sum\limits_{i=1}^{n-1}x_ix_{i+1}$.

24. 实数 t 取何值时, 下列实二次型是正定的?

1) $x_1^2+x_2^2+5x_3^2+2tx_1x_2-2x_1x_3+4x_2x_3$;

2) $x_1^2+4x_2^2+x_3^2+2tx_1x_2+10x_1x_3+6x_2x_3$.

25. 设 A 是 n 阶实对称矩阵. 证明: t 充分大时, $tI+A$ 是正定矩阵.

26. 设 A 是 n 阶实对称阵. 证明: 存在正实数 c, 使 $|X^\top AX|\leqslant cX^\top X,\forall\ X\in\mathbf{R}^n$.

27. 证明: 正定矩阵可逆, 且其逆也是正定矩阵.

28. 设 B 是 n 阶实对称矩阵. 证明: B 是正定矩阵, 当且仅当对任意 n 阶正定矩阵 A 及实数 $k\geqslant 0,\ l\geqslant 0,\ k+l\neq 0,\ kA+lB$ 是正定矩阵.

29. 设 $B=(b_{ij})$ 是 n 阶正定矩阵, $a_1,\cdots,a_n$ 是 n 个互不相等的正实数. 证明: n 阶矩阵 $\left(\frac{b_{ij}}{a_i+a_j}\right)$ 是正定矩阵.

30. 设 A 是 n 阶实对称阵, 且 $\det A<0$. 证明: 存在 $X\in\mathbf{R}^n$, 使得 $X^\top AX<0$.

31. 证明: 二次型 $q(X)=X^\top AX$ 半正定, 当且仅当它的正惯性指数与秩相等, 当且仅当 A 的任意主子式非负.

32. 证明: n 元实二次型 $q(x_1,\cdots,x_n)=n\sum\limits_{i=1}^{n}x_i^2-\left(\sum\limits_{i=1}^{n}x_i\right)^2$ 是半正定的.

33. 证明: 对任意 $m\times n$ 实矩阵 B, $B^\top B$ 是半正定的.

34. 设 $X^\top AX$ 是 n 元实二次型, 且存在 $X,\ Y\in\mathbf{R}^n$, 使得 $X^\top AX>0,\ Y^\top AY<0$. 证明: 存在非零向量 $Z\in\mathbf{R}^n$, 使得 $Z^\top AZ=0$.

35. 设 q 是 n 元实二次型, 且 $q(X)=0$, 当且仅当 $X=0$. 证明: q 或正定或负定.

36. 设 A 是 n 阶正定矩阵. 证明:

1) $q(y_1,\cdots,y_n)=q(Y)=\begin{vmatrix}A & Y\\ Y^\top & 0\end{vmatrix}$ 是负定二次型;

2) $\det A\leqslant a_{nn}A_{nn}$; 其中 A_{nn} 是 A 的 $(n-1)$ 阶顺序主子式;

3) $\det A\leqslant a_{11}a_{22}\cdots a_{nn}$;

4) 设 $B=(b_{ij})\in\mathbf{R}^{n\times n}$ 可逆, 则 $(\det B)^2\leqslant\prod\limits_{i=1}^{n}\left(\sum\limits_{j=1}^{n}b_{ji}^2\right)$.

7.2 节习题

37. 在 $\mathbf{R}^2$ 上定义下面几种二元函数. 试问 $\mathbf{R}^2$ 对于哪些函数作成欧氏空间?

1) $(x,y)=(x_1+x_2)y_1+(x_1+2x_2)y_2$;

2) $(x,y)=x_1y_1+x_2y_2+1$;

3) $(x,y)=kx_1y_1+lx_2y_2$.

38. 在欧氏空间 $\mathbf{R}^4$ 中, 求 $x,\ y$ 的夹角:

1) $x=(2,1,3,2),\ y=(1,2,-2,1)$;

2) $x=(1,2,2,3),\ y=(3,1,5,1)$;

3) $x=(1,1,1,2)$, $y=(3,1,-1,0)$.

39. 在欧氏空间 $\mathbf{R}^4$ 中, 求一单位向量与 $(1,1,-1,1)$, $(1,-1,-1,1)$, $(2,1,1,3)$ 正交.

40. 设 $(e_1,\cdots,e_n)$ 为欧氏空间 V 的一个基. 对任意 x, y, $z\in V$. 证明:

1) $x=0$, 当且仅当 $(x,e_i)=0$, $1\leqslant i\leqslant n$;

2) $y=z$, 当且仅当对任意 $x\in V$ 有 $(x,y)=(x,z)$.

41. 设 V 是欧氏空间, x, $y\in V$, 且 $|x|=|y|$. 证明: $(x+y)\perp(x-y)$.

42. 设 V 是欧氏空间, x, y, $z\in V$. 证明:

1) $|x+y|^2+|x-y|^2=2|x|^2+2|y|^2$;

2) $(x,y)=\dfrac{1}{4}|x+y|^2-\dfrac{1}{4}|x-y|^2$;

3) $|x-y||z|\leqslant|x-z||y|+|y-z||x|$;

4) $d(x,y)-d(y,z)\leqslant d(x,z)\leqslant d(x,y)+d(y,z)$.

43. 证明: 欧氏空间中的正交向量组是线性无关的.

44. 设 $V=\mathbf{R}^{n\times n}$. 证明: $f(A,B)=\mathrm{tr}(A^{\top}B)$ 是 V 上一个正定对称双线性函数, 并求欧氏空间 (V,f) 的一个幺正基.

45. 在 $C[-1,1]$ 上定义双线性函数如下

$$(f_1(x),f_2(x))=\int_{-1}^{1}f_1(x)f_2(x)dx.$$

1) 证明: 上式定义了 $C[-1,1]$ 上一个正定对称双线性函数;

2) 用 Gram-Schmidt 方法, 由 1, x, x^2, x^3 求出 $C[-1,1]$ 的一个正交向量组;

3) 求一个形如 $f(x)=a+bx^2-x^4$ 的多项式, 使它与所有低次多项式正交.

46. 设 U 是 $\mathbf{R}^3$ 的一个二维子空间, (e_1,e_2,e_3) 是 $\mathbf{R}^3$ 的一个幺正基. 基向量 e_i 在 U 上的正交投影 $\mathrm{pr}_U(e_i)$ 关于 U 的一个幺正基的坐标是 $(x_i,y_i)^{\top},i=1,2,3$. 证明: 向量 (x_1,x_2,x_3), $(y_1,y_2,y_3)\in\mathbf{R}^3$ 是正交的单位向量.

47. 设 (e_1,e_2,e_3) 为 3 维欧氏空间 V 的幺正基. 证明: (a_1,a_2,a_3) 也是幺正基, 其中

$$a_1=\frac{1}{3}(2e_1+2e_2-e_3),\ a_2=\frac{1}{3}(2e_1-e_2+2e_3),\ a_3=\frac{1}{3}(e_1-2e_2-2e_3).$$

48. 由 $\mathbf{R}^3$ 的基 $((1,1,0),\ (1,0,1),\ (0,1,1))$ 求 $\mathbf{R}^3$ 的一个幺正基.

49. 设 (e_1,e_2,e_3,e_4,e_5) 为欧氏空间 V 的幺正基, $a_1=e_1+e_2$, $a_2=e_1-e_2+e_4$, $a_3=2e_1+e_2+e_3$. 求子空间 $W=\langle a_1,a_2,a_3\rangle$ 的一个幺正基.

50. 设 $\mathbf{R}$ 上下列线性方程组的解空间为 W. 分别求 W 及 $W^{\perp}$ 的一个幺正基:

$$\begin{cases}2x_1+x_2-x_3+x_4-3x_5=0,\\ x_1+x_2-x_3+x_5=0.\end{cases}$$

51. 将 $\mathbf{R}^3$ 中向量 $X_1=\frac{1}{\sqrt{3}}(1,1,1)$ 扩充为一个幺正基.

52. 设 $A\in M_n(\mathbf{R})$ 是正交矩阵. 证明:

1) 如果 A 有特征值, 则 A 的特征值是 1 或 -1;

2) 如果 n 是奇数, 且 $\det A=1$, 则 1 是 A 的一个特征值;

3) 如果 $\det A=-1$, 则 -1 是 A 的一个特征值;

4) 如果 A 与对角矩阵 D 相似, 则 D 的对角线上元素为 ± 1;

5) A 是正定矩阵当且仅当 A 是单位矩阵.

53. 证明: 上三角矩阵为正交矩阵当且仅当它是主对角元为 1 或 -1 的对角矩阵.

54. (QR 分解) 设 $A \in \mathbf{R}^{n\times n}$, 且 $\det A \neq 0$. 证明: 存在正交矩阵 Q 与主对角元大于 0 的上三角矩阵 R, 使得 $A = QR$, 而且这种表法唯一.

55. (Cholesky 分解) 设 A 是正定矩阵. 证明: 存在上三角矩阵 R, 使 $A = R^\top R$.

56. 求下列方程组 $\begin{cases} 0.39x - 1.89y = 1 \\ 0.61x - 1.80y = 1 \\ 0.93x - 1.68y = 1 \\ 1.35x - 1.50y = 1 \end{cases}$ 的最小二乘解.

7.3 节习题

57. 设 σ 是 n 维欧氏空间 V 上的对称变换. 证明:

1) $\mathrm{Ker}\sigma \perp \mathrm{Im}\sigma$, $\quad \mathrm{Ker}\sigma \oplus \mathrm{Im}\sigma = V$;

2) σ 是在子空间 $\mathrm{Im}\sigma$ 上的正交投影, 当且仅当 $\sigma^2 = \sigma$.

58. 设 V 为欧氏空间, $\sigma \in \mathrm{End}V$. 证明: 若 U 为 σ 子空间, 则 $U^\perp$ 为 σ^* 子空间.

59. 求实正交矩阵 Q, 使得 $Q^\top AQ$ 为对角阵.

1) $\begin{pmatrix} 2 & -2 & 0 \\ -2 & 1 & -2 \\ 0 & -2 & 0 \end{pmatrix}$; 2) $\begin{pmatrix} 2 & 2 & -2 \\ 2 & 5 & -4 \\ -2 & -4 & 5 \end{pmatrix}$; 3) $\begin{pmatrix} 1 & -2 & 2 \\ -2 & -2 & 4 \\ 2 & 4 & -2 \end{pmatrix}$;

4) $\begin{pmatrix} 3 & -2 & -4 \\ -2 & 6 & -2 \\ -4 & -2 & 3 \end{pmatrix}$; 5) $\begin{pmatrix} 2 & -1 & -2 \\ -1 & 5 & 1 \\ -2 & 1 & 2 \end{pmatrix}$; 6) $\begin{pmatrix} 4 & -2 & 4 \\ -2 & 1 & -2 \\ 4 & -2 & 4 \end{pmatrix}$;

7) $\begin{pmatrix} 0 & 0 & 4 & 1 \\ 0 & 0 & 1 & 4 \\ 4 & 1 & 0 & 0 \\ 1 & 4 & 0 & 0 \end{pmatrix}$; 8) $\begin{pmatrix} 1 & 1 & 1 & 1 \\ 1 & 1 & 1 & 1 \\ 1 & 1 & 1 & 1 \\ 1 & 1 & 1 & 1 \end{pmatrix}$; 9) $\begin{pmatrix} -1 & -3 & 3 & -3 \\ -3 & -1 & -3 & 3 \\ 3 & -3 & -1 & -3 \\ -3 & 3 & -3 & -1 \end{pmatrix}$.

60. 设 A 是 3×3 矩阵, 使 $a_{ij} = 2,\ 1 \leqslant i,\ j \leqslant 3$, 求 A^n.

61. 设 σ 为欧氏空间 V 的一个变换, 且对任意 $x,\ y \in V$, 有 $(\sigma(x), \sigma(y)) = (x, y)$. 证明: σ 是线性的, 从而是正交变换.

62. 设 ℓ, m 是 $\mathbf{R}^2$ 中两条过原点的直线, 与 x 轴的夹角分别为 $\alpha,\ \beta$(反时针方向).

1) 求 s_ℓ 关于标准基的矩阵;

2) 如果 $\ell,\ m$ 相互垂直, 证明: $s_\ell s_m = s_m s_\ell = -\mathrm{id}$;

3) 设 $\alpha = \phi = \pi/4$, 描述变换 $s_\ell r_\phi s_\ell^{-1},\ r_\phi s_\ell r_\phi^{-1}$;

4) 设 $\alpha = \pi/4,\ \beta = \pi/2$, 求 $s_m s_\ell$ 和 $\mathrm{pr}_m s_\ell$ 在标准基下的矩阵.

63. 设 σ 为 n 维欧氏空间 V 的一个正交变换. 证明:

1) 若 σ 为第一类正交变换, 且 n 为奇数, 则 1 为 σ 的一个特征值;

2) 若 σ 为第二类正交变换, 则 -1 为 σ 的一个特征值;

3) 若 1 为 σ 的特征值, 且 $\dim E_1(\sigma) = (n-1)$, 则 σ 是镜面反射.

64. 设 V 为 n 维欧氏空间. 证明：每个 $\sigma \in \mathrm{O}(V)$ 可写成 $r(r \leqslant n)$ 个镜面反射的乘积, 因而正交群 $\mathrm{O}(V)$ 是由镜面反射生成的.

65. 设 $A \in \mathrm{GL}(n, \mathbf{R})$. 证明：$A$ 可以表为 Q_1DQ_2 形式, 其中 Q_1, Q_2 是正交矩阵, D 是主对角元大于零的对角矩阵, 这样的表法唯一吗?

66. 设 A 是实对称矩阵. 证明：A 幂零当且仅当 $A=0$.

67. 设 A, B 为实对称矩阵, 且 B 是正定矩阵. 证明：存在实可逆矩阵 C, 使得 $C^\top AC$ 和 $C^\top BC$ 都是对角矩阵.

68. 设 σ 是 n 维欧氏空间 V 的正规变换, λ_1, λ_2 为 σ 的特征值, 且 $\lambda_1 \neq \lambda_2$. 证明：

1) $E_{\lambda_i}(\sigma) = E_{\lambda_i}(\sigma^*)$, $i=1, 2$;

2) $(E_{\lambda_1}(\sigma), E_{\lambda_2}(\sigma)) = 0$.

69. 设 σ 是 n 维欧氏空间 V 的正规变换, 且 $\sigma^2 + \mathrm{id}_V = 0$. 证明：

1) 对任意 $x \in V$, 有 $|\sigma(x)| = |\sigma^*(x)| = |x|$;

2) $\sigma^* = -\sigma = \sigma^{-1}$, 且 n 为偶数.

70. 设 σ 是 n 维欧氏空间 V 的正规变换, $m \in N$. 证明：存在正规变换 τ, 使得 $\tau^{2m+1} = \sigma$; 若 σ 的特征多项式的实根非负, 则存在正规变换 τ_1, 使得 $\tau_1^{2m} = \sigma$.

71. 设 $A \in \mathbf{R}^{n\times n}$ 的特征多项式为 $\mathrm{ch}_A(x) = \Pi_{i=1}^n (x-\lambda_i)$, 其中 $\lambda_1, \cdots, \lambda_n \in \mathbf{C}$. 证明：$A$ 为正规方阵当且仅当 $\mathrm{tr}(AA^\top) = \sum\limits_{i=1}^n |\lambda_i|^2$.

72. 设 A, B, AB 都是正规方阵. 证明：BA 也是正规方阵.

7.4 节习题

73. 证明：复矩阵 A 是 Hermite 矩阵当且仅当半线性函数 X^*AX 是一个 Hermite 型.

74. 设 A 为 n 阶复矩阵, 对所有 $X \in \mathbf{C}^n$, X^*AX 是实数. 证明：A 是 Hermite 矩阵.

75. 证明：任一复方阵可表为一 Hermite 矩阵和一斜 Hermite 矩阵之和, 且表法唯一.

76. 一个酉矩阵 U 的行列式 $\det U$ 可能取哪些值?

77. 证明：所有 $n \times n$ Hermite 矩阵构成一个实线性空间, 并求它的一个基.

78. 证明：对任意 x, $y \in \mathbf{C}^n$, 有

1) $y \cdot x = \dfrac{1}{4}\sum\limits_{k=1}^{4} \imath^k |x + \imath^k y|^2$;　　2) $|x \pm y|^2 = |x|^2 \pm 2\mathrm{Re}(x\cdot y) + |y|^2$.

79. 设 $x = (1,-1,1)$, $y = (1,0,\imath) \in \mathbf{C}^3$, 求 $|x|$, $|y|$, 及 x 与 y 的夹角.

80. 设 $e_1 = (1,-1)$, $e_2 = (1,\imath) \in \mathbf{C}^2$. 由 (e_1, e_2) 求 $\mathbf{C}^2$ 的一个幺正基.

81. 设 V 是一个 2 维 Hermite 空间, (e_1, e_2) 是 V 的一个幺正基. 试求所有 e_2', 使得 (e_1, e_2') 也是 V 的幺正基.

82. 设 A, B 是正定 Hermite 矩阵, A^2, A^{-1}, $AB, A+B$ 也是正定 Hermite 矩阵吗?

83. 设 A 是任意复矩阵. 证明：$I + A^*A$ 非奇异.

84. 设 A 是任意复方阵. 证明：$\mathrm{Ker}A = (\mathrm{Im}A^*)^\perp$.

85. 证明：对任一复矩阵 A, 存在酉矩阵 P, 使得 P^*AP 是上三角阵.

86. 设 A 是 Hermite 矩阵. 证明：存在行列式为 1 的酉矩阵 P, 使得 P^*AP 为对角形.

87. 设 Hermite 矩阵 A, B 可换. 证明：存在酉矩阵 P, 使得 P^*AP, P^*BP 同为对角形.

88. 证明：对任意正规矩阵 A, $\mathrm{Ker}A = (\mathrm{Im}A)^{\perp}$.

89. 设 A 是实正规矩阵, 其特征值为实数. 证明：A 是对称矩阵.

90. 设 A 是正规矩阵. 证明, A 是 Hermite 矩阵当且仅当 A 的所有特征值是实的, A 是酉矩阵当且仅当 A 的所有特征值的模为 1.

91. 任意一个 n 阶酉矩阵的属于不同特征值的特征向量关于 $\mathbf{C}^n$ 的标准内积正交.

92. 求酉矩阵 P, 使得 P^*AP 为对角矩阵, 其中 $A = \begin{pmatrix} 1 & \imath \\ -\imath & 1 \end{pmatrix}$,

93. 证明：唯一的正定 Hermite 酉矩阵是单位矩阵.

94. 设 σ 是 n 维酉空间 V 上的线性变换. 证明：

1) σ 的不变子空间 W 的正交补 $W^{\perp}$ 是 σ^* 的不变子空间;

2) $\sigma^*\sigma$ 是 Hermite 变换.

95. 设 σ 是酉空间 V 上的线性变换. 若 $\sigma^*\sigma = \sigma\sigma^*$, 则称 σ 为正规变换. 证明：

1) σ 是正规变换, 当且仅当对任意 x, $y \in V$, 有 $(\sigma(x), \sigma(y)) = (\sigma^*(x), \sigma^*(y))$;

2) Hermite 变换和酉变换都是正规变换.

96. 设 σ 是酉空间 V 上的正规变换. 证明：

1) σ 的属于特征值 λ 的特征向量 e 是 σ^* 的属于 $\overline{\lambda}$ 的特征向量;

2) 若 e 是 σ 的特征向量, 则 $e^{\perp}$ 是 σ 子空间;

3) (正规变换谱定理)V 有一个由 σ 的特征向量组成的幺正基.

第 8 章　仿射空间与射影空间

向量空间的概念是几何向量的抽象和推广. 本章考虑几何空间本身的抽象化. 简单介绍仿射空间和射影空间的概念. 讨论二次曲面的仿射分类、度量分类、射影分类、不变量及一些一般的几何性质.

8.1 仿射空间

初等几何中，我们不仅研究向量, 更多的时侯是研究点及由点组成的图形. 向量空间反映向量的基本性质, 仿射空间则反映向量和点的基本性质. 它们的本质差别在于仿射空间中所有点的地位都是平等的, 而向量空间中有一个特殊的零向量. 本节给出仿射空间的基本概念.

8.1.1 仿射空间的定义

定义 8.1　设 V 是数域 F 上的向量空间, S 是一个集合. 如果有一个映射 $+: S\times V\to S$, 满足下列条件:

1) 对任意 $p\in S$, $x, y\in V$, $p+(x+y)=(p+x)+y$;

2) 对任意 $p\in S$, $p+0=p$;

3) 对任意 $p, q\in S$, 存在唯一的 $z\in V$, 使得 $p+z=q$.

那么我们称 S 是一个 V 上的仿射空间, 记为 $S(V)$, 或简记为 S.

设 $S(V)$ 为仿射空间. S 的元素称为点. 对任意两点 $p,q\in S$, 条件 3) 中的向量 z 称为始点为 p, 终点为 q 的向量, 记为 $\overline{pq}$. 由定义知, 对任意点 $p\in S$ 和任意向量 $x\in V$, 存在唯一的点 $q\in S$, 使 $\overline{pq}=x$, 对任意三点 $p,q,r\in S$, 有 $p+(\overline{pq}+\overline{qr})=(p+\overline{pq})+\overline{qr}=q+\overline{qr}=r=p+\overline{pr}$, 由此得

$$\overline{pq}+\overline{qr}=\overline{pr}. \tag{8.1}$$

在上式中, 令 $p=q=r$, 得到 $\overline{pp}=0$, 令 $r=p$, 得到 $\overline{qp}=-\overline{pq}$.

仿射空间 $S(V)$ 的维数是指 V 的维数, 记为 $\dim S$. 若 $\dim S=0$, 则 S 是一个点. 若 $\dim S=1$, 则称 S 为仿射直线, 若 $\dim S=2$, 则称 S 为仿射平面.

例 8.1　设 V 是 F 向量空间. 将向量同时也看成点, 即 $S=V$, 点和向量的加法定义为向量的加法. 这时, 对任意 p, $q\in S$, $\overline{pq}=q-p$. 这样我们就在向量空间 V 上得到了一个自然的仿射结构, 即每个向量空间都可以看作是一个

仿射空间. 特别地, 集合 F^n 是向量空间 F^n 上的仿射空间. 易知, 对任意的点 $p=(x_1,\cdots,x_n)$, $q=(y_1,\cdots,y_n)\in F^n$, 有

$$\overline{pq}=(y_1-x_1,\cdots,y_n-x_n).$$

另一方面, 若 S 是向量空间 V 上的仿射空间. 在 S 中固定一个点 o, 称为原点, 可以将 S 中任一个点 p 和向量 $\overline{op}$ 等同, 称向量 $\overline{op}$ 为 p 的位置向量, 那么 S 就等同于仿射空间 V, 这就称为将 S 在点 o 向量化.

定义 8.2　设 S 是向量空间 V 上的 n 维仿射空间. S 的一个点 o 和 V 的一个基 $(e_1,\cdots,e_n)$ 一起称为 S 的一个 (仿射) 标架或仿射坐标系, 向量 $\overline{op}$ 在基 $(e_1,\cdots,e_n)$ 下的坐标称为点 p 的 (仿射) 坐标.

易知, 若在 S 中取定一个仿射坐标系, 那么,

1) 点 $p+x$ 的坐标等于点 p 的坐标和向量 x 的坐标之和;

2) 向量 $\overline{pq}$ 的坐标等于点 q 的坐标减去点 p 的坐标.

一般地说, 仿射空间中点的线性组合是没有意义的. 但有重心组合的概念. 对于仿射空间 S 中任意的点 $p_1,\cdots,p_s$, 和 F 中一组数 $k_1,\cdots,k_s$, 在 S 中任取一点 o, 那么 S 中有唯一的点 p, 使得 $\overline{op}=\sum_{i=1}^{s}k_i\overline{op_i}$. 一般地, 点 p 依赖于点 o 的选取. 但是, 如果 $\sum_{i=1}^{s}k_i=1$, 则 p 与点 o 的选取无关. 事实上, 若取 $o'\in S$, 因为 $\sum_i k_i=1$, 所以

$$\overline{o'p}=\overline{o'o}+\overline{op}=\sum_i k_i(\overline{o'o}+\overline{op_i})=\sum_i k_i\overline{o'p_i}.$$

因此, 我们称点 p 为点 $p_1,\cdots,p_s$ 的一个重心组合, 记为 $p=\sum_{i=1}^{s}k_ip_i$.

设 $p_0,p_1,\cdots,p_n$ 是 n 维仿射空间 S 中的点, 且 $\overline{p_0p_1},\cdots,\overline{p_0p_n}$ 线性无关. 那么 S 中任意点 p 都可以唯一地表为 $p_0,p_1,\cdots,p_n$ 的重心组合. 事实上, 设 $(x_1,\cdots,x_n)$ 为 $\overline{p_0p}$ 在基 $(\overline{p_0p_1},\cdots,\overline{p_0p_n})$ 下的坐标, 即

$$\overline{p_0p}=\sum_{i=1}^{n}x_i\overline{p_0p_i},$$

令 $x_0=1-\sum_{i=1}^{n}x_i$, 则有 $p=\sum_{i=0}^{n}x_ip_i$, 且 $\sum_{i=0}^{n}x_i=1$. 唯一性由向量坐标唯一性得证. 我们称 $x_0,x_1,\cdots,x_n$ 为点 p 关于 $p_0,p_1,\cdots,p_n$ 的重心坐标.

例 8.2　设 $p_1\neq p_2\in S$, k_1, $k_2\in F$, 且 $k_1+k_2=1$, 我们可以把 $k_1p_1+k_2p_2=p_1+k_2\overline{p_1p_2}$ 看成是过 p_1, p_2 的直线上的点. (参见定义 8.3.)

例 8.3　仿射空间 S 中点 $p_1,\cdots,p_s$ 的质心定义为

$$\mathrm{cent}(p_1,\cdots,p_s)=\frac{1}{s}(p_1+\cdots+p_s).$$

当 $s=2$ 时, 它是两点 p_1 和 p_2 的中点; 当 $s=3$ 时, 它是如下三中线的交点:

$$\left\{k_1\left(\frac{1}{2}p_2+\frac{1}{2}p_3\right)+k_2p_1 : k_1+k_2=1\right\},$$
$$\left\{l_1\left(\frac{1}{2}p_3+\frac{1}{2}p_1\right)+l_2p_2 : l_1+l_2=1\right\},$$
$$\left\{m_1\left(\frac{1}{2}p_1+\frac{1}{2}p_2\right)+m_2p_3 : m_1+m_2=1\right\}.$$

8.1.2 仿射子空间

平面上的直线, 空间中的平面, 这些是初等几何的基本对象. 现在我们在仿射空间中来定义这些概念. 设 S 是向量空间 V 上的仿射空间.

定义 8.3 设 p_0 是 S 中一个点, U 是 V 的一个子空间, S 的子集

$$P=p_0+U=\left\{p\in S:\overline{p_0p}\in U\right\}$$

称为 S 中一个平面或仿射子空间, 子空间 U 称为平面 P 的方向子空间.

从定义看出, 平面 P 中任意两点所对应的向量全体组成其方向子空间 U. 因此 U 是由 P 唯一确定的. P 中一个点和 U 中一个向量的和还在 P 中. 关于这一运算, P 成为 U 上的一个仿射空间. 于是, 定义 $\dim P=\dim U$. 一个零维平面是一个点. 一个 1 维平面称为一条直线, 一个 $(n-1)$ 维平面称为一个超平面.

对于 S 中任意两个平面 $P_1=p_1+U_1$, $P_2=p_2+U_2$, 或者 $P_1\cap P_2=\emptyset$, 或者存在 $p_0\in P_1\cap P_2$, 此时 $P_1\cap P_2=(p_0+U_1)\cap(p_0+U_2)=p_0+(U_1\cap U_2)$ 也是 S 的一个平面. 一般地, 任意多个平面的交如果非空, 也是一个平面.

定义 8.4 设 $M\subseteq S$, $p_0\in M$, 令 $U=\mathrm{Span}\{\overline{p_0q}:q\in M\}$. 平面 p_0+U 称为 M 的仿射扩张, 记为 $\mathrm{aff}M$.

易知, $\mathrm{aff}M$ 是含 M 的最小平面. 因此它不依赖于 p_0 的选取. 含 M 的最小平面也称为由 M 生成的仿射子空间.

定理 8.1 给定仿射空间中任意 $(s+1)$ 个点. 则存在一个维数小于等于 s 的平面过这些点, 而且, 如果这些点不在一个维数小于 s 的平面内, 则必存在唯一的一个 s 维平面通过这些点.

证 设 $p_0,p_1,\cdots,p_s\in S$. 则 $P=p_0+\langle\overline{p_0p_1},\cdots,\overline{p_0p_s}\rangle$ 是一个通过点 p_0, p_1, $\cdots$, p_s 的维数小于等于 s 的平面. 如果 $\dim P=s$, 向量 $\overline{p_0p_1},\cdots,\overline{p_0p_s}$ 线性无关, 且 P 是过 $p_0,p_1,\cdots,p_s$ 的唯一 s 维平面. □

定义 8.5 称点 $p_0,p_1,\cdots,p_s$ 仿射相关, 如果它们属于一个维数小于 s 的平面, 否则称为仿射无关.

定理 8.1 表明, 点 $p_0,p_1,\cdots,p_s$ 仿射相关当且仅当 $\overline{p_0p_1},\cdots,\overline{p_0p_s}$ 线性相关. 显然, 点组的仿射相关或无关性并不依赖于这些点的排列顺序.

定理8.2　点 $p_0, p_1, \cdots, p_s$ 仿射无关当且仅当它们的重心坐标组成的矩阵的秩等于 $s+1$.

证　设 $x_{i0}, x_{i1}, \cdots, x_{in}$ 是点 p_i 关于点组 $q_0, q_1, \cdots, q_n$ 的重心坐标. 那么 $x_{i1}, x_{i2}, \cdots, x_{in}$ 就是向量 $\overline{q_0p_i}$ 关于基 $(\overline{q_0q_1}, \cdots, \overline{q_0q_n})$ 的坐标. 将矩阵 A 的各列都加到第 1 列, 再各行减去第 1 行, 得到矩阵 B:

$$A = \begin{pmatrix} x_{00} & x_{01} & \cdots & x_{0n} \\ x_{10} & x_{11} & \cdots & x_{1n} \\ \vdots & \vdots & & \vdots \\ x_{s0} & x_{s1} & \cdots & x_{sn} \end{pmatrix}, \quad B = \begin{pmatrix} 1 & x_{01} & \cdots & x_{0n} \\ 0 & x_{11} - x_{01} & \cdots & x_{1n} - x_{0n} \\ \vdots & \vdots & & \vdots \\ 0 & x_{s1} - x_{01} & \cdots & x_{sn} - x_{0n} \end{pmatrix},$$

矩阵 A 和 B 的秩相等, 且比下面的矩阵 C 的秩大 1.

$$C = \begin{pmatrix} x_{11} - x_{01} & \cdots & x_{1n} - x_{0n} \\ \vdots & & \vdots \\ x_{s1} - x_{01} & \cdots & x_{sn} - x_{0n} \end{pmatrix}.$$

矩阵 C 的元素是向量 $\overline{p_0p_1}, \cdots, \overline{p_0p_s}$ 关于基 $(\overline{q_0q_1}, \cdots, \overline{q_0q_n})$ 的坐标. 矩阵 A 的秩等于 $s+1$ 当且仅当矩阵 C 的秩为 s, 即向量 $\overline{p_0p_1}, \cdots, \overline{p_0p_s}$ 线性无关, 即点 $p_0, p_1, \cdots, p_s$ 仿射无关. □

例8.4　设点 p, q, r 在 $\triangle abc$ 的三边 ab, bc, ca 或其延长线上, 且分别分三边为定比 k, l, m, 则 p, q, r 关于点 a, b, c 的重心坐标组成矩阵

$$A = \begin{pmatrix} 0 & \dfrac{1}{1+k} & \dfrac{k}{1+k} \\ \dfrac{l}{1+l} & 0 & \dfrac{1}{1+l} \\ \dfrac{1}{1+m} & \dfrac{m}{1+m} & 0 \end{pmatrix}.$$

由定理 8.2 知, p, q, r 三点共线当且仅当 A 的行列式为零, 即 $klm = -1$.

定理8.3　仿射空间 S 的一个非空子集 P 是一个平面当且仅当过 P 中任意两点的直线也在 P 上.

证　设 $P \subseteq S$ 是满足条件的非空子集, $p_0, p_1, \cdots, p_s$ 是 P 的一个极大仿射无关点组. 则 $P \subseteq \operatorname{aff}\{p_0, p_1, \cdots, p_s\}$, 下面证明 $P = \operatorname{aff}\{p_0, p_1, \cdots, p_s\}$. 设 $p = \sum_i k_i p_i$ 是点 $p_0, p_1, \cdots, p_s$ 的一个重心组合. 对 $k_0, k_1, \cdots, k_s$ 中非零系数个数 r 用归纳法证明 $p \in P$. 对于 $r = 1$, p 就是 $p_0, p_1, \cdots, p_s$ 其中之一, 显然成立. 对于 $r > 1$. 不失一般性, 可以假设 $k_s \neq 0$. 那么

$$p = (1 - k_s)\Big(\sum_{i=0}^{s-1} \frac{k_i}{1 - k_s} p_i\Big) + k_s p_s,$$

即 p 位于过点 p_s 和点

$$p' = \sum_{i=0}^{s-1} \frac{k_i}{1-k_s} p_i$$

的直线上. 由归纳假设得 $p' \in P$, 因此 $p \in P$. 必要性是显然的. □

平面也可以用线性方程组来刻画. 考虑下列线性方程组:

$$\sum_{j=1}^{n} a_{ij} x_j = b_i, \quad i = 1, 2, \cdots, m. \tag{8.2}$$

将 $x_1, \cdots, x_n$ 解释成一个 n 维仿射空间 S 中的点在标架 $(o; e_1, e_2, \cdots, e_n)$ 下的坐标. 那么, 方程组 (8.2) 的解可以看作空间 S 的点. 假定这个方程组是相容的, 点 p_0 是一个解. 易见, 点 $p \in S$ 是 (8.2) 的一个解当且仅当向量 $\overline{p_0 p}$ 的坐标满足下列齐次线性方程组:

$$\sum_{j=1}^{n} a_{ij} x_j = 0, \quad i = 1, 2, \cdots, m. \tag{8.3}$$

我们知道, 方程组 (8.3) 的解形成一个 $(n-r)$ 维子空间 $U \subseteq V$, r 为系数矩阵的秩. 因此方程组 (8.2) 的解集是同维数的平面 $p_0 + U$. 反过来, 设 $P = p_0 + U$ 是一个平面. 由定理 4.9, 子空间 U 由某个齐次线性方程组决定. 将这些方程的常数项换成左边用 p_0 的坐标代入得到的值, 我们得到一个决定平面 P 的线性方程组. 于是, 证明了下面的定理.

定理8.4 如果线性方程组 (8.2) 是相容的, 那么 S 中以 (8.2) 的解作为坐标的点构成 S 的一个 $(n-r)$ 维平面 (n 是变量个数, r 是系数矩阵的秩), 并且 S 的任意一个平面都可以通过这种方式得到.

因此, n 维仿射空间中平面的几何理论等价于 n 个未知数的线性方程组的代数理论, 这两种理论用的是不同的语言, 说的是同一件事情.

关于平面的相对位置, 可用矩阵的秩来刻画, 这里不再讨论, 我们只给出下列简单结论.

定理 8.5 设平面 $P_1 = p_1 + U_1$, $P_2 = p_2 + U_2$, 则 P_1 和 P_2 相交当且仅当 $\overline{p_1 p_2} \in U_1 + U_2$.

证 平面 P_1 和 P_2 相交, 当且仅当存在向量 $u_1 \in U_1$ 和 $u_2 \in U_2$, 使得 $p_1 + u_1 = p_2 + u_2$, 即 $\overline{p_1 p_2} = u_1 - u_2$. 向量 u_1, u_2 的存在性意味着 $\overline{p_1 p_2} \in U_1 + U_2$. □

定义 8.6 称两平面 $P_1 = p_1 + U_1$, $P_2 = p_2 + U_2$ 平行, 如果 $U_1 \subseteq U_2$, 或 $U_2 \subseteq U_1$; 称 P_1, P_2 交错, 如果 $P_1 \cap P_2 = \emptyset$ 且 $U_1 \cap U_2 = 0$.

8.1.3 欧氏仿射空间

现在我们讨论一下欧氏向量空间上的仿射空间, 利用向量的内积来定义距离, 正交性等度量概念.

定义 8.7 欧氏向量空间上的仿射空间称为欧氏仿射空间. 不引起混淆时, 欧氏仿射空间也简称为欧氏空间.

例 8.5 在例 8.1 的意义下, 一个欧氏向量空间是一个欧氏仿射空间.

定义 8.8 在一个欧氏仿射空间 S 中, 两点 p, q 的距离定义为

$$d(p,q) = |\overline{pq}|.$$

易知, 上面定义的距离满足度量空间公理. 类似地, 所有对于欧氏向量空间定义的度量概念都可在欧氏仿射空间中定义.

对于欧氏仿射空间, 一个仿射坐标系的基向量组如果是标准正交基, 则称此坐标系为直角坐标系.

8.2 仿射变换与运动

仿射变换定义仿射几何. 仿射几何就是研究图形在仿射变换下的不变性质. 类似地, 运动定义欧氏几何. 欧氏几何就是研究图形在运动下的不变性质.

8.2.1 仿射变换

定义 8.9 设 $S(V)$, $S'(V')$ 是数域 F 上的仿射空间, $f: S \to S'$ 是映射, 及 $g: V \to V'$ 是线性映射. 如果对任意 $p \in S$, $x \in V$, 有

$$f(p+x) = f(p) + \sigma(x), \tag{8.4}$$

那么我们称 (f, σ) 为由 $S(V)$ 到 $S'(V')$ 的仿射映射.

在以上定义中, 线性映射 σ 是由 f 唯一决定的. 事实上, 当 p, q 取遍 S 中所有点时, $\overline{pq}$ 取遍 V 中所有向量. 因此, 由 (8.4) 知, 对任意 p, $q \in S$, 有

$$\sigma(\overline{pq}) = \overline{f(p)f(q)}. \tag{8.5}$$

因此可以将仿射映射简记为 f, 称 σ 为 f 的线性部分, 记为 $D(f)$ 或 Df.

例 8.6 任意一个线性映射 $f: V \to V'$ 诱导一个由 $V(V)$ 到 $V'(V')$ 的仿射映射, 其线性部分为 f.

例 8.7 仿射空间 S 的任意平移 t_x 是仿射映射, 且 $D(t_x) = \mathrm{id}_V$. 事实上,

$$t_x(p) - t_x(q) = (p+x) - (q+x) = \overline{pq}.$$

例 8.8 如果 $f: S \to S'$ 是一个仿射映射, $x \in V$, 则 $t_x f: S \to S'$ 是仿射映射, 且 $D(t_x f) = D(f)$. 事实上,

$$t_x f(p) - t_x f(q) = (f(p)+x) - (f(q)+x) = f(p) - f(q) = Df(p-q).$$

分别取 o, o' 为原点将空间 S, S' 向量化. 在 (8.4) 中令 $p=o$, 我们得到仿射映射 f 的向量化形式:

$$f(x)=D(f)(x)+b,\quad b\in V', \tag{8.6}$$

其中 $b=\overline{o'f(o)}$. 于是 f 的坐标形式为

$$y_i=\sum_{j=1}^{n}a_{ij}x_j+b_i,\quad i=1,2,\cdots,m, \tag{8.7}$$

其中 $x_1,\cdots,x_n$ 是 x 的坐标, $y_1,\cdots,y_m$ 是 $f(x)$ 的坐标. 用矩阵记号, 上式即

$$\begin{pmatrix}y_1\\y_2\\\vdots\\y_m\end{pmatrix}=\begin{pmatrix}a_{11}&a_{12}&\cdots&a_{1n}\\a_{21}&a_{22}&\cdots&a_{2n}\\\vdots&\vdots&\ddots&\vdots\\a_{m1}&a_{mn}&\cdots&a_{mn}\end{pmatrix}\begin{pmatrix}x_1\\x_2\\\vdots\\x_n\end{pmatrix}+\begin{pmatrix}b_1\\b_2\\\vdots\\b_m\end{pmatrix},$$

或记 $A=(a_{ij})$, $b=(b_1,\cdots,b_m)^\top$, $x=(x_1,\cdots,x_n)^\top$, $y=(y_1,\cdots,y_m)^\top$, 上式可以写成如下形式:

$$\begin{pmatrix}y\\1\end{pmatrix}=\begin{pmatrix}A&b\\0&1\end{pmatrix}\begin{pmatrix}x\\1\end{pmatrix}.$$

反之, 容易验证, 对于任意一个线性映射 $D(f)$ 和一个向量 $b\in V'$, 由 (8.6) 式定义的映射是一个仿射映射, 其线性部分为 $D(f)$.

命题 8.1 设 $f:S\to S'$, $g:S'\to S''$ 是仿射映射, 则 $gf:S\to S''$ 是仿射映射, 且 $D(gf)=D(g)D(f)$.

证 对任意 $p\in S$, $x\in V$, 根据映射乘积的定义, $(gf)(p+x)=g(f(p+x))$, 由 (8.4) 得 $g(f(p+x))=g(f(p)+D(f)(x))=g(f(p))+D(g)(D(f)(x))$. 因此, $(gf)(p+x)=(gf)(p)+(D(g)D(f))(x)$. □

命题 8.2 一个仿射映射是双射, 当且仅当它的线性部分是双射.

证 分别在空间 S 和 S' 中取原点 o 和 o', 使得 $f(o)=o'$, 那么映射 f 的向量化形式与它的线性部分相同. □

定义 8.10 如果一个仿射映射是双射, 则称它为仿射空间之间的一个同构映射, 此时称这两个仿射空间是同构的.

推论 8.1 F 上两个有限维仿射空间同构当且仅当它们的维数相等.

显然, 仿射空间的同构关系是一个等价关系. 容易看出, F 上任意一个被看作为仿射空间的 n 维向量空间 V 同构于仿射空间 F^n, 相应的同构可以由 V 的一个仿射坐标系给出.

显然, 仿射映射 $f:S\to S'$ 将仿射空间 S 的一个平面 $P=p+U$ 映到 S' 的一个平面 $f(P)=f(p)+D(f)(U)$. 如果 f 是双射, 则 $\dim f(P)=\dim P$.

对于仿射空间 S 中点组 $p_1,\cdots,p_s$ 的重心组合 $\sum_i k_ip_i$, 有

$$f\Big(\sum_i k_ip_i\Big)=\sum_i k_if(p_i).$$

特别地, 一个仿射映射将一个点组的质心映成它们的像点的质心.

仿射空间到自身的仿射映射称为仿射变换. 仿射空间 S 的可逆仿射变换作成一个群, 称为 S 的一般仿射变换群, 记为 $\mathrm{GA}(S)$. 由全体平移

$$t_x:p\to p+x,\ x\in V$$

构成的子群, 称为平移群, 记为 $\mathrm{Tran}S$.

命题 8.3 对任意 $f\in\mathrm{GA}(S)$ 和 $x\in V$, 有

$$ft_xf^{-1}=t_{D(f)(x)}. \tag{8.8}$$

证 应用变换 ft_xf^{-1} 于点 $q=f(p)$ 得

$$ft_xf^{-1}(q)=ft_x(p)=f(p+x)=f(p)+D(f)(x)=q+D(f)(x). \qquad \square$$

仿射变换的向量化形式意味着每个仿射变换有下列唯一表法:

$$f=t_xD(f),\quad D(f)\in\mathrm{GL}(V),\quad x\in V. \tag{8.9}$$

显然, 映射 $D(f)$ 并不依赖于原点 o 的选取, 但向量 $x=\overline{of(o)}$ 与原点 o 有关.

仿射变换将一个平面映到同维数的一个平面. 将点组的一个重心组合变到其像点的同系数重心组合. 于是, 平面和重心组合等概念都是仿射概念. 因此, 平行线、平行四边形、区间、区间的中心、点组的质心, 凸集, 单形等都是仿射概念. 但是, 正方形, 圆不是仿射概念. 因为一个仿射变换可以将一个正方形变成一个平行四边形. 将一个圆变成一个椭圆.

例 8.9 欧氏平面 (或空间) 的每个运动都是仿射变换.

例 8.10 中心为 o 系数为 k 的位似变换 $f(o+x)=o+kx$ 是仿射变换, 系数为 -1 的位似变换也称为中心对称. 反之, 如果仿射变换 f 满足:

$$D(f)=k\mathrm{id},\ k\neq 1,$$

那么 f 是中心在某点的位似变换. 事实上, 只要证明 f 有一个不动点. 由向量化形式 $f(x)=kx+a$, 方程 $f(x)=x$ 即 $(1-k)x=a$ 有 (唯一) 解.

定义 8.11 仿射空间 S 中, 联接两点 p, q 的 (闭) 区间为

$$pq=\big\{kp+(1-k)q:0\leqslant k\leqslant 1\big\}\subseteq S.$$

定义 8.12 仿射空间 S 的子集 M 称为凸集, 若对任意两点 $p,\ q\in M$, 区间 $pq\subseteq M$. S 中点组的系数非负的重心组合也称为凸线性组合.

例 8.11 证明: M 中点的所有凸线性组合组成的集合 $\mathrm{Con}(M)$ 是凸的.

证 设 $p=\sum_i k_ip_i$ 和 $q=\sum_i l_iq_i$ 是 M 中点的凸线性组合, 则

$$kp+(1-k)q=\sum_i kk_ip_i+\sum_i(1-k)l_iq_i\quad(0\leqslant k\leqslant 1)$$

也是 M 中点的一个凸线性组合.

集合 $\mathrm{Con}(M)$ 是含 M 的最小凸集, 称为 M 的凸包. 在一个 n 维仿射空间中, 仿射无关点组 $p_0,p_1,\cdots,p_n$ 的凸包称为顶点为 $p_0,p_1,\cdots,p_n$ 的 n 维单形. 0 维单形就是点, 1 维单形就是区间, 2 维单形称为三角形, 3 维单形称为四面体. 下列定理表明, 在仿射几何中, 所有单形是相等的.

定理 8.6 设 $p_1,\cdots,p_n$ 和 $q_1,\cdots,q_n$ 是 n 维仿射空间 S 中的两个仿射无关点组. 则存在唯一的仿射变换 f 将 p_i 变成 q_i, $i=1,\cdots,n$.

证 存在唯一的线性映射将基 $(\overline{p_0p_1},\cdots,\overline{p_0p_n})$ 变到基 $(\overline{q_0q_1},\cdots,\overline{q_0q_n})$. 如果将 p_0 取作原点, 将 S 向量化, 则仿射变换 f 形如 $f(v)=D(f)(v)+\overline{p_0q_0}$. □

在仿射几何中没有点之间的距离的概念, 因为任意两个不同的点可以经仿射变换变到任意两个不同的点. 但仿射变换保持同一直线上三点的简比.

考虑同一直线 ℓ 上三点 p_1,p_2,p_3. 如果 $p_2\neq p_3$, 那么 $\overline{p_1p_3}=c\overline{p_3p_2}$. 数 c 称为三点 p_1,p_2,p_3 的简比, 记为 (p_1,p_2,p_3). 如果 $p_1\neq p_2=p_3$, 那么就令 $(p_1,p_2,p_3)=\infty$. 如果 $p_1=p_2=p_3$, 则 (p_1,p_2,p_3) 无定义.

若 $c=\frac{k}{l}$, 我们说点 p_3 分线段 p_1p_2 为比 $k:l$(虽然区间的概念只在实几何中有定义). 对于 $k+l=1$, 即 $p_3=lp_1+kp_2$.

显然, 简比在任意可逆仿射变换下不变 (只要它不将直线 ℓ 变为一点).

对应于线性函数概念, 我们有仿射线性函数的概念. 把数域 F 看作仿射直线, 仿射空间 S 上的仿射线性函数就是由 S 到 F 的仿射映射.

定义 8.13 仿射空间 S 上一个仿射线性函数是一个函数 $f:S\to F$, 使

$$f(p+x)=f(p)+\sigma(x),\quad\forall\ p\in S,\ x\in V,\tag{8.10}$$

其中 σ 是 V 上一个线性函数, 称为 f 的线性部分, 记为 $D(f)$.

取 S 中一点 o 作为原点, 在 (8.10) 式中令 $p=o$, 得 f 的向量化形式为

$$f(x)=D(f)(x)+b,\tag{8.11}$$

其中 $b=f(o)\in F$. 于是, 我们得到仿射线性函数的坐标形式为

$$f(x)=\sum_i a_ix_i+b,\quad b\in F.\tag{8.12}$$

反之, 对于任意线性函数 $\sigma \in V^*$ 和任意数 $b \in F$, (8.12) 式所确定的函数 f 是线性部分为 σ 的仿射线性函数. 事实上, 令 $p = o + y$, 向量化得

$$\begin{aligned} f(p+x) &= f(y+x) \\ &= \sigma(y+x) + b \\ &= \sigma(y) + \sigma(x) + b \\ &= f(y) + \sigma(x) \\ &= f(p) + \sigma(x). \end{aligned}$$

仿射线性函数的一个特殊情形是常数函数, 其特点是其线性部分为零. 如果 f 不是常数函数, 则 $f^{-1}(0)$ 是一个超平面, 其方向子空间由线性方程组 $D(f)(x) = 0$ 确定.

由坐标形式 (8.12) 得, 所有仿射线性函数形成 n 维仿射空间 S 上函数空间的一个 $(n+1)$ 维子空间.

命题 8.4　重心坐标是仿射线性函数.

证　设 $x_0, x_1, \cdots, x_n$ 是关于点组 $p_0, p_1, \cdots, p_n$ 的重心坐标. 如果取 p_0 作为原点将 S 向量化, 则 $x_1, \cdots, x_n$ 成了关于基 $(\overline{p_0p_1}, \cdots, \overline{p_0p_n})$ 的通常坐标. 因此, $x_1, \cdots, x_n$ 是仿射线性函数. 因为 $x_0 = 1 - \sum_{i=1}^n x_i$, 于是 x_0 也是仿射线性函数 (也可取另一点作为原点来说明). □

命题 8.5　设 f 是一个仿射线性函数. 则对任意点组 $p_1, p_2, \cdots, p_s$ 的重心组合 $\sum_i k_ip_i$, 有

$$f\Big(\sum_i k_ip_i\Big) = \sum_i k_if(p_i).$$

证　将空间 S 向量化, 则 f 可写成 (8.11) 形式, 得

$$f\Big(\sum_i k_ip_i\Big) = Df\Big(\sum_i k_ip_i\Big) + b = \sum_i k_i\Big(Df(p_i) + b\Big) = \sum_i k_if(p_i).$$ □

8.2.2　运动

定义 8.14　设 S 是欧氏向量空间 V 上的欧氏仿射空间. 空间 S 的一个运动是 S 的一个仿射变换, 且它的线性部分是一个正交算子.

显然, 一个运动保持点之间的距离, 反之, 一个保距仿射变换是一个运动.

欧氏空间 S 的运动形成一个群, 记为 $\mathrm{Isom}S$. 一个运动称为本性的或保定向的, 如果它的线性部分属于特殊正交群, 否则称为非本性的或反定向的. 保定向的运动形成 $\mathrm{Isom}S$ 的一个子群, 记为 Isom_+S.

例 8.12　欧氏空间 S 的每个平移是一个本性的运动,

例 8.13 设 $\boldsymbol{H}$ 是欧氏空间 S 的一个超平面, e 是一个与 H 正交的单位向量. S 中每个点 p 可以唯一地表为: $p=q+ke$, $q\in H$, 参见图 8.1. 定义关于 H 的超平面反射为 $s_H:S\to S$,

$$s_H(p)=q-ke=p-2ke.$$

它的线性部分 Ds_H 就是 V 的关于超平面 H 的方向子空间的一个正交反射.

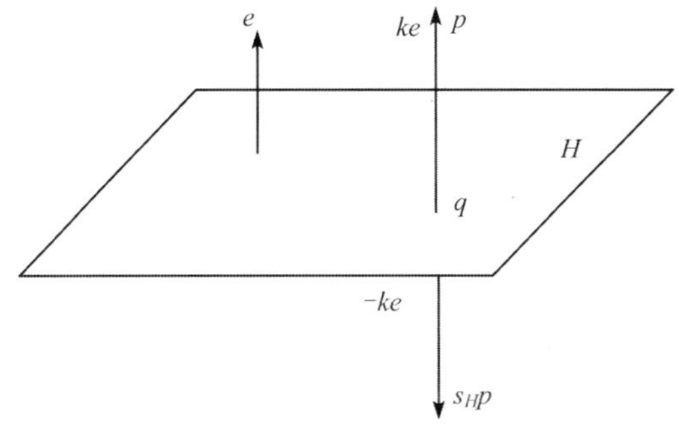

图 8.1

设 H_1 和 H_2 是超平面. 如果它们平行, 那么 $Ds_{H_1}=Ds_{H_2}$, 因此

$$D(s_{H_1}s_{H_2})=Ds_{H_1}Ds_{H_2}=\mathrm{id}_V.$$

此时, $s_{H_1}s_{H_2}$ 是一个平移, 平移向量是与 H_1 和 H_2 都正交的向量的两倍, 参见图 8.2. 另一方面, 如果 H_1 和 H_2 相交于一个 $(n-2)$ 维平面 P, 那么 $s_{H_1}s_{H_2}$ 是旋转, 转角为 H_1 和 H_2 的夹角的二倍, 即保持 P 的每个点不动, 而在每个与 P 垂直的 2 维平面上是一个旋转.

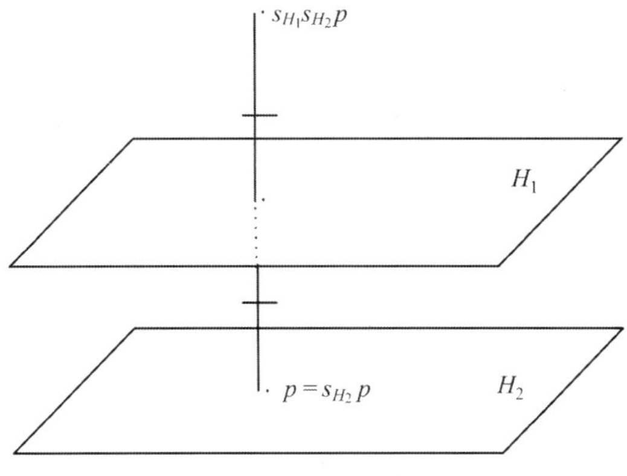

图 8.2

定理 8.7 对任意运动 f, 存在唯一确定的平面 $P = p_0 + U$, 使得

1) $f(P) = P$, $f|_P$ 是一个平移;

2) $U^\perp$ 中非零向量都不是不动的.

证 设 Df 的不动向量组成的子空间为 U. 选取原点, 将 f 写成向量形式:

$$f(x) = D(f)(x) + a, \ \forall\ x \in V.$$

因 $V = U \oplus U^\perp$, 可设 $a = b + c,\ b \in U,\ c \in U^\perp$. 因 $D(f) - \mathrm{id}$ 在 $U^\perp$ 上非奇异, 所以存在唯一的向量 $x_0 \in U^\perp$, 使 $D(f)(x_0) + c = x_0$. 设 p_0 是对应于 x_0 的点, 则 $f(p_0) = p_0 + b$, 于是 $P = p_0 + U$ 是满足 1), 2) 的唯一平面. □

定理 8.7 中的平面 P 称为运动 f 的轴. 运动 f 完全由它的轴 $P = p_0 + U$, 向量 $b \in U$, 以及 $U^\perp$ 上的无不动向量的正交算子 $\tau = D(f)|_{U^\perp}$ 所确定. 根据正交算子的性质, 若 f 是保 (反) 定向的运动, 则 $\dim U^\perp$ 是偶数 (奇数). 利用定理 8.7, 可以用初等几何的语言描述直线、平面和三维空间中的运动.

设 f 是欧氏直线的运动, P 表示运动 f 的轴. 有两种可能的情形:

1) $\dim P = 1$, f 是一个平移;

2) $\dim P = 0$, P 是一点. $\tau = -\mathrm{id}$, f 是关于点 P 的反射对称.

设 f 是欧氏平面的运动. 有三种可能的情形:

1) $\dim P = 2$, f 是一个平移;

2) $\dim P = 1$, P 是一条直线. $\tau = -\mathrm{id}$, f 是关于直线 P 的反射或滑移反射;

3) $\dim P = 0$, P 是一个点, f 是一个绕点 P 的旋转.

设 f 是欧氏空间的运动. 有四种可能的情形:

1) $\dim P = 3$, f 是一个平移;

2) $\dim P = 2$, f 是一个关于 P 的反射或滑移反射;

3) $\dim P = 1$, f 是一个绕直线 P 的旋转或一个螺旋运动;

4) $\dim P = 0$, f 是一个镜面旋转, 即一个绕直线的旋转和一个与直线垂直且交于点 P 的平面的反射的合成.

8.3 二 次 曲 面

平面是最简单的仿射与欧氏几何的对象, 它们由线性方程组所确定, 因而平面也称为线性族, 平面的自然推广是所谓的代数族, 即由代数方程所确定的仿射空间的子集. 对代数族的研究构成代数几何学科, 本书不能论及, 这里只讨论一类简单的代数族, 二次曲面, 它们由单个二次代数方程确定.

8.3.1 仿射性质与分类

定义 8.15 数域 F 上 n 维仿射空间 $S(V)$ 上一个函数 $Q: S \to F$ 称为一个仿射二次函数, 如果存在 $o \in S$, 使得 Q 的向量化形式为

$$Q(x) = q(x) + l(x) + c, \quad x \in V, \tag{8.13}$$

其中 q 是 V 上的二次函数, l 是一次函数, $c \in F$.

以下总假定 F 是数域, $S(V)$ 是数域 F 上的仿射空间. 设 g 是二次函数 q 的极化, 即 q 对应的对称双线性函数, $q(x) = g(x, x)$.

引理 8.1 若原点 o 平移到 $o' = o + a$, $a \in V$, 则 (8.13) 中各项变为

$$q'(x) = q(x), \quad l'(x) = 2g(a, x) + l(x), \quad c' = q(a) + l(a) + c, \tag{8.14}$$

证 对任意点 $p \in S$, 设 $p = o' + x = o + a + x$, $x \in V$, 则有

$$\begin{aligned} Q(o' + x) &= Q(o + a + x) = q(a + x) + l(a + x) + c \\ &= q(a) + 2g(a, x) + q(x) + l(a) + l(x) + c \\ &= q(x) + \big(2g(a, x) + l(x)\big) + \big(q(a) + l(a) + c\big). \end{aligned}$$

□

因此, 二次函数 q 并不依赖于原点的选取, 称为 Q 的二次部分, l 称为 Q 在点 o 的线性部分. 显然 $c = Q(o)$. 取 V 的一个基 $(e_1, \cdots, e_n)$, 记 $x = \sum_{i=1}^n x_i e_i$, 将 (8.13) 写成坐标形式:

$$Q(x) = \sum_{i=1}^n \sum_{j=1}^n a_{ij} x_i x_j + 2 \sum_{i=1}^n b_i x_i + c, \quad a_{ij} = a_{ji}. \tag{8.15}$$

定义 8.16 点 $o \in S$ 称为仿射二次函数 Q 的中心, 如果对任意 $x \in V$,

$$Q(o + x) = Q(o - x).$$

显然, o 是仿射二次函数 Q 的中心, 当且仅当 Q 在点 o 的线性部分为零. 于是, Q 的所有中心由下列线性方程组所确定:

$$\left\{ \begin{array}{c} a_{11}x_1 + a_{12}x_2 + \cdots + a_{1n}x_n + b_1 = 0, \\ \cdots\cdots\cdots\cdots \\ a_{n1}x_1 + a_{n2}x_2 + \cdots + a_{nn}x_n + b_n = 0. \end{array} \right. \tag{8.16}$$

因此所有中心组成一个维数大于零的平面或一个空集. 易知此方程组的系数矩阵是 (a_{ij}). 因此, 如果 q 非退化, 那么 Q 有唯一的中心.

定义 8.17 设 Q 是仿射空间 S 上的一个仿射二次函数. 令

$$X(Q)=\{p\in S:Q(p)=0\}.$$

如果 $X(Q)$ 不是平面或空集, 则称 $X(Q)$ 是一个二次曲面或二次超曲面.

平面上与三维空间中的二次曲面即二次曲线与通常的二次曲面.

定义 8.18 点 o 称为二次曲面 X 的一个中心, 如果 X 关于 o 对称, 即对任意 $x\in V$, 当点 $o+x\in X$ 时, 也有 $o-x\in X$. 至少有一个中心的二次曲面称为中心的. 位于二次曲面 X 上的中心称为 X 的顶点 (奇异点).

显然, 仿射二次函数 Q 的中心也是二次曲面 $X(Q)$ 的中心. 下面我们将证明, 反之也成立. 先看二次曲面的一些简单的几何性质.

命题 8.6 若直线 ℓ 与二次曲面 $X(Q)$ 有三个不同的交点, 则 $\ell\subseteq X$.

证 在 ℓ 上取点 o 作为原点, 则存在 $x\in V$, 使得 $\ell=o+\langle x\rangle$. 设 Q 在点 o 的向量化形式为 (8.13), 那么 X 与 ℓ 的交由下列条件确定:

$$Q(tx)=t^2q(x)+tl(x)+c=0.$$

这是一个关于 t 的二次方程, 如果所有系数为零, 则 $\ell\subseteq X$. 否则, 它至多两个根, 因此 X 与 ℓ 至多两个交点. □

命题 8.7 若二次曲面 X 有顶点 o, 则对 X 上任意点 $p\neq o$, 直线 $op\subseteq X$.

证 设 $p=o+x$, $x\in V$, 则 X 含直线 op 上三个不同点 o, $o+x$, $o-x$, 因此它含整个直线. □

定义 8.19 仿射空间 S 的一个子集 X 和一个点 o 一起称为一个以 o 为顶点的锥面, 如果对 X 中每个点 $p\neq o$, X 含直线 op. 一个二次曲面称为二次锥面, 如果它有一个顶点.

命题 8.8 每个二次曲面 X 都含有不是顶点的点.

证 若 X 的所有点都是顶点, 则由命题 8.7 知, X 含每条过 X 中任意两点的直线. 由定理 8.3 知, X 是一个平面, 与二次曲面的定义矛盾. □

定理 8.8 设 X 是 S 中一个二次曲面. 如果存在仿射二次函数 Q_1, Q_2, 使得 $X=X(Q_1)=X(Q_2)$, 那么存在 $k\in F$, 使得 $Q_2=kQ_1$.

证 取 X 上一个不是顶点的点 o 作为原点, 将 S 向量化. 可设

$$Q_1(x)=q_1(x)+l_1(x),\quad Q_2(x)=q_2(x)+l_2(x),$$

其中 l_1, $l_2\neq 0$. 任意直线 $o+\langle x\rangle$ 与曲面 X 的交点由下列方程之一确定:

$$t^2q_1(x)+tl_1(x)=0,\quad t^2q_2(x)+tl_2(x)=0.$$

于是, 当 $l_1(x)\neq 0$ 和 $l_2(x)\neq 0$ 时, 这两个关于 t 的方程应该同解. 所以

$$\frac{q_1(x)}{l_1(x)}=\frac{q_2(x)}{l_2(x)}.$$

于是

$$q_1(x)l_2(x)=q_2(x)l_1(x). \tag{8.17}$$

用 $l_1(x)l_2(x)$ 乘上面等式, 得

$$q_1(x)l_2(x)l_1(x)l_2(x)=q_2(x)l_1(x)l_1(x)l_2(x). \tag{8.18}$$

然而 (8.18) 式对所有 x 都成立. 又因为多项式环没有零因子, 消去此式两边的公因子即得 (8.17) . 因此 (8.17) 式对所有 x 成立.

假设 l_1 和 l_2 不成比例, 则可以取适当的基, 使得 $l_1(x)=x_1$, $l_2(x)=x_2$. 于是 (8.17) 式可重写成 $q_1(x)x_2=q_2(x)x_1$. 因此存在线性函数 $l(x)$, 使得 $q_1(x)=l(x)x_1$, $q_2(x)=l(x)x_2$. 故

$$Q_1(x)=(l(x)+1)x_1,\ Q_2(x)=(l(x)+1)x_2.$$

因为 $X=X(Q_1)$, 所以 X 含超平面 $x_1=0$. 又因为 $X=X(Q_2)$, 所以函数 Q_2 在此超平面上恒为零. 但是 $l(x)+1$ 和 x_2 在此超平面上都不恒为零, 这与多项式环无零因子矛盾. 因此, 存在 $k\in F^*$, 使得 $l_2=kl_1$. 代入 (8.17) 得 $q_2=kq_1$, 因此 $Q_2=kQ_1$. □

推论 8.2 二次曲面 $X(Q)$ 的中心也是函数 Q 的中心.

证 若 o 是 $X(Q)$ 的中心, 令 $\bar{Q}(o+x)=Q(o-x)$, 则 $X(Q)=X(\bar{Q})$. 于是存在 $k\in F^*$, 使得 $\bar{Q}=kQ$. 比较 Q 和 $\bar{Q}$ 的二次函数部分, 得到 $k=1$. 因此 $\bar{Q}=Q$, 由此得 o 是函数 Q 的中心. 反之显然. □

推论 8.3 若 $X(Q)$ 在某个平移下不变, 则函数 Q 也在此平移下不变.

证 如果 $X(Q)$ 在由向量 a 定义的平移 t_a 下不变. 令 $\bar{Q}(p)=Q(p+a)$, 则 $X(Q)=X(\bar{Q})$. 余下的证明同上面推论. □

考虑仿射二次函数 Q, 其向量化形式为 (8.13). 令 $\mathrm{Ker}Q=\mathrm{Ker}q\cap\mathrm{Ker}l$.

命题 8.9 函数 Q 在平移 t_a 下不变, 当且仅当 $a\in\mathrm{Ker}Q$. 特别地, $\mathrm{Ker}Q$ 不依赖于原点的选择.

证 函数 Q 在平移 t_a 下的不变性等价于原点从 o 变为 $o+a$ 时 Q 的形式不变. 由引理 8.1, 这又等价于 $a\in\mathrm{Ker}Q$. □

因此, 如果 $U=\mathrm{Ker}Q\neq 0$, 则对每个点 $p\in X(Q)$, $X(Q)$ 含平面 $p+U$.

定义 8.20 如果 $U=\mathrm{Ker}Q\neq 0$, 则称 $X(Q)$ 为以 U 为母线的二次柱面.

对于二次柱面 $X(Q)$, 选取 $U = \text{Ker}Q$ 的一个基 $(e_{n-d+1}, \cdots, e_n)$, 扩充为 V 的一个基 $(e_1, \cdots, e_n)$, 那么在此基下, Q 的坐标表达式不含后面 d 个坐标. 此时, 方程 $Q(x) = 0$ 可以看作一个 $(n-d)$ 维空间中的一个二次曲面 X_0 的方程, X 上一点的前 $(n-d)$ 个坐标就是 X_0 上一点的坐标, 而其他坐标可取任意值. 因此要描述所有二次曲面, 只需描述非柱面的二次曲面即可.

命题 8.10 一个非柱面的二次曲面至多有一个中心.

证 假定二次曲面 X 有两个中心 o, o'. 用 s 和 s' 分别表示关于点 o 和 o' 的中心对称, 则 $s(X) = s'(X) = X$, 因此 $ss'(X) = X$. 因为

$$d(ss') = ds \cdot ds' = (-\text{id})^2 = \text{id},$$

所以 ss' 是一个非平凡的平移. 因此 X 是一个二次柱面. □

非柱面的二次曲面按中心分类可分成中心二次曲面和非中心二次曲面.

对于中心二次曲面, 取中心为原点, 可以用适当的数乘二次曲面的方程, 得中心二次曲面的方程为

$$q(x_1, \cdots, x_n) = k, \quad k = 1,\ 0, \tag{8.19}$$

其中 q 是一个非退化二次函数, 如果 $k = 0$, 这是二次锥面, 原点是它的顶点.

对于非中心二次曲面, 由于 $\text{Ker}q \cap \text{Ker}l = 0$, 而 $\text{Ker}q \neq 0$(否则, 二次曲面是中心的), 于是 $\dim\text{Ker}q = 1$. 因此,

$$V = \text{Ker}l \oplus \text{Ker}q. \tag{8.20}$$

取二次曲面上一点为原点, 取 $\text{Ker}l$ 的一个基 $(e_1, \cdots, e_{n-1})$ 及 $e_n \in \text{Ker}q$ 组成 V 的一个基, 取适当的数 $k \neq 0$, 用 ke_n 代替 e_n, 使得 x_n 的系数为 -2, 得非中心二次曲面方程为

$$u(x_1, \cdots, x_{n-1}) = 2x_n, \tag{8.21}$$

这里 $u = q|_{\text{Ker}l}$ 是关于 $(n-1)$ 个变量的一个非退化二次函数.

适当选取 V 的基, 可将 (8.19) 式中的二次函数 q 化为对角形. 适当选取 $\text{Ker}l$ 的基, 可将 (8.21) 式中的二次函数 u 化为对角形.

当 $F = \mathbf{R}$ 或 $\mathbf{C}$ 时, q 可化为规范形. 考虑 $F = \mathbf{R}$ 的情形, 即得下面定理.

定理 8.9 n 维实仿射空间中非柱面二次曲面方程可化为下列类型之一

I. 非锥面中心二次曲面.

$${x_1}^2 + \cdots + {x_k}^2 - {x_{k+1}}^2 - \cdots - {x_n}^2 = 1, \quad 0 < k \leqslant n. \tag{8.22}$$

II. 二次锥面.

$${x_1}^2 + \cdots + {x_k}^2 - x_{k+1}^2 - \cdots - {x_n}^2 = 0, \quad \frac{n}{2} \leqslant k < n. \tag{8.23}$$

III. 非中心二次曲面.

$$x_1{}^2+\cdots+x_k{}^2-x_{k+1}{}^2-\cdots-x_{n-1}{}^2=2x_n,\quad \frac{n-1}{2}\leqslant k<n. \tag{8.24}$$

以上列表可以解释为实二次曲面在仿射变换下的分类. 事实上, 设有二次曲面 X_1 和 X_2, 如果 X_1 在标架 (I) 中和 X_2 在标架 (II) 中的方程相同, 则存在仿射变换将标架 (I) 变到标架 (II), 于是 X_1 通过此仿射变换变到 X_2. 反之, 如果仿射变换 f 将 X_1 变到 X_2, 则 X_1 和 X_2 分别在标架 $(o;e_1\ldots,e_n)$ 和 $(f(o);Df(e_1),\cdots,Df(e_n))$ 中有相同的方程.

特别地, 我们得到非柱面的实二次曲线和二次曲面的仿射分类, 见表 8.1.

表 8.1

n	类型	k	名称	标准方程
2	I	2	椭圆	$x^2+y^2=1$
		1	双曲线	$x^2-y^2=1$
	II	1	两相交直线	$x^2-y^2=0$
	III	1	抛物线	$x^2=2y$
3	I	3	椭球面	$x^2+y^2+z^2=1$
		2	单叶双曲面	$x^2+y^2-z^2=1$
		1	双叶双曲面	$x^2-y^2-z^2=1$
	II	2	二次锥面	$x^2+y^2-z^2=0$
	III	2	椭圆抛物面	$x^2+y^2=2z$
		1	双曲抛物面	$x^2-y^2=2z$

在 n 维仿射空间中, I 型的二次曲面, 当 $s=n$ 时, 称为椭球面, 当 $s<n$ 时, 称为双曲面; II 型的二次曲面称为二次锥面; III 型的二次曲面称为椭圆抛物面 $(s=n-1)$ 和双曲抛物面 $(s<n-1)$.

例 8.14 化简仿射空间 $\mathbf{R}^3$ 上二次曲面的方程:

$$Q(x,y,z)=x^2+4xy+5y^2+10z^2+2xz+10yz-2z-2=0.$$

解 用配方法将二次项部分化成平方和:

$$\begin{aligned}Q(x,y,z)&=(x+2y+z)^2+y^2+9z^2+6yz-2z-2\\&=(x+2y+z)^2+(y+3z)^2-2(z+1)^2.\end{aligned}$$

令 $x'=x+2y+z,\ y'=y+3z,\ z'=z+1$, 于是得二次曲面的标准方程为

$$x'^2+y'^2-2z'=0.$$

例 8.15 讨论仿射空间 $\mathbf{R}^2$ 中二次曲线: $x^2+xy+y^2+4x+3y+4=0$.

解　写出二次项部分的矩阵为

$$A=\begin{pmatrix} 1 & \frac{1}{2} \\ \frac{1}{2} & 1 \end{pmatrix}.$$

易知 A 是正定矩阵. 解中心方程组 $Ax+b=0$, 得中心 $(x_0,y_0)=(-\frac{5}{3},-\frac{2}{3})$, 且 $Q(x_0,y_0)=\frac{25}{3}\neq 0$. 因此这是一个椭圆.

8.3.2　度量分类与不变量

现在考虑欧氏仿射空间中二次曲面在直角坐标系下的方程能化简成什么形式. 和在仿射几何中一样, 只需考虑非柱面的二次曲面.

I. 非锥面的中心二次曲面. 二次函数 q 化到主轴以后, 方程形如

$$\lambda_1 x_1^2+\cdots+\lambda_n x_n^2=1,\quad \lambda_1,\cdots,\lambda_n\neq 0, \tag{8.25}$$

其中 $\lambda_1,\cdots,\lambda_n$ 在不计顺序的情况下是唯一确定的.

II. 二次锥面. 二次函数 q 化到主轴, 二次曲面的方程可以化简成

$$\lambda_1 {x_1}^2+\cdots+\lambda_n {x_n}^2=0,\quad \lambda_1,\cdots,\lambda_n\neq 0. \tag{8.26}$$

其中 $\lambda_1,\cdots,\lambda_n$ 在不计顺序, 且可以同乘非零常数的情况下是唯一的.

III. 非中心二次曲面. 选取原点, 且将二次函数 q 化到主轴, 得方程

$$\lambda_1 {x_1}^2+\cdots+\lambda_{n-1} {x_{n-1}}^2+b_1x_1+\cdots+b_nx_n+c=0,$$

其中 $\lambda_1,\cdots,\lambda_{n-1},b_n\neq 0$. 改变原点的前 $n-1$ 个坐标, 可以去掉含这些坐标的线性项. 再改变原点的 x_n 坐标, 可以消去常数项. 最后乘以适当的常数, 得

$$\lambda_1 {x_1}^2+\cdots+\lambda_{n-1} {x_{n-1}}^2=2x_n,\quad \lambda_1,\cdots,\lambda_{n-1}\neq 0, \tag{8.27}$$

其中 $\lambda_1,\cdots,\lambda_{n-1}$ 在不计顺序和允许同乘 -1 的意义下是唯一确定的.

和仿射分类情形类似, 我们可以将以上分类结果解释为欧氏仿射空间中二次曲面在等距变换或运动下的分类.

例 8.16　求欧氏仿射空间 $\mathbf{R}^2$ 中下列二次曲面的标准方程:

$$Q(x_1,x_2)=7{x_1}^2-12x_1x_2-2{x_2}^2-16x_1+28x_2-8=0.$$

解　二次项部分 $q(x_1,x_2)=7{x_1}^2-12x_1x_2-2{x_2}^2$ 的矩阵为

$$A=\begin{pmatrix} 7 & -6 \\ -6 & -2 \end{pmatrix}.$$

求出 A 的特征值为 $\lambda_1=10$ 和 $\lambda_2=-5$. 于是 q 的规范形为 $10{x_1}^2-5{x_2}^2$. 解中心方程组:

$$\begin{cases}14x_1-12x_2-16=0,\\-12x_1-4x_2+28=0.\end{cases}$$

得中心 $(2,1)$. 计算得 $Q(2,1)=-10$. 因此这是一条双曲线, 它的标准方程为 $10x^2-5y^2=10$.

例 8.17 求欧氏仿射空间 $\mathbf{R}^3$ 中下列二次曲面的标准方程:

$$Q=4{x_1}^2+4{x_2}^2+4{x_3}^2-4x_1x_2-4x_2x_3-4x_1x_3-5x_1+7x_2+7x_3+1=0.$$

解 二次项部分 q 的矩阵 A 的特征值是 $\lambda_{1,2}=6$ 和 $\lambda_3=0$, 于是 q 是退化的. $\mathrm{Ker}q=E_0(A)$ 由 $e=(\frac{1}{\sqrt{3}},\frac{1}{\sqrt{3}},\frac{1}{\sqrt{3}})$ 生成, $l(e)=3\sqrt{3}$. 中心方程组 $Ax+b=0$, 即

$$\begin{cases}8x_1-4x_2-4x_3-5=0,\\-4x_1+8x_2-4x_3+7=0,\\-4x_1-4x_2+8x_3+7=0,\end{cases}$$

无解. 因此这是旋转抛物面, 它的标准方程为

$$6{x_1}^2+6{x_2}^2-3\sqrt{3}x_3=0.$$

下面我们用矩阵运算重述二次曲面在直角坐标系下方程的简化过程. 记 $r=(x_1,\cdots,x_n)^\top$, $b=(b_1,\cdots,b_n)^\top$. 则二次曲面的方程可写成如下形式:

$$S:Q(r)=r^\top Ar+2b^\top r+c=0,\tag{8.28}$$

设 P 为正交矩阵, 作直角坐标变换 $r=Pr'+\delta$ 以后, X 的方程化为

$$r'^\top(P^\top AP)r'+2(A\delta+b)^\top Pr'+Q(\delta)=0.\tag{8.29}$$

也可写成如下形式: 方程

$$(r^\top,1)\begin{pmatrix}A&b\\b^\top&c\end{pmatrix}\begin{pmatrix}r\\1\end{pmatrix}=0,\tag{8.30}$$

经直角坐标变换

$$\begin{pmatrix}r\\1\end{pmatrix}=\begin{pmatrix}P&\delta\\0&1\end{pmatrix}\begin{pmatrix}r'\\1\end{pmatrix}\tag{8.31}$$

化为

$$(r'^\top,1)\begin{pmatrix}P^\top&0\\\delta^\top&1\end{pmatrix}\begin{pmatrix}A&b\\b^\top&c\end{pmatrix}\begin{pmatrix}P&\delta\\0&1\end{pmatrix}\begin{pmatrix}r'\\1\end{pmatrix}=0,\tag{8.32}$$

即

$$(r'^{\top}, 1)\begin{pmatrix} P^{\top}AP & P^{\top}(A\delta+b) \\ (A\delta+b)^{\top}P & Q(\delta) \end{pmatrix}\begin{pmatrix} r' \\ 1 \end{pmatrix} = 0. \tag{8.33}$$

若 $\delta = 0$, 则所作变换是保持原点不动的直角坐标变换: $r = Pr'$; 方程化为

$$r'^{\top}(P^{\top}AP)r' + 2P^{\top}br' + c = 0.$$

若 $P = I$, 则所作变换是平移坐标变换: $r = r' + \delta$, 变换后的方程为

$$r'^{\top}Ar' + 2(A\delta+b)r' + Q(\delta) = 0.$$

定理 8.10　在欧氏仿射空间中, 任意二次曲面 $X(Q)$ 的方程可经适当的直角坐标变换 $r = Pr' + \delta$ 化为以下情形之一:

1) $\lambda_1 {y_1}^2 + \cdots + \lambda_k {y_k}^2 = 1$, 当 $\mathrm{rank}(A,b) = \mathrm{rank}A$, $Q(\delta) \neq 0$ 时;

2) $\lambda_1 {y_1}^2 + \cdots + \lambda_k {y_k}^2 = 0$, 当 $\mathrm{rank}(A,b) = \mathrm{rank}A$, $Q(\delta) = 0$ 时;

3) $\lambda_1 {y_1}^2 + \cdots + \lambda_k {y_k}^2 = 2x_n$, 当 $\mathrm{rank}(A,b) \neq \mathrm{rank}A$ 时.

证　当 $\mathrm{rank}(A,b) = \mathrm{rank}A$ 时, 存在 $\delta \in \mathbf{R}^n$, 使得 $A\delta + b = 0$. 因为 A 是实对称矩阵, 所以存在正交矩阵 P, 使得 $P^{\top}AP = \mathrm{diag}(\lambda_1, \cdots, \lambda_n)$, 其中 $\lambda_1, \cdots, \lambda_n$ 为 A 的特征值. 作坐标变换 $r = Pr' + \delta$, 得简化方程

$$\lambda_1 {y_1}^2 + \cdots + \lambda_n {y_n}^2 + c_1 = 0,$$

其中 $c_1 = Q(\delta)$. 得 1) 或 2).

当 $\mathrm{rank}(A,b) \neq \mathrm{rank}A$ 时, 必有 $\mathrm{rank}(A,b) = \mathrm{rank}A + 1$, $\mathrm{rank}A < n$. 故有正交矩阵 P, 使得 $P^{\top}AP = \mathrm{diag}(\lambda_1, \cdots, \lambda_k, 0 \cdots, 0)$, $k < n$. 于是

$$\begin{pmatrix} P^{\top} & 0 \\ 0 & 1 \end{pmatrix}\begin{pmatrix} A & b \\ b^{\top} & c \end{pmatrix}\begin{pmatrix} P & 0 \\ 0 & 1 \end{pmatrix} = \begin{pmatrix} P^{\top}AP & P^{\top}b \\ b^{\top}P & 1 \end{pmatrix}.$$

设 $d = P^{\top}b = (d_1, \cdots, d_n)^{\top}$, 取 $\delta_1 = (-\frac{d_1}{\lambda_1}, \cdots, -\frac{d_k}{\lambda_k}, 0, \cdots, 0)^{\top}$, 则

$$\begin{pmatrix} I_n & 0 \\ \delta_1^{\top} & 1 \end{pmatrix}\begin{pmatrix} P^{\top}AP & P^{\top}b \\ b^{\top}P & c \end{pmatrix}\begin{pmatrix} I_n & \delta_1 \\ 0 & 1 \end{pmatrix} = \begin{pmatrix} A_1 & 0 & 0 \\ 0 & 0 & a \\ 0 & a^{\top} & c' \end{pmatrix},$$

其中 $A_1 = \mathrm{diag}(\lambda_1, \cdots, \lambda_k)$, 若 $a \neq 0$, 即 $c_1 = |a| \neq 0$, 则 $\frac{1}{|a|}a$ 是 $\mathbf{R}^{n-k}$ 中的单位向量, 可作为某个 $(n-k)$ 阶正交矩阵 P_1 的第 $(n-k)$ 列.

$$\begin{pmatrix} I_k & 0 & 0 \\ 0 & P_1^{\top} & 0 \\ 0 & 0 & 1 \end{pmatrix}\begin{pmatrix} A_1 & 0 & 0 \\ 0 & 0 & a \\ 0 & a^{\top} & c' \end{pmatrix}\begin{pmatrix} I_k & 0 & 0 \\ 0 & P_1 & 0 \\ 0 & 0 & 1 \end{pmatrix} = \begin{pmatrix} A_1 & 0 & 0 \\ 0 & 0 & P_1^{\top}a \\ 0 & a^{\top}P_1 & c' \end{pmatrix}$$

$$= \mathrm{diag}\left(\lambda_1, \cdots, \lambda_k, 0 \cdots, 0, \begin{pmatrix} 0 & c_1 \\ c_1 & c' \end{pmatrix}\right) := D.$$

取 $\delta_2=(0,\cdots,0,-\frac{c'}{2|a|})^\top$, 则有

$$\begin{pmatrix} I_n & 0 \\ \delta_2^\top & 1 \end{pmatrix} D \begin{pmatrix} I_n & \delta_2 \\ 0 & 1 \end{pmatrix} = \mathrm{diag}\left(A_1,\ 0, \begin{pmatrix} 0 & c_1 \\ c_1 & 0 \end{pmatrix}\right).$$

以上过程表示 X 的方程经相应的直角坐标变换后可化为 3). □

例 8.18 将直角坐标系中下列二次曲面化为标准方程, 并指出其类型.

$$4{x_1}^2+{x_2}^2+4{x_3}^2-4x_1x_21-4x_2x_3+8x_1x_3-12x_1-12x_2+6x_3=0.$$

解 将方程写成 $r^\top Ar+2b^\top r+c=0$, 其中

$$A=\begin{pmatrix} 4 & -2 & 4 \\ -2 & 1 & -2 \\ 4 & -2 & 4 \end{pmatrix},\quad r=\begin{pmatrix} x_1 \\ x_2 \\ x_3 \end{pmatrix},\quad b=\begin{pmatrix} -6 \\ -6 \\ 3 \end{pmatrix}.$$

矩阵 A 的特征值为 9, 0, 0. 解出属于 9 的一个特征向量 $e_1=(2,-1,2)^\top$, 和属于 0 的两个正交的特征向量 $e_2=(1,0,-1)^\top$, $e_3=(1,4,1)^\top$. 将它们单位化后组成正交矩阵 P. 经直角坐标变换 $r=Pr'$, 即

$$\begin{pmatrix} x_1 \\ x_2 \\ x_3 \end{pmatrix}=\begin{pmatrix} \frac{2}{3} & \frac{\sqrt{2}}{2} & \frac{\sqrt{2}}{6} \\ -\frac{1}{3} & 0 & \frac{2\sqrt{2}}{3} \\ \frac{2}{3} & -\frac{\sqrt{2}}{2} & \frac{\sqrt{2}}{6} \end{pmatrix}\begin{pmatrix} {x_1}' \\ {x_2}' \\ {x_3}' \end{pmatrix},$$

原方程化为 ${x_1}^2-\sqrt{2}{x_2}'-\sqrt{2}{x_3}'=0$. 再作直角坐标变换

$$\begin{pmatrix} {x_1}' \\ {x_2}' \\ {x_3}' \end{pmatrix}=\begin{pmatrix} 1 & 0 & 0 \\ 0 & \frac{\sqrt{2}}{2} & -\frac{\sqrt{2}}{2} \\ 0 & \frac{\sqrt{2}}{2} & \frac{\sqrt{2}}{2} \end{pmatrix}\begin{pmatrix} {x_1}'' \\ {x_2}'' \\ {x_3}'' \end{pmatrix},$$

得二次曲面的标准方程为 $x''^2-2{x_2}''=0$, 由此看出二次曲面是一个抛物柱面.

二次曲面的度量性质, 即在等距变换下的不变性质. 若 f 是一个等距变换, 则二次曲面 X 与 $f(X)$ 在同一直角坐标系下的方程, 可视为 X 在不同直角坐标系下的方程. 因此度量性质也可以说是与直角坐标系的选取无关的性质.

定义 8.21 设 g 是由二次曲面 X 的方程的系数给出的函数. 如果在经过任意直角坐标变换 (保持原点不动的直角坐标变换; 任意平移坐标变换) 后, g 的函数值不变, 则称 g 是 X 的一个正交不变量, 简称不变量 (正交半不变量, 简称半不变量; 平移不变量).

矩阵 A 的特征多项式是方程 $Q(r)=0$ 的系数的函数. 经直角坐标变换 (8.31) 后, 矩阵 A 变成了 $A'=P^{\top}AP$. 因为 A 与 A' 相似, 所以它们的特征多项式相等. 因此 A 的特征多项式是 X 的不变量, 于是 A 的特征多项式的系数与特征值也都是 X 的不变量. 因此 A 的特征多项式与特征值也称为二次曲面 X 的特征多项式与特征值.

在 3 维欧氏空间中, 设 X 的特征多项式为 $C(t)=t^3-C_1t^2+C_2t-C_3$. 令 $\bar{A}=\begin{pmatrix} A & b \\ b^{\top} & c \end{pmatrix}$, $C_4=\det\bar{A}$. 由 (8.32) 知 C_4 也是 X 的不变量. 另外, 令

$$K_1=\begin{vmatrix} a_{11} & b_1 \\ b_1 & c \end{vmatrix}+\begin{vmatrix} a_{22} & b_2 \\ b_2 & c \end{vmatrix}+\begin{vmatrix} a_{33} & b_3 \\ b_3 & c \end{vmatrix},\ K_2=\begin{vmatrix} a_{11} & a_{13} & b_1 \\ a_{31} & a_{33} & b_3 \\ b_1 & b_3 & c \end{vmatrix}+\begin{vmatrix} a_{22} & a_{23} & b_2 \\ a_{32} & a_{33} & b_3 \\ b_2 & b_3 & c \end{vmatrix}.$$

定理 8.11　设 $X:Q(r)=0$ 为二次曲面, 则 K_1, K_2 是半不变量.

证　由 (8.32) 知, 当 $\delta=0$ 时, 矩阵 $\bar{A}$ 的特征多项式不变, 所以它是半不变量, 记为 $D(t)=t^4-D_1t^3+D_2t^2-D_3t+D_4$. 所以 D_i 都为半不变量, 且 $D_1=C_1+c$, $D_2=C_2+K_1$, $D_3=C_3+K_2$, $D_4=C_4$. 又 C_i 都为不变量, 于是 K_1, K_2 是半不变量. □

8.3.3　3 维实二次曲面的几何性质

我们知道, 在空间中取定仿射坐标系以后, 每个点可用三元实数组表示, 图形可用方程来描述. 前面我们用坐标变换和不变量方法讨论了二次曲面方程的化间和分类. 现在我们从方程出发直接讨论三维实仿射空间和欧氏空间中二次曲面的几何性质. 代数上处理方程时, 有时要在复数范围考虑问题, 因此, 我们把至少有一个虚数的三元数组称为虚点, 也称所考虑的空间为实 - 复仿射空间.

在空间中固定一个仿射坐标系和一个二次曲面 X. 设 X 的方程为

$$a_{11}x^2+a_{22}y^2+a_{33}z^2+2a_{12}xy+2a_{13}xz+2a_{23}yz+2b_1x+2b_2y+2b_3z+c=0.$$

令 $a_{ij}=a_{ji}$, $1\leqslant i<j\leqslant 3$. 记 $r=(x,y,z)^{\top}$, $A=(a_{ij})$, $b=(b_1,b_2,b_3)^{\top}$. 记 $q(r)=r^{\top}Ar$, $l(r)=2b^{\top}r=2r^{\top}b$. 将 X 的方程写成矩阵形式:

$$Q(r)=q(r)+l(r)+c=r^{\top}Ar+2b^{\top}r+c=0, \tag{8.34}$$

现在我们考虑二次曲面和直线的相关位置. 设直线 ℓ 过点 $r_0=(x_0,y_0,z_0)^{\top}$, 方向向量为 $v=(l,m,n)^{\top}$, 则 ℓ 的方程为

$$r=r_0+tv. \tag{8.35}$$

为了讨论它们的交点, 把 (8.35) 式代入 (8.34), 整理得一关于 t 的方程:

$$q(v)t^2 + 2\big((Ar_0+b)^\top v\big)t + Q(r_0) = 0. \tag{8.36}$$

1) 当 $q(v) \neq 0$ 时, 方程 (8.36) 是关于 t 的二次方程. 它的判别式为

$$\Delta = 4((Ar_0+b)^\top v)^2 - 4q(v)Q(r_0).$$

因此 $\ell \cap X$ 为两个不同实交点 $(\Delta > 0)$、两个重合实交点 $(\Delta = 0)$、或一对共轭虚点 $(\Delta > 0)$.

2) 当 $q(v) = 0$ 时, 方程 (8.36) 是关于 t 的一次方程. 当 $(Ar_0+b)^\top v \neq 0$ 时, 直线 ℓ 与 X 有唯一一个交点; 当 $(Ar_0+b)^\top v = 0$, $Q(r_0) \neq 0$ 时, $\ell \cap X = \varnothing$; 当 $(Ar_0+b)^\top v = Q(r_0) = 0$ 时, $\ell \subseteq X$.

定义 8.22 称方向 v 为 X 的渐近方向, 如果 $q(v) = v^\top Av = 0$; 称方向 v 为 X 的奇向, 如果 $Av = 0$; 称方向 v 与 u 关于 X 共轭, 如果 $v^\top Au = 0$.

注意, 我们用非零向量代表方向, 但一个非零向量和它的非零倍代表同一方向. 显然, 以上定义是合理的.

显然, 渐近方向就是自共轭方向; 奇向就是与每个方向都共轭的方向, 奇向必为渐近方向; 但二次曲面有可能没有实渐近方向, 如椭球面.

定理 8.12 二次曲面 X 总有无穷多个渐近方向, 有无穷多个非渐近方向, 总有三个不共面的实的非渐近方向.

证 $q(x,y,z) = 0$ 是三元二次齐次方程, 它有无穷多个非零解 (含虚解), 故 X 有无穷多个渐近方向. 平面 $z = 1$ 与曲面 $q(r) = 0$ 的交线

$$C: \begin{cases} q(r) = 0, \\ z = 1 \end{cases}$$

是二次曲线. 于是在平面 $z = 1$ 上有无穷多个点 $(x,y,1)$ 不在 C 上, 因此 $q(x,y,1) \neq 0$, 即 $v = (x,y,1)$ 不是 S 的渐近方向. 特别, 在平面 $z = 1$ 上, 在 C 外可取到三个不共线的点, 它们的位置向量就是 S 的三个不共面的实的非渐近方向. □

定理 8.13 二次曲面 X 总有三个不共面但相互共轭的方向, 它们中可以有 $\mathrm{rank}A$ 个非渐近方向, $3-\mathrm{rank}A$ 个奇向.

证 因 A 是 3 阶实对称矩阵, 所以 A 有三个特征值 $\lambda_1, \lambda_2, \lambda_3$, 其中 $\mathrm{rank}A$ 个非零, 对应有三个特征向量 v_1, v_2, v_3, 使得 $Av_i = \lambda_i v_i$, 且 $v_i^\top v_j = \delta_{ij}$, 从而 $v_i^\top Av_j = \delta_{ij}$, $1 \leqslant i,j \leqslant 3$. □

定义 8.23 称 r_0 为 S 的中心, 如果 $Ar_0 + b = 0$. 位于 X 上的中心称为 S 的奇异点.

显然, 原点为 X 的中心, 当且仅当 $Q(r)$ 不含一次项.

定理 8.14　r_0 为 X 的中心, 当且仅当 r_0 为 X 的对称中心, 即, X 上任意一点关于 r_0 的对称点仍在 X 上.

证　设 v 为 X 的非渐近方向, 直线 $\ell: r = r_0 + tv$ 与 X 相交于两点 : $r_1 = r_0 + t_1 v$ 和 $r_2 = r_0 + t_2 v$, 这里 t_1, t_2 是二次方程 (8.36) 的两个根. 于是 r_1r_2 的中点为 $r_0 + \frac{1}{2}(t_1 + t_2)v$. 因为

$$t_1 + t_2 = -\frac{2(Ar_0 + b)^\top v}{q(v)},$$

所以, r_0 为 S 的对称中心当且仅当 $(Ar_0 + b)^\top v = 0$ 对任意非渐近方向 v 成立. 由定理 8.12, 存在不共面的实的非渐近方向 v_1, v_2, v_3. 因此, 上述条件等价于 $(Ar_0 + b)^\top v_i = 0$, $i = 1, 2, 3$, 等价于 $Ar_0 + b = 0$. □

线性方程组 $Ar + b = 0$ 称为二次曲面 X 的中心方程组, 即

$$\begin{cases} a_{11}x + a_{12}y + a_{13}z + b_1 = 0, \\ a_{21}x + a_{22}y + a_{23}z + b_2 = 0, \\ a_{31}x + a_{32}y + a_{33}z + b_3 = 0. \end{cases} \tag{8.37}$$

定义 8.24　如果二次曲面 X 有唯一中心, 则称 X 是中心的; 如果 X 的中心构成一条直线，则称 X 是线心的; 如果 X 的中心构成一平面, 则称 X 是面心的; 如果 X 无中心, 则称 X 为无心的, 否则称 X 是有心的.

例 8.19　椭球面、双曲面、二次锥面均为中心二次曲面; 椭圆柱面、双曲柱面与相交平面都是线心二次曲面; 平行平面与重合平面为面心二次曲面; 双曲抛物面、椭圆抛物面都是无心二次曲面.

根据定义及线性方程组知识, 中心二次曲面无奇向; 线心二次曲面的奇向为中心所成直线的方向; 面心二次曲面的奇向为中心所成平面上直线的方向.

如果 v 为二次曲面 X 的非奇向, 则方程

$$(Ar + b)^\top v = (Av)^\top r + b^\top v = 0 \tag{8.38}$$

表示一个平面, 我们称此平面为共轭于方向 v 的径面, 或 v 的共轭径面.

如果 v 为二次曲面 X 的非渐近方向, 则直线 $\ell: r = r_0 + tv$ 与 X 的交为两点 (包括虚点, 重合点): r_1, r_2. 线段 r_1r_2 称为 X 的一条弦.

定理 8.15　设 X 为二次曲面. 则有以下结果:

1) 若 v 为非渐近方向, 则 v 的共轭径面 π 是平行于 v 的弦的中点的轨迹;

2) 若 X 是有心的, 则平面 π 为径面当且仅当 X 的所有中心 $r \in \pi$;

3) 若 v 非奇向, 则 v 为渐近方向当且仅当 v 平行于它的共轭径面;

4) v 为奇向当且仅当 v 平行于所有径面.

证 1) 设 r_0 为一条平行于 v 的弦的中点, 则此弦所在直线为 $r=r_0+tv$, 端点为 r_0+t_iv, $i=1, 2$, 其中 t_1, t_2 为方程 (8.36) 的两个根. 故 $\frac{1}{2}(t_1+t_2)=0$, 即 r_0 满足方程 $(Ar+b)^\top v=0$, 即 $r_0\in\pi$.

2) 若 r 为 X 的中心, 则 $Ar+b=0$. 故对任意方向 v, 有 $(Ar+b)^\top v=0$. 因此, 如果 π 为径面, 则 $r\in\pi$. 反之, 若平面 π 包含 X 的所有中心, 则 π 的方程可写成 $(Ar+b)^\top v=0$, 即 $(Av)^\top r+b^\top v=0$. 由于 π 为平面, 故 $Av\neq 0$, 即 v 为非奇向, 因而 π 为 v 的共轭径面.

3) 非奇向 v 的共轭径面 π 的方程为 (8.38). 于是 v 与 π 平行当且仅当 $v^\top Av=0$, 即 v 为渐近方向.

4) 若 v 为奇向, 则 $Av=0$, 于是 v 与任何方向共轭, 故 v 平行所有径面. 反之, 由定理 8.12 知, 存在三个不共面的非渐近方向. 若 v 平行它们的共轭径面, 于是 v 与这三个方向都共轭, 故 $Av=0$, 即 v 为奇向. □

定义 8.25 设 X 是中心二次曲面. 过 X 的中心的直线称为 X 的直径. 若两条直经的方向关于 X 共轭, 则称这两条直经共轭, 或称它们是共轭直径. 若 X 的一条直经 ℓ 的方向为 v, 则 v 的共轭径面也叫做共轭于 ℓ 的径面.

定理 8.16 设 X 是中心二次曲面. 若 X 的一个径面 π 的方程为

$$lx+my+nz+p=0, \tag{8.39}$$

则 X 的共轭于 π 的直径 ℓ 的方程为

$$\frac{F_1(r)}{l}=\frac{F_2(r)}{m}=\frac{F_3(r)}{n}, \tag{8.40}$$

其中 $F_i(r)=a_{i1}x+a_{i2}y+a_{i3}z+b_i$, $i=1, 2, 3$.

证 设 r_0 为 X 的中心, v 为 ℓ 的方向, 则 ℓ 的方程为 $r=r_0+tv$, $t\in\mathbf{R}$. 共轭于 ℓ 的径面 π 的方程可写成 $(Av)^\top r+b^\top v=0$. 对比方程 (8.39), 得 $(Av)^\top$ 与 (l,m,n) 成比例. 又 r_0 为 X 的中心, 故 $Ar_0+b=0$. 对任意 $r=(x,y,z)^\top\in\ell$, 有 $r-r_0=tv$, 因而 $Ar+b=A(r-r_0)=tAv$. 由此知 ℓ 的方程为 (8.40). □

定义 8.26 如果直线 ℓ 和二次曲面 X 有两个重合的交点或 $\ell\subseteq X$, 则称 ℓ 为 X 的切线, 交点称为切点.

若点 $r_0\in X$, 则 $Q(r_0)=0$. 因此, 过点 $r_0\in X$, 方向向量为 v 的直线 $\ell: r=r_0+tv$ 是 X 的切线当且仅当 $(Ar_0+b)^\top v=0$. 因此, 过 X 的奇异点的任一直线都是 X 的切线, 过 X 的非奇异点 r_0 的所有切线构成一个平面:

$$(Ar_0+b)^\top(r-r_0)=0, \tag{8.41}$$

称为 X 在非奇异点 r_0 处的切平面.

定义 8.27 X 的通过点 r_0 的渐近方向直线全体构成一曲面, 称为 X 的过 r_0 的渐近方向锥面; 通过 X 的中心的渐近方向锥面称为 X 的渐近锥面; 通过 X 的中心的渐近方向直线称为 X 的渐近线.

根据定义, X 的过点 r_0 的渐近方向锥面为: $q(r-r_0)=0$. 特别地, 过原点 O 的渐近方向锥面为: $q(r)=0$. X 的渐近锥面为

$$\begin{cases} Ar+b=0, \\ q(r-r_0)=0. \end{cases} \tag{8.42}$$

例如, 二次曲面 $X: lx^2+my^2+nz^2=1$ 上点 $r_0=(x_0,y_0,z_0)^\top$ 处的切平面方程为: $lx_0(x-x_0)+my_0(y-y_0)+nz_0(z-z_0)=0$, 即

$$lx_0x+my_0y+nz_0z=1.$$

不难推出, 平面 $\pi: Ax+By+Cz+D=0$ 与 X 相切的充要条件为

$$\frac{A^2}{l}+\frac{B^2}{m}+\frac{C^2}{n}=D^2.$$

因此 X 的与平面 π 平行的切平面的方程是

$$Ax+By+Cz=\pm\sqrt{\frac{A^2}{l}+\frac{B^2}{m}+\frac{C^2}{n}}.$$

下面给出 3 维欧氏仿射空间中二次曲面的一些几何性质.

定义 8.28 二次曲面的特征向量的方向称为主方向; 共轭于主方向的径面称为主径面; 具有主方向的直径称为主直径.

从主方向的定义, 对称矩阵及共轭方向的性质, 立即得下面结论.

命题 8.11 设 X 为二次曲面.

1) X 的特征值为实数, 且不全为零;

2) 不同特征值对应的主方向互相垂直共轭;

3) 特征多项式的单根对应唯一的主方向, 它的二重根所对应的主方向是和一平面平行的一切方向, 且垂直于此平面的方向也是主方向, 三重根时, 任何方向都是主方向, 一定有三个互相垂直共轭的主方向;

4) 奇向是对应特征值 0 的主方向, 非奇渐近方向不是主方向.

定理 8.17 v 为 X 的主方向的充分必要条件是存在两个不共线的与 v 既垂直又共轭的方向.

证 设 v 为主方向, 故有 $Av=\lambda v$. 因而任何与 v 垂直的方向也是与 v 共轭的方向. 于是存在不共线的 v_1, v_2 与 v 既垂直又共轭. 反之, 设 v_1, v_2 与 v 垂直共轭. 由 $(Av)^\top v_i=0$, $i=1$, 2 知, Av 与 v_1, v_2 垂直, 故 Av 与 v 共线, 即 $Av=\lambda v$. 故 v 是特征向量, 即主方向. □

推论 8.4 设 X 为二次曲面. 设 v 是 X 的非渐近方向. 则 v 为主方向当且仅当 v 垂直于它的共轭径面. 此时, v 的共轭径面 π 是 X 的对称平面.

证 v 的共轭径面是与 Av 垂直的平面, 因此, v 为主方向, 当且仅当 Av 与 v 平行, 当且仅当 v 垂直于它的共轭径面. 又 π 是由平行 v 的弦的中点组成, 故 π 为 X 的对称平面. □

8.4 射影空间

8.4.1 射影空间的定义

实际生活中, 对地面景物摄影或作画, 我们会发现平行线的像一般会相交, 相等的线段的像一般并不相等. 这说明地面到画面的变换不是仿射的. 我们的视网膜也有同样的成像规律, 实际上平行的直线看起来似乎在远处会相交. 又如, 观察贴有圆形遮光物的灯泡在地板上的投影. 当遮光物位于光源正下方时, 其在地板上的投影像的边界是圆. 但是当我们将遮光物沿水平轴旋转时, 其像会依次由圆变为椭圆、扁椭圆、抛物线、双曲线的一支. 这些都是所谓中心投影的例子.

设平面 π 和 π' 是两个相交平面, o 是不在这两个平面上的点. 将平面 π 上的点 p 变到平面 π' 与直线 op 的交点 p' 的法则称为平面 π 到平面 π' 上以 o 为中心的中心投影. 显然, 中心投影保持点的共线关系, 但不保持平行关系. 而且, 对于平面 π 上点 m, 如果 om 与 π' 平行, 则 m 在此中心投影下没有像, 这样的点组成一条直线. 同样, 在平面 π' 上也存在一条直线, 它上面任一点都没有原像.

为了研究中心投影, 考虑直线把 o, 称为射影平面, 它的 “点” 是过投影中心 o 的直线, 这样的直线与投影平面 π 的交点称为对应 “点” 的像, 平行于平面 π 的直线所对应的 “点” 没有像 (但如果投影到另一平面 π' 的话, 它们就有像了), 这样的 “点” 称为关于平面 π 的 “无穷远点”.

另一方面, 在直线把 o 中, 位于同一平面的直线组成一个经过投影中心 o 的平面, 对应的 “点” 的集合自然地称为射影平面的一条 “直线”. 这样的一条直线去掉无穷远点就可以用平面 π 上一条普通直线代表. 唯一的例外就是与平面 π 平行的平面所对应的 “直线”, 它由关于平面 π 的无穷远点组成, 在平面 π 上没有代表. 此直线称为关于平面 π 的无穷远直线.

以上构作可以解释为在普通仿射平面上添加一条无穷远直线, 使仿射平面上所有平行直线上添加同一个无穷远点. 这样一来, 平面上任意两条直线相交于一点, 中心投影就被扩充为映射了.

将以上构作推广到任意数域上高维空间, 我们有如下定义.

定义 8.29 设 V 是数域 F 上一个 $(n+1)$ 维向量空间, V 的所有 1 维子空间构成的集合称为一个 n 维射影空间, 记为 $P(V)$. 对于每个 $(k+1)$ 维子空间 $U \subseteq V$,

子集 $P(U) \subseteq P(V)$ 称为射影空间 $P(V)$ 的一个 k 维平面. 特别地, 0 维平面称为点, 1 维平面称为线, $(n-1)$ 维平面称为超平面.

数域 F 一般是 $\mathbf{R}$ 或 $\mathbf{C}$. 对于实数情形, 这和我们的直觉是一致的.

例 8.20　n 维射影空间 $P(\mathbf{R}^{n+1})$ 是 $\mathbf{R}^{n+1}$ 中过原点的所有直线组成的集合. 由于每条这样的直线与单位 n 球面

$$S^n = \left\{x \in \mathbf{R}^{n+1} : \sum_i x_i^2 = 1\right\}$$

交于两点. 因此 $P(\mathbf{R}^{n+1})$ 就是 S^n, 且将 S^n 的对径点等同, 等价地, 去掉上半球面, 将赤道圆上的对径点等同. 特别地, $P(\mathbf{R}^2)$ 就是 $\mathbf{R}^2$ 中一个半圆, 且将半圆的两个端点等同. $P(\mathbf{R}^{n+1})$ 也写成 $P^n(\mathbf{R})$.

按定义, $P(V)$ 中每个点对应 V 中一个 1 维子空间, 它由一个非零向量唯一确定. 对于 $0 \neq x \in V$, 1 维子空间 $\langle x\rangle$ 作为 $P(V)$ 的一个点, 记为 $\hat{x}$, 称向量 x 是点 $\hat{x}$ 的代表向量或齐次向量. 显然, 若 $k \neq 0$, 则 kx 也可作为点 $\hat{x}$ 的代表向量, 即 $\hat{kx} = \hat{x}$.

定义 8.30　设 $(e_0, e_1, \cdots, e_n)$ 是 V 的一个基. 对于 $P(V)$ 中任意点 $\hat{x}$, 向量 x 关于基 $(e_0, e_1, \cdots, e_n)$ 的坐标称为点 $\hat{x}$ 的齐次坐标. 齐次坐标为 $x_0, x_1, \cdots, x_n$ 的点也记为 $(x_0 : x_1 : \cdots : x_n)$.

设 S 是空间 V 的一个不过原点的超平面, V_S 是其方向子空间. 定义

$$f_S : P(V) \setminus P(V_S) \to S,\ \hat{x} \mapsto \langle x\rangle \cap S,$$

其中 $x \in V \setminus V_S$, 参见图 8.3.

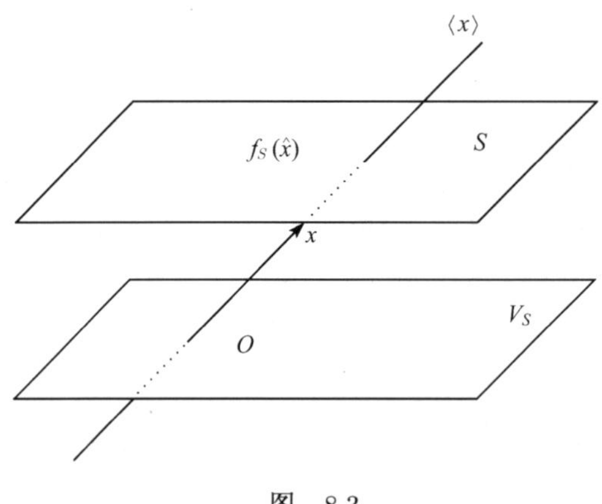

图　8.3

定义 8.31　超平面 S 和映射 f_S 一起称为射影空间 $P(V)$ 的一个仿射图. 射影空间 $P(V)$ 的超平面 $P(V_S)$ 上的点称为关于仿射图 S 的无穷远点.

点的齐次坐标不同于通常意义下的坐标, 它们可以相差一个非零常数倍, 且不能同时为零. $P(V)$ 中一个点在一个仿射图中的像的仿射坐标称为非齐次坐标. 和齐次坐标不同, 关于给定仿射图的非齐次坐标是唯一确定的. 但是, 并不是每个点都有非齐次坐标, 无穷远点没有非齐次坐标. 下面我们来求齐次坐标和非齐次坐标之间的关系.

设 $(e_0, e_1, \cdots, e_n)$ 是 V 的一个基. 考虑仿射图 $S_0 = e_0 + \langle e_1, \ldots, e_n\rangle$. 如图 8.4, 点 $\hat{x} = (x_0 : x_1 : \cdots : x_n)$ 在 S_0 上的像是点

$$e_0 + \frac{x_1}{x_0}e_1 + \cdots + \frac{x_n}{x_0}e_n,$$

它在标架 $(e_0; e_1, \cdots, e_n)$ 中的仿射坐标为 $\frac{x_1}{x_0}, \cdots, \frac{x_n}{x_0}$. 因此, 对于给定的仿射图和标架, 点 $(x_0 : x_1 : \cdots : x_n)$ 的非齐次坐标是 $\frac{x_1}{x_0}, \cdots, \frac{x_n}{x_0}$. $x_0 = 0$ 的点是关于 S_0 的无穷远点. 令 $U_0 = \{(x_0 : x_1 : \cdots : x_n) :\ x_0 \neq 0)\} \subseteq P(V)$, 则

$$U_0 \cong F^n.$$

特别地, 可将 $P^n(F)$ 看成 F^n 和 $P^{n-1}(F)$ 的并集, 即

$$P^n(F) = F^n \cup P^{n-1}(F).$$

类似地, $x_i = 0$ 的点是关于仿射图 $S_i = e_i + \langle e_0, e_1, \cdots, e_{i-1}, e_{i+1}, \cdots, e_n\rangle$ 的无穷远点. 在仿射图 S_i 上, 点 $\hat{x}$ 的非齐次坐标为

$$\frac{x_1}{x_i}, \cdots, \frac{x_{i-1}}{x_i}, \frac{x_{i+1}}{x_i}, \cdots, \frac{x_n}{x_i}.$$

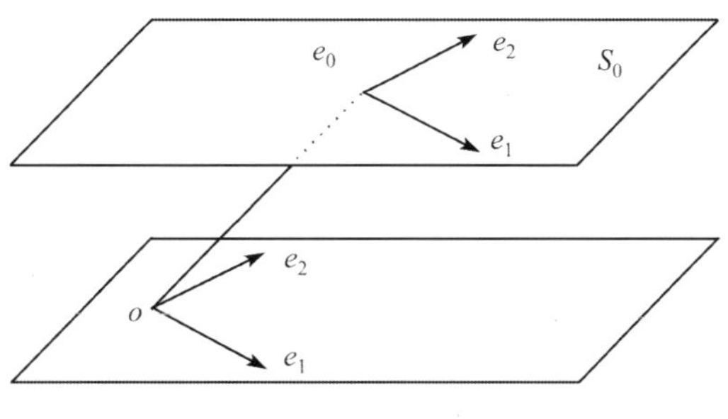

图 8.4

图 $S_0, S_1, \cdots, S_n$ 形成一个覆盖 $P(V)$ 的图集.

例 8.21 $P^2(\mathbf{R}) = \mathbf{R}^2 \cup P^1(\mathbf{R})$, 即实射影平面是 $\mathbf{R}^2$ 和一条射影直线的并. 用齐次坐标表示, 射影直线 $P^1(\mathbf{R})$ 就是 $x_0 = 0$, 所以它对应 $\mathbf{R}^3$ 的一个由 $(0,1,0)$ 和 $(0,0,1)$ 张成的 2 维子空间. $\mathbf{R}^3$ 的任意二维子空间可表为

$$a_0x_0 + a_1x_1 + a_2x_2 = 0.$$

若 a_1, a_2 不全为零, 则它与 $S_0=\{(1,x_1,x_2):x_1,\ x_2\in\mathbf{R}\}\cong\mathbf{R}^2$ 相交于

$$0=a_0+a_1(x_1/x_0)+a_2(x_2/x_0)=a_0+a_1y_1+a_2y_2,$$

这是 $\mathbf{R}^2$ 中的一条以 y_1, y_2 为坐标的普通直线, 作为射影直线, 它上面还有点 $(0:a_2:-a_1)$. 反之, $\mathbf{R}^2$ 中任意直线可唯一地扩充为 $P^2(\mathbf{R})$ 中一条射影直线. 两平行直线添加同一点 $(0:a_2:-a_1)$ 都成为射影直线, 所以两平行直线交于无穷远直线上一个无穷远点.

定理 8.18 一个射影空间中任给 $(k+1)$ 个点, 存在一个维数小于或等于 k 的平面通过这些点. 而且, 如果没有一个维数小于 k 的平面通过它们, 则有唯一的一个 k 维平面通过它们.

证 用向量空间的语言来说, 这是一个明显的事实: 任意 $(k+1)$ 个向量含在一个维数小于等于 $(k+1)$ 的子空间中, 如果它们不含在一个维数小于 $(k+1)$ 的子空间中, 则一定含在唯一的一个 $(k+1)$ 维子空间中. □

定理 8.19 设 Π_1 和 Π_2 是 n 维射影空间 $P(V)$ 中的两个平面. 如果 $\dim\Pi_1+\dim\Pi_2\geqslant n$, 则 $\Pi_1\cap\Pi_2\neq\emptyset$, 且

$$\dim(\Pi_1\cap\Pi_2)\geqslant\dim\Pi_1+\dim\Pi_2-n. \tag{8.43}$$

证 如果 $\Pi_1=P(U_1)$, $\Pi_2=P(U_2)$, 则

$$\dim U_1+\dim U_2=\dim\Pi_1+\dim\Pi_2+2\geqslant n+2>\dim V.$$

因此 $U_1\cap U_2\neq 0$, 于是 $\Pi_1\cap\Pi_2=P(U_1\cap U_2)\neq\emptyset$. 且

$$\dim(U_1\cap U_2)\geqslant\dim U_1+\dim U_2-\dim V,$$

于是 (8.43) 成立. □

8.4.2 射影变换

每个非奇异线性算子 $\sigma\in\mathrm{GL}(V)$ 将 V 的每个 1 维子空间映到 V 的一个唯一确定的 1 维子空间. 因此算子 σ 诱导 $P(V)$ 的一个变换.

定义 8.32 设 $\sigma\in\mathrm{GL}(V)$, 映射 $P(\sigma):P(V)\to P(V)$, $\hat{x}\mapsto\sigma(\hat{x})$ 称为射影变换.

显然, 一个射影变换将 $P(V)$ 中一个平面映到同维数的另一个平面. 映射 $\sigma\mapsto P(\sigma)$ 是群 $\mathrm{GL}(V)$ 到射影空间 $P(V)$ 的变换群的一个同态, 其像是 $P(V)$ 的所有射影变换组成的群, 称为一般射影群, 记为 $\mathrm{PGL}(V)$.

引理 8.2 同态 $\sigma\mapsto P(\sigma)$ 的核为 $\{k\mathrm{id}:\ k\in F^*\}$.

证 如果算子 σ 将 V 的 1 维子空间映到自身, 那么 V 中每个非零向量都是 σ 的特征向量. 显然, σ 的属于不同特征值的特征向量的和不是 σ 的特征向量. 因此, σ 的所有特征值相同, 从而 σ 是一个数量算子. □

考虑射影变换 $P(\sigma)$ 在一个仿射图 S 上的作用. 线性算子 σ 作为一个从超平面 S 到超平面 $\sigma(S)$ 的仿射映射作用. 对于 $x \in S$, 点 $P(\sigma)(\hat{x}) = \widehat{\sigma(x)}$ 在图 S 上的像是点 $\sigma(x) \in \sigma(S)$ 在 S 上的中心投影 (中心为原点). 于是, 我们可以说, 从仿射图观点, 一个射影变换是一个仿射映射和一个中心投影的乘积.

考虑射影变换的坐标形式. 设 $(e_0, e_1, \cdots, e_n)$ 是 V 的基, $A = (a_{ij})$ 是线性算子 σ 关于此基的矩阵. 考虑由仿射图 S_0 的标架 $(e_0; e_1, \cdots, e_n)$ 确定的射影空间 $P(V)$ 的非齐次坐标. 设点 $\hat{x} \in P(V)$ 的非齐次坐标为 $x_1, \cdots, x_n$, 即 $x = e_0 + x_1 e_1 + \cdots + x_n e_n$, 设 $y_1, \cdots, y_n$ 为其像点的非齐次坐标, 则

$$y_i = \frac{a_{i0} + \sum_{j=1}^{n} a_{ij} x_j}{a_{00} + \sum_{j=1}^{n} a_{0j} x_j}, \quad i = 1, \cdots, n. \tag{8.44}$$

例 8.22 复射影直线 $P^1(\mathbf{C})$ 到自身的射影变换是一个线性分式变换

$$y = \frac{ax + b}{cx + d}, \quad ad - bc \neq 0.$$

当 $c \neq 0$, 点 $-\frac{d}{c}$ 映到无穷远点, 而无穷远点映到点 $\frac{a}{c}$.

事实上, $P^1(\mathbf{C})$ 中点可用齐次坐标表为 $(x_0 : x_1)$, 则 $P^1(\mathbf{C}) = \mathbf{C} \cup \{\infty\}$, 其中点 $\infty = (1 : 0)$. 设可逆线性变换 $\sigma : \mathbf{C}^2 \to \mathbf{C}^2$ 在标准基下的矩阵为

$$A = \begin{pmatrix} a & b \\ c & d \end{pmatrix}, \quad ad - bc \neq 0$$

那么 $P^1(\mathbf{C})$ 的射影变换 $P(\sigma)$ 为 $P(\sigma)((x_0 : x_1)) = (ax_0 + bx_1 : cx_0 + dx_1)$. 如果 $x_1 \neq 0$, 则 $(x_0 : x_1) = (x : 1)$, 于是 $P(\sigma)((x : 1)) = (ax + b : cx + d)$. 如果 $cx + d \neq 0$, 可将 $P(\sigma)$ 写成

$$P(\sigma)((x : 1)) = \left(\frac{ax + b}{cx + d} : 1\right).$$

这就是 Möbious 变换的通常形式. 即 $x \mapsto \frac{ax+b}{cx+d}$. 射影几何的优点在于, 点 ∞ 没有特别的地位. 如果 $cx + d = 0$, 可以写作

$$P(\sigma)((x : 1)) = (ax + b : cx + d) = (ax + b : 0) = (1 : 0)$$

如果 $x = \infty$, 即 $(x_0 : x_1) = (1 : 0)$, 则写作 $P(\sigma)((1 : 0)) = (a : c)$.

例 8.23 将 $P^2(\mathbf{R})$ 看作 $\mathbf{R}^2 \cup P^1(\mathbf{R})$, 其中无穷远直线是 $x_0 = 0$. 设线性变换 $\sigma : \mathbf{R}^3 \to \mathbf{R}^3$ 关于标准基的矩阵为

$$B = \begin{pmatrix} d & b_1 & b_2 \\ c_1 & a_{11} & a_{12} \\ c_2 & a_{21} & a_{22} \end{pmatrix}.$$

则 $P(\sigma)$ 在 $(1:x_1:x_2)$ 上的作用可以表为

$$x \mapsto \frac{1}{b\cdot x+d}(Ax+c), \quad x=(x_1,x_2)^\top \in \mathbf{R}^2,$$

其中 $A=(a_{ij})$, $b=(b_1,b_2)$, $c^\top=(c_1,c_2)$. 这就是 Möbious 变换的 2 维形式.

例 8.24　在 $P^2(\mathbf{R})$ 中取两条直线 $P(U)$, $P(U')$. 设 $\hat{e}$ 是 $P(V)$ 中一个不在 $P(U)$, $P(U')$ 上的点. 对每个 $0\neq x\in U, \hat{x}\in P(U)$, 存在唯一的直线连接 $\hat{e}$ 和 $\hat{x}$, 交 $P(U')$ 于一个唯一点 $\hat{x}'$. 所以

$$f: P(U)\to P(U'),\ \hat{x}\mapsto \hat{x}'$$

是一个射影变换. 事实上, 因为 $\hat{e}$ 不在直线 $P(U')$ 上, 所以 $\langle e\rangle\cap U'=0$, 即 $V=\langle e\rangle\oplus U'$. 所以 x 可以唯一地表为 $x=e'+x'$, 其中 $e'\in\langle e\rangle$, $x'\in U'$. 连接 $\hat{e}$ 和 $\hat{x}$ 的射影直线对应 V 中由 e 和 x 张成的一个 2 维向量子空间, 因此 $x'=x-e'$ 是 $f(\hat{x})$ 的一个代表向量. 用线性代数的话来说, 映射 $x\mapsto x'$ 是投影映射 $p: V\to U'$ 在 U 上的限制. 因为 $\hat{e}$ 不在 $p(U)$ 中, p 的核为零, 因此 $\langle e\rangle\cap U=0$, 于是 $p_U: U\to U'$ 是一个同构. 因此 f 是一个射影变换. 如果限制到 $\mathbf{R}^2$ 中的点, 则这个投影如图 8.5.

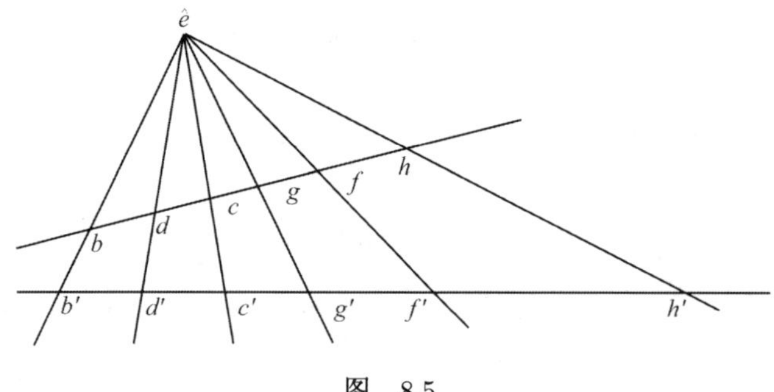

图　8.5

如果 $\sigma(S)=S$, 那么变换 $P(\sigma)$ 作用在图 S 上是一个仿射变换. 下面引理表明, 空间 S 的仿射变换都是这样得到的.

引理 8.3　一个不过原点的超平面 $S\subset V$ 的每个仿射变换都可唯一地扩充为 V 的一个线性变换.

证　超平面 S 的一个标架 $(e_0;e_1,\cdots,e_n)$ 同时也是 V 的一个基, 因此, S 的一个仿射变换 f 的扩充是 V 的一个线性变换, 它将基 $(e_0,e_1,\cdots,e_n)$ 变到基 $(f(e_0),\ D(f)(e_1),\ \cdots,\ D(f)(e_n))$.　□

将仿射空间 S 作为射影空间的一片, 我们可以说群 $\mathrm{GA}(S)$ 是 $\mathrm{PGL}(V)$ 的一个子群. 由射影变换群定义的几何称为射影几何.

定义 8.33　一个 n 维射影空间中 $(n+2)$ 个点称为一个一般位置点组, 如果它们中任意 $(n+1)$ 个点不在同一超平面, 即任意 $(n+1)$ 个点的代表向量是线性无

关的.

例 8.25 一条射影直线上任意两个不同的点可以由两个线性无关的向量代表，所以任意三个不同的点是一般位置点组，

定理 8.20 设 $(p_0, p_1, \cdots, p_{n+1})$ 和 $(q_0, q_1 \cdots, q_{n+1})$ 是 n 维射影空间 $P(V)$ 的两个一般位置点组, 则存在唯一的射影变换将每个 p_i 映到 q_i.

证 设 $p_i = \hat{e}_i$, $i = 0, 1, \cdots, n+1$, 其中 e_i 都是向量空间 V 中的非零向量. 由一般位置点组的定义知, $(e_0, e_1, \cdots, e_n)$ 是 V 的一个基, 且向量 e_{n+1} 关于此基的坐标都非零. 适当调整向量 $e_0, e_1, \cdots, e_n$ 的长度, 可设 $e_{n+1} = e_0 + e_1 \cdots + e_n$. 同理设 $q_i = \hat{f}_i$, 使 $f_{n+1} = f_0 + f_1 + \cdots + f_n$. 则存在 V 上唯一的线性变换 σ, 将基 $(e_0, e_1, \cdots, e_n)$ 映到基 $(f_0, f_1, \cdots, f_n)$, 且 $\sigma(e_{n+1}) = f_{n+1}$. 因此 $P(\sigma)$ 是满足条件的唯一射影变换. □

特别地, 射影直线上任意三个不同的点可以通过一个射影变换映到任意其他三个不同点. 由于这个原因, 射影几何中不仅没有两点间的距离的概念, 而且没有共线三点的简比概念, 但有一个共线四点的不变量.

定义 8.34 设 p_1, p_2, p_3, p_4 是射影直线 $P(U) \subseteq P(V)$ 上四点. 取 U 的一个基 $(e_1,\ e_2)$, 对任意两个向量 u, $v \in U$, 用 $\det(u, v)$ 表示它们的坐标构成的矩阵的行列式. 设 $p_i = \hat{u}_i$, $i = 1, 2, 3, 4$. 令

$$(p_1, p_2, p_3, p_4) = \frac{\det(u_1, u_3)}{\det(u_3, u_2)} : \frac{\det(u_1, u_4)}{\det(u_4, u_2)}.$$

这个数称为四点 p_1, p_2, p_3, p_4 的交比.

交比不依赖于代表向量 u_i 及 U 中基 $(e_1,\ e_2)$ 的选取. 它是射影不变量.

设 L 是直线 $P(U)$ 的一个仿射图. 取基 $(e_1,\ e_2)$, 使 $L = e_2 + \langle e_1 \rangle$. 令 $u_i = e_2 + x_i e_1$, 则 x_i 是图 L 上点 p_i 的非齐次坐标, 且

$$\det(u_i, u_j) = \begin{vmatrix} x_i & 1 \\ x_j & 1 \end{vmatrix} = x_i - x_j.$$

因此,

$$(p_1, p_2, p_3, p_4) = \frac{x_1 - x_3}{x_3 - x_2} : \frac{x_1 - x_4}{x_4 - x_2}.$$

命题 8.12 设 p_1, p_2, p_3, p_4 是射影直线上四点. 则

1) $(p_1, p_2; p_3, p_4) = (p_2, p_1; p_4, p_3) = (p_3, p_4; p_1, p_2)$,

2) $(p_2, p_1; p_3, p_4) = (p_1, p_2; p_3, p_4)^{-1}$,

3) $(p_1, p_3; p_2, p_4) = 1 - (p_1, p_2; p_3, p_4)$,

4) $(\infty, 0; 1, x) = x$.

定义 8.35 若 $(p_1, p_2; p_3, p_4) = -1$, 则称 p_1, p_2, p_3, p_4 构成调和点列.

定理 8.21 (Desargues)　设 p, q, r, p', q', r' 是一个射影空间 $P(V)$ 中不同的点, 使得直线 pp', qq', rr' 不同但交于一点. 那么三对直线的交点 $pq\cap p'q'$, $qr\cap q'r'$, $rp\cap r'p'$ 共线.

证　如图 8.6, 设三线 pp', qq', rr' 交点为 s. 因为 s, p, p' 不同, 且位于一射影直线上, 因而它们处于一般位置, 所以可以选取代表向量 d, a, a', 使 $d=a+a'$, 它们都是 V 的一个 2 维子空间中的向量. 类似地, 可以选取 q, q' 的代表向量 b, b' 和 r, r' 的代表向量 c, c', 使 $d=b+b'$, $d=c+c'$. 所以

$$a-b=b'-a'=c''.$$

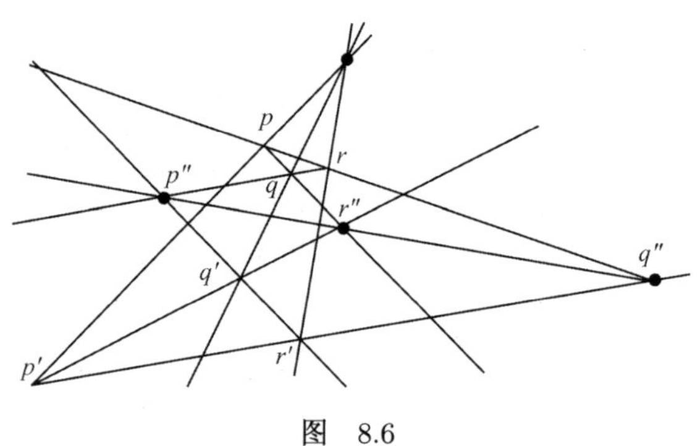

图　8.6

类似地, $b-c=c'-b'=a''$, $c-a=a'-c'=b''$. 因此

$$c''+a''+b''=a-b+b-c+c-a=0.$$

于是 a'', b'', c'' 线性相关, 因而在 V 的一个 2 维子空间中. 因此 a'', b'', c'' 所代表的 $P(V)$ 中的点 p'', q'', r'' 共线.

因为 $c''=a-b$, 所以 c'' 位于 a, b 张成的 2 维子空间中, 故 r'' 位于直线 pq 上. 因为 $c''=b'-a'$, 所以 r'' 位于直线 $p'q'$ 上, 因此 c'' 代表点 $pq\cap p'q'$. 类似地讨论 q'', p''. 定理得证. □

定理 8.22 (Pappus)　如图 8.7, 设 p, q, r 和 p', q',r' 是一个射影平面 $P(V)$ 中不同的点构成的两个共线三元点组, 使得直线 pp', qq', rr' 不同但交于一点. 那么三交点 $qr'\cap q'r$, $rp'\cap r'p$, $pq'\cap p'q$ 共线.

证　不失一般性, 可设 p, q, r', q' 处于一般位置. 如果不是, 那么三个交点中有两个相同, 结论是平凡的. 由定理 8.20, 可以假设

$$p=(1:0:0),\quad q=(0:1:0),\quad r'=(0:0:1),\quad q'=(1:1:1).$$

那么直线 pq 是由 2 维子空间 $\{(x_0,x_1,x_2)\in F^3:x_2=0\}$ 定义的, 所以位于此直线上的点 r 形如 $r=(1:l:0)$, 且因 $p\neq r$, 所以 $l\neq 0$. 类似地, 直线 $q'r'$ 由 $x_0=x_1$

定义, 所以 $p' = (1:1:k)$ 且 $k \neq 1$. 直线 qr' 由 $x_0 = 0$ 定义, 直线 $q'r$ 由 $(1,1,1)$ 和 $(1,l,0)$ 张成的 2 维子空间定义, 所以点 $qr' \cap q'r$ 满足 $x_0 = 0$, 可由 $(1,1,1)$ 和 $(1,l,0)$ 的线性组合代表:

$$(1,1,1) - (1,l,0) = (0,1-l,1).$$

直线 $r'p$ 由 $x_1 = 0$ 给出, 类似地, $rp' \cap r'p$ 由

$$(1,l,0) - l(1,1,k) = (1-l,0,-lk)$$

代表. 最后, pq' 由 $x_1 = x_2$ 给出, 所以 $pq' \cap q'p$ 是

$$(1,1,k) + (k-1)(0,1,0) = (1,k,k).$$

于是

$$(l-1)(1,k,k) + (1-l,0,-lk) + k(0,1-l,1) = 0.$$

因此, 三向量张成一个 2 维子空间, 它们代表的三点位于一条射影直线上. □

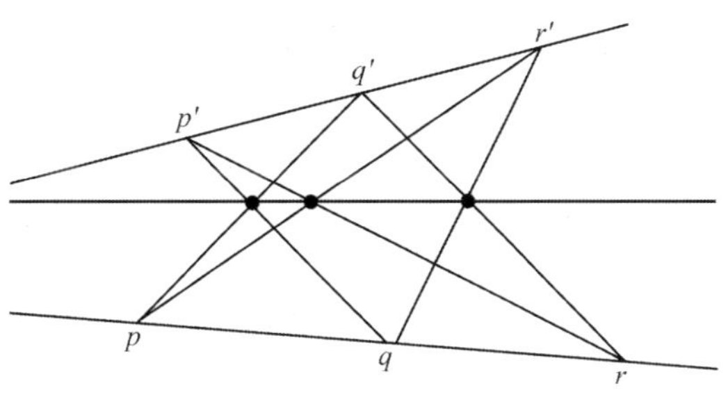

图 8.7

8.4.3 对偶原理

射影几何给出线性代数中对偶概念的一个具体的实现. 我们知道, 一个向量空间和它的对偶空间具有相同的维数, 但是它们的元素之间并没有自然的对应关系. 然而, 它们的向量子空间之间却具有自然的对应关系.

对于每个向量空间 V, 可以自然地联系另一个同维数的向量空间 V^*, 且对于每个射影空间 $P(V)$, 我们可以自然地联系一个射影空间 $P(V^*)$. 首先, 我们要用原射影空间 $P(V)$ 的话来理解 $P(V^*)$ 中一个点是什么意思.

根据线性代数中对偶的定义, $P(V^*)$ 的一个点有一个非零的代表向量 f. 因为 $f \neq 0$, 它定义一个满的线性映射 $f: V \to F$, 且

$$\dim\mathrm{Ker}f = \dim V - \dim F = \dim V - 1.$$

如果 $k \neq 0$, 则 $\mathrm{Ker}kf = \mathrm{Ker}f$. 因此点 $\hat{f} \in P(V^*)$ 对应 V 的一个 $(\dim V - 1)$ 维子空间 $U \subseteq V$, 以及 $P(V)$ 的一个对应的子空间 $P(U)$. 反之, $P(V)$ 的一个超平面定义 V 的一个维数为 $(\dim V - 1)$ 的子空间 U, 于是有一个 1 维的商空间 V/U 和一个满的线性映射

$$\pi : V \to V/U, \quad \pi(x) = x + U.$$

设 $0 \neq u + U \in V/U$, 则有线性映射 $f_u : V \to F$, 使 $\pi(x) = f_u(x)(u + U)$. 因此, $U = \mathrm{Ker}f_u$. 如果 $w + U = u + U$, 那么对应的 f_w 与 f_u 成比例. 因此, 超平面 $P(U)$ 自然地定义一个点 $\hat{f}_u \in P(V^*)$. 我们证明了如下命题.

命题 8.13 一个射影空间 $P(V)$ 的对偶射影空间 $P(V^*)$ 中的点和 $P(V)$ 中的超平面一一对应.

命题 8.14 在一个 n 维射影空间 $P(V)$ 的对偶射影空间 $P(V^*)$ 中, 一个 m 维的子空间 $P(W)$ 由 $P(V)$ 中包含一个固定的 $(n - m - 1)$ 维子空间 $P(U) \subseteq P(V)$ 的超平面组成.

证 如前所述, $W = U^\circ$, 其中 U 是 V 的子空间. 所以 $f \in W$ 是一个线性映射 $f : V \to F$, 且满足条件 $f(U) = 0$, 即 $U \subseteq \mathrm{Ker}f$, 所以 f 定义的超平面包含 $P(U)$. □

特别, $P(V^*)$ 中一个超平面是 $P(V)$ 中一些过定点 $X \in P(V)$ 的超平面组成的, 这就给出了由 $\sigma : V \cong V^{**}$, $\sigma(x)(f) = f(x)$ 定义的射影变换 $P(\sigma) : P(V) \cong P(V^{**})$ 的一个几何描述. 在低维情形, 我们可以直观地理解这些特征. 一条射影直线中一个超平面是一个点, 所以有自然同构 $P(V) \cong P(V^*)$. 这里对偶并没有给出新的内容. 但是, 在一个实射影平面中, 一个超平面是一条直线, 所以 $P(V^*)$ 是 $P(V)$ 中直线组成的空间. 通过一个定点 $p \in P(V)$ 的直线空间构成 $P(V^*)$ 中一直线 p°. 给定两点 p, q, 存在唯一的直线连接这两点, 所以必有唯一点位于两直线 p°, q° 上. 因此, 对偶表明, 将命题 " 射影平面上任意两个不同的点确定一条射影直线" 应用于对偶射影平面即得命题 " 任意两条不同的射影直线相交于一个点".

一般地, 射影空间 $P(V)$ 的结论应用于对偶空间 $P(V^*)$ 可以在 $P(V)$ 中得到解释. 因此, 在射影几何中, 我们能事半功倍, 一次得到两个定理. 以前述 Desargues 定理为例, 我们得到如下定理.

定理 8.23 (Desargues) 设 α, β, γ, α', β', γ' 是射影平面 $P(V)$ 中不同的线, 且点 $\alpha \cap \alpha'$, $\beta \cap \beta'$, $\gamma \cap \gamma'$ 互不相同且共线, 那么连接 $\alpha \cap \beta$, $\alpha' \cap \beta'$, 和 $\beta \cap \gamma$, $\beta' \cap \gamma'$, 以及 $\gamma \cap \alpha$, $\gamma \cap \alpha'$ 的线交于一点.

8.4.4 射影二次曲面

二次曲面的射影理论是对称双线性型的线性代数部分的几何形式.

向量空间 V 的一个子集称为一个锥面, 如果它对数乘封闭. 特别地, 一个二次

曲面 X 是一个锥面, 当且仅当 $X = X(Q)$, 其中 Q 是空间 V 上一个二次函数. 这样的二次曲面称为二次锥面.

对于一个锥面 X, 由 X 中的一维子空间形成的 $P(V)$ 的子集称为 X 的射影化. 显然, PX 在一个仿射图 S 上的像是 $X \cap S$

定义 8.36 射影空间 $P(V)$ 中一个射影二次曲面是向量空间 V 中一个二次锥面的射影化.

换句话说, 若 Q 是向量空间 V 上的一个二次函数, 则 $P(V)$ 的子集 $PX(Q)$ 就是射影二次曲面, 如果它非空, 也不是平面. 一个射影二次曲面在一个仿射图上的像如果非空, 且不是平面, 就是一个仿射二次曲面, 但此仿射图像依赖于仿射图的选取.

射影空间 $P(V)$ 中一个射影二次曲面 $PX(Q)$ 称为非退化的, 如果二次函数 Q 非退化. 用齐次坐标, $PX(Q)$ 的方程为

$$Q(x_0, x_1, \cdots, x_n) = \sum_{i,j=0}^{n} a_{ij}x_ix_j = 0, \quad a_{ij} = a_{ji}.$$

在仿射图 S_0 上, 可用仿射坐标描述为 $Q(1, x_1, \cdots, x_n) = 0$ 和它与无穷远超平面 (关于 S_0) 的交: $Q(0, x_1, \cdots, x_n) = 0$.

例 8.26 描述 $P^2(\mathbf{R})$ 上二次曲线 C: $x_0^2 - x_1^2 - x_2^2 = 0$.

解 如图 8.8, 二次曲线 C 在仿射图 S_0 上的像是椭圆: $x_1^2 + x_2^2 = 1$, 在关于 S_0 的无穷远处没有点. 在仿射图 $x_0 - x_2 = 1$ 上是一条抛物线: $y = x_1^2$, 其中 $y = x_0 + x_2$. 此时, 它在无穷远处有一个点 $(1:0:1)$. 在仿射图 S_2 上, 二次曲线 C 是一个双曲线:$x_0^2 - x_1^2 = 1$, 无穷远部分是两点: $(1:1:0)$ 和 $(1:-1:0)$.

也可从仿射图 S_0 来看, 关于图 $x_0 - x_2 = 1$ 的无穷远直线 $x_0 - x_2 = 0$ 的像的方程为 $x_2 = 1$, 它与二次曲线 C 交于一点. 关于 S_2 的无穷远直线 $x_2 = 0$ 的像与二次曲线的像交于两点. 因此, 可以说, 一个抛物线与无穷远直线相切于一点, 而一个双曲线与它交于两点.

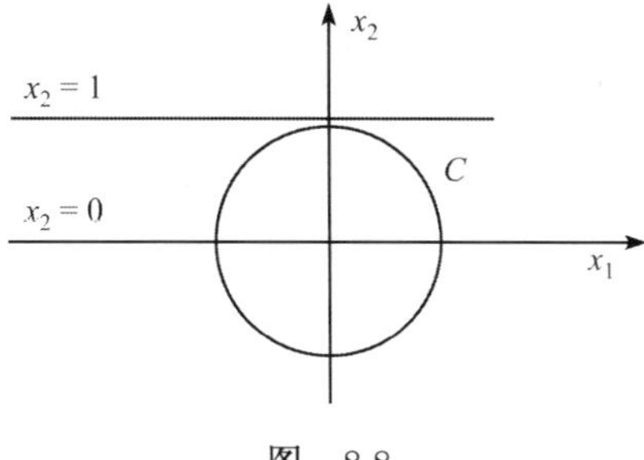

图 8.8

如果二次函数 Q 是退化的, 且其核含 1 维空间 $\langle v_0\rangle$, 对于任意包含在锥面 $X(Q)$ 中的 1 维子空间 $\langle v\rangle$, 这个锥面也含 2 维空间 $\langle v,v_0\rangle$. 因此, 对于每个点 $\hat{v}\neq\hat{v_0}$, 二次曲面 $PX(Q)$ 也含线 $\hat{v}\hat{v_0}$, 即它是以 $\hat{v_0}$ 为顶点的锥面. 它在一个仿射图上的像要么是一个锥面, 要么是一个柱面, 这依赖于点 $\langle v_0\rangle$ 是否在此仿射图上.

当 $F=\mathbf{C}$ 或 $\mathbf{R}$ 时, 可以选取 V 的一个基, 使二次函数 Q 化为规范型. 因此在复射影空间中, 一个非退化的二次曲面的方程可以化为

$$x_0{}^2+x_1{}^2+\cdots+x_n{}^2=0. \tag{8.45}$$

在实射影空间中, 还可以化为

$$x_0{}^2+x_1{}^2+\cdots+x_k{}^2-x_{k+1}{}^2-\cdots-x_n{}^2=0,\quad \frac{n-2}{2}\leqslant k<n. \tag{8.46}$$

由此可见, 所有非退化复二次曲面是射影等价的, 非退化实二次曲面可分成 $[\frac{n-1}{2}]+1$ 个射影等价类. 根据定理 8.8 和惯性定律, 方程 (8.46) 所确定的二次曲面对于不同的 k 不是射影等价的.

表 8.2

<table>
<tr><th>n</th><th>k</th><th>名 称</th><th>仿射图像</th><th>在无穷远处</th></tr>
<tr><td rowspan="3">2</td><td rowspan="3">1</td><td rowspan="3">二次曲线</td><td>椭圆</td><td>空集</td></tr>
<tr><td>抛物线</td><td>一点</td></tr>
<tr><td>双曲线</td><td>两点</td></tr>
<tr><td rowspan="5">3</td><td rowspan="3">2</td><td rowspan="3">卵形二次曲面</td><td>椭球面</td><td>空集</td></tr>
<tr><td>椭圆抛物面</td><td>一点</td></tr>
<tr><td>双叶双曲面</td><td>二次曲线</td></tr>
<tr><td rowspan="2">1</td><td rowspan="2">直纹二次曲面</td><td>单叶双曲面</td><td>二次曲线</td></tr>
<tr><td>双曲抛物面</td><td>两条直线</td></tr>
</table>

定理 8.24 包含在由方程 (8.46) 确定的实二次曲面 X 中的平面的最大维数等于 $(n-k-1)$.

证 显然, 由方程: $x_{k+1}=\cdots=x_n=0$ 确定的 k 维平面 Π_0 与二次曲面不相交. 因为每个维数 $\geqslant n-k$ 的平面都与 Π_0 相交, 所以它们不可能位于二次曲面 S 上. 另一方面, 改变基, 可以将方程 (8.46) 重写为

$$y_0y_{k+1}+y_1y_{k+2}+\cdots+y_{n-k-1}y_n+y_{n-k}{}^2+\cdots+y_k{}^2=0.$$

这表明, $(n-k-1)$ 维平面 $y_0=y_1=\cdots=y_k=0$ 位于二次曲面 X 上. □

特别地, 二次曲面 X 不含直线, 当且仅当 $k=n-1$, 此时称 X 为卵形面. 它的仿射图像之一是一个椭圆. 当 $k<n-1$, X 称为直纹面.

习 题 8

8.1 节习题

1. 证明：在普通欧氏空间中，两点 p，q 的重心组合 $kp+lq$ 是分线段 pq 成比 $k:l$ 的点；如果 k，$l>0$，此点位于线段 pq 内，否则位于线段 pq 的延长线上.

2. 用重心坐标证明 Menelaus 定理和 Ceva 定理.

3. 含有两个交错的 2 维平面的仿射空间的最小维数是几？

4. 设 P_1，P_2 是仿射空间 S 中两平面，求 $\mathrm{dimaff}(P_1\cup P_2)$.

5. 证明：在欧氏仿射空间中，两平面 $P_1=p_1+U_1$ 和 $P_2=p_2+U_2$ 间的距离公式为

$$d(P_1,P_2)=|\mathrm{ort}_{U_1+U_2}\overline{p_1p_2}|.$$

8.2 节习题

6. 证明：向量空间 V 上的仿射空间 S 的仿射变换可写成一个平移和一个可逆线性变换的乘积 $f=t_bD(f)$，$b\in V$，且 $D(f)$ 不依赖于原点的选取，但改变原点 o 为 $o'=o+a(a\in V)$ 时，向量 b 由向量 $b'=b+D(f)(a)-a$ 取代.

7. 证明：有不同中心和系数 k，l 的两个位似变换的乘积，当 $kl\neq 1$ 时还是一个位似变换，当 $kl=1$，k，$l\neq 1$ 时，是一个非平凡的平移.

8. 证明：在实仿射几何中，所有平行体是相等的.

9. 设平面 S_i，$S_i'\subseteq S$ 的方向子空间分别为 U_i，U_i'，$(i=1,\ 2)$. 假定

$$\mathrm{dim}S_1=\mathrm{dim}S_1',\ \mathrm{dim}S_2=\mathrm{dim}S_2',\ \dim(U_1\cap U_2)=\dim(U_1'\cup U_2'),$$

且 $S_1\cap S_2$ 和 $S_1'\cap S_2'$ 同时空或非空. 证明：存在 $f\in\mathrm{GA}(S)$ 将 S_i 映到 P_i'，$i=1,2$.

10. 仿射空间中三点的顺序改变时，它们的简比如何改变，可能的最大最小值是多少？

11. 证明：欧氏仿射空间的每个保持距离的双射是仿射变换，因而是运动.

12. 描述欧氏平面上绕不同两点的旋转的乘积.

8.3 节习题

13. 设 $f:S\to S$ 是一个仿射变换，Q 是一个仿射二次函数，证明：$Q'=Qf$ 也是仿射二次函数；如果 $X(Q)$ 是有心二次曲面，则 $X(Q')=0$ 也是有心二次曲面.

14. 确定二次曲面与直线或平面的交集：

1) $X=\{(x,y)\in\mathbf{R}^2:\ x^2+y^2-1=0\}$，$\ell=\{(x,y)\in\mathbf{R}^2:\ x=1\}$；

2) $X=\{(x,y,z)\in\mathbf{R}^3:\ x^2+y^2-z^2-1=0\}$，$\ell=\{(x,y,z)\in\mathbf{R}^3:\ ax+bz=1\}$.

15. 仿射空间 S 中的一个二次曲面与一条直线 ℓ 的交集是由 0，1，2 个点或由 ℓ 所组成，对每种情形给出例子.

16. 在仿射坐标系下，求下列二次曲面的标准方程：

1) $x^2+5y^2+9z^2+4xy+2xz+10yz-2z-2=0$;

2) $4xy+z^2-1=0$;

3) $4xy-z^2-1=0$.

17. 在直角坐标系下，求下列二次曲面的标准方程：

1) $x^2-2y^2-2z^2-4xy+4xz+8yz-2x+y-4z+1=0$;

2) $x^2+y^2+z^2+2xy+2xz+2yz+2x+2y+2z+1=0$;

3) $3x^2+6y^2+3z^2-4xy-8xz-4yz+2x+2y+4z+4=0$;

4) $2x^2+2y^2+3z^2+4xy+2xz+2yz-4x+6y-2z+3=0$;

5) $2x^2+5y^2+2z^2-2xy-4xz+2yz+2x-10y-2z-1=0$;

6) $4x^2+y^2+4z^2-4xy+8xz-4yz-12x-12y+6z=0$.

18. 求下列二次曲面的中心:

1) $\frac{x^2}{a^2}+\frac{y^2}{b^2}-\frac{z^2}{c^2}=\pm 1$;　　2) $ax^2+by^2=1(ab\neq 0)$;

3) $x^2=a^2$;　　4) $ax^2+by^2=2z$　(a, b 不全为零).

19. 求 $\frac{x^2}{a^2}+\frac{y^2}{b^2}-\frac{z^2}{c^2}=\pm 1(a,b,c>0)$ 的中心, 渐近方向, 渐近线及渐近锥面.

20. 对于二次曲面 X, 方向 u 与非奇向 v 共轭, 当且仅当 u 平行于 v 的共轭径面; 设 π_1, π_2 分别为非奇向 v, u 的共轭径面, 则 $v\parallel\pi_2$, 当且仅当 $u\parallel\pi_1$.

21. 证明: $S:\frac{x^2}{4}+\frac{y^2}{9}-\frac{z^2}{16}=1$ 无奇向; 方向 $(1,0,2)$ 为渐近方向, 并求其共轭径面.

22. 证明: 平面 $\pi: 4x-3y+z-1=0$ 为二次曲面 $X: 3x^2+z^2-2xy-yz-x-1=0$ 的一个径面, 并求与 π 共轭的方向.

23. 求 $S:\frac{x^2}{4}-\frac{y^2}{9}=1$ 的中心, 奇向, 径面及其共轭方向.

24. 求 $S: x^2-y^2-z=1$ 的奇向; 证明: $(1,1,1)$ 为非奇渐近方向, 并求其共轭径面.

25. 试求平面 $\pi: Ax+By+Cz+D=0(D\neq 0)$ 为二次曲面 $X: ax^2+by^2+cz^2=1$, $(abc\neq 0)$ 的切平面的充分必要条件.

26. 求下列曲面的奇点及曲面在正则点 $r_0(x_0,y_0,z_0)$ 处的切平面方程.

1) $\frac{x^2}{a^2}+\frac{y^2}{b^2}-\frac{z^2}{c^2}=1$;　2) $\frac{x^2}{a^2}-\frac{y^2}{b^2}=2z$;　3) $\frac{x^2}{a^2}-\frac{y^2}{b^2}=0$;　4) $x^2=a^2$.

27. 设 X 为二次曲面. 证明:

1) X 的过点 r_0 的切线构成一个以 r_0 为顶点的锥面 (称为切锥面), 且其方程为

$$Q(r_0)Q(r)-(r_0^\top Ar+2b^\top r+c)^2=0;$$

2) 若 r_0 为正则点, 则此切锥面为切平面;

3) 如果 $Ar_0+b\neq 0$, 则以 r_0 为顶点, C 为准线的锥面为切锥面, 其中 C 为 X 与平面 $\pi:(Ar_0+b)^\top(r-r_0)=0$ 的交线, π 称为通过 r_0 的 X 的极平面.

28. 证明: 二次曲面 X 的所有以 $v=(x_0,y_0,z_0)$ 为方向的切线所构成的柱面 (称为平行于 v 的切柱面) 的方程为: $q(v)Q(r)-(v^\top Ar+b^\top v)^2=0$.

29. 求二次曲面 $X:\frac{x^2}{a^2}+\frac{y^2}{b^2}-\frac{z^2}{c^2}=\pm 1$ 的分别以 $(0,1,2)$, $(0,0,0)$ 为顶点的渐近方向锥面方程, 并指出何为 X 的渐近锥面.

30. 设 ℓ_1, ℓ_2, ℓ_3 为中心二次曲面 X 的三条互相共轨的直径. 证明, 其中任意两条所在平面是第三条的共轭径面.

31. 证明: 中心二次曲面的主直径是它的对称轴.

32. 求下列二次曲面的相互垂直共轭的主方向及其共轭的主径面.

1) $2x^2-y^2-z^2+4xz-2x-4y-6z-12=0$;

2) $x^2+y^2-2xy-2x-4y-2z+3=0$;

3) $xy+yz+zx=a^2$.

33. 证明: 方程 $\frac{x^2}{a^2}+\frac{y^2}{b^2}+\frac{z^2}{c^2}-1+k(Ax+By+Cz+D)=0$ 表示经过曲线

$$\begin{cases}\dfrac{x^2}{a^2}+\dfrac{y^2}{b^2}+\dfrac{z^2}{c^2}=1,\\ Ax+By+Cz+D=0\end{cases}$$

的椭球面族 (k 为参数), 并求此族曲面的中心的轨迹方程.

34. 当 m, n, p, a, b, c 满足什么条件时, 平面 $z=mx+ny+p$ 与单叶双曲面

$$\frac{x^2}{a^2}+\frac{y^2}{b^2}-\frac{z^2}{c^2}=1$$

的交线是椭圆、双曲线或抛物线?

35. 当 m 取何值时, 平面 $x+my-1=0$ 与双叶双曲面 $x^2+y^2-z^2=-1$ 的交线是椭圆、双曲线或抛物线?

8.4 节习题

36. 设 V 为 n 维向量空间. 证明: $P(V)$ 的每个图集至少含 $(n+1)$ 个仿射图.

37. 设 V 为 n 维向量空间, $y_1,\cdots,y_n$ 是点 $\hat{x}\in P(V)$ 在仿射图 S_0 上的像的非齐次坐标. 求它在仿射图 S_1 上的非齐次坐标.

38. 证明: 对于复射影空间的每个射影变换, 存在仿射图, 使得它是仿射变换.

39. 点 p_1, p_2, p_3, p_4 的交比 δ 在置换下如何改变? 证明: 下式在任意置换下不变:

$$\frac{(\delta^2-\delta+1)^3}{\delta^2(\delta-1)^2}.$$

参 考 文 献

[1] Anton H. Elementary Linear Algebra. John Wiley & Sons, 1987

[2] Strang G. Linear Algebra and its Applications. Harcourt Brace Jovanovich, 2nd ed., 1980

[3] Lay D C. Linear Algebra and its Applications. Addison-Wesley, 3nd, ed., 2003

[4] Smith L. Linear Algebra. Springer-Verlag, 2nd ed., 1984

[5] Hoffman K., Kunze R. Linear Algebra. Prentice-Hall, 2nd ed., 1971

[6] Lang S. Linear Algebra. Addison-Wesley, 1966

[7] Halmos P P. Finite Dimensional Vector Spaces. Springer-Verlag, 2nd ed., 1958

[8] Greub W. Linear Algebra. Springer-Verlag, 4th ed., 1975

[9] Friedberg S H, Insel A J, Spence L E. Linear Algebra. Prentice Hall, 4th ed., 2003

[10] Roman S. Advanced Linear Algebra. Springer-Verlag, 2nd ed., 1992

[11] Artin M. Algebra. Prentice Hall, 1991

[12] Vinberg E B. A Course in Algebra . Graduate Studies in Math. AMS, 2003

[13] Postnikov M M. Lectures on Geometry I, II. Mir Publisher, 1982

[14] Kostrikin A I. Yu. I. Manin. Linear algebra and Geometry. Gordan and Breach Publishers, 1989

[15] 威廉 · 克林根贝尔格著, 沈纯理, 郑宇译. 线性代数与几何. 高等教育出版社, 1998

[16] 郭聿琦, 岑嘉评, 徐贵桐. 线性代数导引. 科学出版社, 2000

[17] 孟道骥. 高等代数与解析几何. 科学出版社, 1998

[18] 陈志杰. 高等代数与解析几何. 高等教育出版社, 2000

[19] 北大数力系. 高等代数. 高等教育出版社, 第二版, 1978

[20] 张禾瑞, 郝炳新. 高等代数. 高等教育出版社, 第三版, 1983

[21] 丘维声. 高等代数. 高等教育出版社, 第二版, 2003

[22] 吴光磊, 田畴. 解析几何简明教程. 高等教育出版社, 2003

[23] 丘维声. 解析几何. 北大出版社, 第二版, 1996

[24] 尤承业. 解析几何. 北大出版社, 2004

附　录

1　算术与代数基本定理

1.1　自然数

自然数 1, $2, \cdots$ 是人们熟知的对象. 数学中有必要从逻辑上给出自然数集 $\mathbf{N}$ 的严格定义. 下面给出 Peano 的自然数公理体系.

定义 1.1　一个非空集合 $\mathbf{N}$ 称为一个自然数集, $\mathbf{N}$ 内的元素称为自然数, 如果它具有下列性质:

(1) $\mathbf{N}$ 含有一个特定元素, 记作 1;

(2) 存在 $\mathbf{N}$ 到自身的一个映射, 记作 $f: \mathbf{N} \to \mathbf{N}$, $n \mapsto n'$, 称为后继映射, n' 称为 n 的后继, 而且,

(i) f 是单射,

(ii) 对任意 $n \in \mathbf{N}$, $f(n) \neq 1$;

(3) (归纳公理) 假设 $\mathbf{N}$ 的一个子集 S 具有下述性质:

(i) $1 \in S$;

(ii) 若 $n \in S$, 则 $f(n) \in S$,

那么 $S = \mathbf{N}$.

后继映射保证我们可以用自然数来计数, 这是算术的基础. 定义了加法以后, n' 就是 $n+1$. 直觉上, 自然数是由 1 重复取后继得来的, 即计数跑遍所有自然数. 归纳公理是归纳证明的基础. 我们经常要证明一个断言或命题 P_n 对于每个自然数 n 都成立. 如果用 S 表示使 P_n 成立的所有自然数 n 组成的集合, 那么, 命题 P_n 对于每个自然数 n 都成立, 等价于 $S = \mathbf{N}$. 因此归纳公理可翻译成如下熟悉的形式.

数学归纳法: 设 P_n 是一个与自然数相关的命题. 如果

(i) 命题 P_1 成立;

(ii) 若命题 P_n 成立, 则命题 $P_{n'}$ 也成立,

那么命题 P_n 对于所有自然数都成立.

也可以用 Peano 公理来作归纳定义. 归纳定义或递归定义是指用自然数作为指标的对象序列的定义, 这些对象中每一个都用前一个对象来定义. 例如, 函数 $C_n = x^n$ 的递归定义为: $x^1 = x, \quad x^{n'} = x^n x$.

归纳定义法: 如果 (i) C_1 已定义好, (ii) 从 C_n 确定 $C_{n'} = C_{n+1}$ 的法则已给出, 那么, 对于一切自然数 n, C_n 就都已定义好.

自然数的加法和乘法运算可用归纳定义法给出.

加法: $m+1=m'$, $m+n'=(m+n)'$.

乘法: $m\cdot 1=m$, $m\cdot n'=m\cdot n+m$.

现在就可证明加法和乘法的运算律了. 这里只给出加法结合律的证明.

加法满足结合律: 对所有 a, b, $n\in\mathbf{N}$, $(a+b)+n=a+(b+n)$.

证 先验证 $n=1$ 的情形 (a, b 任意), 由定义,

$$(a+b)+1=(a+b)'=a+b'=a+(b+1).$$

假定结合律对某个 n 和所有的 a, b 成立, 往证对于 n' 结合律也成立:

$$\begin{aligned}(a+b)+n'&=(a+b)+(n+1) &&(\text{定义})\\&=((a+b)+n)+1 &&(n=1\text{情形})\\&=(a+(b+n))+1 &&(\text{归纳假设})\\&=a+((b+n)+1) &&(n=1\text{情形})\\&=a+(b+(n+1)) &&(n=1\text{情形})\\&=a+(b+n') &&(\text{定义})\end{aligned}$$

□

定理 1.1 (最小数原理) 自然数集 $\mathbf{N}$ 的每个非空子集 S 都有最小数.

证 令 $M=\{m\in\mathbf{N}:\ \forall\ s\in S,\ m\leqslant s\}$, 则 $1\in M$. 又 S 非空, 设 $s\in S$, 则 $s+1\notin M$, 所以 $M\neq\mathbf{N}$. 于是由归纳公理, 存在 $\ell\in M$, 使得 $\ell+1\notin M$. $\ell\in M$ 表明 ℓ 小于或等于 S 中每个数, 若 ℓ 小于 S 中每个数, 则 $\ell+1$ 小于或等于 S 中每个数, 与 $\ell+1\notin M$ 矛盾. 因此, ℓ 等于 S 中某个数且小于或等于 S 中每个数, 即 ℓ 是 S 中的最小数. □

定理 1.2 (第二数学归纳法) 设 P_n 是一个与自然数相关的命题. 如果

(i) P_1 成立;

(ii) 若对每个小于 n 的自然数 k, P_k 成立, 则 P_n 也成立,

那么, 对于一切自然数 n, 命题 P_n 都成立.

证 假设命题不是对于一切自然数都成立. 令 S 表示使命题不成立的所有自然数组成的集合. 那么 S 非空. 由最小数原理, S 中有最小数 m. 由 (i), P_1 成立. 所以 $m\neq 1$. 对小于 m 的自然数 k, 因 m 是 S 中的最小数, 所以 $k\notin S$, 即 P_k 成立. 于是由 (ii), P_m 成立, 因此 $m\notin S$, 矛盾. □

例 1.1 序列 $a_1=1$, $a_2=2$, $a_n=a_{n-1}+a_{n-2}$, $n\geqslant 3$ 的通项公式为

$$a_n=\frac{1}{\sqrt{5}}\left(\left(\frac{1+\sqrt{5}}{2}\right)^{n+1}-\left(\frac{1-\sqrt{5}}{2}\right)^{n+1}\right). \tag{1.1}$$

证 对 n 归纳. 直接验算, 当 $n=1$, 2 时, 公式 (1.1) 成立:

$$\frac{1}{\sqrt{5}}\left(\left(\frac{1+\sqrt{5}}{2}\right)^{1+1}-\left(\frac{1-\sqrt{5}}{2}\right)^{1+1}\right)=\frac{1}{\sqrt{5}}\left(\frac{3+\sqrt{5}}{2}-\frac{3-\sqrt{5}}{2}\right)=1,$$

$$\frac{1}{\sqrt{5}}\left(\frac{1+\sqrt{5}}{2}-\frac{1-\sqrt{5}}{2}\right)\left(\frac{3+\sqrt{5}}{2}-1+\frac{3-\sqrt{5}}{2}\right)=2.$$

假设当 $k \leqslant n$ 时, 公式成立, 要证当 $k=n+1$ 时, 公式也成立. 事实上,

$$\begin{aligned}a_{n+1}&=a_n+a_{n-1}\\&=\frac{1}{\sqrt{5}}\left(\left(\frac{1+\sqrt{5}}{2}\right)^n\left(\frac{1+\sqrt{5}}{2}+1\right)-\left(\frac{1-\sqrt{5}}{2}\right)^n\left(\frac{1-\sqrt{5}}{2}+1\right)\right)\\&=\frac{1}{\sqrt{5}}\left(\left(\frac{1+\sqrt{5}}{2}\right)^{n+2}-\left(\frac{1-\sqrt{5}}{2}\right)^{n+2}\right).\end{aligned}$$

因此, 由第二数学归纳法, 公式 (1.1) 对一切自然数成立.

1.2 整数的整除性

整数集 $\mathbf{Z}$ 对除法运算不封闭, 但有带余除法, 由此引出整数的整除理论.

定理 1.3 设 $a,\ b\in\mathbf{Z}$, 且 $b\neq 0$, 那么存在一对整数 q 和 r, 使得

$$a=bq+r,\qquad 且 0\leqslant r<|b|.$$

另外, 满足以上条件的整数 q 和 r 是由 a 和 b 唯一确定的.

证 先设 $b>0$. 考虑集合 $S=\{a-bt: a-bt\geqslant 0,\ t\in\mathbf{Z}\}$. 若 $0\in S$, 则存在 $q\in\mathbf{Z}$, 使得 $a=bq$. 若 $0\notin S$, 因 $b\neq 0$, 易知 S 是 $\mathbf{N}$ 的一个非空子集. 由最小数原理, S 含有一个最小数, 设为 $r=a-bq$, 于是 $a=bq+r$, 且 $r>0$. 若 $r\geqslant b$, 则 $a-b(q+1)\in S$. 这与 r 的最小性矛盾. 因此 $r<b$, q, r 即为所求. 考虑 $b<0$ 的情形. 此时 $-b>0$. 由已证情形, 存在整数 q, r, 使得 $a=q(-b)+r=(-q)b+r$, 且 $0\leqslant r<|b|$. 存在性得证. 若另有 q', $r'\in\mathbf{Z}$, 使得 $a=bq'+r'$, 且 $0\leqslant r'<|b|$, 则 $bq+r=bq'+r'$, 于是 $|b||q-q'|=|r-r'|$. 如果 $q\neq q'$, 那么前面等式左端 $\geqslant|b|$. 但 $0\leqslant r,\ r'<|b|$, 可知等式右端 $<|b|$. 这个矛盾说明 $q=q'$, 从而 $r=r'$. 唯一性得证. □

定理 1.3 中, 由 a 和 b 唯一决定的整数 q 和 r, 分别称为 b 除 a 所得的商和余数. 例如, $18=(-5)(-3)+3$, 所以 -5 除 18 所得商为 -3, 余数为 3.

定义 1.2 设 $a,\ b\in\mathbf{Z}$. 如果存在 $c\in\mathbf{Z}$, 使得 $a=bc$, 那么就称 b 整除 a, 记为 $b\mid a$. 此时称 b 为 a 的因子, a 为 b 的倍数.

根据定义, 若 $0|a$, 则 $a=0$. 若 $a\mid 1$, 则 $a=\pm 1$. 如果 $b\neq 0$, 那么 b 整除 a, 当且仅当 b 除 a 所得余数为零. 对于任意 $n\in\mathbf{Z}$, 都有 $\pm 1\mid n, \pm n\mid n$, 我们称 ± 1, $\pm n$ 为 n 的平凡因子. 以下简单性质留作练习.

引理 1.1 设 $a,\ b,\ c\in\mathbf{Z}$.

1) 若 $a\mid b,\ b\mid c$, 则 $a\mid c$;

2) 若 $a\mid b,\ a\mid c$, 则 $a\mid ub+vc,\ \forall\ u,\ v\in\mathbf{Z}$;

3) 若 $a\mid b, b\mid a$, 则 $a=\pm b$.

定义 1.3 设 $a, b \in \mathbf{Z}$. 如果整数 c 既是 a 的因子, 又是 b 的因子, 那么就称 c 是 a 与 b 的公因子. 如果 d 是 a 与 b 的一个公因子, 而且 a 与 b 的每一个公因子都能整除 d, 那么就称 d 是 a 与 b 的最大公因子.

根据引理 1.1 3), a 与 b 的任意两个最大公因子之间只差一个符号. 我们用 (a,b) 表示非负的最大公因子. 因此, 若最大公因子存在, 则 (a,b) 唯一.

定理 1.4 任意整数 a 与 b 的最大公因子 (a,b) 一定存在, 而且, (a,b) 可以表为 a 与 b 的一个整系数线性组合, 即存在 $u, v \in \mathbf{Z}$, 使得 $(a,b) = ua + vb$.

证 如果 $a = b = 0$, 那么 $(a,b) = 0$. 设 a 与 b 不全为零. 考虑 $\mathbf{Z}$ 的子集 $A = \{ma+nb : m, n \in \mathbf{Z}\}$. 显然, A 中有正整数. 由最小数原理, 可设 $c = m_0a+n_0b$ 是 A 中的最小正整数. 对于 $d \in \mathbf{Z}$, 若 $d \mid a$, $d \mid b$, 则 $d \mid m_0a+n_0b = c$. 根据定理 1.3, 存在 $q, r \in \mathbf{Z}$, 使得 $a = qc + r$, 其中 $0 \leqslant r < c$, 所以 $r = a - qc = (1 - qm_0)a - qn_0b \in A$. 由 c 的选取知 r 非正, 因此 $r = 0$, 即 $c \mid a$. 类似地, $c \mid b$. 根据最大公因子的定义, $c = (a,b)$. □

下面考虑如何求两个整数的最大公因子的问题.

首先注意到如下事实: 给定整数 a, b 且 $a = bq + r$, 则 $(a,b) = (b,r)$.

事实上, 由 $(a,b) \mid a$, $(a,b) \mid b$, 以及 $r = a - bq$ 即得 $(a,b) \mid r$. 所以 $(a,b)|(b,r)$. 同理可证 $(b,r)|(a,b)$. 故 $(a,b) = (b,r)$.

给定整数 a, b, $0 < b < a$, 做带余除法, 得

$$a = bq_1 + r_1, \quad 0 \leqslant r_1 < b.$$

因此, 求 (a,b) 的问题化归为求较小的数 b, r 的最大公因子.

若 $r_1 = 0$, 则 $(a,b) = (b,r) = b$. 若 $r_1 \neq 0$, 则再做带余除法

$$\begin{aligned} b &= r_1q_2 + r_2, \quad 0 < r_2 < r_1, \\ r_1 &= r_2q_3 + r_3, \quad 0 < r_3 < r_2, \\ &\cdots\cdots\cdots\cdots \\ r_{n-1} &= r_nq_{n+1} + r_{n+1}. \end{aligned}$$

非负整数 $r_1, r_2, \cdots$ 依次递降, 所以有限 (n) 步后, 必有 $r_{n+1} = 0$. 这时,

$$(a,b) = (b,r_1) = (r_1,r_2) = (r_2,r_3) = \cdots = (r_{n-1},r_n) = r_n.$$

这种求最大公因子的算法叫做辗转相除法, 也称为 Euclid 算法.

定义 1.4 设 $a, b \in \mathbf{Z}$. 如果 $(a,b) = 1$, 那么称 a 与 b 互素.

命题 1.1 设 $a, b \in \mathbf{Z}$. 则 a 与 b 互素的充要条件是: 存在 $u, v \in \mathbf{Z}$, 使得 $ua + vb = 1$.

证 必要性由定理 1.4 得. 反过来, 若有 $u, v \in \mathbf{Z}$, 使得 $ua + vb = 1$. 由引理 1.1 2), 得 $(a,b) \mid ua + vb = 1$, 于是 $(a,b) = 1$. 充分性得证. □

命题 1.2 设 a, b, c 都是整数. 如果 $a \mid bc$, 且 $(a,b) = 1$, 那么 $a \mid c$.

证 设 $(a,b) = 1$, $a \mid bc$. 由命题 1.1, 存在 $u, v \in \mathbf{Z}$, 使 $ua + vb = 1$. 于是 $uac + vbc = c$. 由引理 1.1 2) 得 $a \mid uac + vbc$. 于是 $a \mid c$ □

定义 1.5 设整数 $p \neq 0, \pm 1$. 如果 p 除平凡因子 ± 1, $\pm p$ 之外没有其他的因子, 那么 p 称为素数 (或质数); 如果 p 不是素数, 那么 p 称为合数.

当 $p \neq 0, \pm 1$ 时, p 和 $-p$ 必同为素数或合数, 所以我们约定, 以后若没有特别说明, 素数总是指正的.

命题 1.3 设 p 为素数, n 为任意整数, 则 $p \mid n$ 或 $(p,n) = 1$.

证 根据定义, $(p,n) \mid p$, 又 p 为素数, 所以 $(p,n) = 1$, 或 $(p,n) = p$. 当 $(p,n) = p$ 时, 有 $p \mid n$. □

命题 1.4 设 p 为素数, $a, b \in \mathbf{Z}$. 如果 $p \mid ab$, 那么 $p \mid a$, 或者 $p \mid b$.

证 由命题 1.3, $p \mid a$ 或 $(p,a) = 1$. 由命题 1.2, 当 $(p,a) = 1$ 时, $p \mid b$. □

运用数学归纳法不难将命题 1.4 推广为:

若素数 p 整除 n 个整数之积, 则 p 必整除其中的一个.

定理 1.5 (算术基本定理) 任意大于 1 的整数 a 可以表示为有限个素数的乘积. 如果不计这些素数在乘积中的排列次序, 那么这种表示法是唯一的.

证 假定大于 1 小于 a 的任意整数 b 都能表示为有限个素数的乘积. 如果 a 是素数, 那么 a 就是一个素数的乘积. 否则, a 是合数, 因此 $a = bb'$, 其中 b, b' 为大于 1 小于 a 的整数. 由归纳假设, b, b' 都可以表示为有限个素数的乘积. 因此 a 也能表示为有限个素数的乘积. 由第二数学归纳法, 存在性得证. 假设 $a = p_1 \cdots p_n = q_1 \cdots q_m$, 其中 $p_1, \cdots, p_n, q_1, \cdots, q_m$ 都是素数. 对 n 用数学归纳法来证明表法唯一. 当 $n = 1$ 时, $a = p_1$ 是素数. 结论自然成立. 假定一个大于 1 的整数若能表示为 $n-1$ 个素数的乘积, 那么表法唯一. 我们来证 a 的表法唯一. p_1 整除乘积 $q_1 \cdots q_m$, 它必整除乘积中的一个. 不妨设 $p_1 | q_1$. 又 q_1 是素数, 所以 $p_1 = q_1$. 于是 $p_2 \cdots p_n = q_2 \cdots q_m$. 由归纳假设, $n - 1 = m - 1$, 且适当重排 $q_2, \cdots, q_m$ 之后, 有 $p_2 = q_2, \cdots, p_n = q_n$. 因此 a 的表法唯一. 由数学归纳法, 唯一性得证. □

上述定理也称为唯一因子分解定理. 通常将整数分解为素数乘积后, 将其中相同的素因子写成方幂形式. 于是, 任意非零整数 a 都可写成如下形式

$$a = \pm p_1^{r_1} \cdots p_k^{r_k},\ k \geqslant 1,\ r_1,\ \cdots,\ r_k \geqslant 0, \tag{1.2}$$

其中 p_1, $\cdots$, p_k 为互不相等的素数. 这叫做 a 的素因子标准分解式,

推论 1.1 (Euclid) 存在无限多个素数.

证　假设 $p_1,\cdots,p_k$ 是所有素数. 考虑整数 $q=p_1\cdots p_k+1$. 易知 $q>1$, $p_i\nmid q$, $i=1,\cdots,k$, 即 q 是一个大于 1 但没有素因子的整数. 这与算术基本定理矛盾. 因此存在无限多个素数. □

1.3　代数基本定理

复数域 $\mathbf{C}$ 上每个次数大于零的多项式都有根. 这就是代数基本定理. 证明要用到实数的性质, 因此要引入复数序列的极限概念. 我们知道, 复数的模就是表示此复数的向量的长. 因此, $|z_1-z_2|$ 就是复平面上两点 z_1, z_2 间的距离.

定义 1.6　复数序列 $\{z_k\}$ 收敛于 z, 记为 $z_k\to z$, 如果 $|z_k-z|\to 0$.

引理 1.2　设 $z_k=x_k+\imath y_k$, $z=x+\imath y$, 其中 x_k, y_k, x, $y\in\mathbf{R}$, 则

1) $z_k\to z$ 当且仅当 $x_k\to x$, 且 $y_k\to y$;

2) 若 $z_k\to z$, 则 $|z_k|\to|z|$;

3) 若 $z_k\to z$, $w_k\to w$, 则 $z_k+w_k\to z+w$, $z_kw_k\to zw$;

4) 若 $z_k\to z$, 且 $f\in\mathbf{C}[x]$, 则 $f(z_k)\to f(z)$;

5) 若 $z_k\to\infty$, 且 $f\in\mathbf{C}[x]$, $\deg f>0$, 则 $|f(z_k)|\to\infty$.

证　1) 因 $|z_k-z|=\sqrt{|x_k-x|^2+|y_k-y|^2}$, 由 $x_k\to x$, $y_k\to y$ 推出 $z_k\to z$. 反之, 由不等式 $|x_k-x|\leqslant|z_k-z|$, $|y_k-y|\leqslant|z_k-z|$ 得证.

2) 由 $||z_k|-|z||\leqslant|z_k-z|$ 得证.

3) 由 $|(z_k+w_k)-(z+w)|=|(z_k-z)+(w_k-w)|\leqslant|z_k-z|+|w_k-w|\to 0$, 和 $|z_kw_k-zw|=|(z_k-z)w_k+z(w_k-w)|\leqslant|z_k-z||w_k|+|z||w_k-w|\to 0$ 得.

4) 由 1) , 2), 3) 得证.

5) 设 $f(z)=a_nz^n+\cdots+a_1z+a_0$, $a_n\neq 0$, 则

$$\begin{aligned}|f(z_k)|&=|z_k|^n|a_n+\frac{a_{n-1}}{z_k}+\cdots+\frac{a_0}{z_k^n}|\\&\geqslant|z_k|^n\Big(|a_n|-\frac{|a_{n-1}|}{|z_k|}\cdots-\frac{|a_0|}{|z_k|^n}\Big)\to\infty.\end{aligned}$$

□

引理 1.3 (D'Alembert)　设 $f(x)\in\mathbf{C}[z]$ 是一个次数大于零的多项式, 且 $f(z_0)\neq 0$. 则在 z_0 的任意邻域内, 存在 z, 使得 $|f(z)|<|f(z_0)|$.

证　将 $f(z)$ 表为 $(z-z_0)$ 的多项式, 再用 $f(z_0)$ 除, 得

$$\frac{f(z)}{f(z_0)}=1+c_p(z-z_0)^p+c_{p+1}(z-z_0)^{p+1}+\cdots+c_n(z-z_0)^n\quad(c_p\neq 0).$$

令 $z=z_0+tz_1$, $t\in(0,1)$, 且满足 $c_pz_1^p=-1$, 则有

$$\frac{f(z)}{f(z_0)}=1-t^p+t^{p+1}g(t),$$

其中 g 是一个 $(n-p-1)$ 次复系数多项式. 如果 C 是 φ 的系数的最大模, 那么 $|g(t)| \leqslant A=(n-p)C$. 因此, 对于 $t<\frac{1}{A}$,

$$\left|\frac{f(z)}{f(z_0)}\right| \leqslant 1-t^p+At^{p+1}=1-t^p(1-At)<1. \qquad \square$$

定理 1.6 复数域上每个次数大于零的多项式 $f(z)$ 都有根.

证 令 $M=\inf_z |f(z)|$. 由下确界的定义, 存在复数序列 z_k, 使得

$$|f(z_k)| \to M. \tag{1.3}$$

如果序列 z_k 是无界的, 它必含有一个子序列趋于无穷. 由引理 1.2, 这与 (1.3) 矛盾. 因此, 存在 $C>0$, 使得 $|z_k| \leqslant C$, $\forall\ k$. 设 $z_k=x_k+\imath y_k$, 则

$$|x_k| \leqslant |z_k| \leqslant C, \quad |y_k| \leqslant |z_k| \leqslant C.$$

由 Bolzano-Weierstrass 定理, 序列 x_k 含有收敛子序列. 不妨设 $x_k \to x_0$, 类似地, 不妨设 $y_k \to y_0$. 那么由引理 1.2, 得 $z_k \to z_0=x_0+\imath y_0$, 于是

$$|f(z_k)| \to |f(z_0)|=M.$$

由 D'Alembert 引理及 M 的定义, 得 $M=0$, 即 $f(z_0)=0$. $\square$

2 代数基本概念

简单地说, 带有运算的集合称为代数结构. 代数学就是研究各种代数结构的学科. 群、环、域是数学中最基本最重要的代数结构. 我们将引入这些概念, 但不作深入讨论.

2.1 代数运算

我们知道, 对于任意两个实数 x, y, 有唯一确定的一个实数 $x+y$ 与之对应. 从映射的观点, 实数的加法运算实际上是一个映射

$$+: \mathbf{R}\times\mathbf{R}\to\mathbf{R},\ (x,y)\mapsto x+y.$$

将它限制到 $\mathbf{Z}\times\mathbf{Z}$, 得到映射 $+:\mathbf{Z}\times\mathbf{Z}\to\mathbf{Z}$, $(m,n)\mapsto m+n$, 这就是整数的加法. 同样, 实数的乘法运算也是一个映射 $\times:\mathbf{R}\times\mathbf{R}\to\mathbf{R}$, $(x,y)\mapsto xy$.

向量的加法运算 $+:\ \mathrm{E}^3\times\mathrm{E}^3\to\mathrm{E}^3$, $(\vec{a},\vec{b})\mapsto\vec{a}+\vec{b}$ 同样是一个映射.

函数的加法运算也不例外. 将实数集 $\mathbf{R}$ 上的实值函数全体记成 $\mathbf{R}^{\mathbf{R}}$. 对任意 f, $g\in\mathbf{R}^{\mathbf{R}}$, 定义 $f+g$ 为

$$(f+g)(x)=f(x)+g(x), \quad \forall\ x\in\mathbf{R}. \tag{2.1}$$

我们得到映射 $+: \mathbf{R}^{\mathbf{R}} \times \mathbf{R}^{\mathbf{R}} \to \mathbf{R}^{\mathbf{R}}$, $(f,g) \mapsto f+g$, 称为函数的加法.

从数的运算、向量的运算、函数的运算, 我们看到, 虽然这些对象不同, 运算的定义方式也不同, 但是它们却表现出一些共同的运算性质. 我们一般地给出代数运算的定义如下.

定义 2.1 设 S 是一个非空集合. S 上的一个运算是指一个映射

$$\circ: S \times S \to S, \quad (m,n) \mapsto m \circ n,$$

即对 S 中任意两个元素都有 S 中唯一确定的一个元素与之对应. S 连同运算 $\circ$ 一起称为一个代数结构, 记为 $(S,\circ)$.

集合 S 中的元素可以是数, 也可以是其他对象. 数域 $\mathbf{Q}$, $\mathbf{R}$, $\mathbf{C}$ 是熟知的代数结构的重要例子. 所有自然数的集合 $\mathbf{N}$、所有整数的集合 $\mathbf{Z}$、所有非负整数的集合 $\mathbf{Z}_+ = \mathbf{N} \cup \{0\}$、所有非负实数的集合 $\mathbf{R}_+$ 也都是熟知的代数结构. 除数集外, 还有大量其他代数结构. 下面就是两个熟悉的例子.

例 2.1 设 S 是一个集合. 考虑 S 到自身的所有映射, 即 S 上的变换构成的集合 $T(S)$. 两个变换的乘积还是一个变换. 于是, 我们得到集合 $T(S)$ 上的一个运算. 对于特定的集合 S, 考虑具有某些性质的变换, 就得到大量称为群的代数结构的例子. 例如, 两个空间 (平面) 等距变换的乘积还是一个等距变换. 考虑空间 (平面) 的所有等距变换构成的集合和它上面的乘法运算, 就得到称为等距变换群的代数结构. 同样地, 两个仿射变换的乘积是一个仿射变换, 全体仿射变换的集合关于变换的乘积是一个称为仿射变换群的代数结构.

例 2.2 空间中全体向量组成的集合关于加法运算和外积运算是具有两个运算的代数结构的例子. 但是, 两个向量的内积不是一个向量, 所以内积并不是上述意义下的运算. 代数学中同样要考虑象内积这样更一般的运算.

以上例子是在对现实世界的研究中或数学内在发展过程中自然出现的. 理论上你可以考虑任意集合上的任意运算. 但是, 真正具有实际意义的代数结构并不多. 而且, 对于代数结构的研究, 代数学家只关心那些可以由其运算表示的性质. 这个观点可用同构的概念来表达.

定义 2.2 设集合 S 上有一个运算 $\circ$, 集合 T 上有一个运算 $*$. 如果存在双射 $f: S \to S$, 使得对任意 a, $b \in S$, 有 $f(a \circ b) = f(a) * f(b)$, 那么称代数结构 $(S,\circ)$ 和 $(T,*)$ 是同构的, 记为 $(S,\circ) \simeq (T,*)$. 此时映射 f 称为 $(S,\circ)$ 和 $(T,*)$ 之间的一个同构.

类似地可定义带有两个或多个运算的代数结构之间的同构.

例 2.3 映射 $\mathbf{R}^+ \to \mathbf{R}$, $a \mapsto \log_2 a$ 是 $(\mathbf{R}_+,\times)$ 和 $(\mathbf{R},+)$ 之间的同构. 实际中常利用这一同构将乘法转化为加法. 如果取其他数为底, 如 e, 10, 我们得到不同的同构, 由此可见, 两个同构的代数结构之间可能有许多不同的同构.

例 2.4 设 S 是空间中所有平移变换组成的集合. 一个向量 $\vec{a}$ 定义一个平移, 记为 $t_{\vec{a}}$. 显然, 向量的加法对应平移的乘积, 即 $t_{\vec{a}+\vec{b}}=t_{\vec{a}}\circ t_{\vec{b}}$. 因此, 映射 $\vec{a}\to t_{\vec{a}}$ 是代数结构 $(\mathrm{E}^3,+)$ 和 $(S,\circ)$ 之间的一个同构. 第 1 章关于向量的讨论中, 你完全可以用平移变换代替向量. 例如, 零向量对应的就是恒等变换. 平移是基本的运动, 这正是我们称向量是表示位移的基本几何量的含意.

显然, 如果两个代数结构同构, 那么, 任意一个用运算表达的断言或命题在一个代数结构中成立当且仅当它在另一个中也成立. 例如, 设 $\circ$ 是集合 S 上一个运算, 如果对任意 $a,\ b\in S$, 有 $a\circ b=b\circ a$, 则称 S 上的运算 $\circ$ 是交换的. 如果 $(S,\circ)$ 和 $(T,*)$ 同构, 且 S 上的运算 $\circ$ 是交换的, 则 T 上的运算 $*$ 也是交换的. 事实上, 设 $f:S\to T$ 是一个同构. 那么对于任意的 $a,\ b\ \in T$, 存在 $c,\ d\in S$, 使得 $f(c)=a,\ f(d)=b$, 于是 $a*b=f(c)*f(d)=f(c\circ d)=f(d\circ c)=f(d)*f(c)=b*a$. 因此, 同构的代数结构是同一对象的不同模型, 选取哪一个模型来研究这是无关紧要的. 然而, 对于特定的问题, 有时某个模型可能会比其他模型好用.

设 $(S,\circ)$ 是一个代数结构, T 是 S 的一个子集. 称子集 T 关于运算 $\circ$ 是封闭的, 如果对任意 $a,\ b\in T$, 有 $a\circ b\in T$. 此时, 运算 $\circ$ 可以限制在 T 上成为 T 上一个运算, 于是 T 关于此运算也成为一个代数结构. 如果 S 上的运算 $\circ$ 有某个性质可用等式表出 (如交换律, 结合律), 那么作为 T 上的运算也有同样的性质. 但是有些性质可能不会遗传到 T 中.

2.2 群的定义

代数学中最基本的思想之一就是采用公理化方法, 同时研究具有相同运算性质的各种代数结构. 只要它们满足同样的一组公理, 那么由这组公理推出的每个定理在各个具体情形都是成立的. 众所周知, 实数的加法有下列基本性质:

1) $a+b=b+a$,

2) $(a+b)+c=a+(b+c)$,

3) $a+0=a$,

4) $a+(-a)=0$.

由此可推出实数加法的其他一些性质. 例如, 加法满足消去律, 即对任意实数 $a,\ b,\ c$, 如果 $a+c=b+c$, 那么 $a=b$. 事实上, 相继利用上面性质 3), 4), 2) 得 $a=a+0=a+(c+(-c))=(a+c)+(-c)$, 于是 $b=(b+c)+(-c)$. 因此, 在 $a+c=b+c$ 两边都加 $-c$, 得 $a=b$.

实数的乘法有类似于 1)~4) 的性质:

1′) $ab=ba$,

2′) $(ab)c=a(bc)$,

3′) $a1=a$,

4′) $aa^{-1}=1(a\neq 0)$.

除记号不同外, 两组性质唯一的差异是 4′) 中假定了 $a\neq 0$. 对照上述推理, 立即得到乘法消去律: 对任意 $a,\ b,\ c\in \mathbf{R}$, 如果 $ac=bc$, 且 $c\neq 0$, 那么 $a=b$. 进一步, 实数集 $\mathbf{R}$ 关于加法和非零实数集 $\mathbf{R}^*$ 关于乘法具有相同的运算性质.

定义 2.3 具有运算 $+$, 且满足下列性质的集合 G 称为一个 Abel 群.

1) 交换律, 即对任意 $a,b\in G$, 有 $a+b=b+a$;

2) 结合律, 即对任意 $a,b,c\in G$, 有 $(a+b)+c=a+(b+c)\in G$;

3) 存在零元, 即 G 中有元素 (记作)0, 对任意 $a\in G$, 有 $a+0=a$;

4) 每个元都有负元, 即对于 $a\in G$, 存在 $b\in G$, 使得 $a+b=0$.

以上定义中采用了加法记号. 对于一个代数结构, 运算的名称和记号并没有特定的含意, 但是我们通常称它们为加法或乘法, 并且采用相应的记号. 一方面我们可以利用实数运算记号的方便之处, 另一方面, 也暗示所考虑的代数结构和实数运算的类似之处. Abel 群的定义也可用乘法语言叙述如下.

定义 2.3′ 具有乘法运算且满足下列性质的集合 G 称为一个 Abel 群.

1) 交换律, 即对任意 $a,b\in G$, 有 $ab=ba$;

2) 结合律, 即对任意 $a,b,c\in G$, 有 $(ab)c=a(bc)$;

3) 存在单位元, 即 G 中有元素 (记为) 1, 对任意 $a\in G$, 有 $a1=a$;

4) 每个元都有逆元, 即对于 $a\in G$, 存在 $b\in G$, 使得 $ab=1$.

下面是 Abel 群的几个例子.

例 2.5 $\mathrm{E}^3(\mathrm{E}^2)$ 关于向量加法 (定义 1.1).

例 2.6 区间 $[a,b]$ 上所有实值函数组成的集合 $\mathbf{R}^{[a,b]}$ 关于函数的加法.

从定义可以立即推出 Abel 群的一些简单性质.

命题 2.1 设 G 是一个 Abel 群, 则

1) 零元 0 是唯一的;

2) 每个元 $a\in G$ 的负元是唯一的, 记为 $-a$;

3) 消去律成立, 即对任意 $a,b,c\in G$, 若 $c+a=c+b$, 则 $a=b$.

证 1) 设 $0,\ 0'$ 都是 G 的零元, 则对任意 $a\in G$, 有 $a+0=a$ 及 $a+0'=a$, 特别地,$0'+0=0'$, $0+0'=0$. 由交换律得 $0+0'=0'+0$, 所以 $0=0'$; 2) 设 $a\in V$, 如果存在 $b,\ b'\in V$, 使得 $a+b=a+b'=0$, 则由零元性质有 $b'=b'+0=b'+(a+b)$, $b=b+0=b+(a+b')=(b+a)+b'$. 由交换律和结合律得 $(b+a)+b'=b'+(a+b)$. 因此 $b=b'$. 3) c 有负元 $-c$, 由 $a+c=b+c$ 得 $(a+c)+(-c)=(b+c)+(-c)$, 应用结合律得 $a+(c+(-c))=b+(c+(-c))$, 由负元及零元性质得 $a+0=b+0$, $a=b$. □

用乘法语言, 上述性质就是说, Abel 群的单位元 1 是唯一的, 每个元 a 的逆元 a^{-1} 是唯一的, 而且乘法消去律成立, 即若 $ac=bc$, 则 $a=b$.

Abel 群的关于加法封闭的子集不一定是 Abel 群, 因为它不一定含零元, 也不一定含每个元的逆元. 例如, $\mathbf{Z}$ 是 Abel 群, 子集 $\mathbf{Z}_+$ 关于加法封闭, 但是它不是 Abel 群, 因为除零外, $\mathbf{Z}_+$ 中任意元的负元都不在 $\mathbf{Z}_+$ 中.

定义 2.4 Abel 群 G 的一个非空子集 H 称为 G 的一个子群, 如果 H 关于加法封闭; 而且, 若 $a \in H$, 则 $-a \in H$.

Abel 群 G 的子群 H 关于 G 的运算是一个 Abel 群. 例如, 加法群 $\mathbf{R}$ 含子群链:$\mathbf{Z} \subseteq \mathbf{Q} \subseteq \mathbf{R}$. 平行于给定直线或平面的向量集合是群 E^3 的一个子群. 任一 Abel 群有两个平凡的子群: 群自身和仅含零的子群.

用乘法语言叙述子群定义如下:

定义 2.4′ 乘法 Abel 群 G 的一个非空子集 H 称为 G 的一个子群, 如果 H 关于乘法封闭; 而且, 若 $a \in H$, 则 $a^{-1} \in H$.

例如, 乘法群 $\mathbf{R}^*$ 含子群链:$\{\pm 1\} \subseteq \mathbf{Q}^* \subseteq \mathbf{R}^*$.

最后指出, 在 Abel 群的定义中, 如果去掉交换律的要求, 我们就得到一般群的定义. 而 Abel 群就是满足交换律的群, 因此也称为交换群. 矩阵或线性变换的乘法都不满足交换律, 因此一般线性群、特殊线性群、一般正交群、特殊正交群、等距变换群、仿射变换群、射影变换群等都是非交换群.

2.3 环与域的定义

实数集同时具有加法和乘法两种运算, 这两种运算由分配律联系起来. 一般地, 环和域都是具有两个运算的代数结构, 通常将其中一个叫做加法, 另一个叫乘法. 和 Abel 群一样, 环和域是对数的运算性质作合理的选取抽象而来的, 它们概括了其他一些重要的代数结构的例子.

定义 2.5 有加法和乘法运算且满足下列性质的集合 F 称为一个域.

1) F 关于加法是一个 Abel 群, 称为 F 的加法群;

2) $F^* = F \backslash \{0\}$ 关于乘法也是一个 Abel 群, 称为 F 的乘法群;

3) 对任意 $a, b, c \in F$, 有 $a(b+c) = ab + ac, \quad (b+c)a = ba + ca$.

实数集关于加法和乘法运算是一个域, 称为实数域. 同样地, 数域都是域. 由命题 2.1, 若 F 是域, 则零元和单位元是唯一的, 且 $1 \in F^*$, 因此 F 至少有两个元. F 中每个元有唯一的负元, 每个非零元有唯一的逆元, 因此在 F 中可定义减法:$a - b = a + (-b), \forall\, a,\ b \in F$; 和除法

$$a \div b = ab^{-1}, \quad \forall\, a,\ b \in F,\ b \neq 0.$$

由分配律, $a0 + a0 = a(0+0) = a0$, 再由加法群性质, 得 $a0 = a0 - a0 = 0$. 同理得 $0a = 0$. 于是 F 的乘法满足交换律和结合律. 此外, 域还有如下性质:

命题 2.2 设 F 是域, 则对任意 $a,\ b \in R$, 有

1) $a(-b) = (-a)b = -ab,\quad (-a)(-b) = ab$;

2) 若 $ab = 0$, 则 $a = 0$ 或 $b = 0$.

证 1) $ab + a(-b) = a(b + (-b)) = a0 = 0$. 类似地, 得其余两式. 2) 若 $a \neq 0$, 则在等式 $ab = 0$ 的两端乘 a^{-1} 即得 $b = 0$. □

由于 Abel 群满足结合律, 因此多个元素相加, 不必考虑加法顺序. 对于正整数 n, 可以定义 na 为 n 个 a 之和, 规定 $0a = 0$ $(0 \in \mathbf{Z})$, $(-n)a = n(-a)$. 那么对任意整数 n, m, 任意 a, $b \in G$, 有

$$(n+m)a = na + ma, \quad n(ma) = (nm)a, \quad n(a+b) = na + nb.$$

同样地, 对正整数 n, 定义 a^n 为 n 个 a 的乘积. 那么, 对任意正整数 n, m, 有

$$a^n a^m = a^{n+m}, \quad (a^n)^m = a^{nm}.$$

当 $a \neq 0$ 时, 还可定义 $a^0 = 1$, $a^{-n} = (a^{-1})^n$.

整数集也同时有加法运算和乘法运算, 它关于加法是一个 Abel 群, 关于乘法满足交换律和结合律, 乘法对加法的分配律也成立, 但是它不构成域, 因为 $\mathbf{Z}$ 中的非零元一般没有逆元. 类似这样的例子还有很多.

定义 2.6 具有加法和乘法运算的集合 R 称为一个环, 如果

1) R 关于加法是一个 Abel 群, 称为 R 的加法群;

2) 对任意 a, b, $c \in R$, 有 $a(b+c) = ab + ac$, $\quad (b+c)a = ba + ca$.

若环 R 的乘法满足交换律, 即对任意 a, $b \in R$, 有 $ab = ba$, 则 R 称为交换环. 如果环 R 的乘法满足结合律, 即对任意 a, $b \in R$, $a(bc) = (ab)c$, 则 R 称为结合环; 如果环 R 内存在一个元素 e, 使得对任意 $a \in R$, 有 $ae = a = ea$, 则 e 称为 R 的单位元, 简记为 1, R 称为有单位元的环. 易证, 一个环如果有单位元, 那么它的单位元是唯一的.

例 2.7 全体偶数组成的集合 $2\mathbf{Z}$ 关于普通的加法和乘法是一个无单位元的交换结合环.

例 2.8 E^3 关于向量的加法和外积运算是一个非交换非结合环. 代替交换律和结合律的是反交换律和 Jacobi 恒等式.

下面的例子都是结合环, 通常简称环.

例 2.9 整数集 $\mathbf{Z}$ 关于普通的加法和乘法是一个交换环.

例 2.10 区间 $[a,b]$ 上全体实值函数关于函数加法和乘法是一个交换环.

例 2.11 设 F 是域. 全体系数在 F 中的 n 阶矩阵的集合 $F^{n\times n}$ 对矩阵的加法和乘法是有单位元的非交换环. 更一般地, 若 R 是环, 则系数取自 R 的所有 n 阶矩阵的集合 $R^{n\times n}$ 对矩阵的加法和乘法也成一环.

定义 2.7 在一个环中, 元素 b 称为元素 a 的逆元, 如果 $ab = ba = 1$.

一个元素如果有逆元, 则它的逆元是唯一的, a 的逆元记为 a^{-1}. 有逆元的元素称为可逆的. 根据定义, 一个域是一个有单位元 1 ($\neq 0$) 的、交换的、结合环, 且每个非零元可逆. 命题 2.2 中性质 (1) 仍成立, 但性质 (2) 不一定成立. 因为这条性质用到非零元的逆元的存在性, 而在一般的环中, 并非每个非零元都可逆, 如 $\mathbf{Z}$ 只有两个可逆元, 1 和 -1.

定义 2.8 设 R 是环. 如果存在 $a,\ b\in R,\ a,\ b\neq 0$, 使得 $ab=0$, 则称 a 为 R 中一个左零因子, b 为右零因子. 左右零因子统称为零因子.

在无零因子环中, 消去律成立: 如果 $ac=bc$, 或 $ca=cb$, 且 $c\neq 0$, 那么 $a=b$. 事实上, 由 $ac=bc$ 得 $(a-b)c=0$. 若 $c\neq 0$, 则 $a-b=0$. 无零因子, 有单位元 $1(\neq 0)$ 的交换结合环称为整环;

例 2.12 考虑实轴上给定子集 X 上的实值函数环 $\mathbf{R}^X$. 此环中有零因子的充要条件是 X 不是单点集. 事实上, 若 X 含多于一个的点, 则可将 X 写成两个分离的非空子集的并集, 即 $X=X_1\cup X_2,\ X_1\cap X_2=\emptyset$. 对于 $i=1,\ 2$, 定义 $f_i: X\to\mathbf{R}$ 如下: 当 $x\in X_i$ 时, $f_i(x)=1$, 当 $x\notin X_i$ 时, $f_i(x)=0$. 那么 $f_1,\ f_2\neq 0$, 但是 $f_1f_2=0$. 当 X 只含一个点时, 环 $\mathbf{R}^X$ 同构于 $\mathbf{R}$.

定义 2.9 环 R 的一个子集 L 称为 R 的一个子环, 如果 L 是环 R 的加群的一个子群, 而且 L 关于乘法封闭.

定义 2.10 域 F 的一个子集 L 称为 F 的一个子域, 如果 L 是 F 的一个子环; 而且, 若 $a\in L$, 且 $a\neq 0$, 则 $a^{-1}\in L$.

环 R 的每个子环关于 R 的运算是环. 例如 $\mathbf{Z}\subseteq\mathbf{Q}\subseteq\mathbf{R}$ 也是子环链. 如果 L 是 F 的子域, 那么 L 关于 F 的运算构成域. 例如 $\mathbf{Q}$ 是 $\mathbf{R}$ 的一个子域.

2.4 等价关系与剩余类环

下面介绍等价关系, 并由整数集构造剩余类环及含有限个元素的域.

定义 2.11 设 S 是非空集. 称集 $S\times S$ 的一个子集 $R\subset S\times S$ 为 S 上的一个 (二元) 关系. 若 $(a,b)\in R$, 则称 a 和 b 有关系 R, 记为 aRb.

可以将关系 R 理解为关于 S 中元素的一个条件, 对于 S 的任意一对元素 (a,b), 都能确定 a 与 b 是否满足 R. 数学和生活中, 关系的例子随处可见.

例 2.13 对任意 $a,\ b\in\mathbf{Z}$, 定义 $aRb\Leftrightarrow a\mid b$, 因为 $a\mid b$ 与 $a\nmid b$ 有且仅有一个成立, 即 $(a,b)\in R$, 或者 $(a,b)\nmid R$. 因此 R 是 $\mathbf{Z}$ 上一个关系.

例 2.14 S 表示我校一年级全体学生组成的集合, aRb 表示 a 认识 b, 对于任意 $a,\ b\in S$, 要么 a 认识 b, 要么 a 不认识 b, 即要么 $(a,b)\in R$, 要么 $(a,b)\notin R$. 因此 R 是 S 上一个关系.

例 2.15 考虑空间图形的集合 S. 两个图形 a 和 b 称为合同, 如果存在一个等距变换将 a 变成 b. 这是 S 上一个关系.

定义 2.12 设 S 是一个集合, R 是 S 上的一个关系. 如果 R 满足:

1) 反身性: 对任意 $a \in S$, 有 aRa;

2) 对称性: 对任意 $a, b \in S$, 若 aRb, 则 bRa;

3) 传递性: 对任意 $a, b, c \in S$, 若 aRb, bRc, 则 aRc,

那么我们称 R 为 S 上的一个等价关系. 这时, 如果 aRb, 也称 a 与 b 关于 R 等价, 记为 $a \overset{R}{\sim} b$, 或简记为 $a \sim b$.

设 R 是集合 S 上的一个等价关系. 对任意 $a \in S$, 令

$$R(a) = \{b \in S : a \overset{R}{\sim} b\}.$$

显然 $R(a)$ 是 S 的子集. 由定义知, 对任意 $a \in S$, 有 $a \in R(a)$. 对任意 $a, b \in S$, $R(a) \cap R(b) \neq \emptyset$ 当且仅当 $R(a) = R(b)$. 因此这些子集全体构成的集合 $\{R(a) : a \in S\}$ 形成 S 的一个划分, 即所有这些子集的并等于 S 且任意两个不同子集的交为空集. 这些子集称为 R 下的等价类. S 中两个元素等价, 当且仅当它们属于同一等价类. R 下等价类的集合称为 S 关于 R 的商集, 记为 S/R. 定义映射

$$\pi : S \to S/R, \quad a \mapsto R(a)$$

称 π 为由等价关系 R 所确定的商映射.

反之, 任意一个映射 $f : S \to T$ 给出定义域 S 上一个等价关系:

$$a \sim b \Leftrightarrow f(a) = f(b),$$

称为由映射 f 所确定的等价关系. T 中一个元素 $t \in T$ 的原象 $f^{-1}(t)$ 是 S 的一个子集, 也称为 f 的纤维. 非空纤维组成对应的划分.

设集合 S 上有一个运算 $*$. 称一个等价关系 R 和此运算一致, 如果

$$a \overset{R}{\sim} a', \ b \overset{R}{\sim} b' \Longrightarrow a * b \overset{R}{\sim} a' * b'.$$

此时, 我们可以定义商集上运算如下:

$$R(a) * R(b) = R(a * b). \tag{2.2}$$

也就是说, 对两个等价类作运算, 只要在每个类中任选一个代表作运算, 运算结果所在的类作为等价类的运算结果. 如果等价关系和运算一致, 那么这个结果并不依赖于代表的选取, 这也称为商集上运算 (2.2) 的定义是合理的. 显然, S/R 上的运算遗传了 S 上运算的那些可用等式表示的所有性质, 如, 交换律或结合律, 零元 (单位元) 和逆元的存在性. 更明确地说, 如果我们称 S 上的运算为加法, 且 S 含有一个关于此运算的零元, 则 $R(0)$ 是 S/R 中的零元. 如果 $-a$ 是 a 的负元, 则作为 S/R 的元素, $R(-a)$ 是 $R(a)$ 的负元.

定义 2.13 设 n 是一个正整数. 若 a, $b \in \mathbf{Z}$, 且 $b-a$ 能被 n 整除, 等价地, a, b 被 n 除有相同的余数, 则称 a 与 b 模 n 同余, 记作 $a \equiv b(\mathrm{mod} n)$.

模 n 同余是 $\mathbf{Z}$ 上的一个等价关系, 等价类可用数 $0,1,\cdots,n-1$ 来标记, 第 r 类由所有被 n 除余数为 r 的数组成. 含整数 a 的等价类称为 a 的模 n 剩余类, 记为 $[a]_n$. $\mathbf{Z}$ 关于模 n 同余关系的商集记为 $\mathbf{Z}_n$.

可将 $\mathbf{Z}_n$ 写作

$$\mathbf{Z}_n = \{[0]_n,\ [1]_n,\ \cdots,\ [n-1]_n\},$$

但 $\mathbf{Z}_n$ 中元素可以有不同表示. 如, $[1]_n = [n+1]_n = [-(n-1)]_n$.

设 $a \equiv a'(\mathrm{mod}\ n)$, $\quad b \equiv b'(\mathrm{mod}\ n)$, 则

$$a+b \equiv a'+b \equiv a'+b'(\mathrm{mod}\ n), \qquad ab \equiv a'b \equiv a'b'(\mathrm{mod}\ n).$$

这就表明 $\mathbf{Z}$ 上模 n 同余这一等价关系与 $\mathbf{Z}$ 中的加法和乘法运算都一致. 因此我们可以定义 $\mathbf{Z}_n$ 中的加法和乘法如下：

$$[a]_n + [b]_n = [a+b]_n, \quad [a]_n \cdot [b]_n = [ab]_n.$$

由于 $\mathbf{Z}$ 是有单位元的交换结合环, 因此 $\mathbf{Z}_n$ 按上述加法和乘法运算成为有单位元的交换结合环, 称为模 n 剩余类环.

例 2.16 在 $\mathbf{Z}_{125}$ 中计算 $[2]^{100}$.

解 计算得 $[2]^7 = [3]$, $[2]^{35} = [3]^5 = [-7]$, $[2]^{50} = [-7][3]^2[2] = [-1]$. 于是 $[2]^{100} = ([-1])^2 = [1]$, 即 $2^{100} \equiv 1(\mathrm{mod}\ 125)$.

定理 2.1 $\mathbf{Z}_n$ 是域, 当且仅当 n 是素数.

证 如果 n 是合数, 如 $n = kl$, $1 < k$, $l < n$, 则 $[k]_n \neq 0$, $[l]_n \neq 0$, 但 $[k]_n[l]_n = [kl]_n = [n]_n = 0$. 因此 $\mathbf{Z}_n$ 含零因子, 所以 $\mathbf{Z}_n$ 不是一个域.

反之, 设 n 是素数. 对于 $[a]_n \neq 0$, 用环 $\mathbf{Z}_n$ 中的每个元素与它相乘得

$$[0]_n,\ [a]_n,\ [2a]_n,\ \cdots,\ [(n-1)a]_n. \tag{2.3}$$

这些元素互不相同. 事实上, 如果 $[ka]_n = [la]_n$, $\quad 0 \leqslant k < l \leqslant n-1$, 则 $[(l-k)a]_n = 0$, 即 $(l-k)a$ 能被 n 整除, 这是不可能的, 因为 n 既不整除 $l-k$, 也不整除 a, 且 n 是素数. 因此序列 (2.3) 含 $\mathbf{Z}_n$ 的所有元素, 特别地含 $[1]_n$, 即 $[a]_n$ 可逆. □

设 F 是域, 1 是 F 的单位元, 使 $n1 = 0$ 成立的最小自然数 n 称为域 F 的特征, 如果不存在这样的自然数, 则称 F 的特征为 0. 于是, $\mathbf{Z}_n$ 的特征为 n, 而数域的特征为 0. 域 F 的特征记为 $\mathrm{char}F$. 如果 $\mathrm{char}F = n$, 则对任意 $a \in F$, 有 $na = (n1)a = 01 = 0$. 域 F 的特征 n 要么是零, 要么是素数. 事实上, 假设 $n = kl$, $1 < k$, $l < n$, 则 $n1 = (k1)(l1) = 0$. 因此 $k1 = 0$, 或者 $l1 = 0$, 与特征的定义矛盾.

初等数学中大部分公式在任意域中仍成立, 如果它们的推导只涉及加法和乘法运算. 例如, 在任一域中, 公式 $(a+b)^2=a^2+2ab+b^2$ 成立. 在特征为 2 的域中, 形式更简单: $(a+b)^2=a^2+b^2$. 更一般地, 在特征为 p 的域中, $(a+b)^p=a^p+b^p$. 在特征不为 2 的域中, 可应用二次方程求解公式.

例 2.17 在 $\mathbf{Z}_{11}$ 中解方程: $x^2-x+2=0$.

解 由求根公式得 $x=\frac{[1]\pm\sqrt{[-7]}}{[2]}$. 因 $[-7]=[4]=[2]^2$, $\sqrt{[-7]}=[2]$, 得

$$x_1=\frac{[1]+[2]}{[2]}=\frac{[3]}{[2]}=\frac{[14]}{[2]}=[7],\quad x_2=\frac{[1]-[2]}{[2]}=\frac{[-1]}{[2]}=\frac{[10]}{[2]}=[5].$$

习 题

1. 证明: $(x_1+x_2+\cdots+x_m)^n=\sum\limits_{i_1+\cdots+i_m=n}\frac{n!}{i_1!i_2!\cdots i_m!}x_1^{i_1}x_2^{i_2}\cdots x_m^{i_m}$.

2. 设有一个与自然数有关的命题, s 是一个自然数. 如果

i) 当 $n=s$ 时, 命题成立;

ii) 若对于自然数 $n(\geqslant s)$, 命题成立, 则对于 $n+1$ 命题也成立,

那么该命题对于一切自然数都成立.

3. 设 a 与 b 是不等于零的整数, m 是整数, 如果 $a\mid m$ 且 $b\mid m$, 则称 m 为 a 与 b 的公倍数. 如果 m 是 a 与 b 的公倍数, 而且 a 与 b 的任意公倍数都是 m 的倍数, 那里就称正整数 m 为 a 与 b 的最小公倍数, 记为 $[a,b]$. 证明: 任意两个均不为零的整数都有唯一的最小公倍数; 且 $|ab|=(a,b)[a,b]$.

4. 设 p 是一个大于 1 的整数且具有以下性质: 对于任意整数 a, b, 如果 $p\mid ab$, 则 $p\mid a$ 或 $p\mid b$. 证明: p 是一个素数.

5. 设 $m,\ n\in\mathbf{Z}$, 记 $m\mathbf{Z}+n\mathbf{Z}=\{mx+ny:\ x,\ y\in\mathbf{Z}\}$. 证明:

1) $m\mathbf{Z}\subseteq n\mathbf{Z}\Longleftrightarrow n\mid m$;

2) $m\mathbf{Z}+n\mathbf{Z}=d\mathbf{Z}$, 其中 $d=(m,n)$;

3) $m\mathbf{Z}+n\mathbf{Z}=\mathbf{Z}\Longleftrightarrow(m,n)=1$.

6. 设 $A=\{a+b\imath:\ a,\ b\in\mathbf{Z}\}$, 称为 Gauss 整数集. 证明: A 和 $\mathbf{N}$ 间存在一一对应.

7. 称复数 θ 的阶为 $n\geqslant1$, 如果 $\theta^n=1$, 且对于 $0<m<n$, $\theta^m\neq1$. 证明: 如果 θ 的阶为 n, 且 $\theta^k=1(k>0)$, 则 $n\mid k$; 并求出阶为 n 的所有复数, 这些数称为 n 次本原单位根.

8. 设 n, m 互素, $a,\ b\in\mathbf{Z}$. 求整数 x 使 $x\equiv a(\bmod m)$ 和 $x\equiv b(\bmod n)$.

9. 证明: Z 的每个子群形如 $n\mathbf{Z}:=\{nk:k\in\mathbf{Z}\}$, 其中 $n\in\mathbf{Z}_+$.

10. 证明: $C=\left\{\begin{pmatrix}a&b\\-b&a\end{pmatrix}:\ a,\ b\in\mathbf{R}\right\}$ 关于矩阵加法和乘法是一个域.

11. 设 X 是一个集合. 在由 X 的全体子集组成的集合 2^X 上定义一个运算如下:

$$M\triangle N=(M\setminus N)\cup(N\setminus M),\quad M,\ N\in2^X.$$

称此运算为对称差. 证明: 2^X 关于对称差运算和交运算作成一个环.

12. 证明: 域 F 的一个子集 L 是子域, 当且仅当 L 关于减法和除法封闭, 且 $0,\ 1\in L$.

13. 证明：一个映射的非空纤维形成其定义域的一个划分.

14. 将实数集 $\mathbf{R}$ 上一个等价关系 R 看作 $(x,y)-$ 平面的一个子集. 试解释反身性和对称性的几何意义. 并对 $(x,y)-$ 平面的下列子集 R, 确定它们是否满足反身性、对称性和传递性? R 是否是集合 $\mathbf{R}$ 上的等价关系?

1) $\{(x,x): x\in\mathbf{R}\}$;　　2) $\emptyset$;

3) $\{(x,y): y=0\}$;　　4) $\{(x,y): xy+1=0\}$;

5) $\{(x,y): x^2y-xy^2-x+y=0\}$;　　6) $\{(x,y): x^2-xy+2x-2y=0\}$.

15. 证明：对于任意正整数 n, 环 $\mathbf{Z}_n$ 中元素 $[k]_n$ 可逆, 当且仅当 n 和 k 互素; 并且写出环 $\mathbf{Z}_{24}$ 中的所有可逆元.

16. 证明 Fermat 小定理：设 p 是素数, 则对任意整数 $a\in\mathbf{Z}$, 有 $a=a^p(\mathrm{mod}p)$.

索 引

《大学数学科学丛书》已出版书目

1. 代数导引　万哲先　著　2004 年 8 月
2. 代数几何初步　李克正　著　2004 年 5 月
3. 线性模型引论　王松桂等　编著　2004 年 5 月
4. 抽象代数　张勤海　著　2004 年 8 月
5. 变分迭代法　曹志浩　编著　2005 年 2 月
6. 现代偏微分方程导论　陈恕行　著　2005 年 3 月
7. 抽象空间引论　胡适耕　张显文　编著　2005 年 7 月
8. 近代分析基础　陈志华　编著　2005 年 7 月
9. 抽象代数——理论、问题与方法　张广祥　著　2005 年 8 月
10. 混合有限元法基础及其应用　罗振东　著　2006 年 3 月
11. 孤子引论　陈登远　编著　2006 年 4 月
12. 矩阵不等式　王松桂等　编著　2006 年 5 月
13. 算子半群与发展方程　王明新　编著　2006 年 8 月
14. Maple 教程　何青　王丽芬　编著　2006 年 8 月
15. 有限群表示论　孟道骥　朱萍　编著　2006 年 8 月
16. 遗传学中的统计方法　李照海　覃红　张洪　编著　2006 年 9 月
17. 广义最小二乘问题的理论和计算　魏木生　著　2006 年 9 月
18. 多元统计分析　张润楚　编著　2006 年 9 月
19. 几何与代数导引　胡国权　编著　2006 年 10 月
20. 特殊矩阵分析及应用　黄廷祝等　编著　2007 年 6 月
21. 泛函分析新讲　定光桂　著　2007 年 8 月
22. 随机微分方程　胡适耕　黄乘明　吴付科　著　2008 年 5 月
23. 有限维半单李代数简明教程　苏育才　卢才辉　崔一敏　著　2008 年 5 月
24. 积分方程　李星　编著　2008 年 8 月
25. 代数学　游宏　刘文德　编著　2009 年 6 月
26. 代数导引（第二版）　万哲先　著　2010 年 2 月
27. 常微分方程简明教程　王玉文　史峻平　侍述军　刘　萍　编著　2010 年 9 月